Meinen Eltern

Dr. Michael Ziegler

Deregulierung der Sonderabfallwirtschaft

Verlag Josef Eul

Bergisch Gladbach · Köln

Die Deutsche Bibliothek – CIP-Einheitsaufnahme

Ziegler, Michael:
Deregulierung der Sonderabfallwirtschaft / Michael Ziegler. – Bergisch Gladbach ; Köln : Eul, 1995.
Zugl.: Münster (Westf.), Univ., Diss., 1994, u. d. T.: Regulierung der Sonderabfallwirtschaft – Analyse bundesländerspezifischer Organisationsmodelle und Möglichkeiten einer wettbewerblichen Neuorientierung
ISBN 3-89012-431-3

Josef Eul Verlag GmbH
Postfach 10 06 56
51406 Bergisch Gladbach

Printed in Germany
Druck: Rosch-Buch, Hallstadt-Bamberg

Gedruckt auf säurefreiem und 100% chlorfrei gebleichtem Papier

Vorwort

Die vorliegende Arbeit wurde im Juli 1994 von der Wirtschaftswissenschaftlichen Fakultät der Westfälischen Wilhelms-Universität Münster als Dissertation angenommen. Sie entstand im wesentlichen in der Zeit von Dezember 1991 bis Mai 1994.

Mein herzlicher Dank gilt zuallererst Herrn Professor Dr. Hans-Jürgen Ewers, der mir die Bearbeitung des Themas ermöglichte und die Untersuchung mit fachlichem Rat und freundlicher Anteilnahme betreut hat. Herrn Professor Dr. Hellmuth St. Seidenfus danke ich für die Übernahme des Zweitgutachtens. Schließlich gebührt mein Dank der Ruhrkohle Umwelt GmbH für die mir gewährte Unterstützung. Für die Durchsicht des Manuskripts und vieles andere mehr danke ich meiner Mutter.

Moers, im Dezember 1994 *Michael Ziegler*

Inhaltsverzeichnis

Abkürzungsverzeichnis

A	Abfallmenge
AAV	Abfallentsorgungs- und Altlastensanierungsverband Nordrhein-Westfalen
AAVG	Abfallentsorgungs- und Altlastensanierungsverbandsgesetz Nordrhein-Westfalen
AbfAndienV	Abfallandienungs-Verordnung
AbfBestV	Abfallbestimmungs-Verordnung
AbfG	Abfallgesetz 1986
AbfbesG	Abfallbeseitigungsgesetz 1972
AbfRestÜberwV	Abfall- und Reststoffüberwachungs-Verordnung
AbfVerbrV	Abfallverbringungs-Verordnung
Abl.	Amtsblatt der Europäischen Gemeinschaften
AGS	Arbeitsgemeinschaft der Sonderabfall-entsorgungsgesellschaften der Länder
allg.	allgemein
Amtsbl.	Amtsblatt
BDE	Bundesverband der Deutschen Entsorgungswirtschaft e.V.
BHO	Bundeshaushaltsordnung
BImSchG	Bundes-Immissionsschutzgesetz
BImSchV	Bundes-Immissionsschutzverordnung
BMU	Bundesministerium für Umwelt, Naturschutz und Reaktorsicherheit
BPS	Bundesverband Sonderabfallwirtschaft e.V.
BSR	Berliner Stadtreinigungs-Betriebe
BR	Bundesrat
BT	Bundestag
ders.	derselbe
dies.	dieselben
Diss.	Dissertation
Drs.	Drucksache
EEA	Einheitliche Europäische Akte
EG	Europäische Gemeinschaft

endg.	endgültig
EU	Europäische Union
EuGH	Europäischer Gerichtshof
EUV	Vertrag über die Europäische Union
EWG	Europäische Wirtschaftsgemeinschaft
f.	und folgende Seite
ff.	und folgende Seiten
FEAD	Europäische Föderation der Abfallwirtschaft (Fédération Européene des Activités du Déchet)
Fn.	Fußnote
GAB	Gesellschaft zur Altlastensanierung in Bayern mbH
GBl.	Gesetzblatt
GBS	Gesellschaft zur Beseitigung von Sonderabfällen in Rheinland-Pfalz mbH
GBS-Nord	Gesellschaft zur Beseitigung von Sonderabfällen mbH (Hamburg, Schleswig-Holstein)
GFA	Gesellschaft zur Finanzierung der Altlastenbehandlung in Niedersachsen mbH
GMBl.	Gemeinsames Ministerialblatt
GOES	Gesellschaft zur Organisation der Sonderabfallentsorgung (Schleswig-Holstein)
GSB	Gesellschaft zur Entsorgung von Sondermüll in Bayern mbH
GSK	Grenzschadenskosten
GVBl.	Gesetz- und Verordnungsblatt
GVK	Grenzvermeidungskosten
GV.NW	Gesetz- und Verordnungsblatt Nordrhein-Westfalen
GUS	Gemeinschaft Unabhängiger Staaten
HIM	Hessische Industriemüll GmbH
i.e.S.	im engeren Sinn
insb.	insbesondere
i.V.m.	in Verbindung mit
i.w.S.	im weiteren Sinn
KABV	Kommunaler Abfallentsorgungsverband Saar
KOM	Dokument der Europäischen Komission
KrW-/AbfG	Kreislaufwirtschafts- und Abfallgesetz (Entwurf)

LAbfAbgG	Landesabfallabgabengesetz
LAbfG	Landesabfallgesetz
LAGA	Länderarbeitsgemeinschaft Abfall
LizenzV	Lizenzentgeltverordnung Nordrhein-Westfalen
LT	Landtag
NGS	Niedersächsische Gesellschaft zur Endablagerung von Sonderabfall mbH
OECD	Organisation für wirtschaftliche Zusammenarbeit und Entwicklung
opt.	optimal
o.V.	ohne Verfasser
Ratsdok.	Ratsdokument des Rates der Europäischen Union
RestBestV	Reststoffbestimmungs-Verordnung
Rn.	Randnummer
Rs.	Rechtssache
RWE	Rheinisch-Westfälische Elektrizitätswerke AG
SAbfV	Sonderabfall-Verordnung
SAM	Sonderabfall-Management-Gesellschaft Rheinland-Pfalz mbH
SBW	Sonderabfallentsorgung Baden-Württemberg GmbH
SES	Sonderabfall-Entsorgung Saar GmbH
Slg.	Sammlung der Rechtsprechung des Gerichtshofs der Europäischen Gemeinschaften
Sp.	Spalte
TA	Technische Anleitung
TSA	Thüringer Sonderabfallgesellschaft mbH
Tz.	Textziffer
UBA	Umweltbundesamt
UmweltHG	Umwelthaftungsgesetz
UNEP	Umweltprogramm der Vereinten Nationen
Univ.	Universität
u.U.	unter Umständen
UVP	Umweltverträglichkeitsprüfung
UVPG	Gesetz über die Umweltverträglichkeitsprüfung
VEW	Vereinigte Elektrizitätswerke Westfalen AG
ZVSMM	Zweckverband Sondermüll-Entsorgung Mittelfranken

Abbildungsverzeichnis

Tabellenverzeichnis

1. Einleitung

1.1 Problemstellung und Zielsetzung der Arbeit

In den vergangenen Jahrzehnten hat die wirtschaftliche Entwicklung zu einem hohen Maß an Wohlstand in der Bundesrepublik Deutschland geführt. Damit waren allerdings auch erhebliche Belastungen unserer Umwelt verbunden, darunter ein steigendes Aufkommen an Sonderabfällen, deren Entsorgung oft zu erheblichen Problemen geführt hat und zum Teil auch heute noch führt. So beschäftigen "Giftmüllskandale" als Folge illegaler Sonderabfallexporte oder der Beseitigung in umwelttechnisch unzureichenden Anlagen immer wieder die Öffentlichkeit. Diese unkontrollierten Entwicklungen führten in der Vergangenheit zunehmend zu der Forderung, der Staat müsse sich in der Sonderabfallentsorgung stärker engagieren oder sie sogar als eine von ihm durchzuführende Aufgabe ansehen. Als 1972 das erste bundeseinheitliche Abfallgesetz in Kraft trat, konnten sich die Bundesländer auf keine gemeinsame Regelung einigen, wie dieser Aufgabenbereich zu gestalten sei. Seitdem ist die Abfallentsorgung bundesrechtlich dergestalt geregelt, daß die öffentliche Hand zur Entsorgung von Siedlungsabfällen verpflichtet ist, bei allen nicht zusammen mit diesen entsorgbaren Reststoffen (worunter auch die Sonderabfälle fallen) muß sich der Abfallbesitzer demgegenüber selbst um eine ordnungsgemäße Entsorgung kümmern.

Weil bundeseinheitliche Lösungen 1972 scheiterten, konnten die einzelnen Bundesländer ihrerseits individuelle Wege zur Problembewältigung einschlagen. Diesen rechtlichen Spielraum haben sie in unterschiedlicher Weise genutzt. Dabei ist die Freiheit, daß der Sonderabfallbesitzer (unter Beachtung bestimmter technischer Anforderungen an eine umweltverträgliche Entsorgung) selbst entscheiden kann, in welcher Weise er seiner Entsorgungsverantwortung nachkommt, in vielen Bundesländern zugunsten restriktiverer Bestimmungen abgelöst worden. Dazu zählt auch, daß in einigen Ländern landesweite Entsorgungsgesellschaften unter Beteiligung der öffentlichen Hand gegründet wurden, denen die Sonderabfälle zur Entsorgung überlassen werden müssen. Diesen und ähnlichen Vorschriften gilt das besondere Interesse dieser Arbeit, weil sie prinzipiell eine Beschränkung von Handlungsfreiheiten der zur Sonderabfallwirtschaft zählenden Akteure (Sonderabfallerzeuger und Sonderabfallentsorger) zur Folge haben und einen staatlichen Eingriff in marktliche Prozesse bedeuten. Solche branchenspezifischen, auf Dauer angelegten Einschränkungen der Gewerbe- und Vertragsfreiheit werden in dieser Arbeit als *"staatliche Regulierung"* bezeichnet.

Trotz einer grundsätzlichen Entscheidung für ein marktwirtschaftliches, wettbewerblich organisiertes Wirtschaftssystem lassen sich in der Bundesrepublik in vielen Branchen solche staatlichen Interventionen nachweisen. Wirtschaftszweige, in denen die marktliche Steuerung teilweise oder vollständig außer Kraft gesetzt und durch staatliche Regulierung verdrängt wurde, können als *ordnungspo-*

litische Ausnahmebereiche bezeichnet werden. Zu den Sektoren, in denen private Wirtschaftstätigkeit weitgehender staatlicher Reglementierung ausgesetzt ist, zählen insbesondere die Bereiche Energie, Verkehr, Telekommunikation, Banken und Versicherungen. Spätestens seit Anfang der 80er Jahre hat eine öffentliche Diskussion darüber eingesetzt, ob eine Einflußnahme des Staates in dieser umfassenden Form überhaupt notwendig ist. Die Interventionsformen in den genannten Wirtschaftszweigen wurden kritisch hinterfragt, und man kam häufig zu dem Schluß, sie seien obsolet und daher abzuschaffen oder zumindest durch weniger einschneidende Formen staatlicher Einflußnahme zu ersetzen. Vielfach wurde eine grundsätzliche *Deregulierung* gefordert. Diese Deregulierungsdebatte als wichtiges wirtschaftspolitisches Diskussionsthema insbesondere der letzten Jahre befaßt sich u.a. mit der ordnungspolitischen Legitimation von Regulierungseingriffen, den mit ihnen verbunden gesamtwirtschaftlichen Fehlentwicklungen und ihren Wirkungen auf Integrationsbestrebungen innerhalb des gemeinsamen europäischen Binnenmarktes. Deregulierung als wirtschaftspolitisches Postulat bezweckt mehr wirtschaftliche Freiheit, "Marktöffnung und Wettbewerb"[1] sowie eine Begrenzung fortschreitender "Verstaatlichung" der Gesellschaft.

Weil die Sonderabfallwirtschaft ebenfalls in ausgeprägtem Maße durch staatliche Regulierung gekennzeichnet ist, liegt es nahe, die Regulierungs- bzw. Deregulierungsdiskussion auf diesen Wirtschaftszweig zu übertragen. Auch wenn in dieser Branche in besonderem Maße umweltbezogene Sachverhalte zu beachten sind, weil selbst bei geringerer Regulierungsintensität eine umweltverträgliche Sonderabfallentsorgung sicherzustellen ist, so stehen dem wettbewerbliche Lösungen und marktorientierte Steuerung prinzipiell nicht entgegen. Umweltgüter stellen knappe (und damit zu bewirtschaftende) Ressourcen dar und sind einer wirtschaftlichen Betrachtungsweise also ohne weiteres zugänglich.

Ziel der Arbeit ist es, auf Basis einer detailierten Analyse der in den einzelnen Bundesländern praktizierten Regulierungsformen Argumente dafür abzuleiten, daß auch in der Sonderabfallwirtschaft mehr Raum für eine Politik der Deregulierung vorhanden ist.

Die zu entwickelnden Argumente ergeben sich dabei im wesentlichen aus drei (miteinander eng verbundenen) *Beurteilungsebenen*: Erstens wird untersucht, ob die vorgebrachten Interventionsgründe einer kritischen Überprüfung auf Basis der ökonomischen Regulierungstheorie standhalten. Zweitens ist zu fragen, mit welchen negativen ökonomischen und ökologischen Folgen die jetzige Form der

---

1 So der Titel des Berichts, den die von der *Bundesregierung* eingesetzte *"Unabhängige Expertenkommission zum Abbau marktwidriger Regulierungen"* (Deregulierungskommission) im Jahr 1991 vorgelegt hat.

Regulierung verbunden sein kann und drittens wird beleuchtet, wie sie im Hinblick auf die wirtschaftliche Integration innerhalb der europäischen Union zu beurteilen ist. Auf Grundlage der so ermittelten Deregulierungspotentiale lassen sich dann Vorschläge entwickeln, wie ein *Deregulierungsprogramm* für die Sonderabfallwirtschaft aussehen könnte, welches die gerechtfertigten Markteingriffsmotive berücksichtigt, Fehlentwicklungen vermeidet und gleichzeitig einen wettbewerblich verfaßten Markt für Sonderabfallentsorgung etabliert. Die vorliegende Arbeit versteht sich damit als ein Beitrag zu der in der Bundesrepublik Deutschland geführten (De-)Regulierungsdebatte und reflektiert die Aufgabenverteilung, wie sie in der Sonderabfallwirtschaft zwischen Staat und Privaten (Sonderabfallerzeuger und Sonderabfallentsorger) sinnvollerweise vorgenommen werden sollte.

1.2 Vorgehensweise

In der Arbeit wird wie folgt vorgegangen: *Teil 2* beinhaltet notwendige Begriffsdefinitionen, einen kurzen allgemeinen Überblick über relevante Rechtsvorschriften des Bundes und der sechszehn Bundesländer und benennt die in der Sonderabfallwirtschaft handelnden Akteure. Er dient als Grundlage für die weiteren Abschnitte. Hinsichtlich des Begriffs "Regulierung" wird zwischen konstitutiven und speziellen Regulierungen unterschieden. Zur ersten Gruppe zählen Eigentums- und Vertragsrecht, aber auch die Regeln des Kartellrechts, um Wettbewerbsbehinderungen privater Akteure zu unterbinden. Diese werden (wie üblicherweise in branchenspezifischen Regulierungsstudien) nicht weiter betrachtet, sondern in der vorliegenden Arbeit sind nur die hoheitlichen wettbewerbsbeschränkenden Maßnahmen von Interesse. Zur Erläuterung des Begriffs "Sonderabfall" wird auf die unterschiedlichen Abgrenzungsmöglichkeiten des Abfallgesetzes hingewiesen. "Sonderabfallentsorgung" umfaßt verschiedene Tätigkeiten innerhalb einer mehrstufigen Entsorgungskette. Die in der Branche handelnden Akteure sind staatliche Institutionen, Sonderabfallentsorger und Sonderabfallerzeuger, wobei im Zusammenhang mit der letzten Gruppe das Sonderabfallaufkommen in Deutschland erläutert wird.

Die in der Sonderabfallwirtschaft vorzufindenden Regulierungsinstrumente werden in *Teil 3* dargestellt. Dabei stützt sich die abfallwirtschaftliche Regulierungssystematik auf Typen staatlicher Interventionen, wie sie auch schon zur Beschreibung von Markteingriffen in anderen Branchen Verwendung fanden, allerdings ergänzt um zwei weitere Kategorien, deren Einordnung in die herkömmliche Systematik nicht sinnvoll erscheint. Als Resultat dieses Kapitels und zur Verdeutlichung der Ausführungen wird eine bundesländerspezifische "Regulierungsmatrix" aufgestellt.

Ein wesentliches Kapitel der Arbeit ist *Teil 4*, denn es beschäftigt sich mit den von offizieller Seite vorgebrachten Interventionsargumenten. Zur Beurteilung dieser Motive wird die "Theorie des Marktversagens" herangezogen, die als *normative* Theorie Antwort auf die Frage gibt, ob staatliche Eingriffe aus ökonomischen Gründen gerechtfertigt sind. Unberücksichtigt bleibt die *positive* Theorie staatlicher Regulierung, die zu erklären versucht, warum in der Realität trotz häufig unzureichender Begründung dennoch reguliert wird. Sie betrachtet dabei die Eigeninteressen von Politikern, Verwaltung und sonstigen Gruppen, welche auch wesentlichen Einfluß auf die politische Durchsetzbarkeit möglicher Deregulierungsempfehlungen haben können. Zum besseren Verständnis der weiteren Ausführungen werden zunächst die zentralen Marktversagensargumente externe Effekte, Unteilbarkeiten, Flexibilitätsmängel und Informationsmängel kurz erläutert, um anschließend die in der Sonderabfallwirtschaft vorgetragenen Regulierungsgründe darzustellen und im Hinblick auf die Marktversagenstheorie zu beurteilen. Am Schluß dieses Kapitels werden die Ergebnisse zusammengefaßt, da sie von zentraler Bedeutung für die zu entwickelnden Deregulierungsvorschläge sind.

Teil 5 befaßt sich mit einer weiteren Beurteilungsdimension. Es wird dargestellt, welche denkbaren effizienz- und ökologiebezogenen Fehlentwicklungen die aktuellen Regulierungsformen hervorrufen können. An diese Wirkungen dachte man bei der Einführung der wettbewerbsbeschränkenden staatlichen Regelungen möglicherweise überhaupt nicht oder ihnen wurde keine entscheidende Bedeutung beigemessen.

Im Anschluß daran ist in *Teil 6* zu untersuchen, welchen Einfluß der 1993 vollendete europäische Binnenmarkt auf die nationale Regulierung der Sonderabfallwirtschaft ausübt, denn der gemeinsame Markt ist seinerseits von einer wettbewerblichen Verfassung geprägt, berücksichtigt aber gleichwohl auch die Umweltpolitik als wichtige Aufgabe innerhalb der Union. Nach Darstellung der grundlegenden Elemente gemeinschaftlicher Politik im Hinblick auf Verkehrsfreiheiten (insb. Waren- und Dienstleistungsfreiheit), Umweltschutz im allgemeinen und Abfall- bzw. Sonderabfallentsorgung im besonderen geht es darum, die Vereinbarkeit der nationalen Organisationsstrukturen mit diesen Vorstellungen zu überprüfen.

Unter Berücksichtigung der Ergebnisse der vorherigen Kapitel werden in *Teil 7* Grundzüge einer marktwirtschaftlich ausgerichteten Sonderabfallwirtschaft entworfen. Es ergibt sich ein branchenspezifisches Deregulierungsprogramm, welches verschiedene Elemente enthält, die entweder zu den auch für andere Wirtschaftszweige vorgeschlagenen marktöffnenden und wettbewerbsfördernden Maßnahmen gehören oder als marktorientierte umweltpolitische Instrumente bereits seit langem in der öffentlichen Diskussion stehen. Die Ausführungen enthalten auch Hinweise darauf, welche Wirkungserwartungen mit der Durchsetzung der jeweiligen Maßnahmen verbunden sind.

Einige abschließende Bemerkungen beenden in *Teil 8* die Arbeit.

2. Grundlagen

Bevor die Regulierung der Sonderabfallwirtschaft analysiert wird, erscheint es zunächst angebracht, einen Überblick über das relevante Bundes- und Landesabfallrecht zu geben (Kap. 2.1). Es ist erforderlich, die für diese Arbeit zentralen Begriffe "Regulierung" (Kap. 2.2) und "Sonderabfall" bzw. "Sonderabfallentsorgung" (Kap. 2.3) zu definieren. Darüberhinaus sind die in der Sonderabfallwirtschaft handelnden Akteure (staatliche Institutionen, Sonderabfallerzeuger und Sonderabfallentsorger) zu charakterisieren (Kap. 2.4). Soweit es anhand verfügbaren statistischen Materials möglich ist, wird dabei auch dargestellt, wieviel Sonderabfälle in der Bundesrepublik Deutschland jährlich anfallen und auf welchen Wegen sie entsorgt werden.

2.1 Überblick über Rechtsvorschriften

2.1.1 Gesetzgebung des Bundes

Zur Identifikation staatlicher Interventionen im Markt für Sonderabfallentsorgung sind die wesentlichen Rechtsvorschriften des Bundes und der sechszehn Bundesländer heranzuziehen.[1] Die Rechtsmaterie "Abfallrecht" existiert erst seit etwa 20 Jahren auf Bundes- und Landesebene. Vorher wurde die Entsorgung von Hausmüll und hausmüllähnlichen Gewerbeabfällen als Angelegenheit der Gemeinden durch häufig sehr unterschiedliche kommunale Satzungen geregelt. Vorschriften für die Beseitigung von Sonderabfällen, die den Abfallbesitzern überlassen blieb, existierten jedoch nicht. In diesen zwei Jahrzehnten sind die Rechtsgrundlagen der Abfallwirtschaft in mehreren Phasen mit unterschiedlichen Zielprioritäten zur heutigen Regelungsdichte weiterentwickelt worden.[2]

Verschiedene Faktoren veranlaßten den Gesetzgeber damals dazu, die Abfallbeseitigung bundeseinheitlich zu regeln[3] und ihr den Charakter einer hoheitlichen staatlichen Aufgabe der Daseinsvorsorge zu verleihen:

---

1 Vgl. Kap. 6.2.3 zum Abfallrecht der Europäischen Union.

2 Vgl. dazu *Sachverständigenrat für Umweltfragen* (1990), Tz. 86 ff. oder *Klages* (1991), S. 12 ff.

3 Der Bund erhielt 1972 die Gesetzgebungskompetenz auf dem Gebiet der Abfallwirtschaft durch eine Grundgesetzänderung, vgl. Dreißigstes Gesetz zur Änderung des Grundgesetzes vom 12. April 1972, BGBl. I, S. 593. Die Befugnis zur konkurrierenden Gesetzgebung, nach der die Bundesländer nur dann eigene Gesetze erlassen können, solange und soweit der Bund sein Gesetzgebungsrecht nicht wahrnimmt (Art. 72 Abs. 1 GG), ergibt sich für das Abfallrecht aus Art. 74 Nr. 24 GG.

- gestiegenes Abfallaufkommen durch Erhöhung des Lebensstandards, damit verbundenen Veränderungen in den Konsumgewohnheiten und kürzere Lebensdauer der Produkte;
- veränderte Zusammensetzung der Abfälle mit immer mehr Schadstoffen;
- knapper werdende Beseitigungskapazitäten und Probleme durch ungeordnete und mangelhafte Beseitigungspraxis;
- wachsendes Umweltbewußtsein der Bevölkerung allgemein, stärkeres Problembewußtsein für die Belange der Abfallbeseitigung, zunächst vor allem im Hinblick auf "mögliche Beeinträchtigungen der Volksgesundheit" und die "Gefährdung von Sicherheit und Ordnung".

Am 11. Juni 1972 trat das *"Gesetz über die Beseitigung von Abfällen"* (Abfallbeseitigungsgesetz) in Kraft.[4] Es hatte vor allem die ordnungsgemäße Abfallbeseitigung und die Reduzierung der Anzahl der Abfalldeponien zum Ziel, orientierte die Abfallbeseitigung am Wohl der Allgemeinheit (§ 2 AbfbesG) und verpflichtete die nach Landesrecht zuständigen Körperschaften des öffentlichen Rechts zur Abfallbeseitigung (§ 3 Abs. 2 AbfbesG).

Erst im *Abfallwirtschaftsprogramm 1975* der Bundesregierung wurden dann erstmals die Zielprioritäten zugunsten der Vermeidung, Verminderung, Wiederverwendung und Verwertung von Abfällen verlagert.[5] Als wichtige Ziele nennt das Abfallwirtschaftsprogramm die Reduzierung der Abfälle auf Produktions- und Verbraucherebene, die Steigerung der Nutzbarmachung von Abfällen, deren schadlose Beseitigung und die Zurechnung der Kosten nach dem Verursacherprinzip.[6]

Das Abfallbeseitigungsgesetz ist in den folgenden Jahren mehrfach geändert und ergänzt worden.[7] Die erste Novelle vom Juni 1976 brachte aufgrund negativer Erfahrungen mit "Giftmüll-Skandalen" vor allem schärfere Kontrollen von Abfalltransporten sowie abfallerzeugenden und -entsorgenden Anlagen. Das zweite Änderungsgesetz lockerte 1982 die Transportkontrollbestimmungen für unproblematische Beförderungsvorgänge. Gegenstand einer dritten Änderung des Abfallbeseitigungsgesetzes im Jahr 1985 waren Fragen der grenzüberschreitenden

4 Gesetz über die Beseitigung von Abfällen (Abfallbeseitigungsgesetz - AbfG) vom 7. Juni 1972, BGBl. I, S. 873 ff. (im folgenden: AbfbesG).

5 Vgl. *Sachverständigenrat für Umweltfragen* (1978), S. 176.

6 Vgl. *Deutscher Bundestag* (1976), S. 3.

7 Vgl. dazu *Hoschützky/ Kreft* (1992), Teil "Einführung", S. 2 f. oder *von Köller* (1991), S. 4 f.

Verbringung von Abfällen, insbesondere zur Kontrolle von Sonderabfällen. Gleichzeitig wurde der Grundsatz der Abfallentsorgung im Inland eingeführt.[8]

Im Rahmen der noch gültigen 4. Novelle wurden im *Abfallgesetz vom 27. August 1986* (AbfG) die weitestgehenden Änderungen eingeführt. Vor allem verankerte der Gesetzgeber die schon im Abfallwirtschaftsprogramm `75 unverbindlich festgelegte Zielhierarchie "Vermeidung - Verwertung - schadlose Entsorgung" im Gesetz und schlug damit den Weg von der Abfallbeseitigung zu einer umfassenden Abfallwirtschaft ein. Dies dokumentiert sich auch im Titel "Gesetz über die Vermeidung und Entsorgung von Abfällen". Außerdem wurde durchgängig der Begriff "Beseitigung" durch den der "Entsorgung" ersetzt.[9]

Seit einiger Zeit ist beabsichtigt, das geltende Abfallrecht zu novellieren und durch das "*Gesetz zur Förderung einer abfallarmen Kreislaufwirtschaft und Sicherung der umweltverträglichen Entsorgung von Abfällen*" (Kreislaufwirtschafts- und Abfallgesetz - KrW-/AbfG) abzulösen.[10] Es geht in verschiedenen Punkten über die Regelungen des AbfG hinaus und bezweckt ganz allgemein, die Rechtsmaterie in Richtung einer umweltverträglichen und abfallarmen Kreislaufwirtschaft fortzuentwickeln sowie die Entsorgung nicht zu vermeidender Abfälle sicherzustellen. Eckpunkte des Entwurfs sind u.a. die Einführung eines Rückstandsbegriffs (§ 3 Abs. 1 bis 3), des grundsätzlichen Vorrangs der Abfallvermeidung gegenüber der Abfallentsorgung (§ 4 Abs. 1) und die Etablierung einer den gesamten Produktlebenszyklus umfassenden Produkt- und Produktionsverantwortung für die Produzenten und Vertreiber der von ihnen hergestellten und vertriebenen Waren (§§ 20 bis 24). Zum zentralen Begriff "Rückstand" zählen neben Abfällen auch Sekundärrohstoffe. Durch ihn sollen die Pflichten zur Vermeidung, Verwertung oder Entsorgung nicht länger von Begrifflichkeiten (insb. hinsichtlich der oftmals problematischen Abgrenzung zwischen Abfall

---

8 Vgl. Kap. 6 zu Fragen grenzüberschreitender, insbesondere europaweiter Abfallentsorgungsvorgänge und Kap. 3.2.3.4 zum Grundsatz der Inlandsentsorgung.

9 Auch nach der 4. Novelle sind einzelne Paragraphen des Abfallgesetzes geändert worden, etwa im Rahmen der Novellierung des BImSchG oder durch den Einigungsvertrag (vgl. *Kunig/ Schwermer/ Versteyl* (1992), Teil "Einleitung", Rn. 29 ff.). Durch das Gesetz zur Umsetzung der Richtlinie des Rates vom 27. Juni 1985 über die Umweltverträglichkeitsprüfung bei bestimmten öffentlichen und privaten Projekten (85/ 337/EWG) (vgl. Verzeichnis der Rechtsvorschriften) wurde § 7 AbfG insofern geändert, als jetzt nach § 7 Abs. 1 AbfG im Rahmen des Planfeststellungsverfahrens auch eine Umweltverträglichkeitsprüfung durchzuführen ist.

10 Der Entwurf liegt nach mehrfachen Überarbeitungen in der Fassung vom 15. September 1993 vor, vgl. *Deutscher Bundestag* (1993). Dieser Artikelgesetz-Entwurf enthält das KrW-/AbfG in Art. 1. Vgl. zur Diskussion des Gesetzesvorhabens z.B. *Sachverständigenrat für Umweltfragen* (1993), *Michaelis* (1993), S. 51 ff., *Schenkel/ Reiche* (1993), *Töpfer u.a.* (1992) oder *Hecht* (1993).

und Wirtschaftsgut), sondern von der tatsächlichen Stoffbeschaffenheit abhängig gemacht werden.[11] Der Vermeidungsbegriff umfaßt neben der Verhinderung der Abfallentstehung auch die stoffliche oder energetische Verwertung, wobei zur Ressourcenschonung die stoffliche Verwertung Vorrang vor der energetischen hat (§§ 3 Abs. 5, 4 Abs. 2). Im Rahmen der Konzeption der Produktverantwortung sind Ermächtigungsvorschriften für Rücknahme- und Rückgabepflichten sowie für direkte Produktverbote bzw. -beschränkungen vorgesehen. Sie konkretisieren im wesentlichen die bisherigen Erfahrungen mit dem § 14 AbfG.

Für diese Arbeit wichtige Regelungen sollen in gleicher oder ähnlicher Form aus dem bestehenden Abfallgesetz übernommen werden. Nicht vermiedene oder als Sekundärrohstoffe verwertete Rückstände sind im Inland als Abfall so zu entsorgen, daß von ihnen keine schädlichen Umwelteinwirkungen ausgehen und das Wohl der Allgemeinheit nicht beeinträchtigt wird (§ 5). Hinsichtlich der Entsorgungspflicht soll weiterhin gelten, daß die nach Landesrecht zuständigen Körperschaften des öffentlichen Rechts primär für die Verwertung und Entsorgung von Rückständen verantwortlich sind. Sie haben auch nach wie vor die Möglichkeit, Abfälle von der Entsorgung auszuschließen, soweit sie diese nicht zusammen mit Haushaltsabfällen entsorgen können (§ 8).[12] In diesem Fall greift die Grundpflicht des § 6 Abs. 1, wonach der Erzeuger oder Besitzer der nicht vermiedenen Rückstände für deren Verwertung oder Entsorgung verantwortlich ist. Überwachungsbedürftige Rückstände (§ 41), deren allgemeine Definition nahezu identisch ist mit der bisherigen Formulierung des § 2 Abs. 2 AbfG, sollen wie bisher per Verordnung festgelegt werden (§ 3 Abs. 4). § 13 ermächtigt die Bundesländer nunmehr ausdrücklich, ihrerseits Maßnahmen zur Sicherstellung der Verwertung oder Entsorgung von Rückständen aus gewerblichen oder sonstigen wirtschaftlichen Unternehmen zu ergreifen, falls dies durch den Rückstandsbesitzer oder speziell beauftragte Verbände bzw. Selbstverwaltungskörperschaften nicht gewährleistet ist. Die Regelung, Abfälle im wesentlichen nur in dafür zugelassenen Anlagen entsorgen zu dürfen (§ 25 Abs. 1), soll ebenso fortbestehen wie die vorausschauende Planungsverantwortung der Länder hinsichtlich der Abfallwirtschafts- und Standortplanung (§ 26). Die Entsorgung von Abfällen bleibt grundsätzlich überwachungsbedürftig (§§ 39 und 40), wobei zur Wahrnehmung durch die zuständige Behörde bestimmte Informationspflichten, darunter ein Nachweisverfahren für ausgeschlossene Rückstände, vorgesehen sind. Zur

---

11 Erfaßt werden durch den Begriff "alle beweglichen Sachen, die bei der Produktion oder dem Verbrauch von Gütern anfallen, ohne daß der Zweck hierauf ausgerichtet ist oder deren ihrem Zweck entsprechende Verwendung entfällt oder aufgegeben wird." (*Deutscher Bundestag* (1993), S. 2)

12 Vgl. dazu Kap. 3.2.1.

Abfallsammlung und -beförderung bedarf es nach wie vor einer Genehmigung (§ 42).[13]

Diese kurze Erläuterung mag genügen, denn es erscheint aus mehreren Gründen gerechtfertigt, die Arbeit auf die noch geltenden Bestimmungen des Abfallgesetzes von 1986 zu stützen:

- Der Entwurf hat noch nicht alle parlamentarischen Hürden genommen und es ist nicht genau abzusehen, wann das neue Gesetz in Kraft treten wird.
- Die Arbeit konzentriert sich im wesentlichen auf diejenigen Sonderabfälle, die trotz entsprechender Bemühungen seitens der Abfallverursacher dennoch entstanden sind und daher umweltverträglich entsorgt werden müssen. In dieser Hinsicht enthält das jetzige Abfallgesetz bereits weitgehende Regelungen, die auch durch den Gesetzentwurf nicht entscheidend erweitert werden.
- Auch bei Zugrundelegung des noch geltenden Abfallrechts ändert sich an der qualitativen Beurteilung der bestehenden (landesrechtlich geprägten) Regulierung der Sonderabfallwirtschaft nichts Grundsätzliches.
- Die Ausführungsgesetze der Bundesländer beziehen sich in ihren Regelungen (und in der verwendeten Terminologie) auf das Abfallgesetz von 1986.

Das Abfallgesetz ermächtigt die Bundesregierung zum Erlaß unterschiedlicher Rechtsverordnungen. Von dieser Möglichkeit hat sie im Laufe der Zeit ausgiebig Gebrauch gemacht. Unter anderem wurden die *Abfallbestimmungs-Verordnung* nach § 2 Abs. 2 AbfG, die *Reststoff-Bestimmungs-Verordnung* nach § 2 Abs. 3 AbfG und die *Abfallverbringungs-Verordnung* nach den §§ 13 Abs. 5 bzw. 13c Abs. 1 AbfG erlassen. Die *Abfall- und Reststoffüberwachungsverordnung* setzt die §§ 2 Abs. 3 und 11 Abs. 2 und 3 AbfG um. Schließlich stellt § 4 Abs. 5 AbfG die Rechtsgrundlage für die 1990 in Kraft getretene *Technische Anleitung Abfall*, Teil 1 (im folgenden TA Sonderabfall genannt) dar.

---

13 Vgl. Kap. 3.2.4 zu den letztgenannten Regelungen.

Tab. 1: Wesentliche rechtliche Grundlagen des Bundes für die Sonderabfallwirtschaft[14]

Gesetz über die Vermeidung und Entsorgung von Abfällen (Abfallgesetz - AbfG) vom 27. August 1986
Verordnung zur Bestimmung von Abfällen nach § 2 Abs. 2 des Abfallgesetzes (Abfallbestimmungs-Verordnung - AbfBestV) vom 3. April 1990
Verordnung zur Bestimmung von Reststoffen nach § 2 Abs. 3 des Abfallgesetzes (Reststoffbestimmungs-Verordnung - RestBestV) vom 3. April 1990
Verordnung über das Einsammeln und Befördern sowie über die Überwachung von Abfällen und Reststoffen (Abfall- und Reststoffüberwachungs-Verordnung - AbfRstÜberwV) vom 3. April 1990
Verordnung über die grenzüberschreitende Verbringung von Abfällen (Abfallverbringungs-Verordnung - AbfVerbrV) vom 18. November 1988
Zweite allgemeine Verwaltungsvorschrift zum Abfallgesetz (TA Abfall), Teil 1: Technische Anleitung zur Lagerung, chemisch/ physikalischen, biologischen Behandlung, Verbrennung und Ablagerung von besonders überwachungsbedürftigen Abfällen vom 10. April 1990

Die *Abfallbestimmungsverordnung* legt diejenigen Abfallarten fest, die nach Art oder Menge in besonderem Maße in der Lage sind, die Umwelt zu gefährden und an deren Entsorgung daher besondere Anforderungen gestellt werden müssen. Diese besonders überwachungsbedürftigen Abfälle unterliegen der bundesweiten Nachweispflicht nach § 11 Abs. 3 AbfG und bei ihrer Entsorgung sind die Bestimmungen der TA Sonderabfall anzuwenden.[15] Einen nahezu identischen Stoffkatalog enthält die *Reststoffbestimmungsverordnung*, um diejenigen Reststoffe festzulegen, bei denen von der zuständigen Behörde eine Nachweispflicht nach § 11 Abs. 2 AbfG angeordnet werden kann. Der Zweck dieser Verordnung besteht darin, auch die Handhabung derjenigen Stoffe transparent zu machen, die keine Abfälle im Sinne des Abfallgesetzes sind, weil sie als Reststoffe verwertet werden sollen. So will man eine Umgehung der Vorschriften des Abfallgesetzes vermeiden.

---

14 Darüberhinaus wird die Sonderabfallentsorgung durch weitere Vorschriften aus verwandten Rechtsgebieten reglementiert. Dazu zählen das Bundes-Imissionsschutzgesetz mit seinem in § 5 Abs. 1 Nr. 3 verankerten immissionsschutzrechtlichen Vermeidungs- und Verwertungsgebot, die Vierte und Siebzehnte Verordnung zur Durchführung des BImSchG (vgl. dazu Kap. 3.2.4.1) und das Gesetz über die Umweltverträglichkeitsprüfung (UVPG), welches in der Anlage zu § 3 UVPG eine Umweltverträglichkeitsprüfung für nach § 7 AbfG planfestzustellende Abfallentsorgungsanlagen vorschreibt. Zum EG-Recht in der Sonderabfallwirtschaft vgl. Kap. 6.2.3.

Die *Abfall- und Reststoffüberwachungsverordnung* ersetzt die Abfallnachweis-Verordnung und die Abfallbeförderungs-Verordnung[16] und hat als zentrale Neuerung den sogenannten Entsorgungsnachweis eingeführt, nach dem zunächst vom Abfallerzeuger nachgewiesen werden muß, daß die zu entsorgenden Abfälle nicht verwertet werden können. Anschließend ist darzulegen, daß die vorgesehene Art der Entsorgung zulässig ist, und schließlich ist mittels des "Begleitscheinverfahrens" der Nachweis über die ordnungsgemäße Entsorgung der Abfälle zu erbringen.[17]

In der *TA Sonderabfall* werden einheitliche Verfahren der Sammlung, Behandlung, Lagerung und Ablagerung von Sonderabfällen sowie eine Zuordnung von Abfallarten zu bestimmten Entsorgungswegen festgelegt.[18] Als Grundsatz dieser Verwaltungsvorschrift wurde formuliert: "Das Entsorgen von Abfällen muß in allen Phasen umweltverträglich sein und darf auch langfristig keine Umweltschäden hervorrufen. Deshalb müssen Abfälle, deren Ablagerung unumgänglich ist, zuerst in eine ablagerungsfähige, d.h. umweltverträgliche Form gebracht werden."[19] Dementsprechend wird der Entsorgungsstandard bundesweit entsprechend dem "Stand der Technik" durch technische und organisatorische Anforderungen an Errichtung und Betrieb von Sonderabfallentsorgungsanlagen vereinheitlicht und die behördliche Überwachung verbessert.[20]

2.1.2 Rechtsvorschriften der Bundesländer

Nach Inkrafttreten des Abfallbeseitigungsgesetzes von 1972 haben die Bundesländer Ausführungsgesetze erlassen, um einen effektiven Vollzug der Abfallbeseitigung zu gewährleisten. Entsprechend der Weiterentwicklung des Abfallrechts des Bundes mußten im Laufe der Zeit auch die Länder ihre Abfallgesetze

---

15 Vgl. *Henselder-Ludwig* (Hrsg., 1991), S. 113.

16 Abfallnachweis-Verordnung (AbfNachwV) vom 2. Juni 1978, BGBl. I, S. 668 und Verordnung über das Einsammeln und Befördern von Abfällen (Abfallbeförderungs-Verordnung - AbfBefV) vom 24. August 1983, BGBl. I, S. 1130.

17 Vgl. *Deutscher Bundestag* (1990), S. 170. Vgl. Kap. 3.2.4.2 zu Entsorgungnachweis und Begleitscheinverfahren.

18 Vgl. für einen Überblick z.B. *von Köller* (1991), S. 98 ff.

19 *Deutscher Bundestag* (1990), S. 169.

20 Vgl. dazu Kap. 3.2.4.1.

anpassen und mit ihnen das Bundesrecht ergänzen.[21] Dieser Ersatz durch zeitgemäßere Rechtsvorschriften geschah zum Teil allerdings erst in jüngster Vergangenheit. Mittlerweile sind in allen sechszehn Bundesländern Ausführungsgesetze zum Abfallgesetz von 1986 in Kraft oder befinden sich als Gesetzentwürfe in der parlamentarischen Diskussion.[22]

Da das Abfallrecht eine Rechtsmaterie darstellt, die nach Art. 74 Nr. 24 GG in den Bereich der *konkurrierenden Gesetzgebung* fällt und damit landesrechtliche Regelungen nur zulässig sind, solange und soweit der Bund von seiner Gesetzgebungskompetenz keinen Gebrauch macht, hängt das Ausmaß der Regelungsbefugnis der Länder von der "Sperrwirkung" des Art. 72 Abs. 1 GG ab. Man geht davon aus, daß sich Kollisionen mit dem Grundgesetz dann nicht ergeben, wenn die landesrechtlichen Regelungen auf das Bundesrecht abgestimmt sind und ihm nicht widersprechen.[23] Konkret bieten sich für die Bundesländer Spielräume für eigenständige Regelungen zur Abfallwirtschaft, wenn entweder das Abfallgesetz eine ergänzende Landesgesetzgebung ausdrücklich vorschreibt bzw. erlaubt oder wenn der Bund seine Gesetzgebungsmöglichkeiten nicht erschöpfend nutzt.

In folgenden Bereichen ist eine ergänzende Landesgesetzgebung ausdrücklich im AbfG vorgesehen:
- Bestimmung der entsorgungspflichtigen Körperschaften gemäß § 3 Abs. 2 AbfG;[24]
- Bestimmung der zuständigen Behörden gemäß § 19 AbfG: Festlegung des Verwaltungsaufbaus für den Bereich der Abfallwirtschaft, der Vollzugs- und technischen Fachbehörden, Regelungen zur örtlichen und sachlichen Zuständigkeit;
- Bestimmungen zur Abfallentsorgungsplanung gemäß § 6 AbfG: Verfahrensregelungen zur Aufstellung der Pläne, Regelung ergänzender Inhalte (insb. Festlegungen zur Trägerschaft der Abfallentsorgung und zu Einzugsgebieten

---

21 Zum Teil sind aber auch richtungsweisende Ansätze wie die Zielpriorität "Vermeidung und Verwertung von Abfällen" in landesrechtlichen Vorschriften antizipiert worden, bevor sie im AbfG 1986 zu Bundesrecht wurden. Vgl. z.B. den § 1 "Ziel der Abfallwirtschaft" im Hessischen Gesetz über die Vermeidung, Verwertung und Beseitigung von Abfällen (Hessisches Abfallgesetz - HAbfG) in der Fassung der Bekanntmachung vom 11. Dezember 1985, GVBl. I 1986, S. 17.

22 Vgl. das Verzeichnis der Rechtsvorschriften (Anhang) zu den einzelnen Gesetzen und Verordnungen der Bundesländer.

23 Vgl. *Birn/ Jung* (Hrsg., 1991), Teil 15 Kap. 11, S. 3.

24 Vgl. Kap. 3.2.1.

für Entsorgungsanlagen) neben den obligatorischen Inhalten (Anlagenstandorte, Abfallaufkommen).[25]

Neben diesen Zuständigkeits- und Verfahrensvorschriften gibt es Bereiche, die von den Landesgesetzgebern inhaltlich ausgefüllt werden können, wenn der Bund von seiner Regelungskompetenz nicht abschließend Gebrauch gemacht hat. Hier wird ein Regelungsbedarf angenommen, um einen effektiven Gesetzesvollzug im Hinblick auf abfallrechtliche Zielvorstellungen zu gewährleisten:

- Ergänzende Bestimmungen im Hinblick auf die Durchführung abfallrechtlicher Zulassungsverfahren (z.B. Veränderungssperren bei Einleitung eines Planfeststellungsverfahrens, Fragen im Zusammenhang mit Enteignung und Entschädigung aufgrund der Errichtung von Abfallentsorgungsanlagen);
- Durchführungsbestimmungen zur Überwachung der Abfallentsorgung;[26]
- Schaffung ökonomischer Anreize zur Abfallvermeidung und Abfallverwertung, insb. mittels Abgabenregelungen;[27]
- Regelungen zur Bewältigung der Altlastenproblematik;[28]
- Spezielle Vorschriften zur "Organisation der Sonderabfallwirtschaft": Dieser Komplex wird in mehreren Landesabfallgesetzen in eigenständigen Abschnitten geregelt und gehört, wie die Umschreibung bereits zeigt, neben den dort nicht enthaltenen, aber dennoch relevanten Sachverhalten (Abfallabgaben, Anlagenzulassung und Entsorgungsüberwachung, Festlegungen in Abfallentsorgungsplänen usw.) zu den Untersuchungsgegenständen dieser Arbeit.

Werden sowohl das Bundesabfallrecht als auch die Landesabfallgesetze und dazu erlassene Verordnungen betrachtet, so ergibt sich ein dichtes Vorschriftennetz, welches Grundlage für die in Kap. 3 durchzuführende Analyse der deutschen Sonderabfallwirtschaftsregulierung ist.

---

25 Vgl. auch Kap. 3.2.3.4.

26 Vgl. Kap. 3.2.4.

27 Vgl. Kap. 3.2.7.

28 Dieser Bereich wird in der Arbeit nur insofern behandelt, als staatliche Regulierung der Sonderabfallwirtschaft ausdrücklich damit begründet wird, einen Beitrag zur Finanzierung der Altlastensanierung zu leisten. Vgl. dazu Kap. 4.2.2.6.

2.2 Staatliche Regulierung

2.2.1 Begriff

In jeder entwickelten Volkswirtschaft greift der Staat auf vielfältige Weise in das Marktgeschehen ein, denn erst durch geeignete rechtliche Rahmenbedingungen erhält man die Voraussetzungen für effektives Wirtschaften. Geht man von einer sehr weiten Definition des Begriffs *"staatliche Regulierung"*[29] aus, so ist "Regulierung .. jede staatliche oder staatlich sanktionierte Beschränkung der Handlungsmöglichkeiten, der Verfügungsmöglichkeiten des Menschen. Sie betrifft dessen Verfügen über sich selbst, über Sachen und über Rechte, sei es in tatsächlicher, sei es in rechtsgeschäftlicher, insbesondere vertraglicher Art."[30]

Eine solche Umschreibung beinhaltet sowohl die allgemeinen wirtschaftlichen Rahmenbedingungen als auch spezielle, branchenspezifische Normen.[31] Die Rahmenbedingungen sind Gegenstand der allgemeinen Rechtsordnung und können als *konstitutive Regulierungen* bezeichnet werden.[32] Dazu zählen Straf-, Eigentums-, Vertrags- und Kartellrecht. Sie ermöglichen Wettbewerb überhaupt erst bzw. sichern ihn dauerhaft ab. Sie gelten für alle gesellschaftlichen Akteure und haben zum Ziel, durch Festlegung von allgemeingültigen "Spielregeln" die Transaktionskosten wirtschaftlicher Austauschprozesse zu senken und sie damit zum Teil erst zu ermöglichen.[33] Diese jedermann betreffenden Regulierungen sind erwünscht und sollen nicht Gegenstand dieser Arbeit sein.

---

29 Der Begriff "staatliche Regulierung" wurde von Emil Sax im Rahmen seines Konzepts der "staatlich regulierten Unternehmung" Ende letzten Jahrhunderts als ordnungspolitische Alternative zum "Wirtschaften in öffentlichen Betrieben" eingeführt (vgl. dazu z.B. *Thiemeyer* (1983), S. 26 ff). In diesem Kontext taucht auch immer wieder die Formulierung "öffentliche Bindung" auf. Darunter "versteht man die Einengung der Unternehmerdisposition der Betriebe eines bestimmten Wirtschaftszweiges in Hinsicht auf das öffentliche Interesse." (*ders.* (1983a), S. 19) Auf Zusammenhänge zwischen "Regulierung" und "öffentlicher Bindung" soll hier nicht weiter eingegangen werden (vgl. dazu z.B. *Dick* (1990), S. 40 ff. mit weiteren Literaturhinweisen), im folgenden wird ausschließlich der Begriff "Regulierung" verwendet.

30 *Deregulierungskommission* (1991), Tz. 2.

31 Vgl. Abb. 1, folgende Seite.

32 Im amerikanischen juristischen Sprachgebrauch werden unter "regulation" alle Gesetze, Rechts- und Verwaltungsanordnungen subsumiert. Hierin zeigt sich ein sehr weit gefaßtes Verständnis von Regulierung als Mittel, um Rechtssubjekte in ihren Aktivitäten zu beschränken (vgl. *Weber* (1986), S. 30 f.).

33 Vgl. *Ewers/ Wein* (1989), S. 5.

Von einigen Autoren werden Normen dieser Art nicht zu den staatlichen Regulierungen gezählt. Sie reduzieren den Begriff der Regulierung auf solche staatlichen Eingriffe, die nicht für alle, sondern nur für einen abgrenzbaren Personenkreis, insbesondere für einen bestimmten Wirtschaftsbereich, gelten.[34] Demnach ist unter Regulierung "jede Einschränkung der Gewerbe- und Vertragsfreiheit durch solche staatlichen Eingriffe zu verstehen, die nicht die für alle geltenden Spielregeln der Marktwirtschaft festlegen."[35]

Abb. 1: Konstitutive und spezielle Regulierungen

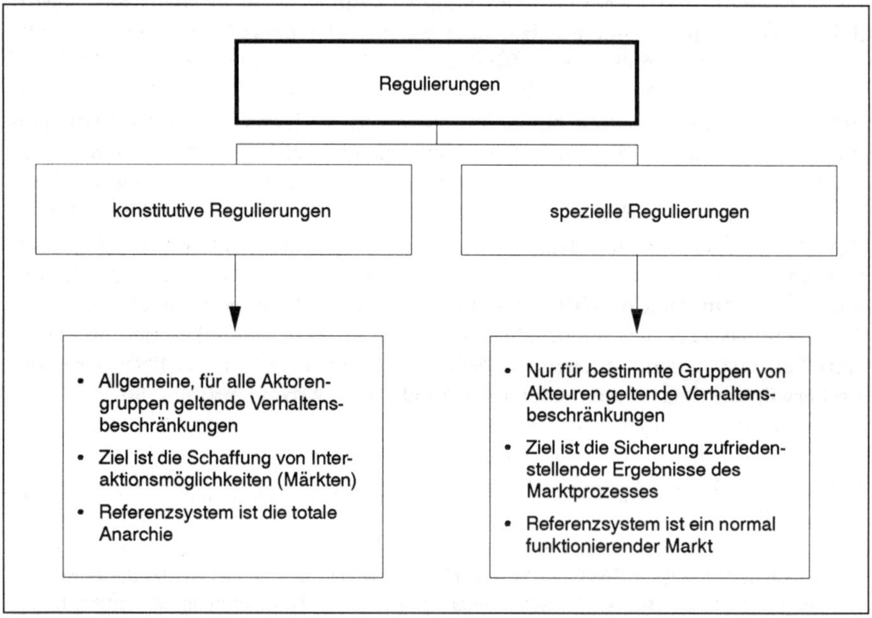

(Quelle: in Anlehnung an *Ewers/ Wein* (1989), S. 6)

So verstanden zeichnet sich *spezielle* Regulierung insbesondere durch die folgenden Merkmale aus:

- Die staatlichen Eingriffe sind in der Regel branchenbezogen. Im Fall der Sonderabfallwirtschaft wenden sie sich an sonderabfallerzeugende und sonderabfallentsorgende Unternehmen.

---

34 Vgl. z.B. *Kurz* (1986), S. 42, *Krakowski* (Hrsg., 1988), S. 9 oder *Soltwedel u.a.* (1986), S. 3.

35 *Müller/ Vogelsang* (1979), S. 19.

- Sie beeinflussen das von Eigeninteresse gelenkte Verhalten privater Wirtschaftssubjekte und beschränken (zumindest formal) den unternehmerischen Handlungsspielraum der Branchenangehörigen.
- Sie sind dauerhaft angelegt. Damit versteht sich Regulierung als Teil der Ordnungspolitik.
- Die Staatsinterventionen stellen ein "Wettbewerbssurrogat" dar, indem sie den Wettbewerb als zentrales Element der bundesdeutschen Wirtschaftsverfassung ganz oder teilweise ersetzen.[36]
- Sie greifen in die individuelle Gewerbe- und Vertragsfreiheit ein und beeinflussen damit die Art und Weise, wie unterschiedliche Verfügungsrechte (property rights) auf die beteiligten Wirtschaftssubjekte aufgeteilt werden.[37]

Immer, wenn im Verlauf der Arbeit von Regulierung gesprochen wird, dann sind diese *branchenspezifischen, dauerhaften Interventionen in marktliche Prozesse* gemeint, die auch im Zentrum der allgemeinen Deregulierungsdiskussion stehen.[38]

Staatliche Regulierungseingriffe werden üblicherweise damit begründet, daß ein unbeeinflußter Wettbewerbsprozess zu gesellschaftlich oder ökonomisch unerwünschten Ergebnissen führt. An dieser Stelle soll diese allgemeine Aussage zu Regulierungsbegründungen genügen, da auf die Rechtfertigungsgründe für Staatsinterventionen in der Sonderabfallwirtschaft im Kapitel 4 ausführlich eingegangen wird. Insbesondere die normative Theorie des Marktversagens wird dabei im Mittelpunkt der Analyse stehen.

Klassische *Untersuchungsbereiche für staatliche Eingriffe* in den Wettbewerbsprozess waren und sind in den USA insbesondere die Verkehrs-, Kommunikations- und Energiemärkte, in der Bundesrepublik vor allem diejenigen "wettbewerbspolitischen Ausnahmebereiche"[39], die das Gesetz gegen Wettbewerbsbeschränkungen (GWB) als "ordnungspolitisches Grundgesetz" in den §§ 99 bis 103 von den allgemeinen Wettbewerbsregeln ausnimmt. Dazu zählen u.a. der Verkehr (Güterverkehr, Binnenschiffahrt, Bundesbahn, Luftverkehr), die Post, Banken und Versicherungen oder die leitungsgebundene Versorgungswirtschaft

---

36 Vgl. *Kroker* (1985), S. 9.

37 Vgl. *Apolte/ Kessler* (1990), S. 5.

38 Vgl. Kap. 7.1.1 zum Begriff "Deregulierung".

39 "Zu den wettbewerbspolitischen Ausnahmebereichen gehören jene Wirtschaftsbereiche, in denen die generellen wettbewerbspolitischen Regelungen insgesamt oder zumindest teilweise keine Gültigkeit besitzen." (*Eickhoff* (1985), S. 63)

(Strom, Gas, Fernwärme).[40] Die *Deregulierungskommission* untersuchte weitere Wirtschaftsbereiche wie ausgewählte freie Berufe (Rechtsberatung und Wirtschaftsberatung), das Sachverständigenwesen und das Handwerk.[41] Darüberhinaus gibt es andere hochregulierte Bereiche (z.B. Wohnungswirtschaft, Medienmarkt und Gesundheitswesen), für die ein Deregulierungsbedarf angenommen wird.[42] Insgesamt wird aus den bisherigen Untersuchungen deutlich, daß die Wirtschaft der Bundesrepublik Deutschland durch eine Vielzahl von Regulierungen in unterschiedlichen Sektoren gekennzeichnet ist.

2.2.2 Instrumente

Konkretisiert wird die allgemeine Regulierungsdefinition durch die darzustellenden *Regulierungsinstrumente*, denn positiv läßt sich staatliche Regulierung definieren als ein Katalog staatlicher Instrumente zur Marktbeeinflussung.[43] Im folgenden wird ein Überblick über üblicherweise eingesetzte Instrumente zur staatlichen Intervention in das Marktgeschehen gegeben, um auf dieser Basis in Kapitel 3.1 die in der deutschen Sonderabfallwirtschaft vorzufindenden staatlichen Markteingriffe zu systematisieren.

Im amerikanischen Schrifttum hat insbesondere *Kahn* vier Eingriffsinstrumente als Hauptgegenstand der instrumentellen Regulierung identifiziert, und zwar
- Marktzutrittsbeschränkungen,
- Preisfixierung,
- Qualitäts- und Konditionenfestlegung und
- Kontrahierungszwang.[44]

Diese wurden in den USA vor allem, aber nicht ausschließlich, in den schon erwähnten Bereichen der öffentlichen Daseinsvorsorge ("common carriers" bzw.

---

40 Vgl. zur Regulierungs- bzw. Deregulierungsdebatte in diesen Bereichen z.B. *Weber* (1986), *Krakowski* (Hrsg., 1988) oder *Soltwedel u.a.* (1986) mit weiteren umfangreichen Literaturhinweisen.

41 Vgl. *Deregulierungskommission* (1991).

42 Vgl. *ebd.*, Vorwort Tz. 3.

43 Vgl. *Müller/ Vogelsang* (1979), S. 342.

44 Vgl. *Kahn* (1970), S. 3. An dieser Stelle mag die Nennung der von ihm identifizierten staatlichen Lenkungsmechanismen genügen, da sie in Kap. 3 ausführlich dargestellt werden, und zwar sowohl allgemein als auch konkret auf die bundesdeutsche Sonderabfallwirtschaft bezogen.

"public utilities") eingesetzt.[45] Als Motive für den Einsatz der Instrumente werden in erster Linie die Monopolkontrolle zur Verhinderung monopolistischen Machtmißbrauchs und die Wettbewerbsregulierung zur Vermeidung ruinöser Konkurrenz genannt.[46] Für den bundesdeutschen Markt der Sonderabfallentsorgung ist der Instrumentenkatalolog zu spezifizieren und zu ergänzen.

Die vier grundlegenden Instrumente sind häufig Ausgangspunkt für eine tiefer untergliedernde Systematisierung nach dem Kriterium der *Eingriffsintensität.* Als Instrumente mit relativ hoher Eingriffsintensität werden Preis- und Marktzutrittsregulierungen den "old-style economic regulations" zugerechnet, während die zweite Gruppe durch Qualitäts- und Konditionenfestlegung sowie Kontrahierungsbedingungen schwächer in das Marktgeschehen eingreift und als "new-style social regulation" bezeichnet wird.[47] Einer solchen Untergliederung soll im Rahmen dieser Arbeit aus mehreren Gründen nicht gefolgt werden.

Die Systematisierung nach der Eingriffsintensität wird häufig vorgenommen, um anschließend die Analyse auf die "economic regulations" beschränken zu können. In der bundesdeutschen Sonderabfallwirtschaft lassen sich aber alle vier Instrumententypen (und noch zusätzliche Arten) finden, sodaß eine Konzentration auf Marktzutrittsbeschränkungen und Preisregulierungen notwendigerweise zu einer unvollständigen Untersuchung der Regulierung der Sonderabfallwirtschaft führen würde.

Weiterhin ist zu berücksichtigen, daß die "economic regulations", wie schon ihr Name andeutet, in erster Linie auf ökonomische Gründe (insbesondere die in Kapitel 4.1.3 zu behandelnden Marktversagensgründe) zurückgeführt werden, die zweite Gruppe dagegen mit sonstigen, vor allem gesellschaftspolitischen und sozialen Argumenten gerechtfertigt werden. Bei der Untersuchung der Motive für die Staatsinterventionen in der Sonderabfallwirtschaft (Kap. 4.2) wird deutlich werden, daß sich eine klare Zuordnung eines bestimmten Instruments zu einer konkreten Regulierungsbegründung im allgemeinen nicht beobachten läßt. Dies wird nur in (dann auch zu beschreibenden) Einzelfällen feststellbar sein. Vielmehr dient ein bestimmter "Regulierungsmix" dazu, den identifizierten Regulierungsgründen insgesamt gerecht zu werden. Somit ist es wenig sinnvoll, eine Trennung in ökonomische und soziale Regulierungen vorzunehmen, um nicht den Eindruck zu erwecken, ein Instrument der ersten Gruppe werde ausschließlich eingesetzt als Folge der ökonomischen Regulierungsgründe, bzw. die

---

45 Vgl. *Dick* (1990), S. 40.

46 Vgl. *Thiemeyer* (1983), S. 45 f. sowie die Ausführungen zu den Regulierungsbegründungen in Kapitel 4.1.

47 Vgl. *Krakowski* (Hrsg., 1988), S. 9.

zweite Gruppe solle lediglich sozialen oder gesellschaftlichen Fehlentwicklungen vorbeugen.

Schließlich ist der Grad der Eingriffsintensität kaum quantifizierbar. Damit erscheint eine Grenzziehung zwischen einer "harten", ökonomisch begründbaren Regulierung und einer "weichen", aus gesellschaftlichen oder sozialen Motiven abgeleiteten Regulierung relativ willkürlich.[48]

Ewers/ Wein strukturieren die Instrumente nicht nach "ökonomischen" und "sozialen" Regulierungen, sondern unterscheiden nach dem Grad der Verhaltensdeterminierung, der ebenfalls etwas über die jeweilige Intensität des Staatseingriffs aussagt, "indirekte" und "direkte" Regulierungen. Eine solche Einteilung setzt systematisch früher an, denn danach zählen die vier oben angesprochenen Regulierungen zu den direkten Staatseingriffen, während durch indirekte Interventionen "das Verhalten der Akteure durch Manipulation ihrer Umfeldbedingungen lediglich in der gewünschten Richtung beeinflußt wird"[49]. Indirekte Maßnahmen sind Subventionen sowie die Geld-, Fiskal- und Außenwirtschaftspolitik (etwa in Form der Außenprotektion). Im Hinblick auf diese Arbeit ist wichtig, daß im folgenden die "indirekten" Regelungen unberücksichtigt bleiben, da sie nicht branchenspezifisch sind und damit ein wesentliches Merkmal der oben definierten "speziellen" Regulierung vermissen lassen. Zudem bilden sie im allgemeinen nicht den Ansatzpunkt für eine Deregulierungsdiskussion in der entsprechenden Branche.[50]

In der Literatur ist umstritten, ob neben Marktzutritts- und Preiskontrolle, Qualitätsregulierung und Kontrahierungszwang auch die kapitalmäßige Beteiligung staatlicher Stellen an privatwirtschaftlichen Unternehmen (gemischtwirtschaftliche oder halb-öffentliche Unternehmen), rein staatliche Unternehmen oder andere Formen der *Leistungserstellung durch die öffentliche Hand* als ein weiteres Regulierungsinstrument anzusehen ist.[51] *Eickhoff* schließt diese Art von Staatsintervention im Rahmen seiner Regulierungsdefinition explizit aus[52], dagegen gehört sie nach *Weber*`s Verständnis von Regulierung mit der Begründung, sie sei schließlich eine mögliche Interventionsform zwischen den beiden Extrempo-

---

48 Vgl. *Dick* (1990), S. 49.

49 *Ewers/ Wein* (1989), S. 7.

50 Eine solche Ausgrenzung nehmen auch frühere Untersuchungen zu Regulierungen in anderen Wirtschaftsbereichen vor, vgl. z.B. *Soltwedel u.a.* (1986), S. 17 oder *Krakowski* (Hrsg., 1988), S. 10.

51 Vgl. *Thiemeyer* (1983), S. 44.

52 Vgl. *Eickhoff* (1986), S. 123.

sitionen "freie Marktwirtschaft" und "Planwirtschaft", sehr wohl zum relevanten Bereich staatlicher Eingriffe.[53]

Diese Diskussion ist vor dem Hintergrund zu sehen, daß sich die institutionelle Grundstruktur staatlicher Regulierung in den USA im Vergleich zu europäischen Staaten wie der Bundesrepublik oder der Schweiz unterschiedlich entwickelt hat.[54] In den USA wird in der Regel durch eigens zu diesem Zweck eingerichtete unabhängige Regulierungskommissionen interveniert. Diese Kommissionen sind sowohl vom Staat als auch von den Unternehmen unabhängig. Die Unternehmen selbst befinden sich weiterhin in privater Hand, öffentliche Unternehmen sind nur von untergeordneter Bedeutung. Diese Art der kommissionellen Regulierung bedient sich dabei im wesentlichen der vier schon bekannten Instrumente. In der Bundesrepublik verfolgte man eine andere Strategie, indem insbesondere in den wettbewerbspolitischen Ausnahmebereichen die Unternehmen der betreffenden Branche verstaatlicht oder kommunalisiert und damit faktisch in die öffentliche Verwaltung übernommen wurden. Regulierungskommissionen ähnlich der US-amerikanischen Form werden hier nicht eingesetzt, Träger der Regulierungsmaßnahmen sind (je nach wettbewerbspolitischem Ausnahmebereich) Ministerien, Fachaufsichtsbehörden oder Kartellbehörden.[55]

In dieser Arbeit wird der Auffassung gefolgt, auch die direkte staatliche Teilhabe an der Leistungserstellung, z.B. durch die kapitalmäßige Beteiligung der öffentlichen Hand an privatwirtschaftlichen Unternehmen, sei als ein Regulierungsinstrument anzusehen. Schon oben wurde gesagt, daß Regulierungen einen Eingriff in die Vertragsfreiheit der Wirtschaftssubjekte darstellen und damit deren Verfügungsrechte einschränken. Es läßt sich nicht bestreiten, daß die Etablierung eines öffentlichen bzw. gemischtwirtschaftlichen Unternehmens, verbunden mit bestimmten Monopolrechten, eine solche Einschränkung darstellt. Insofern sind bei der Analyse staatlicher Eingriffe in die Sonderabfallwirtschaft "öffentliche Unternehmen" im weitesten Sinne zu berücksichtigen, zumal gerade sie, wie sich noch zeigen wird, ein besonders wichtiges Mittel staatlicher Einflußnahme in diesem Markt darstellen.[56]

---

53 Vgl. *Weber* (1986), S. 32. Zum gleichen Ergebnis kommt auch *Kruse*, vgl. *Kruse* (1989), S. 9.

54 Vgl. zu diesem Aspekt z.B. *Müller/ Vogelsang* (1979), S. 193 ff, *Kühne* (1983) oder *Kleinsteuber* (1983).

55 Vgl. *Graf* (1981), S. 320.

56 Bei der Beschreibung der diesbezüglichen Sachverhalte wird Kapitel 3.2.2 als "Institutionelle Beteiligung der öffentlichen Hand" etwas allgemeiner formuliert, um die verschiedenen Facetten direkter staatlicher Tätigkeit in der Sonderabfallentsorgung (öffentliches Unternehmen in ausschließlich staatlichem Besitz, privatwirtschaftliche Gesellschaft mit

Zusammenfassend machen die bisherigen Ausführungen deutlich, daß Marktzutrittsbeschränkungen, Preiskontrollen, Qualitätsregulierung und Kontraktzwang sowie die direkte staatliche Leistungserstellung mittels staatlicher Unternehmen, also die "Beteiligung der öffentlichen Hand" an der Sonderabfallentsorgung, eine Orientierung für die Systematisierung der Interventionen in der Sonderabfallwirtschaft bieten. Gleichwohl gibt es in dieser Branche weitere staatliche Eingriffe, die sich nicht unter die fünf genannten Instrumente subsumieren lassen, aber im Interesse einer möglichst vollständigen Bestandsaufnahme mitberücksichtigt werden müssen. Daher erscheint es angebracht, in Kapitel 3 ein *branchenspezifisches* Regulierungssystem zu nutzen, welches es erlaubt, die grundlegenden Regulierungsmuster zu erfassen, wie sie in den sechszehn Bundesländern beobachtet werden können.

2.3 Sonderabfall und Sonderabfallentsorgung

2.3.1 Sonderabfall

Zentraler Gegenstand der Sonderabfallwirtschaft ist die Entsorgung von Sonderabfällen. Daher ist es erforderlich, die Begriffe "Sonderabfall" und "Sonderabfallentsorgung" (Kap. 2.3.2) zu charakterisieren. Sonderabfälle lassen sich, wie der Name bereits verdeutlicht, anhand besonderer Merkmale von den als *Abfälle* bezeichneten Stoffen abgrenzen. Im weitesten Sinne würde der Abfallbegriff auch die über Luft und Wasser umverteilten Stoffe einschließen, allerdings werden im deutschsprachigen Raum regelmäßig nur "feste" Stoffe unter den Begriff Abfall subsumiert, in die Luft bzw. in Gewässer abgegebene Stoffe (Abluft bzw. Abwasser) fallen dagegen üblicherweise nicht darunter.[57] Abfall ist der zentrale Begriff des Abfallgesetzes von 1986.[58] Nach § 1 Abs. 1 Satz 1 sind "Abfälle ... bewegliche Sachen, deren sich der Besitzer entledigen will, oder deren geordnete Entsorgung zur Wahrung des Wohls der Allgemeinheit, insbesondere des Schutzes der Umwelt, geboten ist." Diese Definition beinhaltet eine ob-

---

staatlicher Beteiligung, öffentlich-rechtliche Zweckverbände etc.) zusammenzufassen und damit den Verhältnissen in der Sonderabfallwirtschaft besser Rechnung tragen zu können.

57 Vgl. *Sachverständigenrat für Umweltfragen* (1991), Tz. 4 f.

58 Im folgenden geht es nur um Begriffsabgrenzungen anhand rechtlicher Vorschriften, vgl. zur ökonomischen Interpretation des Abfallbegriffs z.B. *ebd.*, Tz. 396 ff., *Bunde/ Zimmermann* (1988) oder *Weiland* (1993), S. 121 ff.

jektive und eine subjektive Komponente und legt den Anwendungsbereich des AbfG fest.[59]

Der Abfallbegriff erfaßt allerdings nicht alle produktionsbedingten Rückstände, sodaß es zu Problemen bei der Abgrenzung zwischen Abfällen und *Reststoffen* bzw. *Wirtschaftsgütern* kommen kann.[60] Wirtschaftsgüter haben für den Besitzer noch einen Gebrauchswert und sollen daher durch Verwertung im Wirtschaftskreislauf verbleiben. Der Begriff des "Reststoffs" entstammt dem Immissionsschutzrecht und bezeichnet diejenigen Stoffe, die bei Produktionsprozessen in genehmigungsbedürftigen Anlagen zwangsläufig anfallen, ohne daß der Betriebsablauf darauf abzielt, und vom Besitzer verwertet oder Dritten zur Verwertung überlassen werden.[61] Für sie gilt das Vermeidungsgebot des § 5 Abs. 1 Nr. 3 BImschG. Es kann allerdings auch passieren, daß Abfälle unter dem Vorwand der Verwertung in Reststoffe umdeklariert werden, um sie so der abfallrechtlichen Überwachung zu entziehen, obwohl es tatsächlich überhaupt nicht beabsichtigt oder möglich ist, aus ihnen wieder ein Wirtschaftsgut zu machen. Solche Praktiken werden durch den subjektiven Abfallbegriff begünstigt.[62] Um dies zu vermeiden, erlaubt es § 2 Abs. 3 AbfG, auf dem Verordnungswege bestimmte Stoffe auch dann, wenn sie als Reststoffe verwertet werden sollen und keine Abfälle im Sinne von § 1 Abs.1 Satz 1 sind, der abfallrechtlichen Überwachung zu unterwerfen und ihren Weg von der Entstehung bis zur Verwertung nachweisbar zu gestalten.

Das Abfallgesetz kennt zwar den Begriff *"Sonderabfall"* nicht, weil man sich im Gesetzgebungsverfahren nicht auf eine einheitliche Terminologie einigen

---

59 Die Abgrenzung von subjektivem und objektivem Abfallbegriff ist Gegenstand jeder systematischen Darstellung des Abfallrechts und sei daher hier nicht näher erläutert. Vgl. dazu z.B. *Kunig/ Schwermer/ Versteyl* (1992), Kommentierung zu § 1 Abs. 1 AbfG, *von Köller* (1991), S. 17 ff., *Klages* (1991), S. 45 ff., *Bartels* (1987), S. 15 ff., *Sachverständigenrat für Umweltfragen* (1991), Tz. 96 ff. Im Entwurf des KrW-/ AbfG ist vorgesehen, den subjektiven Bestandteil wegfallen zu lassen und den stoffbezogenen Aspekt stärker zu betonen, indem durch die Rückstandsdefinition (§ 3 Abs. 1 KrW-/AbfG) alle Stoffe vom Gesetzentwurf erfaßt werden, die beim Anlagenbetrieb oder sonstigen Vorgängen anfallen, ohne daß der Zweck des jeweiligen Betriebes oder Vorgangs darauf gerichtet ist.

60 Vgl. zu dieser Problematik ausführlich *Kersting* (1992), der Kriterien entwickelt, anhand derer in der Praxis eine sachgerechte Abgrenzung vorgenommen werden kann.

61 Vgl. *Breuer* (1985), S. 20, *von Köller* (1991), S. 43.

62 Mit Einführung des neuen KrW-/AbfG wird die Unterscheidung zwischen Abfall und Reststoff an Bedeutung verlieren, weil der umfassende Rückstandsbegriff des neuen Gesetzes sowohl Reststoffe als auch Abfälle einschließt. Damit erfolgt gleichzeitig eine

konnte, gleichwohl trifft es neben den allgemeinen, für alle Abfälle geltenden Bestimmungen *besondere* Regelungen für bestimmte Arten von Abfällen. Prinzipiell lassen sich zwei verschiedene Ansatzpunkte für die Begriffsbestimmung finden. Diese werden auch in einzelnen Landesabfallgesetzen in unterschiedlicher Weise zur expliziten Sonderabfalldefinition verwendet. Zum einen handelt es sich um bestimmte gefährliche Abfälle, an die nach § 2 Abs. 2 AbfG zusätzliche Anforderungen gestellt werden. Zum anderen wird § 3 Abs. 3 herangezogen, um diejenigen Abfälle zu charakterisieren, die nicht zusammen mit den in Haushaltungen anfallenden Abfällen beseitigt werden können und dementsprechend "gesondert" zu entsorgen sind. Bei den industriellen Abfällen überschneiden sich beide Kategorien in weiten Teilen.

Diejenigen Abfälle, die im allgemeinen Sprachgebrauch als "Sonderabfälle" bezeichnet werden und für die in Öffentlichkeit und Medien häufig der Begriff "Giftmüll" verwendet wird, fallen unter *§ 2 Abs. 2 AbfG*: Danach sind an "die Entsorgung von Abfällen aus gewerblichen oder sonstigen wirtschaftlichen Unternehmen oder öffentlichen Einrichtungen, die nach Art, Beschaffenheit oder Menge in besonderem Maß gesundheits-, luft- oder wassergefährdend, explosibel oder brennbar sind oder Erreger übertragbarer Krankheiten enthalten oder hervorbringen können, ... zusätzliche Anforderungen zu stellen." Nach der Definition können Abfälle aus Haushaltungen also nicht dazugehören. Gewerbliche Unternehmen sind natürliche oder juristische Personen, die selbständig und auf gewisse Dauer im Bereich der Wirtschaft mit Gewinnerzielungsabsicht tätig sind. Sonstige wirtschaftliche Unternehmen sind wirtschaftlichen Zwecken gewidmet, ohne selbst die Kriterien eines Gewerbebetriebs zu erfüllen.[63] Um als Abfall im Sinne von § 2 Abs. 2 zu gelten, müssen die Stoffe eine oder mehrere der dort aufgeführten gefährlichen Eigenschaften besitzen, und zwar in "besonderem Maße". Allerdings ist die Bewertung der Schädlichkeit von Abfällen anhand ihrer Inhaltsstoffe außerordentlich schwierig, weil industrielle und gewerbliche Abfälle in der Regel aus einer Reihe unterschiedlicher Stoffe und Verbindungen mit schwankenden Konzentrationen bestehen und die jeweiligen Stoffkombinationen synergetische Effekte hervorrufen können, deren Schädlichkeitspotential sich kaum prognostizieren läßt.[64] Um nicht in jedem Einzelfall erneut entscheiden zu müssen, ob ein gefährlicher Abfall vorliegt oder nicht, ist der Gesetzgeber ermächtigt worden, diejenigen Abfallarten zu bestimmen, die aus Sicht von Experten die Gefährdungskriterien erfüllen. Mit der bereits genannten AbfBestV wurde ein Katalog von über 330 Stoffen festgelegt, an deren Entsorgung besondere Anforderungen zu stellen sind. Sie bezeichnet solche Abfälle als

---

Harmonisierung mit dem EG-rechtlichen Abfallbegriff (vgl. *Deutscher Bundestag* (1993), S. 36 f.).

63 Vgl. *Bartels* (1987), S. 38.

besonders überwachungsbedürftige Abfälle (§ 1 AbfBestV). Das Gefährdungspotential in bezug auf Umweltbeeinträchtigungen aufgrund der Beschaffenheit des jeweiligen Stoffs ist entscheidend für die Aufnahme in die Verordnung. Die "zusätzlichen Anforderungen" des § 2 Abs. 2 beziehen sich u.a. auf die bundesweite obligatorische Nachweispflicht (§ 11 Abs. 3), die Aufstellung von Abfallentsorgungsplänen (§ 6 Abs. 1 Satz 4) und die Verpflichtung zur ausschließlichen Überlassung der gefährlichen Abfälle an dazu befugte Beförderungsunternehmen (§ 4 Abs. 3). Außerdem sind die Regelungen der TA Sonderabfall zu beachten. Da das Gefährdungspotential eines Stoffes unabhängig davon sein dürfte, ob es sich um einen Abfall oder einen Reststoff handelt, enthält die aufgrund von § 2 Abs. 3 erlassene RestBestV eine Liste *überwachungsbedürftiger Reststoffe* (§ 1 RestBestV), die mit mehr als 300 Stoffen ähnlich umfangreich ist wie die AbfBestV. Auf diese Stoffe kann dann ebenfalls das abfallrechtliche Überwachungsinstrumentarium angewendet werden.[65]

Der zweite Ansatzpunkt zur Bestimmung des Sonderabfallbegriffs ist *§ 3 Abs. 3 AbfG*, wonach mit Zustimmung der zuständigen Behörde Abfälle von der Entsorgung durch die entsorgungspflichtigen Körperschaften ausgeschlossen werden können, sofern sie nach ihrer Art oder Menge nicht mit den in Haushaltungen anfallenden Siedlungsabfällen entsorgt werden können.[66] Diese Stoffe werden häufig als *ausgeschlossene Abfälle* oder ebenfalls als Sonderabfälle bezeichnet, weil sie "gesondert" von den Siedlungsabfällen zu entsorgen sind. Wegen ihrer Art werden Abfälle insb. aus industriellen oder gewerblichen Betrieben ausgeschlossen, die andere physikalische oder chemische Eigenschaften oder eine größere Gefährlichkeit im Vergleich zu herkömmlichen Siedlungsabfällen aufweisen und daher schwieriger zu entsorgen sind. Massenabfälle wie Bauschutt, Straßenaufbruch u.ä. werden wegen ihrer Menge ausgeschlossen. Insofern stimmen die ausgeschlossenen Abfälle häufig mit den gefährlichen Abfällen im Sinne von § 2 Abs. 2 AbfG überein, gehen aber insofern über diese Gruppe hinaus, als auch Massenabfälle mit nur begrenztem Schädlichkeitspotential dem Sonderabfall zugerechnet werden. Welche Abfälle von der öffentlichen Entsorgung ausgeschlossen werden, wird durch die nach Landesrecht zuständigen Gebietskörperschaften (in der Regel die Kreise und kreisfreien Städte) bestimmt und bedarf der Zustimmung der zuständigen Abfallbehörde. Die Entscheidung muß aber im Einklang stehen mit der grundsätzlichen Norm des Abfallrechts,

---

64 Vgl. *Sutter* (Hrsg., 1990), S. 63 f.

65 Die Stoffgliederung der beiden Verordnungen orientiert sich an der von der Länderarbeitsgemeinschaft Abfall (LAGA) entwickelten Systematisierung. Die einzelnen Stoffe sind mit einem fünfstelligen Schlüssel versehen, wobei die ersten drei Ziffern die jeweilige Abfall-/ Reststoffobergruppe, -gruppe und -untergruppe kennzeichnen und die letzten beiden Ziffern zur Bestimmung der Abfall- bzw. Reststoffart dienen.

das Wohl der Allgemeinheit zu gewährleisten. Haushaltsabfälle dürfen nicht ausgeschlossen werden.[67] Der Ausschluß erfolgt entweder durch eine behördliche Einzelfallentscheidung per Verwaltungsakt oder kann generell durch eine kommunale Satzung bestimmt werden. Näheres regeln die Landesabfallgesetze.[68]

Verschiedene *Bundesländer* definieren den Begriff "Sonderabfall" explizit in ihren Landesabfallgesetzen und beziehen sich dabei in unterschiedlicher Weise auf die beiden hier skizzierten Sonderabfallbegriffe (besonders überwachungsbedürftiger Abfall, ausgeschlossener Abfall). Eigenständige Definitionen der Bundesländer sind überhaupt nur möglich, weil man sich auf eine bundesweit einheitliche Normierung des Begriffs "Sonderabfall" nicht verständigen konnte. Eine genaue Kenntnis der jeweils zugrundegelegten Begriffsauffassung ist insofern wichtig, als die länderspezifischen Organisationsregelungen bzw. Regulierungsinstrumente nur zur Anwendung kommen, wenn es um die Entsorgung von Abfällen geht, die von der entsprechenden Definition erfaßt sind.[69] Während einige Bundesländer die besonders überwachungsbedürftigen Abfälle nach § 2 Abs. 2 AbfG zugrundelegen (z.B. Baden-Württemberg, Bayern), nutzen andere die Abgrenzung nach § 3 Abs. 3 AbfG, wobei hierbei noch weiter zu differenzieren ist, weil einerseits die nach Art *und* Menge ausgeschlossenen Abfälle erfaßt werden (Niedersachsen, Rheinland-Pfalz), andererseits nur die nach ihrer Art ausgeschlossenen Abfälle gemeint sind (Saarland). Weitere Formen der Abgrenzung des Sonderabfallbegriffs ergeben sich dadurch, daß beide Regelungen (§ 2 Abs. 2, § 3 Abs. 3) miteinander kombiniert werden, und zwar wiederum mit (Thüringen) bzw. ohne Beschränkung (Hessen) auf die nach ihrer Art ausgeschlossenen Abfälle. Und schließlich knüpft Nordrhein-Westfalen zur Anwen-

---

66 Vgl. Kap. 3.2.1 zur Entsorgungspflicht.

67 Vgl. *von Köller* (1991), S. 40.

68 Möglich ist auch ein nur teilweiser Ausschluß bezüglich bestimmter Abfallarten oder in bezug auf einzelne Phasen des Entsorgungsvorgangs (vgl. dazu das folgende Kapitel), sodaß z.B. nur Sammlung und Beförderung von ausgeschlossenen Abfällen vom Abfallbesitzer durchzuführen sind, während Behandlung und Deponierung weiterhin eine öffentliche Aufgabe bleiben. Aufgrund der Tatsache, daß es den Kreisen und kreisfreien Städten obliegt, den Kreis auszuschließender Abfälle zu bestimmen, ist allerdings nicht auszuschließen, daß ein Stoff in einem Landkreis als Siedlungsabfall, im anderen dagegen als Sonderabfall eingestuft wird (vgl. *Edom* (1991), S. 33).

69 Vgl. zum jeweiligen Begriffsverständnis von "Sonderabfällen" als Anknüpfungspunkt für den Einsatz des Regulierungsinstrumentariums § 9 Abs. 1 LAbfG Baden-Württemberg, Art. 10 Abs. 1 LAbfG Bayern, § 9 Abs. 2 LAbfG Brandenburg, § 4 Abs. 1 LAbfG Hessen, § 8 LAbfG Mecklenburg-Vorpommern, § 4 Abs. 1 und 2 LAbfG Niedersachsen, § 10 Abs. 1 LAbfG Nordrhein-Westfalen, § 8 Abs. 1 LAbfG Rheinland-Pfalz, § 11

dung seines Lizenzmodells (Kap. 3.2.3.3) an die nachweispflichtigen Abfälle nach § 11 Abs. 3 AbfG an. Insgesamt ergibt sich ein sehr heterogenes Bild, und auch wenn bei der Darstellung der länderspezifischen Interventionsformen in den Markt für Sonderabfallentsorgung undifferenziert und vereinfachend der Begriff "Sonderabfall" verwendet wird, ist prinzipiell für jedes Bundesland zu beachten, welche Abfallarten vom jeweiligen Organisationsmodell unter diesem Begriff erfaßt sind.

Versucht man, die vorstehenden Ausführungen zum Sonderabfallbegriff zu verallgemeinern und von den notwendigerweise scharfen Begriffsabgrenzungen der einzelnen Landesabfallgesetze zu abstrahieren, wird erkennbar, daß Sonderabfälle jene Abfälle und Reststoffe darstellen, die im Unterschied zu den in Haushalten anfallenden Siedlungsabfällen[70] in gewerblichen und industriellen Unternehmen insbesondere im Rahmen der Produktionsprozesse anfallen und hinsichtlich möglicher Umweltbeeinträchtigungen ein besonderes Gefährdungspotential beinhalten. Bei einer solchen Abgrenzung des Untersuchungsgegenstandes "Sonderabfall" sind einerseits die besonders überwachungsbedürftigen Abfälle nach § 2 Abs. 2 AbfG (und auch die überwachungsbedürftigen Reststoffe nach § 2 Abs. 3) erfaßt, andererseits sind diejenigen ausgeschlossenen Abfälle nach § 3 Abs. 3 AbfG einbezogen, die wegen ihrer *Art* nicht zusammen mit Siedlungsabfällen entsorgt werden können.[71] Wenn man "Sonderabfall" in dieser weitgefaßten Weise versteht, erscheint es auch gerechtfertigt, die Begriffe Sonderabfall, gefährlicher Abfall, ausgeschlossener Abfall oder besonders überwachungsbedürftiger Abfall synonym zu verwenden.

Abs. 1 LAbfG Saarland, § 12 Abs. 1 und 2 LAbfG Sachsen-Anhalt, § 5 Abs. 1 LAbfG Thüringen.

70 Diese sind von den entsorgungspflichtigen Körperschaften zu entsorgen und ein Spielraum für eine Entsorgung durch den Abfallbesitzer besteht hier nicht (vgl. dazu Kap. 3.2.1).

71 Abfälle, die nur wegen ihrer Menge ein Entsorgungsproblem darstellen, werden demnach nicht unter den Sonderabfallbegriff subsumiert und im Rahmen dieser Arbeit vernachlässigt. Es sei auch noch darauf hingewiesen, daß es innerhalb der Gruppe der Siedlungsabfälle ebenfalls Stoffe mit besonderem Schadstoffgehalt gibt, die aber von den entsorgungspflichtigen Körperschaften neben der Hausmüllsammlung getrennt eingesammelt werden, um eine Kontamination der Siedlungsabfälle zu vermeiden (Sonderabfall-Kleinmengen, "Problemmüll" aus Haushalten, Kleingewerbe usw.). Auch diese Gruppe von Abfällen soll nicht Gegenstand der vorliegenden Arbeit sein.

2.3.2 Sonderabfallentsorgung

Nach § 1 Abs. 2 AbfG beinhaltet die Abfallentsorgung "das Gewinnen von Stoffen oder Energie aus Abfällen (Abfallverwertung) und das Ablagern von Abfällen sowie die hierzu erforderlichen Maßnahmen des Einsammelns, Beförderns, Behandelns und Lagerns." Danach fällt also auch die Abfallverwertung unter den Begriff der Entsorgung. Einer solchen Begriffsabgrenzung soll allerdings im Rahmen dieser Arbeit nicht gefolgt werden, denn tatsächlich sind Maßnahmen zur Verwertung von Sonderabfällen wie auch zu deren Vermeidung von der Entsorgung nicht vermeidbarer bzw. nicht verwertbarer Produktionsrückstände deutlich zu unterscheiden, weil hier andere technische Verfahren zum Einsatz kommen, andere gesetzliche Grundlagen zu beachten sind und auch die handelnden Personen bzw. Institutionen in der Regel nicht identisch sind.[72] Wird berücksichtigt, daß im Abfallgesetz von 1986 der Begriff Beseitigung durch "Entsorgung" ersetzt wurde, um den Anspruch des Gesetzes zum Ausdruck zu bringen, Vermeidung und Verwertung zu fördern[73], dann besteht der Entsorgungsbegriff bei Herausnahme des Verwertungselements prinzipiell aus denjenigen Maßnahmen, die früher unter dem Begriff Beseitigung subsumiert worden sind. Insofern können Entsorgung und Beseitigung in dieser Arbeit synonym verwendet werden.[74]

Positiv formuliert besteht die *Sonderabfallentsorgung* aus einer Reihe unterschiedlicher technischer Verfahren bzw. Maßnahmen zur Sammlung, zum Transport, zur Zwischenlagerung, Behandlung und Deponierung von Sonderabfällen. Diese Verfahren werden zur Gewährleistung einer umweltverträglichen Entsorgung je nach Sonderabfallart und Verursacher in unterschiedlicher Weise kombiniert und bestimmen den Weg der Sonderabfallströme von ihrer Entstehung bis zur endgültigen Beseitigung. Abb. 2 (folgende Seite) zeigt schematisch die einzelnen Komponenten der *Sonderabfallentsorgungskette* (Phasen des Entsorgungswegs). Die TA Sonderabfall legt die technischen Anforderungen an die Komponenten fest und ordnet die Sonderabfälle bestimmten Entsorgungswegen zu. Für die große Zahl verschiedenartiger Sonderabfälle stehen eine ganze Reihe

---

72 Vgl. *Sutter* (Hrsg., 1990), S. 58. Auch im neuen KrW-/ AbfG werden Verwertung und Entsorgung begrifflich voneinander getrennt. Vermeidung von Abfällen durch Verhinderung ihrer Entstehung und Verwertung nicht vermeidbarer Rückstände als Sekundärrohstoffe sollen wesentliche Bestandteile des Konzepts einer umweltverträglichen Kreislaufwirtschaft werden (§ 3 Abs. 5 KrW-/ AbfG) und sind von der Abfallentsorgung (§ 3 Abs. 6) zu unterscheiden.

73 Vgl. *Sachverständigenrat für Umweltfragen* (1991), Tz. 147.

74 Der *Sachverständigenrat für Umweltfragen* hat zur Förderung begrifflicher Klarheit in seinem Abfallwirtschaftsgutachten nur die Begriffe Verwertung und Beseitigung verwendet (vgl. *ebd.*).

von Behandlungs- und Beseitigungstechnologien zur Verfügung. Mit Hilfe dieser Verfahren wird versucht, die Vielfalt der Sonderabfälle auf wenige Grundtypen zu reduzieren. Allerdings gelingt dies in der Regel nur in beschränktem Umfang, weil die Sonderabfälle selten in reiner Form anfallen, sondern vielmehr als Gemische verschiedenartigster Schadstoffe auftreten. Deshalb ist häufig eine Kombination unterschiedlicher Einzelverfahren notwendig.[75]

Abb. 2: Komponenten der Sonderabfallentsorgungskette

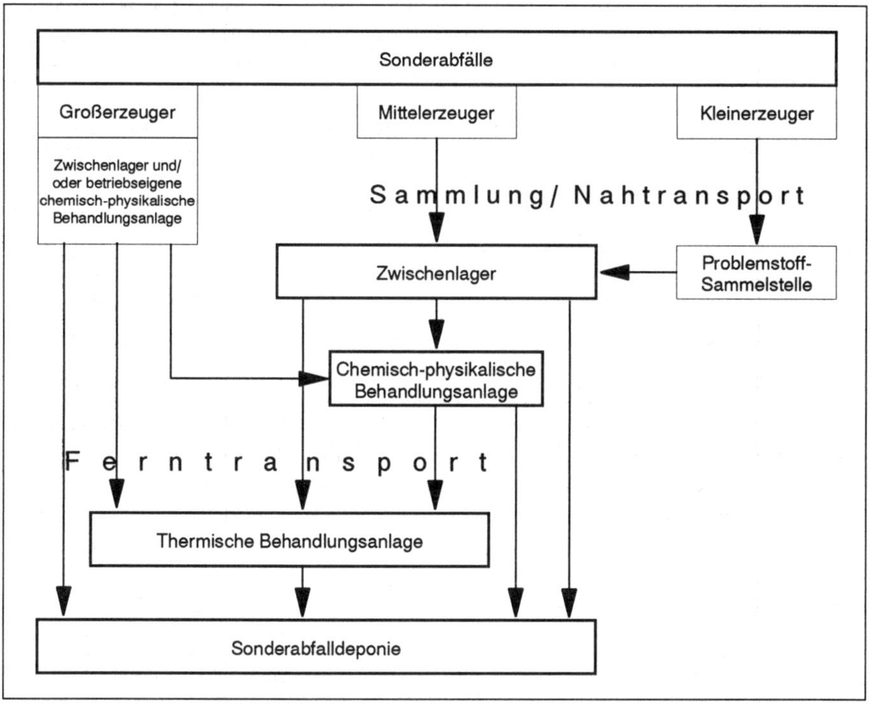

(Quelle: *Fichtner Beratende Ingenieure* (1992), S. 4/1)

Sammlung/ Transport und Zwischenlagerung:[76] Es hängt im wesentlichen von der Größe des sonderabfallverursachenden Unternehmens und der Menge der dort anfallenden Rückstände ab, welches logistische Konzept bei Sonderabfallsammlung und -transport realisiert wird. Bei Klein- und Mittelbetrieben sowie

75 Vgl. *Sutter* (Hrsg., 1990), S. 179 ff.

76 Vgl. *Fichtner Beratende Ingenieure* (1992), Kap. 4 und *Deutscher Bundestag* (1990), S. 158-161 zur folgenden kurzen Darstellung der verschiedenen Phasen des Entsorgungswegs.

Großunternehmen mit nur geringem Sonderabfallaufkommen werden die Abfälle in der Regel von darauf spezialisierten und dazu befugten Fremdunternehmen eingesammelt und zu regionalen Zwischenlagern transportiert. Dort stellt man sie zu größeren Chargen für den weiteren Straßen- oder Schienentransport zusammen und unterzieht sie mitunter bereits bestimmten Konditionierungsprozeduren, sofern entsprechende Behandlungs- und Analyseeinrichtungen vorhanden sind. Großerzeuger haben dagegen häufig eigene innerbetriebliche Zwischenlager und Behandlungsanlagen (und zum Teil auch Sonderabfallverbrennungsanlagen und -deponien), sodaß dann Sammlung und Nahtransport entfallen. Der Transport zu außerbetrieblichen Behandlungsanlagen und Deponien wird in der Regel durch den Sonderabfallverursacher selbst durchgeführt.

Chemisch-physikalische Behandlung: Sie ist notwendig, um die produktionsspezifischen Rückstände so vorzubehandeln, daß sie sich für eine weitergehende Entsorgung eignen oder zumindest teilweise wieder in den Wirtschaftskreislauf zurückgeführt werden können. Die nach dem Stand der Technik verfügbaren Basisverfahren zur chemisch-physikalischen Behandlung sind vielfältig und werden in unterschiedlicher Weise miteinander kombiniert. Sie eignen sich für organisch und anorganisch belastete Abfälle. Teilweise lassen sich auch biologische Verfahren (z.B. aerober biologischer Abbau, Biofiltration) einsetzen. Während größere Sonderabfallerzeuger regelmäßig eigene innerbetriebliche und in den Produktionsprozess integrierte Anlagen besitzen, bedienen sich die kleinen und mittleren Unternehmen normalerweise öffentlich zugänglicher Anlagen. Sie sind häufig mit Zwischenlagern, Verbrennungsanlagen oder Deponien kombiniert, um so zusätzliche Transporte entbehrlich zu machen und gemeinsame Labor- und Analyseeinrichtungen nutzen zu können.

Thermische Behandlung: Es gibt mittlerweile eine Reihe von thermischen Behandlungsverfahren (z.B. Hochtemperaturvergasung, Pyrolyse, Wirbelschichtfeuerung, Drehrohrofen, Plasmabrenner), die aber größtenteils erst in der Erprobungsphase sind und sich vielfach nur für spezielle Abfallarten eignen. Nur die *Sonderabfallverbrennung* im Drehrohrofen ist derzeit Stand der Technik und großtechnisch einsetzbar zur Reduzierung von Volumen und Gefährdungspotential der Sonderabfälle. Die bei der Verbrennung entstehende Energie und Schlakke wird genutzt bzw. wiederverwertet. Die Sonderabfallverbrennung eignet sich zur Entsorgung sehr heterogener organischer oder organisch belasteter Abfälle. Nicht brennbare anorganische Bestandteile sollen in wiederverwertbare oder zur Deponierung geeignete Rückstände umgewandelt werden. Im Vergleich zur chemisch-physikalischen Behandlung ist die Sonderabfallverbrennung aber eine technisch sehr viel aufwendigere und mit weitaus größeren Investitionen (auch für eine hochentwickelte Rauchgasreinigung) verbundene Behandlungstechnologie.

Sonderabfalldeponierung: Deponien zur endgültigen Ablagerung von Sonderabfällen können oberirdisch und untertage angelegt werden. Sie sind notwendig, weil man davon ausgeht, daß trotz noch so starker Vermeidungs- bzw. Verwertungsanstrengungen und fortschrittlicher Abfallbehandlungsverfahren immer noch zu deponierende Rückstände übrigbleiben. Deponien stellen insofern keine Alternative zur Sonderabfallbehandlung dar, sondern sie sind eine notwendige Ergänzung. Um die Langzeitsicherheit oberirdischer Deponien zu gewährleisten und Schadstoffemissionen in die Luft und das Grundwasser möglichst zu vermeiden, werden an sie hohe Sicherheitsanforderungen gestellt. Ausreichende Sicherheit wird angenommen, wenn mehrere sich ergänzende Barrieren wirksam sind (sog. "Multibarrierenkonzept").[77] Die wichtigste Barriere gegen Schadstoffemissionen ist der Sonderabfall selbst, denn es dürfen nur solche Rückstände in den Deponiekörper eingebracht werden, die nach entsprechender thermischer oder chemisch-physikalischer Vorbehandlung eine Form haben, die eine endgültige Ablagerung erlaubt. Um bestimmte Sonderabfälle, die nicht weiter behandelbar sind und auch nicht auf oberirdischen Deponien abgelagert werden können, auf Dauer von der Biospähre auszuschließen, werden Untertagedeponien in ehemaligen Salz- und Kohlebergwerken oder Kavernen in Salzgestein genutzt.

Die genannten Verfahren und Technologien zur Sonderabfallentsorgung beziehen sich auf "feste" Abfälle, nicht dagegen auf die Bewältigung der in die Luft bzw. in Gewässer abgegebenen Stoffe. Letztere sind Gegenstand von Maßnahmen zur *Luftreinhaltung* bzw. *Abwasserreinigung* und werden in dieser Arbeit nicht betrachtet. Weiterhin lassen sich im Hinblick auf den Zeitpunkt der Entstehung umweltbelastender Stoffe einerseits die im Rahmen des Produktionsprozesses aktuell anfallenden Sonderabfälle und andererseits im Laufe der Zeit entstandene *Altlasten* unterscheiden. Der *Sachverständigenrat für Umweltfragen* hat eine Definition dieses bisher nicht bundeseinheitlich verwendeten Begriffs vorgeschlagen: "Altlasten sind Altablagerungen und Altstandorte, sofern von ihnen Gefährdungen für die Umwelt, insbesondere die menschliche Gesundheit, ausgehen oder zu erwarten sind.

1. Altablagerungen sind - verlassene und stillgelegte Ablagerungsplätze mit kommunalen und gewerblichen Abfällen, - stillgelegte Aufhaldungen und Verfüllungen mit Produktionsrückständen auch in Verbindung mit Bergematerial und Bauschutt sowie - illegale ("wilde") Ablagerungen aus der Vergangenheit;

---

77 Dazu zählen geeignete geotechnische und hydrogeologische Standortmerkmale, eine wirksame Basis- und Oberflächenabdichtung inklusive Drainagesystem, der Deponiebetrieb nach dem Stand der Technik und ausreichende Überwachungs- und Kontrollsysteme während des Anlagenbetriebs und nach vollständiger Verfüllung der Deponie (vgl. *Förstner* (1991), S. 318, *Sutter* (Hrsg., 1990), S. 213 f.).

2. Altstandorte sind - Grundstücke stillgelegter Anlagen und Nebeneinrichtungen, - nicht mehr verwendete Leitungs- und Kanalsysteme sowie - sonstige Betriebsflächen oder Grundstücke,

in denen oder auf denen mit umweltgefährdenden Stoffen umgegangen wurde, aus den Bereichen der gewerblichen Wirtschaft oder öffentlicher Einrichtungen."[78] Die Altlasten sind Gegenstand von Maßnahmen der *Altlastensanierung*, wobei für diesen Aufgabenbereich zum Teil die gleichen Kenntnisse und technischen Einrichtungen notwendig sind wie zur Bewältigung aktuell anfallender Sonderabfälle.

Die Altlastensanierung als solche soll nicht weiter berücksichtigt werden. Eine hier zu beachtende Verbindung zwischen Altlastensanierung und Sonderabfallentsorgung ergibt sich allerdings insofern, als die *Finanzierung der Altlastensanierung* explizit als Grund genannt wird, um in der Sonderabfallwirtschaft regulierend einzugreifen.[79] Nur hinsichtlich dieses Sachverhalts wird sie deshalb von Relevanz für die vorliegende Arbeit sein.

2.4 Organisationsteilnehmer in der Sonderabfallwirtschaft

In diesem Abschnitt sollen die in der Sonderabfallwirtschaft handelnden Gruppen kurz charakterisiert werden, um ein grundlegendes Verständnis dafür zu erhalten, wer die Träger und Adressaten von Regulierungsmaßnahmen in diesem Wirtschaftszweig sind. Sie werden hier als "Organisationsteilnehmer" bezeichnet, weil die jeweils eingesetzten Regulierungsinstrumente und der sich daraus ergebende Regulierungsmix ein Organisationsmodell definieren, in dem den Beteiligten bestimmte Aufgaben zukommen. Daß im Zusammenhang mit der Regulierung dieser Branche der Begriff "Organisation" verwendet wird, erfolgt in Anlehnung an einige Landesabfallgesetze, die Regelungen zur Durchführung sonderabfallbezogener Aufgaben unter dem Stichwort "Organisation der Sonderabfallentsorgung" subsumieren.[80] Beteiligte sind einerseits staatliche Institutionen (Kap. 2.4.1), die sowohl hoheitliche als auch unternehmerische Funktionen wahrnehmen, und andererseits Private in Form von Sonderabfallerzeugern und Sonderabfallentsorgern. Erstere bestimmen durch ihr Verhalten das Sonderabfallaufkommen und damit die Nachfrage im Markt für Sonderabfallentsorgung (Kap. 2.4.2), durch letztere wird ein bestimmtes Angebot an Entsorgungs-

---

78 *Sachverständigenrat für Umweltfragen* (1990), S. 19 f.

79 Vgl. dazu Kap. 4.2.2.6 und 4.2.3.6.

80 Vgl. § 6 LAbfG Niedersachsen, § 8a LAbfG Rheinland-Pfalz und Vierter Teil des LAbfG Schleswig-Holstein.

leistungen bereitgestellt, wobei verschiedene Gruppen von Anbietern zu unterscheiden sind (Kap. 2.4.3).

2.4.1 Staatliche Institutionen

In Kap. 2.1.2 sind die wesentlichen Bereiche genannt worden, in denen den einzelnen Bundesländern im Rahmen der konkurrierenden Gesetzgebung legislative Spielräume für eigenständige abfallrechtliche Regelungen verbleiben. Dazu zählen u.a. Bestimmungen zur Abfallentsorgungsplanung, zur Durchführung abfallrechtlicher Zulassungsverfahren, zur Überwachung der Abfallentsorgung sowie zur Organisation der Sonderabfallwirtschaft. Sie legen im einzelnen fest, welche Aufgaben von staatlichen Institutionen im Bereich der Abfallwirtschaft zu erfüllen sind.

Aufgabenträger sind die verschiedenen Abfallwirtschaftsbehörden sowie unter Beteiligung des Landes und/ oder kommunaler Gebietskörperschaften geführte Entsorgungsunternehmen. Die abfallrechtliche Behördenstruktur und die sachlichen Zuständigkeiten der einzelnen Ebenen werden in den Landesabfallgesetzen bzw. speziell dazu erlassenen Verordnungen festgelegt. Der Verwaltungsaufbau ist in den Bundesländern teils zweistufig, teils dreistufig organisiert und im letzteren Fall in der Regel in *oberste*, *obere* und *untere* Abfallbehörde gegliedert. Die Landesumweltministerien fungieren üblicherweise als oberste Abfallwirtschaftsbehörde, Regierungspräsidien bzw. Bezirksregierungen sind die zweite Hierarchieebene, und den Landkreisen bzw. kreisfreien Städten obliegen die Aufgaben der unteren Abfallbehörde. Alle Ebenen sind gemeinsam für den Vollzug des Bundesabfallgesetzes, der Landesabfallgesetze und dazu erlassener Verordnungen verantwortlich. Außerdem gibt es weitere Fachbehörden, z.B. Landesumweltämter oder Landesämter für Wasser und Abfall, die den genannten Abfallbehörden zugeordnet sind und denen bestimmte Aufgaben übertragen werden. Neben dieser hoheitlichen Umweltverwaltung werden von staatlicher Seite unternehmerische Aufgaben wahrgenommen, indem die entsorgungspflichtigen Körperschaften mittels kommunaler Entsorgungsbetriebe in der Siedlungsabfallentsorgung tätig werden, und indem die Sonderabfallentsorgung von speziell gegründeten Unternehmen öffentlichen oder privaten Rechts koordiniert und durchgeführt wird.[81]

---

81 Den für den Sonderabfallbereich zuständigen Unternehmen obliegen aber nicht nur unternehmerische, sondern auch hoheitliche Funktionen. Vgl. dazu insb. Kap. 3.2.2.

Die von diesen Institutionen übernommenen *Aufgaben* lassen sich verallgemeinernd in

- Planungsaufgaben,
- Genehmigungsaufgaben,
- Kontroll- und Steuerungsaufgaben sowie
- unternehmerische Aufgaben

unterteilen. Die drei erstgenannten sind hoheitlicher Art.[82] Sie konkretisieren bzw. ergänzen die generelle Pflicht der Länder, rechtliche Rahmenbedingungen für eine umweltverträgliche Abfall- bzw. Sonderabfallentsorgung durch Erlaß entsprechender Abfallgesetze und zugehöriger Verordnungen zu schaffen.

Planungsaufgaben: Um die Eingriffe in Natur und Landschaft, die mit der Errichtung von Sonderabfallentsorgungsanlagen verbunden sind, möglichst gering zu halten, ist eine vorsorgende Planung notwendig. Daher sind die Bundesländer nach § 6 Abs. 1 AbfG verpflichtet, für ihren Bereich Abfallentsorgungspläne nach überörtlichen Gesichtspunkten aufzustellen.[83] Sonderabfälle nach § 2 Abs. 2 AbfG müssen darin besonders berücksichtigt werden. Das Verfahren zur Aufstellung der Pläne bleibt den Ländern vorbehalten. Zwingend vorgeschriebener Planinhalt ist die Festlegung geeigneter Standorte für die Entsorgungsanlagen (§ 6 Abs. 1 Satz 2), wobei häufig zwischen Anlagen für Siedlungsabfälle und für Sonderabfälle differenziert wird. Teilweise kommen die Länder dieser Pflicht bisher nur insofern nach, als daß sie die vorhandenen Anlagen nachrichtlich wiedergeben. Die Geeignetheit eines Standortes ist anhand der sachlichen Anforderungen des § 2 Abs. 1 Satz 2 AbfG zu beurteilen, d.h. das Wohl der Allgemeinheit darf nicht beeinträchtigt werden. Darüberhinaus liegt es im Ermessen der Länder, weitere Regelungen in die Pläne aufzunehmen, z.B. die Ausweisung von Negativflächen oder Kapazitätsangaben für geplante Anlagen. Besonders wichtig im Hinblick auf diese Arbeit ist § 6 Abs. 1 Satz 5: Danach ist es möglich, einen Träger der Abfall-/ Sonderabfallentsorgung zu bestimmen und festzulegen, welcher Anlage sich die Entsorgungspflichtigen zu bedienen haben, sodaß rechtlich fixierte Einzugsbereiche für Entsorgungsanlagen entstehen. Dies ist auch im Zusammenhang mit der Genehmigung von Sonderabfallimporten von Bedeutung.[84] Sobald ein Plan nach § 6 Abs. 1 Satz 6 im Verordnungswege für verbindlich erklärt wird, ist er für die entsorgungspflichtigen Körperschaften und für Besitzer der nach § 3 Abs. 3 ausgeschlossenen Abfälle bindendes Recht. Durch die Möglichkeit zur Verbindlicherklärung ist der Abfallentsorgungsplan

---

82 Vgl. auch *Fichtner Beratende Ingenieure* (1992), S. 3/4 f.

83 Vgl. zur Abfallentsorgungsplanung z.B. *Jung* (1988), S. 142 ff. oder *Kunig/ Schwermer/ Versteyl* (1992), Kommentierung zu § 6.

84 Vgl. zu den zuletzt genannten Regelungsmöglichkeiten insb. Kap. 3.2.2 und Kap. 3.2.3.

in Verbindung mit den Regelungsinhalten von § 6 Abs. 1 Satz 5 gleichzeitig rechtliche Grundlage für die Steuerung der Sonderabfallströme.

Genehmigungsaufgaben: Ein weiterer Aufgabenbereich staatlicher Stellen ist die Durchführung von Zulassungsverfahren für Abfallentsorgungsanlagen und die Erteilung von Genehmigungen zur Sonderabfallsammlung und -beförderung. Im Rahmen dieser Genehmigungsverfahren wird geprüft, ob vom Antragsteller eine ordnungsgemäße und umweltverträgliche Sonderabfallentsorgung gewährleistet werden kann. Sie sind ein wichtiger Bestandteil einer Regulierung der Sonderabfallwirtschaft und werden daher in Kap. 3.4.1 als Teil der Qualitätsregulierung skizziert.

Kontroll- und Steuerungsaufgaben: Zur Qualitätsregulierung zählt auch die Kontrolle des Anlagenbetriebs und die Überwachung der Sonderabfallströme von ihrer Entstehung bis zum Ort der endgültigen Entsorgung. Für letzteres setzt man z.B. die Instrumentarien "Entsorgungsnachweis" und "Begleitscheinsystem" ein. Diese Bausteine der Sonderabfallregulierung werden in Kap. 3.4.2 erläutert. Um den Verbleib von überwachungsbedürftigen Abfällen besser kontrollieren und steuern zu können, wird zudem mittels Anschluß- und Benutzungszwang oder Andienungspflicht hoheitlich festgelegt, in welcher Anlage die Sonderabfälle zu entsorgen sind.

Unternehmerische Aufgaben: Unternehmerische Betätigung des Staates in der Sonderabfallwirtschaft durch finanzielle Beteiligung an entsprechenden Gesellschaften besteht vor allem aus der Trägerschaft und dem Betrieb von chemisch-physikalischen Behandlungsanlagen, Verbrennungsanlagen und Deponien. Dazu kommen Beratungsangebote für Sonderabfallerzeuger mit dem Ziel, Vermeidung und Verwertung zu unterstützen, sowie die Durchführung von diesbezüglichen Forschungs- und Entwicklungsprojekten. Geht man davon aus, daß es in einem marktwirtschaftlichen System vorrangige Aufgabe staatlicher Institutionen ist, geeignete Rahmenbedingungen für die wirtschaftliche Betätigung Privater zu schaffen und durchzusetzen, dann sind diese unternehmerischen Aufgaben sowie die zuvor genannte Steuerung der Sonderabfallströme durch Benutzungszwänge bzw. Andienungspflichten kritisch zu hinterfragen.

2.4.2 Nachfrage: Sonderabfallaufkommen und -erzeuger

Das *Statistische Bundesamt* erfaßt regelmäßig alle drei Jahre im Rahmen ihrer "Statistik der Abfallbeseitigung im Produzierenden Gewerbe und in Krankenhäusern" Art, Menge und Entsorgungswege von Abfällen und Reststoffen, die in Unternehmen des produzierenden Gewerbes und in Krankenhäusern anfallen. Zusammen mit den Ergebnissen der "Statistik der Öffentlichen Abfallbeseitigung" bilden diese Daten die Grundlage für eine sogenannte *Abfallbilanz*, in der Abfallerzeugung und Entsorgung mengenmäßig gegenübergestellt werden.[85] Besonders überwachungsbedürftige Abfälle nach § 2 Abs. 2 AbfG, die in Verbindung mit § 11 Abs. 3 AbfG einer bundesweit einheitlichen Nachweispflicht unterliegen, sind dabei getrennt ausgewiesen. Zahlen für das Jahr 1990 wurden Anfang 1994 veröffentlicht und sollen im folgenden für einen Überblick über Abfall-/ Sonderabfallaufkommen und -entsorgung (Kap. 2.4.3) in Deutschland herangezogen werden.[86]

Um eine Vorstellung über die Dimension der Abfallproblematik zu bekommen, veranschaulicht Abb. 3 (folgende Seite) das Abfallaufkommen in Deutschland.[87] Es sind insgesamt 291,6 Mio. Tonnen Abfälle entstanden, und zwar 234 Mio. t (80,2%) in den alten Bundesländern und 57,6 Mio. t (19,8%) im Beitrittsgebiet.[88] Auf das Produzierende Gewerbe entfiel mit 251,6 Mio. t (86,3%) der weitaus größte Anteil, Siedlungsabfälle aus privaten Haushalten, Kleingewerbe und Dienstleistungsbereichen verursachten 34,2 Mio. t (11,7%). Die restlichen 2 Prozent entstanden in Krankenhäusern und bei der öffentlichen Hand. Hinsichtlich der in der Statistik unterschiedenen Abfallgruppen ist zu erwähnen, daß 120,4 Mio. t (41,3%) Bauschutt und Bodenaushub darstellen, die in erster Linie aufgrund ihrer Menge Entsorgungsprobleme bereiten. Produktionsabfälle sind fast vollständig im Produzierenden Gewerbe angefallen und beliefen sich auf 123 Mio. t (42,2%), davon allein fast 80 Mio. t im Bergbau (Bergematerial). Letzteres beinhaltet ebenfalls kaum besonders überwachungsbedürftige Abfälle.

---

85 Die Daten von Abfallbilanz und den genannten Statistiken weichen aufgrund unterschiedlicher Definitionen und Erfassungsmethoden voneinander ab: In der Abfallbilanz werden Doppelerfassungen und aus der Abfallbehandlung entstehende Abfälle ("Sekundärabfälle", z.B. Schlacken aus der Abfallverbrennung) bereinigt und Reststoffe, die vom Abfallerzeuger zur Verwertung weitergegeben werden, herausgerechnet (sog. "Nettokonzept"). Letztere sind in der Abfallstatisitk des produzierenden Gewerbes enthalten und werden getrennt ausgewiesen (sog. "Bruttokonzept").

86 Nur für ergänzende, im Rahmen der Abfallbilanz nicht verfügbare Informationen wird auf die Zahlen aus der Abfallstatistik des produzierenden Gewerbes zurückgegriffen.

87 Vgl. zu den folgenden Angaben *Statistisches Bundesamt* (Hrsg., 1994).

88 Eine höhere Disaggregation der Zahlen im Hinblick auf einzelne Bundesländer ist anhand der vom Statistischen Bundesamt veröffentlichten Zahlen nicht möglich. Seit 1980 ist das für die alte Bundesrepublik in der Abfallbilanz ausgewiesene Aufkommen um ca. 30 Mio. t zurückgegangen, im Vergleich zur letzten Erhebung im Jahr 1987 um 8,7 Mio. t (vgl. dazu *Statistisches Bundesamt* (Hrsg., 1991), S. 10).

Abb. 3: Abfallaufkommen in Deutschland im Jahr 1990 (in Mio. Tonnen)

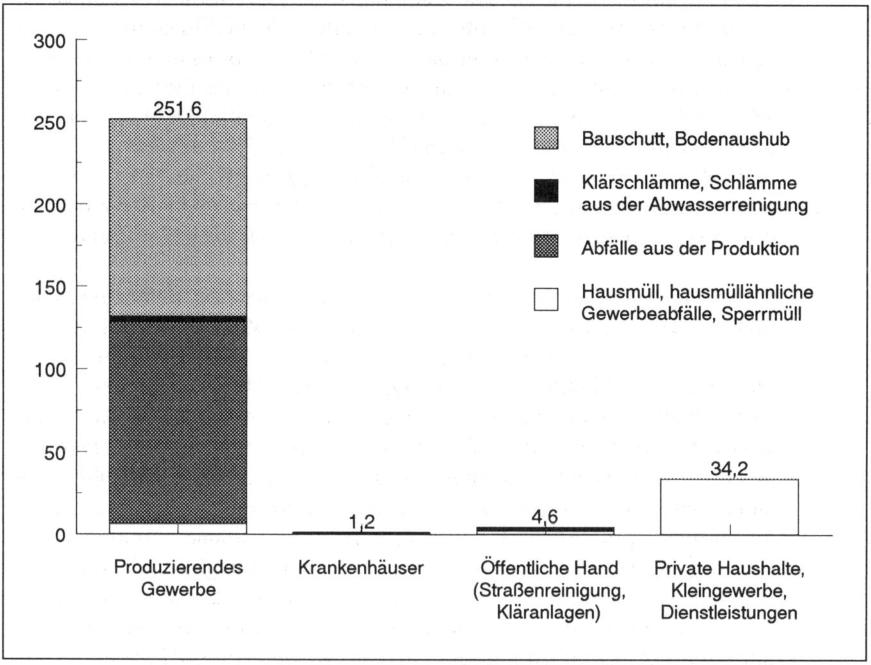

(Quelle: *Statistisches Bundesamt* (Hrsg., 1994))

Als eigentliche Produktionsabfälle sind 43 Mio. t angefallen, wovon *9,1 Mio. t* (3,1% des gesamten Abfallaufkommens) *besonders überwachungsbedürftige Abfälle* nach § 2 Abs. 2 AbfG sind. Sie entstanden nahezu vollständig (8,9 Mio. t) im Produzierenden Gewerbe.[89] In bezug auf die Sonderabfälle erscheint eine Darstellung der zeitlichen Aufkommensentwicklung nicht sinnvoll, weil die AbfBestV im Jahr 1990 novelliert wurde und sich der Katalog besonders überwachungsbedürftiger Abfälle wesentlich erweitert hat. Den sonderabfallbezogenen Angaben in der Abfallbilanz liegt diese neue Verordnung zugrunde. Die im Vergleich zu früheren Jahren deutlich angestiegenen Sonderabfallmengen sind daher vor allem auf die weitergehende Einbeziehung von Stoffen und damit auf definitorische Gründe zurückzuführen.

89 Nach der Abfall*statistik* des Produzierenden Gewerbes ("Bruttokonzept") waren es 15,945 Mio. t: 12,174 Mio. t (76,3%) in den alten Bundesländern und 3,771 Mio. t (23,7%) in den neuen Ländern. Davon stammen 862 Mio. t aus anderen Betrieben (Doppelerfassung) und 4,016 Mio t. wurden als Reststoffe an weiterverarbeitende Betriebe und den Altstoffhandel weitergegeben (vgl. *Statistisches Bundesamt* (Hrsg., 1993).

Abb. 4 schlüsselt das Sonderabfallaufkommen nach Wirtschaftsbereichen des produzierenden Gewerbes auf. Sie soll eine Vorstellung davon vermitteln, wer die Sonderabfallverursacher und damit Nachfrager nach Sonderabfallentsorgungsleistungen sind. Mit Abstand an der Spitze liegt die chemische Industrie, in der über 30% aller nachweispflichtigen Sonderabfälle entstanden sind. Abgesehen vom Block des Sonstigen Verarbeitenden Gewerbes, zu dem bisher keine disaggregierten Zahlen vorliegen, befinden sich Energie- und Wasserversorgung sowie die eisenschaffende Industrie mit jeweils knapp über 8% Anteil am Sonderabfallaufkommen an zweiter bzw. dritter Stelle. Bezieht man die Sonderabfallmengen der jeweiligen Branche auf die in dem Wirtschaftszweig insgesamt angefallenen Abfallmengen, ergibt sich eine andere Reihenfolge. Danach ist der Anteil der nachweispflichtigen Abfälle am branchenbezogenen Gesamtaufkommen bei der Mineralölverarbeitung mit 80,1% am höchsten, gefolgt von der chemischen Industrie mit 37,8% und dem Straßenfahrzeugbau mit 29,2%. Schlußlicht ist wiederum das Baugewerbe mit 0,2%, da hier fast ausschließlich Bauschutt und Bodenaushub anfällt.

Abb. 4: Aufteilung des Sonderabfallaufkommens im Produzierenden Gewerbe nach Wirtschaftsbereichen

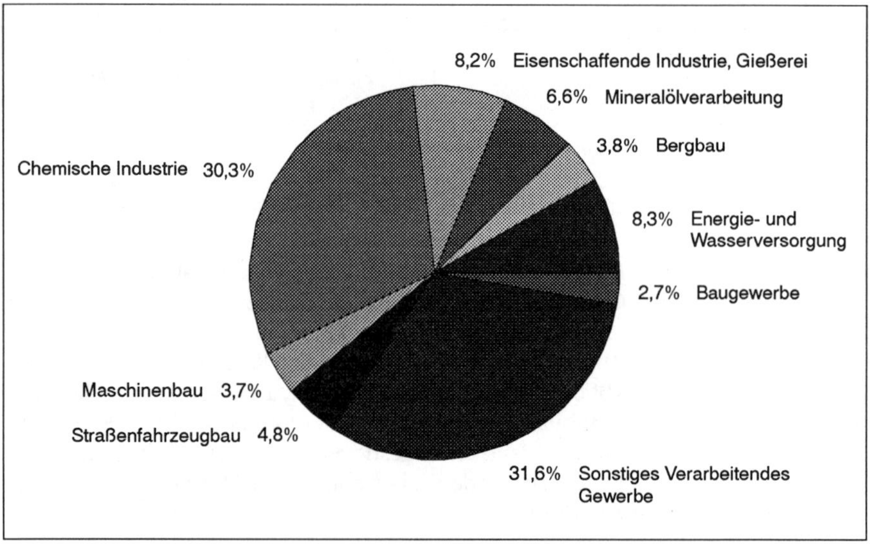

(Quelle: *Statistisches Bundesamt* (Hrsg., 1994))

Abschließend sei noch auf die in die Bundesrepublik *importierten* Sonderabfallmengen hingewiesen, da diese ebenso wie die noch darzustellenden Sonderabfallexporte (Kap. 2.4.3) im Zusammenhang mit der grenzüberschreitenden Sonderabfallverbringung innerhalb der Europäischen Union (Kapitel 6 und Kapitel 7.2.3) von Interesse sind. Tab. 2 gibt einen Überblick. Die Zahlen machen deutlich, daß importierte und hier zu entsorgende Sonderabfälle im Vergleich zu den auf dem Gebiet der Bundesrepublik entstandenen Mengen nur eine sehr untergeordnete Rolle spielen. Der Umfang von Sonderabfallimportmengen belief sich auf weniger als 1% des inländischen Aufkommens.

Tab. 2: Sonderabfallimporte in die Bundesrepublik Deutschland in den Jahren 1989 - 1991 nach Herkunftsländern (in Tonnen)

	1989	1990*	1991
Belgien	3.618	8.515	5.370
Dänemark	1.315	765	673
Frankreich	6.530	5.937	3.331
Großbritannien	500	0	32
Italien	1.250	1.915	1.447
Jugoslawien	0	0	270
Luxemburg	145	249	1.263
Malta	0	0	10
Niederlande	17.499	17.747	0
Österreich	4.057	6.670	14.786
Schweden	0	400	50
Schweiz	10.398	20.438	15.260
Spanien	0	0	68
Uruguay	0	0	207
Gesamt	45.312	62.636	42.767

(Quelle: *Umweltbundesamt* (Hrsg., 1993), S. 22; *) ohne Beitrittsgebiet)

2.4.3 Angebot: Sonderabfallentsorgung und Entsorgungsanlagen

Um das gerade skizzierte Sonderabfallaufkommen bewältigen zu können, sind zahlreiche Entsorgungsanlagen für die unterschiedlichen Sonderabfallarten und die einzelnen Phasen des Entsorgungswegs ("Entsorgungskette") notwendig. Sonderabfallentsorgung wird zu einer wichtigen Infrastrukturleistung, denn ohne gesicherte Entsorgungsmöglichkeiten müßte ggf. auf einzelne sonderabfallverursachende Produktionsverfahren und damit auf bestimmte Investitions- oder Konsumgüter verzichtet werden. Hinsichtlich der Frage, wer die benötigten Entsorgungsanlagen betreibt, lassen sich prinzipiell zwei Gruppen unterscheiden: einerseits die sonderabfallerzeugenden Unternehmen mit betriebseigenen Behandlungsanlagen und Deponien (*"Eigenentsorger"*), andererseits gewerbliche Unternehmen, deren Gesellschaftszweck in der Sonderabfallentsorgung besteht und die diese Leistung den Sonderabfallverursachern anbieten (*"Fremdentsorger"*). Eigenentsorgung kommt in der Regel nur für große Unternehmen mit sehr spezifischen Abfallarten und/ oder hohem Sonderabfallaufkommen in Betracht. Sie ist aufgrund von § 3 Abs. 3 AbfG prinzipiell nur möglich bei "ausgeschlossenen" Abfällen, also problematischen oder gefährlichen Abfällen nach § 2 Abs. 2 AbfG bzw. industriellen Massenabfällen, nicht dagegen bei Siedlungsabfällen, weil deren Entsorgung generell von den entsorgungspflichtigen Körperschaften durchzuführen ist.[90] Häufig vorzufinden sind betriebseigene Entsorgungsanlagen z.B. in der chemischen Industrie. Bei den Fremdentsorgern kann weiter differenziert werden, ob es sich um private Entsorgungsunternehmen mit privatem Anteilseignerkreis handelt oder ob die öffentliche Hand an der Gesellschaft finanziell beteiligt ist. In der Sonderabfallentsorgungswirtschaft sind es vor allem Beteiligungen der Bundesländer, und zwar in der Regel Mehrheitsbeteiligungen, um von staatlicher Seite einen beherrschenden Einfluß auf die Unternehmensführung ausüben zu können.[91]

In der Abfallbilanz des *Statistischen Bundesamtes* werden auf der Entsorgungsseite 6,835 Mio. t besonders überwachungsbedürftiger Abfälle nachgewiesen. Das bedeutet im Vergleich zum genannten Gesamtaufkommen von 9,129 Mio. t eine statistische Differenz von 2,294 Mio. t.[92] Abb. 5 (folgende Seite) zeigt, in welcher Weise das Aufkommen entsorgt wurde.

---

90 Vgl. Kap. 3.2.1.

91 Vgl. dazu Kap. 3.2.2. Die Interessen der Fremdentsorger werden durch unterschiedliche Institutionen vertreten. Viele private Sonderabfallentsorger sind im *Bundesverband der deutschen Entsorgungswirtschaft e.V.* (BDE) organisiert. Dieser Fach- und Arbeitgeberverband hat derzeit rund 570 ordentliche Mitgliedsfirmen und ca. 110 fördernde Mitglieder. Er widmet sich in verschiedenen Arbeitskreisen der Formulierung von Interessenpositionen, der Entwicklung technischer Lösungsmodelle und er versucht, Gesetzes- und Verordnungsvorhaben im Bereich des Abfall- und Sonderabfallrechts im Interesse seiner Mitglieder mitzugestalten. Dies gilt auch für den *Bundesverband Sonderabfallwirtschaft e.V.* (BPS), dem zur Zeit 58 Mitgliedsunternehmen angehören, die die unterschiedlichsten sonderabfallbezogenen Tätigkeitsbereiche abdecken. Schließlich sind in der *Arbeitsgemeinschaft der Sonderabfallentsorgungsgesellschaften der Länder* (AGS) die meisten der "landesoffiziellen"Sonderabfallentsorgungsunternehmen zusammengeschlossen, an denen einzelne Bundesländer finanziell beteiligt sind.

92 Vgl. zu den Angaben wiederum *Statistisches Bundesamt* (Hrsg., 1994). Hinsichtlich der Differenz wird lediglich darauf hingewiesen, daß hier vielfältige Faktoren eine Rolle spielen, u.a. auch Datendefizite bei den Entsorgungsanlagen in den neuen Bundesländern.

Abb. 5: Anteile an der Sonderabfallentsorgung nach Wirtschaftsbereichen

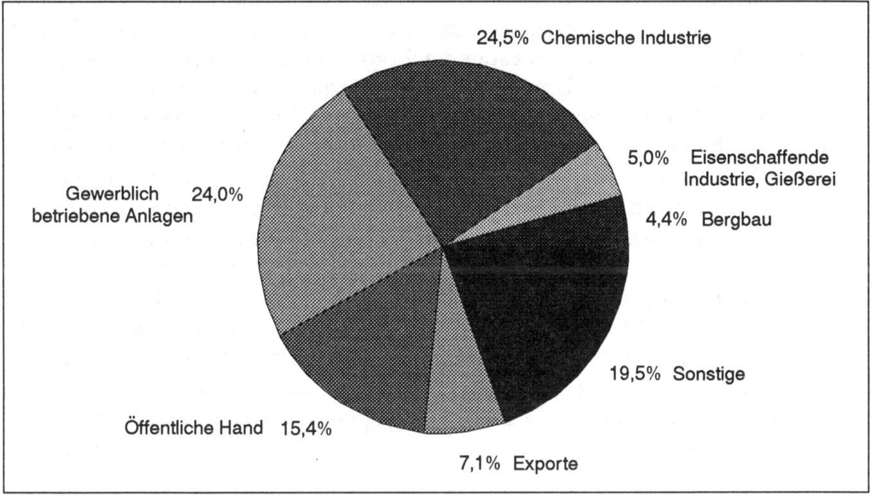

(Quelle: *Statistisches Bundesamt* (Hrsg., 1994))

Danach sind u.a. 15,4% (1,056 Mio. t) in Anlagen der öffentlichen Hand, 24% (1,640 Mio. t) in gewerblich betriebenen Anlagen und 7,1% (0,487 Mio. t) durch Export beseitigt worden.[93] Zählt man die drei Kategorien zur Fremdentsorgung, dann entfielen auf diesen Bereich 46,5%, die restlichen 53,5% (3,652 Mio. t) wurden demnach in eigenen Anlagen des Produzierenden Gewerbes entsorgt. Dabei stellt die chemische Industrie mit 24,5% (1.675 Mio. t) mit Abstand den größten Teil. Die Gruppe "Sonstige" umfaßt das Sonstige Verarbeitende Gewerbe, das in der Abfallbilanz nicht weiter aufgeschlüsselt ist, sowie die Wirtschaftsbereiche, die jeweils nur einen sehr geringen Teil (unter 1,5%) ausmachen, z.B. die Energie- und Wasserversorgung, der Straßenfahrzeugbau oder der Maschinenbau.

Ein etwas anderes Bild hinsichtlich des Verhältnisses "Eigenentsorgung - Fremdentsorgung" ergibt sich allerdings, wenn man Zahlen aus der Abfall*statistik* zugrundelegt: Danach wurden von den 11,929 Mio. t zu entsorgender Sonderabfälle[94] 57,2% (6,826 Mio. t) im Rahmen der öffentlichen Müllabfuhr abgeholt oder zu außerbetrieblichen Entsorgungsanlagen abgefahren, also fremd-

93 Die amtliche Statistik erfaßt die Exportzahlen nicht, sodaß diesbezüglich auf Angaben des *Bundesministeriums für Umwelt, Naturschutz und Reaktorsicherheit* zurückgegriffen wurde. Vgl. dazu unten Tab. 3.

94 Dies ist die Gesamtmenge überwachungsbedürftiger Abfall- und Reststoffarten (15,945 Mio. t) abzüglich der zur Verwertung abgegebenen Reststoffe (4,016 Mio. t).

entsorgt. Die anderen 42,8% (5,103 Mio. t) hat man in betriebseigenen Anlagen entsorgt, und zwar 25,8% auf Deponien und 17% in Verbrennungsanlagen bzw. Feuerungsanlagen, die regelmäßig zur Abfallverbrennung mitgenutzt wurden. Eine weitergehende statistische Erfassung der Entsorgungsströme für Sonderabfälle gibt es bisher nicht. So ist es auf Basis dieser Zahlen nicht möglich, eine Aufteilung der Sonderabfallmengen auf industriell betriebene und öffentlich zugängliche Anlagen vorzunehmen.

Abb. 5 zeigt, daß der *Sonderabfallexport* in der Abfallbilanz als ein möglicher Entsorgungsweg gilt und einen Anteil von 7,1% hat. 1991 wurden 487.447 Tonnen exportiert. Tab. 3 nennt diejenigen Länder, in die 1989 bis 1991 Sonderabfälle aus Deutschland verbracht worden sind.

Tab. 3: Export von Sonderabfällen/ Industrieabfällen*) aus der Bundesrepublik Deutschland in den Jahren 1989 - 1991 nach Bestimmungsländern (in Tonnen)

	1989	1990	1991
Belgien	81.553	158.645	152.925
Dänemark	446	11.316	7.571
DDR	621.905	0	0
Finnland	357	0	227
Frankreich	181.738	149.152	223.388
Großbritannien	2.907	616	3.251
Niederlande	71.798	176.314	72.012
Norwegen	0	0	28.000
Schweiz	229	2.020	73
Gesamt	960.933	498.063	487.447

(Quelle: *Umweltbundesamt* (Hrsg., 1993), S. 23; *) inklusive Klärschlamm)

In der Tabelle sind acht europäische Nachbarländer sowie für 1989 auch die ehemalige DDR aufgeführt, wobei sie in diesem Jahr Bestimmungsland für zwei Drittel aller exportierten Sonderabfälle war. Bis 1991 haben sich die Exportmengen im Vergleich zu 1989 halbiert, aber dieser Rückgang dürfte ausschließlich auf den Wegfall der Entsorgungsmöglichkeiten in der ehemaligen DDR zurückzuführen sein.

Abb. 6: Standorte von Sonderabfallentsorgungsanlagen in den alten Bundesländern im Jahr 1990

(Quelle: *Sutter* (Hrsg., 1990), S. 90)

Zur Entsorgung nicht vermeidbarer und nicht verwertbarer Sonderabfälle stehen in den Bundesländern in unterschiedlicher Dichte chemisch-physikalische Behandlungsanlagen, Verbrennungsanlagen und Deponien zur Verfügung. Weitere befinden sich in mehr oder weniger weit fortgeschrittenem Planungsstadium. Abb. 6 gibt einen Überblick, wie sich die Standortsituation bezüglich der in Betrieb befindlichen Anlagen in den alten Bundesländern im Jahr 1990 darstellte. Verzeichnet sind 12 öffentlich zugängliche Sonderabfalldeponien, 3 Untertagedeponien (je eine in Nordrhein-Westfalen, Baden-Württemberg und Hessen) sowie 26 privat betriebene oder öffentlich zugängliche Sonderabfallverbrennungsanlagen. Dazu kommen zahlreiche chemisch-physikalische Behandlungsanlagen. Die Standorte betriebsinterner Sonderabfalldeponien sind in der Karte nicht enthalten.

Die unterschiedliche Anlagendichte in den Bundesländern ist nicht allein auf den Umstand zurückzuführen, daß die jeweilige Industriestruktur und damit auch das Sonderabfallaufkommen divergiert, sondern auch darauf, daß sowohl große integrierte Entsorgungszentren mit entsprechend hohen Kapazitäten (z.B. Bayern) als auch kleinräumige Lösungen mit einer Vielzahl von Anlagen realisiert werden (z.B. Nordrhein-Westfalen). Daraus resultiert für die Entsorgungsanlagenbetreiber eine unterschiedliche Konkurrenzsituation in den Bundesländern, die wohl maßgeblich auf das jeweils verwirklichte Organisationsmodell bzw. Regulierungsmuster (Kap. 3) zurückzuführen sein dürfte.

Aktualisiert wird diese Übersicht durch die folgende Tab. 4, in der für alle sechszehn Bundesländer die jeweilige Zahl der Anfang 1994 vorhandenen öffentlich zugänglichen Sonderabfalldeponien bzw. betriebseigenen und öffentlichen Sonderabfallverbrennungsanlagen aufgeführt sind.

Tab. 4: Öffentlich zugängliche Sonderabfalldeponien sowie öffentliche und innerbetriebliche Sonderabfallverbrennungsanlagen nach Bundesländern

Entsorgungsanlagen / Bundesland	Verbrennungsanlagen 1992 vorhandene Anlagen	Verbrennungsanlagen 1992 theoretische Kapazität 1000 t/ Jahr	Verbrennungsanlagen 1992 geplante Anlagen	Verbrennungsanlagen 1992 gepl.Kap./ Erweiterung 1000 t/ Jahr	Verbrennungsanlagen 1994 vorhandene Anlagen	Deponien 1994 vorhandene Anlagen
Baden-Württemberg	-	-	1	70	-	2
Bayern	4	185	-	40	4	2
Berlin	-	-	-	-	-	-
Brandenburg	3	75	1	75	3	1
Bremen	-	-	-	-	-	-
Hamburg	1	100	-	-	1	-
Hessen	5	125	-	45	5	1
Mecklenburg-Vorpomm.	-	-	1	40	-	1
Niedersachsen	2	40	1	60	2	1
Nordrhein-Westfalen	14	320	5	260	12	4
Rheinland-Pfalz	1	170	-	60	1	1
Saarland	-	-	-	-	-	-
Sachsen	1	5	1	70	-	-
Sachsen-Anhalt	-	-	2	70	-	-
Schleswig-Holstein	1	5	1	40	1	1
Thüringen	-	-	1	70	-	2
Gesamt	32	1025	14	900	29	16

(Quellen: *Umweltbundesamt* (Hrsg., 1993a), S. 297 und Adressenverzeichnisse des *Umweltbundesamtes* zu Sonderabfallverbrennungsanlagen und -deponien (Stand: März/ April 1994))

Es stehen nunmehr 16 Deponien, darunter aber nur noch 2 Untertagedeponien (in Baden-Württemberg und Hessen), und 29 Verbrennungsanlagen zur Verfügung. Im Vergleich zu 1992 hat sich die Zahl der Verbrennungsanlagen um 3 reduziert. Betreiber sind zum Teil die Sonderabfallentsorgungsgesellschaften der Länder, zum Teil private Entsorgungsunternehmen und Sonderabfallerzeuger vorwiegend aus der chemischen Industrie, aber auch aus Automobil- und Mineralölindustrie. Die Angaben zu Verbrennungskapazitäten und Anlagenplanung sind Ergebnis einer Befragung, die das *Umweltbundesamt* 1992 unter den Anlagenbetreibern durchgeführt hatte.[95] Es ergab sich eine theoretische Verbrennungskapazität von rund 1 Mio. t Sonderabfälle pro Jahr. Diese soll durch 14 neue Anlagen und Kapazitätserweiterungen bestehender Einheiten nahezu verdoppelt werden. Bereits 1990 wurde ein Mindestbedarf von 10 bis 20 zusätzlichen Anlagen prognostiziert.[96] Nach Angaben der Landesumweltministerien sind auch neue Sonderabfalldeponien vorgesehen, teils als Nachfolge-Anlagen für nahezu verfüllte Deponien, teils zur Erschließung zusätzlicher Kapazitäten.[97]

Nach der Darstellung grundlegender Sachverhalte zu Bundes- und Landesabfallrecht, den Begriffen "staatliche Regulierung", "Sonderabfall" und "Sonderabfallentsorgung" sowie den in der Sonderabfallwirtschaft handelnden Akteuren ist im folgenden zu analysieren, wie die einzelnen Bundesländer im Markt für Sonderabfallentsorgung regulierend eingreifen. Diese staatlichen Interventionen sind anschließend zu beurteilen.

---

95 Vgl. *Umweltbundesamt* (Hrsg., 1993a), S. 296.

96 Vgl. *Deutscher Bundestag* (1990), S. 170.

97 Vgl. dazu *o.V.* (1992b), S. 120 f. und *Rümmele* (1993), S. 22 f.

3. Staatliche Interventionen in der Sonderabfallwirtschaft

3.1 Abfallwirtschaftliche Regulierungssystematik

In dieser Arbeit wird aufbauend auf den in Kap. 2.2.2 bereits angesprochenen Regulierungsinstrumenten eine eigenständige Systematik zur Strukturierung staatlicher Eingriffe in den Markt für Sonderabfallentsorgung genutzt, um einzelne Interventionsformen dieser Branche einzuordnen und eine "bundesländerspezifische Regulierungsmatrix" aufzustellen.

Identifiziert und analysiert wurden die Instrumente anhand einer systematischen Untersuchung der in Kap. 2.1 genannten Rechtsvorschriften sowie verschiedener Parlamentsmaterialien der sechszehn Bundesländer. Dazu zählen in erster Linie die offiziellen Gesetzentwürfe mit Gesetzesbegründungen zu den Landesabfallgesetzen, Abfallabgabengesetzen und dazugehörigen Landesverordnungen sowie Plenarprotokolle und sonstige Landtagsdrucksachen zur Abfallwirtschaftspolitik der Länder im allgemeinen und zur Organisation der Sonderabfallwirtschaft im besonderen.[1] Darüberhinaus wurde allgemein zugängliches Informationsmaterial der Landesregierungen und Landesumweltministerien zu Konzepten auf dem Gebiet der Sonderabfallwirtschaft sowie Broschüren der zumindest anteilig staatlichen Sonderabfallentsorgungsgesellschaften der Länder ausgewertet. Die Durchsicht dieser Dokumente erstreckt sich auf den Zeitraum zwischen 1987 und Juli 1993, also auf die Periode, in der sowohl die alten als auch die neuen Bundesländer ihre Landesabfallgesetze an das AbfG angepaßt und zum Teil weitere Regelungsinhalte wie die Altlastenproblematik, die Handhabung der Sonderabfallentsorgung oder (Sonder-)Abfallabgaben gesetzlich verankert haben.[2]

Auf Basis der systematischen Analyse dieser vielfältigen Materialien ist es das Ziel der folgenden abfallwirtschaftlichen Regulierungssystematik, eine *vollständige* und *überschneidungsfreie* Strukturierung der unterschiedlichen staatlichen Markteingriffe zu ermöglichen. Dazu werden die in Kap. 2.2.2 benannten Maßnahmen staatlicher Marktregulierung herangezogen. Auf eine detailliertere inhaltliche Charakterisierung wird an dieser Stelle aber verzichtet, weil die Instrumentengruppen und einzelnen Interventionsformen im folgenden Kapitel 3.2 in ihren auf die Sonderabfallwirtschaft bezogenen Gestaltungsformen ausführlich erläutert werden.

---

1 Wegen der Fülle der Materialien enthält das Literaturverzeichnis allerdings nur die zitierten Quellen.

2 Für Rheinland-Pfalz wurden auch die aufgrund der letzten Änderung des Landesabfallgesetzes erlassenen Rechtsverordnungen vom Dezember 1993 mitberücksichtigt, da diese Entwicklung bereits Mitte 1993 abzusehen war.

Folgende Gruppen hoheitlicher Markteingriffe werden im folgenden unterschieden:

- *Leistungserstellung durch die öffentliche Hand*: kapitalmäßige Beteiligung öffentlicher Stellen an privatwirtschaftlichen Unternehmen (gemischtwirtschaftliche Unternehmen) oder rein staatliche Unternehmen des öffentlichen bzw. privaten Rechts;
- *Marktzutrittsregulierung*: rechtliche Schranken, die auf der Angebotsseite bestehender Märkte den Zugang neuer Unternehmen einschränken oder vollständig verhindern und somit ggf. dazu beitragen, die etablierten Anbieter vor aktueller oder potentieller Konkurrenz zu schützen;
- *Qualitätsregulierung*: ordnungsrechtliche Vorschriften über einzuhaltende technische und organisatorische Bedingungen, welche die Gestaltungsfreiheit bezüglich der an der Umweltverträglichkeit gemessenen Qualität unternehmerischer Leistungen einschränken;
- *Preisregulierung*: Regelungen zur Gebührenerhebung und Preisgenehmigung, die die freie Preisbildung beeinträchtigen und im Verhältnis zur erbrachten Leistung unangemessen hohe Gewinne staatlich sanktionierter Monopolunternehmen verhindern sollen;
- *Leistungspflichten*: bestimmte Verpflichtungen für die von staatlichen Marktzutrittsschranken profitierenden Anbieter, die dazu dienen, jedem potentiellen Nachfrager eine unterschiedslose Inanspruchnahme der jeweiligen Leistung zu ermöglichen und ihn vor Machtmißbrauch durch die Anbieterseite zu schützen.

Vervollständigt wird diese Systematik durch die beiden Interventionsformen "Entsorgungspflicht" und "ökonomische Anreizinstrumente", deren Einbeziehung in die herkömmlichen Kategorien wegen ihrer grundsätzlichen Bedeutung (Entsorgungspflicht) bzw. ihres ergänzenden Charakters (ökonomische Anreize) nicht sinnvoll ist:

- *Entsorgungspflicht*: Diese abfallrechtspezifische Vorschrift bestimmt, wer für die Entsorgung von Abfällen verantwortlich ist und legt damit die prinzipielle Aufgabenverteilung zwischen öffentlicher Hand und privaten Unternehmen auf dem Gebiet der Abfallwirtschaft fest.
- *Ökonomische Anreize*: Dieser Regulierungstyp erhöht mittels Sonderabfallabgaben oder Lizenzentgelten die Entsorgungskosten und soll dadurch monetäre Anreize zu stärkerer Abfallvermeidung und -verwertung schaffen, ohne allerdings in die Preissetzungsautonomie der Entsorgungsunternehmen einzugreifen.

Abb. 7 (nächste Seite) gibt einen Überblick über das Schema, nach dem die genannten Staatsinterventionen in dieser Arbeit geordnet sind.

Abb. 7: Systematik staatlicher Interventionen in der Sonderabfallwirtschaft

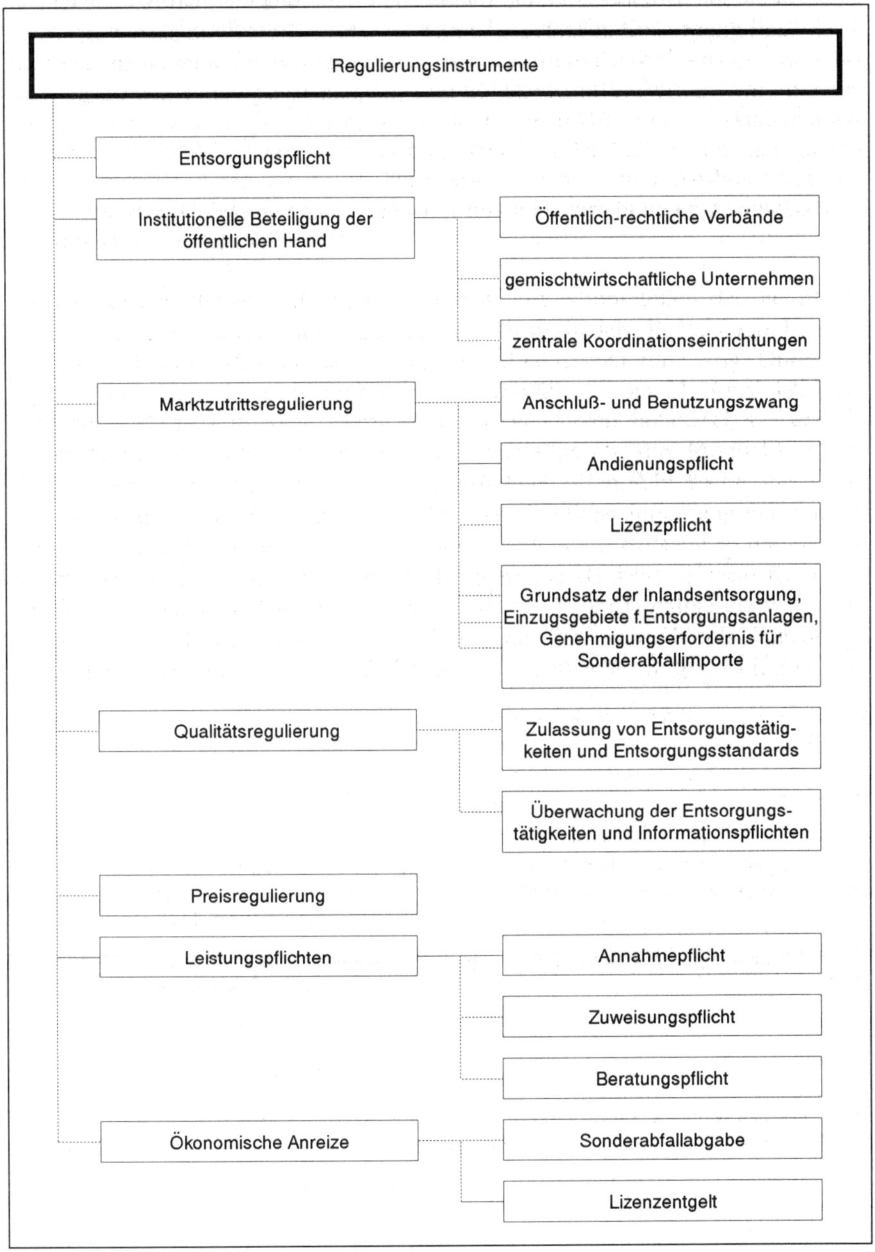

Es wurde schon begründet, daß die Regulierungsinstrumente nicht nach ihrer jeweiligen Eingriffsintensität in den Markt unterteilt werden sollen, weil der Grad der Eingriffsintensität kaum quantifizierbar ist und eine mehr oder weniger willkürliche Grenzziehung zwischen "economic regulations" und "social regulations" mit anschließender Konzentration auf die erste Gruppe zu einer unvollständigen Erfassung aller relevanten Markteingriffe führen würde.[3] Innerhalb der einzelnen Interventionsformen lassen sich dagegen sehr wohl unterschiedlich starke Eingriffsniveaus feststellen. Bei der "institutionellen Beteiligung der öffentlichen Hand" z.B. kann der Staat im allgemeinen die Stärke seines Einflusses dadurch beeinflussen, daß er seine Kapitalbeteiligung an einer Sonderabfallentsorgungsgesellschaft entsprechend seiner jeweiligen Ziele gestaltet, etwa als qualifizierte Minderheits- oder sogar als Mehrheitsbeteiligung. Preisregulierungen können als einfache behördliche Preisgenehmigung vergleichsweise "lokker" ausgestaltet sein oder aber in einer strengen Form durch Festlegung von Höchst-, Mindest- oder Festpreisen gehandhabt werden. Bei den Marktzutrittsbeschränkungen sind subjektive Zugangsvoraussetzungen wie fachliche Qualifikation und persönliche Zuverlässigkeit, jedoch auch restriktive Beschränkungen in Form von Konzesssionen denkbar.[4] Wie sich die Situation in der Sonderabfallwirtschaft darstellt, wird im einzelnen zu untersuchen sein.

Staatliche Markteingriffe werden je nach Branche in sehr unterschiedlicher Kombination eingesetzt, denn nur dann können sie in der Regel die gewünschte Wirkung entfalten. Bei einem isolierten Einsatz einzelner Instrumente besteht ansonsten die Gefahr, daß die Maßnahmen aufgrund von Ausweichreaktionen der betroffenen Wirtschaftssubjekte ihr Ziel verfehlen.[5] Im Bereich der Sonderabfallwirtschaft stellt sich dieses Problem noch umfangreicher dar, weil hier aufgrund der Regelungskompetenzen der Bundesländer im Grunde für jedes einzelne Bundesland ein anderer "Instrumentenmix" beobachtet werden kann. Dies wird durch die Kap. 3 zusammenfassende Regulierungsmatrix, in der für jedes der sechszehn Bundesländer seine jeweils verwendeten Regulierungsinstrumente verzeichnet sind, besonders deutlich.[6]

Im folgenden werden die einzelnen Regelungsformen beschrieben, ohne allerdings ausführlich auf die (offiziellen) Begründungen zum Einsatz des jeweiligen Instruments einzugehen, da die Motive für deren Einführung detailiert im Rahmen des Kapitels 4 (Regulierungsgründe) untersucht werden.

---

3 Vgl. oben Kap. 2.2.2.

4 Vgl. *Kurz* (1986), S. 48.

5 Vgl. *Weber* (1986), S. 129.

6 Vgl. dazu unten Kap. 3.3.

3.2 Darstellung der Instrumente

3.2.1 Entsorgungspflicht

Zentrale Vorschrift für die Aufgabenverteilung zwischen öffentlicher Hand und privaten Unternehmen auf dem Gebiet der Abfallwirtschaft ist § 3 AbfG, denn hier wird festgelegt, wer für die Entsorgung von Abfällen verantwortlich ist. *Kunig/ Schwermer/ Versteyl* qualifizieren die dortige Regelung als einen "differenzierten Kompromiß aus Verursacherprinzip, marktwirtschaftlichen Gesichtspunkten, Umweltschutzanforderungen und Inanspruchnahme grundrechtlich geschützter Eigentümerpositionen"[7]. Die Abfallentsorgung wird zu einer von der öffentlichen Hand durchzuführenden Pflichtaufgabe der "Daseinsvorsorge", die nur in bestimmten Fällen von Privaten übernommen werden kann. Öffentlich-rechtliche Körperschaften erhalten durch § 3 AbfG aber auch die Möglichkeit, sich insbesondere im Sonderabfallbereich dieser Aufgabe zu entziehen. Die Vorschrift ist somit ein wichtiger Ausgangspunkt für die weitere Untersuchung der Organisationsmodelle in der Sonderabfallwirtschaft, denn sie legt fest, ob die Entsorgung bestimmter Abfälle bundesrechtlich primär eine staatliche Aufgabe ist oder aber in privater Verantwortung durchgeführt werden kann und ermöglicht es damit überhaupt erst, als privates Unternehmen auf dem Gebiet der Sonderabfallentsorgung tätig zu werden.[8]

Die *Verpflichtung zur Entsorgung* ist branchenbezogen, dauerhaft angelegt und schränkt die individuelle Vertragsfreiheit insbesondere durch die Beeinflussung der faktischen Möglichkeiten, in der Abfallwirtschaft tätig zu werden, ein. Sie ist damit ein Regulierungsinstrument im Sinne der oben angeführten Regulierungsdefinition. Hält man sich vor Augen, daß es in anderen Branchen auch keine kraft Gesetz festgelegten "Produktionspflichtigen" bzw. "Versorgungspflichtigen" oder sonstige Regelungen gibt, die vorschreiben, von wem bestimmte Leistungen in der arbeitsteiligen Wirtschaft zu erbringen sind, dann wird die interventionistische Wirkung dieser Norm deutlich.

In § 3 Abs. 2 Satz 1 AbfG heißt es: "Die nach Landesrecht zuständigen Körperschaften des öffentlichen Rechts haben die in ihrem Gebiet angefallenen Abfälle zu entsorgen." Damit fallen zunächst alle Abfallarten, also auch Sonderabfälle, unter die Entsorgungspflicht der öffentlichen Hand. Die einzelnen Bundesländer haben in der Regel die Kreise und kreisfreien Städte mit den entspre-

---

7 *Kunig/ Schwermer/ Versteyl* (1992), Rn. 1 zu § 3.

8 Vgl. ausführlich *Winkelmann* (1991) zu den verschiedenen Möglichkeiten, als Privater an der Abfallentsorgung beteiligt zu werden.

chenden Aufgaben betraut (*Primär-Entsorgungspflichtige*).[9] Deren Entsorgungsverpflichtung umfaßt unter anderem Sammlung und Transport der Abfälle, Maßnahmen zur Abfallvermeidung und -verwertung sowie Planung, Errichtung und Betrieb der zur Entsorgung ihres Gebietes notwendigen Abfallentsorgungsanlagen.[10] Die Kreise und kreisfreien Städte stellen für ihr Gebiet Abfallwirtschaftskonzepte auf, in denen allgemein ein Überblick über den Stand der öffentlichen Abfallentsorgung gegeben werden soll.

Damit die entsorgungspflichtigen Körperschaften ihrer gesetzlich zugewiesenen Aufgabe überhaupt nachkommen können, schreibt § 3 Abs. 1 AbfG vor, daß die Abfallbesitzer ihre Abfälle dem Entsorgungspflichtigen *überlassen* müssen. Insofern korrespondieren Überlassungs- und Entsorgungspflicht miteinander. Damit wird dem Abfallbesitzer die Befugnis genommen, den Entsorgungsvorgang entsprechend seiner Vorstellungen zu steuern, denn ohne diese Regelung könnte er selbst entscheiden, in welcher zugelassenen Entsorgungsanlage er seine Abfälle beseitigt oder beseitigen läßt.[11]

Die entsorgungspflichtigen Körperschaften haben mehrere Möglichkeiten, sich ihrer Entsorgungspflicht zu entledigen. Von zentraler Bedeutung für diese Arbeit sind § 3 Abs. 3 und 4 AbfG, weil sie die rechtliche Grundlage für eine Betätigung privater Entsorgungsunternehmen in der Sonderabfallwirtschaft darstellen.[12] Bei der Darstellung des Sonderabfallbegriffs (Kap. 2.3.1) wurde bereits erläutert, daß mit Zustimmung der zuständigen Behörde diejenigen Abfälle von der Entsorgung durch die Primär-Entsorgungspflichtigen ausgeschlossen werden können, die nach ihrer Art oder Menge nicht mit Siedlungsabfällen zusammen entsorgt werden können. Vorrangiges Interesse gilt in dieser Arbeit den nach ih-

9 Vgl. z.B. Art. 3 Abs. 1 LAbfG Bayern, § 2 Abs. 1 LAbfG Niedersachsen oder § 3 Abs. 1 LAbfG Rheinland-Pfalz. In den Stadtstaaten Bremen und Hamburg sind die Städte selbst zuständig (vgl. § 1 Abs. 1 LAbfG Bremen und § 7 Abs. 1 LAbfG Hamburg). Abweichend davon wurde im Saarland die Entsorgungspflicht auf die Gemeinden übertragen, die sich zu diesem Zweck zum Kommunalen Abfallentsorgungsverband Saar (KABV) zusammengeschlossen haben (§ 2 Abs. 1 bis 3 LAbfG Saarland).

10 Insbesondere in bezug auf Sammlung und Transport ist es jedoch auch möglich, daß diese Aufgabe zwangsweise oder freiwillig den kreisangehörigen Gemeinden übertragen wird (vgl. z.B. § 5 Abs. 2 LAbfG Nordrhein-Westfalen oder § 6 Abs. 2 LAbfG Baden-Württemberg).

11 Vgl. im übrigen die Kommentierung zu § 3 Abs. 1 bei *Kunig/ Schwermer/ Versteyl* (1992), Rn. 11-20 zu § 3 AbfG. Vgl. auch die Erläuterungen zum "Anschluß- und Benutzungszwang" in Kap. 3.2.3.1.

12 Daneben können Entsorgungsaufgaben aufgrund eines Antrags des Anlageninhabers übertragen werden (§ 3 Abs. 6), insb. wenn dieser einzelne Abfälle wirtschaftlicher ent-

rer Art ausgeschlossenen Abfällen. Ist der Ausschluß erfolgt, muß sich der Abfallbesitzer selbst um die Entsorgung kümmern (§ 3 Abs. 4 Satz 1), auf ihn geht die Entsorgungspflicht über und er wird zum *Sekundär-Entsorgungspflichtigen.* Gleichzeitig entfällt seine Überlassungspflicht nach § 3 Abs. 1. Unterstützung erhält der Abfallbesitzer insofern, als die Behörde ihm auf Anfrage Auskunft über geeignete Abfallentsorgungsanlagen erteilen muß (§ 4 a AbfG). Da die Entscheidung, welche Abfälle von der öffentlichen Entsorgung ausgeschlossen werden, im Ermessen der zuständigen Behörde liegt, hat der Abfallbesitzer keinen subjektiven Rechtsanspruch darauf, von der Überlassungspflicht entbunden zu werden und selbst für die Beseitigung seiner Abfälle sorgen zu können.[13]

Die Sekundär-Entsorgungspflichtigen müssen die Abfallentsorgung genauso wie die Primär-Entsorgungspflichtigen nicht unbedingt selber durchführen, sondern sie können sich auch geeigneter Dritter bedienen (§ 3 Abs. 4 Satz 2 i.V.m. Abs. 2 Satz 2), denn mit der Entsorgungsverantwortlichkeit übernimmt der Abfallbesitzer gleichzeitig auch das Recht, im Rahmen der Gesetze selber zu bestimmen, wie er seiner Verpflichtung nachkommen möchte.[14] Häufig ist er wegen fehlenden Know-hows oder unzureichender finanzieller Mittel überhaupt nicht in der Lage, seine Abfälle selbst zu entsorgen. In diesem Fall kann er einen geeigneten, d.h. sachkundigen, die geordnete Entsorgung gewährleistenden und das Wohl der Allgemeinheit nicht gefährdenden Fremdentsorger beauftragen. Dieser übernimmt dann zwar die technische Durchführung, aber nicht die Entsorgungspflicht des Abfallbesitzers, denn letztere endet nicht mit der Abfallübergabe an einen Dritten, sondern erst nach Abschluß aller Entsorgungsphasen.

Die Tatsache, daß dem für ausgeschlossene Abfälle entsorgungspflichtigen Abfallbesitzer bundesrechtlich nicht vorgeschrieben wird, wie er seiner Verpflichtung nachzukommen hat, bedeutet allerdings auch, daß den Landesgesetzgebern ein entsprechender Gesetzgebungsspielraum eingeräumt wird. Davon haben die Länder in unterschiedlicher Weise Gebrauch gemacht. Insgesamt läßt sich festhalten, daß der § 3 AbfG durch den möglichen und für Sonderabfälle regelmäßig verwirklichten Ausschluß von Abfällen vom Grundprinzip der öffentlichen Entsorgung eine günstige Ausgangsbedingung für eine nach marktwirtschaftlichen Kriterien organisierte, regulierungsarme Sonderabfallwirtschaft bietet. Indem der Abfallbesitzer selbst für die Entsorgung seiner Sonderabfälle, insbesondere für die Auswahl einer geeigneten Entsorgungsanlage zuständig ist, bleiben ihm

---

sorgen kann als die entsorgungspflichtige Körperschaft, oder die Entsorgungspflicht entfällt aufgrund einer Freistellung von der Anlagenpflicht (§ 4 Abs. 2 und 4).

13 Vgl. *Bartels* (1987), S. 163 f.

14 Vgl. *Winkelmann* (1991), S. 172.

Handlungsspielräume und Vertragsfreiheit erhalten.[15] Allerdings ist zu beachten, daß weitergehende und nunmehr zu beschreibende landesrechtliche Regelungen diese günstige Ausgangsposition teilweise wieder zunichte machen.

Abb. 8 stellt die Erläuterungen dieses Kapitels nochmals graphisch dar.

Abb. 8: Ablaufschema zur Entsorgungspflicht (§ 3 AbfG)

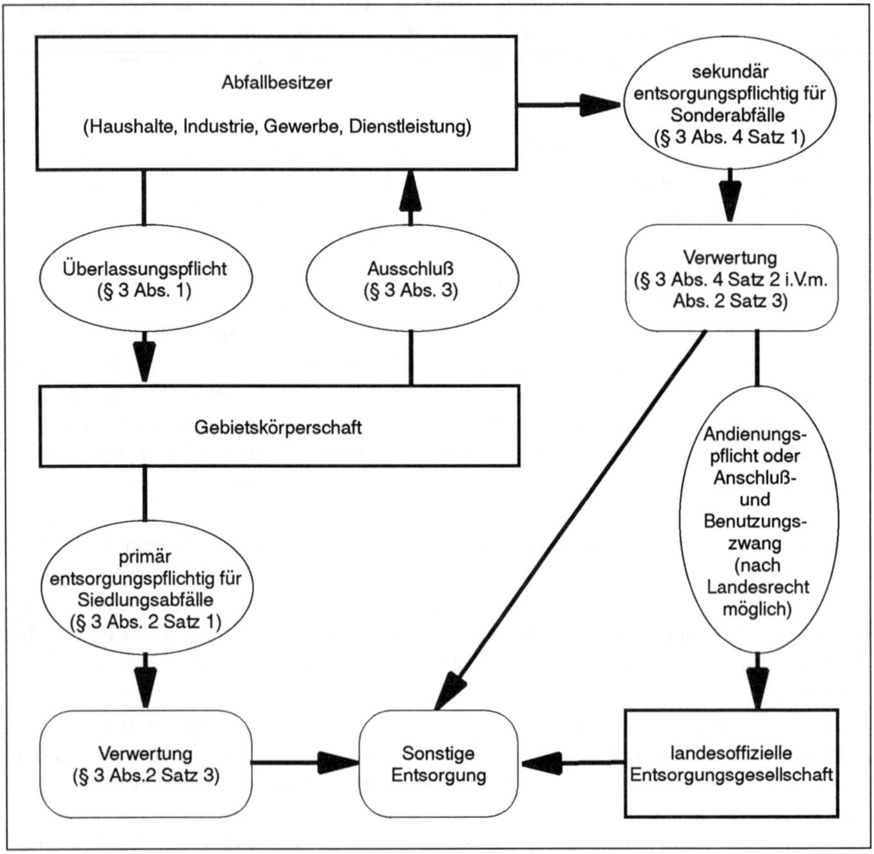

(Quelle: in Anlehnung an *Birn/ Jung* (Hrsg., 1991), Teil 15 Kap. 12, S. 5)

15 Dies wird aber von einigen Sonderabfallerzeugern ggf. nicht geschätzt, weil sie sich andernfalls überhaupt nicht um die Entsorgung kümmern müßten. Vgl. auch Kap. 5.2.2.

3.2.2 Institutionelle Beteiligung der öffentlichen Hand

Die direkte staatliche Teilhabe an der Leistungserstellung in der Sonderabfallentsorgung durch institutionelle Beteiligung der öffentlichen Hand an Unternehmen des öffentlichen oder privaten Rechts ist in Verbindung mit weiteren, noch zu erläuternden organisatorischen Regelungen in den meisten Bundesländern der zentrale Pfeiler einer staatlich regulierten Sonderabfallwirtschaft.[16] Als *Unterscheidungsmerkmal* für die verschiedenen Möglichkeiten einer staatlichen Beteiligung läßt sich das Kriterium verwenden, ob die für Zwecke der Sonderabfallentsorgung eingerichtete Institution auf öffentlichem oder privatem Recht basiert.[17] Es ergeben sich drei mögliche Formen:
- Sonderabfallentsorgungsverbände als öffentlich-rechtliche Organisationsform;
- gemischtwirtschaftliche Unternehmen als privatrechtliche Organisationsform;
- zentrale Koordinationseinrichtungen als Mischung privat- und öffentlich-rechtlicher Organisation.

Hierbei wird der Staat in unterschiedlicher Weise hoheitlich bzw. nicht hoheitlich handelnd tätig. Bei nicht hoheitlicher staatlicher Tätigkeit spricht man verwaltungsrechtlich auch von Leistungsverwaltung oder Daseinsvorsorge.[18]

Eine institutionelle Struktur, in der öffentlich-rechtliche Körperschaften oder privatrechtliche Gesellschaften mit öffentlicher Mehrheitsbeteiligung exklusiv Entsorgungsleistungen anbieten, ist zwar nicht mit einer Verstaatlichung der Angebotsseite gleichzusetzen, bedeutet aber in Abhängigkeit von der konkreten Ausgestaltung in bezug auf Kapitalanteile der öffentlichen Hand und damit verbundenen Einflußmöglichkeiten eine mehr oder weniger starke Anbindung an den Verwaltungsapparat des Staates. Denkbar wäre alternativ auch die Einrichtung einer eigenständigen Behörde für die Durchführung und Koordination der Sonderabfallentsorgung, aber in dieser Form wird es in keinem Bundesland gehandhabt.

---

16 Das Instrumentarium ist vor allem aus der Siedlungsabfallwirtschaft bekannt, wo die kommunalen Gebietskörperschaften seit vielen Jahren durch ihre Stadtreinigungsbetriebe im Entsorgungsvollzug tätig werden. Die organisatorischen Möglichkeiten, die sich Kommunen bei der Hausmüllentsorgung in bezug auf öffentliche Unternehmen bieten, beschreiben z.B. *Lösch* (1984), S. 115-121 und *Himmelmann* (Hrsg., 1991). In jüngerer Zeit kann man dabei eine Verlagerung von den in die öffentliche Verwaltung eingegliederten Reinigungsämtern hin zu Rechtsformen des privaten Rechts, besonders zur GmbH, beobachten (vgl. *Eichhorn* (1989), Sp. 316).

17 Vgl. dazu allg. *Stober* (1987), S. 270 ff.

18 Vgl. *Weber* (1986), S. 149.

Gesetzliche Grundlage für die Gestaltungsmöglichkeiten der einzelnen Bundesländer in bezug auf die ordnungspolitische Reglementierung der Sonderabfallwirtschaft ist § 6 AbfG. Er gibt einen Rahmen für die Entsorgungsplanung vor, der allerdings von den Ländern noch auszufüllen ist. Nach herrschender Meinung regelt Absatz 1 aber nicht abschließend, welche Sachverhalte in den Plänen näher zu bestimmen sind.[19] Neben Standorten für Entsorgungsanlagen und deren Einzugsbereichen[20] können die zuständigen Länderbehörden auch Festlegungen zur Trägerschaft treffen (§ 6 Abs. 1 Satz 5), wobei sich diese regelmäßig auf bestimmte Abfallarten (insb. Sonderabfälle) beziehen und zum Teil auf bestimmte Entsorgungsformen bzw. -phasen (z.B. nur Deponierung) beschränkt sind.[21] Wie die einzelnen Bundesländer den ihnen vom Bundesgesetzgeber eingeräumten Spielraum zur Organisationsgestaltung und damit zur Etablierung von Institutionen unter staatlicher Mitwirkung genutzt haben, ist im folgenden darzustellen.

3.2.2.1 Öffentliches Recht: Sonderabfallentsorgungs-Verbände

Sonderabfallentsorgungs-Verbände sind Körperschaften des öffentlichen Rechts, in denen sich Gebietskörperschaften, abfallerzeugende und abfallentsorgende Unternehmen freiwillig oder zwangsweise zusammengeschlossen haben, um gemeinsam in der Sonderabfallentsorgung tätig zu werden. Im allgemeinen werden Abfallentsorgungsverbände primär in der Siedlungsabfallwirtschaft eingesetzt, wo entsorgungspflichtige Körperschaften häufig ihre Aufgaben nicht alleine, sondern in Zusammenarbeit mit anderen Gebietskörperschaften durchführen und aus diesem Anlaß sogenannte Zweckverbände bilden. Diese basieren auf den jeweiligen Landesgesetzen über die kommunale Gemeinschaftsarbeit, haben eine eigene Rechtsfähigkeit, Dienstherrenqualität und Satzungsgewalt und stellen eine mögliche Form interkommunaler Kooperation dar.[22]

Im *historischen Kontext* läßt sich feststellen, daß in den Beratungen zum Abfallbeseitigungsgesetz von 1972 zunächst geplant war, die öffentlich-rechtliche Organisation in Form von Sonderabfallentsorgungsverbänden bundeseinheitlich einzuführen und über diesen Weg eine bundesweite Koordinierung der Sonder-

---

19 Vgl. *Kunig/ Schwermer/ Versteyl* (1992), Rn. 34 zu § 6.

20 Vgl. unten Kap. 3.2.3.4.

21 Vgl. *Kunig/ Schwermer/ Versteyl* (1992), Rn. 42 zu § 6.

22 Vgl. *Grossekettler* (1985), S. 12 oder *Oebbecke* (1989). Als Beispiel sei der "Kommunale Abfallentsorgungsverband Saar" (KABV) des Saarlandes genannt.

abfallentsorgung zu erreichen.[23] Man schlug vor, die Länder zur Errichtung von regionalen Sonderabfallbeseitigungsverbänden als Körperschaften des öffentlichen Rechts zu verpflichten und auf Bundesebene einen privatrechtlichen Bundesverband als Spitzenorganisation der regionalen Verbände zu gründen. Die sonderabfallerzeugenden Unternehmen wären nach dem Modell als Zwangsmitglieder der Verbände zur Überlassung ihrer Abfälle an ihren Beseitigungsverband verpflichtet worden, und im Gegenzug hätte dieser alle innerhalb des Verbandsgebiets von der öffentlichen Entsorgung ausgeschlossenen Abfälle beseitigen müssen. Eine solche länderübergreifende Regelung scheiterte aber am Widerstand der Bundesländer, die sehr unterschiedliche Auffassungen über die geeignete Rechtsform und Trägerschaft hatten, zum Teil grundsätzliche ordnungspolitische Bedenken gegen staatliche Markteingriffe vorbrachten, einen erheblichen Aufwand zur Lösung potentieller Organisations- und Kommunikationsprobleme befürchteten und teilweise davon ausgingen, daß die Sonderabfallerzeuger am besten über Abfallzusammensetzung und dafür geeignete Entsorgungsverfahren informiert und daher sinnvollerweise selbst für die Entsorgung ihrer Abfälle verantwortlich seien.

Zwar ließ sich Anfang der 70er Jahre eine bundeseinheitliche Lösung nicht durchsetzen, aber den Landesabfallgesetzen von *Bayern* und *Nordrhein-Westfalen* können unterschiedliche Ausprägungen des Instrumentariums "Sonderabfallentsorgungs-Verbände" entnommen werden:[24]

- freiwillige Zusammenschlüsse privater Entsorgungspflichtiger zu Entsorgungsverbänden;
- Zweckverbände von kommunalen Entsorgungspflichtigen;
- freiwillige Zusammenschlüsse von Kommunen, um die Entsorgung der nach § 3 Abs. 3 AbfG ausgeschlossenen Abfälle sicherzustellen;
- zwangsgegründete Entsorgungsverbände privater und kommunaler Entsorgungspflichtiger.

Die Möglichkeit, als privates, für ausgeschlossene Abfälle entsorgungspflichtiges Unternehmen zusammen mit anderen Unternehmen freiwillig einen Abfallverband zu bilden, bietet z.B. Art. 8 des Landesabfallgesetzes von Bayern. In Nordrhein-Westfalen ist für nach § 3 Abs. 4 AbfG entsorgungspflichtige private Unternehmen eine Zusammenarbeit auf dem Gebiet der Abfallentsorgung durch Verbandsgründung zwar rechtlich zulässig (§ 6 Abs. 4 LAbfG Nordrhein-Westfalen), aber bisher nicht erfolgt.[25] Die Zweckverbände, die von nach § 3 Abs. 2 AbfG verpflichteten Kreisen und kreisfreien Städten gebildet wurden, sind für

---

23 Vgl. *Kunig/ Schwermer/ Versteyl* (1992), Rn. 18 zu § 6, *Fichtner Beratende Ingenieure* (1992), S. 2/2 und *Edom* (1991), S. 62 f.

24 Vgl. für Bayern auch *Peine* (1992), S. 122.

diese Arbeit nur von Interesse, wenn die Körperschaften Sonderabfälle nicht von der öffentlichen Entsorgung ausgeschlossen haben. Da dieser Fall, wie schon erläutert, in den seltensten Fällen vorkommt und daher kaum praktische Relevanz besitzt, wird er im folgenden vernachlässigt.

Für die Sonderabfallwirtschaft haben insbesondere die beiden letztgenannten Ausprägungen praktische Bedeutung. In Bayern schlossen sich schon 1966 einige bayerische Kommunen freiwillig zum "Zweckverband Sondermüll-Entsorgung Mittelfranken" (ZVSMM) zusammen, um in kommunaler Verantwortlichkeit für die Entsorgung der in dieser Region anfallenden Sonderabfälle zu sorgen.[26] Private Unternehmen, d.h. sowohl Eigen- als auch Fremdentsorger, sind daran nicht beteiligt. Nordrhein-Westfalen ging einen anderen Weg, indem das Land mit dem "Gesetz über die Gründung des Abfallentsorgungs- und Altlastensanierungsverbandes Nordrhein-Westfalen" (AAVG) vom 21. Juni 1988 die rechtliche Grundlage für die Bildung eines Entsorgungsverbandes schuf, in dem Abfallentsorgungsunternehmen, Abfallerzeuger sowie kreisfreie Städte, Kreise und kreisangehörige Gemeinden zwangsweise zusammengeschlossen sind.[27]

Im Unterschied zu den oben erwähnten Zweckverbänden, die an Stelle der Gebietskörperschaften entsorgungspflichtig werden, soll der Abfallentsorgungs- und Altlastensanierungsverband (AAV) nur unterstützend für öffentliche Hand und private Unternehmen tätig werden. Diese Subsidiarität der Aufgabenerfüllung gilt sowohl für die ihm zugewiesene Aufgabe der Altlastensanierung in den Fällen, in denen ein ordnungsrechtlich Verantwortlicher nicht gefunden werden kann bzw. die zuständige Behörde im Wege der Ersatzvornahme tätig werden muß[28], als auch für den Bau und Betrieb allgemein zugänglicher Entsorgungsanlagen, soweit abfallerzeugende oder abfallentsorgende private Unternehmen nicht selbst diese Anlagen errichten und betreiben (§ 2 Abs. 1 Nr. 3 AAVG Nordrhein-Westfalen). Darin unterscheidet sich die nordrhein-westfälische von der bayerischen Lösung, denn in Bayern liegt die alleinige Zuständigkeit für Sonderabfallbehandlung, -verbrennung und -deponierung beim ZVSMM bzw. bei der Gesellschaft zur Entsorgung von Sondermüll in Bayern mbH (GSB).[29]

---

25 Vgl. *Struß* (1991), S. 64.

26 Vgl. *Zweckverband Sondermüll-Entsorgung Mittelfranken* (Hrsg., 1991).

27 Vgl. § 5 AAVG Nordrhein-Westfalen.

28 Vgl. unten Kap. 4.2.2.6/ 4.2.3.6 zum Aspekt der Altlastensanierung.

29 Daneben divergieren die beiden Modelle auch insofern, als im Gegensatz zu den bayerischen Entsorgungsinstitutionen zugunsten des AAV kein Anschluß- und Benutzungszwang (Kap. 3.2.3.1) ausgesprochen wurde. Vgl. das folgende Kapitel zur GSB.

Die Kompetenzen des AAV auch auf ein Tätigwerden in der Sonderabfallwirtschaft auszudehnen und nicht lediglich auf die Altlastensanierung zu beschränken, war im Gesetzgebungsverfahren umstritten. Gegenüber der Auffassung, durch Errichtung und Betrieb von Entsorgungsanlagen seitens des AAV sei ein abzulehnender Schritt in Richtung eines öffentlich-rechtlichen Entsorgungssystems gemacht, setzte sich letztendlich aber die Meinung durch, mit Beteiligung eines Zwangsverbandes ließen sich Durchsetzungsprobleme im Zusammenhang mit Abfallentsorgungsanlagen und die öffentliche Kritik an privatwirtschaftlichen (abfallerzeugenden und -entsorgenden) Unternehmen entschärfen.[30]

3.2.2.2 Privates Recht: Gemischtwirtschaftliche Unternehmen

Gemischtwirtschaftliche Unternehmen sind gekennzeichnet durch einen heterogenen Anteilseignerkreis, unter dem sich zumindest eine öffentliche Institution und mindestens ein privater Gesellschafter befindet.[31] Es handelt sich also um Unternehmen, an deren Kapital und Leitung sowohl die öffentliche Hand (insbesondere das Land, in dem das Unternehmen seinen Firmensitz hat, sowie Kreise, kreisfreie Städte und Gemeinden bzw. deren kommunale Spitzenverbände) als auch Private beteiligt sind. Sie sind ein Übergangsfall zwischen privater und öffentlicher Unternehmung, wobei die Eigentumsverhältnisse sehr unterschiedlich ausgeprägt sein können und der Eigenkapitalanteil der privaten Anteilseigner zwischen den Extremen 0% und 100% liegt.[32] Letzlich ist es Auffassungssache, ab welcher Beteiligungshöhe von öffentlichen Unternehmen gesprochen wird. Daher wird zur Charakterisierung zum Teil auch gar nicht auf die Eigentumsverhältnisse, sondern vielmehr auf die Ziele bzw. öffentlich begründeten Interessen, welche von den hoheitlichen Trägern beeinflußt werden, abgestellt. Sie seien es, was ein öffentliches Unternehmen ausmacht.[33]

Dementsprechend wird bei den "landesoffiziellen Sonderabfallentsorgungsgesellschaften" (Tab. 5, folgende Seite) auch darauf hingewiesen, daß sie einen öf-

---

30 Vgl. *Struß* (1991), S. 66.

31 Vgl. *Haeseler* (1989), Sp. 479.

32 Maßgeblich für die Eigentümerstruktur sind also die Anzahl der öffentlichen und privaten Gesellschafter sowie deren Beteiligungs- und Stimmrechtsquoten. In der öffentlichen Finanzstatistik werden gemischtwirtschaftliche Unternehmen zu den öffentlichen Unternehmen gezählt, wenn der Eigenkapital- oder Stimmanteil der öffentlichen Hand mehr als 50% beträgt (vgl. *Chmielewicz* (1989), Sp. 1095).

33 Vgl. *Schneider* (1982), S. 49.

fentlichen Auftrag erfüllten und bei ihren Tätigkeiten dem Gemeinwohl verpflichtet seien.[34]

Tab. 5: Landesoffizielle Sonderabfallentsorgungsgesellschaften[35]

Baden-Württemberg	SBW	Sonderabfallentsorgung Baden-Württemberg GmbH
Bayern	GSB (ZVSMM [a])	Gesellschaft zur Entsorgung von Sondermüll in Bayern mbH Zweckverband Sondermüll-Entsorgung Mittelfranken)
Berlin	BSR	Berliner Stadtreinigungs-Betriebe
Hamburg	GBS-Nord	Gesellschaft zur Beseitigung von Sonderabfällen mbH
Hessen	HIM	Hessische Industriemüll GmbH
Niedersachsen	NGS [b]	Niedersächsische Gesellschaft zur Endablagerung von Sonderabfall mbH
Rheinland-Pfalz	SAM [c]	Sonderabfall-Management-Gesellschaft Rheinland-Pfalz mbH
Saarland	SES	Sonderabfall-Entsorgung Saar GmbH
Schleswig-Holstein	GBS-Nord	Gesellschaft zur Beseitigung von Sonderabfällen mbH
Thüringen	TSA	Thüringer Sonderabfallgesellschaft mbH

(Quelle: *Arbeitsgemeinschaft der Sonderabfallentsorgungsgesellschaften der Länder* (Hrsg., 1992), S. 8, geändert und ergänzt; [a] vgl. die Erläuterungen bei öffentlich-rechtlichen Verbänden; [b] die NGS ist nicht Mitglied dieser Arbeitsgemeinschaft; [c] die neugegründete SAM hat Anfang 1994 die "Gesellschaft zur Beseitigung von Sonderabfällen in Rheinland-Pfalz mbH" (GBS) als Träger der Sonderabfallentsorgung in Rheinland-Pfalz abgelöst, ist aber ebenfalls nicht Mitglied der AGS;)

Anteilseigner sind in den einzelnen Bundesländern in sehr unterschiedlicher Kombination die verschiedenen Gebietskörperschaften, die Entsorgungswirt-

---

34 Vgl. *Arbeitsgemeinschaft der Sonderabfallentsorgungsgesellschaften der Länder* (Hrsg., 1992), S. 7. Dies gilt zumindest für die in der AGS zusammengeschlossenen Unternehmen, sodaß sie in der Regel auch als gemeinnützig anerkannt sind.

35 In dieser Übersicht sind auch diejenigen Gesellschaften verzeichnet, die nach Landesrecht als "Zentrale Stelle" fungieren, weil sie aufgrund ihrer Eigentümerstruktur ebenfalls gemischtwirtschaftliche Unternehmen sind. Vgl. das folgende Kapitel zu den "Zentralen Stellen".

schaft und abfallerzeugende Unternehmen bzw. deren Interessenvertretungen.[36] Die Beteiligungshöhe von Land, Kreisen und Gemeinden ist von Land zu Land verschieden, aber in der Regel größer als 50%, um auf jeden Fall einen maßgeblichen Einfluß auf die Geschäftspolitik des Entsorgungsunternehmens zu gewährleisten.[37] Hinsichtlich der ordnungspolitischen Ausgestaltung stellen sich die Sonderabfallgesellschaften damit als Zwischenform zwischen rein privater Unternehmung und einer vollständigen Verstaatlichung der Entsorgung durch eine Eingliederung der Aktivitäten in die Verwaltungs- und Behördenstruktur des Umweltbereichs dar[38], wobei allerdings mit zunehmender Beteiligungs- und Einflußhöhe der öffentlichen Hand die Unterschiede zur rein staatlichen Entsorgungsverantwortung immer geringer werden.

Die Gesellschaften haben unter anderem deshalb die Rechtsform der GmbH, weil sich mit einer Kapitalgesellschaft im Gegensatz zu Personengesellschaften die Haftung des öffentlichen Partners begrenzen läßt.[39] Einige Beispiele mögen verdeutlichen, wie unterschiedlich die Eigentümerstruktur der Unternehmen gestaltet ist:[40]

- HIM: Land Hessen ca. 30% (Sperrminorität), hessische Unternehmen ca. 70%;
- NGS: Land Niedersachsen 51%, niedersächsische Unternehmen 49%;
- SAM: Land Rheinland-Pfalz 51%, rheinland-pfälzische Entsorgungsunternehmen 49%;
- TSA: Land Thüringen 75%, GSB 12,5%, HIM 12,5%;
- GSB: 78,84% Freistaat Bayern, 10,03% bayerische Unternehmen, 8,6% kommunale Spitzenverbände, 2,53% bayerische Landesanstalt für Aufbaufinanzierung.

Den gemischtwirtschaftlichen Unternehmen wurden zahlreiche Aufgaben übertragen, die alternativ auch von ausschließlich im Privatbesitz befindlichen Unter-

36 Vgl. die (in Teilen allerdings veralteten) Übersichten über die Sonderabfallentsorgungsträger und deren jeweilige Rechtsformen in den alten Bundesländern bei *Edom* (1991), S. 164-166 sowie *Fichtner* (1992), S. 101-108. Vorher haben schon *Meyer* und *Szelinski* entsprechende Untersuchungen veröffentlicht, vgl. *Meyer* (1983), S. 242-261, *Szelinski* (1977) und *ders.* (1977a).

37 Vgl. zur Forderung nach Mehrheitsbeteiligung der öffentlichen Hand z.B. § 6 Abs. 2 Nr. 2 LAbfG Niedersachsen.

38 Vgl. *Edom* (1991), S. 63.

39 Dieses haushaltsrechtliche Gebot ergibt sich aus § 65 Abs. 1 Ziff. 2 Bundeshaushaltsordnung, vgl. *Püttner* (1989), Sp. 1384.

nehmen übernommen werden könnten. Dazu gehört die Prüfung von Vermeidungs- und Verwertungsmöglichkeiten vor der eigentlichen Entsorgung sowie Errichtung und Betrieb von Behandlungs- und Verbrennungsanlagen bzw. Sonderabfalldeponien. Das jeweilige Aufgabenspektrum variiert von Gesellschaft zu Gesellschaft und deckt damit in unterschiedlich starkem Maße die verschiedenen Marktsegmente der Sonderabfallwirtschaft ab. In *Niedersachsen* beispielsweise ist die NGS nur als Betreibergesellschaft für allgemein zugängliche Sonderabfalldeponien vorgesehen, während chemisch-physikalische und thermische Behandlung weiterhin von der Privatwirtschaft durchgeführt werden können.[41] Allerdings wird der NGS das Recht eingeräumt, eigene Anlagen dieser Art zu errichten und zu betreiben oder Beteiligungen an entsprechenden Anlagen zu erwerben.[42] *Hessen* und *Thüringen* haben die gesetzlichen Grundlagen zur Etablierung segmentspezifischer Entsorgungsmonopole der landesoffiziellen Gesellschaften geschaffen, indem die jeweiligen Landesabfallgesetze bestimmen, daß der Träger der Sonderabfallentsorgung für den Bau und Betrieb von Entsorgungsanlagen zuständig ist.[43] In *Bayern* ist ausdrücklich vorgeschrieben, daß sich die Besitzer besonders überwachungsbedürftiger Abfälle zur Erfüllung ihrer Entsorgungspflicht der GSB oder des ZVSMM zu bedienen haben.[44] Im Vergleich dazu sind etwa in *Bremen* die gesetzlichen Möglichkeiten zur Schaffung staatlicher Monopole im Entsorgungsbereich nicht gegeben. Es wurde lediglich vorgeschlagen, der Bremer Sonderabfallberatungs-Gesellschaft die operative Geschäftsführung für Vorbehandlungsanlagen bestimmter Sonderabfallfraktionen zu übertragen, falls sich private Dienstleistungsanbieter nicht finden lassen.[45]

Sonderabfallsammlung und -transport gehören in der Regel nicht zu den Aufgaben der landesoffiziellen Entsorgungsgesellschaften. Darüberhinaus sehen die Landesabfallgesetze vor, daß betriebseigene Entsorgungsanlagen von möglichen Monopolisierungstendenzen unberührt bleiben und ein Betrieb dieser Anlagen weiterhin möglich ist. Es bleibt damit für betriebseigene Anlagen bei der bundesgesetzlichen Regelung einer rein privatwirtschaftlichen Organisation. Zu be-

---

40 Vgl. zu den Angaben *Hessische Industriemüll GmbH* (Hrsg., o.J.), S. 7, *Sonderabfall-Management-Gesellschaft Rheinland-Pfalz mbH* (Hrsg., o.J.), *Edom* (1991), S. 93, *o.V.* (1992), S. 52 und *Müller* (1991), S. 12.

41 Vgl. *Edom* (1991), S. 90.

42 Vgl. § 6 Abs. 4 LAbfG Niedersachsen.

43 Vgl. § 4 Abs. 4 LAbfG Hessen und § 5 Abs. 4 LAbfG Thüringen.

44 Vgl. Art. 10 Abs. 1 LAbfG Bayern und die Ausführungen im Kap. 3.2.3.1.

45 Vgl. *Senator für Umweltschutz und Stadtentwicklung Bremen* (Hrsg., 1990), S. 29.

achten ist schließlich, daß sich die gemischtwirtschaftlichen Unternehmen auch geeigneter "Dritter" bedienen können, sofern dadurch keine negativen Auswirkungen für das Allgemeinwohl zu befürchten sind. Sie können deshalb Unternehmen der privaten Entsorgungswirtschaft beauftragen, wie dies auch im Bundesabfallgesetz sowohl für entsorgungspflichtige Körperschaften (§ 3 Abs. 2 Satz 2 AbfG) als auch für entsorgungspflichtige Sonderabfallbesitzer (§ 3 Abs. 4 Satz 2 AbfG) zulässig ist.

Zur jetzt zu beschreibenden dritten Gruppe staatlicher institutioneller Betätigung auf dem Gebiet der Sonderabfallwirtschaft besteht ein enger Zusammenhang, wie die folgenden Erläuterungen verdeutlichen werden.

3.2.2.3 Öffentliches und privates Recht: zentrale Koordinationseinrichtungen

Der Staat wird auch mittels einer Mischung aus öffentlichem Recht und Privatrecht in der Sonderabfallwirtschaft tätig, indem in einzelnen Bundesländern *zentrale Koordinationseinrichtungen* geschaffen wurden bzw. eine entsprechende Einführung geplant oder als Option im Landesabfallgesetz verankert ist. Man spricht in den betreffenden Landesvorschriften vor allem von "Zentraler Stelle" oder "Zentraler Einrichtung". Rechtliche Basis sind im Verwaltungsrecht häufiger vorkommende zweistufige Rechtsverhältnisse, bei denen die Verwaltung dem Bürger sowohl hoheitlich als auch privatrechtlich gegenübertritt.[46] Die zentralen Koordinationsstellen sind von der Rechtsform her privatrechtlich organisiert, aber mit hoheitlichen Befugnissen ausgestattet. Die ihnen zugewiesenen Aufgaben sind zu unterscheiden von den schon erläuterten Aufgaben der (halb-) staatlichen Sonderabfallentsorgungsgesellschaften (gemischtwirtschaftliche Unternehmen), da es sich bei den Tätigkeiten dieser Einrichtungen nach dem Willen der jeweiligen Landesgesetzgeber im Gegensatz zur eigentlichen Durchführung der Entsorgung, die die privatwirtschaftlichen Gesellschaften mit staatlicher Beteiligung übernehmen, um hoheitliche Aufgaben handelt.[47]

Es muß allerdings darauf hingewiesen werden, daß die hier vorgenommene Differenzierung in "gemischtwirtschaftliche Unternehmen" und "zentrale Koordinationseinrichtungen" nicht trennscharf ist, da beide Aufgabenkomplexe in den Bundesländern bei den landesoffiziellen gemischtwirtschaftlichen Unternehmen organisatorisch zusammengefaßt sind. Träger der zentralen Koordinationseinrichtungen sind also die jeweiligen Unternehmen mit Landesbeteiligung. Sie

---

46 Vgl. *Stober* (1987), S. 273 f.

sind sowohl erwerbswirtschaftlich tätiges Wirtschaftssubjekt als auch ein wie eine Behörde tätiger und der Staatsaufsicht unterliegender Träger öffentlicher Verwaltung.[48] Wird die Unterscheidung dennoch vorgenommen, so geschieht das, um den qualitativen Unterschied von hoheitlichen Koordinations- und Lenkungsaufgaben auf der einen Seite und tatsächlichen Entsorgungshandlungen auf der anderen Seite besonders zu betonen.[49]

Verwaltungsrechtlich liegt bei der Einschaltung solcher zentralen Koordinationseinrichtungen eine *Beleihung* vor, weil eine Privatperson ermächtigt wird, bestimmte hoheitliche Kompetenzen im eigenen Namen durchzuführen.[50] Die Beleihung ist zu unterscheiden von der Übertragung öffentlicher Aufgaben auf sogenannte Verwaltungshelfer, wie sie in der Siedlungsabfallwirtschaft nach § 3 Abs. 2 AbfG (für nicht ausgeschlossene Abfälle) häufig anzutreffen ist. Wie schon erläutert, liegt bei Siedlungsabfällen die Verantwortung für die Entsorgung grundsätzlich bei den entsorgungspflichtigen Körperschaften, die sich zur Erfüllung ihrer Verpflichtungen aber Dritter bedienen können. Da diese beauftragten Unternehmen nur nach Weisung der Behörden tätig werden, ausschließlich für die technische Durchführung zuständig sind und öffentlich-rechtliche Rechtsbeziehungen (Überlassungspflicht, Gebührenpflicht) nur zwischen der Kommune und den Haushalten bestehen, liegt in diesen Fällen eine Beleihung nicht vor.[51] Erst wenn, wie im Falle der zentralen Koordinationseinrichtungen, die rechtlich eingeräumten Befugnisse weiter gehen als die eines beauftragten Dritten, läßt sich von Beleihung sprechen. Mit einer solchen Gestaltung, in der öffentlich-rechtliche Rechtsbeziehungen zwischen entsorgungspflichtigem Abfallbesitzer und zentraler Einrichtung aufgebaut werden, kann in Verbindung mit den Aufgaben bzw. Leistungspflichten der zentralen Einrichtungen (Kap. 3.2.6) zumindest mittelbar ein Einfluß auf die Strukturen der im Bundesland vorhandenen Entsorgungsanlagen ausgeübt werden.

Die geplanten oder bereits realisierten zentralen Koordinationseinrichtungen der Bundesländer sind, wie schon die Bezeichnung verdeutlicht, für die *Koordination* der Sonderabfallentsorgung im jeweiligen Hoheitsgebiet zuständig. Steht bei den gemischtwirtschaftlichen Unternehmen der unternehmerische Aspekt der Errichtung und des Betriebs von allgemein zugänglichen Entsorgungsanlagen im

47 Vgl. *Landtag Niedersachsen* (1988), S. 9.

48 Vgl. *Landtag Sachsen-Anhalt* (1991), S. 72.

49 Weil beide Bereiche in der Praxis aber organisatorisch zusammengefaßt sind, ist in der abschließenden Regulierungsübersicht des Kapitels 3.3 nur eine Spalte für gemischtwirtschaftliche Unternehmen und zentrale Einrichtungen vorgesehen.

50 Vgl. *Stober* (1987), S. 340.

Vordergrund, besteht die hoheitliche Aufgabe vor allem in der *"Steuerung der Sonderabfallströme"*.[52] Die zentralen Stellen schreiben den Sonderabfallbesitzern vor, wie sie der Verpflichtung zur ordnungsgemäßen Entsorgung ihrer Reststoffe nachzukommen haben (etwa durch Vorschriften über die Art der Abfallzuführung zu den Entsorgungsanlagen) und sollen damit ein effizientes "Entsorgungsmanagement" sicherstellen. Auch im Rahmen der (mit der Andienungspflicht korrespondierenden) Zuweisung von Sonderabfällen zu geeigneten Entsorgungsanlagen und der Erhebung von Gebühren und Auslagen für die durchgeführten Tätigkeiten treten die Koordinationseinrichtungen gegenüber den Abfallbesitzern hoheitlich auf.[53]

Trotz unterschiedlicher Aufgaben sind die Koordinationsstellen den gemischtwirtschaftlichen Unternehmen organisatorisch angegliedert. In *Niedersachsen* ist seit Ende 1985 die NGS auf dem Gebiet der Abfalldeponierung tätig. Durch die "Verordnung über die Andienung von Sonderabfällen" vom 21. April 1989 erweiterte sich ihr Aufgabenspektrum um die genannten hoheitlichen Funktionen.[54] *Sachsen-Anhalt* hält sich im Landesabfallgesetz die Möglichkeit zur Schaffung einer entsprechenden Stelle ausdrücklich offen.[55] In *Berlin* und *Brandenburg* ist die Einführung einer zentralen Koordinationseinrichtung vorgesehen bzw. als Option im Gesetz verankert[56], und in *Schleswig-Holstein* ist die Gesellschaft zur Organisation der Sonderabfallentsorgung (GOES) zentrale Kontroll- und Beratungsstelle und als solche Adressat der im Landesabfallgesetz verankerten Anzeigepflicht für Sonderabfälle.[57] *Rheinland-Pfalz* schuf durch Neufassung seines Landesabfallgesetzes im Jahr 1993 die gesetzliche Möglichkeit zur Ein-

---

51 Vgl. *ebd.*, S. 344 und *Struß* (1991), S. 76.

52 Dies ist nicht nur eine praktische Tätigkeit der zentralen Stellen, sondern kann zugleich auch als Regulierungsgrund interpretiert werden. Vgl. dazu die Ausführungen in den Kapiteln 4.2.2.1. bzw. 4.2.3.1.

53 Vgl. Kap. 3.2.3.2 zur Andienungspflicht, Kap. 3.2.6.2 zur Zuweisungspflicht und Kap. 3.2.5 zur Gebührenerhebung.

54 Vgl. *Edom* (1991), S. 93.

55 Vgl. § 14 LAbfG Sachsen-Anhalt.

56 Vgl. § 14 Abs. 1 LAbfG-Entwurf Berlin, *Landesregierungen von Berlin und Brandenburg* (o.J.), S. 25 und § 9 Abs. 2 LAbfG Brandenburg.

57 Vgl. § 11 Abs. 4 LAbfG Schleswig-Holstein.

richtung der zentralen Stelle für Sonderabfälle.[58] Seit Anfang 1994 ist die SAM mit dieser Aufgabe betraut.[59]

Die bisherigen Ausführungen zu den Aufgaben der zentralen Koordinationsstellen, und das gilt ebenso für gemischtwirtschaftliche Unternehmen und Abfallentsorgungsverbände, machen deutlich, daß das Instrumentarium der institutionellen staatlichen Beteiligung in der Sonderabfallentsorgung nicht isoliert gesehen werden darf, sondern erst im Zusammenspiel mit den damit verbundenen Rechten (z.B. Anschluß- und Benutzungszwang bzw. Andienungspflicht für Abfallbesitzer) und Pflichten (Annahme-, Zuweisungs- und Beratungspflicht) seine regulierende Wirkung entfaltet. Die Rechtsform, derer sich der jeweilige Träger der Sonderabfallentsorgung bedient, ist gleichsam das Gerüst, an dem einige der folgenden Interventionsformen befestigt sind.

3.2.3 Marktzutrittsregulierung

Ein wichtiges Wettbewerbshindernis und gleichzeitig staatliches Instrumentarium zur Marktregulierung stellen *Marktzugangsbeschränkungen* dar.[60] Dabei handelt es sich um solche ökonomischen oder rechtlichen Faktoren, die den Zustrom neuer, effizienterer Leistungserbringer auf bestehenden Märkten verhindern und die bereits etablierten Anbieter vor dem Wirksamwerden bzw. der Verstärkung aktueller und potentieller Konkurrenz schützen.[61] Dieses Kapitel beschreibt die in der Sonderabfallwirtschaft verwendeten *rechtlichen* Marktzutrittsschranken. Zu den Gründen für die Statuierung solcher Wettbewerbshemmnisse wird aber nicht Stellung genommen, weil diese aus der Analyse und Beurteilung der Regulierungsbegründungen (Kap. 4) deutlich werden.

Grundsätzlich kann man ökonomische und juristische Marktzutrittsschranken unterscheiden. Bei *ökonomischen* Eintrittsbarrieren lassen die wirtschaftlichen Gegebenheiten nur einen begrenzten Markteintritt zu, wobei man sich in der Li-

---

58 Vgl. § 8a Abs. 1 LAbfG Rheinland-Pfalz.

59 Vgl. § 1 der Landesverordnung über die Andienung von Sonderabfällen.

60 Synonym wird auch von Markteintrittshindernissen, Marktzutrittsschranken oder Eintrittsbarrieren gesprochen.

61 *Bögelein* charakterisiert Marktzutrittsschranken als Störungen des Wettbewerbsprozesses und betont dabei den Effizienzaspekt. Im Wettbewerbsprozeß verschaffen sich neue, innovative und am Markt erfolgreiche Unternehmen Effizienzvorteile gegenüber ihren Konkurrenten und wachsen auf Kosten der weniger effizienten Anbieter (vgl. *Bögelein*

teratur durchaus nicht einig ist, welche ökonomischen Faktoren eintrittshemmend wirken.[62] *Von Weizsäcker* beispielsweise bestreitet, daß die von *Bain* unterschiedenen Ursachen "absolute Kostenvorteile", "Betriebsgrößenvorteile" und "Produktdifferenzierungsvorteile"[63] tatsächlich Eintrittsbarrieren im Sinne seiner Definition darstellen und untersucht noch weitere mögliche Faktoren (Kapitalerfordernisse und -risiken sowie strategische Abwehrmaßnahmen als Reaktion auf die Existenz potentieller Konkurrenten).[64] Weil hier keine industrieökonomische Untersuchung vorgenommen werden kann, wird auf die ökonomischen Zutrittsbeschränkungen im folgenden nicht weiter eingegangen. Die Betriebsgrößenvorteile (Economies of Scale) spielen aber im Zusammenhang mit der Untersuchung "natürlicher Monopolstrukturen" (Kap. 4.2.2.3 bzw. 4.2.3.3) noch eine Rolle.

Diese Arbeit konzentriert sich auf die juristischen oder *rechtlichen* Marktzutrittsschranken, die ihre Ursache in den vom Staat gesetzten rechtlichen Rahmenbedingungen haben und unmittelbare Bestandteile der verschiedenen Organisationsmodelle für die Sonderabfallwirtschaft sind. Solche staatlichen bzw. staatlich sanktionierten Beschränkungen des Marktzutritts können hinsichtlich der Intensität des staatlichen Eingriffs eine große Schwankungsbreite aufweisen. Sie reicht von bestimmten an der Person des Erwerbstätigen orientierten Beschränkungen über ein Konzessionierungssystem bis hin zum vollständigen Ausschluß privater Aktivitäten mittels eines Staatsmonopols. Nach diesem Kriterium läßt sich die hoheitlich geregelte Zulassungsordnung für einen bestimmten Markt nach subjektiven und objektiven Beschränkungen differenzieren.[65]

Eine geringere Eingriffsintensität weisen *subjektive* Markteintrittsschranken auf, weil der Staat den Marktzutritt lediglich von bestimmten persönlichen oder fachlichen Voraussetzungen abhängig macht. Persönliche Voraussetzungen sind beispielsweise Zuverlässigkeit oder das polizeiliche Kriterium rechtlicher Unbescholtenheit. Daneben kann auch die fachliche Eignung des Unternehmers (z.B. Meisterprüfung im Handwerk) sowie die Sicherheit und (finanzielle) Leistungsfähigkeit des Betriebs geprüft werden. Derjenige, der sich in einem solchermaßen regulierten Wirtschaftszweig betätigen will, hat aber regelmäßig Anspruch

---

(1990), S. 164). Vgl. auch Kap. 7.1.1 zum Wettbewerb als marktwirtschaflicher Koordinationsmechanismus.

62 Grundlegend zu ökonomischen Marktzutrittsschranken *Bain* (1968), *Stigler* (1968) und *von Weizsäcker* (1980).

63 Vgl. *Bain* (1968), S. 255 ff.

64 Vgl. dazu *Bögelein* (1990), S. 160-164.

65 Vgl. *Donges/ Schatz* (1986), S. 23.

auf Gewährung der Erlaubnis, die beabsichtigte Tätigkeit ausführen zu dürfen, sofern die formellen Voraussetzungen erfüllt sind.[66]

Im Vordergrund der Analyse stehen die *objektiven* Marktzugangsrestriktionen, weil sie aus wettbewerbspolitischer Sicht eher bedenklich sind und selbst dann einer wirtschaftlichen Betätigung im Wege stehen, wenn die persönlichen und fachlichen Voraussetzungen beim Unternehmer vorhanden sind. Eine solche Situation ist dann gegeben, wenn das Gesetz einen Benutzungszwang zugunsten eines konzessionierten Unternehmens statuiert oder die Zulassung von einer Bedürfnisprüfung abhängig macht, die sich an bestimmten Indikatoren orientiert.[67] Der zuständigen Behörde stehen in einem solchen Fall erhebliche Ermessensspielräume offen.

Die in diesem Kapitel darzustellenden Regulierungsinstrumente Anschluß- und Benutzungszwang, Andienungspflicht und Lizenzpflicht gehören in die Kategorie der objektiven Zulassungsbeschränkungen. Benutzungszwang und Andienungspflicht wirken *mittelbar* zutrittsbeschränkend, weil es dem potentiellen privaten Entsorgungsunternehmen zwar rechtlich nicht verwehrt ist, sich in dieser Branche zu engagieren, sofern die subjektiven Zulassungsvoraussetzungen erfüllt sind, aber Sonderabfallanlagen wirtschaftlich zu betreiben ist nur möglich, wenn auch Kunden gewonnen werden können. Das funktioniert bei den beiden Instrumenten jedoch erst dann, wenn das Unternehmen, für das der Benutzungszwang oder die Andienungspflicht besteht, die privaten Betreiber mit der Entsorgung der ihm überlassenen oder angedienten Abfälle beauftragt. Lizenzen erschweren den Marktzugang *unmittelbar*, weil die Entsorgungsunternehmen ihre

---

66 Auch das Abfallgesetz kennt, insbesondere für Abfälle, die nicht von den Körperschaften des öffentlichen Rechts oder von ihnen beauftragten Dritten entsorgt werden (§ 3 Abs. 3 AbfG), eine solche subjektive Eintrittsschranke in Form der Einsammlungs- und Beförderungsgenehmigung (§ 12 AbfG). Danach dürfen Sonderabfälle nur mit Genehmigung der zuständigen Behörde eingesammelt und befördert werden, wobei die Genehmigung dann zu erteilen ist, wenn der Antragsteller zuverlässig ist, das Wohl der Allgemeinheit nicht gefährdet wird und die geordnete Entsorgung im übrigen sichergestellt ist. Mit dieser Regelung wird den Leistungsnachfragern erspart, selber beurteilen zu müssen, ob die notwendigen Kenntnisse und Fähigkeiten beim Transporteur vorhanden sind, und es können gewisse qualitative Standards bei Sammlung und Transport von Sonderabfällen gewährleistet werden. Insofern läßt sich die Einsammlungs- und Beförderungsgenehmigung auch als Qualitätsregulierung (Kap. 3.2.4) interpretieren, weshalb sie im folgenden diesem Instrumentarium und nicht den Marktzutrittsbeschränkungen zugeordnet wird.

67 Eine solche Bedürfnisprüfung gibt es beispielsweise im Taxigewerbe. Beurteilungskriterien sind die Nachfrage nach Beförderungsaufträgen, die Taxidichte und die Ertrags- und Kostenlage der bereits zugelassenen Unternehmer (vgl. *Deregulierungskommission* (1991), Tz. 204).

Tätigkeit nur dann ausüben können, wenn sie die nicht nur von subjektiven Kriterien abhängige Erlaubnis erhalten haben.

3.2.3.1 Anschluß- und Benutzungszwang

Die oben beschriebene staatliche Beteiligung an Sonderabfallentsorgungsgesellschaften wäre an und für sich wettbewerbspolitisch unproblematisch, wenn sich diese Gesellschaften dem Wettbewerb mit anderen privaten Entsorgern stellen würden. Das wird aber verhindert, indem einige Bundesländer einen *Anschluß- und Benutzungszwang* für ihren jeweiligen Träger der Sonderabfallentsorgung anordnen. Der Benutzungszwang verpflichtet die Sonderabfallerzeuger, die Leistungen der landesoffiziellen Entsorgungsunternehmen gegen Entgelt in Anspruch zu nehmen und bedeutet gleichzeitig ein Verbot der Benutzung gleichartiger anderer Anlagen. Hierbei erfolgt im Gegensatz zur im nächsten Kapitel behandelten Andienungspflicht eine physische Übergabe der Sonderabfälle. Zum Teil wird in den Landesabfallgesetzen auch von *Überlassungspflicht* gesprochen, womit aber inhaltlich das gleiche gemeint ist. Um dem Grundsatz der Verhältnismäßigkeit Rechnung zu tragen, gibt es aber auch Ausnahmen vom Anschluß- und Benutzungszwang. Vor allem für diejenigen Sonderabfallerzeuger, die über eine eigene zugelassene Entsorgungsanlage verfügen, gilt die Überlassungspflicht regelmäßig nicht. Darüberhinaus können die zuständigen Behörden weitere Ausnahmetatbestände genehmigen.

Die Träger der Sonderabfallentsorgung, zu deren Gunsten die Überlassungspflicht besteht, erhalten eine Monopolstellung in ihrem Bundesland, welche sich auf die vom Anschluß- und Benutzungszwang abgedeckten Entsorgungsverfahren erstreckt. Das Instrument kann eine wirkungsvolle Marktzutrittsschranke darstellen, weil ein privates Unternehmen, daß sich als Anbieter auf dem Sonderabfallmarkt etablieren möchte, wegen der bereits von den Trägern der Sonderabfallentsorgung übernommenen Aufgaben überhaupt keine Nachfrage auf sich ziehen kann. Auf der anderen Seite beschränkt die Überlassungspflicht die Wahl- und Handlungsmöglichkeiten der Sonderabfallerzeuger und macht sie von einem Anbieter abhängig.

Die Überlassungspflicht gibt es schon länger im Abfallrecht und wird vor allem in der Siedlungsabfallwirtschaft eingesetzt. Vor Inkrafttreten des Abfallbeseitigungsgesetzes von 1972 enthielten die Kommunalgesetze der Länder Regelungen, die den Gemeinden bei Vorliegen eines dringenden öffentlichen Interesses die Möglichkeit einräumten, durch Satzung für die Grundstücke ihres Gebiets den Anschluß- und Benutzungszwang an die Müllabfuhr einzuführen. Das Abfallgesetz regelt in § 3 Abs. 1, daß der Besitzer seine Abfälle dem Entsorgungspflichtigen zu überlassen hat, und die einzelnen Landesabfallgesetze ermächtigen die entsorgungspflichtigen Gebietskörperschaften, durch Satzung den Anschluß- und Benutzungszwang an die Einrichtungen der kommunalen Abfallentsorgung festzulegen sowie zu bestimmen, in welcher Art und Weise, an welchem Ort und zu welcher Zeit die Abfälle zu überlassen sind.[68] Um Verwertungsmöglichkeiten offen zu halten, können die Abfallbesitzer (Haushalte) zur getrennten Sammlung verpflichtet werden.

Sechs Bundesländer haben in ihren Abfallgesetzen festgelegt, daß Sonderabfallbesitzer ihre Reststoffe den zentralen Trägern der Sonderabfallentsorgung überlassen müssen oder haben zumindest eine Ermächtigungsvorschrift für das Umweltministerium zum Erlaß einer entsprechen Vorschrift in das Gesetz aufgenommen. In *Bayern* müssen sich die Besitzer besonders überwachungsbedürftiger Abfälle zur Erfüllung ihrer Entsorgungspflicht der GSB oder des ZVSMM bedienen.[69] Dazu sind die Sonderabfälle zu regionalen, von den beiden Institutionen betriebenen Sammelstellen zu bringen. Das gilt allerdings nicht für solche Stoffe, die in zugelassenen betriebseigenen Anlagen beseitigt oder in privatwirtschaftlich betriebenen Wiederverwertungsanlagen behandelt werden. Außerdem können GSB und ZVSMM gewisse Sonderabfälle vom Anschluß- und Benutzungszwang ausschließen. In *Hessen* und *Thüringen* sind die Abfälle dem jeweiligen Träger der Sonderabfallentsorgung (HIM bzw. TSA) kostenpflichtig zu überlassen. Ausgenommen sind hier die behördlich genehmigte Entsorgung in betriebseigenen Anlagen, Benutzer von Altölannahmestellen und Sonderabfall-Kleinmengen, die in Haushalten, Gewerbebetrieben und Dienstleistungsbereichen anfallen und von den entsorgungspflichtigen Körperschaften mitentsorgt werden.[70] Im *Saarland* regelt § 11 Abs. 3 den Anschluß- und Benutzungszwang und ermöglicht Ausnahmen nach Genehmigung durch den Landesumweltminister. Abweichend von den grundsätzlich umfassenden Überlassungspflichten der vorgenannten Bundesländer hat *Schleswig-Holstein* einen Anschluß- und Benutzungszwang nur für Krankenhausabfälle festgelegt.[71] Industrielle und gewerbliche Sonderabfälle müssen der Zentralen Stelle (GOES) lediglich angezeigt werden (Anzeigepflicht) und können danach in vom Besitzer frei wählbaren Anlagen entsorgt werden.[72] *Brandenburg* hat zwar bisher noch keinen zentralen Träger der Sonderabfallentsorgung, aber die Option im Landesabfallgesetz verankert, bis zur Verabschiedung einer Verordnung über die zentrale Einrichtung zur

---

68 Vgl. z.B. § 8 Abs. 1 LAbfG Baden-Württemberg, Art. 7 Abs. 1 LAbfG Bayern, § 2 Abs. 1 LAbfG Hessen, § 9 Abs. 1 LAbfG Nordrhein-Westfalen, § 4 LAbfG Sachsen-Anhalt.

69 Vgl. Art. 10 LAbfG Bayern.

70 Vgl. § 4 Abs. 3 LAbfG Hessen und § 5 Abs. 2 LAbfG Thüringen.

71 Vgl. Sonderabfallbeseitigungsverordnung Schleswig-Holstein.

Organisation der Sonderabfallentsorgung "entsorgungspflichtigen Besitzern von Abfällen die Benutzung bestimmter Abfallentsorgungsanlagen vorzuschreiben"[73], um eine ordnungsgemäße Entsorgung ausgeschlossener Abfälle sicherzustellen.

3.2.3.2 Andienungspflicht

Den Begriff "Andienungspflicht" kennt das Abfallrecht des Bundes nicht. Er wird nur in Abfallgesetzen einiger Bundesländer verwendet und konkretisiert. Weil eine bundeseinheitliche Definition fehlt, ist es auch nicht verwunderlich, daß die Landesgesetzgeber die Andienungspflicht unterschiedlich ausgestalten, und inhaltliche Übereinstimmungen mit dem Anschluß- und Benutzungszwang sind nicht auszuschließen. In der Tat machen die Formulierungen in einigen Landesabfallgesetzen bzw. Gesetzentwürfen deutlich, daß trotz der Bezeichnung Andienungspflicht in Wirklichkeit ein Anschluß- und Benutzungszwang gemeint ist.[74] Im Hinblick auf die Möglichkeit, sich als privates Entsorgungsunternehmen in dem betreffenden Bundesland betätigen zu können, ist eine Differenzierung beider Instrumente aber sehr wohl von Bedeutung.

Zur Unterscheidung kann man sich fragen, ob der Abfallbesitzer dem landesoffiziellen Entsorgungsunternehmen bzw. der zentralen Koordinationsstelle seine Sonderabfälle physisch überlassen muß oder nicht. Versteht man die Andienungspflicht so, daß die Sonderabfälle vom zentralen Träger körperlich übernommen werden und sich dieser um die weitere Entsorgung zu kümmern hat, dann besteht kein Unterschied zur Überlassungspflicht. Anders verhält es sich dagegen, wenn der entsorgungspflichtige Abfallbesitzer zwar verpflichtet ist, seine Sonderabfälle bei der zentralen Koordinationsstelle anzumelden, sie aber nicht physisch übergeben muß. Die zentrale Stelle schreibt ihm dann vor, welche zugelassene Entsorgungseinrichtung er zu benutzen hat. Indem der Abfallbesitzer seine Sonderabfälle der ihm zugewiesenen[75] Anlage zuführt, verbleiben die eigentlichen Entsorgungshandlungen wie im Modell ohne Andienungs- bzw. Überlassungspflichten beim Verursacher. So verstanden, unterscheidet sich die Andienungspflicht in der Tat vom Anschluß- und Benutzungszwang. *Edom* weist außerdem auf den logistischen Unterschied hin, daß die Sonderabfälle

---

72 Vgl. § 11 Abs. IV LAbfG Schleswig-Holstein.

73 § 9 Abs. Abs. 7 Satz 1 Nr. 1 LAbfG Brandenburg.

74 Vgl. z.B. *Landtag Baden-Württemberg* (1991), S. 9: "Den Einrichtungen des Landes sind die Sonderabfälle zur Verwertung, Zwischenlagerung und Beseitigung zu überlassen (Andienungspflicht)."

beim Anschluß- und Benutzungszwang im allgemeinen in Sammelstellen zusammengeführt und von dort zur Entsorgung gebracht werden. Die Andienungspflicht vermeidet den Zwischenschritt über die Sammelstellen, weil der Abfallbesitzer direkt zur Entsorgungsanlage anliefert.[76]

Der Differenzierung von Überlassungs- und Andienungspflicht folgt z.B. die niedersächsische Lösung zur Sonderabfallorganisation. Die Andienung stellt hier einen qualifizierten Antrag auf Einleitung eines Verwaltungsverfahrens dar, das mit der Zuweisung des Sonderabfalls zu einer Entsorgungsanlage durch die Zentrale Stelle abgeschlossen wird. Um die Verbringung der Abfälle zur zugewiesenen Entsorgungsanlage muß sich der entsorgungspflichtige Abfallbesitzer selber kümmern. Dem dortigen Landesgesetzgeber ist auch das "Urheberrecht" für das Andienungsmodell zuzuordnen, und im weiteren Verlauf der Arbeit soll Andienungspflicht in diesem Sinne verstanden werden.

Zwar hat normalerweise der nach § 3 Abs. 3 AbfG entsorgungspflichtige Abfallbesitzer seine Abfälle der zentralen Koordinationseinrichtung anzudienen, aber wenn die zuständigen Gebietskörperschaften bestimmte Sonderabfälle (z.B. Sonderabfall-Kleinmengen aus Haushalten und kleinen Gewerbe- und Dienstleistungsbetrieben) nicht von der öffentlichen Entsorgung ausgeschlossen haben sollten, dann geht die Andienungspflicht auf sie bzw. das Unternehmen, das diese Reststoffe einsammelt und befördert, über. Bei diesem Instrument sind wie beim Anschluß- und Benutzungszwang *Ausnahmen* vorgesehen. Insbesondere sind diejenigen Sonderabfallbesitzer befreit, die über betriebseigene zugelassene und annahmebereite Entsorgungsanlagen verfügen. Das ist im Hinblick auf den Verhältnismäßigkeitsgrundsatz eine sinnvolle Regelung. Weiterhin können solche Abfälle von der Andienungspflicht ausgenommen werden, "deren Entsorgung insbesondere wegen ihrer Art, geringen Menge oder Beschaffenheit einer Organisation durch die Zentrale Stelle für Sonderabfälle nicht bedarf"[77]. Schließlich gilt sie in der Regel nur für diejenigen Sonderabfälle, für die Entsorgungsmöglichkeiten im Bundesland vorhanden sind. Ansonsten bleibt es bei der Verpflichtung, sich als Abfallbesitzer selbst um Entsorgungsmöglichkeiten kümmern zu müssen.

Andienungspflichten sind *potentielle Marktzugangsbeschränkungen*, weil Entsorgungsanbieter sich in den Bundesländern mit Andienungspflichten nur auf dem Markt etablieren können, wenn sie Entsorgungsverträge mit den im mehrheitlichen Landesbesitz stehenden zentralen Koordinationseinrichtungen abschließen. Es ist ihnen nicht möglich, ohne "Umweg" über die zentrale Stelle in

---

75 Vgl. Kap. 3.2.6.2 zur Zuweisungspflicht.

76 Vgl. *Edom* (1991), S. 92.

direkte Vertragsbeziehung zu den Sonderabfallerzeugern zu treten. Private Entsorgungsunternehmen sind zwar nach wie vor rechtlich nicht daran gehindert, Anlagen zu errichten und zu betreiben, sie haben aber keinen Rechtsanspruch darauf, daß die Koordinationseinrichtung sie mit der Entsorgung fremder Sonderabfälle beauftragt. Nur für die betriebseigenen Anlagen hat die Andienungspflicht keine unmittelbaren Auswirkungen, weil deren Besitzer von der Pflicht ausgenommen sind. Wenn sie ihre Anlage allerdings so auslegen, daß die Kapazitäten nicht nur für die eigenen, sondern darüberhinaus auch für gleichartige betriebsfremde Sonderabfälle ausreichen, müssen sie den die eigene Nutzung übersteigenden Kapazitätsanteil wiederum der zentralen Stelle zur Verfügung stellen. Faktisch wird das Recht zur endgültigen Sonderabfallentsorgung (Behandlung, Verbrennung, Deponierung) also auf die mit der zuständigen zentralen Einrichtung kooperierenden Betreiber von Abfallentsorgungsanlagen beschränkt, und die Landesbehörden können mittelbar auf die Entwicklung der vorhandenen und zu schaffenden Entsorgungsstrukturen Einfluß nehmen. Auch wenn die Andienungspflicht einen nicht so starken Markteingriff darstellt wie der Anschluß- und Benutzungszwang, so liegt ihre Eingriffsintensität dennoch höher als bei einer reinen Anzeigepflicht. Diese würde vom Abfallbesitzer lediglich verlangen, daß er seine Sonderabfälle der zentralen Stelle anzeigt, sodaß die zuständige Abfallbehörde nach Meldung durch die zentrale Koordinationseinrichtung einen Überblick über die in ihrem Zuständigkeitsbereich angefallenen Sonderabfälle erhält.[78]

Im Landesabfallgesetz *Baden-Württembergs* ist festgelegt, daß sich Sonderabfallbesitzer zur Entsorgung ihrer Abfälle nur des Trägers der zentralen Einrichtungen, also der SBW, bedienen dürfen.[79] Diese Verpflichtung wird zwar als Andienungspflicht bezeichnet, ist aber für die Bereiche thermische Behandlung und Deponierung tatsächlich ein Anschluß- und Benutzungszwang an die Anlagen dieses Unternehmens. Das läßt nicht nur der Wortlaut der Vorschrift vermuten, sondern auch der Unternehmensprospekt der SBW erläutert, daß die von der "Andienungspflicht" betroffenen Sonderabfallarten ausschließlich von diesem Unternehmen deponiert oder verbrannt werden.[80] Entsorgungskapaziäten privater Entsorger sollen nur in Ausnahmefällen genutzt werden. Vor der rechtlichen Neuordnung im Jahr 1993 wurde auch in *Rheinland-Pfalz* von einer Andie-

---

77 § 8 Nr. 1 LAbfG Niedersachsen.

78 Eine solche Anzeigepflicht ist in § 11 Abs. 4 LAbfG Schleswig-Holstein vorgesehen.

79 Vgl. § 9 Abs. 2 LAbfG Baden-Württemberg. Die SBW wurde in der Abfall-Andienungsverordnung Baden-Württemberg zum zentralen Träger bestimmt.

80 Vgl. *Sonderabfallentsorgung Baden-Württemberg* (Hrsg., o.J.), S. 15. Vgl. auch *Landtag Baden-Württemberg* (1990c). In der zusammenfassenden Übersicht über die Regulie-

nungspflicht gesprochen, obwohl die Sonderabfälle faktisch der allein zum Betrieb von Sonderabfallentsorgungsanlagen berechtigten GBS zu überlassen waren, sofern sich diese zur Erfüllung ihrer Aufgaben nicht Dritter bediente.[81] Durch die Neuorganisation der Sonderabfallentsorgung in diesem Bundesland, mit der die "überkommene Struktur der Sonderabfallentsorgung mit der zentralen Rolle der GBS" überwunden werden sollte[82], ist auch hier eine Andienungspflicht an eine zentrale Stelle für außerhalb betriebseigener Anlagen zu behandelnde, zwischenzulagernde bzw. zu deponierende Sonderabfälle eingeführt worden.[83] Eine Andienungsverordnung[84] regelt Einzelheiten des Andienungsverfahrens. *Berlin* und *Brandenburg* beabsichtigen in ihrem gemeinsamen Abfallwirtschaftskonzept, eine gemeinsame Entsorgungsgesellschaft zu gründen, der Sonderabfälle kostenpflichtig anzudienen sind.[85] Der Berliner Gesetzentwurf sieht im § 15 Abs. 1 eine entsprechende Regelung vor[86], und in Brandenburgs Vorschaltgesetz zum Abfallgesetz ist die Option enthalten, eine Andienungspflicht an die zentrale Einrichtung durch Rechtsverordnung einzuführen.[87] In *Hamburg* wurde laut Sonderabfallwirtschaftsplan geprüft, ob im Rahmen eines Norddeutschen Entsorgungskonzepts eine gemeinsame Andienungsgesellschaft mit Schleswig-Holstein gegründet werden sollte. Dazu seien allerdings zunächst ausreichende Entsorgungskapazitäten in den beiden Bundesländern zu schaffen. Ansonsten bliebe es bei der bundesrechtlichen Regelung, daß sich die Sonderabfallerzeuger um Entsorgungsmöglichkeiten zu kümmern hätten.[88] Das 1993 in Kraft getretene Hamburgische Abfallwirtschaftsgesetz sieht allerdings keine Andienungspflicht vor. *Niedersachsen* hat die Andienungspflicht in der oben erläuterten Form erstmalig in der Bundesrepublik eingeführt.[89] Sie ergibt sich aus § 7 Abs. 1 LAbfG. Nicht davon betroffen sind Sonderabfälle, die in in Nie-

---

rungssysteme der einzelnen Bundesländer wird für Baden-Württemberg daher sowohl ein Anschluß- und Benutzungszwang als auch eine Andienungspflicht ausgewiesen.

81 Vgl. die Fassung des § 8 Abs. 2 LAbfG Rheinland-Pfalz vor der Gesetzesänderung vom 14. Juli 1993.

82 Vgl. *Landtag Rheinland-Pfalz* (1992), S. 8.

83 Vgl. § 8a Abs. 2 LAbfG Rheinland-Pfalz.

84 Landesverordnung über die Andienung von Sonderabfällen vom 2. Dezember 1993, GVBl., S. 617.

85 Vgl. *Landesregierungen von Berlin und Brandenburg* (o.J.), S. 25.

86 Vgl. auch *Abgeordnetenhaus von Berlin* (1991), S. 3.

87 Vgl. § 9 Abs. 5 Satz 2 Nr. 1 LAbfG Brandenburg.

88 Vgl. *Bürgerschaft der Freien und Hansestadt Hamburg* (1989), S. 25-27.

89 Das Organisationsmodell dieses Bundeslandes wird vor allem von *Edom* ausführlich beschrieben und beurteilt, vgl. *Edom* (1991), S. 88-101 und 117-123.

dersachsen gelegenen betriebseigenen Entsorgungsanlagen entsorgt werden (§ 7 Abs. 5). Das Landesumweltministerium wird darüberhinaus ermächtigt, bestimmte Sonderabfälle von der Andienungspflicht auszunehmen und Bestimmungen zur Form der Andienung an die Zentrale Stelle und Zuführung zur zugewiesenen Entsorgungsanlage zu erlassen (§ 8). Eine entsprechende Verordnung wurde 1989 verabschiedet[90] und legt neben der Berufung der NGS zur Zentralen Stelle fest, daß u.a. Sonderabfallkleinmengen (unter 500 kg Aufkommen beim Entsorgungspflichtigen pro Jahr), Krankenhausabfälle und Massenabfälle, die nur wegen ihrer Menge von der öffentlichen Entsorgung ausgeschlossen sind (Bauschutt, Straßenaufbruch, Bodenaushub), nicht der Andienungspflicht unterliegen. *Sachsen-Anhalt* schließlich regelt die Andienungspflicht im § 15 LAbfG ganz ähnlich wie Niedersachsen, allerdings in Form einer Kann-Vorschrift, d.h. es gibt lediglich eine entsprechende Option im Gesetz. Bisher ist eine Einführung aber nicht vorgesehen, weil die Landesregierung die Auffassung vertritt, daß dies seit der bundesweiten Einführung des sogenannten Entsorgungsnachweises nicht mehr notwendig sei.[91]

3.2.3.3 Lizenzpflicht

Nordrhein-Westfalen geht in der Organisation der Sonderabfallwirtschaft einen anderen Weg als die übrigen Bundesländer. Anstatt mit finanzieller Beteiligung des Landes einen offiziellen Träger der Sonderabfallentsorgung einzurichten, dem die angefallenen Sonderabfälle zu überlassen bzw. anzudienen sind, benötigen Entsorgungsunternehmen hier eine Lizenz, um von der öffentlichen Entsorgung ausgeschlossene Abfälle behandeln und ablagern zu können. Der bereits genannte Abfallentsorgungs- und Altlastensanierungsverband (AAV) baut und betreibt allgemein zugängliche Entsorgungsanlagen nur dann, wenn sich keine private Unternehmen dazu bereiterklären.[92]

Die *Vergabe der Lizenzen* ist im vierten Teil des Landesabfallgesetzes Nordrhein-Westfalen geregelt.[93] Danach müssen Personen, die Abfälle im Sinne des § 11 Abs. 3 AbfG (nachweispflichtige Abfälle) oder Abfälle aus der Anlage 1 des Landesabfallgesetzes innerhalb Nordrhein-Westfalens behandeln oder abla-

---

90 Verordnung über die Andienung von Sonderabfällen vom 21. April 1989, GVBl., S. 183.

91 Vgl. *Landtag Sachsen-Anhalt* (1991), S. 32. Vgl. Kap. 3.2.4.2 zum Entsorgungsnachweis.

92 Siehe oben Kap. 3.2.2.1.

gern wollen, eine beim Landesamt für Wasser und Abfall zu beantragende Lizenz vorweisen können (§ 10 Abs. 1).[94] Zwischenlagerung, sofern dabei keine Abfallbehandlung erfolgt, und Abfallbeförderung sind nicht lizenzpflichtig. Lizenzen können an private und öffentlich-rechtliche Entsorger mit eigener Entsorgungsanlage, Sonderabfallerzeuger mit betriebseigener Anlage und schließlich an den AAV vergeben werden. Sie beziehen sich jeweils auf eine bestimmte Entsorgungskapazität, die zulässigen Abfallarten und die Art der Behandlung bzw. Deponierung.[95] Um einen Bestandsschutz zu gewährleisten, erhielten diejenigen Entsorgungsunternehmen, die bei Inkrafttreten des Landesabfallgesetzes rechtmäßig in der Sonderabfallbehandlung und -deponierung tätig waren, automatisch eine Lizenz (§ 10 Abs. 3 Satz 1). Neue Entsorgungsanbieter können die Lizenz aber nur dann bekommen, wenn dies "mit den abfallwirtschaftlichen Zielvorstellungen des Landes, insbesondere den Abfallentsorgungsplänen, im Einklang steht" (§ 10 Abs. 2 Satz 1). In beiden Fällen sind Befristungen und Auflagen möglich (§ 10 Abs. 2 Satz 2 und Abs. 3 Satz 3). Ein (subjektives) Kriterium für die Lizenzgewährung ist explizit genannt. Wenn sich herausstellt, daß Bedenken gegen die Zuverlässigkeit der für Bau und Betrieb der Entsorgungsanlage zuständigen Personen bestehen, kann die Lizenz widerrufen werden (§ 10 Abs. 2 Satz 3). Schließlich ist noch von Bedeutung, daß ein freier Lizenzhandel ohne Genehmigung des Landesamtes für Wasser und Abfall nicht möglich ist, weil § 10 Abs. 4 die Lizenzübertragung von der Zustimmung der Behörde abhängig macht.

---

93 Dieses Kapitel der Arbeit erläutert allerdings nur die Regelungen des § 10 ("Lizenz"). Das als Gegenleistung für die Lizensierung zu zahlende Lizenzentgelt (§§ 11-15) wird in Kap. 3.2.7.2 behandelt.

94 In der ursprünglichen Fassung des Landesabfallgesetzes knüpfte die Lizenzpflicht noch an diejenigen Stoffe an, die die entsorgungspflichtigen Körperschaften von ihrer Entsorgungspflicht ausgeschlossen hatten. Weil die Entscheidung bei den zuständigen Körperschaften lag, konnte es passieren, daß in Abhängigkeit von den jeweiligen örtlichen Entsorgungsmöglichkeiten in den einzelnen Kreisen und kreisfreien Städten unterschiedliche (Massen-)Abfälle lizenzpflichtig wurden. Um dies zu vermeiden und um Wettbewerbsgleichheit, Normenklarheit und eine Vereinfachung des Gesetzesvollzugs zu erreichen, ist im überarbeiteten Landesabfallgesetz die formelle Anknüpfung der Lizenzpflicht geändert worden. Bei den in der Neufassung genannten Abfällen handelt es sich aber weitgehend um die üblicherweise nach § 3 Abs. 3 AbfG ausgeschlossenen Abfälle (vgl. *Landtag Nordrhein-Westfalen* (1991), S.40). Eine vollständige Auflistung aller relevanten Abfallgruppen enthält die Anlage zur "Verordnung über die Festsetzung der Lizenzentgelte nach dem Landesabfallgesetz" Nordrhein-Westfalen (Lizenzentgelt-Verordnung).

95 Vgl. *Struß* (1991), S. 176.

Abb. 9 stellt das nordrhein-westfälische Organisationsmodell mit den Regulierungsinstrumenten "Lizenpflicht", "Lizenzentgelt" (Kap. 3.2.7.2) und "Entsorgungsverband" (Kap. 3.2.2.1) im Zusammenhang dar.

Abb. 9: Nordrhein-westfälisches Lizenzmodell

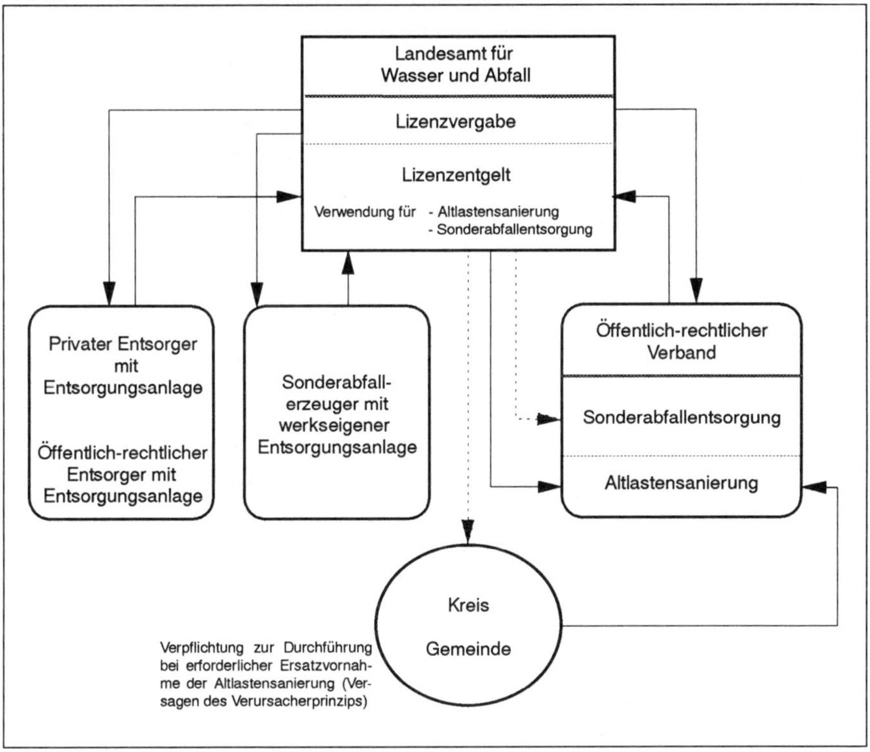

(Quelle: *Salzwedel* (1987), S. 92)

Mit der Lizenzpflicht hat der nordrhein-westfälische Gesetzgeber ein Instrument zur *potentiellen Marktzugangsbeschränkung* geschaffen, weil die Konzessionierung an Bedingungen geknüpft ist, die über subjektive, an der Person des Entsorgungsunternehmers festgemachten Kriterien hinausgeht. Auf der Nachfrageseite gehen Wahlmöglichkeiten verloren, weil sich die Sonderabfallerzeuger zur Erfüllung ihrer Entsorgungspflicht ausschließlich der lizenzierten Unternehmen bedienen dürfen. Am Markt etablierte Entsorger erhalten einen Bestandsschutz zulasten neuer Anbieter, wenn die Lizenzvergabe restriktiv gehandhabt wird. Die Formulierung "mit den abfallwirtschaftlichen Zielvorstellungen des Landes vereinbar" läßt jedenfalls Spielräume dazu offen, und in der Gesetzesbegründung ist von einem "repressiven Verbot mit Erlaubnisvorbehalt" die Rede, sodaß zu vermuten ist, daß nur wenige Entsorgungsunternehmen in den Genuß einer Genehmigung kommen sollen.[96]

Wirtschaftsverfassungsrechtlich ist das "repressive Verbot mit Erlaubnisvorbehalt" als Eingriff in die von Art. 12 GG geschützte Berufsfreiheit und objektive Berufszulassungsbeschränkung zu qualifizieren, weil das Landesamt für Wasser und Abfall eine *Bedürfnisprüfung* durchführt und die Anzahl zugelassener Entsorgungsanlagen ähnlich wie bei der Beschränkung des gewerblichen Güterfernverkehrs kontingentiert.[97] Daher ist es nur zu verständlich, daß die rechtliche Zulässigkeit der Lizenzpflicht teilweise angezweifelt wird. Die Bedenken beziehen sich sowohl auf das Grundgesetz (Beeinträchtigung der Grundrechte "Freiheit der Berufswahl" (Art. 12 GG) und "Eigentumsgarantie" (Art. 14 GG)) als auch auf das Bundesabfallgesetz (Verstoß gegen § 3 Abs. 4 AbfG und das Planfeststellungsverfahren (§§ 7, 8 AbfG)) und die Gewerbeordnung (Unvereinbarkeit mit dem Grundsatz des freien Zugangs zu einem Gewerbe (§ 1 GewO)). Sie sollen hier aber nicht weiter erörtert werden.[98] Entscheidend für diese Arbeit ist der wirtschaftliche Charakter als staatliches Instrument, um den Marktzugang in der Sonderabfallentsorgung zu regulieren.

3.2.3.4 Weitere Instrumente: Grundsatz der Inlandsentsorgung, Festlegung von Einzugsgebieten für Entsorgungsanlagen und Genehmigungserfordernis für Sonderabfallimporte

Neben Anschluß- und Benutzungszwang, Andienungspflicht und nordrhein-westfälischer Lizenzpflicht sind als ergänzende gesetzliche Regelungen mit potentieller marktzutrittsbeschränkender Wirkung der abfallrechtliche *Grundsatz der Inlandsentsorgung,* die *Festlegung von Einzugsgebieten für Entsorgungsanlagen* und *Genehmigungserfordernisse für Sonderabfallimporte,* die im Rahmen der Landesabfallgesetze oder der von den Ländern aufzustellenden Abfallentsorgungspläne verfügt werden, anzusprechen, weil sie ebenfalls die Möglich-

---

96 Was sich hinter den abfallwirtschaftlichen Zielvorstellungen des Landes verbirgt, wird aus der Analyse der Regulierungsbegründungen (Kap. 4.2) ersichtlich. Vgl. auch *Landtag Nordrhein-Westfalen* (1987), S. 39-42.

97 Neben der Charakterisierung als objektive Zulassungsbeschränkung stand zur Diskussion, die Lizenzpflicht verfassungsrechtlich damit zu begründen, daß Sonderabfallentsorgung eine öffentliche Aufgabe im Sinne der Rundfunk-Rechtssprechung des Bundesverfassungsgerichts sei bzw. daß sie durch Etablierung eines Verwaltungsmonopols verstaatlicht werden solle. Beide Ansätze wurden aber verworfen. Vgl. *Struß* (1991), S. 178 f. mit Verweisen auf *Salzwedel* (1987) und *Friauf* (1987).

98 Vgl. dazu *Struß* (1991), S. 180-185.

keiten eines Engagements von Sonderabfallentsorgungsunternehmen in den Entsorgungsmärkten der einzelnen Bundesländer beeinträchtigen können. Die Darstellung wird aber bewußt knapp gehalten, weil diese Instrumente nicht zum "harten Kern" derjenigen Regulierungen gehören, die als Elemente der länderspezifischen Modelle zur Organisation der Sonderabfallwirtschaft in der Diskussion stehen und in diesem Zusammenhang thematisiert werden.[99] Nichtsdestotrotz sind sie grundsätzlich für alle Abfallarten relevant und müssen auch deshalb erwähnt werden, weil sie bei der EG-rechtlichen Beurteilung grenzüberschreitender Abfallverbringungen und deren rechtskonformen Einschränkungsmöglichkeiten von Bedeutung sein werden.[100]

Der *Vorrang der Abfallentsorgung im Inland* ergibt sich aus § 2 Abs. 1 Satz 1 AbfG: "Abfälle, die im Geltungsbereich dieses Gesetzes anfallen, sind dort zu entsorgen, soweit § 13 nichts anderes zuläßt."[101] Im Unterschied zur Festlegung von Einzugsgebieten begründet dieser Grundsatz kein innerstaatliches Lokalitätsprinzip, da er sich auf das gesamte Bundesgebiet und nicht etwa auf Bundesländer oder Regionen bezieht.[102] Er gilt unabhängig davon, welche Entsorgungsstandards in anderen Ländern eingehalten werden.[103] Durch die vorrangige Inlandsentsorgung werden Sonderabfallexporte auf Ausnahmefälle beschränkt, und im Ausland ansässige Sonderabfallentsorger sind prinzipiell daran gehindert, inländischen Sonderabfallerzeugern ihre Leistungen anzubieten und diesen ihre im Ausland gelegenen Anlagen zur Verfügung zu stellen. Die Sonderabfallerzeuger ihrerseits verlieren Wahlmöglichkeiten.

---

99 Deshalb und weil der Grundsatz der Abfallentsorgung im Inland und die Ermächtigung zur Bestimmung von Anlageneinzugsgebieten ebenso wie die Entsorgungspflicht und die noch zu erläuternde Qualitätsregulierung bundesrechtliche, für alle Länder gleichermaßen geltende Regelungen darstellen, werden sie in der abschließenden Übersicht über die länderspezifischen Regulierungssysteme (Kap. 3.3) nicht aufgeführt. Dies trägt zu größerer Übersichtlichkeit bei.

100 Vgl. unten Kap. 6.

101 Der Grundsatz wurde im Rahmen der 3. Novelle des Abfallgesetzes im Jahr 1985 in Verbindung mit der Reglementierung grenzüberschreitender Abfallverbringungen (§§ 13 - 13c AbfG) als Folge von Skandalen im Zusammenhang mit europaweiten Sonderabfalltransporten (Seveso-Fässer) eingeführt. Vor diesem Zeitpunkt gab es lediglich eine Genehmigungspflicht für Abfallimporte. Abfalldurchfuhren durch das Bundesgebiet und Abfallexporte konnten ohne behördliche Genehmigung durchgeführt werden.

102 Vgl. *Kunig/ Schwermer/ Versteyl* (1992), Rn. 8 zu § 2.

103 Vgl. dazu auch Kap. 5.2.3.

Nach § 13 Abs. 1 AbfG müssen grenzüberschreitende Abfallverbringungen (Export, Import, Transit) grundsätzlich genehmigt werden und sind nur zulässig, wenn

- dadurch das Wohl der Allgemeinheit nicht gefährdet wird,
- die beteiligten Personen zuverlässig sind,
- einem Import kein Abfallentsorgungsplan nach § 6 AbfG entgegensteht und die ordnungsgemäße Entsorgung im Herkunftsland nicht möglich ist,
- im Falle eines Exportvorhabens keine geeigneten Entsorgungsanlagen im Herkunfts-Bundesland oder in anderen Bundesländern zur Verfügung stehen und die ordnungsgemäße Entsorgung im Empfängerstaat (ohne negative Rückwirkungen auf das Bundesgebiet) sichergestellt ist.[104]

Als fakultativer Inhalt von Abfallentsorgungsplänen kommen neben der Trägerschaft für Entsorgungsanlagen auch Aussagen über von den Entsorgungspflichtigen zu benutzende Abfallentsorgungsanlagen in Betracht (§ 6 Abs. 1 Satz 5 AbfG), was der Sache nach die *Festlegung von Einzugsgebieten* für die Anlagen bedeutet, sodaß sich die Entsorgungspflichtigen ausschließlich dieser Anlage bedienen müssen.[105] Allerdings setzt dies eine Verbindlicherklärung des Abfallentsorgungsplans nach § 6 Abs. 1 Satz 6 AbfG durch Gesetz oder Rechtsverordnung voraus, denn erst dann werden die Pläne nach außen wirksam und binden alle diejenigen unmittelbar, auf die sich die Verbindlichkeit erstreckt.[106] Die meisten Bundesländer greifen die Ermächtigungsvorschrift des § 6 Abs. 1 Satz 5 AbfG auf und sehen für die von ihnen aufzustellenden Pläne vor, daß diese nach wirtschaftlichen, technischen und umweltbezogenen Gesichtspunkten Einzugsbereiche der Abfallentsorgungsanlagen ausweisen können oder verweisen in

104 Das formell-rechtliche Genehmigungsverfahren regelt die Abfallverbringungsverordnung (vgl. dazu z.B. *von Köller* (1991), S. 160-164). Die kurze Erläuterung soll genügen, weil das deutsche Verbringungsrecht angesichts der Novellierung der europarechtlichen Verbringungsvorschriften, insb. der seit Mai 1994 zur Anwendung kommenden und die Materie abschließend regelnden EG-Verbringungsverordnung (vgl. Kap. 6.2.3) in dieser Form keinen Bestand mehr hat.

105 Die aus hoheitlicher Anordnung resultierenden Einzugsgebiete sind von den aufgrund ökonomischer Gegebenheiten bestehenden Einzugsgebieten deutlich zu unterscheiden.

106 Vgl. *Sachverständigenrat für Umweltfragen* (1991), Tz. 254. Die Abfallentsorgungsplanung der Bundesländer ist allerdings gegenwärtig noch durch erhebliche Vollzugsdefizite gekennzeichnet. Für die neuen Länder bestehen überhaupt noch keine Pläne, und in den alten Bundesländern sind bisher bis auf wenige Ausnahmen nur vorläufige Abfallentsorgungspläne veröffentlicht worden. Vgl. *ebd.*, S. 81 f. zum Stand der Sonderabfallbeseitigungsplanung der alten Bundesländer. Die Übersicht ist aber teilweise überholt. Vgl. zu Änderungen durch neue bzw. überarbeitete Pläne *Landtag Baden-Württemberg* (1990a), *Abgeordnetenhaus von Berlin* (1992a), *Bayerisches Staatsministerium für Landesentwicklung und Umweltfragen* (1977), *Ministerium für Umwelt, Raumordnung und Landwirtschaft des Landes Nordrhein-Westfalen* (Hrsg., 1991).

ihren Vorschriften zur Entsorgungsplanung auf die notwendigen und möglichen Inhalte nach § 6 AbfG.[107] Werden Einzugsgebiete hoheitlich festgelegt, hat dies prinzipiell die gleiche marktbeschränkende Wirkung wie der Grundsatz der Inlandsentsorgung, weil die im Geltungsbereich des jeweiligen verbindlichen Abfallentsorgungsplans ansässigen Sonderabfallerzeuger gezwungen werden, im Plangebiet liegende Anlagen zu nutzen, anstatt bei Anbietern außerhalb dieser Region oder sogar im Ausland entsorgen lassen zu können.

Während der Grundsatz der Inlandsentsorgung und behördlich verfügte Anlageneinzugsgebiete den Abfallexport beschränken, wirken Bestimmungen einiger Landesabfallgesetze und Abfallentsorgungspläne, die das Verbringen von in anderen Bundesländern bzw. im Ausland angefallenen Abfällen in den Bereich eines für verbindlich erklärten Abfallentsorgungsplans zum Zwecke ihrer Entsorgung von einer *Genehmigung* der zuständigen Behörde abhängig machen, als einfuhrregulierende Maßnahme.[108] Eine Einfuhrgenehmigung ist geeignet, im Plangebiet ansässige Sonderabfallerzeuger bei der Zuteilung knapper Entsorgungskapazitäten vorrangig zu berücksichtigen.[109] Die Genehmigung kann unter Bedingungen, Auflagen und befristet erteilt werden und hängt davon ab, ob die beabsichtigte Abfallverbringung das Wohl der Allgemeinheit gefährdet und Ziele der Abfallbeseitigungsplanung, darunter auch die Vorhaltung gesicherter Entsorgungsmöglichkeiten für einheimische Sonderabfallproduzenten[110], beeinträchtigt. Ohne Genehmigungsvorbehalt könnten Abfallimporte in das jeweilige Bundesland nicht wirksam verhindert werden, weil sich verbindliche Festlegungen in Abfallentsorgungsplänen nur an die Entsorgungspflichtigen im Plangebiet richten. Auf der anderen Seite wäre ein generelles landesrechtliches Abfallimportverbot vom Bundesrecht nicht abgedeckt, weil letzteres keine allgemeinen innerstaatlichen Verbringungsverbote vorsieht, sondern Abfalltransporte lediglich von einer Beförderungsgenehmigung abhängig macht.[111] Die mögliche marktbeschränkende Wirkung landesrechtlicher Genehmigungspflichten ergibt sich daraus, daß in deren Geltungsbereich ansässige Entsorgungsanlagenbetreiber ihre Leistungen nicht ohne weiteres gegenüber Sonderabfallerzeugern aus anderen Bundesländern oder dem EG-Ausland erbringen dürfen. Fremde Sonderabfallproduzenten werden diskriminiert, weil sie, insbesondere bei Knappheit

---

107 Vgl. z.B. § 10 Abs. 1 LAbfG Baden-Württemberg, § 8 Abs. 5 LAbfG Hessen, § 11 Abs. 1 LAbfG Niedersachsen.

108 Vgl. z.B. § 13 LAbfG Brandenburg, § 8 Abs. 5 LAbfG Hessen, § 12 LAbfG Niedersachsen, § 19 LAbfG Nordrhein-Westfalen, oder § 13 Abs. 3 LAbfG Saarland.

109 Vgl. *von Wilmowsky* (1990), S. 165 zu weiteren ähnlich wirkenden Eingriffsmöglichkeiten.

110 Vgl. Kap. 4.2.2.5.

111 Vgl. *Kunig/ Schwermer/ Versteyl* (1992), Rn. 47 zu § 6.

der Entsorgungskapazitäten, ihre Abfälle nicht in den im Landes- bzw. Plangebiet liegenden Anlagen entsorgen können.

3.2.4 Qualitätsregulierung

In diesem Kapitel sind diejenigen abfallrechtlichen Regelungen zu erläutern, die als Vorschriften über anzuwendende Produktionsprozesse die Gestaltungsfreiheit der Anbieter von Entsorgungsleistungen bezüglich der an der Umweltverträglichkeit gemessenen Qualität ihrer unternehmerischen Leistungen einschränken. Ihnen werden technische und organisatorische Bedingungen vorgegeben, denen sie nachzukommen haben, um die entsprechenden Tätigkeiten überhaupt ausüben zu können. Die zu erläuternden Maßnahmen sind als der eigentliche Kern des ordnungsrechtlich geprägten Abfallentsorgungsrechts anzusehen und orientieren sich an dem in § 2 Abs. 1 Satz 2 AbfG formulierten Grundsatz, Abfälle seien so zu entsorgen, daß eine Beeinträchtigung des Wohls der Allgemeinheit durch Gefährdung der menschlichen Gesundheit, von Tieren und Pflanzen, der öffentlichen Sicherheit und Ordnung und weiterer Schutzgüter vermieden wird. Damit ist ein allgemeiner Maßstab gegeben, welche qualitativen Ansprüche an eine umweltverträgliche Sonderabfallentsorgung zu stellen sind.[112]

Qualitätsregulierende staatliche Eingriffe in der Sonderabfallwirtschaft beziehen sich nicht nur auf technische und organisatorische Vorschriften vor Aufnahme der Entsorgungstätigkeit, sondern zur Vermeidung von Vollzugsdefiziten ist es genauso wichtig, die Einhaltung der festgelegten Auflagen und Standards zu überwachen. Deshalb werden in diesem Kapitel sowohl die bei der Anlagenzulassung zu beachtenden Entsorgungsstandards (Kap. 3.2.4.1) als auch die für die Überwachung der Entsorgungsvorgänge relevanten Regelungen (Kap. 3.2.4.2) angesprochen.[113]

Die Vorschriften über Errichtung und Betrieb von Abfallentsorgungsanlagen und Durchführung von Abfalltransporten können überhaupt erst wirksam werden,

---

112 Weber gesteht zwar zu, daß die Festlegung von Standards in vielen Märkten unverzichtbar ist für den Schutz der Öffentlichkeit im Auge behaltende Wirtschaftsabläufe, weist aber gleichzeitig darauf hin, daß sie wirtschaftslenkendes oder sogar wirtschaftsverhinderndes Potential in sich bergen, weil durch zu hohe Schutzanforderungen jeglicher Anreiz zu privatem Unternehmertum verloren gehen kann (vgl. *Weber* (1986), S. 331).

113 Die Darstellung ist notwendigerweise sehr kurz gehalten, aber in jeder systematischen Darstellung des deutschen Abfallrechts und in Kommentaren zum Abfallgesetz sind die einzelnen Vorschriften ausführlich beschrieben. Vgl. z.B. *Kunig/ Schwermer/ Versteyl* (1992), *von Köller* (1991), *Hoschützky/ Kreft* (1992), *Bartels* (1987).

wenn gewährleistet ist, daß sich die Abfallerzeuger auch nur der an diese Regeln gebundenen Unternehmen bedienen dürfen. Daher schreibt § 4 Abs. 1 Satz 1 AbfG vor, daß Abfälle in der Regel nur in den dafür zugelassenen Anlagen oder Einrichtungen (Abfallentsorgungsanlagen) behandelt, gelagert oder abgelagert werden dürfen (sogenannter Anlagenzwang). Darüberhinaus können Sonderabfallerzeuger ausschließlich solche Abfallbeförderungsunternehmen beauftragen, die über eine Einsammlungs- und Beförderungsgenehmigung nach § 12 AbfG verfügen (§ 4 Abs. 3 AbfG).

Zunächst ist im folgenden zu erläutern, welche qualitativen Anforderungen der Bundesgesetzgeber an Errichtung und Betrieb von Entsorgungsanlagen und die Einsammlung und Beförderung von Sonderabfällen stellt. Die einzelnen Ländergesetze konkretisieren diese Vorschriften des Bundes, ohne jedoch inhaltlich andere Anforderungen zu stellen.[114]

3.2.4.1 Zulassung von Entsorgungstätigkeiten und Entsorgungsstandards

Um eine ortsfeste Abfallentsorgungsanlage errichten und betreiben zu können bzw. wesentliche Änderungen an bereits bestehenden Anlagen durchführen zu können, benötigt man eine behördliche *Zulassung*.[115] Diese wird, um die unterschiedlichsten Belange umwelt-, wirtschafts-, verkehrs- und strukturpolitischer Art in Einklang bringen zu können, in der Regel durch Planfeststellungsverfahren erteilt.[116] Der darin enthaltene Planfeststellungsbeschluß stellt die Zulässig-

---

114 Vgl. z.B. §§ 12-22 LAbfG Brandenburg, §§ 14-16 LAbfG Baden-Württemberg, §§ 9-17 LAbfG Hamburg, §§ 13-17 LAbfG Niedersachsen, §§ 20-27 LAbfG Nordrhein-Westfalen, §§ 22-28 LAbfG Sachsen-Anhalt, §§ 13-21 LAbfG Schleswig-Holstein. Weil die qualitätsregulierenden Regelungen bundesrechtlich geregelt sind und sich in allen Landesgesetzen in mehr oder weniger ausführlicher Form wiederfinden lassen, werden sie genauso wie die bundesweit einheitliche Entsorgungspflicht (§ 3 Abs. 3 und 4 AbfG) in der Regulierungsmatrix des Kapitels 3.3 nicht mehr aufgeführt.

115 Vgl. § 7 Abs. 1 AbfG.

116 Vgl. allgemein zum Planfeststellungsverfahren *Hoppe/ Beckmann* (1989), S. 119-125 und speziell im Abfallrecht *ebd.*, S. 488-495, *Bender/ Sparwasser* (1990), S. 289-296, *Bartels* (1987), S. 90-107 und besonders ausführlich *Kleinschnittger* (1992), S. 31 ff. Zur Verwaltungsvereinfachung und Verfahrensbeschleunigung kann statt des Planfeststellungsverfahrens ein weniger zeitaufwendiges Genehmigungsverfahren durchgeführt werden, wenn es sich um eine unbedeutende Entsorgungsanlage handelt, Einwendungen seitens Dritter nicht zu erwarten sind oder es sich um ein Forschungs- und Entwicklungsprojekt zur Erprobung neuer Behandlungsverfahren handelt und die Genehmigung für höchstens 2 Jahre beantragt wird (§ 7 Abs. 2 Satz 1 AbfG). Anlagen für besonders überwachungsbedürftige Abfälle (§ 2 Abs. 2 AbfG) sind allerdings in den meisten Fällen

keit des Vorhabens im Hinblick auf alle berührten Interessen fest und ersetzt sämtliche anderen behördlichen Entscheidungen (Konzentrationswirkung). Er kann unter Bedingungen und befristet erteilt werden, mit Auflagen verbunden werden und im Hinblick auf die an die Entsorgungsanlage gestellten Anforderungen auch nachträglich geändert werden. Versagt werden muß der Planfeststellungsbeschluß, wenn das Vorhaben einem für verbindlich erklärten Abfallentsorgungsplan zuwiderläuft, unvermeidbare Beeinträchtigungen des Gemeinwohls zu erwarten sind oder Bedenken gegen die Zuverlässigkeit der verantwortlichen Personen bestehen.[117] Spätestens seit Inkrafttreten des Gesetzes zur Umsetzung der EG-Richtlinie über die Umweltverträglichkeitsprüfung (UVP) in deutsches Recht[118] ist im Rahmen des Planfeststellungsverfahrens auch die Umweltverträglichkeit des Vorhabens zu prüfen.[119] Die UVP läuft regelmäßig in mehreren Schritten ab, welche sich aus den §§ 5-12 UVPG in Verbindung mit § 7 AbfG, dem jeweiligen Landesabfallrecht sowie betroffenem Fachrecht (z.B. Bundesimmissionsschutzrecht und Wasserhaushaltsrecht) ergibt.[120]

Von der zuständigen Behörde sind bei ihrer Entscheidung über die Anlagenzulassung die in der TA Sonderabfall und in der "Verordnung über Verbrennungsanlagen für Abfälle und ähnliche brennbare Stoffe"[121] festgelegten Entsorgungsstandards als fachrechtliche Umweltstandards[122] zu beachten. Die *TA Sonder-*

---

planfeststellungsbedürftig, weil solche Anlagen nach § 7 Abs. 2 Satz 2 nicht durch Genehmigungsverfahren zugelassen werden dürfen, wenn von ihnen "erhebliche Auswirkungen auf die Umwelt ausgehen können."

117 Vgl. § 8 Abs. 1 und 3 AbfG.

118 Gesetz zur Umsetzung der Richtlinie des Rates vom 27. Juni 1985 über die Umweltverträglichkeitsprüfung bei bestimmten öffentlichen und privaten Projekten (85/337/EWG) vom 12. Februar 1990, BGBl. I, S. 205, geändert durch Gesetz vom 11. Mai 1990, BGBl. I, S. 870. Als Artikelgesetz enthält es in Artikel 1 "das Gesetz über die Umweltverträglichkeitsprüfung (UVPG)".

119 "Die Umweltverträglichkeitsprüfung umfaßt die Ermittlung, Beschreibung und Bewertung der Auswirkungen eines Vorhabens auf 1. Menschen, Tiere und Pflanzen, Boden, Wasser, Luft, Klima und Landschaft, einschließlich der jeweiligen Wechselwirkungen, 2. Kultur- und sonstige Sachgüter." (§ 2 Abs. 1 Satz 2 UVPG)

120 Vgl. dazu *von Köller* (1991), S. 133-135.

121 Siebzehnte Verordnung zur Durchführung des Bundes-Immissionsschutzgesetzes (Verordnung über Verbrennungsanlagen für Abfälle und ähnliche brennbare Stoffe - 17. BImSchV) vom 23. November 1990, BGBl. I, S. 2545, bereinigt S. 2832.

122 Der *Sachverständigenrat für Umweltfragen* hat sich in seinem Umweltgutachten 1987 mit den Begriffen Umweltqualität, -indikatoren, -zielen und -standards auseinandergesetzt (vgl. *Sachverständigenrat für Umweltfragen* (1987), S. 54-62). Er definiert Umweltstandards als "das Ergebnis der unabdingbaren Konkretisierung, die normative Ziele und Handlungsgebote ... für den Vollzug erst durchlaufen müssen" (*ebd.*, S. 56) und er-

abfall beschreibt neben den Kriterien für die Zuordnung von Sonderabfällen zu bestimmten Entsorgungsverfahren (Nr. 4 TA Sonderabfall) diejenigen Anforderungen nach dem "Stand der Technik"[123], die Betreiber von Verwertungs- und Entsorgungsanlagen für besonders überwachungsbedürftige Abfälle zu erfüllen haben, um das Wohl der Allgemeinheit nicht zu beeinträchtigen. Eine Abfallentsorgungsanlage darf nur zugelassen werden, wenn die an chemisch-physikalische Behandlungsanlagen, Sonderabfall-Verbrennungsanlagen sowie über- und untertägige Deponien gestellten allgemeinen und besonderen Anforderungen erfüllt werden (Nr. 3.1 TA Sonderabfall).[124] Abfallverbrennungsanlagen sind im Gegensatz zu Deponien gleichzeitig genehmigungsbedürftige Anlagen im Sinne des § 4 BImSchG.[125] Bei diesen haben die Zulassungsbehörden die seit 1. Dezember 1990 geltende *Verbrennungsanlagenverordnung* zu beachten. Sie legt insbesondere fest, welche Emissionsgrenzwerte von Müllverbrennungsanlagen einzuhalten sind, wobei diese im Vergleich zur vorher maßgeblichen Verwaltungsvorschrift TA Luft[126] zum Teil erheblich verschärft wurden.[127]

---

gänzt, sie seien technisch-wissenschaftliche Größen, "aus denen sich erst im einzelnen ergibt, wieweit die Gesundheit des Menschen oder die natürlichen Lebensgrundlagen wirklich geschützt werden sollen und welche Beschränkungen den Verursachern daraufhin konkret auferlegt werden" (*ebd.*, S. 57). Letztendlich dienen sie also der (quantitativen) Operationalisierung qualitativ und abstrakt formulierter umweltpolitischer Zielvorstellungen. Vgl. zum Begriff des Umweltstandards auch *Bönker* (1992), insb. S. 8-17.

123 "Stand der Technik ... ist der Entwicklungsstand fortschrittlicher Verfahren, Einrichtungen oder Betriebsweisen, der die praktische Eignung einer Maßnahme für eine umweltverträgliche Abfallentsorgung gesichert erscheinen läßt. Bei der Bestimmung des Standes der Technik sind insbesondere vergleichbare geeignete Verfahren, Einrichtungen oder Betriebsweisen heranzuziehen, die mit Erfolg im Betrieb erprobt worden sind." (Nr. 2.1 TA Sonderabfall)

124 Vgl. die Nr. 6 bis 10 TA Sonderabfall zu den einzelnen technischen und betrieblichen Zulassungsbedingungen. Nr. 8.5 TA Sonderabfall verweist auf die Verbrennungsanlagenverordnung, in der weitere Anforderungen an Abfallverbrennungsanlagen geregelt sind.

125 Im Anhang der Vierten Verordnung zur Durchführung des Bundes-Immissionsschutzgesetzes (Verordnung über genehmigungsbedürftige Anlagen vom 24. Juli 1985, BGBl. I, S. 1586) sind unter Nr. 8 alle nach Immissionsschutzrecht zu genehmigenden Abfallentsorgungsanlagen aufgezählt (u.a. Verbrennungsanlagen, Pyrolyseanlagen und Sonderabfallaufbereitungsanlagen).

126 Erste Allgemeine Verwaltungsvorschrift zum Bundes-Immissionsschutzgesetz (Technische Anleitung zur Reinhaltung der Luft - TA Luft) vom 27. Februar 1986, GMBl., S. 95.

127 Vgl. Nr. 3.3.8.1.1 TA Luft: "Anlagen zur teilweisen oder vollständigen Beseitigung von festen oder flüssigen Stoffen durch Verbrennen". Die jeweiligen Höchstwerte der organischen und anorganischen Rauchgas-Inhaltsstoffe ergaben sich dabei aus verschiedenen

Oben wurde bei der Beschreibung subjektiver Marktzutrittsbeschränkungen bereits auf die im § 12 AbfG geregelte *Einsammlungs- und Beförderungsgenehmigung* und ihre qualitätsgewährleistende Intention hingewiesen.[128] Durch sie wird die Zulassung zu Sammlungs- und Beförderungstätigkeiten bis auf einige Ausnahmen davon abhängig gemacht, daß das Allgemeinwohl nicht beeinträchtigt wird, die geordnete Entsorgung sichergestellt ist und keine Bedenken gegen die Zuverlässigkeit des Antragstellers und seiner Beschäftigten bestehen. Die Genehmigung kann mit Nebenbestimmungen (Bedingungen, Auflagen, Befristungen, Widerrufsvorbehalte) verbunden sein (§ 12 Abs. 1 AbfG). Einzelheiten zu den einzureichenden Antragsunterlagen, zu Form und Inhalt der Genehmigung, zur Nicht-Übertragbarkeit und zu den für das Verwaltungsverfahren erhobenen Gebühren und Auslagen enthalten die §§ 4-7 AbfRestÜberwV.

3.2.4.2 Überwachung der Entsorgungstätigkeiten und Informationspflichten

Weil eine ordnungsgemäße Sonderabfallentsorgung kaum sichergestellt werden kann, wenn die zuständigen Behörden zwar die Eignung von geplanten Entsorgungsanlagen und Betreibern vor Aufnahme der Entsorgungstätigkeiten prüfen, sich aber danach von ihrer Kontrollfunktion zurückziehen, wird sinnvollerweise auch der *Anlagenbetrieb* und der *Weg des Sonderabfalls* vom Entstehungsort bis zum Ort der endgültigen Entsorgung überwacht und durch bestimmte Kontrollmechanismen abgesichert. Dazu dienen Mitwirkungspflichten für Abfallbesitzer und Entsorger bei der Überwachungstätigkeit der Aufsichtsbehörde, Entsorgungsnachweis und Begleitscheinsystem, die Bestellung von Abfallbetriebsbeauftragten sowie organisationsbezogene Regelungen der TA Sonderabfall.

Nach § 11 Abs.1 Satz 1 AbfG wird die Entsorgung von Abfällen von der zuständigen Behörde überwacht. Sie erstreckt sich über alle Entsorgungsphasen von der Einsammlung bis hin zur endgültigen Deponierung. Um die dafür notwendigen Informationen erhalten zu können, schreibt § 11 Abs. 4 AbfG bestimmte *Mitwirkungspflichten* für Abfallbesitzer, Entsorgungspflichtige und Inhaber von Entsorgungsanlagen vor. Sie müssen über Betrieb, Anlagen und sonstige zu überwachende Gegenstände Auskunft erteilen und den Überwachungsbehörden "das Betreten der Grundstücke, Geschäfts- und Betriebsräume, die Einsicht in Unterlagen und die Vornahme von technischen Ermittlungen und Prüfungen ..

Textnummern. Vgl. zu den jetzt gültigen Emissionsgrenzwerten auch *von Köller* (1991), S. 142.

128 Vgl. zu diesem Instrument z.B. *Bartels* (1987), S. 108-111, *Hoppe/ Beckmann* (1989), S. 495-498 oder *von Köller* (1991), S. 114-121.

gestatten." Abfallentsorgungsunternehmen haben darüberhinaus auf ihre Kosten Arbeitskräfte, Werkzeuge und Unterlagen bereitzustellen, um den Behörden die Anlagenprüfung zu ermöglichen.

Die Sonderabfallentsorgung wird auch überwacht, indem Abfallerzeuger, -transporteure und -entsorger gewissen Nachweispflichten nachkommen müssen (§ 11 Abs. 2 und 3 AbfG). Instrumente dazu sind Entsorgungsnachweis und Begleitschein. Der seit 1. Oktober 1990 zu führende *Entsorgungsnachweis* wird verwendet, um zu dokumentieren, ob der vorgesehene Entsorgungsweg überhaupt zulässig ist.[129] Er besteht aus drei Teilen und muß nicht für jeden einzelnen Entsorgungsvorgang erbracht werden, sondern wird für höchstens 5 Jahre für gleichartige Abfälle erteilt. In der "Verantwortlichen Erklärung" des Abfallerzeugers sind die Abfälle genau zu beschreiben, damit der Entsorger beurteilen kann, ob der Abfall in seiner Anlage entsorgt werden kann. In seiner "Annahmeerklärung" dokumentiert der Entsorger seine Bereitschaft (und die Möglichkeit) zur Annahme der in Frage kommenden Abfälle. Schließlich stellt die zuständige Behörde nach Prüfung auf Plausibilität sowie genehmigungsrechtliche und kapazitätsbezogene Eignung der Anlage eine "Entsorgungsbestätigung" aus. Abb. 10 (nächste Seite) verdeutlicht den gerade beschriebenen Vorgang. Unter Hinweis auf dieses Verfahren und die damit verbundenen umfangreichen Möglichkeiten der Einflußnahme auf das Entsorgungsgeschehen durch die Überwachungsbehörden erscheint der Landesregierung von Sachsen-Anhalt eine landesrechtliche Andienungspflicht an eine Zentrale Stelle nicht weiter erforderlich.[130]

Im Unterschied zum Entsorgungsnachweis, mit dem die Zulässigkeit der geplanten Entsorgung vor dem eigentlichen Entsorgungsvorgang geprüft wird (Vorabkontrolle), dokumentieren die von den Beteiligten auszufüllenden *Begleitscheine* die durchgeführte Entsorgung und den Verbleib der Abfälle (Verbleibskontrolle). Bei besonders überwachungsbedürftigen Abfällen im Sinne des § 2 Abs. 2 AbfG sind Abfallerzeuger, -transporteure und -entsorger zur Führung eines Nachweisbuches, zur Aufbewahrung von Belegen und auf Verlangen der Behörde zur Vorlage dieser Papiere verpflichtet (§ 11 Abs. 3 Satz 1 AbfG). Die Überwachungsbehörde kann aber auch für nicht überwachungsbedürftige Abfälle eine entsprechende Nachweispflicht anordnen (11 Abs. 2 AbfG). Der Nachweis wird gemäß den §§ 14 bis 24 AbfRestÜberwV erbracht.

---

129 Vgl. §§ 8-13 AbfRestÜberwV.

130 Vgl. *Landtag Sachsen-Anhalt* (1991), S. 32 und S. 71.

Abb. 10: Erstellung des Entsorgungsnachweises (§§ 8 und 9 AbfRestÜberwV)

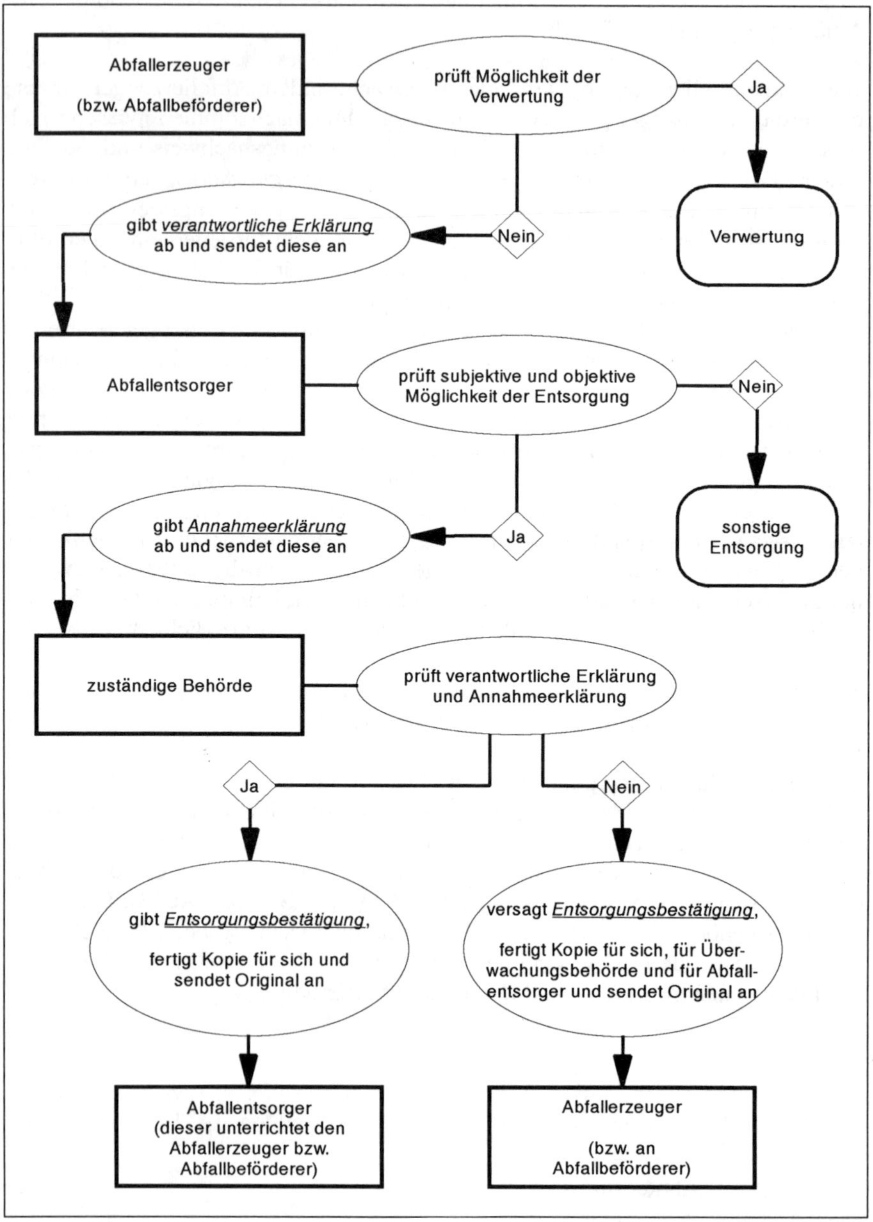

(Quelle: in Anlehnung an *von Köller* (1991), S. 112)

Neben den bisher genannten Instrumenten der behördlichen Überwachung gibt es im Abfallrecht auch Regelungen zur *innerbetrieblichen Überwachung* der Sonderabfallentsorgung. Das sind organisatorische Regelungen der TA Sonderabfall und der Betriebsbeauftragte für Abfall. In den *"Anforderungen an die Organisation und das Personal von Abfallentsorgungsanlagen sowie an die Information und Dokumentation"* (Nr. 5 TA Sonderabfall) wird unter anderem vorgeschrieben, daß in den Anlagen eine personell getrennte Organisationseinheit "Kontrolle" einzurichten ist (Nr. 5.1), weitere Kontrollen im Betriebsablauf durchzuführen sind (Nr. 5.2), der Betreiber zum Nachweis des ordnungsgemäßen Betriebs ein Betriebstagebuch zu führen hat und die zuständige Behörde unverzüglich über besondere Vorkommnisse und Störungen des Betriebsablaufs informiert werden muß (Nr. 5.4). Der *Betriebsbeauftrage für Abfall* (§§ 11a bis f AbfG) ist ein weiteres Instrument der Selbstkontrolle, das im Gegensatz zur diskontinuierlichen behördlichen Überwachung die umweltverträgliche Entsorgung permanent sicherstellen soll.[131] Betreiber ortsfester Abfallentsorgungsanlagen und auch Erzeuger von besonders überwachungsbedürftigen Abfällen müssen einen oder mehrere Betriebsbeauftrage bestellen (§ 11a) und ihm bestimmte Aufgaben und Befugnisse einräumen (§ 11b). Insbesondere hat er den vollständigen Weg des Abfalls von der Entstehung bis zur endgültigen Entsorgung und die Einhaltung der einschlägigen Rechtsvorschriften zu überwachen. Darüberhinaus haben die nach § 11a Verpflichteten weitere Pflichten hinsichtlich der Bestellung des Betriebsbeauftragen (§ 11c) und hinsichtlich seiner Kompetenzen (§§ 11d - f) zu erfüllen.

3.2.5 Preisregulierung

Die bisher beschriebenen Regulierungsinstrumente werden durch Regelungen ergänzt, die die freie Preisbildung für Sonderabfallentsorgungsleistungen beeinträchtigen. Dazu gehören in den Bundesländern, wo dies notwendig erscheint, das die landesoffiziellen Sonderabfallentsorger verpflichtende *Gebot zur Erhebung lediglich kostendeckender Gebühren bzw. Entgelte* sowie *Preisgenehmigungen* durch die Landesumweltministerien. Zwar haben diese Preisregulierungen in der Sonderabfallwirtschaft keine so zentrale Bedeutung wie in anderen regulierten Branchen, sie stellen aber gleichwohl Eingriffe in die Preissetzungsautonomie der Entsorgungsanbieter dar und dienen auch hier insbesondere der Verhinderung von im Verhältnis zur erbrachten Leistung unangemessen hohen Gewinnen, die aufgrund der möglichen Monopolstellung der landesoffiziellen

---

131 Vgl. dazu *Bartels* (1987), S. 120-124 oder *von Köller* (1991), S. 176-182.

Sonderabfallentsorgungsgesellschaften andernfalls denkbar wären.[132] Es soll sogar erreicht werden, daß die im staatlichen Mehrheitsbesitz stehenden Unternehmen zumindest in den Fällen, wo hoheitliche Aufgaben wahrgenommen werden (z.B. die Aufgaben als zentrale Koordinationseinrichtungen), überhaupt keine Gewinne erzielen, weil dies mit öffentlichem Gebühren- und Abgabenrecht unvereinbar wäre.

Im Hinblick auf die Systematisierung der im einzelnen angewendeten Regelungen erscheint es sinnvoll, die Bundesländer in drei Gruppen zu unterteilen.

- Zur *ersten* Gruppe zählen diejenigen Bundesländer, die keine zentralen Entsorgungsgesellschaften mit Landesbeteiligung und gleichzeitiger Überlassungs- oder Andienungspflicht haben und wo dies nach den ausgewerteten Materialien bisher auch nicht geplant ist: Bremen, Hamburg, Nordrhein-Westfalen, Sachsen, Mecklenburg-Vorpommern und Schleswig-Holstein.[133]
- Länder, in denen landesoffizielle Entsorgungsunternehmen mit Anschluß- und Benutzungszwang tätig sind, bilden die *zweite* Gruppe: Baden-Württemberg, Bayern, Hessen, das Saarland und Thüringen.
- Die *dritte* Gruppe umfaßt schließlich die Bundesländer, in denen den landesoffiziellen Einrichtungen Sonderabfälle lediglich angedient werden müssen bzw. wo eine solche Regelung laut Gesetz bzw. Gesetzentwurf möglich oder geplant ist: Niedersachsen, Rheinland-Pfalz, Berlin, Brandenburg und Sachsen-Anhalt.[134]

In den Bundesländern aus *Gruppe 1* findet keine Preisregulierung statt. Daher setzt sich hier die marktwirtschaftliche Lösung durch, daß der Sonderabfallerzeuger die Abfallentsorgung zu Preisen finanziert, die zwischen ihm und dem Entsorgungsunternehmen in einem privatrechtlichen Vertrag frei vereinbart

---

132 Vgl. allgemein zur Preisregulierung *Weber* (1986), S. 366-472.

133 Das LAbfG *Mecklenburg-Vorpommern* regelt in § 8, daß das Land und die Entsorgungspflichtigen in Zusammenarbeit "besondere Einrichtungen" für Sonderabfälle schaffen können, diese Option wurde jedoch bisher nicht in Anspruch genommen. Die in *Schleswig-Holstein* eingerichtete "Zentralen Stelle für die Organisation der Entsorgung von Sonderabfällen" (§ 11 LAbfG) hat weder einen Anschluß- und Benutzungszwang noch eine Andienungspflicht zu ihren Gunsten. Sie hat als Träger der öffentlichen Verwaltung bestimmte Aufgaben im Zusammenhang mit der Anzeigepflicht für Sonderabfälle sowie Beratungs- und Analyseaufgaben zu übernehmen und erhebt für diese Amtshandlungen Verwaltungsgebühren und Auslagen (§ 12 LAbfG), aber Preisvorschriften für die tatsächlichen Entsorgungshandlungen gibt es nicht, sodaß die Preise zwischen Sonderabfallerzeuger und -entsorger frei ausgehandelt werden können.

134 In *Berlin* ist nach § 14 LAbfG-Entwurf (*Senat von Berlin* (1992), S. 12) eine "zentrale Einrichtung für Sonderabfälle" geplant, *Sachsen-Anhalt* und *Brandenburg* haben in § 14

werden, oder der Anlagenbetreiber bietet seine Dienstleistung zu einem bestimmten Preis an und der Abfallbesitzer hat die Wahl, das Angebot zu akzeptieren oder sich nach alternativen Entsorgungsmöglichkeiten umzuschauen.[135]

Bei den Bundesländern aus *Gruppe 2* fehlen in *Bayern* und *Hessen* gesetzliche Regelungen über die Höhe der Entsorgungspreise, obwohl GSB und HIM im jeweiligen Bundesland eine Monopolstellung bei der Sonderabfallentsorgung innehaben. Ihnen sind die Sonderabfälle auf Kosten der Abfallbesitzer zu überlassen, aber keiner der beiden Gesellschaften wird gesetzlich vorgeschrieben, daß sie nur kostendeckende Preise verlangen dürften oder ihre Preisgestaltung vom zuständigen Umweltministerium genehmigen lassen müßten. Trotzdem sind sie dem Gemeinwohl verpflichtet und nicht auf Gewinnerzielung ausgerichtet.[136] Erwirtschaftete Überschüsse werden zur Ergänzung und Erweiterung der von ihnen betriebenen Anlagen verwendet.[137] Im Unterschied zu diesen Bundesländern kann *Baden-Württembergs* staatliche Entsorgungsgesellschaft SBW ihre Entsorgungspreise nicht selbständig festlegen, sondern diese bedürfen der Genehmigung durch das Landesumweltministerium.[138] *Thüringen* und das *Saarland* schreiben in ihren Landesabfallgesetzen zwar ebenfalls nur vor, daß der Sonderabfallbesitzer die bei ihm angefallenen Reststoffe den jeweiligen Entsorgungsträgern TSA und SES kostenpflichtig überlassen müssen[139], beschränken aber gleichzeitig den Preissetzungsspielraum dieser Gesellschaften, indem sie durch ihre Sonderabfallverordnungen lediglich die nach betriebswirtschaftlichen

---

bzw. § 9 Abs. 2 eine Option zur Errichtung einer zentralen Stelle, der Sonderabfälle anzudienen sind, verankert.

135 Das Lizenzentgelt des *nordrhein-westfälischen* Organisationsmodells ist keine Vorschrift über die Höhe des für die in Anspruch genommene Entsorgungsleistung zu zahlenden Preises (vgl. dazu Kap. 3.2.7.2). Abgesehen davon, daß wegen der Lizenzpflicht nicht jedes Unternehmen ohne weiteres seine Leistungen auf dem nordrhein-westfälischen Entsorgungsmarkt anbieten darf, kann sich der Preis zwischen Anbieter und Nachfrager frei bilden.

136 Vgl. *Arbeitsgemeinschaft der Sonderabfallentsorgungsgesellschaften der Länder* (Hrsg., 1992), S. 7.

137 Vgl. *Gesellschaft zur Beseitigung von Sondermüll in Bayern mbH* (Hrsg., o.J.), S. 1 und *Hessische Industriemüll GmbH* (Hrsg., o.J.), S. 7.

138 Vgl. § 9 Abs. 3 LAbfG und § 4 AbfAndienV Baden-Württemberg. Dies sei zur Kontrolle der der SBW eingeräumten Monopolstellung notwendig (vgl. *Landtag Baden-Württemberg* (1989), S. 45).

139 Vgl. § 11 Abs. 3 LAbfG Saarland und § 5 Abs. 2 LAbfG Thüringen.

Grundsätzen ermittelten Kosten der ausgeführten Tätigkeiten für erstattungsfähig erklären.[140]

In *Gruppe 3* plant *Berlin* Entsorgungspreisregelungen, die sich an die Lösungen von *Niedersachsen* und *Rheinland-Pfalz* eng anlehnen. *Sachsen-Anhalt* möchte zwar ohne Andienungsmodell auskommen, sieht aber entsprechende Kann-Vorschriften zur Preisregulierung ebenfalls vor. Das gleiche gilt für *Brandenburg*.[141] Wesentlicher Bestandteil der in diesen Bundesländern verwirklichten, geplanten oder optionalen Andienungsmodelle sind die Regelungen, die die Kostenerstattung für Leistungen der jeweiligen zentralen Koordinationsstelle betreffen. Sie erhebt von dem andienungspflichtigen Abfallbesitzer in der Regel Gebühren und Auslagen für die ihr entstehenden Aufwendungen sowie für die Behandlung, Verbrennung und Deponierung der Sonderabfälle in den Entsorgungsanlagen, denen sie zugewiesen wurden.[142] Mit den Gebühren werden die Aufwendungen der zentralen Einrichtung im Rahmen ihrer Steuerungsfunktion abgegolten. Die Auslagen sind zur Begleichung der Aufwendungen für die Entsorgung in den vom landesoffiziellen Entsorgungsunternehmen betriebenen Anlagen oder für die vom Betreiber der zugewiesenen Entsorgungsanlage erhobenen Entgelte vorgesehen.[143] Letztgenannte werden zwischen privatem Anlagenbetreiber und Koordinationsstelle in privatwirtschaftlichen Verträgen vereinbart. Die Entsorgungsleistungen werden also nicht direkt zwischen Abfallbesitzer und Entsorgungsunternehmen abgeglichen, sondern die zentrale Stelle ist immer zwischengeschaltet.[144]

---

140 Vgl. § 3 SAbfV Saarland und § 4 SAbfV Thüringen.

141 Vgl. § 9 LAbfG Niedersachsen, § 16 LAbfG Sachsen-Anhalt, § 17 LAbfG-Entwurf Berlin (*Senat von Berlin* (1992), S. 15), § 8c LAbfG Rheinland-Pfalz und § 9 Abs. 5 LAbfG Brandenburg.

142 Auch in der Siedlungsabfallwirtschaft erfolgt die Entsorgungsfinanzierung grundsätzlich mittels Gebühren. Diese werden von den entsorgungspflichtigen Körperschaften durch Satzung festgelegt, wobei auch gestaffelte Gebühren möglich sind, um Anreize zur Vermeidung von Haushaltsabfällen zu schaffen. Vgl. in den Landesabfallgesetzen z.B. § 8 Abs. 2 LAbfG Baden-Württemberg, Art. 7 Abs. 2 LAbfG Bayern, § 8 LAbfG Brandenburg, § 22 LAbfG Hamburg, § 9 Abs. 3 LAbfG Nordrhein-Westfalen oder § 4 Abs. 2 LAbfG Thüringen. Die ansatzfähigen Kosten richten sich nach den jeweiligen Kommunalabgabengesetzen. Weil die von den Kreisen und kreisfreien Städten festgelegten Satzungen darüberhinaus von der obersten Abfallrechtsbehörde genehmigt werden müssen, unterliegen die Gebühren der ständigen Kontrolle durch die zuständigen Stellen.

143 Auch für Abfallanalysen und Gutachten durch eingeschaltete Labors und externe Sachverständige werden Kosten verauslagt.

144 Berlins Abfallgesetzentwurf sieht vor, daß statt öffentlich-rechtlicher Gebühren und Auslagen privatrechtliche Entgelte erhoben werden. Nach dem Gesetzeswortlaut sollen diese

Abgabenrechtlich unzulässig wäre es, wenn dabei Gewinne erwirtschaftet würden. Nur die tatsächlich entstandenen Kosten können abgedeckt werden und für die Kostenerhebung gelten die allgemeinen gebührenrechtlichen Grundsätze entsprechend der Landeskommunalabgaben- oder -verwaltungskostengesetze, sofern nicht, wie in Niedersachsen, etwas anderes bestimmt wird.[145] Die obersten Landesabfallbehörden können nämlich ermächtigt werden, in Verordnungen die kostenpflichtigen Tatbestände und die Höhe der Gebühren bzw. Auslagen unter Berücksichtigung von Art und Umfang der jeweiligen Inanspruchnahme von Entsorgungsanlagen und Verwaltungskapazitäten näher zu bestimmen. Niedersachsens Umweltministerium hat daraufhin eine Gebührenordnung erlassen.[146] Abweichend von Berlin, Brandenburg, Rheinland-Pfalz und Sachsen-Anhalt legt Niedersachsen weiterhin fest, daß die Entgelte der Fremdleistungen, d.h. bei Beauftragung eines privaten Entsorgungsunternehmens, für das jeweilige Entsorgungsverfahren vorrangig nach *Durchschnittssätzen* zu berechnen sind. Daraus resultieren für die einzelnen Abfallbesitzer unabhängig von der individuellen Situation und der tatsächlich in Anspruch genommenen Entsorgungsanlage einheitliche Tarife, weil jeweils der Durchschnittspreis aller in Frage kommenden (preislich unterschiedlichen) Anlagen in Rechnung gestellt wird. Bei einer solchen Mischkalkulation können sich Entsorgungsanbieter gegenüber ihren Kunden nicht durch besonders günstige Entsorgungspreise profilieren, da diese ja nicht an die Nachfrager weitergegeben werden.[147] Die vier anderen Bundeslän-

---

Entgelte zwar auch die Aufwendungen der zentralen Einrichtung und die bei Zuweisung in eine von der zentralen Einrichtung betriebenen Anlage entstandenen Entsorgungskosten abdecken, aber nicht die Kosten der Entsorgung in einer privaten Anlage. Dies würde konsequenterweise bedeuten, daß bei Inanspruchnahme eines privaten Entsorgungsbetriebs dieser zusätzlich zu bezahlen wäre, sodaß zwei Rechtsbeziehungen nebeneinander bestehen. Dafür muß die zentrale Einrichtung ihre Entgelte genehmigen lassen, was bei öffentlich-rechtlichen Gebühren mit Bindung an eine Gebührenordnung oder an die allgemeinen gebührenrechtlichen Vorschriften entbehrlich ist. In Brandenburg kann ebenfalls ein genehmigungsbedürftiges privatrechtliches Entgelt anstelle von Gebühren und Auslagen erhoben werden.

145 *Vgl. Landtag Sachsen-Anhalt* (1991), S. 78.

146 Gebührenordnung für die Zentrale Stelle für Sonderabfälle vom 12. Juni 1989, GVBl., S. 204. Danach hängt die vom andienungspflichtigen Abfallbesitzer erhobene Gebühr von Menge, Volumen, Art und Zusammensetzung der Sonderabfälle ab und setzt sich aus einer Grundgebühr für chemisch-physikalische, thermische oder kombinierte Behandlung und Deponierung sowie allgemeinen und besonderen Zuschlägen wegen besonderer Anforderungen an die Entsorgung zusammen. Insgesamt wird mit dieser Verordnung sehr detailiert festgelegt, wie teuer jede einzelne Entsorgungshandlung ist.

147 Auch daraus dürften die grundsätzlichen Bedenken resultieren, die der Bundesverband Sonderabfallwirtschaft, der Bundesverband der Deutschen Entsorgungswirtschaft und die Handwerkskammern gegen die Kostenregelung hatten (vgl. *Landtag Niedersachsen* (1988), S. 13). Nach Ansicht der niedersächsischen Landesregierung tragen die einheitlichen Tarife u.a. dazu bei, Wettbewerbsverzerrungen, z.B. in Form von Benachteiligun-

der bemessen die Gebühr dagegen nach dem im konkreten Einzelfall tatsächlich entstandenen Entsorgungsaufwand zuzüglich eines Zuschlags für die hoheitlichen Verwaltungsaufgaben der zentralen Einrichtung.[148]

Die Befürworter der im Rahmen der Andienungslösung verwirklichten Preisregulierungen verweisen zwar darauf, daß trotzdem ein marktwirtschaftlicher Preisbildungsprozess gewährleistet sei, weil sich die zentralen Koordinationseinrichtungen ihre Entsorgungskapazitäten (abgesehen von den eigenen Anlagen) auf dem Entsorgungsmarkt mittels privatrechtlicher Verträge sichern müssen[149], aber man sollte folgendes bedenken: Auch wenn die freie Vertragsgestaltung zwischen privatem Entsorgungsanbieter und zentraler Stelle prinzipiell möglich ist, kommt letztgenannte alleine für die Abnahme des Gutes "Entsorgungsleistung" in Frage und sie kann als Nachfragemonopolist sicherlich einen wirkungsvollen Einfluß auf die Preisbildung ausüben. Es dürfte für die privaten Anbieter schwierig sein, ihre möglicherweise berechtigten Preisforderungen angesichts der Marktmacht der zentralen Einrichtung in jedem Fall durchzusetzen. Im übrigen ist in Rheinland-Pfalz die dortige Entsorgungswirtschaft Miteigentümer der landesoffiziellen Andienungsgesellschaft SAM, sodaß die Entsorgungsunternehmen ihre Preisvorstellungen wahrscheinlich durchsetzen können, ohne nennenswerte Preiskonkurrenz anderer Anbieter befürchten zu müssen. Deshalb dürfte sich auch ein Neuanbieter, auch wenn für ihn z.B. wegen neuer Entsorgungsverfahren geringere Angebotspreise möglich wären, an den von der zentralen Stelle erhobenen Gebühren oder Entgelten orientieren.[150] Ein wirklicher Preiswettbewerb wird sich also kaum einstellen.

---

gen kleiner und mittelständischer Betriebe bei der Beschaffung kostengünstiger Entsorgungsmöglichkeiten wegen ihrer zwangsläufig geringeren Entsorgungsnachfrage, zu vermeiden (vgl. *ebd.*, S. 12). Das Argument erinnert an das verteilungspolitische Ziel der "Tarifeinheit im Raum", das in der Verkehrspolitik von Bedeutung ist (vgl. *Deregulierungskommission* (1991), Tz. 132).

148 Vgl. für Rheinland-Pfalz auch den § 2 der "Landesverordnung über die Kosten der Zentralen Stelle für Sonderabfälle" vom 2. Dezember 1993, GVBl., S. 619. Dort wird ein Verwaltungskostenzuschlag von 12% erhoben. In Niedersachsen ist das nur vorgesehen, wenn die Durchschnittspreisberechnung unmöglich oder unverhältnismäßig aufwendig ist. In diesem Fall wird ein pauschaler Zuschlag von 14% auf die Entsorgungskosten aufgeschlagen (vgl. § 3 Abs. 4 Gebührenordnung Niedersachsen).

149 Vgl. *Landtag Rheinland-Pfalz* (1992), S. 10 und *Landtag Niedersachsen* (1988), S. 12.

150 Vgl. dazu auch Kap. 5.1.1.

3.2.6 Leistungspflichten

In durch staatlicherseits geschützte Monopolunternehmen gekennzeichneten Märkten unterliegen die privilegierten Anbieter neben und als Folge der staatlichen Marktzutrittsbeschränkungen im allgemeinen bestimmten *Leistungspflichten* ("duties to serve"), welche darauf abzielen, jedem potentiellen Nachfrager die Inanspruchnahme der jeweiligen Leistungen unterschiedslos zu ermöglichen und neben den Vorschriften zur Preisregulierung dazu beizutragen, daß die Nachfrageseite der marktbeherrschenden Stellung einzelner Anbieter nicht "schutzlos" ausgeliefert ist. *Weber* unterscheidet als Leistungspflichten die *Kontrahierungs-* und die *Betriebspflicht.*[151] *Kontrahierungspflicht* bedeutet die gesetzlich auferlegte Verpflichtung gewisser Unternehmen, Verträge bestimmten Inhalts mit jedem Antragenden abzuschließen. Sie schränkt den Grundsatz der Vertragsfreiheit, insb. die Entscheidungen, mit welchem Marktpartner überhaupt ein Vertrag geschlossen wird (Abschlußfreiheit) und welchen konkreten Inhalt das einzugehende Rechtsverhältnis hat (Inhaltsfreiheit), unter Umständen deutlich ein. Anwendung finden entsprechende Vorschriften z.B. in der Verkehrs- und Versorgungswirtschaft. Eisenbahn- und Luftfahrtgesellschaften unterliegen einer allgemeinen Beförderungspflicht und Energieversorgungsunternehmen müssen ihre Kunden ohne Diskriminierung einzelner gleichmäßig mit Strom versorgen. Besteht darüberhinaus eine *Betriebspflicht*, so müssen die durch staatliche Marktzutrittsschranken begünstigten Unternehmen ihre Leistungen unabhängig von Rentabilitätsüberlegungen in jedem Fall erbringen.[152] In der Sonderabfallwirtschaft werden solche generellen Betriebsverpflichtungen allerdings nicht verlangt, denn die Landesabfallgesetze bieten regelmäßig die Möglichkeit, sich als landesoffizieller Träger der Sonderabfallentsorgung geeigneter Dritter zu bedienen, d.h. private Entsorgungsunternehmen mit der Leistungserbringung zu beauftragen.

Im folgenden werden die in einigen Bundesländern von den jeweiligen landesoffiziellen Entsorgungsunternehmen zu leistenden Annahme-, Zuweisungs- und Beratungspflichten näher erläutert.

3.2.6.1 Annahmepflicht

In den Bundesländern *Baden-Württemberg*, *Bayern*, *Hessen*, *Saarland* und *Thüringen*, die alle einen Anschluß- und Benutzungszwang zugunsten ihrer landesoffiziellen Träger der Sonderabfallentsorgung vorschreiben, werden diese

---

151 Vgl. *Weber* (1986), S. 473 ff.

Unternehmen gesetzlich verpflichtet, die ihnen überlassenen Abfälle anzunehmen.[153] Die Annahmepflicht stellt gleichsam das instrumentelle Gegenstück zur Überlassungspflicht der Sonderabfallerzeuger dar, denn der Abfallbesitzer könnte seiner Entsorgungspflicht überhaupt nicht nachkommen, wenn er auf der einen Seite zur physischen Überlassung seiner Abfälle an das landesoffizielle Entsorgungsunternehmen verpflichtet wäre, dieses andererseits die Annahme der Stoffe verweigern würde.[154]

3.2.6.2 Zuweisungspflicht

Die in der Arbeit bereits häufiger erwähnte Zuweisungspflicht ist das instrumentelle Pendant zur Andienungspflicht. Danach ist es Aufgabe der zentralen Sonderabfalleinrichtungen der Länder *Niedersachsen* und *Rheinland-Pfalz* , die ihnen vom Abfallbesitzer angedienten Sonderabfälle einer zugelassenen und annahmebereiten Abfallentsorgungsanlage zuzuweisen. *Berlin* plant, die Vorschrift einzuführen und in *Sachsen-Anhalt* und *Brandenburg* gibt es eine entsprechende

---

152 Vgl. *ebd.*, S. 505.

153 Vgl. § 4 Abs. 3 Satz 2 LAbfG Hessen, § 11 Abs. 3 Satz 2 LAbfG Saarland, § 5 Abs. 2 Satz 2 LAbfG Thüringen. Sinngemäß gilt dies trotz fehlender ausdrücklicher Verpflichtung auch für Bayern. Im baden-württembergischen Landesabfallgesetz ist zwar von Andienungspflicht die Rede, sie wurde oben aber für die zentralen Entsorgungsverfahren Sonderabfalldeponierung und -verbrennung in die Kategorie "Anschluß- und Benutzungszwang" eingeordnet. Bei der chemisch-physikalischen Behandlung muß die SBW in den Fällen, in denen sie die betroffenen Sonderabfälle nicht in eigenen Anlagen oder durch Dritte behandeln lassen kann und deshalb kein Entsorgungsvertrag zustandekommt, den Entsorgungspflichtigen Auskunft über geeignete Anlagen erteilen (vgl. § 9 Abs. 4 LAbfG und § 3 AbfAndienV Baden-Württemberg).

154 Von Bedeutung für sonderabfallerzeugende Unternehmen kann darüberhinaus die Vorschrift des § 3 Abs. 5 AbfG sein. Damit kann einem selbst entsorgenden Sonderabfallerzeuger vorgeschrieben werden, anderen Sonderabfallerzeugern die Mitbenutzung seiner Anlage gegen angemessenes Entgelt zu gestatten, wenn die entsorgungspflichtigen Abfallbesitzer ihrer Abfälle anders nicht zweckmäßig oder nur mit erheblichen Mehrkosten entsorgen können und die Mitbenutzung für den Inhaber zumutbar ist. Diese Regelung stellt zwar gleichfalls eine optionale Kontrahierungsverpflichtung dar, soll aber in diesem Kapitel keine Rolle spielen, weil hier nur solche Vorschriften behandelt werden, die an die durch Überlassungs- oder Andienungspflichten begünstigten gemischtwirtschaftlichen Entsorgungsunternehmen gerichtet sind und deren Handlungs- und Vertragsspielraum einschränken.

Option.[155] Die Zuweisung schließt das mit der Andienung des Sonderabfalls durch den Abfallbesitzer begonnene Verwaltungsverfahren ab. Mit ihr erhält der Abfallbesitzer Anweisungen, wie er seiner Andienungspflicht nachzukommen hat, denn die zentralen Koordinationseinrichtungen sind befugt, dem Entsorgungspflichtigen detailiert vorzuschreiben, wie er seine Sonderabfälle der vorgesehenen Anlage zuführen muß, insbesondere kann auch eine Vorbehandlung verlangt werden.[156] Um die Einschränkung der Handlungsmöglichkeiten für den Sonderabfallbesitzer etwas abzumildern, sieht Berlins Gesetzentwurf vor, daß die zentrale Stelle regelmäßig mehrere Entsorgungsanlagen vorschlägt, unter denen der Abfallbesitzer wählen kann. In Rheinland-Pfalz kann der Andienungspflichtige Vorschläge machen, in welcher Anlage seine Sonderabfälle entsorgt werden sollen. Diese Vorschläge können bei der Zuweisung berücksichtigt werden.[157] Die zentralen Träger sind von der Zuweisungspflicht für im jeweiligen Bundesland angefallene Sonderabfälle nur entbunden, wenn durch die Entsorgung dieser Stoffe das Wohl der Allgemeinheit gefährdet werden würde, insbesondere wenn im Zuständigkeitsbereich der Koordinationsstellen keine zugelassenen und aufnahmebereiten Anlagen ermittelt werden können.[158] Die zentralen Einrichtungen der Bundesländer Niedersachsen und Rheinland-Pfalz können die Zuweisung darüberhinaus ablehnen, wenn Sonderabfälle aus anderen Bundesländern angedient werden und das Herkunftsbundesland seinerseits eine Übernahme von entsprechenden Sonderabfällen aus den beiden Ländern nicht gewährleisten kann oder will. In diesem Fall ist dem Abfallbesitzer die Möglichkeit verwehrt, seine Sonderabfälle in Niedersachsen oder Rheinland-Pfalz entsorgen zu lassen.

---

155 Vgl. § 7 Abs. 2 LAbfG Niedersachsen, § 8a Abs. 3 LAbfG Rheinland-Pfalz, § 15 Abs. 2 LAbfG-Entwurf Berlin, § 15 Abs. 2 Satz 2 LAbfG Sachsen-Anhalt und § 9 Abs. 5 Nr. 2 LAbfG Brandenburg.

156 Darüberhinaus können auch die zuständigen Umweltministerien durch Verordnung allgemein festlegen, in welcher Form Sonderabfälle den zugewiesenen Entsorgungsanlagen zugeleitet werden müssen (vgl. § 8b Abs. 2 Nr. 1 LAbfG Rheinland-Pfalz, § 8 Nr. 3 LAbfG Niedersachsen, § 16 Nr. 2 LAbfG-Entwurf Berlin).

157 Im Unterschied zur verwirklichten Regelung, die jeweilige Zuweisung zu einer konkreten Entsorgungsanlage vorzunehmen, haben die Industrie- und Handelskammern und Handwerkskammern Niedersachsens im Vorfeld der Verabschiedung des Vorschaltgesetzes für ein niedersächsisches Landesabfallgesetz vorgeschlagen, die Zuweisung so auszugestalten, daß lediglich ein bestimmter Entsorgungsweg (Verbrennung, Deponierung) vorgeschlagen wird, die Auswahl der dazu notwendigen Entsorgungsanlage aber dem entsorgungspflichtigen Abfallbesitzer überlassen bleibt. Diese Anregung wurde unter Hinweis auf die dann nicht mehr zu gewährleistende Anlagenauslastung (vgl. dazu Kap. 4.2.2.4) abgelehnt (vgl. *Landtag Niedersachsen* (1988), S. 11).

3.2.6.3 Beratungspflicht

Neben Annahme- und Zuweisungspflicht ist die Beratungspflicht eine weitere, in einigen Landesabfallgesetzen vorgeschriebene Aufgabe für die dort tätigen landesoffiziellen Träger der Sonderabfallentsorgung.[159] Die Entsorgungsgesellschaften von *Rheinland-Pfalz*, *Schleswig-Holstein* und des *Saarlandes* müssen die sonderabfallproduzierenden Betriebe zielgerichtet über Möglichkeiten der Abfallvermeidung und -verwertung informieren und beraten.[160] Eine solche Verpflichtung bedeutet insbesondere[161]

- die Bereitstellung von Informationen über Möglichkeiten der Abfallvermeidung und Abfallwiederverwertung sowie der Verringerung des Schadstoffgehalts,
- die Weiterleitung von Anregungen zur Entwicklung und Optimierung entsprechender technischer Verfahren an die Anlagenhersteller und Entsorgungsunternehmen und
- die Entwicklung branchenbezogener Vermeidungs- und Verwertungsstrategien.

Sie geht über die Auskunftspflicht des § 4a AbfG, wonach die zuständige Behörde bzw. die von ihr beauftragte zentrale Stelle dem Sonderabfallbesitzer auf Anfrage Auskunft über geeignete Entsorgungsanlagen erteilen muß, hinaus.

3.2.7 Ökonomische Anreizinstrumente

Das Abfallrecht der Bundesländer ergänzt das ordnungsrechtliche Instrumentarium der bereits beschriebenen Qualitätsregulierung um einen Regulierungstyp, der das abfall- und immissionsschutzrechtliche Vermeidungs- und Verwertungsgebot (§ 1a AbfG, § 5 Abs. 1 Nr. 3 BImSchG) mittels monetärer Anreize bzw. Abschreckung flankiert und dabei weniger zwingend als restriktive Verbote und Gebote wirkt. Als ökonomischer Anreiz dienen Sonderabfallabgaben und das Li-

158 Vgl. § 15 Abs. 2 Satz 4 LAbfG-Entwurf Berlin, § 7 Abs. 3 LAbfG Niedersachsen, § 8a Abs. 3 Satz 3 und 4 LAbfG Rheinland-Pfalz.

159 Die ausdrückliche gesetzliche Pflicht soll hier das aussschlaggebende Kriterium für eine Aufnahme in die Regulierungsmatrix des Kapitels 3.3 sein. Daneben können die Sonderabfallgesellschaften auch über ihren Gesellschaftsvertrag mit Beratungsaufgaben betraut werden. Dies gilt z.B. für die Bremer Sonderabfall-Beratungsgesellschaft, deren wesentliche Unternehmenszielsetzung bereits im Namen zum Ausdruck kommt. Vgl. dazu *Senator für Umweltschutz und Stadtentwicklung Bremen* (Hrsg., 1990), S. 23 ff.

160 Vgl. § 8a Abs. 1 LAbfG Rheinland-Pfalz, § 11 Abs. 5 LAbfG Schleswig-Holstein, § 12 Abs. 1 Nr. 2 LAbfG Saarland.

zenzentgelt des nordrhein-westfälischen Lizenzmodells, indem beide Instrumente die Entsorgungskosten für die Sonderabfallerzeuger erhöhen (sollen) und dadurch vorhandene Vermeidungs- und Verwertungspotentiale mobilisieren.[162] Man kann sie aber nicht zu den Preisregulierungsmaßnahmen (Kap. 3.2.5) zählen, weil sie trotz indirekten Einflusses auf das Entsorgungspreisniveau nicht in die Preissetzungsautonomie der Entsorgungsunternehmen eingreifen.

3.2.7.1 Sonderabfallabgabe

Das Bundesumweltministerium hat 1991 einen Entwurf für ein bundeseinheitliches Abfallabgabengesetz vorgelegt.[163] Dieses Gesetzesvorhaben hat die parlamentarischen Hürden allerdings noch nicht genommen und es bleibt abzuwarten, ob eine Abfallabgabe bundesweit noch 1994 eingeführt wird. Weil man sich auf Bundesebene bisher nicht auf eine einheitliche Abgabenlösung einigen konnte, haben mehrere Bundesländer die Initiative ergriffen und 1991 oder 1992 Landesabfallabgabengesetze für besonders überwachungsbedürftige Abfälle in Kraft gesetzt.[164]

Während sie in Baden-Württemberg, Bremen, Hessen und Niedersachsen bereits wirksam sind, liegt in Berlin erst ein entsprechender Entwurf vor[165], und von der Ermächtigungsvorschrift des Thüringer Abfallwirtschafts- und Altlastengesetzes,

---

161 Vgl. *Hoffmann/ Senff* (1992), S. 12.

162 Neben der Schaffung von Vermeidungs- und Verwertungsanreizen ist aber auch erklärtes Ziel dieser Instrumente, einen finanziellen Beitrag zur Lösung der Altlastenproblematik zu leisten. Kap. 4 beschäftigt sich ausführlich mit den einzelnen Regulierungszielen.

163 Vgl. *Bundesministerium für Umwelt, Naturschutz und Reaktorsicherheit* (Hrsg., 1991). Die wesentlichen Elemente dieses Entwurfs werden in Kap. 7.3.1.2 dargestellt.

164 Vgl. dazu *Schulz* (1992) oder *Kloepfer* (1992). Fragen der verfassungsrechtlichen Zulässigkeit können an dieser Stelle nicht behandelt werden. Dazu zählen insb. zwei Aspekte: Erstens ist zu fragen, ob die Bundesländer überhaupt die Kompetenz zum Erlaß von Abfallabgabengesetzen haben und zweitens ist die Vereinbarkeit mit den vom Bundesverfassungsgericht für Sonderabgaben entwickelten Zulässigkeitsvoraussetzungen "Homogenität der belasteten Gruppe", "Verantwortlichkeit der belasteten Gruppe" und "gruppennützige Verwendung des Abgabenaufkommens" zu prüfen. Vgl. zum zweiten Problembereich die Ausführungen im Kap. 4.2.3.6 (Beurteilung des Regulierungsarguments "Finanzierung der Altlastensanierung").

165 Vgl. *Abgeordnetenhaus von Berlin* (1992). Auch in anderen Bundesländern, z.B. Bayern oder Rheinland-Pfalz, wurden Gesetzentwürfe in die parlamentarische Diskussion eingebracht, vor allem von der Fraktion Die Grünen. Bisher konnten sich diese Vorschläge allerdings nicht durchsetzen.

eine Rechtsverordnung zur Erhebung einer Abfallabgabe zu erlassen (§ 21 LAbfG Thüringen), hat die Landesregierung bisher keinen Gebrauch gemacht.

Tab. 6: Sonderabfallabgabengesetze der Bundesländer[166]

Baden-Württemberg: Landesabfallabgabengesetz (LAbfAG) vom 11. März 1991
Bremen: Bremisches Abfallabgabengesetz (BremAbfAG) vom 24. November 1992
Hessen: Hessisches Sonderabfallabgabengesetz (HSondAbfAbgG) vom 26. Juni 1991
Niedersachsen: Niedersächsisches Abfallabgabengesetz (NAbfAbgG) vom 17. Dezember 1991

Inhaltlich und in der formalen Gestaltung unterscheiden sich die Landesabgabengesetze kaum. *Abgabepflichtig* ist der Erzeuger besonders überwachungsbedürftiger Abfälle.[167] Zur Definition der darunter fallenden Sonderabfälle bedient man sich der Formulierung des § 2 Abs. 2 AbfG und führt sie in Anlagen zu den jeweiligen Landesgesetzen auf.[168] Die Systematik der Anlagen orientiert sich an der Abfallbestimmungsverordnung. Die Abgabepflicht entsteht, wenn die Abfälle dem Entsorgungsunternehmen überlassen werden bzw. zu dem Zeitpunkt, an

166 *Baden-Württemberg*: Landesabfallabgabengesetz (LAbfAG) vom 11. März 1991, GBl., S. 133; *Bremen*: Bremisches Abfallabgabengesetz (BremAbfAG) vom 24. November 1992, Brem.GBl., S. 639; *Hessen*: Hessisches Sonderabfallabgabengesetz (HSondAbfAbgG) vom 26. Juni 1991, GVBl. I, S. 218, geändert durch Gesetz vom 18. Mai 1993, GVBl. I, S. 171; *Niedersachsen*: Niedersächsisches Abfallabgabengesetz (NAbfAbgG) vom 17. Dezember 1991, GVBl., S. 373.

167 Abweichend davon sieht die Verordnungsermächtigung von Thüringen vor, daß nicht der Abfallerzeuger, sondern die entsorgungspflichtigen Landkreise und kreisfreien Städte (bei Siedlungsabfällen) bzw. der Träger der Sonderabfallentsorgung (TSA) abgabepflichtig werden (vgl. § 21 LAbfG Thüringen). Sind die Sonderabfälle in einem anderen Bundesland angefallen, werden aber innerhalb des Landesgebietes entsorgt, dann schuldet der Betreiber der Entsorgungsanlage die Abgabe (in Hessen z.B. die HIM). Niedersachsen, Hessen und Bremen legen in diesem Zusammenhang fest, daß zur Vermeidung der Doppelbesteuerung die Abgabepflicht nur entsteht, wenn die Abfälle im Herkunftsland keiner Abgabe unterliegen (vgl. § 1 Abs. 3 LAbfAbgG Bremen und Niedersachsen, § 2 Abs. 4 LAbfAbgG Hessen). Eine solche Regel fehlt in Baden-Württemberg.

168 Die Umweltministerien werden ermächtigt, durch Verordnung weitere überwachungsbedürftige Abfälle in die Kataloge aufzunehmen und abgabepflichtige Stoffe zu streichen, sofern neue Erkenntnisse bzgl. ihrer Vermeid- oder Verwertbarkeit vorliegen (Vgl. § 4 LAbfAbgG Niedersachsen, Bremen, § 15 LAbfAbgG Hessen, § 18 LAbfGAbgG Baden-Württemberg).

dem sie in betriebseigenen Anlagen verbrannt oder abgelagert werden. Ausgenommen von der Abgabepflicht sind u.a.[169]

- Abfälle, die bei der Sanierung von Altlasten anfallen,
- schadstoffhaltige Abfälle aus privaten Haushalten, die von öffentlichen Einrichtungen und Unternehmen entgegengenommen werden,
- Kleinmengen mit weniger als 500 kg Aufkommen pro Jahr,
- Abfälle, die in abfallrechtlich zugelassenen Entsorgungsanlagen erzeugt werden und
- in Forschungs- und Entwicklungseinrichtungen bei Forschungen zur Abfallvermeidung und -verwertung entstehende Abfälle.

Die *Höhe der zu zahlenden Abgabe*[170] ergibt sich aus der Multiplikation von Abgabesatz und Bemessungsgrundlage, wobei sich der Abgabesatz nach den Kategorien 1, 2 bzw. 3 staffelt und 100, 200 oder 300 DM je angefangene Tonne beträgt.[171] Bemessungsgrundlage ist die in der jeweiligen Kategorie erzeugte Jahresmenge in Tonnen. Für die Einordnung der abgabepflichtigen Abfälle in eine der drei Kategorien sind

- das Vermeidungspotential,
- die Schwierigkeit einer umweltverträglichen Entsorgung und
- die Verwertbarkeit als Reststoffe

entscheidend. Die Landesabfallabgabengesetze von Niedersachsen und Bremen sehen zur Vermeidung unzumutbarer wirtschaftlicher Härten die Möglichkeit vor, bestimmte Gewerbe- oder Wirtschaftszweige durch Verordnung von der Abgabenzahlung zu befreien oder die Abgabensätze zu reduzieren.[172] Regelungen zu Veranlagungszeitraum, Festsetzung durch Festsetzungsbescheid, Vorauszahlungen für den laufenden Veranlagungszeitraum und zur Fälligkeit ergänzen die Bestimmungen zur Abgabentarifierung.

---

169 Vgl. § 1 Abs. 2 LAbfAbgG Hessen, § 1 Abs. 3 LAbfAbgG Baden-Württemberg, § 2 LAbfAbgG Niedersachsen und Bremen.

170 Vgl. allgemein zur Abfallabgabentarifierung *Eberhardt/ Keppler* (1992).

171 Vgl. § 3 LAbfAbgG Bremen und Niedersachsen, §§ 3, 4 LAbfAbgG Hessen und §§ 4, 5 LAbfAbgG Baden-Württemberg. Die Abgabesätze gelten für die Bundesländer Baden-Württemberg und Hessen seit 1. Januar 1993 bzw. für Niedersachsen seit 1. Januar 1994 und kennzeichnen bereits die 2. Stufe der Abgabengesetzgebung. Vorher war lediglich die Hälfte dieser Beträge je Kategorie zu zahlen. Weil das LAbfAbgG Bremen erst am 1. Januar 1993 in Kraft getreten ist, sind dort noch bis zum 31. Dezember 1995 die niedrigeren Abgabensätze gültig.

172 Vgl. § 4 Abs. 3 LAbfAbgG Niedersachsen und § 4 Abs. 4 LAbfAbgG Bremen. In Hessen können die Abgabepflichtigen im Einzelfall auf Antrag von der zuständigen Behörde von der Abgabenzahlung ganz oder teilweise befreit werden (vgl. § 6 Abs. 4 LAbfAbgG Hessen).

Das *Abgabenaufkommen* steht dem jeweiligen Bundesland zu und soll nach Abzug des Verwaltungsaufwands für auf besonders überwachungsbedürftige Abfälle bezogene Maßnahmen zweckgebunden eingesetzt werden:[173]

- Förderung von Vorhaben zur Vermeidung und Verwertung;
- Beratung und Information auf diesem Gebiet;
- Forschung und Entwicklung von Vermeidungs-, Verwertungs- und Behandlungsverfahren und Entsorgungstechnologien zur Reduzierung des Schadstoffpotentials;
- Erkundung und Bewältigung von ökologischen Gefahren, Schäden und Folgelasten, die aufgrund dieser Abfälle oder sonstiger gefährlicher Stoffe entstanden sind oder entstehen können.

3.2.7.2 Lizenzentgelt

Neben Abfallentsorgungs- und Altlastensanierungsverband und Lizenzpflicht ist das Lizenzentgelt die dritte Komponente des nordrhein-westfälischen Lizenzmodells. Diejenigen Unternehmen, die eine Lizenz zur Sonderabfallentsorgung besitzen, müssen dafür ein Lizenzentgelt zahlen (§ 11 Abs. 1 LAbfG). In der Gesetzesbegründung zum Landesabfallgesetz geht man davon aus, daß dieses Instrument der Abgabenkategorie "Gebühr" zuzurechnen ist, und obwohl der in der rechtswissenschaftlichen Literatur ungebräuchliche Begriff "Nutzungsgebühr" verwendet wird, ist eine Verleihungsgebühr für die Einräumung des Rechts gemeint, in der nordrhein-westfälischen Sonderabfallwirtschaft tätig werden zu dürfen.[174] Laut Begründung dient das Lizenzentgelt der Abschöpfung eines Teils der mit der Lizenzerteilung für Fremd- und Eigenentsorger verbunde-

---

[173] Vgl. § 9 LAbfAbgG Hessen, § 10 LAbfAbgG Baden-Württemberg, Bremen und Niedersachsen. Vgl. zu den Verwendungszwecken auch die Begründungen der jeweiligen Gesetzentwürfe (*Landtag Baden-Württemberg* (1990d), *Landtag Bremen* (1992), *Landtag Hessen* (1991), *Landtag Niedersachsen* (1991)) und insb. Kap. 4.2.2.2 bzw. 4.2.2.6.

[174] Vgl. *Landtag Nordrhein-Westfalen* (1987), S. 42. Abgaben können allgemein als Steuer, Beitrag, Gebühr (Benutzungs-, Verwaltungs-, Verleihungsgebühr) oder Sonderabgabe ausgestaltet werden. Benutzungs- und Verwaltungsgebühr scheiden aus, weil hier keine personen- oder sachbezogene Leistung vom Staat erbracht wird (vgl. *Peine* (1992), S. 127). Allerdings ist umstritten, ob es sich tatsächlich um eine Gebühr handelt. *Peine* und *Salzwedel* sprechen sich ebenfalls dafür aus (vgl. *ebd.* und *Salzwedel* (1987), S. 7), während *Struß* diese Auffassung ablehnt und dem Landesgesetzgeber Formenmißbrauch bei der Abgabengestaltung vorwirft (vgl. *Struß* (1991), S. 185). Im folgenden wird entsprechend der überwiegenden Literaturmeinung von einer Gebühr ausgegangen. Auch die Frage nach ihrer rechtlichen Zulässigkeit soll hier nicht weiter vertieft werden, vgl. aber die diesbezüglichen Ausführungen bei der Beurteilung des Regulierungsarguments "Finanzierung der Altlastensanierung" (Kap. 4.2.3.6).

nen wirtschaftlichen Vorteile durch den dadurch gewährten Vorrang vor konkurrierenden Bewerbern und als Gegenleistung für die "Zulassung im staatlichen Monopolbereich"[175].

§ 11 Abs. 2 Satz 1 und 2 LAbfG ermächtigt den Landesumweltminister, die Höhe der Lizenzentgelte unter Berücksichtigung des jeweiligen Gefahrenpotentials und der Art der Entsorgung durch Verordnung festzusetzen, wobei Abschläge für Eigenentsorger in Höhe von 20% zulässig sind, um den im Entsorgungspreis der Fremdentsorger enthaltenen Gewinn herauszurechnen.[176] Die daraufhin erlassene "Verordnung über die Festsetzung der Lizenzentgelte nach dem Landesabfallgesetz" aus dem Jahr 1989 konkretisiert die Berechnung der Gebühren und wurde bereits 1992 mit einer deutlichen Erhöhung des sogenannten Basisentgelts fortgeschrieben.[177] Abb. 11 (folgende Seite) stellt die Berechnung des Lizenzentgelts dar. Lizenzentgeltpflichtig sind die Entsorgungsbetriebe seit 1. Juli 1989 (§ 11 Abs. 3), die Gebühr wird seit Anfang 1990 für das jeweils zurückliegende Kalenderjahr erhoben und ist an das Landesamt für Wasser und Abfall zu entrichten (§§ 11 Abs. 4, 12, 13). Das auf jährlich 50 Mio. DM begrenzte Lizenzentgeltaufkommen (§ 11 Abs. 2 Satz 3) ist außer für die Deckung des mit der Gebührenerhebung und -festsetzung verbundenen Verwaltungsaufwandes gemäß § 15 Abs. 1 i.V.m. §§ 2 und 34 AAVG zu verwenden für
- die Sicherung und Sanierung von Altlasten, deren Verursacher erst später bzw. überhaupt nicht mehr herangezogen werden können oder für
- die Technologieentwicklung zur Sonderabfallvermeidung und -entsorgung sowie die Planung und Errichtung von Entsorgungsanlagen durch den AAV.

Aus den Ausführungen wird bereits sichtbar, wofür die Lizenzentgelte erhoben werden.[178] Neben der Abgeltung der sich ergebenden "wirtschaftlichen Vorteile" für die lizenzierten Eigen- und Fremdentsorger und ihrem Beitrag zur Finanzierung der Altlastensanierung versucht die Lizenzgebühr, einen ökonomischen Anreiz zur Abfallmengenreduzierung, Verminderung des Gefährdungspotentials und Vermeidung der Reststoffdeponierung ohne vorherige Behandlung oder

---

175 *Landtag Nordrhein-Westfalen* (1987), S. 42.

176 Vgl. *ebd.*, S. 43.

177 Verordnung über die Festsetzung der Lizenzentgelte nach dem Landesabfallgesetz (Lizenzentgelt-Verordnung) vom 24. Juni 1992, GV.NW., S. 254.

178 Hier mögen einige Worte zum Zweck der Lizenzgebühr genügen, da die Analyse der Regulierungsbegründungen Gegenstand von Kap. 4 ist. Vgl. speziell zum Lizenzentgelt die Gesetzesbegründung in *Landtag Nordrhein-Westfalen* (1987), S. 42-44.

Verbrennung zu bilden.[179] Allerdings wird die Lizenzgebühr, verglichen mit den unmittelbar an die sonderabfallerzeugenden Unternehmen gerichteten Sonderabfallabgaben, nur indirekt zu einem betriebswirtschaftlichen Kostenfaktor und unternehmenspolitischen Motiv für Sonderabfallvermeidung und -verwertung, und zwar erst dann, wenn die Entsorgungsunternehmen den von ihnen zu zahlenden Betrag über den Entsorgungspreis auf die Sonderabfallerzeuger überwälzen.

Abb. 11: Berechnung des Lizenzentgelts im Organisationsmodell Nordrhein-Westfalens[180]

Lizenzentgelt (DM) = Abfallmenge (t) x Basisentgelt (DM/ t) x Entsorgungsfaktor

Abfallgruppe		Entgelt Fremdents.	Entgelt Eigenents.
I	besonders überwachungsbedürftige Abfälle	35,-	28,-
II	überwachungsbedürftige Abfälle mit geringerem Gefährdungspotential als Gruppe 1	16,-	12,80
III	Abfälle, die insbesondere wegen ihrer Menge überwachungsbedürftig sind	1,50	1,20
IV	Massenabfälle	1,-	0,80

Entsorgungsverfahren	Faktor
chemisch-physikalisch-biologische Behandlung	0,1
thermische Behandlung	0,2
Ablagerung	1,0

179 Diese drei Ansatzpunkte der Anreizwirkung ergeben sich aus der Berechnungsformel, da das zu zahlende Lizenzentgelt sinkt, wenn einer oder mehrere der drei Multiplikatoren verkleinert werden kann.

180 Vgl. § 11 Abs. 2 LAbfG Nordrhein-Westfalen i.V.m. §§ 3 bis 5 Lizenzentgeltverordnung Nordrhein-Westfalen.

3.3 Zusammenfassung: Regulierungssysteme in den Bundesländern

Nachdem alle Regulierungsinstrumente entsprechend der gewählten Systematisierung beschrieben und in ihren jeweiligen bundesländerspezifischen Ausprägungen erläutert wurden, faßt nunmehr die folgende Übersicht (Abb. 12, folgende Seite) über den in den einzelnen Bundesländern eingesetzten "Instrumentenmix" die bisherigen Ergebnisse mittels einer zweidimensionalen Matrix zusammen. Damit soll in anschaulicher Form gezeigt werden, wie unterschiedlich die Bundesländer in der Sonderabfallwirtschaft regulierend eingreifen.

Die oben dargestellten qualitätsregulierenden Maßnahmen (Kap. 3.2.4), die Entsorgungspflicht des Sonderabfallbesitzers (Kap. 3.2.1), der Grundsatz der Abfallentsorgung im Inland sowie die Ermächtigungen, in Abfallentsorgungsplänen Einzugsgebiete für Entsorgungsanlagen festzulegen und den Import von Sonderabfällen ins Plangebiet von einer Genehmigung der zuständigen Behörde abhängig zu machen (Kap. 3.2.3.4), gehören zu den im Bundesabfallgesetz geregelten Sachverhalten und sind daher in allen Bundesländern gleichermaßen anzutreffen. Aus diesem Grund und zur Erhöhung der Übersichtlichkeit wurden sie in die Regulierungsmatrix nicht mitaufgenommen. Darüberhinaus sind auch die Kategorien "gemischtwirtschaftliche Unternehmen" und "zentrale Koordinationseinrichtungen" in einer Spalte zusammengefaßt, weil in der Praxis unternehmerische Aufgaben in der Sonderabfallentsorgung und hoheitliche Aufgaben der zentralen Steuerung und Koordination organisatorisch in einem landesoffiziellen Unternehmen zusammengefaßt sind.

Versucht man das durch die Regulierungsmatrix entstehende Bild zu ordnen, so bietet sich verallgemeinernd die folgende Einteilung der Länder in *drei hinsichtlich ihrer Regulierungsintensität verschiedene Gruppen* an:

1. Bundesländer, in denen landesoffizielle Unternehmen neben zentralen Steuerungsaufgaben auch die eigentliche Sonderabfallentsorgung weitgehend in eigenen Anlagen durchführen. Es besteht für Sonderabfallbesitzer ein Anschluß- und Benutzungszwang an diese Anlagen, und die Träger der Sonderabfallentsorgung müssen die ihnen physisch überlassenen Sonderabfälle annehmen. Diese Gruppe weist tendenziell die stärkste Regulierungsintensität auf:
   Baden-Württemberg[181], *Bayern*, *Hessen*, *Saarland*, *Thüringen*.

---

181 Im Gesetz wird zwar von Andienungspflicht gesprochen, aber zumindest für die zentralen Verfahren Verbrennung und Deponierung handelt es sich faktisch um einen Anschluß- und Benutzungszwang. Für sonstige Behandlung und Zwischenlagerung ist es tatsächlich eine Andienungspflicht.

Abb. 12: Überblick über die in den Bundesländern eingesetzten Regulierungsinstrumente

Regulierung / Bundesland	Beteiligung der öffentlichen Hand		Marktzutritts-regulierung				Leistungs-pflichten			ökono-mische Anreize	
	öffentlich-rechtliche Verbände	gemischtw. Untern. / zentrale Koord.Einrichtg.	Anschluß- und Benutzungszwang	Andienungspflicht	Lizenzpflicht	Preisregulierung	Annahmepflicht	Zuweisungspflicht	Beratungspflicht	Sonderabfallabgabe	Lizenzentgelt
Baden-Württemberg		●	●	●		●	●			●	
Bayern	●	●	●				●				
Berlin		□		□		□		□		□	
Brandenburg		△	△	△		△		△			
Bremen		●								●	
Hamburg											
Hessen		●	●				●			●	
Mecklenburg-Vorpommern		△									
Niedersachsen		●		●		●		●		●	
Nordrhein-Westfalen	●				●						●
Rheinland-Pfalz		●		●		●		●	●		
Saarland		●	●			●	●		●		
Sachsen											
Sachsen-Anhalt		△		△		△		△			
Schleswig-Holstein		●							●		
Thüringen		●	●			●	●			△	

(Quelle: eigene Zusammenstellung; Symbole: ● = *vorhanden*; △ = *Option in Rechtsvorschrift*; □ = *geplant laut Gesetzentwurf oder sonstiger Materialien)*

2. Bundesländer, die zugunsten ihrer landesoffiziellen Entsorgungsunternehmen eine Andienungspflicht statuiert haben. Die Gesellschaften übernehmen nur zum Teil die Entsorgung in eigenen Anlagen (insb. die Sonderabfalldeponierung), schließen ansonsten jedoch Entsorgungsverträge mit privaten Unternehmen. Sie müssen die ihnen vom Sonderabfallbesitzer angedienten (aber nicht physisch überlassenen) Abfälle einer geeigneten und aufnahmebereiten Entsorgungsanlage zuweisen:[182]
Berlin, Brandenburg, Niedersachsen, Rheinland-Pfalz, Sachsen-Anhalt.

3. Bundesländer, die ohne Anschluß- und Benutzungszwang bzw. Andienungspflicht zugunsten eines landesoffiziellen Trägers der Sonderabfallentsorgung auskommen. Diese Gruppe ist, abgesehen von Nordrhein-Westfalen, vergleichsweise wenig reguliert:
Bremen, Hamburg, Mecklenburg-Vorpommern, Nordrhein-Westfalen[183], *Sachsen*[184], *Schleswig-Holstein*[185].

Mit Ausnahme von Bayern und Hessen ergänzen alle Bundesländer der Gruppen 1 und 2 ihre Organisationsregelungen um preisregulierende Vorschriften. Die ökonomischen Anreizinstrumente Sonderabfallabgabe und Lizenzgebühr finden sich in jeder der drei Gruppen wieder. Mit zunehmender Regulierungsintensität nehmen die Freiräume für ein Engagement privater Unternehmen immer mehr ab. Im Gegensatz zu den Bereichen "Sammlung und Transport von Sonderabfällen", die in allen Bundesländern von der privaten Entsorgungswirtschaft durchgeführt werden, ergibt sich hinsichtlich der weiteren Bestandteile der Entsorgungskette (Zwischenlagerung, chemisch-physikalisch-biologische Behandlung, Verbrennung, Deponierung) ein uneinheitliches Bild: In den Bundesländern der Gruppe 3 bleiben auch diese Aufgaben der Privatwirtschaft überlassen, während

---

182 Diese Gruppe umfaßt sowohl Länder, die das Andienungsmodell bereits verwirklicht haben, als auch solche, die entsprechendes planen oder zumindest eine Option in ihrem Abfallgesetz verankert haben.

183 Nordrhein-Westfalen nimmt in dieser Gruppe insofern eine Sonderstellung ein, als zwar kein Entsorgungsmonopol durch ein zentrales Unternehmen geschaffen wird, aber gleichzeitig eine "regulierungsarme" Lösung durch das verwirklichte Lizenzmodell verhindert wird.

184 Das bisherige Fehlen von Organisationsregelungen in Sachsen ist insb. darauf zurückzuführen, daß in diesem Bundesland abschließende Regelungen erst nach eingehender Prüfung möglicher Alternativen eingeführt werden sollen. Zu diesem Zweck wurden die bereits genannten Gutachten zur Organisation der Sonderabfallentsorgung in Auftrag gegeben, vgl. *Öko-Institut e.V.* (1992) und *Fichtner Beratende Ingenieure* (1992).

185 In Schleswig-Holstein gibt es zwar wie in Bremen ein mit staatlicher Beteiligung gegründetes Unternehmen, dieses hat aber nur Beratungspflichten.

sie in Ländern der Gruppe 1 von den landesoffiziellen Sonderabfallentsorgungsunternehmen durchgeführt werden. Die Träger der Sonderabfallentsorgung in der zweiten Gruppe führen die Aufgaben nur zum Teil in eigener Regie durch (insb. die Sonderabfalldeponierung, aber auch den Betrieb von zentralen Sonderabfallverbrennungsanlagen), und beauftragen ansonsten private Unternehmen mit der Entsorgung der ihnen angedienten Sonderabfälle. Angesichts der hier notwendigen Verallgemeinerung spiegelt diese Charakterisierung allerdings lediglich die generelle Tendenz wider, im Einzelfall sind dagegen Abweichungen durchaus möglich.

4. Regulierungsgründe und ökonomische Regulierungstheorie

Nachdem die verschiedenen Regulierungsformen und der sich daraus ergebende "Regulierungsmix", mit denen der Staat in den Markt für Sonderabfallentsorgung eingreift, systematisiert und beschrieben worden sind, sind diese staatlichen Interventionen nunmehr zu beurteilen. Es ist kritisch zu hinterfragen, mit welchen Argumenten die Regulierungen begründet werden, denn je stärker in den Abfall- und Sonderabfallmarkt lenkend eingegriffen wird, umso eher erhält dieser Wirtschaftszweig den Charakter eines ordnungspolitischen Ausnahmebereichs.[1]

Dabei werden die Regulierungsgründe mit Hilfe der "Theorie des Marktversagens" untersucht, wobei zu berücksichtigen ist, daß die in den Materialien zur bundesdeutschen bzw. bundesländerbezogenen Abfallwirtschaftspolitik angeführten Begründungen in der Regel nicht "wirtschaftstheoretisch" anhand der einschlägigen Begriffe der Regulierungstheorie umschrieben sind. Insofern ist es erforderlich, zunächst in einem Überblick die Grundlagen der normativen Theorie staatlicher Regulierung und die dabei vorgebrachten ökonomischen Argumente vorzustellen (Kapitel 4.1), um dann die für den Bereich der Sonderabfallwirtschaft relevanten Gründe zu beschreiben und zu prüfen, ob die vorgebrachten Gründe tatsächlich auf Marktversagen beruhen (Kapitel 4.2). Abschließend werden die wesentlichen Aussagen dieses Abschnitts zusammengefaßt (Kapitel 4.3).

Die möglichen Marktversagenstatbestände und damit auch Ziele staatlicher Regulierung sind ausgesprochen vielschichtig und werden von den Ökonomen nicht immer einheitlich systematisiert.[2] Grundsätzlich sollte aber in einer Wirtschaftsordnung, in der Märkte die Leistungserstellung und Güterversorgung steuern, eine staatliche Lenkung mittels gemischtwirtschaftlicher oder öffentlicher Unternehmen[3] und anderer Interventionsformen nur in Ausnahmefällen zugelassen sein und sie bedarf besonderer Legitimation. "Da die Marktmechanismen im Normalfall nicht nur theoretisch überzeugend sind, sondern ihre im Vergleich zu anderen Steuerungsmethoden überlegene Leistungsfähigkeit auch praktisch in vielen Bereichen unter Beweis stellen, ist für jede Art von staatlichen Marktinterventionen deren Notwendigkeit darzulegen."[4] Die wichtigsten,

---

1 Vgl. *Bögelein* (1990), S. 21 f.

2 Vgl. zu Zielsystemen z.B. *Weber* (1986), S. 33, *Müller/ Vogelsang* (1979), S. 343 oder auch *Bögelein* (1990), S. 27 f.

3 Vgl. zur "Instrumentalfunktion öffentlicher Unternehmen" *Thiemeyer* (1989), *Boos/ Krönes* (1990) oder *Cox/ Kirchhoff* (1981).

4 *Kruse* (1989), S. 12.

aus ökonomischer Sicht gerechtfertigten Motive werden im folgenden im Rahmen der Darstellung der Theorie des Marktversagens erläutert.

4.1 Interventionsargumente in der Theorie des Marktversagens

4.1.1 Normative Theorie in Abgrenzung zur positiven Regulierungstheorie

In der Wirtschaftswissenschaft wird staatliche Regulierung im allgemeinen unter zwei verschiedenen Blickwinkeln analysiert, aus normativer und aus positiver, explikativer Sicht.[5] Während aber die unterschiedlichen Wettbewerbskonzeptionen bzw. -leitbilder schon seit Jahrzehnten diskutiert werden[6], ist eine einheitliche Theorie, die sowohl ökonomische als auch politologische und verhaltenspsychologische Aspekte integriert, bisher nicht entwickelt worden.[7]

Die *normative Regulierungstheorie* ist die Theorie des Marktversagens (Kapitel 4.1.2 f.). Sie bedient sich des traditionellen Konzepts der Wohlfahrtsökonomie, definiert "Marktversagen" als eine Abweichung vom gesamtwirtschaftlichen Pareto-Gleichgewicht und leitet daraus die Notwendigkeit staatlicher Markteingriffe ab. Die normative Theorie gibt eine Antwort auf die Frage, ob aus ökonomischen Gründen reguliert werden soll bzw. ob die praktizierte Regulierung ökonomisch gerechtfertigt ist. Sie wird im Mittelpunkt der Beurteilung der Interventionsargumente stehen.

Da ökonomisch-theoretisch begründbare Regulierungsbereiche und tatsächliche Regulierung in der Realität häufig nicht übereinstimmen, stellt sich die Frage nach den konkreten Gründen, die dazu geführt haben, Regulierungsmaßnahmen zu ergreifen. Dieser Fragestellung widmet sich die *positive Theorie der Regulierung*.[8] Hier wird von der idealtypischen Vorstellung der normativen Theorie, die am Regulierungsprozess Beteiligten seien "wohlwollende Diktatoren" und hätten nur die Maximierung der gesamtgesellschaftlichen Wohlfahrt im Auge, Ab-

---

5 Grundlegend zu den beiden Ansätzen *von Weizsäcker* (1982).

6 Vgl. dazu z.B. *Bartling* (1980) und *Berg* (1990), S. 239 ff.

7 Dies wäre aber wünschenswert, denn die positive Theorie muß den Einfluß ökonomischen, normativen Denkens auf das staatliche Handeln berücksichtigen, wie umgekehrt die normative Theorie die politische Durchsetzbarkeit und deren Gesetzmäßigkeiten einzubeziehen hat (vgl. *Müller* (1989), Sp. 1406 f.)

schied genommen. Der erklärende Ansatz versucht, Regeln dafür aufzustellen, wie Regulierte und Regulierende miteinander in Interaktion stehen und daran interessiert sind, ihre eigenen Positionen und Interessen zu stärken. Die Theorie basiert auf der These, daß vorhandene staatliche Regulierungen weniger auf das Vorliegen von "Marktversagen" zurückzuführen seien, sondern vielmehr mit der Existenz von Gruppeninteressen erklärt werden könnten.[9] Für Regulierungsmaßnahmen existiere ein Markt, auf dem Politiker und Parteien als Anbieter und Unternehmen bzw. Verbände einzelner Branchen als Nachfrager auftreten. Die Unternehmen fragen staatliche Interventionen nach, weil sie etwa durch Marktzutrittsbeschränkungen wirksam vor Wettbewerb geschützt werden können. Als Gegenleistung versprechen sich Politiker, Parteien und Regierungen mehr Wählerstimmen[10] und damit eine Sicherung ihrer politischen Ämter.[11]

Die positive Regulierungstheorie wird im folgenden nicht weiter verfolgt. Sie ist aber insbesondere bei der Formulierung von De- und Umregulierungsvorschlägen für die Sonderabfallwirtschaft (Kapitel 7) nicht aus den Augen zu verlieren, da ihr besonderes Interesse gerade auf die politische Durchsetzbarkeit ordnungspolitischer Vorschläge gerichtet ist.[12] In dieser Arbeit steht nicht die Frage im Vordergrund, welches die möglicherweise wahren Interessen der am Regulierungsprozess Beteiligten sind, also die Regulierungsgründe, die im allgemeinen nicht offen ausgesprochen werden, sondern zu überprüfen ist ausschließlich, wie überzeugend die offen vorgebrachten Argumente sind.

---

8 Grundlegend dazu *Stigler* (1971), *Posner* (1974) und *Peltzman* (1976). Vgl. auch *Bernholz/ Breyer* (1984), S. 268-301 und 337-370 sowie *Fritsch/ Wein/ Ewers* (1993), S. 269-278.

9 Vgl. *Posner* (1974), S. 335.

10 Größere Stimmenanteile könnten auf *direktem* Weg gewonnen werden, wenn die von der Regulierung begünstigte Gruppe höhere Gehälter erzielt, da ihr Bereich vor Wettbewerb geschützt ist, und deshalb die Regulierenden (wieder)wählt, oder auch *indirekt* über die von dem betreffenden Industriezweig zu erwartenden Geldspenden, die dann für Wahlkämpfe ausgegeben werden können (vgl. *Krakowski* (Hrsg., 1988), S. 97).

11 Im übrigen teilt sich die positive Regulierungstheorie in eine Vielzahl von zum Teil untereinander nicht einheitlichen Ansätzen auf, die hier aber nicht weiter erläutert werden sollen (vgl. dazu *ebd.*, S. 95 ff. und *Weber* (1986), S. 93 ff.).

12 Vgl. *Endres* (1988), S. 198.

4.1.2 Grundzüge der normativen Theorie des Marktversagens

Eine einheitliche Marktversagenstheorie ist von den Ökonomen bisher noch nicht entwickelt worden.[13] Die bestehenden Ansätze haben ihren Ursprung zumeist in der klassischen Preistheorie und Wohlfahrtsökonomie. *Ziel* der Regulierungstheorie muß es grundsätzlich sein, mögliche Ursachen ineffizienter wirtschaftlicher Zustände aufzudecken und zur Beseitigung dieser Mißstände eingesetzte staatliche Interventionsinstrumente zu begründen. Es geht also um die Ableitung von Aussagen, unter welchen Umständen und mit welchen Maßnahmen der Staat im Interesse der Allgemeinheit in das Marktgeschehen eingreifen sollte und wann dies nicht erforderlich ist.

Um "Marktversagen" begreifen zu können, muß man sich vergegenwärtigen, was überhaupt unter *"Markt"* verstanden wird und welche Funktionen der Marktprozess erfüllt. Der "Markt" als ökonomischer Ort des Tausches, an dem sich durch Zusammentreffen von Nachfrage und Angebot die Preisbildung vollzieht, muß bestimmten Voraussetzungen genügen, um funktionieren zu können:[14]

- Durch ein System genau definierter und durchsetzbarer Verfügungsrechte (property-rights) werden externe Effekte vermieden,
- Marktmacht auf der Anbieterseite ist ausgeschlossen,
- es gibt keine ruinöse Konkurrenz durch Nachfragermacht und Inflexibilitäten und
- der Markt ist nicht durch Informationsmängel gestört.

Die Ökonomen, die für ein Wettbewerbsmodell ohne staatliche Einflußnahme plädieren (Chicago-School)[15], sehen unter diesen Voraussetzungen ein unreguliertes Marktsystem als Garant für eine effiziente Ressourcenverteilung an. In einer durch diese Bedingungen geprägten Marktsituation können die *ökonomischen Funktionen des Wettbewerbs* erfüllt werden, und der sich ergebende Marktprozess zeichnet sich aus durch[16]

- nachfragebezogene Angebotszusammensetzung/ Kosumentensouveränität (Steuerungsfunktion),
- marktleistungsbedingte Einkommensverteilung (Verteilungsfunktion),
- optimale Faktorallokation (Allokationsfunktion),

---

13 Vgl. *Eickhoff* (1986a).

14 Vgl. *Ewers/ Wein* (1989), S. 8.

15 Vgl. *Coase* (1960), *Stigler* (1971), *Peltzman* (1976) und *Posner* (1974).

16 Vgl. *Kantzenbach* (1967), S. 15 ff., *Berg* (1990), S. 235 oder *Fritsch/ Wein/ Ewers* (1993), S. 7 ff.

- datenänderungsbezogene Anpassungsflexibilität (Anpassungsfunktion),
- Innovationsfähigkeit und Förderung des technischen Fortschritts (Innovationsfunktion).

Dieses Prozeßmuster *und* die genannten Voraussetzungen sind es, die Wettbewerb erstrebenswert erscheinen lassen.

Die Frage, ob der Markt als Koordinationsmechanismus die besten Ergebnisse liefert im Hinblick auf die Maximierung der gesellschaftlichen Wohlfahrt, wird üblicherweise anhand des *Modells der vollständigen Konkurrenz* der paretianischen Wohlfahrtsökonomik beantwortet.[17] Bezugspunkt für Effizienzüberlegungen sind das Pareto-Kriterium[18] bzw. der "soziale Überschuß" als Summe aus Konsumenten- und Produzentenrente. Zumindest für die statischen Wettbewerbsfunktionen (Konsumentensouveränität, marktleistungsbedingte Einkommensverteilung und optimale Faktorallokation) läßt sich die angesprochene Frage beweisen. *Marktversagen* ist hierbei definiert als eine Abweichung zwischen dem gesellschaftlichen Wohlfahrtsmaximum und dem tatsächlichen Marktgleichgewicht. In diesen Fällen liefert der Marktprozess keine zufriedenstellenden Ergebnisse.[19]

Am Pareto-Kriterium als Wohlfahrtsmaßstab wird bemängelt, das Ideal der vollständigen Konkurrenz lege einige wirklichkeitsfremde und nicht realisierbare Voraussetzungen zugrunde (Nirwana-Vorwurf).[20] Auch der statische Charakter des Modells ist Ansatzpunkt für Kritik. Es geht von einer Gleichgewichtssituation aus, in der die Marktteilnehmer nicht willens und nicht in der Lage sind,

---

17 Vgl. zur allgemeinen Darstellung dieses Standardansatzes z.B. *ebd.*, S. 10 ff.

18 "Nach dem Pareto-Kriterium ist ein Zustand einem anderen Zustand vorzuziehen, wenn zumindest ein Individuum eine Erhöhung seines Nutzenniveaus erfährt und kein anderes benachteiligt wird." (*Sohmen* (1976), S. 30). Dementsprechend liegt ein Pareto-Gleichgewicht dann vor, wenn durch Umverteilungsmaßnahmen das Nutzenniveau eines Individuums nicht mehr erhöht werden kann, ohne gleichzeitig den Nutzen eines anderen zu senken.

19 In dieser Arbeit wird nicht, wie teilweise in der Literatur zu finden, zwischen Marktversagen und Wettbewerbsversagen unterschieden (vgl. *Eickhoff* (1986), S. 122 f. oder *Bögelein* (1990), S. 7), da letztendlich beides anhand der in Kapitel 4.1.3 beschriebenen Sachverhalte beurteilt werden muß.

20 Vgl. zu den Annahmen des Modells der vollständigen Konkurrenz *Fritsch/ Wein/ Ewers* (1993), S. 15. Zur Kritik am Modell vgl. *ebd.*, S. 35-38 und S. 260-262, *Bartling* (1980), S. 14-19 oder *Bögelein* (1990), S. 28-34.

wettbewerbliche Initiative zu entfalten. Erst Abweichungen vom Gleichgewicht bieten dagegen Freiräume für dynamisches und innovatives Verhalten.[21]

Für die wirtschaftspolitische Praxis ist es letztlich unverzichtbar, wertende Entscheidungen in bezug auf staatliche Interventionen zu treffen. Aber nur, wenn ausschließlich Argumente, die auch wirtschaftstheoretisch plausibel sind, zur Begründung von allokativem Marktversagen herangezogen werden, lassen sich Willkürentscheidungen vermeiden.[22] Solche möglichen Fehlfunktionen sind entsprechend der Voraussetzungen eines funktionierenden Marktes

- externe Effekte und öffentliche Güter,
- Unteilbarkeiten bzw. natürliche Monopole,
- Flexibilitätsmängel und daraus resultierende ruinöse Konkurrenz sowie
- Informationsmängel.[23]

Diese Ursachen für Marktversagen werden im folgenden kurz beschrieben.

4.1.3 Die Gründe für Marktversagen

4.1.3.1 Externe Effekte und öffentliche Güter

In einer "idealen" Marktwirtschaft erfolgt die Verteilung knapper Güter durch die "unsichtbare Hand des Marktes", durch ein System von Schattenpreisen, die die marginalen Opportunitätskosten der Verwendung eines Gutes oder Faktors widerspiegeln. In der Realität weichen aber Markt- und Schattenpreise häufig voneinander ab, wenn nicht alle Kosten bei den Markttransaktionen berücksichtigt werden und diese Kosten von den Marktpartnern auf Dritte überwälzt werden. Der unregulierte Preis spiegelt dann nicht den tatsächlichen Preis wider, der der Gesellschaft entstanden ist. In der ökonomischen Theorie spricht man von *"externen Effekten"*, also Einflüssen, "die durch die Aktivität einer Wirtschaftseinheit (Konsument oder Produzent) auf andere Wirtschaftseinheiten ausgeübt

---

21 Vgl. *Soltwedel u.a.* (1986), S. 5. Damit ist das Modell der vollständigen Konkurrenz ineffizient in bezug auf die dynamischen Wettbewerbsfunktionen "datenänderungsbezogene Anpassungsflexibilität" und "Innovationsfähigkeit". Schon *von Hayek* hat den Wettbewerb als dynamischen Such- und Lernprozeß beschrieben (vgl. *von Hayek* (1968)).

22 Vgl. *Fritsch/ Wein/ Ewers* (1993), S. 47.

23 Daneben werden in der Literatur zum Teil noch andere Argumente als legitime Interventionsgründe vorgebracht, z.B. der Finanzbedarf des Staates (vgl. *Deregulierungskommission* (1991), Tz. 8). Häufig lassen sich die anderen Motive unter die hier zu untersuchenden Gründe subsumieren (z.B. "collective risk taking" als Informationsmängelproblem, vgl. *Weber* (1986), S. 82).

werden, ohne daß diese Einflüsse über einen Preismechanismus gesteuert werden."[24] Sie können positiver und negativer Art sein. Nutzenzuwächse sind positive externe Effekte, Nutzenbeeinträchtigungen stellen negative Externalitäten dar. In Höhe des externen Effektes ergibt sich eine Diskrepanz zwischen den privaten und volkswirtschaftlichen Kosten bzw. Nutzen der Aktivität.[25]

Es gibt verschiedene *Arten externer Effekte*.[26] Insbesondere lassen sich *technologische externe Effekte*, die durch einen nicht durch den Preismechanismus abgedeckten direkten physischen Zusammenhang zwischen den Produktions- bzw. Nutzenfunktionen der Marktteilnehmer gekennzeichnet sind, und *pekuniäre externe Effekte* unterscheiden. Letztere ergeben sich aus der allgemeinen Interdependenz eines Wirtschaftssystems und beeinflussen die Aktivitäten Dritter indirekt über das Preissystem.[27] Sie berühren das Pareto-Optimum eines Konkurrenzgleichgewichts nicht und kommen daher als Ursache für Marktversagen nicht in Betracht.[28]

Das Auftreten positiver bzw. negativer externer Effekte hat unterschiedliche *Allokationswirkungen*.[29] Werden von einem Wirtschaftssubjekt positive Externalitäten verursacht, so ist dessen Produktionsmenge gesamtwirtschaftlich gesehen zu gering und der Güterpreis bei Berücksichtigung möglicher Preiseffekte zu hoch. Umgekehrt produziert ein Verursacher negativer externer Effekte mehr als die gesamtwirtschaftlich optimale Ausbringungsmenge zu einem zu geringen Preis. Insgesamt rechtfertige, so die Argumentation, die unzureichende Berücksichtigung externer Produktionseffekte durch den Markt allokationspolitsche Eingriffe des Staates, wobei die Ansätze zur *Kosteninternalisierung*[30] außeror-

---

24 *Schlieper* (1980), S. 524.

25 Vgl. *Bössmann* (1979), S. 97.

26 Vgl. *Fritsch/ Wein/ Ewers* (1993), S. 55.

27 Als Beispiel lassen sich verbesserte Produktionstechniken und damit verbundene Preissenkungen anführen, die zu einem Nachfragerückgang nach anderen Produkten und Einkommenseinbußen der betroffenen Hersteller führen.

28 Eine dritte Gruppe externer Effekte stellen sogenannte *psychologische externe Effekte* dar. Sie zeichnen sich durch Abhängigkeiten individueller Nutzenfunktionen ohne direkten physischen Zusammenhang aus, sind aber hier nicht weiter relevant. Wenn im folgenden von externen Effekten die Rede ist, sind immer die technologischen Externalitäten gemeint.

29 Vgl. ausführlich *Sohmen* (1976), S. 222 ff.

30 Internalisierung bedeutet die Berücksichtigung der Auswirkungen von externen Effekten im privaten Rechnungswesen der Urheber dieser Effekte.

dentlich vielfältig sind und in der Sonderabfallwirtschaft auch weitestgehend genutzt werden (können).[31]

Die Ökonomen unterscheiden weiterhin öffentliche und private Güter. *Öffentliche Güter* zeichnen sich nach allgemeiner Auffassung dadurch aus, daß von ihrem Konsum niemand ausgeschlossen werden kann (unabhängig davon, ob der Betreffende für die Nutzung des Gutes zahlt oder nicht) und/ oder daß ihre Nutzung durch ein Wirtschaftssubjekt die Nutzungsmöglichkeiten durch andere Individuen nicht beeinträchtigt.[32] Bei öffentlichen Gütern versagt das Preissystem als Koordinationsmechanismus, da sich trotz vorhandenen Bedarfs keine Märkte bilden. Für *private Güter* liegen dementsprechend die beiden Eigenschaften "Ausschließbarkeit" und "Rivalität im Konsum" vor, und der Markt kann ohne staatliche Eingriffe für die gewünschte Leistungserstellung sorgen.

In der Realität sind rein öffentliche Güter sehr selten. Hier überwiegen vielmehr "Mischgüter", die teils privaten, teils öffentlichen Charakter haben und wo der Markt teilweise funktioniert, teilweise aber auch versagt.[33] Externe Effekte (vor allem positive, die ebenfalls auf dem Phänomen der Nichtausschließbarkeit von Konsumenten basieren) können als Gradmesser für die Problematik öffentlicher Güter angesehen werden, denn in Höhe der externen Effekte weichen, wie schon erläutert, persönliches und gesamtwirtschaftliches Kalkül voneinander ab.[34] Sowohl öffentliche Güter als auch externe Effekte resultieren letztendlich aus einer mangelhaften Etablierung von Verfügungsrechten. Sie können entweder überhaupt nicht spezifiziert oder wegen zu hoher Transaktionskosten nicht durchgesetzt bzw. geschützt werden.[35]

---

31 Theoretischen Lösungsmöglichkeiten wie der *Pigou*-Steuer oder der Verhandlungslösung nach *Coase* stehen die für die wirtschaftspolitische Praxis relevanten Instrumente "staatliche Bereitstellung", Standards und Auflagen, Abgaben, handelbare Schädigungsrechte (Zertifikate), haftungsrechtliche Ansätze und praxisorientierte Verhandlungslösungen gegenüber. Vgl. Kap. 7.3 zum Einsatz der vier letztgenannten Instrumente in der Sonderabfallwirtschaft.

32 Vgl. z.B. *Frey* (1985), S. 49, *Bonus* (1972), S. 342. Ein klassisches Beispiel für ein öffentliches Gut ist die Landesverteidigung, von der auch diejenigen Personen profitieren, die im jeweiligen Schutzbereich leben und trotzdem nicht zur Finanzierung der erforderlichen Maßnahmen beitragen. Daher sind solche Leistungen vom Staat zu erstellen und aus dem allgemeinen Steueraufkommen zu finanzieren.

33 Vgl. *Bonus* (1980), S. 39.

34 Vgl. *Kemper* (1989), S. 6.

35 Vgl. *Fritsch/ Wein/ Ewers* (1993) S. 65. Vgl. auch *ebd.*, S. 5-7 zu den verschiedenen Gruppen von Verfügungsrechten und Transaktionskosten.

Ob ein öffentliches Gut vorliegt oder nicht, hängt von der Frage ab, wie die betreffende Leistung definiert wird. Während "Umweltqualität" im allgemeinen in der Vergangenheit als öffentliches Gut behandelt wurde, läßt sich das Gut "Entsorgungsdienstleistung" ohne weiteres als privates Gut qualifizieren, da Nichtzahler von der Entsorgung ausgeschlossen werden können und Rivalität der Nachfrager hinsichtlich der knappen Beseitigungskapazitäten besteht. Zwischen der Inanspruchnahme von knappen Entsorgungskapazitäten und der bei der Entsorgung möglicherweise belasteten und ebenfalls knappen Umweltmedien ist demnach sorgfältig zu unterscheiden.

4.1.3.2 Unteilbarkeiten und natürliches Monopol

Ein *natürliches Monopol* ist dadurch gekennzeichnet, daß die im relevanten Markt nachgefragte Güter- oder Leistungsmenge von einem einzigen Anbieter kostengünstiger bereitgestellt werden kann als von jeder größeren Zahl von Unternehmen.[36] Diese Situation kann sich dann ergeben, wenn im Gegensatz zum Ideal der vollständigen Konkurrenz die Produktionsfaktoren nicht beliebig teilbar sind, sondern nur in großen Sprüngen variiert werden können (*Unteilbarkeit*). Ökonomisch gesprochen liegt beim natürlichen Monopol für ein bestimmtes Outputniveau strenge *Subadditivität* der Kostenfunktion vor.[37]

Bei Vorliegen von Unteilbarkeiten wird eine Tendenz zur Konzentration auf der Anbieterseite bis hin zum Monopol unterstellt, weil sich im Wettbewerb wegen seiner erheblichen Kostenvorteile aufgrund von economies of scale (steigende Skalenerträge; bei Mehrproduktunternehmen ggf. gekoppelt mit economies of scope (Verbundvorteilen)), letztendlich ein einziges, entsprechend großes Unter-

36 Vgl. *Sharkey* (1982), S. 54. Ein *permanentes* natürliches Monopol ist gegeben, wenn diese Eigenschaft für jedes beliebige Nachfrageniveau gegeben ist. Für *temporäre* natürliche Monopole gilt dies zwar für das aktuelle Nachfrageniveau, nicht jedoch bei allen höheren; hier besitzt die langfristige Durchschnittskostenkurve ein Minimum. Übersteigt die Nachfrage im Zeitablauf das Stückkostenminimum oder ermöglichen Veränderungen in der Produktionstechnik das Erreichen minimaler Stückkosten schon bei niedrigeren Ausbringungsmengen, wird das vormals natürliche Monopol hinfällig (vgl. *Fritsch/ Wein/ Ewers* (1993), S. 127).

37 Vgl. *Scherer* (1980), S. 14 ff. oder *Blankart* (1980), S. 38 ff. Neben dem Konzept der Subadditivität werden auch steigende Skalenerträge (economies of scale) und sinkende Durchschnittskosten zur Beschreibung von Unteilbarkeiten herangezogen. Vgl. zum Verhältnis der verschiedenen Begriffe *Fritsch/ Wein/ Ewers* (1993), S. 128-131. Vgl. im übrigen auch die Ausführungen in Kap. 4.2.3.3 (Beurteilung hinsichtlich natürlicher Monopolstrukturen), wo noch einmal auf die Frage nach notwendigen und hinreichenden Voraussetzungen für ein natürliches Monopol eingegangen wird.

nehmen behaupten wird und alle anderen Anbieter aus dem Markt ausscheiden würden. Wenn die Unteilbarkeit nicht diese extreme Ausprägung besitzt, kommt es zumindest zu "natürlichen" Duopolen oder Oligopolen.[38] Steigende Skalenerträge bedeuten sinkende langfristige Durchschnittskosten. Je mehr produziert wird, umso geringer sind die Stückkosten und damit kann ein einziger Anbieter, der die gesamte Marktnachfrage befriedigt, mit den geringsten Stückkosten produzieren.[39] Wettbewerb verbessert in diesem Fall die Marktergebnisse nicht, wie generell zu erwarten wäre.

Unter komparativ-statischen Gesichtspunkten, d.h. unter Vernachlässigung dynamischer Effizienzaspekte, wäre es gesamtwirtschaftlich ineffizient, eine so zustandegekommene monopolistische Angebotsstruktur durch die Zulassung mehrerer Anbieter zu durchbrechen, da dies zu einem deutlichen Kostenanstieg durch mehrfach zu tätigende nicht rückholbare Infrastrukturinvestitionen führen würde (Kostenduplizierung). Im übrigen wird argumentiert, daß die Kapazitäten in der Regel ausreichend seien, um den gesamten Markt zu versorgen.[40] Sollen die erzielbaren Größenvorteile nicht gefährdet und ineffiziente Anbieterstrukturen vermieden werden, müsse der Marktzugang reguliert werden, indem dem natürlichen Monopolisten eine Monopollizenz (inklusive Vorschriften zu Preisen, Produktqualität und Kontrahierungsverhalten) erteilt wird.

Neben der Verhinderung von gesamtwirtschaftlich schädlichen Mehrfachinvestitionen ist es vor allem die befürchtete *Marktmachtausnutzung* des natürlichen Monopolisten und die damit verbundenen Wohlfahrtsverluste, welche als Begründungen für Staatsinterventionen herangezogen werden: Die angebotene Leistungsmenge wird häufig unter dem gesamtwirtschaftlich optimalen Niveau liegen, es kommt zu einem höheren Preisniveau als im Referenzzustand der vollständigen Konkurrenz und insgesamt zu einer Veränderung der Einkommensverteilung vom Konsumenten zum Monopolisten.[41] Der harte Kern des Machtproblems ergibt sich allerdings nur dort, wo hohe verlorene Kosten (sunk costs) aufgrund sehr spezialisierter Produktionsverfahren verhindern, daß andere Konkur-

---

38 Sprechen sich dann die wenigen Anbieter hinsichtlich ihres Wettbewerbsverhaltens ab, ohne daß dies vom Staat durch wettbewerbspolitische Maßnahmen verhindert wird, kann es zu ähnlichen Problemen wie beim natürlichen Monopol kommen.

39 Im Ein-Produkt-Fall sind steigende Skalenerträge und damit sinkende Durchschnittskosten eine hinreichende, aber keine notwendige Bedingung für Subadditivität. Vgl. zum Mehr-Produkt-Fall *Krakowski* (Hrsg., 1988), S. 35 ff.

40 Vgl. *Ewers/ Wein* (1989), S. 10.

41 Vgl. *Müller/ Vogelsang* (1979), S. 37. Vgl. zur Monopolpreisbildung z.B. *Krakowski* (Hrsg., 1988), S. 28 oder *Fritsch/ Wein/ Ewers* (1993), S. 135-141. Nur wenn der Monopolist als first-choice-Strategie vollständige Preisdifferenzierung realisieren kann, wäre die angebotene Menge wohlfahrtsoptimal.

renten den Markteintritt wagen. Der natürliche Monopolist kann nur dann Monopolpreise durchsetzen, wenn ihn hohe rechtliche oder wirtschaftliche Marktzutrittsbarrieren wirksam vor der potentiellen Konkurrenz anderer Anbieter schützen. "Bestreitbare Märkte" (contestable markets) mit geringen sunk costs und ohne sonstige Marktzutrittsschranken können damit ein wirksames Gegenmittel gegen das Machtproblem darstellen.[42]

Allerdings wird häufig auch die These aufgestellt, bei Vorliegen eines natürlichen Monopols könne ein vermeintliches Übermaß an potentieller Konkurrenz ebenfalls zu volkswirtschaftlich suboptimalen Zuständen führen, weil sich der natürliche Monopolist nicht von alleine gegen den volkswirtschaftlich unerwünschten Marktzutritt von Konkurrenten schützen könne (*Resistenzproblem*).[43] Wenn aber wegen hoher Bestreitbarkeit des Marktes durch niedrige sunk costs keine Möglichkeiten für den Monopolisten bestehen, wesentlich über seinen Durchschnittskosten liegende Preise durchzusetzen, haben Newcomer außer bei deutlich kosteneffizienterer Produktionstechnik auch kaum Anreize zum Marktzutritt. Und je höher die irreversiblen Kosten bei Marktaustritt sind, umso eher kann der etablierte Anbieter den potentiellen Konkurrenten damit drohen, seine Preise kurz- oder mittelfristig unter deren kostendeckendes Niveau zu setzen. Auch in diesem Fall dürfte kein rational denkender Konkurrent den Marktzutritt wagen, sodaß das Resistenzproblem weitgehend zu vernachlässigen ist.

4.1.3.3 Flexibilitätsmängel und ruinöse Konkurrenz

Die Frage, was genau unter "*ruinöser Konkurrenz*" zu verstehen ist, wird von Ökonomen nicht immer einheitlich beantwortet. Der Begriff charakterisiert aber in der Regel einen Marktzustand, in dem vermeintlich eine zu große Wettbewerbsintensität gegeben ist. Der marktliche Ausleseprozess führt zum Ausscheiden von Wettbewerbern, deren Verbleiben aus gesellschaftlichen Gründen, insb. wegen der sonst resultierenden Vernichtung später wieder benötigter Kapazitäten, erwünscht ist. Ruinöse Konkurrenz ergibt sich, wenn die Marktteilnehmer ihre Preise unter das langfristig kostendeckende Niveau senken, um damit Konkurrenten aus dem Markt zu drängen.[44] Dies wird dann als rationales Verhalten angesehen, wenn die Kostenstrukturen der Unternehmen durch wesentliche

---

42 Vgl. zum Konzept der "contestable markets" z.B. *Aschinger* (1984), *Braulke* (1983) oder *Baumol/ Panzar/ Willig* (1982).

43 Vgl. dazu *Fritsch/ Wein/ Ewers* (1993), S. 144-148.

Irreversibilitäten gekennzeichnet sind, die ein sonst bei auftretenden Verlusten einsetzendes Ausscheiden von Anbietern (Grenzanbieter) verhindern. Mit Irreversibilität ist eine ausgesprochene *Inflexibilität der Produktionsfaktoren* und mangelnde Eignung für andere Verwendungen gemeint. Solche Erscheinungen bedeuten ein Abweichen vom idealtypischen Modell der vollständigen Konkurrenz, denn dort wird angenommen, daß das Marktgleichgewicht mit unendlicher Reaktionsgeschwindigkeit und ohne jegliche Zeitverzögerungen erreicht wird. Dazu müßten die Produktionsfaktoren und Güter allerdings vollständig mobil sein. Gerade die hohe Spezialisierung der Produktionsmittel verhindert aber diese Faktormobilität und führt zu sunk costs beim Einsatz in alternativen Verwendungen.[45]

Irreversible Kosten veranlassen die Produzenten dazu, Preise bis zum sehr niedrigen Niveau der variablen Stückkosten zu akzeptieren, um die eigenen Kapazitäten besser auszulasten, Wettbewerber zum Marktaustritt zu zwingen (Preisverdrängungswettbewerb) und sich selbst vor einem Verlust der getätigten Investitionen zu schützen. Ist dies geschehen, lassen sich die Preise später wieder erhöhen. Im Markt verbleiben dann ggf. nicht die effizientesten Anbieter, sondern diejenigen mit dem größten finanziellen Durchhaltevermögen.

Insbesondere in Märkten mit schrumpfender oder stark schwankender Nachfrageentwicklung, in denen wegen zukünftig wieder ansteigender Nachfrage eine Vernichtung von Produktionskapazitäten volkswirtschaftlich schädlich sei, vermutet man die Gefahr ruinöser Konkurrenz.[46] Volkswirtschaftlicher Schaden entsteht aber auch dann, wenn wegen der hohen verlorenen Kosten Anbieter im Markt verbleiben (trotz nicht kostendeckender Preise), obwohl dies einen produktiveren Einsatz der dadurch gebundenen Produktionsfaktoren in anderen Branchen behindert.[47]

4.1.3.4 Informationsmängel

Ein Merkmal des Modells der vollständigen Konkurrenz ist die vollkommene Informiertheit der Marktteilnehmer über aktuelle und auch zukünftige Marktgegebenheiten. Ist diese Modellvoraussetzung nicht gegeben, wird in der Theorie des

---

44 Ruinöse Konkurrenz wird demnach sowohl in solchen Märkten gesehen, bei denen ein natürliches Monopol vorliegt (vgl. die obigen Erläuterungen zum Resistenzproblem), als auch in Märkten ohne subadditive Kostenstrukturen.

45 Vgl. *ebd.*, S. 229 ff.

46 Vgl. *Krakowski* (Hrsg., 1988), S. 59.

Marktversagens von *"Informationsmängeln"* gesprochen.[48] Dabei kann man hinsichtlich der Frage, inwieweit sich diese Mängel ex ante durch verstärkte Informationsanstrengungen beheben oder zumindest abschwächen lassen, zwischen Unkenntnis und Unsicherheit unterscheiden.

Unkenntnis im Sinne mangelnder Markttransparenz beinhaltet sowohl quantitativ fehlende Informationen als auch qualitative Mängel der Informationen. Sie läßt sich durch zusätzliche Informationssuche beseitigen, wobei allerdings immer die dabei entstehenden Informationskosten ins Verhältnis zum erwarteten Nutzen gestellt werden müssen. In der Realität wird daher regelmäßig nicht vollständige, sondern lediglich "optimale" Informiertheit im Hinblick auf ein bestimmtes Ziel angestrebt. Insbesondere in Fällen asymmetrischer Informationsverteilung[49] sind häufig unverhältnismäßig hohe Kosten individueller Recherchen im Vergleich zum möglichen Nutzen zu erwarten. Falls der Markt keine ausreichenden Lösungsmöglichkeiten zur Beseitigung ungleicher Informationsverteilung bietet, was in vielen Fällen durchaus möglich sein dürfte[50], soll staatliche Regulierung durch Markttransparenzerhöhung (z.B. mittels Verbraucheraufklärung oder marktkonditionierender Mittel wie gewisser Mindeststandards bzw. -qualifikationen für die Berufsausübung) die Transaktionskosten senken und damit die Funktionsfähigkeit des Marktmechanismus verbessern.

Ein mögliches Marktversagen wegen Unkenntnis bezieht sich insbesondere auf *Produkt- bzw. Qualitätsunkenntnis* hinsichtlich der auszutauschenden Leistungen, daneben können aber auch Nutzen- oder Preisunkenntnis Ursache für Marktversagen sein. Als Folge asymmetrischer Informationsverteilung *vor* Vertragsabschluß wird üblicherweise der Aspekt der "adversen Selektion" diskutiert, insbesondere wenn die Anbieter über die besseren Informationen verfügen. *Nach* Vertragsabschluß kann die Problematik des "moralischen Risikos" relevant werden.

---

47 Vgl. *Soltwedel u.a.* (1986), S. 11.

48 Vgl. zum folgenden *Fritsch/ Wein/ Ewers* (1993), S. 185 ff.

49 Hierbei haben Anbieter und Nachfrager ein unterschiedliches Informationsniveau hinsichtlich Qualitäten, Preisen oder Mengen der ausgetauschten Leistungen.

50 Die schlechter informierte Marktseite kann ihre diesbezüglichen Defizite häufig durch Erwerb zusätzlicher Informationen über die Marktgegenseite abbauen, ggf. unter Einschaltung spezialisierter Informationsmittler (sog. "screening"). Auch der besser informierte Vertragspartner hat ein Interesse an der nutzensteigernden Transaktion, sodaß er seinerseits z.B. durch Aufbau von Reputation oder durch Einräumung von Garantieversprechen für bessere Informiertheit der anderen Marktseite sorgt (sog. "signaling"). Vgl.

Adverse Selektion beruht auf der Überlegung, der Verbraucher sei schlechter informiert über die Qualität der Anbieter bzw. ihrer Leistungen als die Anbieter selbst und kann zwar die durchschnittliche Qualität einer angebotenen Leistung, nicht aber Qualitätsunterschiede zwischen individuellen Einzelleistungen hinreichend genau unterscheiden. Er wird daher tendenziell eine Vorliebe für Leistungen niedrigerer Qualitäten entwickeln, sodaß sich letztlich die "schlechteren" Qualitäten im Markt durchsetzten. Ein solcher Prozeß wird häufig für Bankdienstleistungen, Versicherungen und Gebrauchtwagenmärkte angenommen.[51]

Auf Versicherungs- oder Kreditmärkten gibt es eine weitere Form asymmetrischer Informationsverteilung, bei der die Nachfrager über die besseren Informationen verfügen und sich die Unkenntnis darin äußert, daß benötigte Marktinformationen nicht zum Leistungsanbieter gelangen: Das sogenannte *"moralische Risiko"* (moral hazard) bezeichnet ein mögliches vertragswidriges Verhalten des Leistungsempfängers nach Vertragsabschluß, das die Verlust- bzw. Risikowahrscheinlichkeit zulasten des Leistungsanbieters erhöht und von diesem nicht aufgedeckt werden kann.[52] Bezogen auf die Sonderabfallwirtschaft wäre es z.B. denkbar, daß die Sonderabfallerzeuger nach Abschluß eines Entsorgungsvertrages vertragswidrig Abfälle mit größerer potentieller Schädlichkeit als vereinbart zu den Entsorgungsanlagen anliefern und damit für den Entsorger das Risiko einer umweltgefährdenden Entsorgungshandlung erhöhen.

Bei Vorliegen von umweltbedingter, aus der mangelnden Prognostizierbarkeit natürlicher Systeme resultierender *Unsicherheit* können die Informationsmängel im Unterschied zu den Fällen von Unkenntnis nicht durch erhöhten Informationsaufwand vollständig behoben werden, sondern lassen sich allenfalls verringern. Unsicherheit ist im wirtschaftlichen Leben allgegenwärtig und verhindert, daß die mit dem geplanten Einsatz von Produktionsfaktoren verbundenen Gewinnmöglichkeiten mit Sicherheit vorhergesagt werden können (unternehmerische Unsicherheit).[53] Um rational mit dieser Problematik umzugehen, bieten sich den Wirtschaftssubjekten unterschiedliche Möglichkeiten wie z.B. die Suche nach zusätzlichen Informationen oder nach "relativer Sicherheit", indem die Risiken durch geeignete Projektwahl und Projektrealisierung gesteuert werden.

Fritsch/ Wein/ Ewers (1993), S. 193-198 zu diesen marktlichen Möglichkeiten der Informationsangleichung.

51 Vgl. *Krakowski* (Hrsg., 1988), S. 65 ff. und für das klassische Beispiel der adversen Selektion auf Gebrauchtwagenmärkten auch *Akerlof* (1970), S. 488 ff.

52 Bei Versicherungsverträgen besteht die Gefahr, daß sich die Versicherungsnehmer nach Vertragsabschluß weniger vorsichtig verhalten und ihre Sorgfaltspflicht verletzen, weil sie im Falle des Schadenseintritts mit einer Schadensregulierung durch den Versicherungsgeber rechnen können (vgl. *Deregulierungskommission* (1991), Tz. 48 f.).

Daneben wäre es denkbar, finanzielle Reserven zur Abdeckung zukünftiger Verluste vorzuhalten oder individuelle Risiken von Einzelprojekten durch Diversifikation der unternehmerischen Aktivitäten innerhalb des gesamten Unternehmensportfolios auszugleichen.

Auf Unsicherheit beruhendes Marktversagen wird z.B. im Zusammenhang mit Forschungs- und Entwicklungsaufwendungen diskutiert, weil Erfindungen sowohl hinsichtlich ihres Ergebnisses als auch hinsichtlich ihrer ökonomischen Nutzbarkeit unsicher sind. Dieser Aspekt könnte für die Sonderabfallwirtschaft insofern relevant sein, als auch hier vermeintlich zu geringe Forschungs- und Entwicklungsaufwendungen für neue abfallreduzierende Produktionsverfahren als Regulierungsgrund genannt wird.[54]

4.2 Regulierungsgründe in der Sonderabfallwirtschaft

4.2.1 Vorbemerkungen

In den ausgewerteten Materialien[55] werden eine ganze Reihe von Gründen angeführt, um die jeweiligen bundesländerspezifischen Staatsinterventionen zu begründen. Diese zum Teil sehr unterschiedlichen Argumentationsmuster sind im folgenden zu benennen, um danach zu untersuchen, ob sie wirklich stichhaltig sind und einer ökonomischen Überprüfung standhalten.

Eine Zuordnung der Gründe zu den bereits untersuchten Instrumenten erscheint nicht sinnvoll, da sich in den Organisationsmodellen der Bundesländer eine bestimmte Begründung nur in Ausnahmefällen ganz konkret auf ein einzelnes Instrument zurückführen läßt.[56] Im allgemeinen wird jeweils eine Kombination von Eingriffsinstrumenten[57] genutzt, um den noch zu benennenden Motiven gerecht zu werden. Man verwendet in den einzelnen Bundesländern auch nicht

---

53 Vgl. *Fritsch/ Wein/ Ewers* (1993), S. 206 ff.

54 Vgl. dazu Kapitel 4.2.2.2 und 4.2.3.2.

55 Zur Analyse der Regulierungsbegründungen wurden unter anderem offizielle Begründungen zu Landesabfallgesetzen, Broschüren der staatlichen Sonderabfallentsorger, Stellungnahmen der Landtagsfraktionen, Abfall- und Sonderabfallwirtschaftspläne der Bundesländer sowie Parlamentsdebatten und sonstige Landtagsdokumente zur Sonderabfallproblematik in den einzelnen Ländern untersucht.

56 Zur Bewältigung der Problematik "Finanzierung der Altlastensanierung" beispielsweise werden Sonderabfallabgaben und die Lizenzgebühr herangezogen.

57 Vgl. die "Regulierungsmix-Matrix" in Kapitel 3.3.

immer die komplette Liste der hier angeführten Argumente, sodaß das folgende Kapitel im wesentlichen nur als länderübergreifende Untersuchung verstanden werden kann.

Wenig differenzierte Aussagen wie eine "potentielle Gefährdung des Allgemeinwohls durch das Gefahrenpotential aus der Handhabung der Sonderabfälle"[58] oder der Schutz der Umwelt allgemein stellen in erster Linie auf ökologische Aspekte ab und beinhalten nicht das gesamte Spektrum der relevanten Eingriffsmotive. Sie müssen vor allem im Hinblick auf die zur Beurteilung heranzuziehende Theorie des Marktversagens präzisiert werden. Darüberhinaus wird häufig auf die öffentliche Aufgabe "Abfallentsorgung" abgestellt.[59] Nach dieser Argumentation erfüllten landesoffizielle Sonderabfallentsorgungsgesellschaften einen öffentlichen Auftrag[60], und wenn schon die Entsorgung der Siedlungsabfälle in den Händen der Kommunen liege, sei eine Verstaatlichung des Aufgabenbereichs bzw. eine sonstige Reglementierung bei Sonderabfällen angesichts des im allgemeinen höheren Gefährdungspotentials nicht von der Hand zu weisen.

Stellt man die Ursachen für staatliche Interventionen im Abfall- und Sonderabfallbereich in einen *historischen Kontext*, so ist staatliches Eingreifen im 19. Jahrhundert auf den Versuch zurückzuführen, katastrophale hygienische Mißstände bei der Abfallbeseitigung abzubauen.[61] Im 20. Jahrhundert ergaben sich die Probleme in der wirtschaftlichen Prosperitätsphase der Nachkriegszeit durch eine ungeordnete Ablagerung der Abfälle. Das Abfallbeseitigungsgesetz von 1972 definierte erstmals die Abfallbeseitigung als hoheitliche staatliche Aufgabe, ließ die Beseitigung nur noch in zugelassenen Entsorgungsanlagen zu und statuierte einen Anschluß- und Benutzungszwang an die Systeme der öffentlichen Abfallbeseitigung.[62] Festzuhalten bleibt, daß aus historischer Sicht in erster Linie die aus den hygienischen Mißständen und der ungeordneten Abfallablagerung resultierenden negativen Externalitäten der ursprüngliche Beweggrund für staatliche Interventionen in der Abfallwirtschaft waren. Es wird in Kap. 4.2.2.1 gezeigt, daß dies auch im Bereich der Sonderabfallwirtschaft ein zentrales Argument für Regulierungseingriffe ist.

---

58 *Fichtner* (1992), S. 96.

59 Öffentliche Aufgaben sind solche Zielsetzungen, die auf "die unmittelbare Förderung des Gemeinwohls durch Befriedigung kollektiver Bedürfnisse gerichtet sind" (*Erhard* (1989), Sp. 1004), deren Wahrnehmung also im Allgemeininteresse liegt.

60 Vgl. *Arbeitsgemeinschaft der Sonderabfallentsorgungsgesellschaften der Länder* (Hrsg., 1992), S. 7.

61 Vgl. *Hösel* (1990) zur Geschichte der Abfallbeseitigung.

62 Vgl. Kap. 2.1.1 zur Entwicklung des Abfallgesetzes.

Daß gerade die potentiell besonders umweltgefährdenden Sonderabfälle von der Entsorgungspflicht der kommunalen Gebietskörperschaften ausgeklammert wurden, ist im wesentlichen auf zwei Ursachen zurückzuführen:[63]

- Im 19. Jahrhundert bis Ende der 60er Jahre dieses Jahrhunderts waren Sonderabfälle kein Problem, weil sie aus produktionstechnischen Gründen überhaupt nicht anfielen; insofern wurde auch kein Handlungsbedarf gesehen. Selbst bei Verabschiedung des Abfallbeseitigungsgesetzes von 1972 hatte die Sonderabfallproblematik noch keine umweltpolitische Priorität.
- Die Regelung, bestimmte Abfälle von der Entsorgungspflicht auszuschließen, bewahrt die entsorgungspflichtigen Kommunen vor der Verantwortung, schadstoffhaltige Gewerbe- und Industrieabfälle entsorgen zu müssen, weil diese in der Regel technologisch höherwertigerer Entsorgungsverfahren bedürfen als Siedlungsabfälle.[64]

Häufig werden neben den ökonomischen Marktversagensargumenten noch weitere Gründe zur Legitimation staatlicher Interventionen angeführt, wobei diese Gruppe dann mit "gesellschaftspolitischen Leitvorstellungen" oder "Zielsetzungen allgemein politischer Art" bezeichnet wird.[65] Vorzufinden sind auch Zweiteilungen, die Besonderheiten des Wirtschaftszweiges außerbranchenbezogenen Zielen gegenüberstellen.[66] Zum Teil wird sogar davon ausgegangen, daß letztendlich nicht die Gründe ökonomischer Effizienz, sondern möglicherweise höherrangige politische Ziele ausschlaggebend seien für die Einführung bzw. Beibehaltung marktlenkender Aktivitäten staatlicher Stellen.[67] Solche politischen Ziele seien diejenigen Interessen des Allgemeinwohls, von denen vermutet wird, der Markt könne sie nicht im gewünschten Ausmaß erfüllen.[68]

---

63 Vgl. *Schweitzer* (1990), S. 90 ff.

64 Vgl. auch *Bartels* (1987), S. 164.

65 Vgl. *Ewers/ Wein* (1989), S. 7 und *Weber* (1986), S. 78.

66 Im Verkehrsbereich sind beispielsweise neben den "wirtschaftlichen Eigenarten der Verkehrsmittel" auch außerverkehrliche Ziele wie der Mittelstandsschutz, eine gemeinwirtschaftliche Verkehrsbedienung (Verteilungs- und Sozialpolitik) und der Umweltschutz relevant (vgl. *Deregulierungskommission* (1991), Tz. 128-135). In der Sonderabfallwirtschaft kann man zwar nicht von einer ausgereiften und weitentwickelten "Besonderheitenlehre" sprechen, aber es wird doch regelmäßig auf die vermeintlichen Besonderheiten des Marktes hingewiesen.

67 In diesem Sinne äußern sich *Kurz* (1986), S. 52, *Möschel* (1981), S. 85 ff. und *Soltwedel u.a.* (1986), S. 15.

68 Vgl. *Kurz* (1986), S. 48.

In dieser Arbeit wird bei der Strukturierung der in der Sonderabfallwirtschaft vorzufindenden Gründe, die in Tab. 7 stichwortigartig aufgeführt sind, nicht von einer Zweiteilung ausgegangen, da eine Zuordnung der Interventionsargumente zu einer der beiden Gruppen angesichts der wenig präzisen Katagoriedefinitionen sehr willkürlich erscheint und sich letztendlich alle für diesen Wirtschaftszweig vorgebrachten Motive an den wirtschaftstheoretisch anerkannten Gründen der Theorie des Marktversagens messen lassen müssen.

Tab. 7: Regulierungsgründe in der Sonderabfallwirtschaft

- Kostenexternalisierung und ökologische Steuerung der Abfallströme	(Kap. 4.2.2.1)
- unzureichende Vermeidungs- und Verwertungsanstrengungen	(Kap. 4.2.2.2)
- natürliches Monopol	(Kap. 4.2.2.3)
- hohe Kapitalintensität der Sonderabfallentsorgung	(Kap. 4.2.2.4)
- Gewährleistung von Entsorgungssicherheit	(Kap. 4.2.2.5)
- Finanzierung der Altlastensanierung	(Kap. 4.2.2.6)

Die einzelnen Argumente sind vielschichtig miteinander verbunden, sodaß eine klare Trennung bzw. eindeutige Zuordnung oftmals nicht einfach ist. Sie ist aber gleichwohl für eine systematische Beurteilung und Stellungnahme unbedingt erforderlich. Interdependenzen ergeben sich etwa zwischen notwendigen Entsorgungskapazitäten, der Entsorgungssicherheit und diesem Ziel entgegenstehender unzureichender Kapitalausstattung (mittelständischer) Sonderabfallentsorger. Bei der Einzeldarstellung in den folgenden Kapiteln wird, wo nötig, auf vorhandene Zusammenhänge hingewiesen. Zu beachten ist ferner, daß die Arbeit nicht den Systematisierungsansatz verfolgt, wirtschaftliche und ökologische Gründe gegenüberzustellen[69], denn die Begründungsmuster beinhalten in der Regel sowohl eine ökonomische als auch eine ökologische Dimension. Das gilt zum Beispiel für die Anreize zur Kostenexternalisierung und die (finanzielle) Entlastung der Kontrollbehörden als Unterpunkt der ökologischen Steuerung der Abfallströme.

69 So macht es z.B. *Karl* (1988a), S. 54 ff.

4.2.2 Darstellung

4.2.2.1 Kostenexternalisierung und ökologische Steuerung der Abfallströme

Die Aussage, eine Regulierung der Sonderabfallwirtschaft sei notwendig wegen der möglichen Gefährdung des Allgemeinwohls und den potentiellen Risiken, die von einer unsachgemäßen Sonderabfallentsorgung ausgehen, ist an dieser Stelle zu präzisieren und ökonomisch zu interpretieren. Die bei der Entsorgung von Sonderabfällen denkbaren Umweltbelastungen und Gesundheitsrisiken werden dabei, wie auch schon bei der kurzen historischen Betrachtung, als Ausdruck negativer externer Effekte gedeutet und damit der Theorie des Marktversagens zugänglich gemacht.

Externalitäten können sowohl aus Nachfrage- als auch aus Angebotssicht analysiert werden.[70] *Produktionsspezifische Mängel* sind in der Sonderabfallwirtschaft Schadstoffemissionen von Sonderabfallverbrennungsanlagen und Deponien (Sickerwasser, Deponiegase) oder Umweltbeeinträchtigungen durch den Anfall von Sonderabfällen, für die geeignete technische Entsorgungsverfahren bisher noch nicht entwickelt wurden. Aus *Konsumentensicht* ist eine unzureichende Nachfrage bzw. im Fall "wilder" Müllkippen und ungenehmigter Zwischen- und Endlager von Sonderabfällen das Fehlen jeglicher Nachfrage nach umweltunschädlicher Entsorgung festzustellen. Insbesondere die Anwohner der jeweiligen Entsorgungsanlagen haben in Form der Hinnahme von Umweltqualitätsverschlechterungen für diese angebots- oder nachfragebezogenen Unzulänglichkeiten zu zahlen.

Wichtig ist, daß sich die negativen externen Effekte erst dann ergeben, wenn Dritten tatsächlich Belastungen durch den Abfallanfall bzw. dessen Beseitigung entstehen, die sie nicht zu verantworten haben. Damit unterscheidet sich die Abfallwirtschaft insofern von Luftreinhaltung und Gewässerschutz, als dort Produktionsrückstände in Form von Abluft bzw. Abwasser unmittelbar zu negativen externen Effekten führen, sofern die natürliche Schadstoffaufnahmekapazität des jeweiligen Umweltmediums überschritten wird, während Externalitäten bei Abfällen erst dann auftreten, wenn eine geordnete und umweltsichere Entsorgung in der Weise, daß von der Allgemeinheit zu tragende Umweltbelastungen vollständig auszuschließen sind, nicht sichergestellt werden kann.[71]

---

70 Vgl. *Weber* (1986), S. 82, der externe Effekte in Produktion und in Konsum unterscheidet.

71 Vgl. *Bunde/ Zimmermann* (1988), S. 176.

Da die Entsorgung der Produktionsrückstände einen zum Teil nicht unerheblichen Kostenfaktor darstellt, werde, so die Argumentation, der jeweils *billigste Entsorgungsweg* gewählt. Dies ist einzelwirtschaftlich rational. Problematisch wird es aber in denjenigen Fällen, in denen die Entsorgung für den einzelnen Abfallerzeuger nur deshalb so billig ist, weil er nicht alle anfallenden Kosten selber trägt, sondern diese zumindest teilweise auf die Allgemeinheit überwälzt. Diese Übertragung von Kostenbestandteilen auf Dritte wird beim Verweis auf "Billigentsorgung" implizit unterstellt.

Zu den für den Nachfrager nach Entsorgungsdienstleistungen in Betracht kommenden Wahlmöglichkeiten kommt auch die *illegale Entsorgung*, wenn sie mit geringeren Kosten verbunden ist als jede legale Möglichkeit. Sie ist umso attraktiver, je größer die Chance ist, ohne strafrechtliche Sanktionen davonzukommen.[72] Soweit bei der Güterproduktion anfallende Rückstände nicht durch Wiederverwendung oder -verwertung in den Stoffkreislauf reintegriert oder zumindest einer die Umwelt nicht belastenden Entsorgung zugeführt werden können, sei eine Abwälzung von sozialen Zusatzkosten auf Dritte mit den schon bekannten Allokationswirkungen zu befürchten: Die sonderabfallaufkommensintensiv produzierte Gütermenge ist gesamtwirtschaftlich zu groß und der Preis für die Güter zu niedrig. Diese allokative Fehlsteuerung und mögliche Schwierigkeiten beim Nachweis illegaler Entsorgungspraktiken rechtfertigen nach Ansicht der Befürworter von Regulierungsmaßnahmen staatliche Markteingriffe, darunter neben den qualitätsregulierenden Maßnahmen auch die staatliche Bereitstellung der erforderlichen Dienstleistungen durch Statuierung eines Anschluß- und Benutzungszwangs.

Die im Zusammenhang mit der Verhinderung externalisierter Kosten durch Sonderabfallerzeuger bzw. -entsorger stehenden Argumente werden in den Materialien über sonderabfallwirtschaftliche Organisationsstrukturen üblicherweise unter dem Aspekt der *"ökologischen Steuerung der Abfallströme"* vorgetragen. Dieser hat unterschiedliche Facetten.

Mit der staatlichen Regulierung wird erstens die *lückenlose Erfassung und Überwachung der Sonderabfälle* von den abfallerzeugenden Betrieben über die Transportketten und Vorbehandlungsanlagen bis hin zur endgültigen Entsorgung in Verbrennungsanlagen und Deponien angestrebt. Die Wege des Abfalls und seiner Entsorgung sollen wirksam kontrolliert werden.[73] Gelegentlich wird weiter argumentiert, es müsse nicht nur die Steuerung der Entsorgungshandlungen, sondern auch die Beeinflussung der Gestaltung der Entsorgungsanlagen und da-

---

72 Vgl. *Karl* (1988), S. 348.

73 Vgl. *Landtag von Baden-Württemberg* (1990), S. 55.

mit eine *Steuerung der Entsorgungsinfrastruktur* möglich sein.[74] Im Hinblick auf die neuen Bundesländer weist man in diesem Zusammenhang darauf hin, durch einen zentralen Träger der Sonderabfallentsorgung sei der *Neuaufbau landesweiter Entsorgungsstrukturen* auf technisch hohem Beseitigungsniveau schneller möglich als durch eine rein privatwirtschaftliche Organisation.[75]

Ökologische Steuerung bedeutet auch, die *Einhaltung hoher Sicherheitsanforderungen* unter sicherheitstechnischen und ökologischen Aspekten gewährleisten zu können. Dies sei wichtig nicht nur beim aktuellen Betrieb der Entsorgungsanlagen, sondern auch bezüglich der Langzeitsicherheit nach Abschluß des Anlagenbetriebs. Liege die Verantwortlichkeit beim Staat, seien auch Haftungs- und Finanzierungsfragen leichter zu lösen.[76] Überhaupt sei eine wirksame Eigenüberwachung nur bei größeren sonderabfallerzeugenden Betrieben möglich. Wolle man eine Ausweitung der Kontrollbehörden (Abfallbehörden und Gewerbeaufsichtsämter) vermeiden, würden sich mit entsprechenden Befugnissen ausgestattete staatliche Gesellschaften als Alternative anbieten.[77] Man verweist damit auf die durch die staatliche Regulierung mögliche *Entlastung der Kontrollbehörden*, denn durch eine geringere Anzahl zu überwachender Entsorgungsbetriebe werden die nötigen Kontrollen einfacher und billiger.[78]

Schließlich trägt die ökologische Steuerung der Abfallströme dazu bei, *exaktere Daten* darüber zu erhalten, an welchen Stellen Sonderabfälle nach Art und Menge entstehen und wohin die Abfallströme gehen. Die so gewonnenen Daten stellen eine wichtige Grundlage für die abfallwirtschaftlichen Planungen der Bundesländer dar.[79]

---

74 Vgl. *Edom* (1991), S. 117 f.

75 Vgl. *Thüringer Landtag* (1991), S. 20.

76 Vgl. *Edom* (1991), S. 90.

77 Vgl. *Bieler/ Claus* (1988), S. 194.

78 "Je größer die Zahl der Betriebe ist, die auf diesem Feld tätig sind, um so schwerer sind sie zu überwachen. Ein überschaubarer Kreis von Betrieben mit hoher fachlicher Spezialisierung und guter Kooperation untereinander macht es den Abfallwirtschaftsbehörden leichter, die unerläßliche schärfere Kontrolle auszuüben." (*Landtag Nordrhein-Westfalen* (1987), S. 41) Diese Entlastungsfunktion gemischtwirtschaftlicher Unternehmen spielt auch im Zusammenhang mit deren möglichem Angebot von Beratungsdienstleistungen über Vermeidungs- und Verwertungstechnologien eine Rolle. Vgl. dazu das folgende Kapitel.

79 Vgl. *Landtag Baden-Württemberg* (1990a), S. 5 und *Minister für Natur, Umwelt und Landesentwicklung Schleswig-Holstein* (Hrsg., 1991), S. 123.

Vor allem den Regulierungsinstrumenten "Andienungspflicht" und "Anschluß- und Benutzungszwang" wird die Gewährleistung einer umweltverträglichen Steuerung der Sonderabfallentsorgung zugeschrieben. "Indem nicht das abfallerzeugende Unternehmen, sondern die staatliche Abfallentsorgungsplanung oder die zentrale Entsorgungsinstitution darüber entscheide, zu welcher Anlage die Abfälle verbracht werden sollten, käme ein anderer Set von Entscheidungsparametern zum Einsatz: nicht länger die ökonomischen Interessen der Abfallerzeuger, sondern - so jedenfalls die Idealvorstellung - alleine ökologische Kriterien seien für die Auswahl der Beseitigungsanlage maßgebend."[80]

Tab. 8 faßt die verschiedenen Facetten der "ökologischen Steuerung der Abfallströme" noch einmal zusammen.

Tab. 8: Ökologische Steuerung der Abfallströme

Lückenlose Erfassung und Überwachung der Sonderabfälle;
Sicherstellung der Einhaltung der vorgeschriebenen Entsorgungswege und hoher Sicherheitsanforderungen;
Steuerung der Entsorgungsinfrastruktur;
Entlastung der Kontrollbehörden;
Datensammlung für abfallwirtschaftliche Planungen der Länder;

4.2.2.2 Unzureichende Vermeidungs- und Verwertungsanstrengungen

Lag der Schwerpunkt im Abfallbeseitigungsgesetz von 1972 noch in der Festlegung einer geordneten Abfallbeseitigung, verschob sich dieser in den abfallrechtlichen Zielen und Prinzipien im Rahmen der 4. Novellierung von 1986 zugunsten der Prinzipien Abfallvermeidung und Abfallverwertung. Ohne auf Details einzugehen[81], sei an dieser Stelle nur gesagt, daß die Rangfolge Abfallvermeidung - Abfallverwertung - Abfallbeseitigung[82] Leitgedanke für den § 1a

80 *Von Wilmowsky* (1990), S. 368.

81 Vgl. für eine kurze Übersicht z.B. *Bender/ Sparwasser* (1990), S. 265 f., *Hoppe/ Beckmann* (1989), S.474 f. und *Sachverständigenrat für Umweltfragen* (1991), Tz. 181 ff. Vgl. ausführlicher *Klages* (1991).

82 Vgl. zur Rangfolge im AbfG *Sachverständigenrat für Umweltfragen* (1991), Tz. 185-197 und im BImSchG *ebd.*, Tz. 212-226. Erstmals wurde diese Prioritätenreihenfolge im Ab-

AbfG war, der unter anderem auf das Bundes-Immissionsschutzgesetz und den § 3 Abs. 2 Satz 3 AbfG Bezug nimmt. Das BImSchG normiert in § 5 Abs. 1 Nr. 3 für die Betreiber genehmigungsbedürftiger Anlagen ein Reststoffvermeidungs- und Reststoffverwertungsgebot und § 3 Abs. 2 Satz 3 AbfG legt fest, daß die Abfallverwertung Vorrang vor der sonstigen Entsorgung hat, wobei die technische Realisierbarkeit, die Zumutbarkeit der Mehrkosten und die Absetzbarkeit der gewonnenen Stoffe oder Energie als Restriktionen zu beachten sind.[83]

Wesentliches Ziel staatlicher Abfallwirtschaftspolitik muß es sein, auf die Einhaltung dieser Vermeidungs- und Verwertungsgebote hinzuwirken. Aber nach Meinung der Verantwortlichen, vor allem auf Landesebene, haben die Regelungen offensichtlich nicht ausgereicht, um den negativen Entwicklungen im Sonderabfallbereich in Form des hohen Sonderabfallaufkommens und daraus resultierender Umweltbelastungen entgegenzuwirken, sodaß weitergehende Maßnahmen erforderlich wurden. Dazu zählen die die Entsorgungskosten erhöhenden Sonderabfallabgaben und Lizenzgebühren ebenso wie entsprechend formulierte Abfallannahmebedingungen der zentralen halbstaatlichen Entsorgungsunternehmen. Mit letztgenanntem könne man, so die Überlegung, Einfluß auf die abfallerzeugenden Produktionsverfahren nehmen, denn wenn die Abfallerzeuger wegen eines Anschluß- und Benutzungszwangs nicht auf andere Entsorgungsunternehmen ausweichen können und ihnen gleichzeitig die Entsorgung verweigert wird, sind sie zur Umstellung ihrer Produktionsprozesse bzw. zur Ausnutzung von Verwertungsmöglichkeiten gezwungen.[84] Aber nicht nur finanzielle Sanktionen, sondern auch unterstützende Beratung durch halbstaatliche Sonderabfallgesellschaften sind als ein weiterer Ansatzpunkt für verstärkte Vermeidungs- und Verwertungsanstrengungen der industriellen Sonderabfallproduzenten denkbar.[85]

Man erhofft sich von hohen Entsorgungspreisen den Effekt, daß es aus unternehmerischer Sicht immer unwirtschaftlicher wird, große Mengen an Sonderabfällen entsorgen zu müssen. Sie signalisieren, daß die verfügbare Entsorgungskapazität ein knappes und damit zu bewirtschaftendes Gut darstellt, erhöhen die Fol-

---

fallwirtschaftsprogramm der Bundesregierung aus dem Jahr 1975 formuliert (vgl. *Deutscher Bundestag* (1976)).

83 Vgl. zu diesen Einschränkungen *Bartels* (1987), S. 62-70.

84 Vgl. *von Wilmowsky* (1990), S. 369 f.

85 Einen solchen Aufgabenschwerpunkt hat z.B. die "Bremer Beratungsgesellschaft zur Vermeidung, Verminderung und Verwertung von Sonderabfällen", vgl. *Senator für Umweltschutz und Stadtentwicklung Bremen* (Hrsg., 1990), S. 23 und *Landtag Bremen* (1988), S. 1.

gekosten der Abfallentstehung und bezwecken entsprechende Anpassungsreaktionen.[86]

Die Möglichkeit zu stärkerer Abfallvermeidung und -verwertung hängt maßgeblich davon ab, inwieweit Human- und Sachkapital zur Erforschung und Entwicklung von ressourcenschonenden Produkten und Produktionsverfahren eingesetzt wird. Damit gewinnt die Frage nach diesbezüglichen Forschungs- und Entwicklungsaktivitäten privater Unternehmen zunehmend an Bedeutung. *Bieler/ Claus* sind der Ansicht, umweltschonende Produktionsverfahren würden in der Regel nur unter Verwendung öffentlicher Forschungsgelder entwickelt.[87] Öffentliche Sonderabfallgesellschaften könnten deshalb dazu beitragen, die notwendigen Forschungs- und Entwicklungsaktivitäten aus Mitteln der Abfallwirtschaft zu bestreiten. Zudem ergäbe sich bei rein marktwirtschaftlicher Organisation die Problematik, daß im Hinblick auf die Reduzierung von Umweltbelastungen fortschrittliche und damit teurere Technologien sowohl bei Produktions- als auch bei Entsorgungsanlagen nur aufgrund entsprechender Verordnungen eingeführt werden. Auch hier könnten beseitigungspflichtige staatliche Sonderabfallgesellschaften dazu beitragen, diese Verfahren schneller und reibungsloser einzuführen.[88]

Die Problematik ungenügender Forschungs- und Entwicklungsanstrengungen stellt, falls vorhanden, ebenfalls eine Fehlallokation dar, weil die personellen und finanziellen Ressourcen nicht ausreichend in diesem Aktivitätsbereich eingesetzt werden, obwohl Abfallvermeidung als gesamtwirtschaftlich anzustrebendes Ziel angesehen wird. Wenn die staatlichen Entsorgungsgesellschaften sonderabfallerzeugende Betriebe hinsichtlich abfallvermeidender und abfallverwertender Produktionsverfahren beraten und sie neue Entsorgungstechnologien eigenständig entwickeln und einführen, kann dem Manko unzureichender Forschungsanstrengungen begegnet werden. Auch mit einer Marktschließung und Befreiung von zu starkem Konkurrenzdruck durch Lizenzierung der Sonderabfallentsorger erhofft man sich eine stärkere Bereitschaft dieser Unternehmen, fortschrittliche Entsorgungstechnologien auch dann einzusetzen, wenn sie dadurch ihre Beseitigungspreise erhöhen müßten.

---

86 Vgl. *Bunde/ Zimmermann* (1988), S. 176.

87 Vgl. *Bieler/ Claus* (1988), S. 195.

88 Ebenso *Edom* (1991), S. 81.

4.2.2.3 Natürliches Monopol

Das Vorliegen eines *natürlichen Monopols*, welches durch Kostenverhältnisse gekennzeichnet ist, in der die gesamte Marktnachfrage am kostengünstigsten von einem einzigen Anbieter bereitgestellt werden kann (Kap. 4.1.3.2), wäre ein weiterer ökonomisch gerechtfertigter Grund für Staatseingriffe in den Markt für Sonderabfallentsorgung. Aussagen in der Literatur und in Ländermaterialien zur Sonderabfallpolitik weisen darauf hin, daß dieser Marktversagenstatbestand auch für die Sonderabfallwirtschaft vermutet wird. Es bestehen wiederum enge Beziehungen zu anderen Regulierungsbegründungen, vor allem zum Argument "hohe Kapitalintensität" (Kap. 4.2.2.4), in dessen Zusammenhang eine mangelnde Rentabilität von Entsorgungsanlagen aufgrund unzureichender Auslastung befürchtet wird. Teilt sich die vorhandene Marktnachfrage auf eine größere Zahl von Anbietern auf, ist es für den einzelnen Anbieter wegen geringerer Auslastung eventuell nur noch möglich, mit höheren Stückkosten und damit geringerer Rentabilität zu produzieren. Ob tatsächlich sinkende Durchschnittskosten vorliegen, ist bei der Beurteilung (Kap. 4.2.3.3) zu prüfen.

Argumentiert wird vor allem mit der vermeintlichen Unteilbarkeit der zur Erstellung der Leistung "Sonderabfallentsorgung" nötigen Produktionsfaktoren. Unteilbare bzw. nur in großen Sprüngen variable Faktorbestände führen dazu, daß mit zunehmender Anlagenauslastung die Bedeutung der fixen Kosten sinkt und insgesamt die Stückkosten zurückgehen. Resultat kann eine monopolistische Angebotsstruktur in diesem Wirtschaftszweig sein.

Eine solche Situation wird in erster Linie im Bereich *Sammlung und Transport* vermutet.[89] Hier sei wegen der Besonderheiten der Sonderabfallsammlung der Aufbau eines entsprechend geeigneten Sammel- und Transportsystems erforderlich, weil Sonderabfälle häufig in kleinen Mengen anfallen, in ihrer Zusammensetzung in der Regel sehr verschieden sind und daher jeweils spezieller Transportverfahren bedürfen. Doppelfahrten und nicht ausgelastete Transporte zwischen Abfallerzeuger und Entsorgungsanlage müßten verhindert werden. Dies alles sei kosteneffizient nur von einem zentralen Anbieter zu gewährleisten.

Auch für den Bereich der technischen Anlagen zur *Behandlung der Sonderabfälle* (chemische, physikalische und biologische (Vor-)Behandlung; Verbrennung) wird auf Kostendegressionseffekte bei entsprechenden Kapazitäten hingewiesen.[90] Zum einen machen technische Gegebenheiten eine gewisse Mindestgröße erforderlich, zum anderen können nur ab einer bestimmten Anlagengröße

89 Vgl. dazu *Bieler/ Claus* (1988), S. 195.

90 Vgl. z.B. *Bayerisches Staatsministerium für Landesentwicklung und Umweltfragen* (1977), S. 10.

Sicherheitseinrichtungen zum Schutz von Beschäftigten und Umwelt rentabel verwirklicht werden. Auch Transportkostensteigerungen wegen längerer Anlieferwege würden die sich ergebenden Kostendegressionen nicht kompensieren.

Bei der Beurteilung der hier vorgebrachten Gründe ist die Aufteilung in die Entsorgungsphasen Sammlung/ Transport, Behandlung (inklusive Verbrennung) und Deponierung wieder aufzugreifen, da für alle Bereiche unterschiedliche Kostenkomponenten dominant sind.

4.2.2.4 Hohe Kapitalintensität der Sonderabfallentsorgung

Von den Befürwortern staatlicher Regulierungseingriffe wird darauf hingewiesen, daß die hohen technischen Anforderungen, die z.B. durch die TA Sonderabfall an moderne Entsorgungsanlagen gestellt werden, solche Verfahren sehr kostspielig machen. Das bedeutet, viele mittelständische Entsorgungsunternehmen sind überhaupt nicht in der Lage, die kapitalintensiven Anlagen zu errichten und zu betreiben. Der Verweis auf unzureichende Kapitalausstattung bezieht sich sicherlich nicht nur auf die hohen Investitionskosten, sondern auch auf die (beschränkten) Finanzmittel privater Betreiber zur Abdeckung von Sanierungskosten bei auftretenden Umweltschäden durch den Anlagenbetrieb. Im Falle eines Engagements seien die Unternehmen mit hohen finanziellen Risiken belastet. Bei rein privatwirtschaftlicher Ausgestaltung der Sonderabfallwirtschaft würden sich, so die Argumentation, wegen dieser unternehmerischen Risiken und möglicherweise nicht hinreichender Auslastung der errichteten Anlagen nicht genügend Anbieter finden lassen.[91] Private Aktivitäten kann man nämlich nur dort erwarten, wo eine angemessene Verzinsung des eingesetzten Kapitals gewährleistet ist.

Ungenügende Auslastung zwingt die Anbieter im wettbewerblichen Modell dazu, ihre Preise ggf. sogar unter ein kostendeckendes Niveau zu senken, führt damit zu mangelnder Rentabilität ihrer Investitionen und bedeutet langfristig ein Ausscheiden aus dem Markt. Insofern wäre zu starker Konkurrenzdruck *ruinös* für die Entsorgungsunternehmen. Um diese Gefahr von vornherein auszuschließen, engagieren sich nach Meinung der Befürworter staatlicher Marktzutrittsschranken ohne staatliche Auslastungsgarantien zu wenig Anbieter auf dem Entsorgungsmarkt. Die Folge sei eine *Unterversorgung mit Sonderabfallentsorgungskapazitäten* durch den Markt.

---

91 Vgl. *Landtag Nordrhein-Westfalen* (1987), S. 40.

Im Falle mangelnder Auslastung oder möglicher Überkapazitäten werden in einem funktionierenden Markt die Produktionsfaktoren normalerweise anderen Verwendungsmöglichkeiten zugeführt. In der Sonderabfallwirtschaft sieht man dagegen die Schwierigkeit, daß eine solche Umorientierung der eingesetzten Produktionsmittel wegen der *hohen technischen Spezialisierung* kaum möglich ist. Gerade für diese Fälle hoher sunk costs in Verbindung mit unausgelasteten Kapazitäten wird in der Theorie des Marktversagens die *Gefahr ruinöser Konkurrenz* gesehen.[92]

Es sind verschiedene *Regulierungsinstrumente*, deren Einsatz die hier angesprochenen Aspekte unterstützt. Neben den marktzutrittsbeschränkenden Instrumenten Anschluß- und Benutzungszwang, Andienungspflicht und Lizenzierung dient auch der Grundsatz der Inlandsentsorgung der Rentabilitätssicherung vorhandener oder noch zu schaffender Entsorgungsanlagen.[93] Durch die Einrichtung von landesoffiziellen Sonderabfallentsorgungsgesellschaften mit Anschluß- und Benutzungszwang läßt sich eine Anlagenauslastung durch die Monopolisierung des Angebots erreichen und mittels Andienungspflicht können die Abfallströme so gesteuert werden, daß die einzelnen (privaten) Entsorgungsbetriebe, denen die Sonderabfälle zugewiesen werden, über den Abschluß langfristiger Verträge mit rentabler Auslastung ihrer Anlage rechnen können.[94] Das nordrhein-westfälische Lizenzmodell gibt über die Beschränkung des Kreises der Entsorgungsanbieter diesen eine Absatzgarantie.[95]

---

92 Vgl. Kap. 4.1.3.3.

93 In bezug auf Sonderabfallverbringungen innerhalb der Mitgliedstaaten der EU ist die Sicherung der inländischen Entsorgungsstrukturen angesprochen, weil die wirtschaftliche Existenz einheimischer Beseitigungsunternehmen vor allem dadurch gefährdet sein könnte, daß Unternehmen in anderen Mitgliedstaaten wegen der dort niedrigeren Entsorgungsstandards Entsorgungsleistungen billiger anbieten können (vgl. *von Wilmowsky* (1990), S. 303 und *von Kempis* (1985), S. 354). Vgl. im übrigen Kap. 6.3.3, wie die "Sicherung der Rentabilität der einheimischen Entsorgungsbetriebe" vor dem Hintergrund des EG-Binnenmarktes und des damit verbundenen freien Waren- bzw. Dienstleistungsverkehrs zu beurteilen ist.

94 Vgl. *Edom* (1991), S. 92 oder *Landtag Thüringen* (1991), S. 23. Bei landesoffiziellen Sonderabfallgesellschaften ließe sich auch wie folgt argumentieren: Die rentabilitätssichernde Garantie in Form des Anschluß- und Benutzungszwangs stellt einen finanziellen Ausgleich für die gleichzeitig von diesen Unternehmen übernommenen Kontrahierungsverpflichtungen dar.

95 "Daher müssen staatliche Rahmenbedingungen gewährleisten, daß die Fremd- und Eigenentsorger auch mit hinreichender Auslastung der neugeplanten Anlagen rechnen können. Das ist aber nur möglich, wenn der Wettbewerbsdruck durch Beschränkung des Kreises miteinander im Wettbewerb stehender Anbieter vermindert wird. Ohne hinreichenden Bestandsschutz und Beschränkung des Kreises der miteinander im Wettbewerb

Es zeigt sich wiederum, daß die Regulierungsbegründungen eng miteinander verknüpft sind, weil die zum Zweck der Verhinderung möglicher ruinöser Konkurrenz und Rentabilitätssicherung eingesetzten Instrumente die Bereitstellung eines ausreichenden Beseitigungsangebots und somit Entsorgungssicherheit (Kapitel 4.2.2.5) für die sonderabfallerzeugenden Unternehmen gewährleisten sollen. Darüberhinaus könnte man Auslastungsgarantien auch deshalb befürworten, weil sie Kostenexternalisierungen (Kapitel 4.2.2.1) vermeiden helfen. Den Betreibern von Entsorgungsanlagen würden damit nämlich die Anreize genommen, sich über umweltschützende Normen hinwegzusetzen.[96] Tab. 9 faßt die in diesem Kapitel angesprochenen Aspekte noch einmal zusammen.

Tab. 9: Hohe Kapitalintensität der Sonderabfallentsorgung

Unzureichende Kapitalausstattung privater Unternehmen
- für Investitionen in technisch anspruchsvolle Entsorgungsanlagen,
- zur Abdeckung möglicher zukünftiger Schäden aus dem Anlagenbetrieb;

Gefahr zu geringer Entsorgungskapazitäten wegen Furcht vor
- ungenügender Auslastung und mangelnder Rentabilität der Anlagen,
- hohem Risiko von Sanierungskosten bei Umweltschäden durch den Anlagenbetrieb,
- Überkapazitäten und ruinöser Konkurrenz;

Hohe verlorene Kosten durch fehlende alternative Verwendungsmöglichkeiten für die hochspezialisierten Anlagen;

4.2.2.5 Gewährleistung von Entsorgungssicherheit

Begriffe wie "Müllnotstand" oder "Entsorgungsinfarkt", die mittlerweile seit Jahren einen festen Platz in der öffentlichen Diskussion über die Abfallproblematik haben, verdeutlichen auf anschauliche Weise den Mangel an Anlagenkapazität in der Abfall- und Sonderabfallwirtschaft. Zum Teil wird darauf hingewiesen, daß sich diese Entwicklung in jüngster Zeit insofern verschärft hätte, als bisher genutzte Entsorgungswege, insbesondere in der ehemaligen DDR, weggefallen sind.[97] Landeseigene Gesellschaften oder öffentlich-rechtliche Abfallver-

---

stehenden Entsorger kann es keine Fortschritte geben." (*Landtag Nordrhein-Westfalen* (1987), S. 40).

96 Vgl. *von Wilmowsky* (1990), S. 312 f., der sich kritisch mit diesem Motiv der Rentabilitätssicherung auseinandersetzt.

97 Vgl. *Senat von Berlin* (1992), Begründung zu § 14 Abs. 1 LAbfG-Entwurf Berlin.

bände[98] sollen dazu beitragen, diesen Mangel zumindest abzumildern und damit den sonderabfallerzeugenden Industrie- und Gewerbebetrieben eine gewisse *Entsorgungssicherheit* bieten. Man verspricht sich von den staatlichen Interventionen, eher Wege aus dem befürchteten Entsorgungsnotstand zu finden als durch eine rein privatwirtschaftliche Aufgabenerfüllung.[99] Eine Sicherstellung der Entsorgung ausschließlich über private Unternehmen sei nicht zu verwirklichen, da die Kapazitäten (vor allem der Selbstentsorger) bereits voll ausgelastet seien bzw. diese ihre Kapazitäten nicht für andere Sonderabfallerzeuger zur Verfügung stellen würden.[100]

Die Gewährleistung eines ausreichenden Angebots an umweltverträglichen Entsorgungsmöglichkeiten für die sonderabfallerzeugende Industrie durch staatliche Stellen ist Ausdruck *aktiver Industriepolitik*, da über diesen Weg Produktionsmöglichkeiten und damit auch Arbeitsplätze gesichert bzw. Produktionseinschränkungen wegen fehlender Entsorgungskapazitäten vermieden werden.[101] Ein Entsorgungsangebot, welches nicht nur die bestehende Nachfrage befriedigen kann, sondern darüberhinaus noch preisgünstig ist, wird so vor dem Hintergrund der wachsenden Bedeutung der Entsorgungskosten an den gesamten Produktionskosten zu einem wichtigen *Standortfaktor*. In diesem Sinne äußert sich *Matthiesen*, wenn er schreibt: "Eine sichere und gesicherte Abfallentsorgung ist in unserer Industriegesellschaft unter dem Gesichtspunkt der Standortvorsorge eine wichtige wirtschafts- und strukturpolitische Aufgabe."[102] Sie ist insbesondere für diejenigen (vor allem mittelständischen) Unternehmen von Bedeutung, die auf öffentlich zugängliche Entsorgungsanlagen angewiesen sind und sich die Vorhaltung firmeneigener Kapazitäten nicht leisten können.[103]

Ein weiterer Ausdruck des Ziels "Entsorgungssicherheit" ist die Tatsache, daß durch entsprechende Regelungen in den Abfallentsorgungsplänen der Bundesländer (§ 6 AbfG), etwa die Festlegung von Einzugsgebieten für die von den landesoffiziellen Sonderabfallentsorgungsgesellschaften betriebenen Behandlungsanlagen und Deponien sowie Einfuhrbeschränkungen für Abfälle fremder Her-

---

98 Die Gründung des AAV Nordrhein-Westfalen wurde explizit wie folgt begründet: Mit einer solchen Einrichtung sei gewährleistet, daß für Errichtung und Betrieb der Anlagen, die die in Nordrhein-Westfalen angesiedelten Unternehmen zur Entsorgung benötigen, in jedem Fall ein Träger zur Verfügung steht (vgl. *Landtag Nordrhein-Westfalen* (1987a), S. 27).

99 Vgl. *Landtag Baden-Württemberg* (1990b), S. 4.

100 Vgl. *ders.* (1990), S. 56.

101 Vgl. *Landtag Nordrhein-Westfalen* (1988).

102 *Matthiesen* (1988), S. 399.

kunft (z.B. Genehmigungspflichten für Abfallimporte zu Anlagen der einzelnen Bundesländer), ein wirkungsvolles Instrumentarium zur *Reservierung knapper Entsorgungskapazitäten* für im jeweiligen Bundesland ansässige Unternehmen geschaffen wurde.[104] Es ist nicht auszuschließen, daß sich daraus Produktions- und damit Wettbewerbsvorteile für die durch diese Maßnahmen Begünstigten ergeben. Der *Sachverständigenrat für Umweltfragen* formuliert in bezug auf innergemeinschaftliche Abfallverbringungen den Zusammenhang zur Entsorgungssicherheit folgendermaßen: "Eine Verpflichtung der Mitgliedstaaten auf einen gleichmäßigen, nichtdiskriminierenden Zugang EG-ausländischer Abfallerzeuger zu inländischen Beseitigungsanlagen würde aber angesichts der in vielen Mitgliedstaaten bestehenden Unterkapazitäten die Entsorgungssicherheit ernsthaft gefährden."[105]

Von Wilmowsky weist im Zusammenhang mit der Suche und Durchsetzung von Standorten für Sonderabfalldeponien und -verbrennungsanlagen auf den Aspekt des *"negativen Standortkonfliktes"* hin, welcher ebenfalls zu einer Gefährdung der Entsorgungssicherheit beiträgt.[106] Oben wurde bereits mehrfach erwähnt, daß der Staat im Rahmen seiner Abfallentsorgungsplanung unabhängig davon, ob er selbst Beseitigungsanlagen betreibt, für die Ausweisung von Standorten für zukünftige Entsorgungsanlagen zuständig ist. Da der Errichtung von entsprechenden Betrieben durch die anliegende Bevölkerung und Umweltschutzinteressenverbände häufig erhebliche Widerstände entgegengebracht werden, besteht die Gefahr, daß die politisch Verantwortlichen dieser ihnen obliegenden Aufgabe nicht in ausreichendem Umfang gerecht werden, weil sie wegen der damit verbundenen politischen Probleme eine Gefährdung ihrer persönlichen Interessen (Wiederwahl) befürchten. Die Folge wäre eine Unterversorgung mit dringend benötigten Entsorgungsstandorten.

Die Bürgerwiderstände gegen diese Einrichtungen resultieren aus der Diskrepanz zwischen damit verbundenen Kosten und Nutzen.[107] Die Betroffenen müssen mögliche Umweltbelastungen, zusätzliches Verkehrsaufkommen und einen

---

103 Darauf wurde schon im vorherigen Kapitel hingewiesen.

104 *Von Wilmowsky* führt weitere denkbare Maßnahmentypen zur Bevorzugung einheimischer Abfallerzeuger gegenüber solchen aus anderen EG-Staaten, denn das Argument "Reservierung von Entsorgungskapazitäten für einheimische Abfallerzeuger" gilt nicht nur bundesländerbezogen, sondern ebenso im Verhältnis der EG-Staaten untereinander (vgl. *von Wilmowsky* (1990), S. 165 ff.). Bei der Untersuchung der EG-rechtlichen Zulässigkeit marktbeschränkender Regelungen (Kap. 6) wird es erneut aufzugreifen sein.

105 *Sachverständigenrat für Umweltfragen* (1991), Tz. 501.

106 Vgl. *von Wilmowsky* (1990), S. 219 ff.

107 Vgl. *ebd.*, S. 222.

Attraktivitätsverlust der Region in Kauf nehmen, ohne in adäquater Weise von denkbaren Vorteilen profitieren zu können, da diese sich auf alle Abfallerzeuger und nicht nur auf die in der Gemeinde ansässigen verteilen (geringeres Risiko illegaler Beseitigung, industrielle Entwicklung des Wirtschaftsraumes) oder vergleichsweise unbedeutend sind (zusätzliche Arbeitsplätze und Steuereinnahmen). Die betroffene Standortgemeinde ist daher regelmäßig daran interessiert, daß die Anlage an einem anderen Ort errichtet wird ("St. Florians-Prinzip"), weil sie dadurch in den Genuß der gesamtwirtschaftlichen Vorteile kommt, ohne die lokalen Nachteile in Kauf nehmen zu müssen. Entsorgungsmöglichkeiten im europäischen Ausland kämen den lokalen Politikern in diesem Zusammenhang ebenfalls gelegen.

Mit dem Grundsatz der Inlandsentsorgung, in dem das Bestreben nach Entsorgungsautarkie zum Ausdruck kommt, könnte man dieses "Trittbrettfahren" zulasten anderer Staaten möglicherweise entschärfen und der Gefahr eines "negativen Standortkonfliktes" vorbeugen, weil die verantwortlichen staatlichen Stellen durch das Prinzip gezwungen werden, selbst für die politische Durchsetzung geeigneter Standorte von Entsorgungsanlagen im Inland zu sorgen. Wenn darauf verwiesen werden könnte, daß Sonderabfallexporte nicht möglich sind, wäre es für die Öffentlichkeit u.U. eher nachvollziehbar, daß im eigenen Land Entsorgungskapazitäten geschaffen werden müssen. Insofern ließe sich dem Grundsatz der Inlandsentsorgung auch die Rolle beimessen, einen Beitrag zur Entsorgungssicherheit zu leisten. Tab. 10 stellt die genannten Aspekte nochmals zusammen.

Tab. 10: Gewährleistung von Entsorgungssicherheit

Sicherstellung eines ausreichenden Angebots zur flächendeckenden und abfallspezifischen Sonderabfallentsorgung;
Ausgleich des Wegfalls bisher genutzter Entsorgungswege;
Ausdruck aktiver Industrie- und Mittelstandspolitik zur Sicherung von Produktionsmöglichkeiten und Arbeitsplätzen;
Reservierung von Entsorgungskapazitäten für inländische Unternehmen;
Entschärfung des "negativen Standortkonflikts";
Reduzierung der Abhängigkeit von Entsorgungsmöglichkeiten in anderen Staaten (Entsorgungsautarkie);

4.2.2.6 Finanzierung der Altlastensanierung

Im Grundlagenteil wurde im Zusammenhang mit der Abgrenzung der Sonderabfallwirtschaft von anderen Bereichen der Entsorgungswirtschaft darauf hingewiesen, daß die Altlastenproblematik als solche nicht Gegenstand der Arbeit sein soll.[108] An dieser Stelle ist ein Aufgreifen der Thematik aber unvermeidlich, da die Mittelaufbringung für Zwecke der Altlastensanierung explizit als Grund für die Etablierung staatlicher Eingriffe in den Sonderabfallmarkt genannt wird. Nur die instrumentelle Verbindung der Altlastensanierung mit der Sonderabfallproblematik über die ökonomischen Anreizinstrumente (Lizenzgebühr, Sonderabfallabgaben) und alternative Finanzierungsmöglichkeiten wird im folgenden analysiert und bewertet.[109]

Zur Begründung der instrumentellen Kopplung beider Sachverhalte beruft man sich auf folgende Überlegungen:[110] Erstens stehe die sonderabfallerzeugende Industrie der Altlastenproblematik näher als die Masse der Steuerzahler, zweitens könnten auf sanierten Standorten in Zukunft neue Entsorgungsanlagen nach dem heutigen Stand der Technik entstehen, drittens sei Altlastensanierung unverzichtbar, um eine größere Akzeptanz für notwendige Sonderabfalldeponien zu schaffen und schließlich seien gerade Sonderabfallerzeuger und Betreiber von Sonderabfalldeponien fachlich besonders qualifiziert, bei der Sanierung kontaminierter Standorte mitzuwirken. Die Forderung nach unterschiedsloser Verantwortlichkeit der Industrie für Sonderabfallentsorgung und das Einstehenmüssen für Altlasten bis hin zu einer "kollektiven Schuldzuweisung" sei allerdings nicht gerechtfertigt.

Bevor die unterschiedlichen Finanzierungsmodelle diskutiert werden können, braucht man eine Vorstellung über die ungefähre Größenordnung des zur Sanierung der in der Bundesrepublik vorhandenen Altlasten nötigen Finanzbedarfs. Die *Kosten der Altlastensanierung* ergeben sich in erster Linie aus den dazu notwendigen Arbeitsschritten.[111] Dazu zählen

- die Entwicklung von Sanierungsverfahren für Altlasten,[112]

---

108 Vgl. Kapitel 2.3.2. Vgl. ebd. zum Altlastenbegriff.

109 Das Kriterium "finanzielle Kopplung" von Altlastensanierung und aktueller Sonderabfallentsorgung benutzt *Fichtner* neben der "vertraglichen Institutionalisierung" zur Systematisierung länderspezifischer Handhabungsformen der Sonderabfallentsorgung, vgl. *Fichtner* (1992), S. 97.

110 Vgl. *Salzwedel* (1987), S. 3 f.

111 Vgl. *Sachverständigenrat für Umweltfragen* (1990), Tz. 658.

112 Vgl. dazu *Ruppe/ Lindemann* (Hrsg., 1991), S. 82.

- die Erfassung altlastenverdächtiger Flächen,
- deren Gefährdungsabschätzung und mögliche Sanierung sowie
- die nachträgliche Überwachung und Kontrolle sanierter Flächen.

Kostenbestimmend sind weiterhin[113]

- die Gesamtzahl der altlastenverdächtigen bzw. letztendlich als Altlast eingestuften Flächen,[114]
- das in Abhängigkeit von der bestehenden oder vorgesehenen Nutzung geforderte Sicherheits- und Dekontaminationsniveau und
- ein möglicher Anstieg zu berücksichtigender Sanierungsfälle wegen schärferer rechtlicher Kriterien und Anforderungen im Bereich des Boden- und Gewässerschutzes in der Zukunft (vor allem hervorgerufen durch neue wissenschaftliche Erkenntnisse).

Die Vielzahl der Einflußfaktoren macht eine genaue Prognose des aufzubringenden Finanzbedarfs nahezu unmöglich. Insofern können die in der Literatur genannten Größenordnungen nur Orientierungswerte für die Dimension der Altlastenproblematik sein. *Franzius* schätzte die Kosten für Sanierung und Überwachung von Altablagerungen und Altstandorten in der Bundesrepublik Deutschland (alte Bundesländer) für den Zeitraum 1986 bis 1995 auf 16,84 Mrd. DM.[115] Der *Sachverständigenrat für Umweltfragen* hat diese Zahlen überarbeitet und ging 1990 von einem Finanzbedarf von mehr als 20 Mrd. DM zwischen 1990 und 1999 aus, wobei diese Zahl sicherlich nur als unterste Grenze zu verstehen ist.[116] *Brandt* hält es sogar für realistisch, daß 50 Mrd. DM für die Altlastensanierung aufgewendet werden müssen, und zwar nur auf dem Gebiet der alten Bundesländer.[117] Auch nach 1999 werden noch erhebliche Finanzmittel für die Sanierung belasteter Böden aufzubringen sein. Durch den Beitritt der ehemaligen DDR hat sich zudem die Situation angesichts des in den neuen Bundesländern noch größeren Problemdrucks[118] drastisch verschärft. Dort ist bei vollständiger Erfassung vermutlich mit einer Gesamtzahl von weit mehr als 50000 Ver-

---

113 Vgl. *Sachverständigenrat für Umweltfragen* (1990), Tz. 686 f.

114 Vgl. zum Stand der Verdachtsflächenerfassung in der Bundesrepublik z.B. *Henkel* (1993), S. 64 ff. oder *Umweltbundesamt* (Hrsg., 1991), S. 160 ff.

115 Davon werden 7,6 Mrd. DM für Altablagerungen und 9,24 Mrd. DM für Altstandorte benötigt, vgl. *Franzius* (1986), zitiert nach *Ruppe/ Lindemann* (Hrsg., 1991), S. 86 f.

116 Vgl. *Sachverständigenrat für Umweltfragen* (1990), S. 185.

117 Vgl. *Brandt* (1993), S. 181.

118 Man denke nur an die große Zahl von Rüstungsaltlasten an den ehemaligen Standorten der sowjetischen Streitkräfte und der Nationalen Volksarmee. Vgl. *König/ Schneider* (1993) zur Problematik militärischer Altlasten.

dachtsflächen zu rechnen[119], und man schätzt jährliche Ausgaben von 2 Mrd. DM für deren Sanierung.[120] Es soll an dieser Stelle nicht auf die exakten Zahlen ankommen, zumal diese bisher kaum hinreichend genau abgeschätzt werden konnten, aber die hier genannten Größenordnungen verdeutlichen bereits das Ausmaß der Problematik und die Belastungen, die auf die deutsche Volkswirtschaft in den nächsten Jahren zukommen werden.

Bundeseinheitliche *Rechtsvorschriften zur Altlastensanierung* an sich und insbesondere zu deren Finanzierung gibt es nicht. Das Abfallgesetz macht dazu keine Aussagen, sieht man von dem allgemeinen Grundsatz ab, das Wohl der Allgemeinheit unter anderem nicht durch eine Bodenschädigung zu beeinträchtigen.[121] Allerdings haben sich einige Bundesländer der Problematik angenommen und in ihre Landesabfallgesetze spezifische Regelungen zur Altlastensanierung aufgenommen.[122] Darin geht es in erster Linie um Begriffsbestimmungen, Ziele der Altlastensanierung, die Erfassung und Erkundung altlastenverdächtiger Flächen und die Aufstellung von Verzeichnissen über Altablagerungen und Altstandorte. Zum Teil werden aber auch Aussagen zum Träger der Altlastensanierung[123] und zu ihrer Finanzierung[124] gemacht. Im Hinblick auf die Frage der Finanzierung sind darüberhinaus die Sonderabfallabgabengesetze der Länder Baden-Württemberg, Bremen, Hessen und Niedersachsen relevant, da das Abgabenaufkommen zum Teil für Zwecke der Bodensanierung genutzt wird.[125]

Abb. 13 (nächste Seite) zeigt eine mögliche Systematisierung der in den einzelnen Bundesländern praktizierten *Finanzierungsmodelle*.[126] Den Lösungen auf gesetzlicher Grundlage stehen solche Konzeptionen gegenüber, die auf freiwilliger Kooperation zwischen Bund, Ländern, Gemeinden und der Industrie basie-

---

119 Vgl. *Eisoldt* (1993), S. 248.

120 Vgl. *Kühl* (1991), S. 181. Mitunter werden die voraussichtlichen Gesamtsanierungskosten für die neuen Länder mit Beträgen zwischen 36 und bis zu 270 Mrd. DM veranschlagt (vgl. *Wiegandt* (1992), S. 34).

121 Vgl. § 2 Abs. 1 Satz 2 Nr. 3 AbfG.

122 Vgl. dazu u.a. LAbfG Baden-Württemberg (dritter Teil), LAbfG Niedersachsen (sechster Teil), LAbfG Rheinland-Pfalz (zweiter Teil), LAbfG Sachsen (zweiter Teil), LAbfG Sachsen-Anhalt (sechster Teil) und LAbfG Thüringen (zweiter Teil).

123 Vgl. dazu § 22 LAbfG Hessen und § 29 LAbfG Rheinland-Pfalz.

124 Siehe unten.

125 Vgl. Kap. 3.2.7.1 zu den Sonderabfallabgabengesetzen.

126 Vgl. allg. zur Organisation und Finanzierung der Altlastensanierung z.B. *Kühl* (1990), *Schmeken* (1989), *Benkert* (1987), *Hajen* (1986), *Deutscher Industrie- und Handelstag* (1991) oder *Zimmermann* (Hrsg., 1992), S. 79-94.

ren. Wesentliches Element jeder dieser Konzeptionen ist ihre grundsätzliche *Subsidiarität*. Die Finanzierungsmodelle kommen erst dann zum Tragen, wenn es nicht gelingt, entsprechend dem Verursacherprinzip einen rechtlich Verantwortlichen zu finden bzw. wenn dieser finanziell nicht in der Lage ist, die anstehenden Aufgaben zu bewältigen. Es zeigt sich, daß auf der Seite der gesetzlich verankerten Modelle vor allem die Sonderabfallabgabe und die Lizenzgebühr neben ihren primären Funktionen "Anreizbildung" und (im Falle der Lizenz) "Abschöpfung der wirtschaftlichen Vorteile aus der Lizenznutzung" für Finanzierungszwecke herangezogen werden. Wird der nach Verursacherfinanzierung verbleibende Restbetrag der Sanierungskosten aus öffentlichen Kassen bestritten, ist die Verknüpfung von aktueller Sonderabfallentsorgung und Altlastensanierung aufgehoben.[127]

Abb. 13: Finanzierungsmodelle zur Altlastensanierung

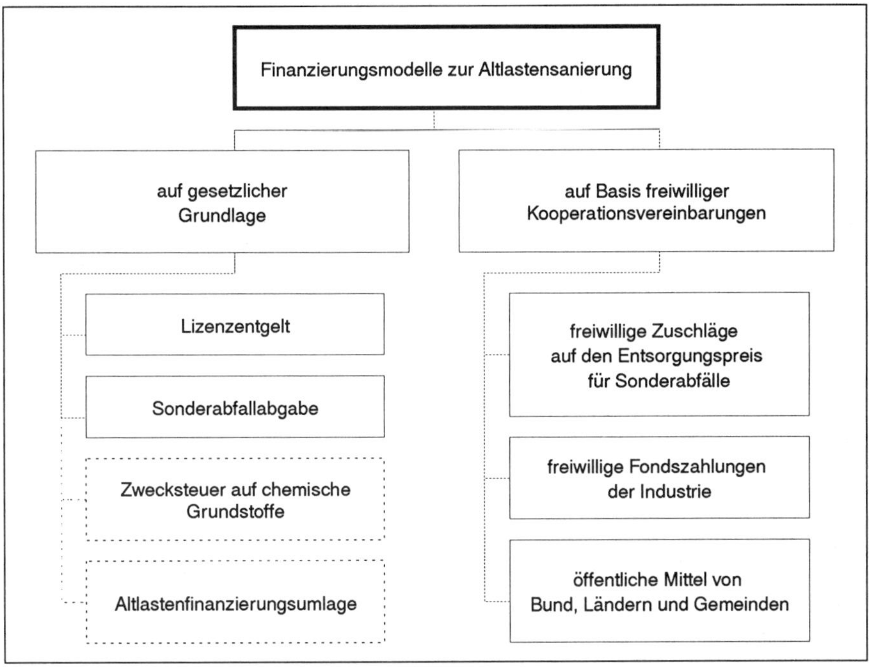

Die *Koordination der Altlastensanierung* geht in einigen Bundesländern teilweise über die Verwaltung der eingenommenen Finanzmittel hinaus und wird mit den gleichen Formen institutioneller Beteiligung der öffentlichen Hand wie in der Sonderabfallwirtschaft ausgeführt. In *Nordrhein-Westfalen* ist als öffentlich-

127 Vgl. *Fichtner* (1992), S. 99.

rechtlicher Zweckverband der Abfallentsorgungs- und Altlastensanierungsverband Nordrhein-Westfalen (AAV) neben seiner Aufgabe, im Falle des Nicht-Aktivwerdens von privaten Abfallerzeugern bzw. Entsorgungsunternehmen selbst Entsorgungsanlagen zu errichten und zu betreiben, auch für die Altlastensanierung zuständig, wenn sich ein haftungsrechtlich Verantwortlicher nicht finden läßt oder die erforderlichen Maßnahmen nicht bezahlen kann. Das Land wiederum überträgt dem Verband zur Erfüllung seiner Aufgaben die Mittel aus dem Lizenzentgeltaufkommen.[128] In anderen Bundesländern existieren Altlastensanierungsgesellschaften als Träger der Altlastensanierung, wobei diese Gesellschaften zum Teil identisch sind mit den jeweiligen Sonderabfallentsorgungsgesellschaften der Länder:[129] *Bayern* hat die Verantwortlichkeit auf die "Gesellschaft zur Altlastensanierung in Bayern" (GAB) übertragen, und in *Niedersachsen* ist seit April 1990 die "Gesellschaft zur Finanzierung der Altlastenbehandlung in Niedersachsen mbH" (GFA) tätig. In *Hessen* und *Rheinland-Pfalz* sind mit der "Hessische Industriemüll GmbH" (HIM) bzw. der "Gesellschaft zur Beseitigung von Sonderabfällen in Rheinland-Pfalz mbH" (GBS) die gleichen Gesellschaften betraut, die auch für die Sonderabfallentsorgung zuständig sind bzw. (in Rheinland-Pfalz) bis Ende 1993 zuständig waren.

Das *Lizenzentgelt*, dessen jährliches Aufkommen auf ca. 50 Mio. DM begrenzt ist, wurde bereits oben (Kap. 3.2.7.2) erläutert, sodaß an dieser Stelle der Hinweis genügen kann, daß die Mittel zusammen mit den Verbandsbeiträgen, welche die nordrhein-westfälischen Eigen- und Fremdentsorger als Zwangsmitglieder dem Entsorgungsverband zur Erfüllung seiner Aufgaben zu leisten haben[130], zu 70% für Zwecke der Altlastensanierung verwendet werden.

In den Abfallabgabengesetzen *Baden-Württembergs*, *Bremens*, *Hessens* und *Niedersachsens* ist als Verwendungszweck der *Sonderabfallabgaben* neben dem schon erläuterten Anreizmotiv die Erkundung und Bewältigung ökologischer Folgelasten, die durch die Handhabung gefährlicher Stoffe und besonders überwachungsbedürftiger Abfälle entstanden sind, vorgesehen.[131]

Nicht relevant für diese Arbeit, aber aus Gründen der Vollständigkeit dennoch aufgeführt, sind zweckgebundene *Steuern auf chemische Grundstoffe* und *Altlastenfinanzierungsumlagen* als weitere mögliche Finanzierungsformen. Eine Grundstoffsteuer auf die Produktion von bestimmten chemischen Substanzen

128 Vgl. § 34 AAVG Nordrhein-Westfalen.

129 Vgl. *Zimmermann* (Hrsg., 1992), S. 82-84.

130 Vgl. § 28 AAVG Nordrhein-Westfalen.

131 Vgl. § 9 LAbfAbgG Hessen, § 10 LAbfAbgG Baden-Württemberg, Bremen, Niedersachsen.

wurde als länderübergreifendes Modell diskutiert[132], ist aber bisher in der Bundesrepublik nicht zum Einsatz gekommen und wird aus verschiedenen Gründen vom *Sachverständigenrat für Umweltfragen* abgelehnt.[133] Da es im übrigen auch kein Instrument ist, das Bedeutung für die Organisation der Sonderabfallwirtschaft hat, wird es bei der Beurteilung nicht weiter berücksichtigt. Auch eine Altlastenfinanzierungsumlage, wie man sie nach § 23 des Hessischen Abfallgesetzes erhebt und in ähnlicher Form als Option im § 21 LAbfG Thüringen vorsieht, kann im folgenden vernachlässigt werden, da hierbei kommunale Entsorgungspflichtige für die in den Haushalten anfallenden Abfälle abgabepflichtig sind.

Die *Modelle auf Basis freiwilliger Kooperationsvereinbarungen* sind dadurch gekennzeichnet, daß sie zeitlich und finanziell begrenzt sind und eine Mischfinanzierung aus Beiträgen der öffentlichen Hand und der Industrie darstellen. Von Seiten der Wirtschaft kommen entweder freiwillige Zuschläge auf den normalen Entsorgungspreis, die zur Sanierung gewerblicher Altlasten eingesetzt werden,[134] oder die Industrie beteiligt sich an der Finanzierung über Beiträge oder Fondszahlungen in ihrer Funktion als Gesellschafter der Altlastensanierungsgesellschaften.[135]

4.2.3 Beurteilung

4.2.3.1 Ökologische Steuerung der Sonderabfallwirtschaft

Die Behauptung, eine Regulierung der Sonderabfallwirtschaft, vor allem durch Andienungspflicht, Anschluß- und Benutzungszwang und landesoffizielle Entsorgungsgesellschaften, sei für eine umweltverträgliche Entsorgungssteuerung

---

132 Vgl. zu diesem Vorschlag *Karl* (1987), S. 57 ff. und *Hajen* (1986), S. 370. Es handelt sich dabei um ein eng an das amerikanische "Superfund"-Modell angelehntes Konzept. Vgl. zum Superfund *Zimmermann* (Hrsg., 1992), S. 89-94 mit weiteren Literaturhinweisen.

133 Vgl. *Sachverständigenrat für Umweltfragen* (1990), Tz. 752-754.

134 Eine solche Regelung besteht in Rheinland-Pfalz und in Hessen, vgl. *Ruppe/ Lindemann* (Hrsg., 1991), S. 90.

135 In Baden-Württemberg hat sich die Industrie allerdings geweigert, sich an der Fondsfinanzierung, mit der ein jährliches Volumen von etwa 100 Mio. DM angestrebt wird, zu beteiligen (vgl. *Sachverständigenrat für Umweltfragen* (1990), Tz. 770). In Bayern waren es die Kommunen, die eine finanzielle Beteiligung am Kooperationsmodell ablehnten (vgl. *ebd.*, Tz. 769).

notwendig, impliziert, der Markt könne ein solches Ziel nicht im erforderlichen Maße gewährleisten. Was ist von dieser Argumentation zu halten?

Grundsätzlich ist die Notwendigkeit staatlicher Regulierung nicht abzustreiten, weil von Entsorgungsanlagen unterschiedlichste Umweltbelastungen und damit potentielle Gefahren für Mensch und Natur ausgehen. Ohne jegliche Intervention ist zu erwarten, daß die Sonderabfallerzeuger entsprechend ökonomisch rationalem Verhalten versuchen werden, den Kostenfaktor "Entsorgung" so gering wie möglich zu halten und dementsprechend solche Anlagen wählen werden, bei denen die Entsorgung so kostengünstig wie möglich ist. Dies sind im Regelfall die Betriebe ohne anspruchsvolle Emissionsvermeidungstechnologien. Allerdings ist darauf hinzuweisen, daß vermeintliche "Billigentsorgung" nicht in jedem Fall umweltgefährdend und mit der Externalisierung von Kosten verbunden sein muß. Eine solche Sichtweise unterschätzt die Bedeutung technischer Verfahrensinnovationen. Jüngstes Beispiel ist das in der Schweiz entwickelte "Thermoselect-Verfahren", dem in ersten Untersuchungen sowohl größere Umweltverträglichkeit als auch geringere Entsorgungskosten als bei herkömmlichen Müllverbrennungsverfahren bescheinigt wird.[136]

Lassen sich negative externe Effekte und damit Marktversagen nicht generell ausschließen, stellt sich die Frage nach dem geeigneten Eingriffsinstrumentarium. Wenn Instrumente mit vergleichsweise geringer Eingriffsintensität ausreichen (und dazu muß man sicherlich die qualitätsregulierenden Vorschriften im Vergleich zu Marktzugangsbeschränkungen und staatlicher Aufgabenübernahme zählen), um negative Externalitäten zu vermeiden, so sollten ausschließlich diese eingesetzt werden. Ein solcher Grundsatz entspräche einer weitestgehend wettbewerblich ausgerichteten Organisation der Sonderabfallwirtschaft.[137]

Werden Sonderabfälle nicht entsprechend der gesetzlichen Vorschriften, also illegal entsorgt, so ist dies weniger auf eine unzureichende Regulierung als vielmehr auf *Vollzugsdefizite* in der Strafverfolgung und eine zu geringe Aufdeckungsquote verbotener Entsorgungshandlungen zurückzuführen. Die Attraktivität illegaler Sonderabfallbeseitigung wird umso größer, je geringer die Gefahr ist, mit strafrechtlichen Sanktionen rechnen zu müssen und je weniger abschreckend die möglichen Strafen sind.[138] Konsequenterweise sollte man auf illegale Entsorgungspraktiken nicht mit einer Abkehr vom marktwirtschaftlichen Modell reagieren, sondern einerseits das Umweltstrafrecht verschärfen und andererseits zur Erhöhung der Aufdeckungsquoten die Kontrollbehörden besser

---

136 Vgl. Kap. 5.1.3 zu diesem Verfahren.

137 Vgl. die "Leitvorstellungen" für eine marktwirtschaftlich ausgerichtete Sonderabfallwirtschaft (Kap. 7.1).

ausstatten.[139] Probleme des Strafrechts sollten nicht in das spezielle Umwelt- bzw. Abfallrecht verlagert und von diesem gelöst werden.

Bei vorwiegend in Haushalten und kleinen Gewerbebetrieben anfallenden Sonderabfallkleinmengen ist ein Hinweis auf Kontrollprobleme schon eher akzeptabel, da hier Sonderabfall an einer weitaus größeren Anzahl von Orten anfällt als in der überschaubaren Gruppe der Unternehmen, bei denen größere Mengen industrieller Reststoffe entsorgt werden müssen. Für die Kleinerzeuger sind Externalisierungsanreize wegen fehlender Kontrollmöglichkeiten seitens der Umweltbehörden nicht von der Hand zu weisen.[140] Dieses Argument wird bei der Organisation der Sonderabfallwirtschaft allerdings auch häufig berücksichtigt, indem das Einsammeln von "Sonderabfallkleinmengen" in der Verantwortung der kommunalen Entsorgungspflichtigen verbleibt und so aus der wettbewerblichen Struktur ausgegliedert wird.[141]

Zur Rechtfertigung der Gründung zentraler landesoffizieller Sonderabfallentsorgungsunternehmen verweist man zum Teil auf "Entsorgungsskandale" in der Vergangenheit.[142] Läßt man auch den Hinweis, diese Erfahrungen wurden vor Inkrafttreten des Abfallgesetzes und der TA Sonderabfall gemacht, angesichts der noch in jüngster Zeit (also nach Inkrafttreten dieser Vorschriften) aufgetretenen illegalen Entsorgungshandlungen (insb. illegale Sonderabfallexporte) nicht gelten, so ist jedenfalls zu beachten, daß nicht nur rein privat betriebene Anlagen, sondern auch solche mit staatlicher Mehrheitsbeteiligung keinen generellen Schutz vor fragwürdigen Entsorgungspraktiken bieten. Dies zeigen z.B. möglicherweise illegale Vorgänge bei der GBS in Rheinland-Pfalz, die zur Aufhebung ihrer Stellung als landesoffizielle Entsorgungsgesellschaft und zur Einrichtung eines parlamentarischen Untersuchungsausschusses geführt haben.[143]

Im Rahmen der Beschreibung der qualitätsregulierenden Staatseingriffe (Kap. 3.2.4.2) wurden bereits die Kontrollmechanismen "Entsorgungsnachweis" und "Begleitscheinsystem" erläutert. Der für maximal 5 Jahre gültige Entsorgungsnachweis bescheinigt für bestimmte Abfälle, die nicht mit den in Haushaltungen

---

138 Vgl. *Karl* (1988), S. 348.

139 Vgl. Kap. 7.2.2.2.

140 Vgl. *Karl* (1989), S. 83.

141 Vgl. z.B. § 4 Abs. 3 Satz 3 Nr. 3 LAbfG Hessen, § 9 Abs. 2 LAbfG Rheinland-Pfalz oder § 5 Abs. 4 LAbfG Thüringen.

142 Vgl. z.B. *Zubiller* (1983), S. 499. In diesem Artikel wird die Gründung der HIM als Folge der Aufdeckung mehrerer Fälle illegaler Beförderungen und Beseitigungen gefährlicher Sonderabfälle dargestellt.

anfallenden Abfällen entsorgt werden können, die Zulässigkeit der vorgesehenen Entsorgung und besteht aus der verantwortlichen Erklärung des Abfallerzeugers, der Annahmeerklärung des Abfallentsorgers und der Entsorgungsbestätigung der für die Entsorgungsanlage zuständigen Behörde. Die tatsächliche Entsorgung läßt sich für die Sonderabfälle mittels des Begleitscheinsystems genau kontrollieren. Sollten in Anbetracht dieses Überwachungssystems trotzdem Probleme auftauchen, so dürften diese in erster Linie auf *Vollzugsdefizite* bei den Überwachungsbehörden und weniger auf "Systemfehler" zurückzuführen sein. Lassen sich Mängel im Vollzug vermeiden, ist mit Entsorgungsnachweis und Begleitscheinsystem prinzipiell schon eine lückenlose Erfassung der Wege des Abfalls möglich. Für Zwecke der Datensammlung über Art, Menge und Anfallort der Sonderabfälle als Grundlage für die abfallwirtschaftlichen Länderplanungen sind Andienungspflicht oder Anschluß- und Benutzungszwang damit entbehrlich.[144]

Darüberhinaus bedarf es für den Betrieb von Entsorgungsanlagen einer Anlagenzulassung, bei der im Planfeststellungsverfahren auch die Umweltverträglichkeit der Anlage geprüft wird.[145] Dadurch ist gewährleistet, daß nur in geeigneten Anlagen entsorgt wird. Weiterhin benötigen Sonderabfalltransporteure eine Einsammlungs- und Beförderungsgenehmigung, wobei ebenfalls die Eignung der Antragsteller überprüft wird.[146] Da die zuständige Behörde mit der Genehmigung eines bestimmten Entsorgungsverfahrens für genau definierte Abfallarten an einem festgelegten Ort zum Ausdruck bringt, welche Vorstellung sie von umweltverträglicher Sonderabfallentsorgung im konkreten Fall hat, ist fraglich, welchen zusätzlichen Nutzen ein Anschluß- und Benutzungszwang im Hinblick auf eine umweltverträgliche Entsorgung haben könnte.[147]

Zur ökologischen Steuerung gehört in den Augen der Regulierungsbefürworter auch die Möglichkeit, auf die Entsorgungsinfrastrukur und die Art der eingesetzten Anlagen Einfluß nehmen zu können. Andernfalls sei die zuständige Behörde nicht in der Lage, die sicherheits- und umwelttechnischen Anforderungen für den von der privaten Entsorgungswirtschaft beantragten Entsorgungstyp über den Stand der Technik hinaus festzusetzen und schon gar nicht die Errichtung

---

143 Vgl. Kap. 5.2.5.

144 Diese Auffassung vertritt auch die Landesregierung von Sachsen-Anhalt, die wegen der bundesweiten Einführung des Entsorgungsnachweises durch die Abfall- und Reststoffüberwachungsverordnung auf die Einführung der ursprünglich im Gesetzentwurf zum Landesabfallgesetz vorgesehenen Andienungspflicht verzichtet und diese nunmehr nur noch optional im Gesetz verankert hat (vgl. *Landtag Sachsen-Anhalt* (1991), S. 32).

145 Vgl. §§ 4 Abs. 1und 7 Abs. 1 AbfG.

146 Vgl. § 12 AbfG und §§ 4 ff. AbfRestÜberwV.

147 Vgl. *von Wilmowsky* (1990), S. 369.

eines anderen Entsorgungstyps (z.B. Verbrennungsanlage anstatt einer Deponie) herbeizuführen.[148] Aber auch innerhalb des Anlagenzulassungsverfahrens wäre bereits eine qualitative Prüfung der Entsorgungsstruktur anhand abfallwirtschaftlicher Zielvorstellungen der Bundesländer möglich[149], sodaß sich in dieser Hinsicht kein Unterschied zwischen marktwirtschaftlicher Lösung ohne rechtliche Marktzutrittsschranken und staatlich gelenkter Sonderabfallwirtschaft ergäbe. Bei der Argumentation darf zudem nicht vergessen werden, daß dem Gesetzgeber, falls politisch durchsetzbar, immer noch die indirekte Beeinflussung der technischen Anforderungen durch eine Formulierung entsprechender Leistungsprofile, etwa in der TA Sonderabfall, offensteht und weiterhin der Zwang besteht, sich gegen eventuelle sicherheitstechnische Schwachstellen durch den Abschluß einer Haftpflichtversicherung abzusichern.[150] Im übrigen sollte die Frage, welcher Anlagentyp zu errichten ist, nicht durch eventuell ideologisch motivierte Vorbehalte gegen das eine oder andere Entsorgungsverfahren (z.B. Ressentiments gegen Müllverbrennung) belastet werden, sondern ganz allein die örtlichen Verhältnisse und die Bedürfnisse der Nachfrager sollten die Entscheidungsgrundlage darstellen.

Bezüglich der Frage, ob von Entsorgungsanlagen auch nach deren Betriebsende für die Umwelt schädliche Einflüsse ausgehen können, wird ebenfalls darauf verwiesen, daß staatlich kontrollierte Entsorgungsunternehmen eher in der Lage seien, solche Gefahren zu vermeiden als vollständig private, gewinnorientierte Gesellschaften. Aber auch für mögliche Folgeschäden aus diesen Altanlagen kann man sich die ökonomischen Anreize eines entsprechend ausgestalteten Haftungsrechts nutzbar machen, welches die Anlagenbetreiber von sich aus veranlaßt, alles Nötige zu tun, um die Langzeitsicherheit der Entsorgungsstandorte zu garantieren. Solche Folgeschäden sind Altlasten, für die sowieso grundsätzlich die Verursacherhaftung als primäres Kostenanlastungsprinzip greift.[151]

Die mit staatlicher Regulierung mögliche Entlastung der Kontrollbehörden ist ebenfalls kein überzeugendes Argument, denn *Karl* verweist zu Recht darauf, daß es nicht unbedingt sinnvoll ist, durch Lizenzzwang, monopolistische staatliche Sonderabfallentsorger bzw. landeseigene Gesellschaften, die lediglich einen begrenzten Kreis privater Entsorgungsunternehmen mit der Behandlung und Beseitigung der angedienten Sonderabfälle beauftragen, den Anbieterkreis klein

---

148 Vgl. *Edom* S. 117 f.

149 Vgl. *Struß* (1991), S. 175.

150 Vgl. auch Kap. 7.3.3 zum Einsatz des Haftungsrechts in der Sonderabfallwirtschaft.

151 Vgl. dazu Kapitel 4.2.3.6.

zu halten, nur um die Kontrollkosten zu verringern.[152] Unbestritten reduzieren sich durch eine geringere Anzahl von zu überwachenden Entsorgern die Kontrollkosten, aber eine Optimierung dieses Kostenblocks bedeutet nicht auch gesamtwirtschaftlich optimale Gesamtentsorgungskosten (inklusive Kontrollaufwendungen).[153] Im übrigen ist auf die denkbare Fehlentwicklung hinzuweisen, daß sich wegen enger personeller Verflechtung von zuständiger Kontrollbehörde und Unternehmensleitung der mit finanzieller Landesbeteiligung betriebenen Sonderabfallgesellschaft möglicherweise Interessenkonflikte ergeben können.[154]

Schließlich ist generell zu fragen, ob Andienungspflicht und Anschluß- und Benutzungszwang in der Realität überhaupt dazu führen, daß eine Abfallenkung nach ökologischen Gesichtspunkten erfolgt. Die zu beobachtenden Kapazitätsengpässe lassen den Verantwortlichen im allgemeinen überhaupt keine Spielräume und Wahlmöglichkeiten. Es ist zu vermuten, daß letztendlich nur wirtschaftliche Gründe ausschlaggebend sind: Insbesondere die Auslastung der Entsorgungsanlagen des staatlichen Entsorgers wird Vorrang haben vor einer "optimalen Verteilung der Belastbarkeitskapazitäten"[155].

Zusammenfassend läßt sich festhalten, das die Bedeutung der qualitätsregulierenden Informationspflichten und Umweltstandards für Anlagensicherheit und zur Gewinnung von Informationen über Sonderabfallmengen und Abfallströme nicht genügend berücksichtigt wird. Lassen sich Probleme in der Ausführung der entsprechenden Vorschriften auf seiten der Umweltverwaltung beseitigen, reichen Entsorgungsnachweis, Begleitscheinverfahren, Anlagenzulassungsverfahren und Einsammlungs- und Beförderungsgenehmigung aus, um eine "ökologische Steuerung" der Sonderabfallströme zu gewährleisten.

Es sei noch kurz der Frage nachgegangen, ob die genannte Tendenz zur "Billigentsorgung" von Seiten sonderabfallerzeugender Unternehmen auf Informationsmängel und *"adverse Auslese"* zurückgeführt werden kann. Wären die Nachfrager nur unzureichend darüber informiert, welche Qualität im Hinblick auf die Umweltverträglichkeit des angewandten Entsorgungsverfahrens von den Entsorgungsunternehmen angeboten wird, so ist denkbar, daß sie im Bewußtsein, die exakte Leistungsfähigkeit ihres Vertragspartners nicht hinreichend genau abschätzen zu können, nur eine geringe Zahlungsbereitschaft entwickeln. Für die Nachfrager ist Qualitätskenntnis deshalb wichtig, weil sie als Entsorgungspflichtige für die ordnungsgemäße Entsorgung ohne Beeinträchtigung der Allgemein-

---

152 Vgl. *Karl* (1988a), S. 55.

153 Vgl. Kap. 5.1 zu den negativen Wirkungen einer Reduzierung des Anbieterkreises.

154 Vgl. dazu Kap. 5.2.5.

155 *Landtag Nordrhein-Westfalen* (1987), S. 41.

heit (§ 2 Abs. 1 Satz 2 AbfG) verantwortlich sind. Sie können Informationen über die qualitative Leistungsfähigkeit der Entsorgungsunternehmen z.B. dadurch gewinnen, daß sie sich die technischen Anforderungen anschauen, die an zugelassene Entsorgungsanlagen gestellt werden. Auch insofern sind qualitätsregulierende Vorschriften sinnvoll, weil sie gewisse Mindeststandards definieren, auf welche sich die Sonderabfallerzeuger verlassen können. Wählen die Sonderabfallbesitzer unter den zugelassenen Anlagen diejenige aus, bei der ihnen die geringsten Entsorgungskosten entstehen, ist dies eine rationale Entscheidung und hätte nichts mit mangelnder Wahrnehmbarkeit von Qualitätsunterschieden zu tun.

Zu denken ist auch an den zweiten Fall asymmetrischer Informationsverteilung in Form des *"moralischen Risikos"*. Die Sonderabfallerzeuger könnten versucht sein, nach Abschluß eines Entsorgungsvertrags vertragswidrig Abfälle mit größerer potentieller Schädlichkeit als vereinbart zur Entsorgungsanlage anzuliefern und damit für den Entsorger das Risiko einer umweltgefährdenden Entsorgungshandlung erhöhen, weil er die Abfälle in Unkenntnis über deren tatsächliche Zusammensetzung falsch behandelt. Diese Form der Unkenntnis kann aber vom Anlagenbetreiber problemlos beseitigt werden, indem er die Zusammensetzung der Reststoffe bei der Anlieferung analysiert. Falls er keine geeignete Laboreinrichtung zur Verfügung hat, kann er auch darauf spezialisierte Dritte einschalten. Als informationserhöhende gesetzliche Regelung ist hier das Begleitscheinverfahren zu werten, welches Probenentnahmen und Stoffanalysen vor der Verbringung in eine Entsorgungsanlage ausdrücklich vorsieht und damit die beschriebene Gefahr beseitigen kann.

Insgesamt bieten hinsichtlich der zuletzt genannten Aspekte asymmetrischer Informationsverteilung der Markt (in Form von Selbstinformation oder Einschaltung spezialisierter Sachverständiger) und die qualitätsregulierenden Vorschriften ausreichende Möglichkeiten, um diese Informationsungleichgewichte abzubauen. Ein weitergehender Regulierungsbedarf besteht insofern nicht.

4.2.3.2 Unterstützung von Vermeidungs- und Verwertungsanstrengungen

Das Argument, ohne entsprechende staatliche Maßnahmen (Marktschließung, Forschungsförderung und Beratung über Vermeidungs- und Verwertungsmöglichkeiten durch landesoffizielle Sonderabfallgesellschaften, Technologieentwicklungsfinanzierung aus dem Sonderabfallabgabenaufkommen) seien von den Sonderabfallerzeugern nur unzureichende Anstrengungen zur Sonderabfallvermeidung und -verwertung zu erwarten (Kap. 4.2.2.2), läßt sich im Hinblick auf *Kostenexternalisierung* aus mehreren Blickwinkeln betrachten:

- Es beinhaltet den Aspekt, daß nicht vermiedene bzw. verwertete Sonderabfälle beseitigt werden müssen und bei ihrer Entsorgung trotz noch so fortschrittlicher Emissionsvermeidungstechnologien Umweltbelastungen hervorrufen können. Damit entspricht die Forderung nach Vermeidung und Verwertung einer konsequenten Fortsetzung des zuvor betrachteten Regulierungsmotivs "ökologische Steuerung".
- Wenn heute Sonderabfälle beseitigt werden, anstatt sie überhaupt nicht anfallen zu lassen, müssen mehr Entsorgungskapazitäten (insb. Deponien) in Anspruch genommen werden, die daher in Zukunft nicht mehr zur Verfügung stehen und später eventuell zu Kapazitätsengpässen führen. Für die nachfolgenden Generationen ergeben sich dann größere Aufwendungen in Form von Produktionsstillegungen und Konsumverzicht, weil die Möglichkeiten zur Deponierung der bei der Produktion entstehenden Sonderabfälle erschöpft sind, weiterhin höhere Forschungs- und Entwicklungskosten für Vermeidungstechnologien, deren Realisierung von früheren Generationen versäumt wurde und schließlich Aufwendungen für die notwendige Bewältigung von Altlasten, die aus heute deponierten Sonderabfällen entstanden sind.[156]
- Vermeidung und Verwertung von Abfällen könnte auch zur Schonung nichterneuerbarer Rohstoffe beitragen; andernfalls stehen die als Sonderabfälle beseitigten Stoffe späteren Generationen nicht mehr zur Verfügung und verursachen somit ebenfalls eine intertemporale Fehlallokation von Ressourcen.

Der letztgenannte Rohstoffaspekt dürfte im Zusammenhang mit Sonderabfällen im Unterschied zu Siedlungsabfällen von weniger großer Bedeutung sein. Es erscheint zumindest fragwürdig, die Sonderabfallpolitik angesichts der unterstellten Gefährlichkeit der Sonderabfallbestandteile auch daran auszurichten, die Sonderabfälle als potentielle Rohstoffbasis zu erhalten. Hier wird dieser Ansatz nicht weiter verfolgt, zumal auch der *Sachverständigenrat für Umweltfragen* dem Aspekt der Rohstofferhaltung im Zusammenhang mit Abfällen keine entscheidende Rolle beimißt und diesen weniger der Abfall- als vielmehr der Rohstoffpolitik zuordnet.[157]

Die als zweites aufgeführte Betrachtungsweise stellt nicht auf die Knappheit der durch Entsorgungsvorgänge beeinträchtigten Umweltmedien ab, sondern auf die (zukünftige) Knappheit der Entsorgungskapazitäten selbst. Diese hängt ganz allgemein davon ab, in welchem Umfang für Entsorgungsanlagen notwendige Produktionsfaktoren (Grundstücke für Behandlungsanlagen oder Deponien, erfor-

---

156 Vgl. Kap. 4.2.3.6 zum letztgenannten Problembereich.

157 Vgl. *Sachverständigenrat für Umweltfragen* (1991), Tz. 1992.

derliche technische Ausstattung, Betriebsmittel usw.) zum Einsatz kommen. Hinsichtlich dieser Güter ist aber im Gegensatz zu den Umweltmedien die Definition und Durchsetzung von Verfügungsrechten prinzipiell ohne weiteres möglich, was nichts anderes bedeutet, als daß sich ihr Einsatz vollständig als private Kosten im Rechnungswesen der Entsorgungsanlagenbetreiber niederschlagen. Ihre jeweilige Knappheit spiegelt sich in den Marktpreisen der Produktionsfaktoren in vollem Umfang wieder und wenn also die Entsorgungsunternehmen genau abschätzen können, wie sich in Abhängigkeit von den einzusetzenden Produktionsfaktoren ihre jeweiligen Entsorgungskapazitäten im Zeitablauf entwickeln, werden rational handelnde Anlagebetreiber ihre Entsorgungspreise entsprechend der Kapazitätsentwicklung ihrer Anlage festlegen. So zustandekommende Preise bilden dann die Grundlage für Entscheidungen der Sonderabfallverursacher über ihr Abfallvermeidungs- bzw. -verwertungsverhalten, sodaß der Marktmechanismus zumindest hinsichtlich der Entsorgungskapazitäten und unter hier noch angenommener Vernachlässigung umweltbezogener Kosten in ausreichender Weise für eine Steuerung der innerbetrieblichen Vermeidungs- und Verwertungspolitik sorgen kann.

Eine Vernachlässigung umweltbezogener Kosten wäre allerdings realitätsfern angesichts des zuerst genannten Aspekts, daß die Sonderabfallentsorgung selbst mit Umweltbelastungen verbunden ist. Sofern diese von den Sonderabfallerzeugern nicht mitberücksichtigt werden und deshalb als externe Kosten von Dritten zu tragen sind, ergibt sich bei einzelwirtschaftlichen Entscheidungen zwischen Vermeidung/ Verwertung einerseits und Beseitigung andererseits eine Verzerrung zulasten ersterer.[158] Angesichts dieses Marktversagens sind Forderungen nach stärkerer Sonderabfallvermeidung und -verwertung durchaus berechtigt, wobei darunter auch Bemühungen zur Reduzierung des Schadstoffpotentials der Abfälle fallen, wenn man unterstellt, daß weniger schädliche Reststoffe bei ihrer Entsorgung auch weniger Emissionen freisetzen.

Vermeidung und Verwertung setzen hinsichtlich der Reduzierung von sonderabfallbezogenen Umweltbelastungen bereits beim Verursacher der Sonderabfälle an und bedingen daher sogenannte *integrierte Vermeidungstechnologien.*[159] Diese sind dadurch gekennzeichnet, daß durch Veränderungen im Produktionsprozess (andere Einsatzstoffe, neue Verfahrenstechniken usw.) weniger Sonderabfälle bei gleichbleibender Produktionsmenge anfallen. Im Unterschied dazu reduzieren *End-of-Pipe-Verfahren* die Schadstoffemissionen erst im nachhinein durch entsprechende technische Maßnahmen. Sie werden in erster Linie bei den Sonderabfallentsorgungsunternehmen eingesetzt. Beide Technologiearten bewirken zwar eine Reduzierung der von Sonderabfällen ausgehenden Umweltrisiken,

---

158 Vgl. *Karl* (1988a), S. 62.

159 Vgl. *Fritsch/ Wein/ Ewers* (1993), S. 105.

aber im allgemeinen sind die integrierten Vermeidungsverfahren vorzuziehen, weil sie End-of-Pipe-Techniken überflüssig machen und die Prozessveränderungen häufig auch Kostenvorteile in anderen Bereichen mitsichbringen.

Die Menge zu beseitigender Sonderabfälle kann generell durch Erhöhung der Rohstoffproduktivität (je Rohstoffeinheit können mehr Güter hergestellt werden), geringeres Abfallaufkommen je produziertem Gut und durch Vermeidung besonders problematischer Reststoffe (z.B. durch Einsatz von Rohstoffen, die später als normaler Abfall entsorgt werden können) vermindert werden (*Abfallvermeidung*). Im Unterschied dazu ist die *Abfallverwertung* nicht in der Lage, für ein dauerhaftes Verbleiben von Materialien im Wirtschaftskreislauf zu sorgen, aber durch Streckung der Nutzungsdauer der verwendeten Stoffe ist zumindest eine Abfallverminderung je Zeiteinheit möglich.[160] Da aber sowohl Vermeidung als auch Verwertung im Vergleich zur Beseitigung zu einer Verbesserung der ökologischen Situation führen können und zeitraumbezogen eine ähnliche Wirkung haben, wird in dieser Arbeit nicht weiter zwischen den Prinzipien unterschieden.

Aus *allokativer Sicht* ist Vermeidung und Verwertung allerdings nicht in jedem Fall die richtige Strategie. Zu beachten sind immer die mit der Alternative verbundenen Kosten (Opportunitätskosten). Verzichtet man auf Abfallverminderungsanstrengungen, nimmt man gleichzeitig den bestehenden Reststoffanfall, die dabei möglicherweise entstehenden Umweltbelastungen und deren Kostenwirkungen in Kauf. Eine Forcierung der Abfallverringerung ist volkswirtschaftlich nur effizient, solange die Aufwendungen für diese Maßnahmen geringer sind als die durch die Abfallvermeidung eingesparten Kosten. Darüberhinausgehende Vermeidungsanstrengungen müssen zu einem Preis erworben werden, der mit dem damit verbundenen Nutzen (in Form höherer Umweltqualität) nicht mehr gerechtfertigt werden kann. Dieser Sachverhalt sei hier anhand des bekannten Schaubildes zur Ermittlung eines "optimalen Umweltbelastungsniveaus" verdeutlicht. Dabei wird die Sonderabfallmenge selbst als schädigende Emission betrachtet, was dann gerechtfertigt erscheint, wenn man unterstellt, daß Abfallmenge und daraus resultierende Umweltbelastung in einem konstanten Verhältnis zueinander stehen.

---

160 Vgl. *Sachverständigenrat für Umweltfragen* (1991), Tz. 412 und 421.

Abb. 14: Grenzkosten von Abfallverursachung und -vermeidung im Vergleich

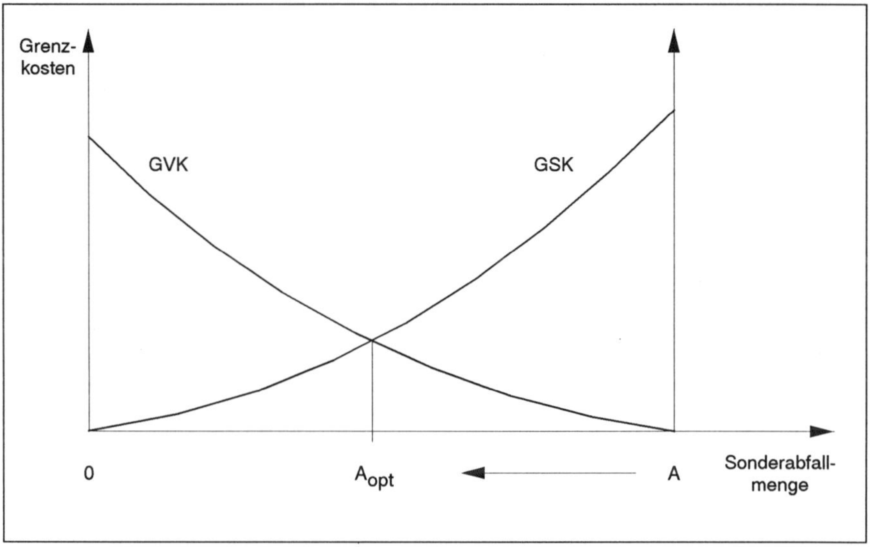

Auf der Abszisse ist das Abfallaufkommen A und auf der Ordinate sind die Grenzkosten für Abfallvermeidung (Grenzvermeidungskosten, GVK) und "Schäden" aus der Abfallentstehung (Grenzschadenskosten, GSK) abgetragen. Es ist plausibel, für beide Kurven die vorstehenden Verläufe anzunehmen, weil zu Beginn (d.h. bei einer Bewegung von A in Richtung A_{opt}) Abfallverminderungsmaßnahmen relativ günstig realisierbar sind (geringe GVK) und sie gleichzeitig eine hohe Umweltwirkung haben (anfangs stark abnehmende GSK). Je größer die Menge vermiedener Abfälle wird, umso kostspieliger sind zusätzliche Vermeidungsanstrengungen (höhere GVK) und umso geringer sind ihr Nutzen bzw. die potentiellen Schäden aus nicht vermiedenen Abfällen (nur noch langsam abnehmende GSK). Eine Verringerung des Abfallaufkommens ist somit nur bis zum Niveau A_{opt} sinnvoll, weil über diesen Punkt hinausgehende Abfallmengenreduzierungen mit Grenzkosten verbunden sind, die oberhalb der Grenzschadenskosten liegen.

Bezüglich der Frage nach der richtigen *Instrumentierung zur Schaffung von Vermeidungs- oder Verwertungsanreizen* könnte man sich grundsätzlich auf den Standpunkt stellen, jedes Mittel, welches höhere Entsorgungskosten verursacht, stelle einen sinnvollen Weg dar, weil es den Sonderabfallerzeugern als Nachfrager von Entsorgungsleistungen Anreize zur Verringerung ihrer Sonderabfallproduktion bietet und damit das Ziel "stärkere Vermeidungs- und Verwertungsanstrengungen" unterstützt. Dazu würden dann auch durch die Marktgegebenheiten verursachte natürliche Monopolstrukturen[161] oder durch staatliche Reglementierung geschaffene künstliche Wettbewerbsreduzierungen zählen, wenn sie Ineffizienzen wegen überhöhter Preise des Monopolisten (Machtproblem) oder verminderte Kostendisziplin staatlicher Gesellschaften zur Folge haben.[162] Überhaupt ließe sich mit dieser Position jede wettbewerblich organisierte Sonderabfallwirtschaft ablehnen, die qualitativ hochwertige Entsorgungsverfahren zu günstigen Preisen bietet, weil dadurch induzierte geringere Abfallvermeidungs- und -verwertungsanreize zu einer zusätzlichen Verschärfung der Problematik beitragen.

Diese Argumentation ist kurzsichtig. Volkswirtschaflich ergibt sich eine Ressourcenverschwendung, da durch eine ineffiziente Bereitstellung des Gutes "Sonderabfallentsorgung" die Produktionsfaktoren nicht in ihrer optimalen Verwendung eingesetzt werden. Bieten die Entsorgungsunternehmen dagegen aus ihrer individuellen Gewinnerzielungsabsicht heraus kosteneffizient an und induzieren über niedrigere Preise Nachfrage nach Entsorgungsmöglichkeiten zulasten von Vermeidungs- und Verwertungsanstrengungen, so kann dies nicht grundsätzlich abgelehnt werden. Wenn dadurch die Faktorbeanspruchung je beseitigter Abfalleinheit reduziert und damit die Produktivität der genutzten Umweltmedien erhöht wird, nutzt man die als akzeptabel angesehenen Emissionsmengen besser aus, kann mehr Sonderabfälle beseitigen und schafft so Spielräume für eine verstärkte Güterproduktion (die sonst wegen fehlender Beseitigungsmöglichkeiten nicht möglich wäre).[163] Durch steigendes Volkseinkommen stehen schließlich gesamtwirtschaftlich mehr Mittel für wirksamen Umweltschutz zur Verfügung und steigen die Chancen für weitergehende umweltschützende Aktivitäten. In Kap. 7.3 werden einige marktwirtschaftliche Instrumente der Umweltpolitik dargestellt, die u.a. dazu beitragen können, volkswirtschaftlich effiziente Vermeidungs- und Verwertungsanreize für die Sonderabfallverursacher zu schaffen.

Es wurde bereits darauf hingewiesen (Kap. 4.1.3.4), daß unternehmerische Forschungs- und Entwicklungsanstrengungen hinsichtlich ihres Ergebnisses und der ökonomischen Nutzbarkeit (Gewinnerzielungsmöglichkeit) unsicher sind und daher häufiger als vermeintliche *Informationsmängel* zur Legitimation staatlicher Markteingriffe herangezogen werden. In der Sonderabfallwirtschaft wird die Generierung und Verbreitung von Innovationen sowohl im Bereich der Vermeidungs- und Verwertungsverfahren (integrierte Technologien) als auch im Bereich umweltfreundlicher Entsorgungstechniken (End-of-Pipe-Verfahren) staatlicherseits gefördert, indem die mehrheitlich staatlichen Sonderabfallgesell-

---

161 Vgl. das nächste Kapitel.

162 Vgl. unten Kap. 5.1.1 und 5.1.2.

schaften teilweise zur Beratung der Sonderabfallerzeuger verpflichtet sind[164] und indem sie als Anlagenbetreiber eigene Forschungsanstrengungen für neue, umweltfreundlichere Entsorgungstechnologien unternehmen.

Ob hinsichtlich vermeintlich zu geringer FuE-Aktivitäten privater Unternehmen tatsächlich Marktversagen aufgrund von Informationsmängeln vorliegt und daher der Einsatz halbstaatlicher Unternehmen gerechtfertigt ist, muß allerdings bezweifelt werden. Bestünden Informationsmängel, so würde eine Entscheidung für staatliche Unterstützung im Grunde die Auffassung implizieren, der Staat könne mit den Informationsmängeln besser umgehen als private Unternehmen. Tatsächlich dürfte es weniger Unsicherheit über die Erfolgschancen von Forschungsprojekten zur Sonderabfallvermeidung sein, die Sonderabfallerzeuger von Forschung und Entwicklung abhält, sondern vielmehr ist zu vermuten, daß die Entwicklung und Verbreitung von Vermeidungs- und Verwertungstechnologien deshalb gefördert wird, weil es bisher nicht ausreichend gelungen ist, durchsetzbare Verfügungsrechte an den Umweltmedien zu statuieren. Solange sich die Umweltnutzung nicht ausreichend im Preis niederschlägt, also negative externe Effekte bestehen, besteht für die Sonderabfallerzeuger auch kein hinreichender Anreiz, mehr zu forschen. Staatliche Förderung integrierter Vermeidungstechnologien soll demnach die diesbezüglichen Unzulänglichkeiten ausgleichen (*kompensatorische Forschungs- und Technologiepolitik*).[165] Das bedeutet aber auch, daß sie zumindest dann überflüssig wird, wenn mittels marktorientierter umweltpolitischer Instrumente dynamische Anreize für die Sonderabfallverursacher geschaffen werden können, sodaß diese von sich aus Vermeidungs- und Verwertungsverfahren entwickeln, um Umweltbelastungen aus der Sonderabfallentsorgung überhaupt nicht entstehen zu lassen.[166]

Eine Argumentation, Forschungsanstrengungen auf dem Gebiet integrierter Vermeidungstechnologien unterblieben deshalb, weil die Forschungsergebnisse nicht hinreichend vor unentgeltlicher Nutzung durch Dritte zu schützen seien, konnte bei der Analyse der Regulierungsgründe nicht festgestellt werden, scheint also offensichtlich hier nicht relevant zu sein. Sie bezieht sich auf das Vorliegen von mit der Forschung verbundenen *positiven* Externalitäten, wie sie dann bestehen, wenn für die Forschungsergebnisse keine Verfügungsrechte definiert worden sind. Dies gilt nach allgemeiner Auffassung für die Grundlagen-

---

163 Vgl. *Hecht* (1991), S. 152 f.

164 Vgl. Kap. 3.2.6.3.

165 Vgl. *Ewers/ Fritsch* (1987), S. 124.

166 Was die Entwicklung umweltfreundlicherer Entsorgungstechnologien durch landesoffizielle Entsorgungsunternehmen angeht, so sei hier auf die dynamische Ineffizienz hinge-

forschung, deren Erkenntnisse in der Regel nicht patentierbar sind.[167] Nur im Bereich von Grundlagenforschung über integrierte Sonderabfallvermeidungstechnologien wäre danach staatliche Förderung angemessen; allerdings ist dafür kein landesoffizielles Entsorgungsunternehmen erforderlich, sondern diese kann auch durch Subventionen an private Unternehmen erfolgen. Patentierbare Entwicklungen sind dagegen vor unentgeltlicher Nutzung geschützt und bieten die Möglichkeit, entweder Vorsprungsgewinne gegenüber anderen sonderabfallerzeugenden Unternehmen zu erzielen oder die Forschungsergebnisse selbst bzw. über private Informationsmittler zu vermarkten.

4.2.3.3 Sonderabfallentsorgung und natürliches Monopol

Um den Regulierungsgrund "natürliches Monopol" für die Sonderabfallwirtschaft als nicht überzeugend zu verwerfen, muß dargelegt werden, daß die Nachfrage nach Entsorgungsdienstleistungen im allgemeinen bzw. nach den einzelnen Teilaufgaben Sammlung, Transport, chemisch-physikalisch-biologische Behandlung, Verbrennung und Deponierung ohne gesamtwirtschaftliche Effizienzverluste auch von mehreren Anbietern durchgeführt werden kann.

Ist ein natürliches Monopol gegeben, so sind dafür zwei *Voraussetzungen* notwendig und hinreichend: Erstens muß eine subadditive Kostenfunktion vorliegen und zweitens muß die am Markt nachgefragte Leistungsmenge kleiner oder gleich der Gesamtmenge sein, für die die Subadditivität letztmalig gegeben ist. Die Untersuchung kann nach der Prüfung der ersten Voraussetzung für den Fall abgebrochen werden, daß sich strenge Subadditivität nicht nachweisen läßt. Da das Phänomen der subadditiven Kostenfunktion im Bereich der relevanten Nachfrage aufzutreten hat, ist zunächst der *relevante Markt* abzugrenzen.

Technisch gesehen ist es in der Regel unproblematisch, Sonderabfälle auch über größere Entfernungen zu transportieren. Das bedeutet, für einen einzelnen Anbieter von Behandlungsdienstleistungen wären unter technischen Gesichtspunkten alle diejenigen Sonderabfallerzeuger potentielle Kunden, bei denen das Transportproblem gelöst werden kann. Abgesehen von der jeweils vorhandenen Kapazität der Entsorgungsanlage gibt es keine technischen Gründe für eine regionale Begrenzung des Gesamtmarktes. Zu beachten sind allerdings rechtliche Schranken (Erlaubnisvorbehalt für länderübergreifende Sonderabfalltransporte, Autarkiebestrebungen der einzelnen Bundesländer bezüglich der Entsorgung),

---

wiesen, die von einer Marktschließung in der Sonderabfallentsorgungsbranche ausgehen kann (Kap. 5.1.3).

die letztendlich zu regional abgegrenzten Märkten führen. Dann muß die Subadditivitätsbedingung nicht mehr über einen so großen Nachfragebereich gelten und ein natürliches Monopol ist schon bei geringerem Sonderabfallaufkommen möglich. Von der rechtlich abgegrenzten Beseitigungsregion ist das nach ökonomischen Gesichtspunkten gebildete Einzugsgebiet einer Abfallentsorgungsanlage zu unterscheiden, wobei neben den Entsorgungskosten der konkurrierenden Nachbaranlagen die Transportkosten eine entscheidende Rolle spielen. Wenn sich konkurrierende Entsorgungsbetriebe in ihren Beseitigungskosten nicht wesentlich unterscheiden, wird ein Nachfrager nach Entsorgungsdienstleistungen die Entscheidung, in welcher Anlage er seine Abfälle entsorgen läßt, von den jeweils entstehenden Transportkosten abhängig machen. Diese wiederum sind von Art und Menge der genutzten Transportmittel und der Verkehrsinfrastruktur abhängig.[168]

In der Literatur wird regelmäßig von steigenden Skalenerträgen und sinkenden Durchschnittskosten auf ein natürliches Monopol geschlossen. Die Fragen, ob auch in der Sonderabfallwirtschaft sinkende Durchschnittskosten vorliegen bzw. ob sich konkrete Hinweise dafür finden lassen, daß sich beim Tätigwerden mehrerer konkurrierender Anbieter wegen dann durchzuführender Mehrfachinvestitionen die Gesamtkosten im Vergleich zum alleinigen Angebot durch ein einzelnes Unternehmen mit entsprechend größeren Kapazitäten erhöhen, werden im Mittelpunkt der nachfolgenden Überlegungen stehen. Müssen diese Fragen verneint werden, ist die Behauptung, im Sonderabfallmarkt bzw. in seinen Teilmärkten liege ein natürliches Monopol vor, nicht überzeugend. Im übrigen wurde bereits darauf hingewiesen, daß selbst bei vorliegender Subadditivität ein daraus resultierendes Monopolunternehmen in der Regel potentielle Konkurrenten in seine Überlegungen miteinbeziehen muß und deshalb davon abgehalten wird, Monopolrenten zu erwirtschaften. Liegen nämlich keine wesentlichen als Marktzutrittsschranken wirkende sunk costs vor, müßte der natürliche Monopolist mit dem Marktzutritt konkurrierender Anbieter rechnen, die ihm seine Monopolposition durch niedrigere Preise streitig machen.

Umfassende empirische *Untersuchungen zu Kostenstrukturen* der Sammlung, Behandlung und Deponierung von Sonderabfällen, welche unabhängig von einer konkreten Entsorgungsanlage generelle Rückschlüsse auf die Durchschnittskostenentwicklung in Abhängigkeit von den zu entsorgenden Sonderabfallmengen

---

167 Vgl. *Ewers/ Fritsch* (1987), S. 112 f. zu externen Effekten im Zusammenhang mit staatlicher Forschungsförderung.

168 Vgl. *Hecht* (1991), S. 135.

zuließen, gibt es bisher nicht.[169] Studien, die die Kostenstrukturen spezieller technischer Verfahren in den Bereichen Behandlung, Verbrennung oder Deponierung untersuchen, helfen hier nicht weiter, da angesichts der in dieser Arbeit notwendigen Verallgemeinerung auf Querschnittsanalysen unterschiedlicher Entsorgungsanlagen, die mittels einheitlicher Parameter vergleichbar gemacht wurden, oder auf Kostenuntersuchungen von am Markt befindlichen und praxisbewährten "Standardtechnologien" zurückgegriffen werden müßte.

Eine solche Querschnittsanalyse stellt für den Bereich der *Siedlungsabfälle* die Studie von *Hillebrandt* im Auftrag des *Umweltbundesamtes* dar.[170] Die Untersuchung hatte die Aufgabe, für verschiedene Abfallbeseitigungsverfahren (Verbrennung, Kompostierung, geordnete Ablagerung) technische Daten (Auslegungsdaten, Art und Menge der benötigten Hilfs- und Betriebsstoffe, Personalbedarf) zu ermitteln, entsprechende Investitionsaufwendungen in Abhängigkeit wichtiger Einflußgrößen wie Grunderwerb, Anlagengröße, maschinen- und elektrotechnische Ausstattung oder Berater- und Genehmigungskosten zu kalkulieren und daraus schließlich die Betriebskosten zu berechnen. Diese setzen sich aus Festkosten (Verzinsung und Abschreibung des eingesetzten Kapitals, Aufwendungen für Wartung, Reparaturen, Personal, Betriebsstoffe, Steuern und Versicherung) und vom Durchsatz abhängigen Proportionalkosten zusammen. Untersucht wurden 54 Verbrennungsanlagen und 40 Deponien, bei denen zwar jeweils einige einheitliche Randbedingungen vorgegeben wurden[171], die sich aber hinsichtlich der verwendeten Einheitsgrößen und anderer Parameter unterscheiden. Die Einheitsgrößen orientieren sich an am Markt befindlichen und praxisbewährten Kapazitätsauslegungen, und man geht davon aus, daß jede Ausbaustufe als eine in sich abgeschlossene Beseitigungsanlage anzusehen ist, da Erweiterungen in der Regel wirtschaftlich nicht vertretbar seien.[172]

---

169 Vgl. allgmein *Windisch* (1987), S. 52 ff. zur empirischen Überprüfung natürlicher Monopole.

170 Vgl. *Hillebrandt* (1982). Bei dieser Studie handelt es sich um eine Neufassung und Aktualisierung der vom *Umweltbundesamt* 1978 herausgegebenen Kostenstrukturuntersuchung (vgl. *Goepfert/ Reimer* (1978)). Vgl. zur Aufgabenstellung der Studie und zu Nebenbedingungen und untersuchten Anlagenvarianten *Hillebrandt* (1982), S. 3 ff.

171 Für die Verbrennungsanlagen wurden u.a. einheitlich festgelegt: Einsatz mehrstufiger Rostfeuerung, Rauchgasreinigung, prinzipielle Stromerzeugung. Bei den Deponien bestanden gleiche Voraussetzungen hinsichtlich folgender Parameter: Hochdeponie mit Kippkantenbetrieb, keine Vorzerkleinerung der eingebrachten Abfälle, mobiles Gerät zum Einbau der Abfälle in den Deponiekörper, Nutzungsdauer 20 Jahre.

172 Vgl. *Hillebrandt* (1982), S. 5.

Abb. 15: Verlauf der durchschnittlichen Betriebskosten bei Siedlungsabfallverbrennung und -deponierung für ausgewählte Technologievarianten in Abhängigkeit vom Jahresdurchsatz (in DM/ Tonne)[173]

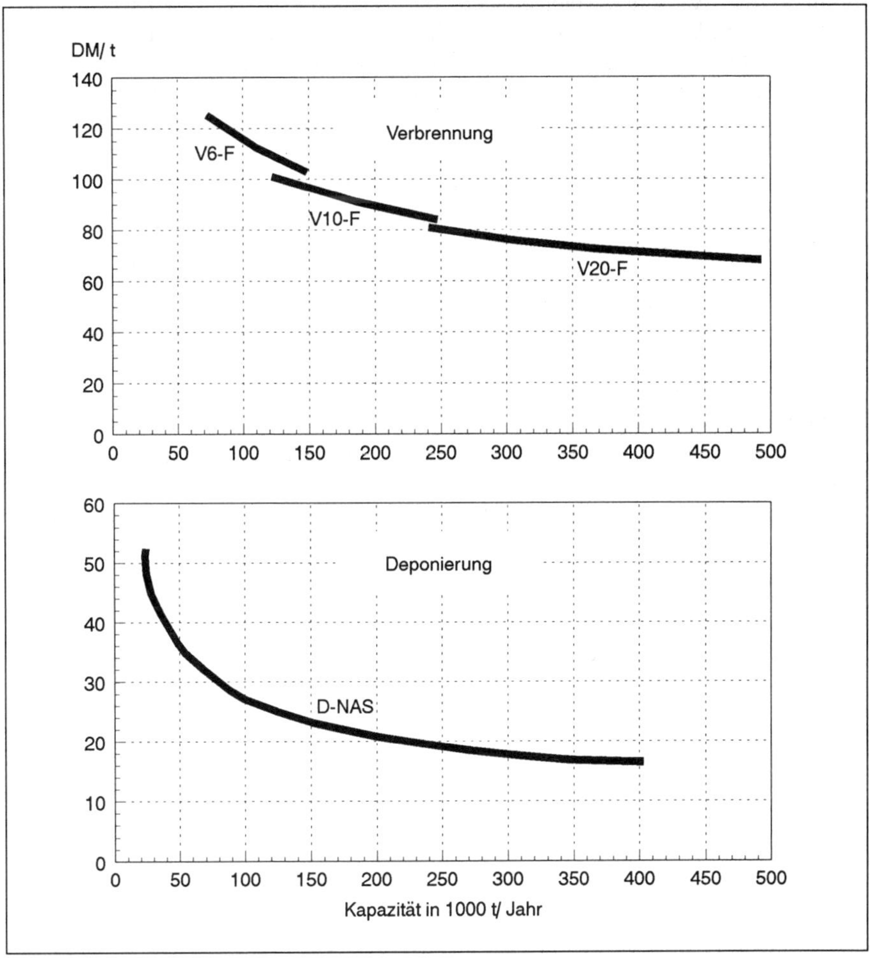

(Quelle: *Hillebrandt* (1982), Tabellen A 77.1 und A 77.3)

173 Jeweils ohne Berücksichtigung von Erlösen; Varianten bei Sonderabfallverbrennung: inklusive Fernwärmenutzung (F), installierte Leistung 6 t/h (V6-F), 10 t/h (V10-F) und 20 t/h (V20-F); Variante bei geordneter Ablagerung: D-NAS, d.h. natürliche Bodenabdichtung (N), Sickerwasserbehandlung in kommunalem Klärwerk (A), Böschungsneigung 1:3 (S).

Aus den Betriebskosten lassen sich für die einzelnen Anlagenvarianten durchschnittliche Entsorgungskosten je Tonne Abfall ("spezifische Gesamtkosten" in DM/t) ermitteln. Exemplarisch sind in Abb. 15 (vorherige Seite) die Durchschnittskostenverläufe zweier ausgewählter Deponie- bzw. Verbrennungsanlagenkonfigurationen graphisch dargestellt. Für die anderen Varianten ergibt sich qualitativ das gleiche Bild permanent sinkender Durchschnittskosten im untersuchten Kapazitätsbereich, sodaß die Beschränkung auf zwei Verfahrensvarianten gerechtfertigt erscheint.

Es muß allerdings bezüglich des praktischen Nutzens der Studie für diese Arbeit einschränkend folgendes angemerkt werden: Abgesehen davon, daß sich die Untersuchung auf Verfahren zur Beseitigung von Siedlungsabfällen bezieht und daher die für die Berechnung der "spezifischen Gesamtkosten" zugrundegelegten Anlagenkonfigurationen, Investitions- und Betriebskosten möglicherweise nicht ohne weiteres auf die Sonderabfallwirtschaft übertragen werden können[174], berücksichtigt die Studie nicht den Einfluß der Sammel- und Transportkosten. Diese müssen bei der Ermittlung der gesamten Entsorgungskosten zu den Investitions- und Betriebskosten (inklusive Flächenkosten) hinzugerechnet werden.[175] Zumindest dem ersten Einwand kann man mit dem Hinweis begegnen, daß auch bei Anlagen der Sonderabfallentsorgung ein ähnlicher Verlauf der Betriebskosten angenommen wird, wie die Abbildung auf der folgenden Seite verdeutlicht.

---

174 Hier mag der Hinweis genügen, daß hinsichtlich der Umweltschutzeinrichtungen für die einzelnen Varianten der Stand der Bundesgesetzgebung und der Genehmigungspraxis von 1976 zugrundegelegt wurde (vgl. *ebd.*, S. 5 f.). Es ist zu vermuten, daß solche Vorkehrungen bei Sonderabfallentsorgungsanlagen wegen höherer Gefährdungspotentiale bei den Investitionskosten prozentual stärker ins Gewicht fallen. Im übrigen dürften angesichts der in den letzten 15 Jahren gestiegenen Umweltschutzanforderungen die Aufwendungen für Luft-, Boden- und Gewässerschutz relativ stärker angestiegen sein als die Aufwendungen für die sonstige technische Ausstattung.

175 Siehe unten.

Abb. 16: Verlauf der Betriebskosten für Sonderabfall-Behandlungs- und Beseitigungsanlagen in Abhängigkeit von der Jahreskapazität (in DM/Tonne)

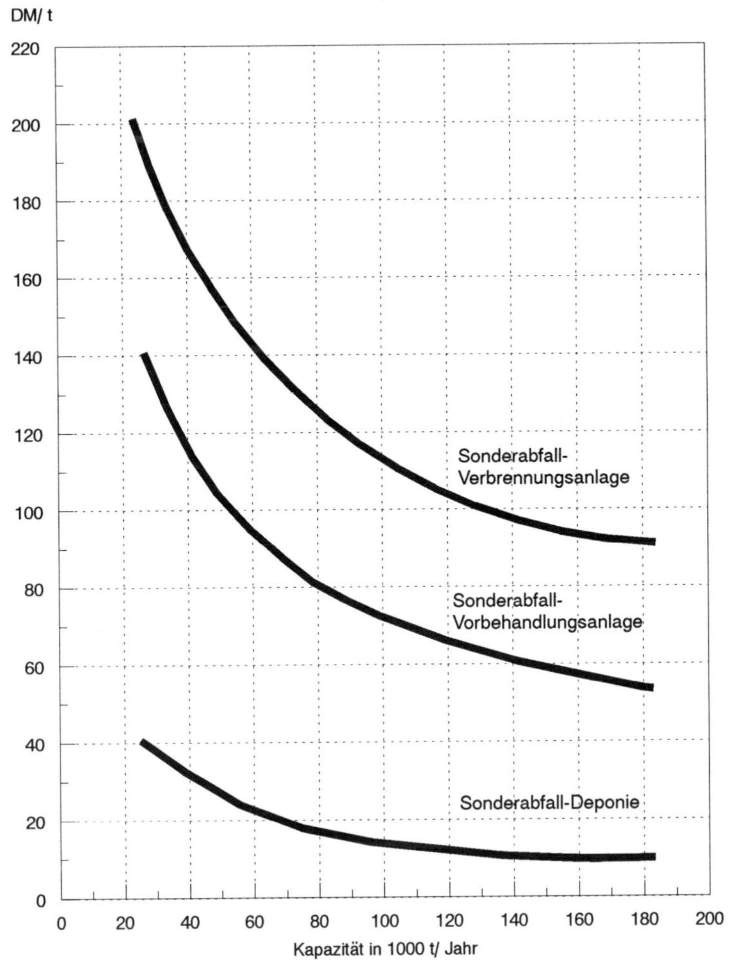

(Quelle: *Hessische Landesanstalt für Umwelt*, zitiert nach *Kuntscher* (1978), S. 474)

Da die Erkenntnisse aus den empirischen Kostenstrukturuntersuchungen für eine abschließende Beurteilung aber insgesamt nicht ausreichen, muß die weitere Argumentation auf *Plausibilitätsüberlegungen* gestützt werden. Dabei sind die drei Bereiche

- Sammlung und Transport,
- Behandlungsanlagen (inklusive Sonderabfallverbrennung) und
- Deponierung

gedanklich zu trennen, da für sie einzelne Kosteneinflußgrößen von unterschiedlicher Bedeutung sind. Generelle Untersuchungen in verschiedenen Branchen lassen darauf schließen, daß auch in klassischen monopolistischen Wirtschaftszweigen (vor allem im Verkehrs-, Telekommunikations- und Versorgungsbereich) Subadditivität, wenn überhaupt, nur in einzelnen Produktionsstufen vorliegt.[176]

In den drei Marktsegmenten müssen Produktionsfaktoren individuell eingesetzt werden[177], wobei diese Faktoren auf Beschäftigungsänderungen (Veränderungen der zu entsorgenden Sonderabfallmengen) unterschiedlich variabel reagieren. Von der physischen Teilbarkeit der eingesetzten Faktoren hängt ab, inwieweit sich fixe Kosten bei den Stückkosten bemerkbar machen. Können die Faktoren in ihrer Kapazität gut an die zu befriedigende Nachfrage angepaßt werden, entstehen kaum Leerkosten[178], und eine bedeutende Fixkostendegression läßt sich nicht feststellen. Unteilbarkeiten bzw. eine nur in Intervallen mögliche Kapazitätsanpassung haben dagegen innerhalb der einzelnen Kapazitätsgrenzen, an denen wieder eine Anpassung des Faktorbestandes vorgenommen wird, sinkende Durchschnittskosten zur Folge, weil der auf eine Tonne zu entsorgender Sonderabfälle entfallende Anteil der sprungfixen Investitionskosten permanent abnimmt.[179]

Wären die Verhältnisse in der Sonderabfallwirtschaft durch Unteilbarkeit der benötigten Produktionsfaktoren im Bereich der relevanten Nachfrage gekennzeich-

---

176 Vgl. *Kruse* (1989), S. 15. In dieser Untersuchung wurde u.a. für den Hausmüllsektor festgestellt, Subadditivität liege bei der Sammlung vor und sei für die Verbrennung zumindest fraglich. Wesentliche Irreversibilitäten wegen hoher sunk costs wären im Teilbereich "Sammlung" gering und in der Müllverbrennung wiederum fraglich. Dementsprechend sei eine ausgeprägte Monopolresistenz, welche die disziplinierende Wirkung potentieller Konkurrenten verhindert, in der Hausmüllentsorgung nicht zu erwarten.

177 Der Faktor "Boden" wird für Anlagenstandorte und Deponieflächen, "Arbeit" für das zur Bedienung der Sammel- und Transporteinrichtungen und für den Anlagen- und Deponiebetrieb eingesetzte Personal und "Kapital" wird für die Anlageninvestitionen und Betriebsausstattungen benötigt.

178 Dies ist der auf die nichtgenutzte Kapazität entfallende Teil der fixen Kosten.

179 Vgl. *Karl* (1988a), S. 56.

net, müßte jeder der konkurrierenden Anbieter in die zur Leistungserstellung nötigen Anlagen und Betriebsmittel investieren (Mehrfachinvestitionen), was wiederum volkswirtschaftlich ineffizient ist wegen der dann durch die nicht ausgelasteten Kapazitäten entstehenden Leerkosten. Hinweise auf sinkende Durchschnittskosten bzw. Unteilbarkeiten erhält man, indem für die drei Entsorgungsstufen Sammlung/ Transport, Behandlung und Deponierung wesentliche *Kostenkategorien* überprüft werden. Vor allem für die Deponien, aber natürlich auch für die Behandlungs- und Verbrennungsanlagen müssen geeignete Grundstücke erworben werden (Flächenkosten), die Investitions- und Betriebskosten sind der Hauptkostenbestandteil bei den Behandlungsanlagen, und bei der Sonderabfallsammlung fallen definitionsgemäß Sammel- und Transportkosten an.[180]

In der Literatur gibt es unterschiedliche Einschätzungen über den prozentualen Anteil der *Sammel- und Transportkosten* an den gesamten Entsorgungskosten. Sicherlich sind die Prozentsätze in der Sonderabfallentsorgung wegen der aufwendigeren und damit kostspieligeren Behandlungs- und Entsorgungstechnologien nicht so hoch wie im Hausmüllbereich. Im Umweltgutachten des *Sachverständigenrates für Umweltfragen* wurde 1978 davon ausgegangen, daß diese Kostenkategorie bis zu 2/3 der Gesamtkosten ausmacht.[181] Neuere Quellen beziffern den Anteil der Transportkosten am Entsorgungspreis mit 10 bis 30 %.[182] Der Transportkostenanteil richtet sich u.a. danach, wie zentralisiert oder dezentralisiert der Sonderabfall anfällt. Daher wäre es unter Transportkostenaspekten sinnvoll, die Anlage möglichst dort zu errichten, wo sich der Schwerpunkt des Aufkommens befindet.[183] Unbestritten dürfte zudem sein, daß der Prozentanteil transportbezogener Kosten umso größer ist, je weiter der Ort des Abfallanfalls vom Standort der Entsorgungsanlage entfernt ist, da die Abfälle dann über eine größere Entfernung transportiert werden müssen. Bei großen Einzugsgebieten für die einzelnen Entsorgungsstandorte werden die Transportstückkosten je Tonne Sonderabfall ansteigen, wobei zu vermuten ist, daß diese Erhöhung annähernd proportional zur Entfernung erfolgt. Diese Erkenntnis muß festgehalten werden, da sie für die Beurteilung des Durchschnittskostenverlaufs der gesamten Behandlungs- bzw. Deponierungskosten (inklusive Sammel- und Transportstückkosten) von Bedeutung ist.[184]

Sonderabfallsammlung stellt eine flächenbezogene Dienstleistungsversorgung dar, wenn in einer Beseitigungsregion die einzelnen Erzeuger vom Transportun-

---

180 Vgl. zur folgenden Analyse der verschiedenen Kostenkomponenten *ebd.* , S. 57-59.

181 Vgl. *Sachverständigenrat für Umweltfragen* (1978), S. 193.

182 Vgl. *Landtag Saarland* (1991), S. 2.

183 Vgl. *Sachverständigenrat für Umweltfragen* (1991), Tz. 433.

ternehmen angefahren werden, um die Sonderabfälle abzuholen. Wird vermutet, hier ergebe sich Subadditivität aus Dichtevorteilen (Nachbarschafts- oder Agglomerationseffekte) wegen Durchschnittskostendegressionen bei steigendem Mengenabsatz je Flächeneinheit, so ist festzustellen, daß sich die Verhältnisse zwischen Hausmüllentsorgung und der Entsorgung industrieller Abfälle unterscheiden. Sonderabfälle fallen nicht gleichmäßig verteilt (etwa in Wohngebieten) und an sehr vielen Punkten an, sondern die Anzahl der Sonderabfallerzeuger ist sehr viel kleiner. Sie verteilen sich auch nicht so in der Fläche, daß ein wiederholtes Abfahren gleicher Strecken, welches bei Konkurrenz in der Hausabfallsammlung eventuell erwartet werden könnte, generell zu befürchten wäre.[185] Auch auf in Haushalten und in Gewerbebetrieben anfallende Sonderabfallkleinmengen, deren Situation sich bezüglich der räumlichen Verteilung des Abfallanfalls eher mit den Haushaltsabfällen vergleichen läßt, kann man sich nicht berufen, da deren Entsorgung vielfach auch heute schon im Tätigkeitsbereich der entsorgungspflichtigen Körperschaften verbleibt und explizit vom Aufgabenspektrum der jeweiligen Träger der Sonderabfallentsorgung ausgeschlossen ist. Damit werden diese Abfälle schon vom Sammel- und Transportsystem für kommunale Abfälle erfaßt.

Die zur Leistungserstellung nötigen Produktionsfaktoren im Sammel- und Transportbereich sind nicht durch Unteilbarkeit gekennzeichnet, denn die einzusetzenden Betriebsmittel (z.B. Transportfahrzeuge) lassen sich sehr präzise an die jeweilige Nachfrage anpassen[186] und ohne weiteres auf mehrere Anbieter aufteilen. Es spricht nichts dagegen, die optimale regionale Marktstruktur durch Wettbewerb zu suchen, anstatt diese durch Lizenzierung und Gebietsschutz regulativ festzulegen. Das z.B. im Eisenbahnverkehr bezüglich der parallelen Verlegung von Schienennetzen genannte Gegenargument "Verhinderung ineffizienter Mehrfachinvestitionen wegen hoher sunk costs" sticht hier ebenfalls nicht, weil die Unternehmen ihre Fahrzeuge notfalls wieder verkaufen können. Sie werden zum Teil zwar speziell für Sonderabfallsammlung und -transport konstruiert, sind aber sicherlich in der Regel auch in anderen Verwendungen einsetzbar. Einer marktwirtschaftlichen Lösung entspräche es, über den Wettbewerb die optimale Betriebsgröße der Sonderabfalltransporteure herauszufinden. Stellt sich heraus, daß letztlich nur ein Unternehmen die Sonderabfälle einer Region effizient sammeln und zu den Zwischenlagern, Behandlungsanlagen und Deponien transportieren kann, ist zwar ein regionales Monopol entstanden, aber es handelt

---

184 Siehe unten.

185 Im übrigen kommt *Schweitzer* zu dem Ergebnis, daß selbst im Teilmarkt "Sammlung und Transport von Hausabfällen" ein natürliches Monopol nicht vorliegt (vgl. *Schweitzer* (1990), S. 132 f.).

186 Große Mengen können mit schweren Lastkraftwagen transportiert werden, und für Sonderabfallkleinmengen lassen sich, wenn nötig, kleine Personenkraftwagen einsetzen.

sich um ein angreifbares. Der Monopolist kann allenfalls sehr begrenzt Monopolrenten erwirtschaften und Regulierungsbedarf besteht insofern nicht.

In der Produktionsstufe *Behandlung und Verbrennung* ist es vor allem das Verhalten der Marktteilnehmer, welches darauf schließen läßt, daß gravierende Unteilbarkeiten und Subadditivität in diesem Bereich nicht vorliegen. Dafür spricht zunächst die Tatsache, daß insbesondere die großen Sonderabfallverursacher ihre Rückstände in erster Linie in betriebseigenen Anlagen entsorgen. Dies würden sie nicht tun, wenn sie die jeweilige Anlagenkapazität nicht hinreichend genau an ihren individuellen Entsorgungsbedarf anpassen könnten und ihnen damit hohe Leerkosten bei nicht vollständiger Auslastung entstünden.

Zum anderen sprechen auch die Kapazitätsgrößen der schon bestehenden Behandlungs- und Verbrennungsanlagen gegen das Vorliegen von relevanten Unteilbarkeiten. Man kann zwar davon ausgehen, daß technische Gegebenheiten eine gewisse Mindestgröße erforderlich machen und eine Erweiterung der Anlagenkapazität nicht kontinuierlich, sondern nur in Sprüngen mit entsprechend sprungfixen Kosten möglich ist.[187] Aber die technischen Mindestgrößen sind wiederum nicht so hoch, daß sie die Konzentration der relevanten Marktnachfrage auf eine einzige Entsorgungsanlage erfordern würden. Dies zeigt sich beispielsweise darin, daß in Sachsen-Anhalt angesichts des in diesem Bundesland zu erwartenden Sonderabfallaufkommens in 1992 von einem Planungsbedarf von zwei chemisch-physikalischen Behandlungsanlagen, zwei Sonderabfallverbrennungsanlagen und jeweils einer oberirdischen bzw. untertägigen Deponie ausgegangen wurde.[188] Durch größere Anlagen möglicherweise zu erzielende Durchschnittskostensenkungen können also nicht ein so entscheidender Faktor sein, daß sie den Bau mehrerer Anlagen mit geringerer Kapazität verhindern würden, denn sonst müßte man für Sachsen-Anhalt konsequenterweise nur jeweils eine Entsorgungsanlage mit entsprechend größeren Kapazitäten planen.

Karl geht bei den Behandlungs- und Beseitigungsanlagen von einem u-förmigen Verlauf der Durchschnittskostenfunktion aus, ohne dies jedoch hinreichend zu begründen.[189] Gleichwohl ist die Annahme plausibel, wenn man sich folgendes vor Augen hält: Zunächst einmal zeigt die allgemeine ökonomische Erfahrung, daß steigende Betriebsgrößen zunehmenden Verwaltungs- und Koordinationsaufwand erforderlich machen und es wegen abnehmender Überschaubarkeit bzw. zunehmender Bürokratisierung zu verstärkten organisatorischen Ineffizien-

---

187 Vgl. *Karl* (1988a), S. 58.

188 Vgl. *Deutscher Bundestag* (1992), S. 30.

189 Vgl. *Karl* (1988a), S. 58.

zen kommen kann (erhöhte unternehmensinterne Transaktionskosten).[190] Es ist nicht ausgeschlossen, daß diese Kostenkomponenten ab einer bestimmten Betriebsgröße so bedeutend werden, daß sie mögliche Fixkostendegressionen überkompensieren und steigende Durchschnittskosten verursachen. Darüberhinaus unterstützen zusätzlich notwendige Emissionsminderungsmaßnahmen bei Vergrößerung der Anlagenkapazität die These vom u-förmigen Verlauf der anlagenbezogenen Durchschnittskosten.[191] Wenn man davon ausgeht, daß bei einer Verdoppelung der Anlagenkapazität keinesfalls auch die doppelte Menge an Emissionen ordnungsrechtlich zugelassen wird, weil es noch weitere Emissionsquellen gibt und die Schadstoffaufnahmefähigkeit der knappen Umweltmedien im unmittelbaren Bereich der Anlage begrenzt ist, dann müssen zusätzliche Maßnahmen zur Emissionsminderung durchgeführt werden. Sind diese nur unter Inkaufnahme steigender Grenzkosten zu realisieren, wird die Abnahme der durchschnittlichen Anlagenkosten (ohne Umweltschutzkosten) durch zunehmende Schadstoffvermeidungskosten gebremst. Hat die Anlage eine bestimmte Größe erreicht, steigen die durchschnittlichen Entsorgungskosten (inklusive Kosten der Emissionsminderung) wieder an. Schließlich sind auch die schon erwähnten Transportstückkosten zu berücksichtigen. Je größer die Entsorgungsanlage dimensioniert ist, umso mehr Abfälle benötigt sie zur wirtschaftlichen Auslastung. Dazu muß der Einzugsbereich der Anlage ausgedehnt werden, und die Sonderabfälle sind aus größeren Entfernungen heranzutransportieren. Das verursacht permanent steigende durchschnittliche Transportkosten und insgesamt einen u-förmigen Verlauf der totalen Entsorgungsstückkosten.[192]

Und wenn sich die Gesamtnachfrage nach Beseitigungskapazitäten zur Zeit auch noch durch eine Nachfragefunktion abbilden ließe, die die Durchschnittskostenfunktion im Bereich sinkender Durchschnittskosten schneidet, muß berücksichtigt werden, daß ein steigendes zukünftiges Sonderabfallaufkommen zu einer Verschiebung der Nachfragefunktion in Richtung zunehmender Durchschnittskosten führt. In diesem Fall wäre das natürliche Monopol allenfalls temporärer Natur.

Schließlich sind noch die bei der *Deponierung* bedeutsamen Flächenkosten zu untersuchen. Dazu zählen nebem dem reinen Grunderwerb auch die Aufwendungen für die Grundstücksvorbereitung (insb. Bodenabdichtung und Drainage) und spätere Rekultivierung. Sie machen bei der Deponierung den weitaus größten

190 Vgl. *Fritsch/ Wein/ Ewers* (1993), S. 127.

191 Vgl. *Hecht* (1991), S. 161 f., der auch noch das steigende Umweltrisiko von Großanlagen anführt. Vgl. Kap. 5.2.4 zur Risikoentwicklung bei räumlicher Anlagenkonzentration.

192 Siehe unten Abb. 17.

Teil der Investitionskosten aus.[193] Weil Sonderabfalldeponien regelmäßig über mehrere Jahre genutzt werden sollen und die Kosten für die Durchsetzung des gewählten Entsorgungsstandortes bei einmaligem Genehmigungsverfahren geringer sein dürften, ist die periodisch benötigte Deponiekapazität geringer als die anfangs zur Verfügung stehende. Damit entstehen Leerkosten, die erst in dem Maße abgebaut werden, wie vorhandene Kapazitäten verfüllt werden. Bei Erweiterung der bestehenden Anlage bzw. bei Erschließung neuer Deponieflächen nehmen die Grundstückskosten wiederum sprunghaft zu. Die durchschnittlichen Bodenkosten nehmen also zunächst kontinuierlich ab, um bei Erweiterung der Deponierungskapazitäten sprunghaft anzusteigen. Anschließend sinken sie wieder bis zur erneuten Expansion. Dies führt im Zeitablauf zu einem sägezahnförmigen Verlauf der Durchschnittskostenkurve, und in langfristiger Betrachtung lassen sich daraus (langfristig) konstante durchschnittliche Flächenkosten ableiten. Wenn später für neue Deponieflächen notwendige Grundstücke nur zu höheren Preisen beschafft werden können, weil größere Nachfrage nach knappen Flächen besteht oder wenn die Flächenkosten einer Folgeanlage wegen schlechterer Eignung des Standortes für die vorgesehene Nutzung ansteigen[194], sind durch zunehmende Fixkostensprünge sogar (langfristig) steigende Durchschnittskosten denkbar.

Sollten diese Überlegungen noch nicht überzeugen und wird auf die obigen Betriebskostenverläufe hingewiesen, welche auch für die Deponierung sinkende Durchschnittskosten aufweisen, so ist doch zu bedenken, daß dort keine Transportkosten in die Betrachtung miteinbezogen wurden. Je umfangreicher die Deponien aber generell dimensioniert werden, umso mehr Sonderabfälle müssen aus immer größeren Entfernungen vom Anlagenstandort herangeschafft werden, um die Entsorgungseinrichtungen wirtschaftlich betreiben zu können. Durch die zunehmenden Entfernungen steigen die Transportkosten je Mengeneinheit, wirken möglicherweise sinkenden Stückkosten beim Anlagenbetrieb entgegen und führen ab einer bestimmten Anlagenkapazität zu steigenden Durchschnittskosten. Abb. 17 (folgende Seite) verdeutlicht diesen Zusammenhang.

---

193 Vgl. *Hillebrandt* (1982), Tab. A 61 - A 68. Selbstverständlich müssen auch für die Behandlungs- und Verbrennungsanlagen geeignete Grundstücke erworben werden. Die dafür erforderlichen Mittel spielen aber im Vergleich zu den Investitionen in die bautechnischen, maschinentechnischen und elektrotechnischen Anlagengruppen nur eine untergeordnete Rolle. (vgl. *ebd.* (1982), Tab. A 3 - A 20). Vgl. im übrigen zur folgenden Argumentation *Karl* (1988a), S. 57 f. und *ders.* (1988), S. 352 ff.

194 Schlechtere Eignung des Bodens kann sich z.B. in mangelndem natürlichen Schutz gegen Sickerwasser aus dem Deponiekörper in das Grundwasser ausdrücken, sodaß zwangsläufig aufwendigere künstliche Barrieren zu errichten sind (vgl. *Hecht* (1991), S. 146 f.).

Abb. 17: Verlauf der Entsorgungsstückkosten

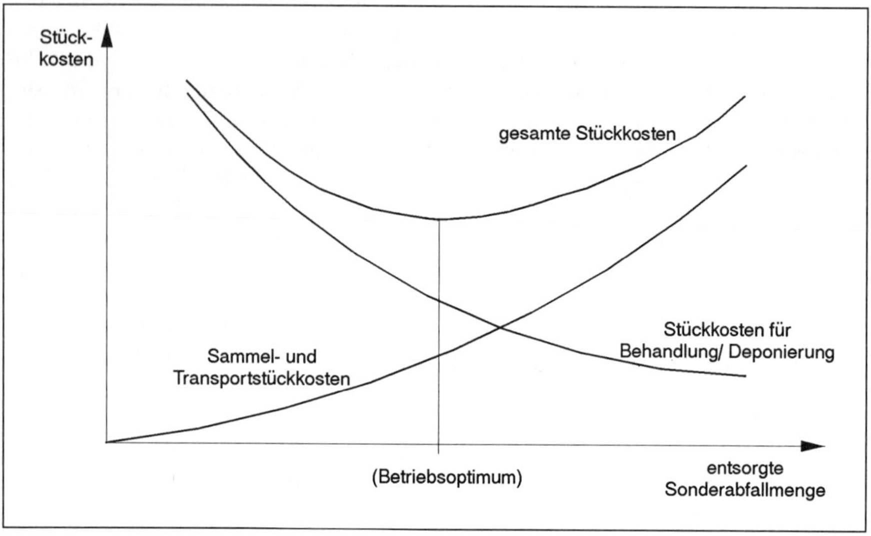

(Quelle: in Anlehnung an *Karl* (1988a), S. 59)

Die vorstehenden Überlegungen beziehen sich vor allem auf den Verlauf der jeweiligen Durchschnittskosten. Vom Vorliegen sinkender Durchschnittskosten wird in der Literatur üblicherweise auf ein natürliches Monopol geschlossen. Diese Argumentation ist zwar richtig, aber nur im Sinne einer *hinreichenden Bedingung*. Stellt sich wie in der Sonderabfallwirtschaft heraus, daß sinkende Stückkosten nicht über den gesamten Nachfragebereich vorliegen, so bedeutet das nicht zwangsläufig, es liegt auch kein natürliches Monopol vor. Es gibt Fälle, wo trotz (partiell) steigender oder zumindest konstanter Stückkosten Subadditivität und damit eine natürliche Monopolstruktur gegeben ist.[195] Da die Befürworter von Regulierungseingriffen auf diesen Sachverhalt aber nicht hinweisen, scheint er in der Sonderabfallwirtschaft offensichtlich ohne Bedeutung zu sein und ist daher an dieser Stelle auch nicht weiter zu vertiefen.

Insgesamt ist die Erwartung, nur ein Unternehmen könne den relevanten Markt effizient entsorgen, unbegründet.[196] Für den Sammel- und Transportbereich läßt sich festhalten, es liegt wegen fehlender subadditiver Kostenstruktur auch kein natürliches Monopol vor (notwendige Bedingung). Werden bei der Behandlung, Verbrennung und Deponierung nicht nur die reinen "Produktionsstückkosten",

195 Vgl. *Fritsch/ Wein/ Ewers* (1993), S. 128-131 und *Baumol/ Panzar/ Willig* (1982), Kap. 7.

sondern zusätzlich auch die bei der Abfallanlieferung anfallenden Transportstückkosten einbezogen und berücksichtigt man die prognostizierte zukünftige Steigerung des Sonderabfallaufkommens, befindet sich ein einzelner Anbieter sehr schnell im Bereich zunehmender Durchschnittskosten. Es ist in dieser Situation effizienter, die Reststoffe durch mehrere in Konkurrenz zueinander stehende Unternehmen entsorgen zu lassen, wenn diese Unternehmen den auf sie entfallenden Anteil wegen geringerer individueller Durchschnittskosten (insb. Produktion im Durchschnittskostenminimum) preisgünstiger beseitigen können.[197]

Sollten sich im Wettbewerb regionale Monopole herausbilden, sorgt die Konkurrenz dieser Unternehmen untereinander dafür, daß die einzelnen Entsorger ihre Monopolstellung nicht mißbrauchen können. Denn wenn von einem Anbieter zu hohe Preise gefordert werden, kann es für den einzelnen Nachfrager nach Entsorgungsleistungen interessant werden, trotz der dabei anfallenden Transportkosten seine Abfälle zu weiter entfernten Anlagen zu verbringen, solange diese zusätzlichen Kosten geringer sind als die Differenz zwischen tatsächlichem Preis des Anbieters und Konkurrenzpreis. Regulierungsbedarf mit vermeintlichen natürlichen Monopolstrukturen zu begründen, ist alles in allem nicht überzeugend.

4.2.3.4 Zur Gefahr von Marktversagen angesichts kapitalintensiver Entsorgungstechnologien

Grundsätzlich ist anzumerken, daß der wettbewerbliche Ausleseprozeß zentrales Merkmal des marktwirtschaftlichen Systems und unverzichtbar zur Verhinderung von Ressourcenverschwendung und allokativer Fehlsteuerung ist. Für die Anbieter, die aufgrund dieses Ausleseprozesses aus dem Markt gedrängt werden, ist zwar jeder Wettbewerb "ruinös", aber dabei handelt es sich um einen notwendigen ökonomischen Prozess, bei dem diejenigen Marktteilnehmer aus dem Markt ausscheiden, die am wenigsten leistungsfähig sind.[198] Dieser Mangel äußert sich in zu hohen Produktionskosten oder in einem Angebot, daß nur unzureichend an die Bedürfnisse der Nachfrager angepaßt ist. Eine solche Entwicklung kann nicht als "ruinöse Konkurrenz" im oben definierten Sinne aufgefaßt werden, obwohl häufig organisierte Interessenverbände den Marktprozess in dieser Weise fehlinterpretieren, um die schon im Markt befindlichen Branchenangehörigen mittels staatlicher Marktzutrittsbeschränkungen vor zuviel Wettbewerb zu schützen. Innerhalb der Marktversagenskategorie "externe Effekte"

---

196 Vgl. *Karl* (1989), S. 85.

197 Vgl. *Hecht* (1991), S. 160.

wäre hier von *pekuniären* externen Effekten zu sprechen. Sie ergeben sich aus verändertem Verhalten der anderen Marktteilnehmer (Nachfrager, Konkurrenten), sind unter Effizienzgesichtspunkten erwünscht und begründen kein Marktversagen.[199]

Es ist festzustellen, daß sich die Entsorgungswirtschaft im allgemeinen und gerade die Sonderabfallwirtschaft in den letzten Jahren zu einer hochspezialisierten, auf hohem technischem Niveau arbeitenden Branche entwickelt hat und damit *große Kapitaleinsätze* nötig sind, um umweltgerechte Entsorgungsdienstleistungen anbieten zu können. Das gilt nicht nur für die Behandlungs- und Verbrennungsanlagen, sondern auch für Sonderabfalldeponien mit ihren aufwendigen Multibarrierensystemen. Für die Verbrennungs- und Behandlungsanlagen gilt weiterhin, daß Fixkosten eine nicht unwesentliche Rolle spielen und eine Umorientierung der Entsorgungssysteme in andere Verwendungsmöglichkeiten wegen der hohen Spezialisierung und räumlicher Immobilität schwierig sein dürfte. Der Sammlungs- und Transportbereich dagegen ist vor allem durch variable Kosten gekennzeichnet, außerdem können die Produktionsmittel (insb. Fahrzeuge) hier leichter für andere Zwecke und an anderen Orten eingesetzt werden.[200]

Hohe Kapitalintensität und hohe Fixkostenbelastung sind Charakteristika, die zwar unbestritten besondere Anforderungen an die Qualität von Managemententscheidungen stellen, sie gelten aber auch für andere Wirtschaftszweige (z.B. chemische Industrie, Fahrzeugbau), und trotzdem geht man in diesen Bereichen davon aus, daß der Wettbewerb funktionsfähig ist. Diese für die Stromwirtschaft getroffene Aussage der *Deregulierungskommission*[201] läßt sich sicherlich uneingeschränkt auf die Sonderabfallwirtschaft übertragen.

Es wird argumentiert, der Markt sei wegen hoher irreversibler Kosten für ruinöse Konkurrenz anfällig. Diese Gefahr besteht allerdings nur dann, wenn gleichzeitig der Marktzutritt leicht ist. Zu bedenken ist hier, daß hohe sunk costs nicht nur eine Marktaustritts-, sondern gleichzeitig auch eine Markteintrittsschranke darstellen.[202] Sie reduzieren somit die Wahrscheinlichkeit, daß sich neue Konkurrenten am Entsorgungsmarkt etablieren wollen. Außerdem verhindern gerade

---

198 Vgl. *Krakowski* (Hrsg., 1988), S. 59.

199 Vgl. *Fritsch/ Wein/ Ewers* (1993), S. 55.

200 Es wurde schon erwähnt, daß *Kruse* die Irreversibilität bei der Sammlung von Müll als gering einschätzt und sie für die Müllverbrennung in Frage stellt, vgl. *Kruse* (1989), S. 15.

201 Vgl. *Deregulierungskommission* (1991), Tz. 276.

die hohe Kapitalintensität, das spezielle Know-how, welches vor allem bei den Behandlungs- und Verbrennungsanlagen nötig ist, und auch die langwierigen und zeitlich schwer kalkulierbaren abfalltechnischen Genehmigungsverfahren[203] in der Regel einen leichten Marktzutritt. Nur Anbieter mit wesentlichen Effizienzvorteilen gegenüber den bereits vorhandenen Entsorgungsunternehmen hätten dann eine Chance, sich im Markt zu behaupten. Deren Engagement in der Sonderabfallentsorgung wäre auch erwünscht. Wenn also die schon etablierten Unternehmen durch die genannten Faktoren vor zuviel Konkurrenz und damit vor der Gefahr von Überkapazitäten geschützt sind, dann erübrigen sich zusätzliche marktbeschränkende Eingriffe. Ansonsten könnten sich die schon tätigen Unternehmen einer effizienten Wirtschaftsweise noch leichter entziehen.

Die Behauptung, ohne staatliche Eingriffe ließen sich nicht genügend private Unternehmen finden, um die Nachfrage abzudecken, ist nicht aufrechtzuerhalten. Die Bereitschaft der Industrie zu Investitionen in Entsorgungsanlagen und die nötigen finanziellen Mittel dazu sind vorhanden.[204] Der Kapitalbedarf kann demnach nicht so hoch sein, daß er die finanziellen Möglichkeiten privater Institutionen übersteigt und staatliches Handeln erforderlich machen würde. Es wird aber wegen der hohen Kapitalintensität in der Tat für mittelständische Unternehmen immer schwieriger, die Aufgaben alleine zu bewältigen, weshalb sie verstärkt mit großen, finanzkräftigen Konzernen (vor allem aus der Versorgungswirtschaft) kooperieren. Ein Beispiel aus jüngerer Zeit ist die Beteiligung des Versorgungsunternehmens *Vereinigte Elektrizitätswerke AG* (VEW) an dem Abfallentsorger *Edelhoff*.[205] Das Engagement von Großunternehmen, die Entsorgungsaktivitäten lediglich als eine von mehreren Geschäftsbereichen in ihrem Unternehmensportfolio führen, stellt eine marktliche Möglichkeit dar, mit der *Unsicherheit* hinsichtlich Kapitalrentabilität und zukünftiger Marktentwicklung in der Sonderabfallwirtschaft umzugehen.[206] Diversifizierte Unternehmen können nämlich denkbare Projektfehlschläge im Entsorgungsbereich durch Erfolge in anderen Tätigkeitsfeldern kompensieren.

---

202 Vgl. *Fritsch/ Wein/ Ewers* (1993), S. 142.

203 Für die Realisierung von Sonderabfallentsorgungsanlagen (inklusive Flächensicherung, Genehmigungsverfahren, möglicher rechtlicher Auseinandersetzungen und Bauzeiten) benötigte Zeiten sind in den letzten Jahren durch vermehrte Bürgerwiderstände angestiegen. Verfahren für Sonderabfalldeponien dauern durchschnittlich 5 bis 15 Jahre, für Sonderabfallverbrennungsanlagen werden 3 bis 5 Jahre und für Behandlungsanlagen etwa 2 bis 5 Jahre veranschlagt (vgl. *Landtag Nordrhein-Westfalen* (1988), S. 4).

204 Vgl. *ebd.*, S. 1.

205 Vgl. *o.V.* (1992a).

206 Vgl. *Fritsch/ Wein/ Ewers* (1993), S. 207.

Die Gefahr *ruinöser Konkurrenz* wird insbesondere in den Fällen gesehen, in denen eine schwankende oder langfristig schrumpfende Nachfrage zu temporären oder permanenten Überkapazitäten führt. Bei *kurzfristigen* Nachfragerückgängen, etwa aufgrund allgemein schwacher Konjunktur, sodaß die sonderabfallverursachende Güterproduktion und damit auch das Sonderabfallaufkommen temporär sinkt, besteht z.B. die Möglichkeit, Entsorgungsanlagen ohne Rückgriff auf sonst von Konkurrenten entsorgte Sonderabfallmengen intensitätsmäßig oder zeitlich anzupassen bzw. die Kapazitäten generell so auszulegen, daß in nachfragestarken Zeiten (hohes Sonderabfallaufkommen) Sonderabfallzwischenlager gebildet werden, um diese im Nachfragetief wieder abzubauen.[207] *Dauerhafte* Nachfragerückgänge und langfristige Überkapazitäten als wesentliche Merkmale sogenannter Strukturkrisen[208] sind zumindest für die nächsten Jahre nicht zu erwarten, sondern im Gegenteil wird die gesamte Entsorgungsbranche als ausgesprochener Wachstumsmarkt eingeschätzt. Damit besteht aber überhaupt nicht die Gefahr von Überkapazitäten, und es werden keine Kapazitäten vernichtet, die später gegebenenfalls dringend benötigt werden.

Im *Lizenzmodell* der nordrhein-westfälischen Sonderabfallwirtschaft wird für den wirtschaftlichen Vorteil, den die lizenzierten Unternehmen durch die Beschränkung des Wettbewerbs haben, indem sie vermindertem Wettbewerbsdruck ausgesetzt sind, eine Absatzgarantie für ihre Dienstleistungen haben und insgesamt das unternehmerische Risiko reduziert wird, eine Lizenzgebühr erhoben.[209] Unabhängig von der rechtlichen Zulässigkeit und Verfassungsmäßigkeit dieser Regelung[210] besteht tatsächlich nur dann ein Vorteil, wenn die Lizenzvergabe im praktischen Vollzug auch restriktiv erfolgt. Geht man aber von einer großzügigeren Vergabepraxis aus[211], bekommt also jeder Antragsteller, der lediglich subjektive Zuverlässigkeitskriterien erfüllt, auch eine Lizenz, so ist es zu einer Organisationsform mit freiem Marktzugang zum nordrhein-westfälischen Sonderabfallmarkt nicht mehr weit. Dann ist die Lizenz aber überhaupt nicht mehr not-

---

207 Vgl. *Hecht* (1991), S. 188 f.

208 Vgl. *Bögelein* (1990), S. 290.

209 "Für die Erteilung der Lizenz wird ein Lizenzentgelt erhoben, mit dem ein Teil der wirtschaftlichen Vorteile abgeschöpft wird, die mit der Erteilung der Lizenz und der damit eingeräumten Vorrangstellung vor konkurrierenden Bewerbern verbunden ist." (*Landtag Nordrhein-Westfalen* (1987), S. 34). Vgl. Kap. 3.2.7.2. zum Lizenzentgelt.

210 Vgl. zur Diskussion über die verfassungsmäßige Zulässigkeit z.B. *Salzwedel* (1987) und gegensätzlich *Friauf* (1987).

211 *Matthiesen* scheint dies zu tun, wenn er ausführt, daß bei der Erteilung neuer Lizenzen zwar auf die Spezialisierung der unterschiedlichen Entsorgungsbereiche abgestellt wird, aber bezogen auf den gesamten Entsorgungsmarkt eine Vielzahl von Entsorgungsunter-

wendig und eine Lizenzgebühr nicht länger gerechtfertigt, weil es am faktischen Wettbewerbsschutz mangelt. Für diesen Fall ist die Lizenzgebühr einzig und allein ein Finanzierungsinstrument, um die Altlastensanierung bewältigen zu können.[212] Im übrigen bietet die mit der Lizenzgebühr bezweckte Reduzierung des unternehmerischen Risikos und die Aussicht auf sichere Gewinne den Unternehmen keinerlei Anreize, ein ausgeprägtes Kostenbewußtsein und eine möglichst effiziente Produktionsweise an den Tag zu legen.[213]

Sollte später einmal die Nachfrage wegen stärkerer Vermeidungs- und Verwertungsaktivitäten dauerhaft zurückgehen, was ja aus ökologischer Sicht erwünscht ist, dann spricht nichts gegen eine entsprechende Anpassung der in diesem Fall vorhandenen Überkapazitäten. Es ist dann in gesamtwirtschaftlichem Interesse, daß der wettbewerbliche Ausleseprozess für ein Ausscheiden der weniger kosteneffizienten und innovativen Unternehmen aus dem Markt sorgt. Hinfällig ist in dieser Situation auch das Argument, ihr Ausscheiden sei gesamtwirtschaftlich schädlich, weil die Entsorgungssicherheit nicht mehr gewährleistet sei, denn wenn das Entsorgungsangebot die vorhandene Nachfrage übersteigt, dann haben die verbleibenden Nachfrager zwangsläufig die Sicherheit, daß für die in ihren Produktionsprozessen anfallenden Rückstände Beseitigungsmöglichkeiten vorhanden sind.

Insgesamt läßt sich festhalten, daß eine hohe Kapitalintensität keinen hinreichenden Grund für marktzutrittsbeschränkende Regulierungen in der Sonderabfallwirtschaft darstellt, weil dies kein spezifisches Charakteristikum dieser Branche, sondern allenfalls ein Managementproblem ist. Das Phänomen ruinöser Konkurrenz liegt nicht vor, denn die Gefahr wird für solche Märkte gesehen, in denen es trotz stagnierender oder schrumpfender Marktnachfrage wegen hoher irreversibler Kosten nicht zu Marktaustritten kommt. Auch wenn man der Aussage zustimmen mag, für Entsorgungsleistungen seien im allgemeinen sehr spezifische und nur in dieser Verwendung einsetzbare Investitionen nötig, so kann angesichts der prognostizierten Entwicklung des Sonderabfallaufkommens in den nächsten Jahren von einem schrumpfenden Markt überhaupt keine Rede sein.

Wenn von Zurückhaltung der Privatwirtschaft und mangelnder Bereitschaft zu einem Engagement in der Sonderabfallwirtschaft gesprochen wird, so dürfte dies tatsächlich weniger auf hohe Kapitalintensität, Furcht vor ungenügender Rentabilität und ruinöser Konkurrenz zurückzuführen sein als vielmehr auf die schwierige Durchsetzbarkeit von Anlagenstandorten und die Akzeptanzpro-

---

nehmen tätig werden können und damit befürchtete Monopolbildungstendenzen verhindert werden (vgl. *Matthiesen* (1988), S. 400).

212 Vgl. Kapitel 4.2.3.6 zur diesbezüglichen Beurteilung.

213 Vgl. Kap. 5.1.1.

bleme in der Bevölkerung. Hinsichtlich des Zeitbedarfs und der Kostenentwicklung schwer kalkulierbare abfallrechtliche Genehmigungsverfahren erzeugen Planungsunsicherheit und halten potentielle private Anlagenbetreiber von einem Markteintritt ab. Konsequenterweise sollten sich die Anstrengungen der politisch Verantwortlichen in erster Linie auf Maßnahmen zur Akzeptanzverbesserung konzentrieren, z.B. durch stärkere Bürgerbeteiligung im Standortplanungs- und Genehmigungsverfahren sowie durch Institutionalisierung von Verhandlungen zwischen allen Beteiligten.[214] Von einem ökonomischen Marktversagen kann hier jedenfalls nicht gesprochen werden, eher schon von politischen Handlungsdefiziten bzw. "Politikversagen".

4.2.3.5 Entsorgungssicherheit, negativer Standortkonflikt und Planungssicherheit für Anlagenbetreiber

Mit der Forderung, die sonderabfallerzeugende Industrie müsse sicher sein, auf ein ausreichendes Angebot an Entsorgungskapazitäten zurückgreifen zu können, gewinnen Sonderabfallentsorgungsanlagen hinsichtlich ihrer Bedeutung eine andere Qualität. Nicht mehr der Schutz der Umwelt, sondern die Gewährleistung wirtschaftlicher Entfaltungsmöglichkeiten für die sonderabfallerzeugende Industrie ist bei einer solchen Betrachtungsweise Leitgedanke staatlicher Regulierungseingriffe.

Es läßt sich hier zunächst fragen, ob Entsorgungssicherheit für diese Industriebetriebe den gleichen Stellenwert hat wie beispielsweise die regelmäßig als Interventionsargument in der Elektrizitätswirtschaft angeführte Versorgungssicherheit mit elektrischem Strom.[215] Es dürfte ungleich schwieriger sein, die Produktionsverfahren so umzugestalten, daß mit geringerem Energieeinsatz die gleiche Produktionsleistung aufrechterhalten werden kann als Fertigungstechnologien zu entwickeln, bei denen weniger Reststoffe anfallen bzw. bei denen diese wieder nutzbar gemacht werden können.

Stellt man auf den Grundsatz der Abfallentsorgung im Inland und die Autarkiebestrebungen der einzelnen Bundesländer hinsichtlich der Bereitstellung eines für die im jeweiligen Land ansässigen Unternehmen ausreichenden Entsorgungs-

---

214 Vgl. Kap. 7.3.4.

215 Aber selbst hier wird die überragende Bedeutung des Versorgungsgedankens von Deregulierungsbefürwortern abgestritten, weil Entsorgungssicherheit kein Wert an sich sei, für die einzelnen Nachfragergruppen unterschiedlich große Bedeutung habe und Wahlmöglichkeiten zwischen höherer Sicherheit bezüglich der benötigten Stromlieferungen

angebots ab, so wäre von den Befürwortern dieser Regelungen plausibel zu machen, warum das Gut "Entsorgungskapazität" innerhalb der jeweiligen Landesgrenzen produziert werden muß, um die Versorgung mit Entsorgungsdienstleistungen sicherer zu machen. Denkbar wäre einmal, Abhängigkeiten von ausländischen Entsorungsunternehmen vermeiden zu wollen, weil sich dies in Krisenzeiten nachteilig auf die eigenen Produktionsmöglichkeiten auswirken könnte. Ein solches Argument dürfte aber angesichts der relativ stabilen politischen Verhältnisse innerhalb der EG zumindest für den Bereich der EG-Staaten nicht haltbar sein.[216] Zum anderen könnte auf die Möglichkeit des Abschlußes langfristiger Verträge mit Entsorgungsunternehmen im eigenen Land hingewiesen werden, um für Entsorgungsautarkie zu plädieren. Hier ist wiederum einzuwenden, daß langfristige Vertragsbeziehungen, die den Sonderabfallerzeugern Planungssicherheit geben, selbstverständlich auch mit ausländischen Entsorgern unterhalten werden können.

Man könnte sich auf den Standpunkt stellen, daß Beseitigungsanlagen für Produktionsabfälle weniger umweltschützende als vielmehr umweltnutzende Funktionen wahrnehmen.[217] Bei dieser Aussage wird zunächst davon ausgegangen, daß Entsorgungsanlagen, obwohl durch ihr Vorhandensein die Gefahr "wilder" Beseitigung ohne jegliche Schutzvorkehrungen für die Umwelt zweifellos geringer ist, trotz noch so anspruchsvoller Schadstoffreinigungstechnologien und Sicherungssysteme selbst Quelle unterschiedlicher Umweltbelastungen sein können. Wenn nun die Abfallerzeugung an die vorhandenen Beseitigungsmöglichkeiten gekoppelt wird und sich illegale Beseitigungspraktiken verhindern lassen, dann führt eine geringere Anzahl von Entsorgungsanlagen zu einer Reduzierung der Umweltinanspruchnahme durch Abfallentsorgungshandlungen und damit auch zu geringeren *negativen Externalitäten.*

Bei Siedlungsabfällen ist es schwierig, deren Erzeugung von der Verfügbarkeit entsprechender Beseitigungskapazitäten abhängig zu machen, weil private Haushalte zusammen mit Herstellern und Handel als Verursacher gelten, nur in begrenztem Umfang auf die bei ihnen anfallenden Abfälle Einfluß nehmen können und das individuelle Abschließen von Entsorgungsverträgen für jeden einzelnen Haushalt im Hinblick auf die entstehenden Transaktionskosten ineffizient wäre. Für die in dieser Arbeit interessierenden Produktions- und Sonderabfälle ist die *Kopplung an verfügbare Entsorgungskapazitäten* dagegen einfacher durchsetzbar und umweltpolitisch wünschenswert. Produktionsunternehmen haben

---

und niedrigerem Preis ökonomisch sinnvoll seien (vgl. *Deregulierungskommission* (1991), Tz. 287).

216 Inwieweit über die Europäische Union hinausgehende Abfallexporte überhaupt zu rechtfertigen sind, dazu vgl. Kap. 6.1.

217 Vgl. zum folgenden *von Wilmowsky* (1990), S. 230 ff.

schließlich die Alternative, ihre Produktionsweise so umzustellen, daß weniger Sonderabfälle anfallen bzw. mehr Reststoffe in den Produktionskreislauf reintegriert werden. Die Verpflichtung, vorhandene Beseitigungsmöglichkeiten bei der wirtschaftlichen Betätigung zu berücksichtigen, kann als Ausdruck einer umfassenden Produktionsverantwortung gewertet werden und kommt z.B. im Reststoffvermeidungs- und Verwertungsgebot als einer Voraussetzung für die Erteilung der Betriebsgenehmigung (§ 5 Abs. 1 Nr. 3 BImschG) zum Ausdruck.

Was die *Verhinderung illegaler Abfallbeseitigungspraktiken* als weiterer Voraussetzung für die oben formulierte These angeht, so wurde bereits darauf hingewiesen, daß dies kein spezifisches Problem des Abfallrechts ist, sondern sich überall dort stellt, wo gesetzwidrige Verhaltensweisen wegen hoher Gewinnaussichten bei gleichzeitig geringen Aufdeckungsquoten und niedrigem Strafmaß ökonomisch attraktiv sind.

Stimmt man der hier skizzierten Auffassung zu, dann bedeutet eine Gefährdung der Entsorgungssicherheit für die sonderabfallerzeugende Industrie zwar die Behinderung wirtschaftlicher Entwicklungsmöglichkeiten, weil wegen fehlender Entsorgungskapazitäten auf einen Teil der mit unvermeidbaren Rückständen verbundenen Produktion verzichtet werden muß, aber gleichzeitig ist die Umwelt geringeren Belastungen durch Abfallentsorgungsanlagen ausgesetzt. Eine geringere Anzahl an Entsorgungsstandorten, entweder weil sie wegen Produktionsumstellungen der Unternehmen in Richtung abfallvermindernder Prozesse nicht mehr benötigt werden oder weil sich ein ausreichendes Angebot wegen unkalkulierbarer Genehmigungsverfahren nicht einstellt, kommt somit dem Umweltschutz zugute, solange illegale Beseitigung ausgeschlossen werden kann. Dies vor Augen, erscheint die Forderung nach Entsorgungssicherheit zumindest unter umweltpolitischen Gesichtspunkten in einem anderen Licht. Um daher höhere Entsorgungssicherheit durch ein erweitertes Angebot an Entsorgungsanlagen dennoch als Beitrag zur Reduzierung von Umweltbelastungen und Internalisierung externer Kosten auszulegen, ist auf die positiven Effekte des Vorhandenseins umweltverträglicher Entsorgungsanlagen hinzuweisen. Je umfangreicher die zugelassenen Anlagenkapazitäten sind, umso geringer dürfte die Gefahr sein, daß Sonderabfallbesitzer in Ermangelung einer Alternative auf illegale Entsorgungswege zurückgreifen. Dies kommt der Umwelt zugute, weil sich die nicht zugelassenen Anlagen im allgemeinen gerade dadurch auszeichnen, daß ihre Umweltschutzvorkehrungen, sofern überhaupt vorhanden, im Vergleich zu zugelassenen Anlagen qualitative Defizite aufweisen. Zudem bedeutet ein steigendes Kapazitätsangebot bei normal verlaufender Nachfragefunktion gleichzeitig geringere Entsorgungspreise, wodurch die Anreize zu illegaler Entsorgung weiter sinken.

Für die die Entsorgungssicherheit gefährdende Standortkrise wird insbesondere die mangelnde Akzeptanz von Sonderabfallentsorgungsanlagen in der Bevölkerung verantwortlich gemacht.[218] Diese ergibt sich, wie schon erläutert, bei zentralisierten Entsorgungsanlagen aus den damit verbundenen lokalen Nachteilen in Form der Inkaufnahme von Emissionen, Grundstückswertminderung u. ä. bei gleichzeitig unverhältnismäßig geringem individuellen Nutzen für die Betroffenen. Weiter entfernte Abfallerzeuger können die Anlagen ebenfalls beliefern und von ihrem Vorhandensein profitieren, aber die gleichzeitig zu akzeptierenden Nachteile nehmen mit zunehmender Entfernung vom Standort ab. Man könnte den Grundsatz der Abfallentsorgung im Inland und das Streben nach bundesländerbezogener Entsorgungsautarkie zwar auch als Ausdruck einer gesellschaftlichen Leitvorstellung "Gerechtigkeit" interpretieren: Die Bewohner einer Region werden nur denjenigen Umweltbelastungen ausgesetzt, die durch die Entsorgung von Produktionsrückständen entstehen, welche bei in dieser Region hergestellten Gütern anfallen. Denn von diesen Gütern profitieren die Bürger zumindest indirekt, z.B. durch die Schaffung von Arbeitsplätzen.

Im Zusammenhang mit Marktversagen ist aber hinsichtlich der Diskrepanz zwischen lokalen Kosten und Nutzen bzw. "Trittbrettfahrerverhalten" bestimmter Personengruppen die Theorie *positiver* externer Effekte angesprochen.[219] Hierbei wird die Standortproblematik aus einem anderen Blickwinkel betrachtet: Es geht weniger um den Abfallentsorger bzw. indirekt den Abfallerzeuger als Verursacher negativer externer Effekte, sondern vielmehr um die Standortgemeinde als "Verursacher" einer positiven Externalität. Für den einzelnen Standortanwohner ist es rational, den Bau und Betrieb von Abfallentsorgungsanlagen in der eigenen Nähe abzulehnen und stattdessen ihre Errichtung in einer anderen Region zu fordern. Dieses Trittbrettfahrerverhalten führt letztlich zum gesellschaftlich unerwünschten Zustand der Unterversorgung mit Entsorgungskapazitäten.

Eine denkbare Konsequenz aus diesen Erkenntnissen wäre, daß generell jeder Abfallerzeuger seine Abfälle selbst zu entsorgen hätte, aber dies ist sowohl aus wirtschaftlicher (bestimmte wirtschaftliche Mindestgrößen) als auch aus ökologischer Sicht (Kontrollproblem) nicht sinnvoll. Zu überlegen wäre zweitens, ob nicht fremde Sonderabfallanlieferer höhere Entsorgungspreise zahlen könnten als diejenigen Nutzer einer Entsorgungsanlage, die aus der Region kommen (Gästetarif). Geht man aber davon aus, daß nicht die standortnahen Sonderabfallerzeuger "Verursacher" der durch Errichtung einer Sonderabfallanlage geschaffenen positiven Externalität sind, sondern die Standortanwohner, so kämen differenzierte Entsorgungspreise dem falschen Adressaten zugute. Für die Anwohner

---

218 Vgl. auch Kap. 7.3.4.2 zur Akzeptanzproblematik.

219 Aufgrund unzureichend definierter oder nicht durchsetzbarer Verfügungsrechte kann der Erzeuger der positiven Externalität deren unentgeltliche Nutznießung durch andere Personen nicht verhindern (vgl. *Fritsch/ Wein/ Ewers* (1993), S. 64).

bestünde allenfalls ein indirekter Vorteil insofern, als das sich aufgrund günstigerer Entsorgungspreise mehr sonderabfallerzeugende Unternehmen in der Region ansiedeln und damit mehr Arbeitsplätze schaffen. Etwas anderes wäre es, wenn die aus den höheren Preisen für "Gäste" resultierenden Mehrbeträge an die Standortanwohner ausgeschüttet werden würden, um sie für in Kauf genommene Beeinträchtigungen zu entschädigen. Wie auch immer nach Herkunft des Sonderabfallanlieferers differenzierende Entsorgungspreise gehandhabt werden, sie bedeuten in jedem Fall hohe Transaktionskosten und einen Eingriff in die Preissetzungsautonomie des Entsorgungsanlagenbetreibers. Wenn also Einzugsgebiete von Entsorgungsanlagen nicht auf den Kreis derjenigen beschränkt bleiben sollen, die die sozialen Kosten tragen müssen, ist die Differenz zwischen Kosten und Nutzen für die betroffenen Anwohner auf anderem Weg zu verringern.

Dabei ist zu berücksichtigen, daß sich die Akzeptanzprobleme unabhängig davon ergeben, ob Entsorgungsanlagen unter Beteiligung der öffentlichen Hand betrieben werden oder sich in rein privater Trägerschaft befinden. Und auch hinsichtlich der technischen Anforderungen ergeben sich keine Unterschiede zwischen den Betrieben mit staatlichem bzw. mit privatem Eigentümer. Angesichts der noch zu erläuternden Abhängigkeit der politisch Verantwortlichen von der Wählergunst und daraus möglicherweise resultierendem Verzicht auf die Durchsetzung von benötigten Entsorgungsstandorten[220] ist zur Verhinderung einer Unterversorgung mit Entsorgungsstandorten und Reduzierung des Trittbrettfahrerverhaltens die Mobilisierung privaten Angebots durch einen wettbewerblich organisierten Markt einer direkten staatlichen Beteiligung im Sonderabfallmarkt vorzuziehen.

Das Ungleichgewicht zwischen lokalen Vor- und Nachteilen läßt sich durch Reduzierung bzw. Internalisierung bisher externalisierter Kosten und Erhöhung des individuellen Nutzens für Standortanwohner abbauen. Um ersteres zu erreichen, dürften Sonderabfallabgaben und haftungsrechtliche Regelungen hilfreich sein, weil sie dynamische Anreize schaffen, hinsichtlich der Vermeidung von Umweltbelastungen durch Sonderabfälle mehr zu tun als das ordnungsrechtlich Gebotene. Darüberhinaus ist darzustellen, daß Verhandlungslösungen zwischen Anlagenbetreiber und Standortanwohnern die Akzeptanz verbessern und über Kompensationsleistungen zur Erhöhung des individuellen Nutzens für die an eine Entsorgungsanlage angrenzende Bevölkerung führen können.[221]

Man könnte vermuten, daß sich ein ausreichendes Angebot an Entsorgungskapazitäten auf privater Basis deshalb nicht einstellt, weil private Betreiber während der Betriebszeit ihrer Anlagen kostenwirksame Verschärfungen von technischen

220 Vgl. Kap. 5.2.1.

221 Vgl. im einzelnen Kap. 7.3 zu diesen Instrumenten.

Standards befürchten, die zu einer "Aushöhlung" ihrer Kalkulationsbasis führen. Es geht dabei wiederum um das *Informationsmängelproblem* "unternehmerische Unsicherheit". Solche Diskussionen über die Bestandskraft von einmal erteilten Genehmigungen und Anlagenzulassungen werden auch in anderen Branchen, z.B. in der chemischen Industrie oder in der (Kern-)Kraftwerkswirtschaft, von Zeit zu Zeit geführt. Möglicherweise ist weniger die Strenge technischer Anforderungen und Grenzwerte ein Investitionshindernis als vielmehr die Problematik, daß die Entsorgungsunternehmen sich auf vorgegebene Werte einstellen, danach ihre technischen Einrichtungen planen und auf diese Vorgaben abgestimmte spezifische Investitionen einkalkulieren müssen. Sollte sich im Verlauf der Anlagennutzungsdauer die Kalkulationsbasis durch nachträgliche Verschärfungen der Anforderungen verändern, weil aufwendige und kostspielige Nachbesserungen nötig sind, ist ggf. die Rentabilität der Anlagen in Frage gestellt. Kalkulationsrisiken sind auch im Verlauf des Planfeststellungsverfahrens denkbar, wenn neue Interessenpositionen artikuliert werden und sich wegen der notwendigen Prüfung dieser Interessen der Inbetriebnahmezeitpunkt verschiebt. Ist der Termin ungewiß, dürfte es auch sehr schwierig sein, bereits frühzeitig potentielle Leistungsabnehmer (Sonderabfallerzeuger) vertraglich an die Entsorgungsanlage zu binden, und es besteht die Gefahr, daß ein konkurrierendes Entsorgungsunternehmen das Zulassungsverfahren für seine Anlage zügiger zum Abschluß bringen kann und dann Nachfrager an sich bindet, die der erste Antragsteller bereits in seiner Wirtschaftlichkeitsrechnung fest einkalkuliert hat.[222] In beiden Fällen erhöht die Planungsunsicherheit das Investitionsrisiko und könnte dadurch zu einer Unterversorgung mit Entsorgungskapazitäten führen.

Diesem Informationsmängelproblem könnte man wie folgt begegnen: Zum einen bedarf es klarer, verläßlicher und über einen längeren Zeitraum konstanter Normen, weil sie die Planungssicherheit für potentielle private Anbieter von Entsorgungsdienstleistungen erhöhen und so einen positiven Beitrag zur Gewährleistung der Entsorgungssicherheit liefern können. Wenn allgemein gesprochen auf bestehende oder unter geltendem Recht geplante Anlagen auch nur die geltenden Rechtsvorschriften angewendet werden, dann setzt sich das "Prinzip der Regelbindung" durch.[223] Dieses ist ökonomisch vorteilhaft, weil die Wirkungen seiner Handlungen für jeden Beteiligten kalkulierbarer werden und jedesmal, wenn die einmal geschaffenen Regelungen durchgesetzt werden, das Vertrauen in die Verläßlichkeit der Rahmenbedingungen gestärkt wird. Damit ist das "Prinzip der

---

222 Vgl. *Hecht* (1991), S. 182 f.

223 Vgl. dazu, allerdings im Zusammenhang mit der Finanzierung der Altlastensanierung, *Blankart* (1988), S. 69 ff.

Regelbindung" eine wichtige Voraussetzung für langfristige Dispositionen.[224] Zum anderen können die bereits erwähnten und in Kap. 7.3.4 darzustellenden Verhandlungslösungen dazu beitragen, Interessenpositionen im Zusammenhang mit Entsorgungsanlagenvorhaben bereits frühzeitig im Planungsprozess zu berücksichtigen und die Gefahr von Verzögerungen des Zulassungsverfahrens durch spätere rechtliche Auseinandersetzungen zu verringern.

4.2.3.6 Zur Finanzierung der Altlastensanierung

Es ist unzweifelhaft, daß einzelnen Grundstücksbesitzern und der Volkswirtschaft als Ganzes wirtschaftliche Verluste durch das Vorhandensein von Altlasten entstehen, auch wenn diese nicht genau quantifizierbar sind.[225] Zu den durch Bodenkontaminationen hervorgerufenen negativen Wirkungen gehören Beeinträchtigungen der Gesundheit von Lebewesen, Ertrags- und Qualitätseinbußen beim Pflanzenwachstum, Flächenknappheit in industriellen Ballungsräumen und Wertminderungen an auf belasteten Grundstücken stehenden Immobilien. Sie machen es erforderlich, das Altlastenproblem und den mit ihr verbundenen Finanzierungsaspekt einer Lösung zuzuführen.

Die bei der Beurteilung der Altlastenfinanzierungsmodelle grundlegende Frage nach dem angemessenen *Kostenzurechnungsprinzip* entspricht in der Theorie des Marktversagens der Frage nach der richtigen Internalisierung (intertemporaler) *externer Kosten*. Man kann zwar die Verknüpfung von aktueller Sonderabfallentsorgung und Altlastensanierung als eine (umwelt)politische Entscheidung werten und damit die mit der Kopplung beider Sachverhalte bezweckte Lösung der finanziellen Frage als politisches Ziel qualifizieren, aber ökonomisch betrachtet (und auch vermeintliche politische Ziele müssen sich an den einschlägigen Marktversagenskategorien messen lassen), ist die Entstehung von Altlasten als Ausdruck einer historischen Kostenexternalisierung und mangelhaften Berücksichtigung negativer ökologischer Folgen der ungeordneten Abfallablagerung (Altablagerungen) und bodenkontaminierenden Industrieproduktion (Altstandorte) in der Wirtschaftsrechnung der Verantwortlichen zu interpretieren.[226]

Das Umweltgut "funktionsfähiger Boden" konnte zum Nulltarif belastet werden, da sich trotz Knappheit im Verhältnis zur artikulierten Nachfrage kein Markt-

---

224 Gegen die Regelbindung wird vorgebracht, daß Regeln eigentlich nur durch einstimmige Vereinbarung legitimiert seien und ihre Durchsetzung in Einzelfällen mit unverhältnismäßig hohen Transaktionskosten verbunden sein könnte (vgl. *ebd.*, S. 72).

225 Vgl. *Sachverständigenrat für Umweltfragen* (1989), S. 342.

preis herausgebildet hat und die Verschmutzer die negativen Konsequenzen ihrer Handlungen auf die heutige Generation übertragen konnten (etwa in Form heute zu finanzierender Sanierungsmaßnahmen). Folglich war die Nachfrage des Altlastenverursachers nach dem Umweltgut höher als bei entsprechender Kostenanlastung (Internalisierung), die Umweltschäden steigen an und die Umweltqualität sinkt (*Umweltwirkungen*). Weil die von umweltintensiv (in Form bodenbelastender Aktivitäten) produzierenden Unternehmen hergestellten Produkte wegen fehlender Berücksichtigung zukünftiger Sanierungskosten bzw. aktueller Entsorgungskosten nicht alle verursachten Kosten am Markt verdienen müssen, können sie billiger angeboten werden und ihr Mengenabsatz wird im Vergleich zur Situation vollständiger Kostenzurechnung zu hoch ausfallen (*Gütermarktwirkungen*). Schließlich werden auch vergleichsweise viele Produktionsfaktoren zur Herstellung dieser Güter eingesetzt, die sonst anderweitig beschäftigt worden wären, da ihr Einsatz ohne korrekte Kosteninternalisierung hier relativ rentabler erscheint als in anderen Verwendungen (*Faktormarktwirkungen*). Neben diesen allokativen Ineffizienzen auf den Gütermärkten, Faktormärkten und für die Umwelt kann sich eine weitere daraus ergeben, daß eine nachträgliche Bodensanierung kostspieliger ist als sofortige umweltverträgliche und altlastenvermeidende Entsorgung.

Marktversagen in Form negativer externer Effekte liegt also vor, sodaß darüber nachzudenken ist, auf welche Weise die externen Kosten internalisiert werden können. Als *Kostenzurechnungsprinzipien* stehen in erster Linie Verursacher-, Gemeinlast-, Gruppenlast- und Kooperationsprinzip zur Debatte.[227] Das *Vorsorgeprinzip* kann bei den schon vorhandenen Altlasten wegen der bereits eingetretenen Umweltbelastung nicht mehr angewendet werden. Allerdings ist es das Basisprinzip zur Vermeidung zukünftiger Altlasten und Grundlage für die zur Vermeidungsanreizbildung eingesetzten Instrumente.

Ein zentrales umweltpolitisches Prinzip mit hoher politischer Akzeptanz in der Altlastensanierung ist das *Verursacherprinzip*: Derjenige wird für die Folgen

---

226 Vgl. zu den folgenden Ausführungen *Karl* (1987), S. 10 ff.

227 Vgl. zu den unterschiedlichen umweltpolitischen Prinzipien z.B. *Möller* (1986) und *Wicke* (1991), S. 128 ff. *Karl* diskutiert im Zusammenhang mit der Altlastenproblematik auch das auf der "laisse-faire-Regel" basierende Nutznießerprinzip (vgl. *Karl* (1987), S. 25 f. und 45 ff; vgl. zur Haftungsregel "laisse-faire" auch Kap. 7.3.3.1). Beim Nutznießerprinzip liegt die Rechtstitelverteilung entgegen der Verursacherregel beim Emittenten und nicht beim Geschädigten. Zur Finanzierung verpflichtet man nicht den Verursacher im physikalischen Sinne, sondern den Nutznießer der Bodensanierung. Dieser Finanzierungsansatz wird, nicht zuletzt wegen seiner ethischen Fragwürdigkeit, in der öffentlichen Diskussion regelmäßig nicht berücksichtigt und auch in dieser Arbeit im Zusammenhang mit der Altlastensanierung vernachlässigt.

von durch Altlasten hervorgerufene Schäden haftbar gemacht und muß die Schadensbeseitigungskosten tragen, der für die Schadensentstehung haftungsrechtlich verantwortlich ist. Die einzelnen Finanzierungsmodelle sind deshalb alle dadurch gekennzeichnet, daß sie erst und nur dann zum Zuge kommen, wenn ein Verursacher nicht zur Verantwortung gezogen werden kann (Subsidiarität der Finanzierungsmodelle).[228] Das Problem besteht aber gerade darin, daß eine Durchsetzung des Verursacherprinzips oft eingeschränkt bzw. sogar unmöglich ist:[229]

- In vielen Fällen ist ein Verantwortlicher[230] nicht ausfindig zu machen bzw. wäre nur unter Inkaufnahme hoher Informationskosten zu ermitteln.
- Sollte ein Verursacher gefunden worden sein, muß dieser auch in der Lage sein, die benötigten finanziellen Mittel aufzubringen. Abzuwägen sind hierbei die umweltpolitisch erwünschte Durchsetzung des Verursacherprinzips und die möglichen negativen sozialen Folgen eines drohenden Unternehmenskonkurses für den Fall, das die Sanierungskosten die Finanzkraft des Unternehmens übersteigen.
- Vor der eigentlichen Sanierung müssen die altlastenverdächtigen Flächen zunächst erfaßt und mögliche Gefährdungen abgeschätzt werden. Sollte sich nach dieser Analyse herausstellen, daß eine Sanierung überhaupt nicht erforderlich ist, sind die dabei entstandenen Kosten in jedem Fall von der Allgemeinheit zu tragen und können nicht auf den privaten Sektor abgewälzt werden.
- Schließlich kann sich eine Sanierungspflicht in der Regel nur auf die unmittelbare Gefahrenabwehr, nicht aber auf eine darüberhinausgehende und aus ökologischen und auch ökonomischen Gründen (z.B. Flächenknappheit in industriellen Ballungsräumen) vorzuziehende Rekultivierung belasteter Grundstücke beziehen.

Diese Sachverhalte machen deutlich, daß bei der Finanzierung der Altlastensanierung auch über die weiteren Kostenanlastungsprinzipien nachgedacht werden muß.

---

228 Allerdings wird dieser Subsidiaritätsgrundsatz nicht in allen Bundesländern einheitlich gehandhabt. "Modellen mit strenger Verwirklichung der polizei- und ordnungsrechtlichen Verantwortlichkeit stehen Modelle gegenüber, die unter dem Gesichtspunkt des schutzwürdigen Vertrauens die Verursacherhaftung einschränken." (*Sachverständigenrat für Umweltfragen* (1990), Tz. 785).

229 Vgl. *Kühl* (1990), S. 420 f. und *Karl* (1987), S. 43.

230 Als Adressaten der zu tragenden Kosten kämen im Zusammenhang von durch die Abfallbeseitigung entstandenen Altstandorten die früheren Deponiebetreiber, die Deponieeigentümer, die Abfallanlieferer und die seinerzeitigen Abfallproduzenten in Betracht. Für Altablagerungen wäre zu prüfen, ob man frühere bzw. aktuelle Grundstückseigentümer oder diejenigen Besitzer von Produktionseinrichtungen verpflichtet, die durch ihre Tätigkeit die Bodenkontaminationen hervorgerufen haben (vgl. *Brandt/ Lange* (1987), S. 14).

Beim *Gemeinlastprinzip* trägt die Allgemeinheit in Form öffentlicher Mittel die Kosten der Sanierung.[231] Das *Gruppenlastprinzip* steht gedanklich zwischen Verursacher- und Gemeinlastprinzip und lastet die Sanierungskosten einer Gruppe potentieller Verursacher an, wobei bei diesen Mitgliedern im Durchschnitt ein näherer Bezug zum Finanzierungszweck vermutet wird als bei der Allgemeinheit.[232] Es ist allerdings insofern kritisch zu bewerten, als es den fragwürdigen Versuch unternimmt, Kosten verursachergerecht anzulasten, obwohl der eigentliche Verursacher nicht mehr herangezogen werden kann. Schließlich kommt noch das *Kooperationsprinzip* in Betracht, welches "auf die Einsicht, Verantwortungsbereitschaft und den Gemeinsinn der Unternehmen, Bürger und staatlichen Einrichtungen, einen aktiven Beitrag zur gemeinsamen Bewältigung der Umweltproblematik zu leisten"[233], abzielt und sich dazu vor allem freiwilliger Vereinbarungen zwischen den Beteiligten bedient. Die Kooperationsmodelle basieren, wie schon der Name sagt, auf dem Kooperationsgedanken, wobei dieser wegen der umfangreichen Mitbestimmungsrechte der gewerblichen Wirtschaft hier sehr weitgehend ausgelegt wurde.[234]

Die Beurteilung der mit den Modellen angestrebten Lösung des Finanzierungsproblems ist zu trennen von der Beurteilung der eigentlichen Aufgabendurchführung. Hier gilt in den Fällen, in denen diese analog zur Sonderabfallwirtschaft (für aktuell anfallende Sonderabfälle) mittels gemischtwirtschaftlicher Unternehmen und öffentlich-rechtlicher Verbände erfolgt[235], das gleiche, was bei der Diskussion der anderen Regulierungsbegründungen in bezug auf die Beteiligung der öffentlichen Hand gesagt wurde und bei den damit zusammenhängenden Fehlentwicklungen (Kap. 5) noch zu sagen ist. Insofern wird darauf an dieser Stelle nicht weiter eingegangen. Zu diskutieren ist lediglich die Frage, ob die Notwendigkeit einer finanziellen Bewältigung der Altlastenproblematik ein hinreichender Grund ist, um in der Sonderabfallwirtschaft durch Lizenzgebühren oder Sonderabfallabgaben regulierend einzugreifen.

Der Aspekt, man könne durch die Art der Kostenanlastung Anreize zur Vermeidung zukünftiger Altlasten einbeziehen, wird hier ebenfalls nicht diskutiert, da auch die Vermeidung und Verwertung aktuell anfallender Sonderabfälle dazu beiträgt, Altlasten in der Zukunft zu umgehen. Die Frage der Anreizbildung zur Sonderabfallvermeidung wurde aber bereits in Kapitel 4.2.3.2 behandelt. Für den

---

231 Vgl. dazu ausführlich *Benkert* (1986).

232 Vgl. *Kühl* (1990), S. 421.

233 *Möller* (1986), S. 574.

234 Vgl. *Kühl* (1990), S. 422.

Sachverständigenrat für Umweltfragen sind im übrigen die Anreizeffekte zur Altlastenvermeidung im Vergleich zum Finanzierungsziel eher nachrangig und auch nur dann relevant, wenn die früheren, derzeitigen und zukünftigen Altlastenverursacher weitgehend identisch sind.[236]

Allen Modellen ist gemeinsam, daß mit ihnen durch die eingeschlagenen "Zwischenwege" ein zu leichtfertiger Rückgriff auf das Gemeinlastprinzip ohne entsprechend intensive Suche nach Verantwortlichen vermieden werden soll. Indem Mittel bei den aktuellen Sonderabfallproduzenten akquiriert werden, unterstellt man eine zumindest anteilige Verantwortung dieser Gruppe für die Entstehung der Altlasten.[237] Vor diesem Hintergrund sind Lizenzentgelt, Sonderabfallabgaben und Kooperationsmodelle im folgenden zu bewerten.

Es gibt einige Einwände gegen das *Lizenzentgelt* als Finanzierungsinstrumentarium, die zu einer eher kritischen und ablehnenden Haltung Anlaß geben. Diese Einwände beziehen sich sowohl auf prinzipielle und verfassungsrechtliche Aspekte als auch auf das angestrebte Finanzierungsvolumen bzw. die konkrete Ausgestaltung. Es soll hier nicht im Detail auf *verfassungsrechtliche Aspekte* des Lizenzmodells eingegangen werden[238], sondern lediglich darauf hingewiesen werden, daß es in der Literatur Meinungen gibt, nach denen die Lizenzgebühr nicht mit der Finanzierungsfunktion begründet werden kann, weil eine Sonderabgabe mit primärer Finanzierungsfunktion[239] nach der Rechtsprechung des Bundesverfassungsgerichts bestimmten Kriterien genügen muß.[240] Die Abgabepflichtigen müssen eine homogene Gruppe bilden, dem Finanzierungszweck

---

235 Es wurde schon darauf hingewiesen, daß die entsprechenden Institutionen zum Teil identisch sind für beide Tätigkeitsfelder.

236 Vgl. *Sachverständigenrat für Umweltfragen* (1989), S. 344.

237 Vgl. *Fichtner* (1992), S. 98 f.

238 Vgl. dazu ausführlich *Friauf* (1987) und *Salzwedel* (1987). Der *Sachverständigenrat für Umweltfragen* faßt in seinem Sondergutachten "Altlasten" den Aspekt, ob der nordrhein-westfälische Gesetzgeber überhaupt die verfassungsrechtliche Kompetenz zur Regelung der Sonderabfallentsorgung habe und die Frage, inwieweit mit Lizenzpflicht und Lizenzentgelt die grundgesetzlich garantierte Freiheit der Berufsausübung verletzt sei, zusammen (vgl. *Sachverständigenrat für Umweltfragen* (1990), Tz. 716-728).

239 Um eine solche handelt es sich bei der Lizenzgebühr, weil sie sich an einem Finanzierungsvolumen von 50 Mio. DM orientiert. Die Lenkungsfunktion ist eher zweitrangig.

240 Vgl. z.B. *Peine* (1992), S. 126 f. *Peine* sieht die verfassungsrechtlichen Einwendungen aber dann nicht als stichhaltig an, wenn auf das Argument "Gebühr für die Einräumung des wirtschaftlichen Vorteils, der aus der Lizensierung entsteht" im Sinne einer Verleihungsgebühr abgestellt wird. Vgl. dazu auch die Ausführungen zu Lizenzpflicht und Li-

sachlich näher stehen als andere gesellschaftliche Gruppen, und das Aufkommen muß gruppennützig verwendet werden.[241] Ist schon fraglich, ob es sich bei den zur Finanzierung herangezogenen Eigen- und Fremdentsorgern um eine homogene Gruppe handelt, so muß man die verfassungsrechtliche Zulässigkeit dann vollends in Frage stellen, wenn berücksichtigt wird, daß die Altlastensanierung nicht nur diesem Personenkreis, sondern der Allgemeinheit im Ganzen zugute kommt.

Hinsichtlich der *konkreten Ausgestaltung* läßt sich einwenden, daß eine verursachungsgerechte Internalisierung externer Kosten mit der Bindung der Lizenzgebühr an die Höhe des Umsatzes der lizenzierten Unternehmen kaum zu erreichen ist, weil dieser mit dem vom betreffenden Unternehmen möglicherweise zu verantwortenden Anteil am Gesamtschaden der Altlasten nur in Ausnahmefällen korrespondieren dürfte.[242] Daneben ist das Lizenzentgelt auf ein Gesamtaufkommen von 50 Mio. DM beschränkt[243] und daher angesichts des oben skizzierten Finanzbedarfs kaum geeignet, die anstehenden Probleme ohne zusätzlichen Rückgriff auf andere Finanzierungsquellen zu bewältigen. Schließlich sind, auch wenn der Abfallentsorgungs- und Altlastensanierungsverband grundsätzlich nur subsidiär tätig werden soll, doch Fälle denkbar, in denen das Gemeinlastprinzip in jedem Fall vorzuziehen ist und eine wie auch immer ausfallende Beteiligung einzelner Gruppen mit höheren Anteilen als die Allgemeinheit nicht gerechtfertigt ist.[244]

Eine unter Verursachungsgesichtspunkten sinnvolle Kosteninternalisierung wäre beim Lizenzmodell nur dann gewährleistet, wenn die eigentlichen Adressaten, nämlich die Altlastenverursacher, auch erreicht werden.[245] Dazu muß es dem lizenzierten Entsorger aber gelingen, seine aufgrund des Lizenzerwerbs erhöhten Entsorgungskosten voll auf die Sonderabfallerzeuger abzuwälzen und zusätzlich müßten die Abfallerzeuger mit den Altlastenverursachern identisch sein. Ansonsten wären auch solche Abfallproduzenten von der Gebühr betroffen, die nicht oder nur in geringem Ausmaß für die Altlastenentstehung verantwortlich sind.

Bei der Einführung von landesindividuellen Finanzierungsmodellen ist immer die spezifische Industriestruktur mit der jeweils einzubeziehenden Anzahl von

---

zenzgebühr bei der Beurteilung des Arguments "hohe Kapitalintensität" (Kapitel 4.2.3.4).

241 Vgl. *Sachverständigenrat für Umweltfragen* (1990), Tz. 731.

242 Vgl. *Karl* (1987), S. 72.

243 Vgl. § 11 LAbfG Nordrhein-Westfalen.

244 Man denke z.B. an kontaminierte Böden durch Restmunition aus den Weltkriegen.

Branchen und Industriebetrieben zu berücksichtigen.[246] Im Vergleich zu weniger stark industrialisierten Bundesländern wie beispielsweise Rheinland-Pfalz, in denen freiwillige Kooperationslösungen wegen der geringeren Anzahl einzubeziehender Unternehmen der gewerblichen Wirtschaft sicherlich leichter durchzusetzen waren, ist ein Einigungsprozeß unter möglichen Kooperationspartnern im hochindustrialisierten Nordrhein-Westfalen sehr viel schwieriger. Insofern kann man dem Lizenzmodell zugute halten, daß es möglicherweise deshalb gerechtfertigt ist, weil die Alternative in Form einer Kooperationsvereinbarung zwischen betroffener Industrie und öffentlicher Hand in diesem Bundesland überhaupt nicht zur Verfügung stand. Die Wirtschaftsstruktur ist also ein wesentlicher Einflußfaktor für die jeweilige Modellgestaltung.

Gegen *Sonderabfallabgaben* zur Finanzierung der Altlastensanierung sprechen zum Teil die gleichen Argumente wie gegen den Einsatz des nordrhein-westfälischen Lizenzentgelts.[247] Sie sind ebenfalls Ausdruck des Gruppenlastprinzips und unterliegen denselben verfassungsrechtlichen Bedenken wie die Lizenzgebühr.[248] Als Sonderabgaben werden sie für gesetzlich vorbestimmte Zwecke verwendet und damit im Gegensatz zu Steuern nicht in den allgemeinen Staatshaushalt eingebracht. Auch hier sind hinsichtlich der vom Bundesverfassungsgericht aufgestellten Grundsätze für eine Zulässigkeit (homogene Gruppe, besondere Verantwortlichkeit der Gruppe für den Finanzierungszweck, gruppennützige Verwendung) Bedenken angebracht. "Mangels Identität zwischen den Verursachern der Altlasten und den jetzt wirtschaftlich Tätigen ist es schon zweifelhaft, ob eine Gruppenverantwortung der mit der Abgabe zu belastenden Unternehmen bejaht werden kann. Jedenfalls aber werden die zweckgebundenen Sonderabgaben nicht gruppennützig verwendet, denn die Sanierung der Altlasten dient der chemischen Industrie nicht mehr als der Allgemeinheit als solcher."[249]

Auch wenn sie verfassungsrechtlich zulässig wären, so ist unter Verursachungsgesichtspunkten keineswegs ausgeschlossen, daß sonderabfallproduzierende und damit abgabepflichtige Unternehmen zur Altlastenfinanzierung herangezogen werden, die keinerlei Verantwortung für bereits entstandene Altlasten haben, etwa weil sie erst in jüngerer Zeit ihre Produktion aufgenommen haben und somit

---

245 Vgl. *Sachverständigenrat für Umweltfragen* (1990), Tz. 761.

246 Vgl. zu diesem Argument *Kühl* (1990), S. 426 und *Sachverständigenrat für Umweltfragen* (1990), Tz. 778.

247 Wie bereits gesagt, ist hier nur die Finanzierungsfunktion von Interesse. Vgl. zur Anreiz- bzw. Lenkungsfunktion von Abgabenlösungen auch Kapitel 7.3.1.

248 Vgl. *Peine* (1992), S. 127 f. und *Sachverständigenrat für Umweltfragen* (1990), Tz. 731.

249 *Ebd.*

ihre Betriebsstandorte (noch) nicht kontaminieren konnten. Weiterhin läßt sich nicht von der Hand weisen, daß auch diejenigen Abfälle, die in den Sonderabfallabgabengesetzen nicht von der Abgabepflicht erfaßt werden, zur Altlastenproblematik beigetragen haben, sodaß Sonderabfallerzeuger gegenüber anderen Abfallerzeugern überdurchschnittlich zur Verantwortung gezogen werden, weil sie den Finanzierungsanteil, den das Sonderabfallabgabenaufkommen an den gesamten Mitteln zur Altlastensanierung ausmacht, alleine zu tragen haben.

Es drängt sich alles in allem der Verdacht auf, daß die Abgabenlösung wie auch die Lizenzgebühr auch deshalb so populär sind, weil sich die jeweils Belasteten diesen gesetzlichen Zwangsmaßnahmen nicht entziehen können und somit eine leichtere Mittelbeschaffung und damit schnellere Finanzierbarkeit der anstehenden Aufgaben möglich ist.[250] Außerdem ist zu vermuten, daß bei der Ausgestaltung der Regulierungsinstrumente weniger ihre Lenkungsfunktion als vielmehr die fiskalische Funktion im Vordergrund ihrer Einführung gestanden hat. Insofern sind beide zu kritisieren, weil Finanzierungs- und Lenkungsfunktion in Konkurrenz zueinander stehen: Die Anreizwirkung von Sonderabfallabgabe und Lizenzentgelt führt dazu, daß weniger Sonderabfälle anfallen und reduziert dadurch gleichzeitig das Abgaben- bzw. Lizenzentgeltaufkommen. Mehr Sonderabfallvermeidung führt zu geringeren finanziellen Mitteln für die Altlastensanierung, wodurch Zielkonflikte vorprogrammiert sind. Ein Ausweg bietet sich hier, indem die Instrumente primär zu Lenkungszwecken verwendet werden und die Altlastensanierung aus dem allgemeinen Steueraufkommen finanziert wird.[251]

Was ist nun angesichts der überwiegend negativen Beurteilung der Zwangsmodelle Lizenzentgelt und Sonderabfallabgabe von den *Kooperationslösungen* zu halten? Auch bei diesen Modellen müssen gewisse *Nachteile* in Kauf genommen werden.[252] Dazu gehören die rechtliche Unverbindlichkeit, da die Einhaltung der Kooperationsvereinbarungen staatlicherseits nicht erzwungen werden kann, und die schon bei der Lizenzgebühr angesprochene Voraussetzung einer überschaubaren Wirtschaftsstruktur. Viele sonderabfallerzeugende Branchen und sonstige potentielle Altlastenverursacher bedeuten in der Regel auch viele unterschiedliche Interessenlagen und erschweren das Zustandekommen einvernehmlicher Lösungen zwischen den Kooperationspartnern. Dies sollte aber nicht über wichtige *Vorteile* hinwegtäuschen.

---

250 Vgl. *ebd.* (1990), Tz. 707.

251 Auch der *Sachverständigenrat für Umweltfragen* ist der Auffassung, daß Umweltabgaben vorrangig zur ökologischen Steuerung eingesetzt werden sollten (vgl. *ders.* (1994), Tz. 346).

252 Vgl. zu einigen kritischen Einwänden *Kühl* (1990), S. 423 ff.

Die Kooperationsmodelle stoßen auf keine verfassungsrechtlichen oder sonstigen rechtlichen Vorbehalte[253], erhöhen durch Umsetzung des Kooperationsgedankens die Akzeptanz bei allen Beteiligten und fördern dadurch die Bereitschaft zur Finanzierung der Altlastensanierung. Zum Merkmal der Freiwilligkeit paßt der Tatbestand, daß der tatsächliche Verursacher nicht ermittelt werden kann bzw. noch nicht ermittelt wurde (sonst wäre er ja bereits zur Verantwortung gezogen worden) und daher gesetzliche (Zwangs-)Lösungen unter Gerechtigkeitsaspekten als zu starke Maßnahmen angesehen werden könnten. Eine haftungsrechtlich erhebliche Verantwortlichkeit besteht nicht, lediglich eine mögliche.

Durch die Einbeziehung der gesamten Industrie eines Bundeslandes berücksichtigen die Kooperationsmodelle, daß die derzeitigen Sonderabfallentsorger (im Lizenzmodell) bzw. Sonderabfallerzeuger (bei Sonderabfallabgaben) eben nicht generell als ausschließliche Gruppe in Frage kommen. Durch die Verteilung der Lasten auf breitere Schultern kann man davon ausgehen, daß unter dieser Gruppe die Altlastenverantwortlichen oder deren Rechtsnachfolger zu finden sind. Zumindest aber läßt sich hier überzeugender behaupten, sie stünden dem Finanzierungszweck näher als die Allgemeinheit. Dies erhöht die Chancen einer verursachergerechten Internalisierung der externen Kosten. Schließlich tragen die Kooperationslösungen durch die größere Nähe zum Gemeinlastprinzip dem von der Industrie vorgebrachten Bedenken Rechnung, Abweichungen vom Gemeinlastprinzip bei der Finanzierung der Altlastensanierung seien deshalb fragwürdig, weil bei Haftung der Allgemeinheit eher zum Ausdruck käme, daß frühere altlastenverursachende Aktivitäten behördlich genehmigt oder geduldet waren und letzlich alle Bürger durch Erhöhung ihres Lebensstandards von der Industrialisierung profitiert hätten.[254]

Aus den hier getroffenen Aussagen läßt sich der immer noch hohe Stellenwert einer auf dem *Gemeinlastprinzip* beruhenden Finanzierung der Altlastensanierung ableiten. Weil sowohl die Lizenzgebühr als auch die verschiedenen Kooperationsmodelle jeweils nur einen begrenzten Etat haben, wird man sowieso zum größten Teil auf das Gemeinlastprinzip zurückgreifen müssen.[255] Außerdem führen in den Fällen, in denen die Gebietskörperschaften selbst für die Entstehung

---

253 Vgl. *Sachverständigenrat für Umweltfragen* (1989), S. 345.

254 Vgl. *Ruppe/ Lindemann* (Hrsg., 1991), S. 91.

255 Kühl nennt als Beispiel das bayerische Kooperationsmodell, durch das nach seinen Berechnungen im Zeitraum 1989 bis 1999 weniger als 13% der Mittel zur Verfügung gestellt werden können, die zur Sanierung aller bayerischen Altlasten benötigt werden (vgl. *Kühl* (1990), S. 424).

der Altlasten verantwortlich sind, Gemeinlast- und Verursacherprinzip unter dem Gesichtspunkt der Kostenanlastung zum gleichen Ergebnis.[256]

Ein weiterer Aspekt soll kurz angesprochen werden. Landesindividuelle Regelungen belasten die Unternehmen der jeweiligen Bundesländer, wodurch sie gegenüber in anderen Bundesländern ansässigen Konkurrenten Kosten- und damit Wettbewerbsnachteile hinnehmen müssen.[257] Dies gilt zwar prinzipiell auch für länderbezogene Kooperationslösungen, aber hierbei überläßt man die Einschätzung der möglichen Wettbewerbsnachteile der betroffenen Industrie. Ist sie zu einer Beteiligung bereit, so kann man dies als Hinweis darauf werten, daß sie die Gefahr von Konkurrenznachteilen als nicht so gravierend einschätzt.

In Anbetracht der Einwände, denen sowohl Lizenzgebühr als auch landesindividuelle Sonderabfallabgaben zur Finanzierung der Altlastensanierung unterliegen und in Anbetracht dessen, daß es mit den Kooperationsmodellen und dem Gemeinlastprinzip Finanzierungsalternativen gibt, erscheint es nicht überzeugend, die "Finanzierung der Altlastensanierung" als Grund dafür anzuführen, warum in der (aktuellen) Sonderabfallentsorgung regulierend eingegriffen werden muß. Denn es läßt sich unter Gerechtigkeitsaspekten auch fragen, warum Betriebe (derzeitige Sonderabfallerzeuger), die in der Vergangenheit ihre Abfallstoffe ordnungsgemäß deponiert haben (Altablagerungen) und auch sonst keinen bodenverunreinigenden Anlagenbetrieb hatten (Altstandorte), trotzdem in gleicher Weise zukünftig belastet werden sollen wie die Sonderabfallerzeuger, die tatsächlich für heutige Altlasten verantwortlich sind. Sowohl im Lizenzmodell als auch bei den Sonderabfallabgaben kann eine solche verursachergerechte Differenzierung nicht vorgenommen werden. Und *Salzwedel* schreibt: "Es liegt auf der Hand: Je höher die technischen und finanziellen Anforderungen an die Sonderabfallentsorgung in der Zukunft werden, um so weniger leuchtet es an sich ein, Altlastensanierung gerade auf Kosten derjenigen zu betreiben, die diesen Anforderungen genügen."[258]

---

256 Z.B. bei Rüstungsaltlasten und sanierungsbedürftigen Deponien, die von öffentlichen Trägern betrieben wurden (vgl. *ebd.*, S. 421).

257 Vgl. auch Kapitel 5.1.2.

258 *Salzwedel* (1987), S. 3.

4.3 Zwischenergebnis: überzeugende sonderabfallwirtschaftliche Regulierungsgründe

Im Kapitel 4 wurden diejenigen Argumente systematisiert und beschrieben, die von Regulierungsbefürwortern regelmäßig zur Begründung staatlicher Interventionen im Sonderabfallentsorgungsmarkt herangezogen werden. Es war dann zu prüfen, ob die vorgebrachten Regulierungsgründe tatsächlich auf Marktversagen beruhen, wie es sich im Rahmen der "Theorie des Marktversagens" anhand der vier Kategorien externe Effekte, Unteilbarkeiten, Flexibilitäts- und Informationsmängel konkretisieren läßt. Die Analyse der Interventionsargumente hat ergeben, daß im Hinblick auf die Marktversagenstheorie nicht alle Motive überzeugen können. Aus systematischen Gründen seien zunächst die Regulierungsmotive aufgegriffen, aufgrund derer Markteingriffe des Staates nicht gerechtfertigt erscheinen.

Hinsichtlich des Arguments, Sonderabfallentsorgung sei durch *natürliche Monopole* gekennzeichnet, war zu untersuchen, ob innerhalb der einzelnen Entsorgungsstufen Sammlung/ Transport, Behandlung und Deponierung subadditive Kostenstrukturen aufgrund sinkender Durchschnittskosten vorliegen. Weil empirische Kostenstrukturuntersuchungen für eine abschließende Beurteilung nicht ausreichen, basierte die weitere Argumentation auf Plausibilitätsüberlegungen. Diese haben gezeigt, daß die aggregierten Durchschnittskostenverläufe gegen das Vorliegen eines natürlichen Monopols sprechen. Im Sammel- und Transportbereich dürften Dichtevorteile und daraus resultierende Durchschnittskostendegressionen bei steigendem Mengenabsatz je Flächeneinheit kaum eine Rolle spielen, zudem lassen sich die einzelnen Transportmittel sehr genau an die jeweilige Nachfrage anpassen. In der Produktionsstufe "Behandlung und Verbrennung" kann von einem u-förmigen Verlauf der Durchschnittskostenfunktion ausgegangen werden, wenn man berücksichtigt, daß steigende Betriebsgrößen häufig zu erhöhten unternehmensinternen Transaktionskosten führen, Anlagenerweiterungen mit überproportional steigenden Aufwendungen für Emissionsverminderungsmaßnahmen einhergehen und größere Einzugsgebiete längere Anfahrtwege und damit Transportstückkostensteigerungen bedingen. Das letztgenannte Argument spricht auch dagegen, bei der Sonderabfalldeponierung permanent sinkende Durchschnittskosten anzunehmen. Im übrigen würde das Wirksamwerden von Wettbewerb durch marktöffnende Maßnahmen wie die Aufhebung der rechtlichen Marktzutrittsschranken durch "Entprivilegisierung" der landesoffiziellen Entsorgungsgesellschaften und Zulassung grenzüberschreitender, gemeinschaftsweiter Sonderabfallentsorgung bewirken, daß mögliche regionale

Monopole durch potentielle Konkurrenz von etablierten Anbietern oder neuen Konkurrenten diszipliniert werden.[259]

Auch das Argument *"hohe Kapitalintensität"* erweist sich als wenig tragfähig zur Begründung staatlicher Marktzutrittsschranken. Eine hohe Kapitalintensität der zur Leistungserstellung notwendigen Produktionsfaktoren ist zwar angesichts des hohen technischen Niveaus, über das moderne und umweltverträgliche Entsorgungsanlagen mittlerweile verfügen, sicherlich gegeben, aber dies ist kein spezifisches Problem der Entsorgungswirtschaft, sondern allenfalls ein Managementproblem. Und auch wenn das Kapital für sehr spezielle Anlagen aufgewendet werden muß, die sich für andere Zwecke nicht eignen (irreversible Kosten), dürfte die Gefahr ruinöser Konkurrenz gering sein, weil hohe sunk costs, das spezielle Know-how und die langwierigen und schwer zu kalkulierenden Genehmigungsverfahren in der Regel einen leichten Marktzutritt verhindern. Im übrigen handelt es sich bei der Entsorgungsbranche nicht um einen stagnierenden oder schrumpfenden Markt, sodaß mit Überkapazitäten auf absehbare Zeit nicht zu rechnen ist. Um die hohen Kapitalkosten aufzubringen und Investitionsrisiken zu streuen, bietet es sich an, kapitalkräftige und stark diversifizierte Partner zu suchen. Darüberhinaus sind langfristige Entsorgungsverträge mit Sonderabfallerzeugern ein marktkonformes Mittel zur Sicherstellung einer rentabilitätssichernden Anlagenauslastung.

Hinsichtlich der *Finanzierung der Altlastensanierung* wurde schließlich argumentiert, daß Altlasten zwar eine historische Kostenexternalisierung darstellen, aber Gemeinlastprinzip und freiwillige Kooperationsmodelle zur Finanzierung besser geeignet sind als Lizenzentgelt und Sonderabfallabgaben. Die Lizenzgebühr ist aufgrund der beschränkten Aufkommenshöhe sowieso nur für einen Teil der Sanierungsaufgaben ausreichend und kann eine verursachergerechte Kosteninternalisierung allenfalls in Ausnahmefällen gewährleisten. Dies gilt auch für die Sonderabfallabgaben, weil keinesfalls alle heutigen Sonderabfallproduzenten verantwortlich sind für früher entstandene Altlasten. Indem Gemeinlastprinzip und freiwillige Kooperationsmodelle genutzt werden, kann zudem eine "Vermischung" von Finanzierungs- und Lenkungsfunktion bei Lizenz und Sonderabfallabgabe vermieden werden. Im übrigen müssen angesichts der großen Anzahl altlastenverdächtiger Flächen und des prognostizierten Finanzbedarfs sowieso überwiegend Mittel aus dem allgemeinen Steueraufkommen verwendet werden, da die anderen Finanzierungsquellen dazu nicht ausreichen. Insgesamt ist das Motiv "Finanzierung der Altlastensanierung" kein hinreichendes Argument, um in der aktuellen Sonderabfallentsorgung regulierend einzugreifen.

---

259 Vgl. unten Kap. 7.2.1.1 und Kap. 7.2.3 zu diesen marktöffnenden Maßnahmen.

Bevor die verbleibenden Argumente *ökologische Steuerung*, *Vermeidung/ Verwertung* und *Entsorgungssicherheit* aufgegriffen werden, erscheint es zum besseren Verständnis der zusammenfassenden Betrachtung sinnvoll, Ausführungen von *Michaelis* heranzuziehen, um verschiedene Kostenbestandteile von Entsorgungspreisen zu differenzieren.[260] Unterschieden werden drei Komponenten, die zur Verwirklichung des Verursacherprinzips allesamt berücksichtigt werden müssen, damit der Preismechanismus betriebswirtschaftliche Entscheidungen zwischen Entsorgung einerseits und Vermeidung/ Verwertung andererseits derart steuern kann, daß sie auch aus volkswirtschaftlicher Sicht vorteilhaft sind:

- *Betriebswirtschaftliche Entsorgungskosten*: die gesamten Aufwendungen für Errichtung und Betrieb von Entsorgungsanlagen. Es ist davon auszugehen, daß dieser Bestandteil grundsätzlich im Entsorgungspreis einkalkuliert ist. Nicht vergessen werden sollte aber, daß es den landesoffiziellen Entsorgungsgesellschaften größtenteils verboten ist, höhere Preise zu fordern.[261]
- *"Umweltkosten"*: Mit dieser Komponente sollen alle durch die Abfallentsorgung verursachten Umweltbelastungen in die Kalkulation der Abfallverursacher integriert werden. Dies sind z.B. Deponiegase und Grundwasserverschmutzungen bei Deponien und die Luftschadstoffemissionen aus Müllverbrennungsanlagen.
- *"Knappheitskosten"*: Durch diesen Teil des Entsorgungspreises wird der Tatsache Rechnung getragen, daß es an ausreichenden Entsorgungskapazitäten in der Bundesrepublik mangelt. *Michaelis* spricht von einer "politisch induzierten Knappheitssituation" und bezieht sich dabei auf die politischen Durchsetzungsschwierigkeiten für neue Anlagen.[262]

Die Entsorgungspreise müssen den Sonderabfallverursachern also signalisieren, daß sowohl Entsorgungsanlagen als auch die bei der Entsorgung in Anspruch genommenen Umweltmedien nur begrenzt verfügbar sind. Dabei ergibt sich allerdings ein entscheidender Unterschied zwischen Umwelt- und Knappheitskomponente: Die dahinter stehenden Güter sind im ersten Fall öffentlicher Art (Luft, Gewässer, Grundwasser), im zweiten Fall dagegen rein privater Natur (Standorte für Anlagen, Entsorgungsaggregate, technische Ausstattung der Anlagen), denn angesichts wachsender konkurrierender Nutzungsansprüche besteht z.B. für den Standortfaktor "Boden" durchaus "Rivalität im Konsum" und die Nichtverfügungsberechtigten können von der Nutzung ausgeschlossen werden. Für die zur

---

260 Vgl. dazu *Michaelis* (1993), S. 8-10.

261 Vgl. oben Kap. 3.2.5.

262 In den politischen Bereich würde aber auch fallen, daß die Bundesländer durch ihr selbstverordnetes Streben nach Entsorgungsautarkie die benutzbaren Entsorgungsalternativen regelmäßig auf Anlagen im eigenen Zuständigkeitsbereich beschränken. Das gleiche gilt für den bundesrechtlichen Grundsatz der Abfallentsorgung im Inland.

Errichtung und zum Betrieb von Entsorgungsanlagen notwendigen Produktionsmittel ist die Definition und Durchsetzung von Verfügungsrechten möglich, wodurch sich ihre Nutzung auch in vollem Umfang als private Kosten im Rechnungswesen des Entsorgungsanlagenbetreibers und in den von ihm verlangten Entsorgungspreisen niederschlägt.

Michaelis weist deshalb darauf hin, daß Knappheitskosten ausschließlich im Bereich der öffentlichen Abfallentsorgung zu berücksichtigen sind (also bei den Anlagen für die von der öffentlichen Entsorgungspflicht erfaßten und im Rahmen dieser Arbeit nicht betrachteten Abfallarten), nicht dagegen bei betriebseigenen oder von Dritten betriebenen Anlagen.[263] Bei von den entsorgungspflichtigen Körperschaften für Siedlungsabfälle betriebenen Entsorgungsanlagen ist die Einbeziehung von Knappheitskosten deshalb gerechtfertigt, weil hier nur kostendeckende Entsorgungsgebühren verlangt werden dürfen, die das noch zur Verfügung stehende Entsorgungsvolumen als preisbeeinflussende Komponente unberücksichtigt lassen müssen. In den betriebseigenen oder für andere Sonderabfallerzeuger zugänglichen Entsorgungsanlagen können *private* Unternehmen dagegen die individuelle Kapazitätssituation in ihrer Kostenrechnung einkalkulieren und die Entsorgungspreise entsprechend der Kapazitätsentwicklung ihrer Anlage festlegen. Die von privaten Entsorgungsunternehmen erhobenen Entsorgungspreise spiegeln demnach die jeweilige Knappheit der Entsorgungskapazitäten richtig wieder.

Im Hinblick auf ein marktwirtschaftliches Organisationsmodell für die Sonderabfallwirtschaft, welches auf privatem Angebot von Entsorgungskapazitäten basiert, ist aufgrund dieser Überlegungen alleine die Internalisierung von Umweltkosten (im Sinne von Belastungen bzw. Schäden für Mensch und Natur durch Entsorgungsvorgänge) als "übergeordneter" Regulierungsgrund überzeugend.

In der Forderung nach *ökologischer Steuerung* der Sonderabfallwirtschaft, verstanden als Begrenzung von Emissionen aus Entsorgungsanlagen auf ein als um-

---

263 Vgl. *Michaelis* (1993), S. 9. Auch vor dem Hintergrund, daß Haushalte in der Regel ihren Abfallanfall nur in begrenztem Umfang beeinflussen können und innerhalb der Kette "Güterproduzent - Handel - Verbraucher" nicht die einzigen Abfallverursacher sind, muß die Knappheitskomponente dort gesondert berücksichtigt werden. Produktionsbetriebe als Verusacher von Sonderabfällen haben dagegen unmittelbaren Einfluß auf die von ihnen erzeugten Reststoffe (vgl. oben Kap. 4.2.3.5).

Der *Sachverständigenrat für Umweltfragen* geht bei seinen instrumentellen Ansatzpunkten hinsichtlich der Bewirtschaftung des knappen Gutes Deponieraum (als einer Ausprägung von "Entsorgungskapazität" ebenfalls davon aus, daß sich dieser in unmittelbarem Besitz der öffentlichen Hand befindet (vgl. *Sachverständigenrat für Umweltfragen* (1991), S. 113 f.). Diese Prämisse wird bei einer Sonderabfallentsorgung durch private

weltverträglich anerkanntes Maß, lückenlose Erfassung und Überwachung der Sonderabfälle, Einhaltung vorgeschriebener Entsorgungswege und hoher Sicherheitsanforderungen beim Anlagenbetrieb, kommt dies zum Ausdruck. Die Umweltverträglichkeit der Sonderabfallentsorgung muß bei marktwirtschaftlicher Ausrichtung dieser Branche sichergestellt sein, und sie kann es auch. Um die ökologische Steuerung zu gewährleisten, sind Instrumente mit möglichst geringer Eingriffsintensität einzusetzen. Sofern sich Vollzugsdefizite, die keinesfalls auf Marktversagen zurückzuführen sind, vermeiden lassen, reichen die qualitätsregulierenden Kontroll- und Überwachungsinstrumente Entsorgungsnachweis, Begleitscheinverfahren oder Anlagenzulassungsverfahren prinzipiell bereits aus, um diesem Regulierungsmotiv gerecht zu werden. Weitergehende Maßnahmen wie Anschluß- und Benutzungszwänge oder Andienungspflichten sind damit entbehrlich, zumal sie nicht generell gewährleisten können, daß eine Steuerung der Abfallströme ausschließlich nach ökologischen Gesichtspunkten erfolgt.

Was den Regulierungsgrund *"Unterstützung von Vermeidung und Verwertung"* anbelangt, so wurde in der Beurteilung darauf hingewiesen, daß aus ökonomischer Sicht ein genereller Vorrang dieser Strategien vor endgültiger Beseitigung nicht gerechtfertigt ist, weil grundsätzlich die jeweiligen Opportunitätskosten zu berücksichtigen sind und es auf theoretischer Basis ein optimales Niveau an Vermeidungs- und Verwertungsaktivitäten gibt. Darüberhinausgehende Anstrengungen müssen mit Aufwendungen erkauft werden, die den zusätzlichen volkswirtschaftlichen Nutzen in Form gestiegener Umweltqualität übersteigen. Wird die Internalisierung von Umweltkosten (im obigen Sinne) als zentrales Ziel angestrebt, liefert Vermeidung und Verwertung aber selbstverständlich einen wichtigen Beitrag, denn je weniger Sonderabfälle endgültig entsorgt werden müssen, umso weniger Emissionen aus Entsorgungshandlungen resultieren daraus. Bei deshalb berechtigten Forderungen nach Vermeidungs- und Verwertungsanstrengungen der Sonderabfallerzeuger ist daher vor allem der positive Effekt auf verringerte Umweltkosten zu betonen, und nicht so sehr, wie vielfach in den Vordergrund gestellt, die Schonung knapper Entsorgungskapazitäten. Dies ist zwar ein Nebeneffekt, aber die Steuerung der Kapazitätsknappheit (Knappheitskomponente) gebührt im wettbewerblichen Modell dem Preismechanismus.[264]

Wird das Regulierungsargument *Entsorgungssicherheit* hinsichtlich Knappheits- bzw. Umweltkomponente differenziert, ist festzustellen, daß die Betonung der

Unternehmen, denen auch die notwendigen Entsorgungsanlagen gehören, gerade nicht gesetzt.

264 Diese Akzentuierung müßte prinzipiell auch bei der Ausgestaltung vermeidungsfördernder Anreizinstrumente wie Sonderabfallabgaben zum Ausdruck kommen. Sinnvoller Ansatzpunkt wären demnach die aus der Entsorgung resultierenden Emissionen, durch die

Sicherstellung wirtschaftlicher Entfaltungsmöglichkeiten als industriepolitisches Motiv auf die Kapazitätsknappheit und damit auf die erste Komponente abstellt. Wenn sich aber die Knappheit des Entsorgungsangebots im Entsorgungspreis niederschlägt, ist die Forderung nach Entsorgungssicherheit überhaupt nicht mehr notwendig. Über den Preismechanismus findet ein Ausgleich von Angebot und Nachfrage statt (Markträumung), und jeder Sonderabfallerzeuger, der bereit ist, den für seine Abfallart und das dazugehörige Entsorgungsverfahren geltenden Gleichgewichtspreis zu zahlen, findet ein adäquates Angebot. Damit ist die Entsorgung für diese Nachfragergruppe gewährleistet (sicher). Anlagenbesitzer, die Entsorgungsleistungen nur zu höheren Preisen anbieten wollen, können dagegen keine Sonderabfallbesitzer mehr an sich binden, weil es für letztere aufgrund ihrer individuellen Kostenrechnung günstiger ist, die Nachfrage nach Beseitigungskapazitäten durch Vermeidungs- oder Verwertungsaktivitäten zu substituieren.

Dennoch läßt sich auch beim Argument Entsorgungssicherheit ein Bezug zur Umweltkomponente herstellen, denn es wurde auf den möglichen Standpunkt verwiesen, daß Entsorgungsanlagen weniger eine umweltschützende Funktion wahrnehmen als vielmehr selbst Quelle unterschiedlicher Umweltbelastungen sind und jede zusätzliche Anlage auch die Umwelt durch vermehrte Entsorgungsaktivitäten verstärkt in Anspruch nimmt. Beschränkt man sich demnach auf die vorhandenen Anlagen und koppelt gleichzeitig die Abfallerzeugung an die verfügbaren Entsorgungskapazitäten, dann wird die Umwelt im Vergleich zur Situation erweiterter Kapazitäten weniger beansprucht und es entstehen geringere negative Externalitäten. Um daher die Schaffung von Anreizen zur Erhöhung des Entsorgungsangebots und für mehr Entsorgungssicherheit als positiven Beitrag zur Internalisierung von Umweltkosten auszulegen, ist auf den möglichen Nettonutzen abzustellen, der sich für die Umweltqualität ergibt, wenn anstatt in wegen unzureichender Schutzvorkehrungen nicht zugelassenen Anlagen in umweltverträglichen, den gesetzlichen Bestimmungen entsprechenden und deshalb zugelassenen Anlagen entsorgt wird. Je zahlreicher die legalen Entsorgungsmöglichkeiten sind, umso eher läßt sich die Inanspruchnahme illegaler Entsorgungswege vermeiden. Außerdem bedeutet bei normal verlaufender Nachfragefunktion eine Angebotsausdehnung gleichzeitig sinkende Entsorgungspreise, sodaß sich die Anreize zu illegaler Entsorgung weiter reduzieren.

Eine Senkung der mit der Sonderabfallentsorgung verbundenen Umweltkosten reduziert die Unterschiede zwischen lokalen Vor- und Nachteilen eines Entsorgungsstandortes. Das erhöht die Chancen, Entsorgungssicherheit gefährdendes "Trittbrettfahrerverhalten" potentieller Standortgemeinden zu vermeiden. Das

knappe Umweltgüter verbraucht werden, und weniger die Sonderabfallmenge als Indikator für das Maß der Inanspruchnahme knapper Entsorgungseinrichtungen.

Trittbrettfahrerverhalten äußert sich in der Ablehnung einer Entsorgungsanlage in der eigenen Umgebung bei gleichzeitigter Befürwortung ihrer Errichtung an anderer Stelle, um von ihrem Vorhandensein ohne Inkaufnahme eigener Nachteile zu profitieren. Die Wahrscheinlichkeit für ein solches Verhalten läßt sich prinzipiell auch verringern, indem die mit einem Entsorgungsbetrieb verbundenen lokalen Nutzen erhöht werden. In Kap. 7.3.4 wird dargestellt, welchen Beitrag Verhandlungslösungen dazu leisten können. Sie erscheinen auch geeignet, unternehmerische Unsicherheit abzubauen, die sich aus Planungsrisiken durch Verzögerung der Anlagenzulassung aufgrund möglicher rechtlicher Auseinandersetzungen mit Standortanwohnern ergeben.

5. Fehlentwicklungen durch staatliche Regulierung der Sonderabfallwirtschaft

In Kapitel 4 sind die in der Sonderabfallentsorgung regelmäßig genannten Motive für staatliche Markteingriffe beschrieben worden. Daraus wurde deutlich, welche positiven Wirkungen aus Sicht der Befürworter von Regulierungsmaßnahmen zu erwarten sind. Ob und inwieweit es sich wirtschaftstheoretisch, d.h. im Hinblick auf die Theorie des Marktversagens, tatsächlich um überzeugende Argumente handelt, ist dort ebenfalls untersucht worden. Im nun folgenden Teil 5 wird es darum gehen, denkbare Fehlentwicklungen aufzuzeigen, die bei der Etablierung der Staatseingriffe entweder überhaupt nicht in Betracht gezogen wurden oder denen nicht die Bedeutung beigemessen wurde, die ihnen möglicherweise zukommt.

Die in Kapitel 3 dargestellten Regulierungsinstrumente bedeuten in ihrer Gesamtheit Einschränkungen der *wirtschaftlichen Freiheit*:[1] Diese ist Bestandteil der individuellen Freiheit, läßt sich aus dem Grundrecht einer "freien Entfaltung der Persönlichkeit" (Art. 2 GG) herleiten und bedeutet einerseits das Fehlen von Handlungszwängen, andererseits aber auch die Möglichkeit, nach eigenem Willen zu handeln und auch zwischen verschiedenen Alternativen zu wählen. Beide Ausprägungen wirtschaftlicher Freiheit sind in einer regulierten Sonderabfallwirtschaft beschränkt, denn Sonderabfallerzeuger werden u.a. dem Zwang ausgesetzt, ihre Reststoffe den landesoffiziellen Entsorgungsunternehmen zu überlassen bzw. anzudienen, und ihnen ist häufig die Wahlmöglichkeit genommen, das von ihnen bevorzugte Entsorgungsunternehmen mit der Beseitigung ihrer Abfälle zu beauftragen oder auch ausländische Entsorgungsanlagen zu nutzen. Allerdings können Regulierungsbefürworter einwenden, daß diese Handlungsbeschränkungen bzw. Änderungen der vom Markt gesetzten Freiheitsräume bewußt eingeführt wurden, um den einzelnen Regulierungsmotiven gerecht zu werden. Mit anderen Worten: Die Freiheitsbeschränkung wird selbst zum Regulierungszweck. Deshalb legt die folgende Analyse das Hauptaugenmerk weniger auf den abstrakten gesellschaftlichen Grundwert "Freiheit", sondern vielmehr auf konkrete Fehlentwicklungen in Form von volkswirtschaftlichen Effizienzverlusten (Kap. 5.1) und negativen Auswirkungen auf ökologische Belange (Kap. 5.2).[2]

---

1 Vgl. zum folgenden *Herdzina* (1991), S. 12 f. Vgl. zum Freiheitsbegriff auch *Ewers* (1991), S. 4-8.

2 Die Regulierungsmaßnahmen sind darüberhinaus dazu geeignet, die zwischenstaatliche Verbringung von Sonderabfällen zwecks Entsorgung in einem anderen Staat zu unterbinden. Sie haben damit auch einen negativen Einfluß auf die Integrationsbestrebungen im Rahmen des gemeinsamen Marktes der Europäischen Union. Diesem Aspekt ist aber we-

Selbst dann, wenn überzeugende Gründe für eine staatliche Regulierung vorliegen würden (was für die Sonderabfallwirtschaft nach den vorangegangenen Analysen allenfalls sehr begrenzt zutrifft), ist sie unter Einbeziehung der dadurch verursachten *Regulierungskosten* häufig nicht mehr gerechtfertigt. Diese Kosten finden regelmäßig wenig Beachtung, nicht zuletzt auch deshalb, weil die Bedeutung von Wettbewerb unterschätzt wird und staatliche Stellen eher nach weiteren Gründen für Regulierung suchen als sich um die damit verbundenen Kosten zu kümmern.[3]

Die anschließenden Untersuchungen, insb. über mögliche Effizienzverluste, beschränken sich im wesentlichen auf *Plausibilitätsüberlegungen.* Eine empirische Überprüfung dieser Argumentationslinien muß späteren Arbeiten vorbehalten bleiben. Die Überlegungen basieren aber auf Erfahrungen aus anderen Wirtschaftszweigen, und es erscheint gerechtfertigt, grundsätzliche "Regulierungs-Reaktionsmuster" der Marktteilnehmer, wie sie bei Wettbewerbsbeschränkungen und staatlichen Markteingriffen beobachtet werden, auf die Sonderabfallwirtschaft zu übertragen.

5.1 Effizienzverluste

Sofern zugunsten eines überwiegend im Besitz der öffentlichen Hand befindlichen Sonderabfallentsorgungsunternehmens ein Anschluß- und Benutzungszwang statuiert wird, entsteht ein staatlich sanktioniertes *Entsorgungsmonopol.* Zwar kann dieses Unternehmen seinerseits geeignete Dritte beauftragen, also die von ihm zu erbringenden Entsorgungsleistungen fremdbeziehen, das ändert aber nichts an der Tatsache, daß dem Sonderabfallerzeuger nur ein Entsorgungsanbieter als Vertragspartner zur Verfügung steht. Weil die Nachfrageseite gezwungen ist, ihre Sonderabfälle ausschließlich über dieses Unternehmen zu entsorgen, ist dessen Schutz vor regionsexterner Konkurrenz gesichert. In den Bundesländern mit Andienungspflicht an die zentrale Koordinationsstelle des Landes wird zwar betont, daß diese in der Regel private Unternehmen mit der Entsorgung der angedienten Abfälle beauftragen, aber die landesoffiziellen Gesellschaften betreiben auch eigene Entsorgungsanlagen, die natürlich bevorzugt genutzt werden

---

gen seiner Komplexität und der zu berücksichtigenden vielfältigen europäischen Rechtsvorschriften ein eigener Abschnitt (Teil 6) gewidmet.

3 Vgl. *Deregulierungskommission* (1991), Tz. 15 ff. Auch die in dieser Arbeit nicht untersuchten Eigeninteressen von Politikern, der Bürokratie und sonstiger durch die Regulierung begünstigter Gruppen tragen dazu bei, daß Fehlentwicklungen durch Regulierung zu wenig Rechnung getragen wird.

und zu einer Monopolstellung führen können.[4] Außerdem macht gerade das Argument, mittels einer Steuerung der Sonderabfallströme könne man auch eine Kapazitätsauslastung der einzelnen Entsorgungsunternehmen gewährleisten[5], deutlich, daß eine Konkurrenzsituation, wie sie im unbeschränkten Wettbewerb privater Unternehmen um Aufträge von Sonderabfallerzeugern zu erwarten wäre, überhaupt nicht angestrebt wird.

Insgesamt ist in den Bundesländern, in denen landesoffizielle Gesellschaften die Entsorgung von Sonderabfällen koordinieren und durchführen, eine wesentliche Einschränkung des Wettbewerbs festzustellen. Mit der Lizenzierung haben die Behörden in Nordrhein-Westfalen, wenn sie die Lizenzen nur restriktiv vergeben, ebenfalls ein wirkungsvolles Instrument zur Beeinflussung der Konkurrenzsituation. Durch Reduzierung des Anbieterkreises bis hin zum Angebotsmonopol und durch Verhinderung von Wettbewerb kann es zu einer Reihe von *Ineffizienzen* kommen, die für andere Branchen bereits ausführlich untersucht worden sind. *Hamm* nennt unter anderem folgende Fehlentwicklungen:[6]
- geringe Anpassungsfähigkeit und -bereitschaft der begünstigten Unternehmen, weil wettbewerbsbeschränkende Maßnahmen den Druck zur Kostensenkung und zur Verbesserung des Leistungsangebots vermindern;
- Versagen der Wettbewerbsauslese durch strukturkonservierende Wirkungen wettbewerblicher Ausnahmebereiche;
- geringere Innovationstätigkeit, weil Marktbeschränkungen einen dynamischen Wettbewerb durch Entwicklung neuer Produkte und Produktionsprozesse behindern;
- überhöhte Preise, weil staatliche Preisfestsetzungen häufig zu Preisen über dem Gleichgewichtspreis führen;
- desintegrierende Wirkungen, weil Regulierungen auch die internationale Arbeitsteilung beeinträchtigen können, was für die Bundesrepublik als in der Weltwirtschaft und in den europäischen Integrationsprozess eng verflochtenes Land eine besonders wichtige Rolle spielt.[7]

---

4 Beispielsweise betreibt die NGS in Niedersachsen die Sonderabfalldeponie Hoheneggelsen. Hier wird die Annahme, daß es zumindest bei der Entsorgungsstufe "Deponierung" auch im Andienungsmodell zu einer Monopolstellung des landesoffiziellen Entsorgungsunternehmens kommt, auch von Befürwortern dieses Organisationskonzepts geteilt, indem sie darauf hinweisen, daß für private Firmen zwar rechtlich die Möglichkeit besteht, eine Sonderabfalldeponie zu bauen und zu betreiben, angesichts der Marktmacht der NGS sei dies faktisch gesehen aber unwahrscheinlich (vgl. *Edom* (1991), S. 120 f.).

5 Vgl. oben Kap. 4.2.2.4.

6 Vgl. *Hamm* (1978), S. 165-171.

7 Der letztgenannte Aspekt wird im Kap. 6 untersucht.

Im folgenden wird die denkbare Verhinderung ökonomischer Effizienz in der Sonderabfallwirtschaft mittels der drei Subkriterien *Kostenineffizienz*, *allokative Ineffizienz* und *dynamische Ineffizienz* dargestellt.

5.1.1 Kostenineffizienz

Kostenineffizienzen bei der Produktion betrieblicher Leistungen liegen dann vor, wenn die tatsächlich realisierten Kostenfunktionen über den technisch bzw. organisatorisch machbaren liegen, weil im Betrieb nicht sämtliche Kostenminimierungsspielräume ausgenutzt werden. Häufig wird auch von technisch-organisatorischen oder betrieblichen Ineffizienzen gesprochen.[8]

Ein gebräuchlicher Weg zum Aufspüren von Kostenineffizienzen besteht darin, *Kosten- oder Preisvergleiche* mit ausländischen Märkten vorzunehmen. Damit läßt sich, so die Überlegung, das Problem umgehen, daß in der Regel alle Unternehmen einer Branche den wettbewerbsbeschränkenden Ausnahmeregelungen unterliegen.[9] Abb. 18 (folgende Seite) vergleicht die Kosten für Abfallverbrennung und -deponierung in ausgewählten Industrieländern. Hierbei zeigt sich (neben den deutlich geringeren Kosten für Deponierung im Vergleich zur Verbrennung), daß Deutschland bei den Verbrennungskosten an der Spitze liegt und in der Abfalldeponierung den zweiten Rang im internationalen Vergleich einnimmt. Es wäre allerdings verfehlt, dies alleine auf die Organisationsstrukturen der bundesdeutschen Abfallwirtschaft zurückzuführen. Entscheidenden Einfluß auf die Kostendifferenzen haben sicherlich die unterschiedlichen Entsorgungsstandards in den einzelnen Ländern. Die Bundesrepublik nimmt bei diesen qualitätsregulierenden Maßnahmen eine führende Stellung ein, wie z.B. die Bestimmungen über Emissionsgrenzwerte für Anlagen zur Verbrennung gefährlicher Abfälle dokumentieren.[10] Insofern erscheint ein internationaler Vergleich von Entsorgungskosten im Zusammenhang mit der Untersuchung von Kostenineffizienzen nicht hilfreich.

---

8 Vgl. z.B. *Hecht* (1991), S. 157 oder *Weber* (1986), S. 611.

9 Vgl. z.B. *Deregulierungskommission* (1991), Tz. 75 und Tz. 298 für die Versicherungs- bzw. Stromwirtschaft.

10 Selbst unter den Mitgliedstaaten der Europäischen Union haben erst die wenigsten, unter ihnen Deutschland, die Niederlande und Frankreich, überhaupt rechtlich verbindliche Emissionsgrenzwerte eingeführt. In den anderen Ländern gibt es bisher nur mehr oder weniger umfassende Emissionsrichtwerte oder überhaupt keine derartigen Bestimmungen (vgl. *Bundesrat* (1992), S. 19-22).

Abb. 18: Kosten für Abfallverbrennung und -deponierung in ausgewählten Industrieländern (in US-Dollar/ Tonne)

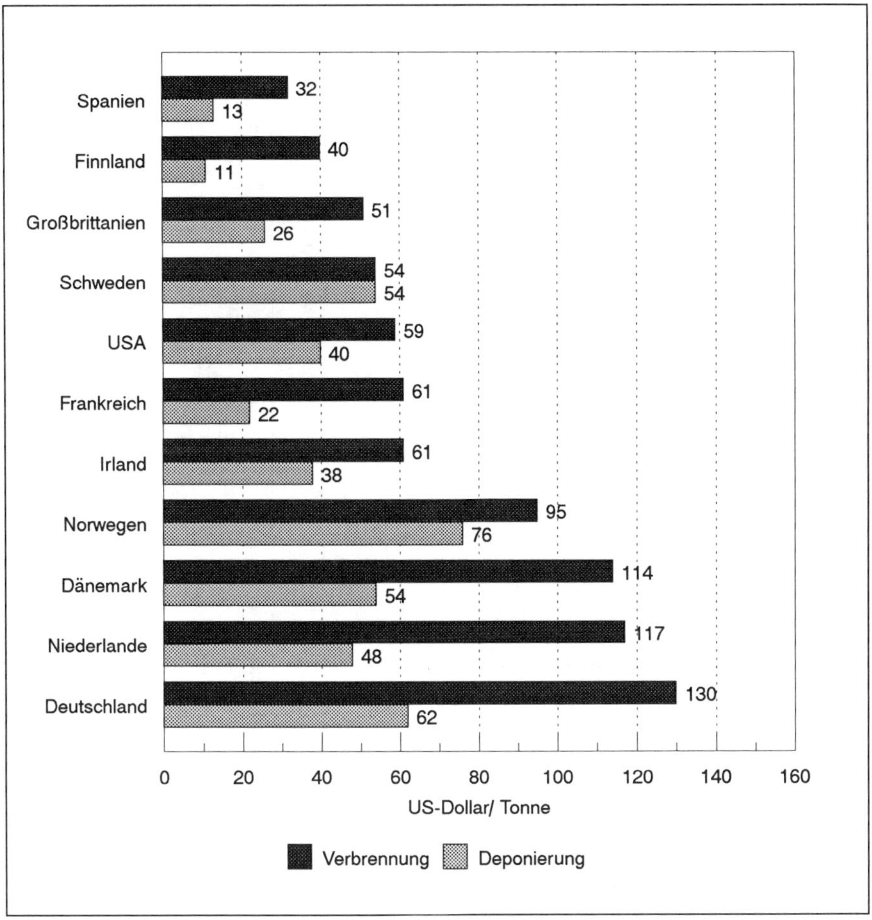

(Quelle: *FEAD* (Solid Waste Digest), zitiert nach *Kessler/ von Keller* (1993), S. 24)

Einen Ausweg könnte die Tatsache bieten, daß die Sonderabfallwirtschaft in Deutschland bundesländerspezifisch organisiert ist und unterschiedliche Strukturen, teils mit im Wettbewerb stehenden privaten Entsorgungsunternehmen, teils mit mehrheitlich staatlichen Monopolunternehmen, in den Bundesländern vorzufinden sind. Divergierende Entsorgungsstandards spielen hier keine Rolle mehr, weil das qualitätsregulierende Instrumentarium bundesweit gültig ist. Tab. 11 (folgende Seite) zeigt eine Übersicht über die Entsorgungsgrundpreise für einige

Tab. 11: Preisübersicht für die Entsorgung ausgewählter Sonderabfälle in den alten Bundesländern im Jahr 1991 (in DM/ Tonne)

Bundesland / Sonderabfälle	Baden-Württemberg	Bayern		Bremen	Hamburg	Hessen	Niedersachsen	Nordrhein-Westfalen	Rheinland-Pfalz	Saarland	Schleswig-Holstein
	SBW	GSB	ZVSMM	Plump a)	AVG a)	HIM	NGS	Edelhoff a)	GBS	SES	GBS-Nord b)
Ölverunreinigtes Erdreich	949,-	200,-	280,- bis 380,-				250,- bis 900,-	500,- bis 850,-	700,-	490,-	
Altmedikamente		750,-	800,-	520,-	640,-		920,-	850,-	2300,-	490,-	
Farben, Lacke	660,-	650,-		890,-		179,- bis 352,-	920,-	850,-	2200,-	670,- bis 750,-	
Säuren, Laugen		140,- bis 930,-	180,- bis 1200,-	3,50/ kg	220,- bis 280,-		180,-	155,- bis 195,-	1250,- bis 9000,-	215,- bis 416,-	
Lösungsmittel (ohne PCB)				1050,-		128,- bis 147,-	400,- bis 1200,-	Grundpreis 850,-	850,- bis 1900,-	1190,- bis 1920,-	
Industrieabwässer		90,-					180,-	185,- bis 245,-		173,- bis 181,-	
Klinische Abfälle		930,-				3700,-				31,28/ 30 Liter	
Laborchemikalien		930,-	1500,-	47,50/ kg	10,-/ kg			25,-/kg bis 40,-/kg	30,-/kg bis 45,-/kg	36,-/kg aufwärts	
PCB-haltige Abfälle			1500,- bis 3000,-	140,- bis 185,-				auf Anfrage		2050,- bis 7000,-	
Galvanik-Schlämme		200,-		875,- bis 890,-	1,-/ kg		300,- bis 900,-	250,- bis 850,-		750,-	180,-
Herbizide, Fungizide		980,-	2500,-					auf Anfrage		7650,-	

Anmerkungen: a) Private Entsorgungsunternehmen: C.F. Plump Gewässerschutz GmbH (Bremen), Abfall-Verwertungs-Gesellschaft mbH AVG (Hamburg), Edelhoff Städtereinigung GmbH & Co. KG (Iserlohn); b) Von der GBS (Nord) betriebene Sonderabfalldeponie Rondeshagen. Vgl. im übrigen Kap. 3.2.2.2 zu den vollständigen Namen der landesoffiziellen Entsorgungsgesellschaften. Für *Berlin* lagen keine Angaben vor.

(Quelle: *Müller* (1991), S. 73)

ausgewählte Sonderabfälle durch führende Entsorgungsunternehmen in den alten Bundesländern.[11] Aber auch mit dieser Tabelle erhält man kein eindeutiges Bild darüber, ob und ggf. welcher Zusammenhang zwischen den Entsorgungspreisen und der Organisationsform besteht[12], weil teilweise große Preisspannen angegeben sind, die auf beträchtliche Preisspielräume hindeuten, und weil auch innerhalb der Gruppe der landesoffiziellen Entsorgungsunternehmen sowohl günstige (Bayern[13]) als auch hochpreisige Gesellschaften (Rheinland-Pfalz, Saarland) zu finden sind. Mit einheitlichen Standards ist zwar eine Ursache für unterschiedliche Entsorgungskosten eliminiert, gleichwohl bestehen weitere praktische *Schwierigkeiten beim Preisvergleich* fort:

- Die eingesetzten Technologien sind u.U. nicht miteinander vergleichbar und es geht aus der Übersicht nicht hervor, welches Entsorgungsverfahren eingesetzt wird, obwohl die vorherige Tabelle gezeigt hat, daß Deponierungs - und Verbrennungskosten stark divergieren können.[14]
- Preisschwankungen werden auch mit der unterschiedlichen Konsistenz der verschiedenen Abfallarten und mit Aufschlägen auf die Grundpreise in Abhängigkeit von der angelieferten Menge, der Art der Anlieferung oder besonderen Inhaltsstoffen begründet.[15]
- Während die landesoffiziellen Träger der Sonderabfallentsorgung regelmäßig an lediglich kostendeckende Preise gebunden sind, beinhalten die Preisforderungen der privaten Unternehmen bereits Gewinnaufschläge zur Erreichung einer angemessenen Verzinsung des eingesetzen Kapitals unter Berücksichtigung des jeweiligen Risikopotentials.

Eindeutige Aussagen darüber, ob eine privatwirtschaftliche, wettbewerbliche Organisation der Sonderabfallwirtschaft oder landesoffizielle Monopolgesellschaften kosteneffizienter sind, lassen sich anhand der obigen Preisübersicht also nicht treffen. Deshalb erscheint eine *Ergänzung um Plausibilitätsargumente* angebracht. Je nachdem, ob die Betonung auf die mehrheitlich öffentlichen Eigentumsrechte an den Entsorgungsträgern oder aber auf deren im Falle der Organi-

---

11 Neben den bereits bekannten landesoffiziellen Entsorgungsgesellschaften sind für Bremen, Hamburg und Nordrhein-Westfalen private Entsorger aufgeführt, die im jeweiligen Bundesland eine bedeutende Marktposition innehaben.

12 Vgl. *Müller* (1991), S. 74 f.

13 Hier könnte das relativ niedrige Preisniveau darauf zurückzuführen sein, daß bereits in den 70er Jahren und damit kostengünstiger eine umfassende Entsorgungsstruktur aufgebaut wurde.

14 Und auch wenn das gleiche Verfahren (z.B. Deponierung) angewendet wird, wirken unterschiedliche Standortvoraussetzungen (z.B. geologische Bedingungen im Rahmen des Multibarrierenkonzepts) preisdifferenzierend.

15 Vgl. *Müller* (1991), S. 76.

sation mittels Anschluß- und Benutzungszwang gegebene Monopolstellung gelegt wird, läßt sich in zwei Richtungen argumentieren:

Zum einen kann untersucht werden, ob private Unternehmen oder staatliche Betriebe eine höhere betriebliche Effizienz aufweisen.[16] Dabei konzentriert man sich wegen unterschiedlicher Probleme von empirischen Effizienzstudien vor allem auf theoretische Überlegungen, insbesondere auf die im jeweiligen Produktionsarrangement wirkenden Kontrollmechanismen. Mehrheitlich wird davon ausgegangen, daß kostenineffizientes Wirtschaften in öffentlichen Unternehmen wahrscheinlicher ist als in privaten, weil die Steuerzahler als Eigentümer eines staatlichen Betriebs weit weniger stark als die Kapitalgeber privater Gesellschaften daran interessiert sein werden, die Manager ihrer jeweiligen Unternehmen auf kosteneffiziente Produktion zu kontrollieren und mögliches Fehlverhalten dieser Personen zu bestrafen. Darüberhinaus wird auf Ineffizienzen aufgrund einer bürokratischen Organisation verwiesen. In der Organisation der Sonderabfallwirtschaft verliert die Frage nach der Kosteneffizienz von öffentlicher im Unterschied zu privater Produktion aber an Bedeutung, weil bis auf die öffentlich-rechtlichen Entsorgungsverbände in Bayern (ZVSMM) und Nordrhein-Westfalen (AAV) die privatrechtliche Organisationsform der GmbH gewählt wurde und man sich bei der Gestaltung der landesoffiziellen Gesellschaften an den innerbetrieblichen Strukturen privater Unternehmen orientiert.[17]

Andererseits läßt sich fragen, welche Auswirkungen auf die betriebliche Effizienz zu erwarten sind, wenn durch staatliche Angebotsbeschränkung oder Monopolisierung der Wettbewerbsdruck reduziert oder vollständig beseitigt wird, und zwar unabhängig davon, ob die privilegierten Unternehmen in privatem oder mehrheitlich staatlichem Besitz sind. Es geht also weniger um Effizienzunterschiede zwischen öffentlicher und privater Produktion als vielmehr um solche zwischen Monopol und Wettbewerb.

Die jeweiligen *Anreizstrukturen* sprechen dafür, in nicht wettbewerblich organisierten Märkten eine geringere Kosteneffizienz anzunehmen als bei in Konkurrenz stehenden privaten Entsorgungsunternehmen.[18] Nachfrager nach Entsorgungsleistungen müssen, sofern sie nicht Abfälle vermeiden, verwerten oder selbst entsorgen, den begrenzten Anbieterkreis bzw. das landesoffizielle Monopol in Anspruch nehmen. Eine marktliche Sanktion für überhöhte Preise in Form

---

16 Vgl. zum folgenden *Pommerehne* (1977), S. 274-277 und *Weber* (1986), S. 611-613 mit weiteren Literaturhinweisen.

17 Dies ist sicherlich auch deshalb geschehen, um eventuelle Vorwürfe einer ineffizienten Arbeitsweise wegen bürokratischer Organisation gar nicht erst aufkommen zu lassen.

18 Vgl. zum folgenden *Kruse* (1985), S. 99-104.

der Abwanderung zu Konkurrenten ist von den privilegierten Anbietern also nicht zu befürchten, sodaß insbesondere die dort Beschäftigten ihre Interessen nach Nutzen- bzw. Einkommensmaximierung einfacher durchsetzen können. Das drückt sich unter anderem in folgenden kostenwirksamen Faktoren aus:[19]

- überhöhte Gehälter, Löhne und Sozialleistungen;
- größere Status- und Repräsentationsaufwendungen (z.B. für Verwaltungsgebäude, Arbeitszimmer usw.);
- geringere Arbeitsbelastung, weniger Streß und Leistungsdruck;
- Schutz vor Sanktionen (Entlassung, Gehaltsreduzierung) bei Faulheit oder schlechten Arbeitsergebnissen.

Je geringer die Wettbewerbsintensität und der äußere Wettbewerbsdruck ausfallen, umso niedriger sind die Anreize der Verantwortlichen, stärkere Kostendisziplin bei den Mitarbeitern und sich selbst durchzusetzen, zumal dies nicht selten ein beträchtliches Konfliktpotential in sich birgt, weil die Menschen ungern auf einmal Erreichtes verzichten.

Auch die Art der *Preisregulierung* ist dazu geeignet, Kostenineffizienzen zu verursachen. Sofern von den einzelnen Trägern der Sonderabfallentsorgung lediglich kostendeckende Preise verlangt werden dürfen, besteht gleichzeitig keinerlei Ansporn zur innerbetrieblichen Kostensenkung. Günstigere Entsorgungspreise kämen zwar den Sonderabfallproduzenten zugute, hätten aber keinerlei individuelle Vorteile für die Entscheidungsträger und Mitarbeiter in den landesoffiziellen Unternehmen zur Folge.[20] Abgesehen davon sind sie politisch unerwünscht, weil dadurch gesetzliche Vermeidungs- und Verwertungsvorschriften konterkarriert werden würden.

Schließlich ist noch zu beachten, daß sich die Sonderabfallentsorgung gesamtwirtschaftlich ebenfalls verteuert, wenn mit Koordinationsaufgaben betraute *Andienungsgesellschaften* zwischengeschaltet sind. Für deren Steuerungstätigkeit und Abfallzuweisung zu aufnahmebereiten Entsorgungsanlagen erheben sie Gebühren, welche den eigentlichen Entsorgungskosten hinzuzurechnen sind.[21] Diese würden im Falle einer Steuerung der Sonderabfallentsorgung durch den Markt, bei der sich die Abfallerzeuger selbständig ein Unternehmen suchen, das

19 Referenzmaßstab ist eine vergleichbare Stellung in wettbewerblich organisierten Branchen der Volkswirtschaft.

20 Zu Niedersachsens Gebührenregelung für die Sonderabfallentsorgung (vgl. oben Kap. 3.2.5) läßt sich darüberhinaus anmerken, daß diese auch für von der Zentralen Stelle beauftragte Privatunternehmen keine Anreize schafft, Entsorgungsleistungen unterhalb der in der Gebührenordnung festgelegten Durchschnittssätze anzubieten, weil solche günstigen Preise wegen der Mischkalkulation nicht an die Sonderabfallerzeuger weitergegeben werden und man sich daher im Markt mit dem Preis nicht gegenüber seinen Konkurrenten absetzen kann.

ihre Sonderabfälle entsorgt, nicht anfallen, und es ist kaum anzunehmen, daß die stattdessen zu berücksichtigenden Informationskosten für die Suche nach geeigneten privaten Anbietern so hoch sind, zumal diese zumindest bei längerfristigen Geschäftsbeziehungen nur einmal anfallen.

Aus vorstehenden Überlegungen wird insgesamt deutlich, daß in einer von wettbewerblicher Verfassung abweichenden Organisation der Sonderabfallwirtschaft eine kostenineffiziente Produktionsweise angenommen werden muß, weil für mehrheitlich staatliche Monopolunternehmen wie für lizenzierte oder mittels Entsorgungsverträgen mit den landesoffiziellen Andienungsgesellschaften am Markt etablierte Unternehmen keine Anreize bestehen, sämtliche Kostenminimierungsspielräume bei der Sonderabfallentsorgung auszunutzen. Durch staatliche Ausschließlichkeitsrechte, eine Lizenz oder Verträge mit dem jeweiligen Träger der Sonderabfallentsorgung wird ihr Verbleiben im Markt gesichert, denn die Nachfrager können sich dem geschützten Anbieterkreis nicht entziehen, außer sie "boykottieren" das Angebot, indem sie Sonderabfälle vermeiden, innerbetrieblich verwerten oder Eigenentsorgung betreiben.[22] Im übrigen sind bei den landesoffiziellen Entsorgungsträgern auch keine Verluste zu erwarten, die sie zu marktgerechterem Verhalten anhalten würden, da die Gesellschaften zumindest kostendeckende Preise verlangen dürfen.

Wird darauf hingewiesen, daß das Kosteneffizienzargument deshalb nicht so bedeutungsvoll sei, weil sich auch in wettbewerblich geprägten Strukturen *regionale Monopole* bilden würden, die wie staatlich geschaffene Monopole geringe Anreize zu betrieblicher Effizienz hätten,[23] so ist dem nicht zuzustimmen. Richtig ist, daß Entsorgungsanlagen (abgesehen von den innerbetrieblichen Anlagen) einen räumlichen Einzugsbereich besitzen.[24] Die Größe des Gebiets ist abhängig von der periodischen Anlagenkapazität, den Abfalltransportkosten und den standortspezifischen Entsorgungskosten. Innerhalb dieses ökonomischen Einzugsgebiets (im Unterschied zu von staatlicher Seite hoheitlich festgelegten Einzugsgebieten) hat der Anlagenbetreiber in der Tat ein Monopol. Trotzdem kann er sich eine kostenineffiziente Produktion nicht leisten, weil es ab einem bestimmten Niveau für Sonderabfallerzeuger lohnend wird, ihre Reststoffe trotz

---

21 In Niedersachsen werden beispielsweise 14% Verwaltungsgebühren zugeschlagen.

22 Letztgenanntes dürfte für kleine und mittelgroße Sonderabfallerzeuger kaum wirtschaftlich durchzuführen sein.

23 "Der wesentlichste aller in diesem Zusammenhang (Kostendifferenzen wegen unterschiedlicher Effizienz der Träger, Anmerkung des Verfassers) aufgeführten Gründe ist der Zwang zur Effizienz, der unter Wettbewerbsbedingungen herrscht. Da ... aber im wesentlichen von regionalen Entsorgungsmonopolen ausgegangen werden muß, verliert dieser Grund an Bedeutung." (*Fichtner Beratende Ingenieure* (1992), S. 7/40)

höherer Transportkosten zu benachbarten Anlagen zu verbringen. Außerdem lohnt es sich für Neuanbieter, sich in der Region zu etablieren, sofern dies für sie wegen höherer betrieblicher Effizienz kostengünstiger möglich ist. Das regionale Monopol wird angreifbar, und die potentielle Konkurrenz kann eine disziplinierende Wirkung auf das etablierte Entsorgungsunternehmen ausüben. Staatlich sanktionierte Monopolunternehmen haben die potentielle Konkurrenz dagegen nicht zu fürchten.

5.1.2 Allokative Ineffizienz

Die *Allokationsfunktion* des Wettbewerbs zeichnet sich dadurch aus, daß die von den einzelnen Wirtschaftssubjekten eingesetzten Produktionsfaktoren gemäß der jeweiligen Nachfragestruktur in diejenigen Verwendungen gelenkt werden, in denen sie den höchsten gesellschaftlichen Nutzen stiften. Sie wechseln dabei von Produktionsprozessen mit abnehmender zu solchen mit zunehmender Rentabilität.

Verschiedentlich wird darauf hingewiesen, daß diese Funktion durch fehlenden Wettbewerb in der Abfallwirtschaft nur unzureichend erfüllt wird.[25] In durch hoheitlichen Schutz geschaffenen Entsorgungsmonopolen, sofern diese sich gewinnmaximierend verhalten dürfen, ist zu erwarten, daß der Marktpreis für Entsorgungsleistungen nicht mehr den Grenzkosten entspricht, weil ein Angebotsmonopolist dort seinen Gewinn maximiert, wo Grenzkosten und Grenzerlös übereinstimmen.[26] Im Ergebnis sind die sonderabfallerzeugenden Unternehmer als Nachfrager von Entsorgungskapazitäten schlechter gestellt als im Vergleichsfall der vollständigen Konkurrenz, weil das Kapazitätsangebot geringer ausfällt und sie einen höheren Preis für die Leistungen bezahlen müssen.[27] Damit ergibt sich eine geringere Konsumentenrente als im Konkurrenzmodell. Allerdings ist zu beachten, daß wir es in der Sonderabfallwirtschaft im Falle der landesoffiziellen Entsorgungsmonopolen nicht mit gewinnmaximierenden Unternehmen zu tun haben, wie die Ausführungen zur Preisregulierung (Kap. 3.2.5) gezeigt haben. Eine Ausnutzung ihrer Marktmacht wird ihnen dadurch verwehrt, daß sie

---

24 Vgl. *Hecht* (1991), S. 135 ff.

25 Vgl. *Fichtner* (1991), S. 124 f. und *Hecht* S. 155 f.

26 Vgl. z.B. *Fritsch/ Wein/ Ewers* (1993), S. 135 ff. oder *Schumann* (1992), S. 285 ff. zur Preisbildung im Angebotsmonopol.

27 *Hecht* spricht in diesem Zusammenhang auch vom Monopolisten als "Freund des Abfallgegners" (vgl. *Hecht* (1991), S. 156), weil höhere Preise bei preiselastischer Nachfrage-

regelmäßig nur kostendeckende Preise verlangen dürfen. Im übrigen ist durch die Leistungsverpflichtungen in Form der Annahmepflicht bzw. Zuweisungspflicht gewährleistet, daß die sonderabfallerzeugenden Unternehmen Zugang zu den von ihnen benötigten Entsorgungsdienstleistungen haben.

Vor allem muß auf allokative Ineffizienzen in den *sonderabfallerzeugenden* Branchen hingewiesen werden. Für die Hersteller von Gütern, bei denen im Produktionsprozess ungewollt Sonderabfälle anfallen, kann eine ausreichende Versorgung mit Entsorgungskapazitäten ein wichtiger Produktionsfaktor sein, wie bereits im Zusammenhang mit dem Regulierungsargument "Gewährleistung von Entsorgungssicherheit" (Kap. 4.2.2.5) dargestellt wurde. Dieser Produktionsfaktor verursacht (zunehmend bedeutendere) Kosten, und wenn den Unternehmen der Zugang zu kostenminimalen Produktionsfaktoren durch regulative Maßnahmen versperrt bleibt, dann bedeutet das einen suboptimalen Ressourceneinsatz und damit Ineffizienz.

Wettbewerbsverzerrungen sind die Folge, wenn Unternehmen einer Branche, die ihren jeweiligen Firmensitz in Bundesländern mit unterschiedlichen Entsorgungsstrukturen haben, sich nur zu unterschiedlichen Preisen mit Entsorgungsleistungen versorgen können.[28] Bestehen Überlassungspflichten, muß sich ein Sonderabfallproduzent in der Regel des vorgesehenen Entsorgungsträgers bedienen, und auch bei der Andienungspflicht ist der Abfallverursacher nicht frei in der Auswahl des von ihm bevorzugten Entsorgungsunternehmens. Der Grundsatz der Abfallentsorgung im Inland verhindert den Zugang zu kostengünstigen ausländischen Entsorgungsmöglichkeiten. Diese Regulierungen tragen dazu bei, daß je nach in Anspruch zu nehmender Entsorgungsanlage mehr oder weniger hohe Entsorgungspreise zu zahlen sind. Auf der anderen Seite entfalten festgelegte Einzugsgebiete für Entsorgungsanlagen und Genehmigungserfordernisse für Abfallimporte aus dem Ausland bzw. aus anderen Bundesländern Reservierungswirkungen für einheimische Abfallerzeuger hinsichtlich der in einem Bundesland zur Verfügung stehenden Entsorgungskapazitäten. Alle genannten Maßnahmen können im Einzelfall eine Versorgung mit für die Sonderabfallerzeuger kostenoptimalem Entsorgungsangebot verhindern.

Die Sonderabfallentsorgung wird dann nicht mehr zu minimalen einzel- und gesamtwirtschaftlichen Kosten realisiert. Innerhalb der konkurrierenden Unternehmen eines Wirtschaftszweigs haben diejenigen Unternehmen *Wettbewerbsnachteile*, für die der Zugang zu kostengünstiger Entsorgung aufgrund der staatlichen

---

funktion zu einem Nachfragerückgang nach Entsorgungsleistungen führen, d.h. es entstehen nicht mehr so viele zu entsorgende Abfälle.

Regulierung schwerer möglich ist und denen wegen ihrer Überlassungspflicht an einen landesoffiziellen Träger Wahlmöglichkeiten verloren gehen. Die Reservierung von Beseitigungskapazitäten für im Bundesland ansässige Industrieunternehmen ist quasi eine Subventionierung der einheimischen Industrie und hat unterschiedliche Wertschöpfungsspielräume zwischen den davon begünstigten bzw. benachteiligten Unternehmen zur Folge. Die benachteiligten Betriebe müssen wegen größeren Entsorgungsaufwands höhere Produktpreise kalkulieren, büßen einen Teil ihrer Wettbewerbsfähigkeit ein und werden auf diese Weise in ihren Wachstumschancen eingeengt.[29] Unter Umständen sind wegen fehlender Entsorgungskapazität sogar kostspielige Produktionsumstellungen vorzunehmen, um Sonderabfälle in Zukunft zu vermeiden oder zu verwerten. Das ist zwar ökologisch wünschenswert, müßte dann aber für alle Unternehmen einer Branche gleichermaßen gelten und nicht nur vom gesetzlich gelenkten Zugang zu adäquaten Entsorgungsmöglichkeiten abhängen.

Neben allokativen Ineffizienzen auf den sonderabfallverursachenden Gütermärkten durch unterschiedliche Entsorgungspreise in den Bundesländern tragen auch die von vier Ländern erhobenen *Sonderabfallabgaben* und das in Nordrhein-Westfalen zu zahlende und auf die Abfallerzeuger überwälzte *Lizenzentgelt* zu einer Verzerrung der Wettbewerbsbedingungen bei. Die Unternehmen, die aufgrund ihres Firmensitzes bzw. Betriebsstandortes in einem der fünf Bundesländer mit höheren entsorgungsbezogenen Kosten belastet sind, haben insofern einen weiteren Kostennachteil zu verkraften. Durch eine bundesweit einheitliche Sonderabfallabgabe könnte dieser Standortnachteil (zumindest zur Angleichung der Verhältnisse innerhalb Deutschlands) abgebaut werden.[30]

Versperrt man den Sonderabfallerzeugern die Möglichkeit, die für sie kostengünstigste, aber dennoch den umweltschutzbezogenen Anforderungen genügen-

28 Tab. 11 über die Entsorgungspreise für ausgewählte Sonderabfallarten in den alten Bundesländern hat bereits deutlich gemacht, daß zum Teil gravierende Preisunterschiede möglich sind.

29 Im übrigen werden durch die Maßnahmen auch die sonstigen von den Güterproduzenten eingesetzten Produktionsfaktoren anders zwischen den einzelnen Herstellern einer Branche und auch anderen Wirtschaftszweigen aufgeteilt, weil ihr Einsatz in den "subventionierten" Unternehmen rentabler erscheint als in anderen Verwendungen.

30 Vgl. dazu Kap. 7.3.1. Allerdings scheint eine einheitliche Abgabenregelung in der Bundesrepublik zur Zeit politisch nicht durchsetzbar, unter anderem auch deshalb, weil durch die bereits hohe Abgabenquote kaum Spielräume für zusätzliche Umweltabgaben vorhanden sind (vgl. *Schütte* (1993), S. 30 f.). Außerdem kann die Forderung nach einer bundesweiten Sonderabfallabgabe nur ein erster Schritt sein, weil im Kontext des europäischen Binnenmarktes einheitliche europäische Lösungen zur Vermeidung von Wettbewerbsnachteilen für die deutsche Industrie anzustreben sind (vgl. dazu auch Kap. 7.2.3).

de Entsorgungsalternative zu wählen, so hat das zwar zur Folge, daß staatliche Überwachungskosten wegen der geringeren Zahl von Anbietern reduziert werden[31] und tendenziell mehr Anstrengungen zur Abfallvermeidung bzw. Verwertung unternommen werden, aber dann können die so gebundenen und wegen nicht optimalen Einsatzes des Produktionsfaktors "Entsorgungskapazität" überhöhten finanziellen Ressourcen nicht mehr für andere Verwendungen genutzt werden. In anderen Bereichen eingesetzt, würden sie zu neuer Güter- oder Dienstleistungsproduktion führen, damit das Volkseinkommen steigern und so den gesamtwirtschaftlichen Verteilungsspielraum, auch für mehr finanzielle Mittel im Umweltschutz, erweitern. Allokative Ineffizienz in der Sonderabfallwirtschaft bedeutet also auch, daß sich die Chancen für weitergehende umweltschützende Aktivitäten reduzieren.

5.1.3 Dynamische Ineffizienz

Oben (Kap. 4.1.2) wurde bereits auf die Funktionen des Wettbewerbs hingewiesen. Dabei sind Steuerungs-, Verteilungs- und Allokationsfunktion statischer Natur, während "datenänderungsbezogene Anpassungsflexibilität" und "Realisierung technischen Fortschritts" (Anpassungs- bzw. Innovationsfunktion) einen dynamischen Charakter besitzen.[32] Letztere stehen im Mittelpunkt der folgenden Ausführungen. *Umwelttechnischer Fortschritt* liegt allgemein formuliert immer dann vor, wenn es gelingt, mit gleichem Aufwand höhere Umweltbelastungsminderungen bzw. mit geringerem Aufwand die gleichen Umweltbelastungsminderungen zu erreichen.[33] Durch Wettbewerb vergrößern sich die Chancen für technischen Fortschritt und höhere Anpassungsfähigkeit der Anbieter, weil permanent nach neuen, besseren (kostengünstigeren) Lösungen zur Befriedigung der Kundenbedürfnisse gesucht wird (Suchprozeß), neue Erkenntnisse gewonnen (Entdeckungsprozeß) und Informationen anderer Wirtschaftssubjekte ge-

---

31 Vgl. *Karl* (1988a), S. 55.

32 Das Modell der vollständigen Konkurrenz ist zwar effizient im Hinblick auf die statischen Wettbewerbsfunktionen, versagt aber wegen seiner unrealistischen Annahmen (u.a. unendlich schnelle Anpassungsgeschwindigkeit der Konkurrenz auf Verhaltensänderungen eines Anbieters), die keinerlei Anreize und Möglichkeiten zu innovativem Verhalten bieten, bei Anpassungs- und Innovationsfähigkeit. Üblicherweise wird zwischen Produkt- und Prozessinnovationen unterschieden. Erstere beziehen sich auf die Entwicklung neuer oder die Verbesserung bestehender Produkte, letztere bedeuten verbesserte Produktionsverfahren.

33 Vgl. *Endres* (1985), S. 65.

nutzt werden (Lernprozeß).[34] Allerdings läßt sich das innovatorische Potential eines Marktes nicht vorhersagen, weil dieses ja gerade durch den Wettbewerb herausgefunden werden soll. Insofern ist es auch nicht möglich, das aus der Marktschließung resultierende Ausmaß der Verhinderung technischen Fortschritts zu quantifizieren.

Such-, Lern- und Entdeckungsprozeß werden im Markt für Sonderabfallentsorgung wegen der beschriebenen Wettbewerbsbeschränkungen behindert. Dynamische Ineffizienzen resultieren daraus, daß der Wettbewerbsdruck auf die bereits etablierten Entsorgungsanbieter gemildert oder (im Falle der landesoffiziellen Entsorgungsmonopole) sogar vollständig genommen wird, sodaß sie nicht permanent nach Rationalisierungspotentialen suchen müssen, um ihre Marktposition behaupten zu können. Umweltsignale, die z.B. von veränderten Kundenbedürfnissen oder neuen Technologien ausgehen, werden nicht mehr aktiv und systematisch verarbeitet und Neuentwicklungen erfolgen nur schrittweise und "routinemäßig" im Rahmen gewohnter technischer Abläufe.[35] Möglicherweise ist der Anteil der innerbetrieblichen Eigenentsorgung am gesamten Entsorgungsvolumen in der Bundesrepublik auch deshalb so hoch, weil ein den Kundenbedürfnissen in hohem Maße gerecht werdendes Leistungsangebot von Fremdentsorgern, auf das sich die sonderabfallerzeugende Industrie stützen könnte, nicht vorhanden ist.[36]

Staatliche Forschungsförderung zur Entwicklung und Einführung von fortschrittlichen Entsorgungstechnologien durch eine entsprechende Beauftragung der jeweiligen Träger der Sonderabfallentsorgung wäre ggf. unnötig oder könnte sich auf die Grundlagenforschung beschränken, sofern private Anbieter von Entsorgungsleistungen im fortwährenden Markttest gezwungen wären, kostengünstigere Umweltschutztechnologien weiterzuentwickeln. Nach obiger Definition kann umwelttechnischer Fortschritt zum einen bedeuten, daß bei gleichbleibender Entsorgungsqualität die Entsorgungskosten sinken. Gelingt dies, ist auch der

---

34 Vgl. *Herdzina* (1991), S. 29 und grundlegend zum "Wettbewerb als Entdeckungsverfahren" *von Hayek* (1968). Nach *Kurz* stellt die Betonung des Zusammenhangs zwischen Regulierung und Innovation nach *Adam Smith's* Überlegungen zu den Vorteilen freien Wettbewerbs, der neoklassischen Theorie der vollständigen Konkurrenz inklusive realitätsnäherer Marktversagensgründe und der positiven Regulierungstheorie bereits die vierte Phase der Deregulierungsdiskussion dar (vgl. *Kurz* (1986), S. 43-45).

35 Vgl. *Graf* (1981), S. 327.

36 *Hecht* nennt weitere Beispiele für qualitative Abweichungen zwischen Nachfragerpräferenzen und Leistungsangebot in der Abfallwirtschaft (vgl. *Hecht* (1991), S. 158 f.). Dazu zählt auch, daß es für bestimmte Abfallarten überhaupt keine Entsorgungsmöglichkeiten gibt.

Vorwurf einer umweltgefährdenden "Billigentsorgung"[37] nicht aufrechtzuerhalten. Stützt man sich auf den anderen Definitionsteil, dann bleiben durch eine Verhinderung umwelttechnischen Fortschritts Chancen zur Verbesserung der Entsorgungsqualität bei konstanten Kosten ungenutzt. Insofern läge gleichzeitig eine "ökologische Fehlentwicklung" vor, weil ein Mehr an Umweltschutz durch anspruchsvollere Umweltschutztechnologien verhindert wird.

Ein neues Verfahren zur thermischen Müllverwertung mit Namen "Thermoselect", das scheinbar sowohl mit Kosteneinsparungen als auch mit größerer Umweltverträglichkeit verbunden ist und daher in gewisser Weise einen doppelten Innovationssprung anzeigt, war Anfang 1993 in den Schlagzeilen.[38] Es wurde von einem schweizerischen Unternehmen entwickelt und befindet sich zur Zeit als Pilotanlage in der Erprobungsphase. Nach Herstellerangaben fallen bei Thermoselect im Vergleich zur herkömmlichen Abfallverbrennung fast überhaupt keine zu deponierenden Reststoffe, staub- und gasförmigen Schadstoffe, Dioxine, Furane und Rauchgase mehr an. Darüberhinaus seien neben weiteren Vorzügen auch deutlich geringere Investitionskosten für eine Anlage und damit sehr viel günstigere Entsorgungskosten pro Tonne Abfall bzw. Sonderabfall zu erwarten.[39] Im Kontext dieses Kapitels stellt sich die Frage, warum eine solche innovative Technologie nicht in der Bundesrepublik mit ihrem größeren Ingenieurspotential und ihrer im allgemeinen sehr fortschrittlichen Umweltschutztechnologie entwickelt worden ist. Daß die innovationshemmende Organisationsstruktur der deutschen Sonderabfallwirtschaft mit dazu beigetragen hat, läßt sich nicht von der Hand weisen. Im übrigen bleibt abzuwarten, ob die neue Entsorgungstechnologie in Deutschland Verbreitung finden wird. Der Markt zwingt die landesoffiziellen Entsorgungsunternehmen und sonstigen privilegierten Anbieter jedenfalls nicht dazu, weil wegen der marktzutrittsbeschränkenden Instrumente der Bestandsschutz für ihre Altanlagen gesichert ist.

---

37 Vgl. oben Kap. 4.2.2.1.

38 Vgl. z.B. *o.V.* (1993).

39 Vgl. zu diesen Angaben *o.V.* (1993a), S. 20. Sollten sich diese Angaben bestätigen, was zur Zeit geprüft wird, dann erscheinen Formulierungen wie "Ei des Kolumbus" oder "Revolution in der Müllverbrennung" im Zusammenhang mit der neuen Technologie nicht übertrieben.

5.2 Negative Wirkungen auf ökologische Belange

5.2.1 Verschärfung von Entsorgungsengpässen

Wenn sich gegen Planung und Bau von Sonderabfallentsorgungsanlagen Widerstände seitens der davon betroffenen Bevölkerung erheben, dann sind diese Akzeptanzprobleme unabhängig davon, ob die Anlagen unter Beteiligung der öffentlichen Hand oder in rein privater Trägerschaft errichtet und betrieben werden. Auch hinsichtlich der technischen oder qualitativen Anforderungen an diese Entsorgungseinrichtungen gibt es keine Unterschiede zwischen den Betrieben mit mehrheitlich staatlichem bzw. ausschließlich privatem Eigentümer. Die einzelnen Bundesländer sind darüberhinaus grundsätzlich für die länderbezogene Standortplanung zuständig.

Nicht unabhängig von der realisierten oder geplanten Trägerschaftsform[40] ist allerdings die Frage, inwieweit diese Einfluß hat auf die für den gesamten Standortfindungs- und -durchsetzungsprozeß (inklusive Anlagenerrichtung) benötigte Zeit. Je größer der Zeitraum ist, umso länger müssen Sonderabfallerzeuger auf ein entsprechendes Angebot zur Gewährleistung von Entsorgungssicherheit warten, sodaß Entsorgungsengpässe unter Umständen verstärkt werden. Nach *Fichtner Beratende Ingenieure* können bei der Realisierung von Entsorgungsanlagen insbesondere aus

- der jeweiligen Vorgehensweise beim Standortauswahlverfahren und den davon beeinflußten Planfeststellungs- und Einspruchsverfahren sowie aus
- der Mitsprache politischer Entscheidungsgremien (z.B. Landesparlament, beteiligte Ministerien) im gesamten Entscheidungsprozess

zeitliche Verzögerungen resultieren.[41]

Im Rahmen des *Standortauswahlverfahrens* hängt die Dauer für Standortsuche und -sicherung zunächst einmal davon ab, um welches Entsorgungsverfahren es sich handelt.[42] Bei Sonderabfalldeponien ist mit etwa gleicher Verfahrensdauer zu rechnen, wenn landesoffizielle Gesellschaften oder private Betreiber nach geeigneten Standorten suchen, weil wegen der Anforderungen der TA Sonderabfall regelmäßig eine *flächendeckende*, d.h. das gesamte Landesgebiet umfassende Suche durchzuführen ist und deshalb in etwa die gleiche Anzahl potentieller

40 Bei der Organisation mittels landesoffizieller Entsorgungsträger geht es hier um die Fälle, in denen die Ländergesellschaften eigene Anlagen betreiben, anstatt ausschließlich für die Zuweisung der Sonderabfallströme zu privaten Entsorgungsbetrieben zuständig zu sein.

41 Vgl. *Fichtner Beratende Ingenieure* (1992), S. 7/22.

42 Vgl. *ebd.*, S. 7/22-7/28 zu den folgenden Ausführungen.

Flächen zu untersuchen sind.[43] Anders sieht es dagegen bei Verbrennungsanlagen, chemisch-physikalischen Behandlungsanlagen und Sonderabfallzwischenlagern aus. Hier ist zu erwarten, daß eine rein privatwirtschaftliche Organisation die Standortauswahl in kürzerer Zeit bewältigen kann als ein Modell mit landesoffiziellen Entsorgungsgesellschaften. Das liegt daran, daß hier flächendeckende Standortuntersuchungen nicht notwendig sind und sich private Unternehmen auf die Untersuchung der für sie aufgrund von Eigentum oder sonstiger Nutzungsrechte *verfügbaren* Grundstücke beschränken können, sofern die ausgewählte Fläche den gesetzlichen Anforderungen genügt. Landesoffizielle Gesellschaften werden dagegen aufgrund ihrer landesweiten Zuständigkeit, der Verpflichtung gegenüber der gesamten Bevölkerung und ihrer Zugriffsmöglichkeit auf Flächen im Besitz der öffentlichen Hand in der Regel zahlreichere Standorte zu prüfen haben. Dafür wird zwangsläufig mehr Zeit benötigt, es sei denn, bestimmte Grundstücke drängen sich wegen ihrer besonderen Eignung auf, und es muß nicht nachgewiesen werden, daß bessere Flächen zur Verfügung stehen.

Der *Sachverständigenrat für Umweltfragen* spricht sich ebenfalls dafür aus, private Entsorgungsunternehmen verstärkt mit der Standortsuche zu betrauen, weil Standortsicherheit, Umweltverträglichkeit und staatliche Kontrolle im anschließenden Anlagenzulassungsverfahren und der dabei geprüften technischen Anforderungen hinreichend gewährleistet seien.[44] Dies würde eine stärkere Nutzung der Marktkräfte bedeuten, die sachlich nicht gerechtfertigte Ungleichbehandlung der Zulassung von Versorgungs- und Entsorgungsanlagen aufheben und als Beitrag zur Entsorgungssicherheit die gesamte Standortrealisierung beschleunigen.

Neben unterschiedlichen Standortauswahlverfahren können sich Verzögerungen bei Planung und Bau von Entsorgungsanlagen auch aufgrund der *Mitsprache politischer Entscheidungsgremien* ergeben. Mit Sicherheit ist diese bei landesoffiziellen Entsorgungsgesellschaften in weitaus größerem Maß vorhanden als bei rein privaten Unternehmen, denn erstere befinden sich ja mehrheitlich oder sogar vollständig in öffentlichem Besitz. Dies bedeutet gleichzeitig einen unmittelbaren Einfluß der politisch Verantwortlichen auf die Entsorgungsstruktur im Bundesland, sodaß sie die Errichtung von Entsorgungsanlagen wirksam unterstützen oder verhindern können. Weil Sonderabfallanlagen auf starke Widerstände stoßen, sind deren politische Durchsetzungskosten hoch, und es ist zu befürchten, daß aus Gründen politischer Opportunität und Abhängigkeit von der Wählergunst weniger Anlagen realisiert werden, als aufgrund der Nachfrage benötigt

43 Ist das landesoffizielle Entsorgungsunternehmen allerdings als Zweckverband organisiert (ZVSMM in Bayern), könnte die Festlegung eines geeigneten Standortes mit Konflikten innerhalb des Verbandes verbunden sein, weil kein Mitglied (Gebietskörperschaften) seinen Einwohnern die Deponie zumuten möchte.

44 Vgl. *Sachverständigenrat für Umweltfragen* (1991), Tz. 329 f.

werden.[45] Darüberhinaus ist auch die einseitige Lenkung auf Standorte denkbar, die sich politisch leichter durchsetzen lassen, aber ökologisch und ökonomisch weniger geeignet sind.[46]

Im Ergebnis hat also die Organisation mittels landesoffizieller Entsorgungsgesellschaften zur Folge, daß der Standortsicherungsprozess länger dauert als eigentlich erforderlich, und daß wegen der stärkeren Mitsprache politischer Entscheidungsgremien Standorte ggf. überhaupt nicht realisiert werden, weil die Politiker den zu erwartenden Widerstand der von der potentiellen Entsorgungsanlage betroffenen Bevölkerung vermeiden möchten. Läge die Verantwortung dagegen alleine bei privaten Unternehmen, so würden (zumindest bei Sonderabfallverbrennungs- und -behandlungsanlagen) nur die für diese Unternehmen verfügbaren Flächen auf ihre Eignung überprüft, was die Standortsuchphase verkürzt. Darüberhinaus wäre die Frage nach dem Ausbau der Entsorgungsinfrastruktur von den Wiederwahlinteressen der Politiker entkoppelt, damit dem politischen Entscheidungsprozess entzogen und ausschließlich marktlicher Steuerung anvertraut.

5.2.2 Unvollständige Orientierung am Verursacherprinzip

Im Zusammenhang mit der Altlastensanierung (Kap. 4.2.3.6) wurden die verschiedenen umweltpolitischen Grundprinzipien, darunter auch das *Verursacherprinzip*, bereits angesprochen. Damit wird die Internalisierung von Kosten bisher nicht abgegoltener Umweltnutzungen in die individuelle Kostenrechnung der Unternehmen angestrebt. Kostenanlastung sollte allerdings in einem umfassenden Sinne verstanden werden, d.h. sämtliche Aspekte der Entsorgungsproblematik müssen dabei erfaßt werden, um eine vollständige Verantwortlichkeit für die durch Produktionsprozesse und Produkte entstehenden Sonderabfälle zu gewährleisten. Nicht nur die anfallenden betriebswirtschaftlichen Beseitigungskosten, die bei einem vom landesoffiziellen Träger der Sonderabfallentsorgung durchgeführten oder koordinierten materiellen Entsorgungsvorgang relativ einfach durch Überweisung des entsprechenden Geldbetrags beglichen werden können, sind von den Sonderabfallproduzenten zu berücksichtigen, sondern zu umfassender Verantwortlichkeit gehört auch die Suche nach geeigneten Entsorgungsmöglichkeiten, die Standortproblematik und die Pflicht, Fertigungsverfah-

---

45 Ein Indiz für die These von Entsorgungsengpässen aufgrund der Mitsprache politischer Entscheidungsgremien ist die Tatsache, daß sich Politiker unterschiedlicher Parteien gerne gegenseitig vorwerfen, für Verzögerungen bei entsorgungsbezogenen Genehmigungsverfahren verantwortlich zu sein (vgl. z.B. *Landtag Hessen* (1992)).

ren und Güter zwecks Vermeidung und Verwertung umzustellen bzw. die Produktion sogar gänzlich einzustellen, wenn eine umweltverträgliche Entsorgung nicht sicherzustellen ist. Insbesondere die Anlagensuche wird den Sonderabfallerzeugern in den Bundesländern mit landesoffiziellen Entsorgungsunternehmen durch deren Annahme- oder Zuweisungspflicht abgenommen.

Man kann zwar zugunsten der Sonderabfallproduzenten nicht von einer generellen Entsorgungsgarantie sprechen, so wie sie den Haushalten wegen der generellen Entsorgungspflicht der Kreise und kreisfreien Städte (entsorgungspflichtige Körperschaften) durch § 3 Abs. 2 Satz 1 AbfG zuteil wird. Das verhindert u.a. das Reststoffvermeidungs- und Verwertungsgebot des BImschG (§ 5 Abs. 1 Nr. 3) als eine wichtige Voraussetzung für die Erteilung der Betriebsgenehmigung. Dennoch geht z.B. durch einen Anschluß- und Benutzungszwang in Verbindung mit einer Annahmepflicht des Trägers der Sonderabfallentsorgung die materielle Entsorgungsverantwortung vom Abfallerzeuger auf das offizielle Entsorgungsunternehmen über. Können sich die Verantwortlichen in abfallverursachenden Betrieben sicher sein, daß im Hintergrund eine Institution vorhanden ist, die sich um die im Unternehmen entstehenden Sonderabfälle kümmert, ist der Anreiz zur Abfallreduzierung nicht so ausgeprägt, als wenn man sich selbst mit allen Facetten der Entsorgungsproblematik auseinanderzusetzen hat. Insofern erscheint es gerechtfertigt, von einer gewissen *Aushöhlung des Verursacherprinzips* durch Anschluß- und Benutzungszwang oder Andienungspflicht zu sprechen.[47]

Daß der sonderabfallproduzierenden Industrie ein Teil ihrer Entsorgungsverantwortung abgenommen wird, kann zusammen mit der Reservierungswirkung von Entsorgungskapazitäten für die einheimischen Unternehmen erklären, warum gegenüber Regulierungsmaßnahmen wie dem Anschluß- und Benutzungszwang bisher keine massive Kritik von seiten der Industrie geübt wurde.[48] Gleichwohl ist die unvollständige Orientierung am Verursacherprinzip umweltpolitisch kaum zu rechtfertigen, weil Unternehmen im Gegensatz zu privaten Haushalten in der Regel sehr wohl in der Lage sind, sich der gesamten Produktionsverantwortlichkeit zu stellen und die bei ihnen anfallenden Rückstandsmengen sowie

---

46 *Karl* spricht in diesem Zusammenhang von einer "suboptimalen Standortkulisse", vgl. *Karl* (1989), S. 88.

47 Die Lizenzpflicht verletzt das Verursacherprinzip dagegen wohl nicht (vgl. *Struß* (1991), S. 181). Zwar wird mit diesem Instrument das Recht auf freie Wahl einer Entsorgungsanlage beschränkt, aber die Sonderabfallerzeuger müssen sich nachwievor eigenständig ein entsorgungsbereites Unternehmen (mit Lizenz) suchen, deren Dienstleistung bezahlen und bei Erfolglosigkeit auf der Suche nach einem Vertragspartner interne Umstellungsmaßnahmen in Richtung Vermeidung oder Verwertung vornehmen.

48 Vgl. *von Wilmowsky* (1990), S. 189 und 367 f.

ihr Gefährdungspotential zu beeinflussen.[49] Haushalte als Konsumenten sind neben Herstellern und Handel nur ein Teil der Verursacherkette von Siedlungsabfällen und verfügen üblicherweise nicht über die notwendigen Kenntnisse und Möglichkeiten, um die volle Entsorgungsverantwortlichkeit auf sich zu nehmen. Beides spricht bei ihnen für eine Entsorgungsgarantie durch die entsorgungspflichtigen Körperschaften. Sonderabfallproduzierenden Unternehmen ist es dagegen sehr wohl zuzumuten, vor Aufnahme ihrer Produktionstätigkeit nach geeigneten Entsorgungsmöglichkeiten für die anfallenden Reststoffe zu suchen und mit den entsprechenden Anbietern Entsorgungsverträge abzuschließen. Ist Fremdentsorgung wegen fehlenden Angebots nicht möglich, bleibt ihnen darüberhinaus die Möglichkeit, eigene Anlagen zu betreiben oder aber, falls dies besser zu ihren individuellen Unternehmenszielen paßt, die Produktionsverfahren so umzustellen, daß die Sonderabfälle vermieden bzw. verwertet werden.

5.2.3 Versperrung des Zugangs zu Anlagen mit qualitativ höherem Entsorgungsniveau

Anschluß- und Benutzungszwänge, Andienungspflichten oder der Grundsatz der Abfallentsorgung im Inland schützen bestimmte Entsorgungsanlagen zulasten derjenigen Anbieter von Entsorgungsleistungen, die aufgrund dieser Regelungen nicht in den Genuß der damit verbundenen Absatzgarantien kommen. Dies sind im wesentlichen die in- und ausländischen Entsorgungsunternehmen mit Anlagen außerhalb des Geltungsbereichs des Abfallgesetzes bzw. die Betreiber von Anlagen, denen keine Sonderabfälle überlassen oder zugewiesen werden. Neben den wirtschaftlichen Auswirkungen und den Folgen für die europäische Integration[50] haben solche protektionistischen Regelungen aber auch eine ökologische Bedeutung insofern, als sie nicht nur die Nutzung von Anlagen mit niedrigeren Entsorgungsstandards verhindern (was unter Umweltaspekten wünschenswert ist), sondern auch die Inanspruchnahme qualitativ gleichwertiger oder sogar höherwertiger Anlagen blockieren. Eine solche Differenzierung ist umweltpolitisch kaum zu rechtfertigen, denn es würde genügen, nur Abfallexporte zu Anlagen mit geringeren als den inländischen Standards zu unterbinden.[51]

Wenn statt genereller Ausfuhrverbote lediglich vorgeschrieben wird, daß die ausländischen Entsorgungsbetriebe mindestens die umwelttechnischen Anforde-

---

49 Vgl. *ebd.*, S. 190-196. Bereits bei der Beurteilung der Entsorgungssicherheit (Kap. 4.2.3.5) wurde in dieser Weise argumentiert.

50 Inwieweit die Maßnahmen europarechtlich legitimiert sind, wird in Kap. 6 untersucht.

rungen vergleichbarer inländischer Betriebe erreichen, kann man auch von einem "Meistbegünstigungsgrundsatz" sprechen.[52] Eine solche Forderung hätte zur Folge, daß ein unterschiedliches Niveau qualitätsregulierender Entsorgungsstandards als Begründung für divergierende Entsorgungskosten nicht mehr herangezogen werden könnte. Stattdessen würden effizienzbedingte Kostenunterschiede bzw. komparative Standortvorteile wie besonders geeignete Bodenbeschaffenheiten, günstige Arbeitskosten oder geringe Bevölkerungsdichte den Ausschlag geben für die Entscheidung, in welcher Anlage Sonderabfälle entsorgt werden.[53]

5.2.4 Erhöhung von Umweltrisiken durch Konzentration auf wenige Entsorgungsanbieter

Auf eine weitere ökologische Fehlentwicklung weisen *Hecht* und *Karl*[54] für den Fall hin, daß die Abfall- bzw. Sonderabfallwirtschaft nicht wettbewerblich organisiert ist. Die Argumentation basiert im wesentlichen auf der von *Markowitz* entwickelten Portfolio-Theorie, welche sich ganz allgemein mit effizienten Kombinationen risikobehafteter Handlungsmöglichkeiten befaßt.[55]

An den Standorten von Sonderabfallentsorgungsanlagen lassen sich Umweltrisiken in Form von Beeinträchtigungen der einzelnen Umweltmedien und der menschlichen Gesundheit nie gänzlich ausschließen. Wird nun durch staatlichen Wettbewerbsschutz und Monopolisierung das Angebot auf wenige oder sogar nur eine Entsorgungsanlage beschränkt, ist zu erwarten, daß sich die Vielfalt unterschiedlicher Entsorgungsverfahren reduziert, weil weniger, dafür aber umso größere Anlagen realisiert werden und die wettbewerbliche Suche vieler Anbieter nach eigenständigen Lösungen entfällt. Mögliche Schadensereignisse durch menschliches oder technisches Versagen sind dann in den verbleibenden Anla-

---

51 Vgl. *von Wilmowsky* (1990), S. 302, 320 und *Sachverständigenrat für Umweltfragen* (1990), Tz. 510.

52 Vgl. *Eisberg* (1991), S. 6. Meistbegünstigungsklauseln sind aus der Handelspolitik bekannt. Sie werden in bilateralen oder multilateralen Vereinbarungen beschlossen und verpflichten die Staaten, die einem Land gewährten handelspolitischen Vergünstigungen (z.B. Zollvorteile) auch den anderen Vertragsstaaten einzuräumen. Damit sollen Diskriminierungen verhindert und die internationale Arbeitsteilung verbessert werden.

53 In Kap. 7.2.3.1 wird dieser Vorschlag erneut aufgegriffen.

54 Vgl. *Hecht* (1991), S. 162 f. und *Karl* (1988a), S. 55.

55 Vgl. *Markowitz* (1959).

gen nicht mehr vollständig unabhängig voneinander, wenn die Betriebe zu einem Unternehmen gehören.

Üblicherweise wird in der Statistik das Risiko einer Handlungsmöglichkeit, sei es ein Wertpapier oder eine Sachanlage, mittels Standardabweichung bzw. Varianz ausgedrückt. Sind zwei Einzelgrößen voneinander unabhängig, d.h. die Entwicklung einer Größe hat keinerlei Einfluß auf die andere, dann entspricht das Gesamtrisiko (die Varianz der "Mischung" beider Handlungsmöglichkeiten) den mit ihrem jeweiligen Anteil gewichteten Summen der Einzelvarianzen. Bei Abhängigkeit muß darüberhinaus ein Korrelationskoeffizient (oder die Kovarianz) miteinbezogen werden, um den Grad der Reaktionsverbundenheit auf externe Einflüsse zu quantifizieren.[56] Vereinfachend kann man im vorliegenden Zusammenhang den möglichen Umweltschaden an einem Anlagenstandort i mit $i=1...n$ mit S_i bezeichnen.[57] Dieser sei mit einer Wahrscheinlichkeit von w_i zu erwarten, sodaß sich für zwei räumlich getrennte Entsorgungsanlagen bei Unabhängigkeit der Schadensereignisse ein Schaden S in Höhe von

$$(1) \quad S = w_1 \text{ x } S_1 + w_2 \text{ x } S_2$$

ergibt. Ist diese Unabhängigkeit dagegen nicht mehr gewährleistet, ist ein Schaden

$$(2) \quad S = w_1 \text{ x } S_1 + w_2 \text{ x } S_2 + w_1(w_2) \text{ x } S_1 + w_2(w_1) \text{ x } S_2$$
$$\text{mit } 0 < w_1(w_2) < 1 \text{ und } 0 < w_2(w_1) < 1 \quad \text{(positive Korrelation)}$$

zu erwarten. Dieser ist größer als derjenige aus Situation (1), sodaß man verallgemeinernd formulieren kann: Durch Mischung risikobehafteter Handlungsmöglichkeiten, d.h. in diesem Fall durch Verteilung der Aufgabenausführung "Sonderabfallentsorgung" auf eine Vielzahl voneinander organisatorisch, räumlich und technologisch unabhängiger Einheiten erhält man ein geringeres gesamtwirtschaftliches (Umwelt)Risiko als bei organisationsbedingter Konzentration auf wenige zentrale Standorte. Marktschließung bis hin zu einer Monopolisierung des Entsorgungsangebots trägt mithin dazu bei, gesamtwirtschaftliche Umweltrisiken zu erhöhen.

---

56 Vgl. *Schneider* (1989), S. 378-380.

57 Vgl. zu den folgenden Gleichungen *Hecht* (1991), S. 163.

5.2.5 Interessenkonflikte zwischen Kontroll- und Ausführungsaufgaben

Schließlich können ökologische Nachteile daraus resultieren, daß eine zu enge personelle Verflechtung von Aufsichtsbehörde und ausführendem Entsorgungsunternehmen besteht. *Kruse* weist darauf hin, daß insbesondere in Wirtschaftszweigen mit öffentlichen Unternehmen eine Trennung zwischen Regulierungsinstanz und Leitungsorganen der regulierten Unternehmen wegen personeller Identität oder gleichgerichteter Interessenlagen häufig auf Schwierigkeiten stößt und fordert daher eine konsequente Trennung von Regulierern und Regulierten als "unabdingbares Postulat für eine rationale Ordnungspolitik"[58]. Kontrolliert der Staat gleichzeitig die mehrheitlich in seinem Besitz stehenden Unternehmen, so muß das auf ordnungspolitische Bedenken stoßen. Auch bei den gemischtwirtschaftlichen Unternehmen der Sonderabfallwirtschaft gibt es personelle Verflechtungen zwischen Aufsichtsbehörde und landesoffiziellem Träger der Sonderabfallentsorgung, weil in den Entsorgungsgesellschaften Führungsfunktionen (Geschäftsführung, Aufsichtsrat) zum Teil mit hohen Beamten (z.B. Staatssekretären) aus den für die Fachaufsicht zuständigen Landesministerien besetzt sind.[59]

Landesoffizielle Entsorgungsgesellschaften können nicht vollständig losgelöst von Rentabilitätsüberlegungen wirtschaften (auch wenn dieses Motiv zugunsten der Erfüllung ihres öffentlichen Auftrags zurückstehen muß), und weil strikt eingehaltene Umweltschutzvorschriften tendenziell negativ auf die Rentabilität wirken, lassen sich Mißachtungen dieser Regelungen auch bei Entsorgungsgesellschaften in mehrheitlich staatlichem Besitz nicht generell ausschließen. Wenn die Unternehmensleitung mit den Kontrollbehörden in enger persönlicher Beziehung steht, wäre es denkbar, daß solche Verstöße nicht aufgedeckt werden und damit die staatliche Kontrollaufgabe nicht mehr hinreichend wahrgenommen wird. Im übrigen muß das Fehlverhalten nicht unbedingt vorsätzlich in Kauf genommen werden, sondern zu beanstanden wäre auch, daß den Sicherheitsvorschriften und betrieblichen Abläufen mit potentiell umweltbeeinträchtigender Wirkung deshalb nicht genügend Aufmerksamkeit geschenkt wird, weil die Verantwortlichen in einem solchen Fall wegen ihrer guten Beziehungen zu den Kontrollbehörden kaum persönliche Nachteile zu befürchten haben.

Daß auch eine Organisation mittels eines landesoffiziellen Entsorgungsunternehmens und Anschluß- und Benutzungszwang der Sonderabfallerzeuger an diese Gesellschaft keinen generellen Schutz gegen gesetzwidrige oder zumindest fragwürdige Entsorgungspraktiken bietet, zeigt die Einsetzung eines parlamentari-

---

58 *Kruse* (1989), S. 31.

59 *Die Grünen* im Bayerischen Landtag sprachen im Rahmen einer parlamentarischen Anfrage an die Staatsregierung hinsichtlich dieses Sachverhalts auch von "Verfilzung" zwischen Aufsichtsbehörde und bayerischer GSB (vgl. *Landtag Bayern* (1991), S. 5).

schen Untersuchungsausschusses im Zusammenhang mit der rheinland-pfälzischen GBS.[60] Dieser soll u.a. prüfen, ob es Versäumnisse von Landesregierung und nachgeordneten Behörden im Hinblick auf die Beaufsichtigung der GBS gibt und ob den Leitungsgremien der GBS ein Fehlverhalten dergestalt vorgeworfen werden kann, daß eine sichere und umweltverträgliche Entsorgung von Sonderabfällen nicht oder nur unzureichend gewährleistet war. Gegenstand der Untersuchung sind dabei auch mögliche unzulässige Absprachen, Einflußnahmen und sonstige Beziehungen zwischen der zuständigen Aufsichtsbehörde und den Organen der GBS. Zwischen den Kontakten der Beteiligten und den zu untersuchenden Mängeln beim Betrieb einer Sonderabfalldeponie wird demnach offensichtlich ein Zusammenhang vermutet, was die These von unzureichender staatlicher Kontrolle aufgrund der genannten personellen Verflechtungen unterstützt.[61]

5.3 Zusammenfassung

Im Rahmen dieses Kapitels 5 wurde untersucht, welche ökonomischen und ökologischen Fehlentwicklungen aus einer ungerechtfertigt starken Regulierung der Sonderabfallwirtschaft resultieren können. Nach vorstehenden Plausibilitätsüberlegungen sind bei einer Reduzierung des Anbieterkreises bis hin zu mehrheitlich staatlichen Entsorgungsmonopolen und sonstigen Maßnahmen zur Einschränkung der Wahlfreiheit von sonderabfallerzeugenden Unternehmen hinsichtlich des von ihnen bevorzugten Entsorgungsangebots folgende negativen Wirkungen denkbar:

- Hinsichtlich der Frage, ob die praktizierten Organisationsformen eine kosteneffiziente Produktionsweise mitsichbringen, sind internationale und bundesländerbezogene Kosten- oder Preisvergleiche nur bedingt aussagekräftig. Konzentriert man sich daher auf die bei wettbewerblicher bzw. nicht-wettbewerblicher Struktur bestehenden Anreizmechanismen, sind bei letzterer eine

---

60 Vgl. *Landtag Rheinland-Pfalz* (1992a). Ein Bericht über die Erkenntnisse des Untersuchungsausschusses lag bei Abschluß der Literaturrecherchen in den Parlamentsmaterialien noch nicht vor. Der Sachverhalt hat aber bereits dazu geführt, daß man in Rheinland-Pfalz vom landesoffiziellen Monopolunternehmen mit Anschluß- und Benutzungszwang abgerückt ist und die Sonderabfallentsorgung nunmehr ähnlich der niedersächsischen Lösung in Form einer Andienungsgesellschaft koordiniert wird.

61 Der potentielle Interessenkonflikt läßt sich nur dann vermeiden, wenn staatliche Aufsichtsbehörde und ausführende Entsorgungsgesellschaft organisatorisch und personell strikt getrennt sind. Bei ausschließlich im privaten Besitz befindlichen Sonderabfallentsorgungsunternehmen ist diese Voraussetzung normalerweise gegeben. Vgl. dazu unten Kap. 7.2.1.2.

Reihe kostentreibender Einflußfaktoren zu befürchten, sodaß hier von Kostenineffizienzen auszugehen ist. Würden sich im Wettbewerbsmodell regionale (private) Monopole herausbilden, wird deren Spielraum für betriebliche Ineffizienzen durch die potentielle Konkurrenz von Neuanbietern und bereits etablierten benachbarten Anbietern begrenzt.

- Allokative Ineffizienz in den sonderabfallerzeugenden Wirtschaftszweigen resultiert aus länderbezogenen Abfallabgabenregelungen und unterschiedlichen Entsorgungspreisniveaus in den einzelnen Bundesländern. Hierdurch entstehen den davon betroffenen Unternehmen Wettbewerbsnachteile, weil sie diesen von ihnen nicht zu verantwortenden Kostenblöcken nicht ausweichen können. Der Produktionsfaktor "Entsorgungskapazität" gelangt damit nicht immer zu denjenigen Herstellern, bei denen er den größten gesellschaftlichen Nutzen stiftet.
- Die vom Wettbewerb ausgehenden Chancen für technischen Fortschritt und höhere Anpassungsfähigkeit der Anbieter in der Sonderabfallwirtschaft können durch Wettbewerbsbeschränkungen und staatlich gelenkte Reduzierung des Anbieterkreises nicht vollständig genutzt werden. Ohne ausreichenden Wettbewerbsdruck müssen die Anbieter nicht permanent nach kostengünstigeren Innovationen suchen, um ihre Marktstellung zu sichern. Außerdem sinken die Anreize zur Entwicklung von qualitätssteigernden (umweltfreundlicheren) und trotzdem preisstabilen Entsorgungstechnologien.
- Entsorgungsengpässe können dadurch verschärft werden, daß sich bei der Realisierung von Entsorgungsanlagen zeitliche Verzögerungen aufgrund der Mitsprache politischer Entscheidungsgremien sowie der spezifischen Vorgehensweise landesoffizieller Entsorgungsgesellschaften auf der Suche nach geeigneten Standorten ergeben: Weil der Einfluß von Politikern im Organisationsmodell mit zentralem Träger der Sonderabfallentsorgung stärker ist als in einer wettbewerblichen, dezentralen Entsorgungsstruktur, kann es aus Gründen politischer Opportunität zu einem Outputdefizit an Entsorgungsanlagen bzw. zu ökologisch weniger sinnvollen, aber politisch leichter durchsetzbaren Entsorgungsstrukturen kommen. Übernehmen landesoffizielle Entsorgungsgesellschaften die Standortsuche, werden in der Regel mehr Flächen auf ihre Eignung geprüft als in rein privatwirtschaftlicher Organisation, sodaß mehr Zeit für den Suchprozeß notwendig ist und Anlagen erst später realisiert werden können.
- Versteht man das Verursacherprinzip als umfassendes Kostenanlastungsprinzip, dann sind sämtliche Aspekte der Entsorgungsproblematik zu erfassen, d.h. sowohl die Übernahme von betriebswirtschaftlich kalkulierten Entsorgungskosten als auch die Suche und Schaffung von geeigneten Entsorgungsmöglichkeiten (inklusive des schwierigen Standortauswahl- und durchsetzungsprozesses). Wenn man den sonderabfallproduzierenden Unternehmen durch landesoffizielle Entsorgungsgesellschaften einen Teil dieser

umfassenden Entsorgungsverantwortung abnimmt, wird das Verursacherprinzip nur unvollständig durchgesetzt.

- Durch den Grundsatz der Abfallentsorgung im Inland und Anschluß- und Benutzungszwänge wird der Zugang zu Entsorgungsanlagen in anderen Bundesländern oder im Ausland versperrt, deren umwelttechnische Standards gleichwertig oder sogar besser sind als diejenigen im betreffenden Bundesland. Aus umweltpolitischer Sicht wäre es aber allenfalls erforderlich, die Entsorgung in qualitativ schlechteren Anlagen zu verhindern.
- Wird das Entsorgungsangebot durch Marktschließung oder Monopolisierung auf wenigen Anlagenstandorten konzentriert, dann besteht die Gefahr, daß mögliche Schadensereignisse durch menschliches oder technisches Versagen nicht mehr unabhängig voneinander sind. Fehlende Unabhängigkeit erhöht aber den gesamtwirtschaftlichen Risikograd.
- Aufgrund personeller Verflechtung zwischen Aufsichtsbehörde und Unternehmensleitung der landesoffiziellen Entsorgungsgesellschaft ist es denkbar, daß notwendige Kontrollen der Entsorgungsaktivitäten dieser Unternehmen weniger gewissenhaft durchgeführt werden oder sich die Anreize zu umweltverträglicher Sonderabfallentsorgung wegen geringerer Gefahr persönlicher Nachteile bei Fehlverhalten vermindern. Personelle Verflechtungen untergraben die ordnungspolitisch sinnvolle Trennung von Regulierenden und Regulierten.

Alle diese denkbaren Fehlentwicklungen unterstützen die Auffassung, aus einer Rücknahme der Regulierungsintensität in der Sonderabfallwirtschaft positive Impulse für ökonomische und ökologische Belange abzuleiten. Dieser Ansatz wird im abschließenden Teil 7 erneut aufgegriffen und ausgearbeitet.

6. Sonderabfallwirtschaft im europäischen Binnenmarkt

6.1 Problemstellung und Ausgrenzung von Abfallverbringungen außerhalb der Gemeinschaft

Wenn man sich Gedanken macht über eine mögliche Liberalisierung des bundesdeutschen Sonderabfallmarktes, können die mit dem Prozeß der europäischen Integration verbundenen Entwicklungen nicht außen vor gelassen werden. Unbestreitbar müssen die Mitgliedstaaten der Europäischen Gemeinschaft angesichts der Verwirklichung des EG-Binnenmarktes im Jahr 1993 viele der mit europäischen Rechtsvorschriften nicht zu vereinbarenden nationalen Regelungen in den unterschiedlichsten Wirtschaftsbereichen überprüfen und gegebenenfalls abschaffen. Das gilt grundsätzlich auch für die Sonderabfallwirtschaft. Der realisierte gemeinsame Markt ist von einer wettbewerblichen Verfassung geprägt, in der grundlegende Ordnungsprinzipien wie der freie Verkehr von Waren, Dienstleistungen, Kapital und Personen zentrale Bedeutung haben. Vor diesem Hintergrund ist zu prüfen, inwieweit diejenigen nationalen Regulierungen der Sonderabfallwirtschaft, die Bedeutung haben für grenzüberschreitende Abfallentsorgungsvorgänge, im EWG-Vertrag[1] verankerte Grundfreiheiten berühren und einem ungehinderten Wirtschaftsverkehr im Wege stehen.

Die Errichtung eines Gemeinsamen Marktes ist aber nicht das einzige Ziel der Integrationsbestrebungen. Spätestens seit Inkrafttreten der Einheitlichen Europäischen Akte (EEA)[2] zum 1. Juli 1987 ist die Umweltpolitik und der Schutz der nationalen Lebensgrundlagen eine wichtige Aufgabe der Gemeinschaft. Der Umweltschutz wurde zur eigenständigen Politik der Europäischen Gemeinschaft und seine Erfordernisse sollen nunmehr wesentliche Bestandteile der anderen Gemeinschaftspolitiken sein.[3] Verstärkt wurde die Bedeutung gemeinschaftlicher Umweltpolitik schließlich durch den "Vertrag über die Europäische Union"[4] ("Maastricht-Vertrag"), der die bislang letzte Stufe auf dem Weg zu einer

---

1 Vertrag zur Gründung der Europäischen Wirtschaftsgemeinschaft (EWG-Vertrag) vom 25. März 1957, BGBl. II, S. 766.

2 Vertrag über die einheitliche europäische Akte (EEA) vom 28. Februar 1986, Abl. 1987 Nr. L 169, S. 1.

3 Vgl. z.B. *Scheuing* (1989) oder *Beyerlin* (1989) zur gemeinschaftlichen Umweltpolitik auf Grundlage der EEA.

4 Vertrag, über die Europäische Union vom 7. Februar 1992, Abl. C 191. Da dieser Vertrag den Ausdruck "Europäische Wirtschaftsgemeinschaft" durch den Begriff "Europäische Gemeinschaft" ersetzt (Art. G.A), wird im folgenden nicht mehr vom EWG-Vertrag, sondern vom EG-Vertrag gesprochen. Lediglich in den Fällen, in denen nicht die zukünftig geltenden Bestimmungen angesprochen sind, sondern die Vorschriften in der Fassung vor Maastricht, wird noch mit "EWG-Vertrag" zitiert. Im übrigen werden die

politischen Union darstellt und in dem neben einigen Änderungen im Titel "Umweltpolitik" der Umweltschutz explizit in der Grundsatzbestimmung des Art. 2 EG-Vertrag erfaßt wird. Aufgabe der Union ist nicht mehr lediglich die Förderung einer harmonischen Entwicklung des Wirtschaftslebens und beständiger Wirtschaftsausweitung, sondern das Wirtschaftswachstum muß nunmehr ausdrücklich umweltverträglich vonstatten gehen. Ihre umweltpolitische Kompetenz hat die EG im übrigen dazu genutzt, um eine ganze Reihe von Rechtsvorschriften für die Abfall- und Sonderabfallwirtschaft zu erlassen bzw. vorzuschlagen.[5]

In Bereichen wie der Sonderabfallwirtschaft, in denen Fragen des Umweltschutzes berührt oder sogar zentrale Bestandteile nationaler Regulierung sind, ergibt sich damit möglicherweise ein *Spannungsfeld* zwischen den gemeinschaftlichen Umweltschutzzielen und der Schaffung eines einheitlichen Wirtschaftsraumes ohne nationale Beschränkungen durch Realisierung der bereits angesprochenen Verkehrsfreiheiten. Wenn man den Umweltschutz als legitime Einschränkung des Wettbewerbsgrundsatzes auffaßt, kann die Leitlinie "europäische Mindestregulierung plus Wettbewerb"[6] als Richtschnur für gemeinschaftliche und nationale Rechtsetzung dienen.

Im europäischen Kontext rücken diejenigen Regulierungen in den Mittelpunkt der Betrachtung, die zu einer *Beschränkung der grenzüberschreitenden Sonderabfallentsorgung* führen.[7] Es kann im Rahmen dieser Arbeit nicht darum gehen, jedes der in Kapitel 3 identifizierten Regulierungsinstrumente auf seine EG-rechtliche Zulässigkeit zu prüfen. Hier können die Instrumente nur in dem Kontext betrachtet werden, daß sie als Import- oder Exportbeschränkungen Mittel zur Abschottung des nationalen Territoriums darstellen und somit als auf *Entsorgungsautarkie* ausgerichtete Maßnahmen interpretiert werden müssen. Beschränkungen der Abfallausfuhr resultieren vor allem aus dem deutschen Grundsatz der Inlandsentsorgung und den landesrechtlich festgelegten Anschluß- und Benutzungszwängen an die Anlagen der landesoffiziellen Entsorgungsträger. Importrestriktionen können sich daraus ergeben, daß durch Bestimmung in Abfallentsorgungsplänen oder durch entsprechende Festlegungen der offiziellen

Ausdrücke "Europäische Union" (EU) und "Europäische Gemeinschaft" (EG) parallel verwendet, weil letztere nachwievor der wirtschaftliche Pfeiler der EU ist und die Union im Gegensatz zur EG über keine eigene Rechtspersönlichkeit verfügt, sodaß sich Rechtsvorschriften weiterhin auf die EG beziehen müssen.

5 Vgl. dazu Kap. 6.2.3.

6 Vgl. *Deregulierungskommission* (1991), Tz. 25.

7 Überlegungen zur Vereinbarkeit mit dem EG-Vertrag können sich sowieso nur auf den grenzüberschreitenden Wirtschaftsverkehr beziehen, da der EG-Vertrag keine expliziten

Beseitigungsunternehmen Sonderabfälle ausländischer Erzeuger entweder grundsätzlich von der Annahme ausgeschlossen werden oder zumindest bei Kapazitätsengpässen die einheimischen Abfallerzeuger Vorrang vor ihren EG-ausländischen "Nachfragekonkurrenten" erhalten.[8] Verlierer sind im Falle von Exportrestriktionen die inländischen Sonderabfallerzeuger, weil ihnen die Wahlmöglichkeit zwischen inländischer und ausländischer Entsorgungsanlage genommen wird, und die ausländischen Anbieter von Entsorgungsleistungen, weil für sie die inländischen Erzeuger als potentielle Nachfrager nicht zur Verfügung stehen. Von Importrestriktionen sind entsprechend ausländische Sonderabfallproduzenten und inländische Sonderabfallentsorger negativ betroffen.

Die folgenden Fragen, welche die Leitfrage nach der generellen Vereinbarkeit der bundesdeutschen Organisationsmodelle[9] mit primärem und sekundärem Gemeinschaftsrecht konkretisieren, mögen verdeutlichen, welche Sachverhalte in Kapitel 6 untersucht werden sollen:

- Welches sind die europäischen Vorstellungen zum gemeinsamen Markt, zur Umweltpolitik im allgemeinen und zur Abfallwirtschaftspolitik im besonderen, und bestehen Meinungsverschiedenheiten zwischen den verschiedenen EG-Institutionen hinsichtlich der Abfallproblematik?
- Wie wird die Sonderabfallwirtschaft auf EG-Ebene reguliert, welche gemeinschaftlichen Ermächtigungen zu mitgliedstaatlichen Regulierungen gibt es, und wie hat sich das sekundäre Gemeinschaftsrecht im Laufe der Zeit in bezug auf die hier interessierende Problemstellung entwickelt?
- Wird mit der Schaffung eines Binnenmarktes für Güter und Dienstleistungen auch ein gemeinsamer Markt für Abfälle und Entsorgungsleistungen etabliert?
- Wie läßt sich dies, falls zu bejahen, mit dem im Grundsatz der Inlandsentsorgung verankerten Streben nach Entsorgungsautarkie vereinbaren?

Vorschriften zur Gestaltung der nationalen Volkswirtschaften hinsichtlich ihrer Wirtschaftsverfassung macht.

8 Vgl. dazu *von Wilmowsky* (1991), S. 165 ff.

9 Hier können nicht alle bundesländerspezifischen Regulierungssysteme, wie sie in der Matrix des Kapitels 3.3 dargestellt wurden, untersucht werden, sodaß verallgemeinernd von folgendem ausgegangen wird: Neben dem grundsätzlichen Prinzip der Inlandsentsorgung (§ 2 Abs. 1 S. 1 AbfG) ist auf Landesebene ein zentrales Unternehmen mit staatlicher Beteiligung in privatrechtlicher oder öffentlich-rechtlicher Rechtsform für die Organisation der Sonderabfallentsorgung verantwortlich, zu dessen Gunsten ein Anschluß- und Benutzungszwang oder zumindest eine Andienungspflicht festgelegt wird. Im Gegenzug ist dieses Unternehmen verpflichtet, die ihm überlassenen Sonderabfälle anzunehmen oder einer aufnahmebereiten Anlage zuzuweisen und entbindet die Sonderabfallerzeuger damit von einem Teil ihrer Entsorgungsverantwortung.

- Ist die Sonderabfallwirtschaft Teil des Wirtschaftslebens, und fällt sie unter die Bereiche, für die die Verkehrsfreiheiten Gültigkeit haben?
- Wie sind auf Entsorgungsautarkie ausgerichtete Maßnahmen zu bewerten vor dem Hintergrund, daß der Umweltschutz im allgemeinen ein legitimes Eingriffsmotiv in die EG-vertraglich garantierten Grundfreiheiten darstellt?

Das Kapitel ist also insbesondere dazu da, das Spannungsverhältnis zwischen einer "Umweltpolitik", wie sie in Deutschland in Form der Regulierung der Sonderabfallwirtschaft betrieben wird und die nach den Erkenntnissen aus Kapitel 4 nicht ausschließlich ökologieorientiert ist, und dem Ziel wirtschaftlicher Freizügigkeit zu verdeutlichen. Ideal wäre eine Auflösung dieses Spannungsfeldes dergestalt, daß der Etablierung des freien Wirtschaftsverkehrs zum Durchbruch verholfen wird, ohne berechtigte Umweltschutzinteressen aus dem Auge zu verlieren. Mithin ist die Vollendung des Binnenmarktes in den unterschiedlichsten Wirtschaftsbereichen neben den Erkenntnissen, daß die Regulierungsbegründungen vor dem Hintergrund der Theorie des Marktversagens insgesamt nicht überzeugend sind und die Regulierungen mit den beschriebenen Fehlentwicklungen verbunden sein können, ein weiteres Argument, in der deutschen Sonderabfallwirtschaftsorganisation den Grundsätzen eines offenen Marktes zum Durchbruch zu verhelfen und für eine Marktöffnung im EG-europäischen Rahmen zu plädieren.[10]

Von Abfallverbringungen innerhalb der Europäischen Gemeinschaft sind solche zu unterscheiden, die zwischen Deutschland und Nicht-EG-Staaten (Drittstaaten) stattfinden. Negative Schlagzeilen machen immer wieder Abfallexporte in Länder der Dritten Welt und die Staaten des ehemaligen Ostblocks. Im Rahmen der Arbeit kann diese Problematik nicht vertiefend behandelt werden, sodaß hier einige grundsätzliche Bemerkungen genügen sollen.

Bei der Beurteilung der grenzüberschreitenden Abfallverbringung muß berücksichtigt werden, daß Umweltbewußtsein, technische Standards für Produktions- und Entsorgungsanlagen sowie die Kontroll- und Überwachungssysteme von Land zu Land unterschiedlich sind und wesentlich durch den jeweiligen wirtschaftlichen Entwicklungsstand geprägt werden. Bei niedrigem Niveau haben wirtschaftliche Aspekte eine größere Priorität als Umweltbelange. Dies vor Augen, können Abfalltransporte in Entwicklungsländer einerseits und in Industrieländer andererseits unterschieden werden.[11] Geht man davon aus, daß Entwick-

---

10 Allerdings ist die besondere Problematik unterschiedlicher Entsorgungsstandards, die auf nationaler Ebene wegen der bundesweit gültigen TA Sonderabfall keine Rolle spielt, bei der Ausgestaltung einer wettbewerblich organisierten Sonderabfallwirtschaft zu berücksichtigen.

11 Vgl. *Sachverständigenrat für Umweltfragen* (1990), Tz. 462 ff.

lungsländer und die Staaten Mittel- und Osteuropas und der Gemeinschaft Unabhängiger Staaten (GUS) nicht über die technologische Kompetenz verfügen, um Sonderabfälle umweltgerecht zu entsorgen, eine wirksame Kontrolle angesichts unzulänglicher oder überhaupt nicht vorhandener Umweltverwaltungen unmöglich ist und sich die Menschen vorrangig mit für sie wichtigeren Fragen als denen des Umweltschutzes auseinander setzen müssen, sind Abfallverbringungen in diese Länder abzulehnen.[12] Außerdem bildet Deutschland mit diesen Staaten keine Wirtschaftsgemeinschaft und hat keinen gemeinsamen Gesetzgeber zur Festlegung einheitlicher Umweltnormen.

Insofern erscheint bei Entwicklungländern, Schwellenländern und sonstigen Staaten mit unzureichenden technischen und organisatorischen Fähigkeiten für eine umweltverträgliche Sonderabfallentsorgung die Beschränkung der Handlungsmöglichkeiten von Sonderabfallerzeugern und -entsorgern gerechtfertigt. *Von Wilmowsky* formuliert diese Position wie folgt: "Was sich im Zuge verstärkter Harmonisierungsanstrengungen zur Vollendung des Binnenmarktes für einige Wirtschaftszweige abzuzeichnen droht, sollte (allein) für die Außenbeziehungen der EG in der Abfallwirtschaft Geltung beanspruchen: daß sich Europa als "Festung" erweist und der Versuchung widersteht, mit seinen Abfällen Gefahren zu exportieren, denen die Empfängerländer der Dritten Welt nicht gewachsen sind."[13]

Eine solche Auffassung vertreten auch die Bundesregierung und das Europäische Parlament. In Stellungnahmen der Bundesregierung kommt zum Ausdruck, daß Abfallexporte in Länder der Dritten Welt unerwünscht sind und generell keine Genehmigungen erhalten sollen.[14] Das Europäische Parlament lehnt die Ausfuhr von Sonderabfällen in Entwicklungsländer ab, weil wenig wahrscheinlich sei, daß es dort technisch-wirtschafliche Bedingungen und Möglichkeiten für eine sichere Entsorgung gibt, wenn schon in den hochentwickelten Volkswirtschaften der EG diesbezügliche Defizite vorhanden sind.[15] Im übrigen entspricht die Ablehnung von Abfallexporten in Entwicklungsländer dem Grundverständnis internationaler Übereinkommen der OECD und des Umweltprogramms der

---

12 Auf die beim Schutz der Umwelt eines fremden Staates auftretende Souveränitätsproblematik und das normalerweise zu beachtende Vorrecht des Importstaates, die für ihn erstrebenswerte Umweltqualität selbst zu bestimmen und deshalb Abfallimporte zuzulassen, auch wenn durch diese Verbringungen seine Umwelt belastet wird, kann hier nicht eingegangen werden, zumal im Falle von Entwicklungsländern wegen deren unzureichendem Entwicklungsstand gefordert wird, das Einschätzungsvorrecht zu durchbrechen. Vgl. dazu *von Wilmowsky* (1990), S. 323 ff., insb. S. 330.

13 *Ebd.*, S. 5.

14 Vgl. *Deutscher Bundestag* (1989) oder *ders.* (1992a).

Vereinten Nationen (UNEP).[16] Auch wenn die dort verankerten Regelungen angesichts des besonderen Schutzbedürfnisses von Staaten der Dritten Welt insgesamt als nicht ausreichend empfunden werden, so ist doch die Tendenz zur Einschränkung von Abfallverbringungen in diese Länder unverkennbar und wird im Grundsatz anerkannt, daß Export- und Importstaat eine gemeinsame Verantwortung für die grenzüberschreitende Verbringung gefährlicher Abfälle haben.

Anders zu beurteilen sind dagegen Abfallverbringungen bzw. der Austausch von Entsorgungsleistungen innerhalb der EU. Zwischen den Mitgliedstaaten vorhandene Unterschiede in den Entsorgungstechnologien und damit in den Umweltauswirkungen der Sonderabfallbeseitigung werden wegen der voranschreitenden Harmonisierung des rechtlichen Rahmens und der Umweltschutzvorschriften Schritt für Schritt angeglichen. Schließlich hat die EU ein eigenes umweltpolitisches Mandat und Kompetenzen zur Entwicklung harmonisierter Entsorgungsstandards. Differenzen in der wirtschaftlichen Leistungsfähigkeit, bei der Ausgestaltung der Umweltverwaltung und im Umweltbewußtsein der Bevölkerung sind innerhalb der Gemeinschaft, wenn auch noch vorhanden, nicht so groß wie zu Nicht-EG-Ländern und insbesondere Staaten der Dritten Welt. Da Abfallverbringungen innerhalb der Europäischen Union also nicht grundsätzlich abgelehnt werden können und auch von den verschiedenen Organen auf nationaler und gemeinschaftlicher Ebene nicht generell abgelehnt werden, ist eine intensivere Auseinandersetzung mit der Problematik EG-interner Abfallverbringungen erforderlich.

6.2 Grundsätze und Politiken der Gemeinschaft

6.2.1 Verkehrsfreiheiten im EG-Vertrag

Die Europäische Gemeinschaft wurde ursprünglich als reine Wirtschaftsgemeinschaft ins Leben gerufen.[17] Wesentliche Aufgabenstellung der Gemeinschaft ist die Zusammenführung der nationalen Volkswirtschaften zu einem *einheitlichen Wirtschaftsraum* mit binnenmarktähnlichen Verhältnissen, in dem sich das Wirt-

15 Vgl. *Bowe* (1992), S. 228.

16 Vgl. dazu *Sachverständigenrat für Umweltfragen* (1991), Tz. 476 ff.

17 Vgl. Art. 1 EWG-Vertrag. Deshalb, und weil das Problembewußtsein (und sicherlich auch der Problemdruck) in Fragen des Umweltschutzes im Gründungsjahr 1957 noch nicht ausgeprägt waren, fehlten explizite Bestimmungen zur Umweltpolitik. Erst die Einheitliche Europäische Akte hat dieses Manko behoben, indem der Umweltschutz als selbständiges und von der wirtschaftlichen Programmatik unabhängiges Ziel in den EWG-Vertrag aufgenommen wurde.

schaftsleben harmonisch entwickelt und die wirtschaftliche Leistungsfähigkeit beständig (und seit dem Vertrag von Maastricht auch umweltverträglich) zunimmt.[18] Diese Aufgabe ist im Zusammenhang mit der Entsorgungsproblematik schon insofern berührt, als durch fehlende Beseitigungsanlagen die sonderabfallerzeugende Güterproduktion nicht fortgeführt bzw. ausgeweitet werden kann und damit wirtschaftliche Entfaltungsmöglichkeiten und eine Hebung des Lebensstandards gefährdet sind.

"Der Binnenmarkt umfaßt einen Raum ohne Binnengrenzen, in dem der freie Verkehr von Waren, Personen, Dienstleistungen und Kapital gemäß den Bestimmungen des Vertrages gewährleistet ist."[19] Für die Sonderabfallwirtschaft sind nur die Vorschriften über den freien Warenverkehr (Art. 30 ff.) und über Dienstleistungen (Art. 59 ff.) relevant. Nach Art. 30 (für Importbeschränkungen) bzw. Art. 34 (für Exportbeschränkungen) sind mengenmäßige Ein- oder Ausfuhrbeschränkungen sowie alle Maßnahmen gleicher Wirkung unbeschadet nachstehender Bestimmungen zwischen den Mitgliedstaaten verboten. Einschränkend legitimiert Art. 36 solche Restriktionen, die u.a. aus Gründen der öffentlichen Ordnung und Sicherheit und zum Gesundheitsschutz gerechtfertigt sind, wobei diese aber keineswegs Mittel zur willkürlichen Diskriminierung oder verschleierten Beschränkung des Handels zwischen den Mitgliedstaaten sein dürfen. Für den Dienstleistungsverkehr, der im Vergleich zum innergemeinschaftlichen Warenverkehr noch stärkeren restriktiven Beschränkungen unterliegt[20], ist in Art. 59 die Aufhebung bestehender Beschränkungen innerhalb der Gemeinschaft festgeschrieben.[21]

Bei gemeinschaftlichen oder mitgliedstaatlichen Maßnahmen des Umweltschutzes, welche die Grundfreiheiten beeinträchtigen können, ist der *Grundsatz der Verhältnismäßigkeit* zu berücksichtigen. Die regelnde Instanz hat unter mehreren geeigneten Mitteln zur Zielerreichung dasjenige zu wählen, welches den innergemeinschaftlichen Wirtschaftsverkehr am wenigsten beeinträchtigt. Er ist insbesondere dann angesprochen, wenn in anderen Mitgliedstaaten gleichwertige Umweltschutzvorschriften bestehen, sodaß eine Absicherung der eigenen um-

---

18 Vgl. Art. 2 EG-Vertrag. Der Artikel bezieht sich ausdrücklich auf Sachverhalte des Wirtschaftslebens, was bei der Anwendbarkeit der Vorschriften über den freien Waren- bzw. Dienstleistungsverkehr für die Sonderabfallwirtschaft eine Rolle spielen wird (vgl. dazu Kap. 6.3.2). Zur Verwirklichung des in Art. 2 festgeschriebenen Ziels hat die Gemeinschaft bestimmte, in Art. 3 EG-Vertrag festgelegte Tätigkeiten zu erfüllen, darunter auch eine Politik auf dem Gebiet der Umwelt (siehe unten).

19 Art. 7a Satz 2 EG-Vertrag.

20 Vgl. *Busch* (1991), S. 56 f.

weltpolitischen Vorstellungen durch verbringungsbeschränkende Maßnahmen fragwürdig wird. Um die Rentabilität und wirtschaftliche Leistungsfähigkeit einheimischer Entsorgungsanlagen gegenüber billigerer ausländischer Konkurrenz abzusichern, bieten sich z.B. staatliche Subventionen anstelle von Exportbeschränkungen an.[22] Grundsätzlich sind also solche Maßnahmen anzustreben, mit denen der Schutz der Umwelt erreicht werden kann, ohne daß gleichzeitig die innergemeinschaftlichen Wirtschaftsfreiheiten wesentlich eingeschränkt werden. Diesem Gedanken käme eine wettbewerblich organisierte Organisation der Sonderabfallwirtschaft entgegen, wenn sie den ökologischen Erfordernissen Rechnung tragen kann.

6.2.2 Umwelt- und Abfallwirtschaftspolitik in der Gemeinschaft

Spätestens seit Inkrafttreten der Einheitlichen Europäischen Akte zum 1. Juli 1987, durch die ein Titel "Umwelt" in den EG-Vertrag eingefügt wurde (Art. 130r ff. EG-Vertrag), ist die Umweltpolitik zu einem wichtigen Baustein gemeinschaftlicher Politik geworden.[23] Der "Vertrag über die politische Union" (Maastricht-Vertrag) hat die in der EEA verankerten umweltpolitischen Kompetenzen nochmals konkretisiert und die Aufgaben der Gemeinschaft (Art. 2 und 3 EG-Vertrag) insofern erweitert, als nunmehr ein "umweltverträgliches Wachstum" (Art. 2) durch "eine Politik auf dem Gebiet der Umwelt" (Art. 3 lit. k) anzustreben ist.[24] Der Titel "Umwelt" verpflichtet die Umweltpolitik der Gemeinschaft u.a. zur Erhaltung und zum Schutz der Umwelt und der menschlichen Gesundheit sowie zur umsichtigen und rationellen Ressourcenverwendung (Art. 130r Abs. 1). Bei diesen Zielen wird ein hohes Schutzniveau angestrebt und sie sollen unter Berücksichtigung des Vorsorge-, Ursprungs- und Verursacherprinzips erreicht werden (Art. 130r Abs. 2 Satz 1 und 2). Schließlich sieht Art. 130r Abs. 2 Satz 3 vor, daß Umweltschutzerfordernisse im Rahmen der anderen Ge-

---

21 Vgl. Kap. 6.3.2 f. hinsichtlich weiterer Ausführungen zu diesen Wirtschaftsfreiheiten und ihren legitimen Beschränkungsmöglichkeiten.

22 Vgl. dazu *Kunig/ Schwermer/ Versteyl* (1992), Rn. 11 zu § 13c, *von Wilmowsky* (1990), S. 129 und 310.

23 Vor diesem Zeitpunkt wurden Richtlinien mit Umweltschutzbezug, also auch die Vorschriften im Bereich des Abfallrechts, auf die Art. 100 und 235 EWG-Vertrag gestützt (vgl. *Eisberg* (1991), S. 13-19 und *Busch* (1991), S. 229 f.). Seit Einführung der Umweltvorschriften leitet sich die umfassende Umweltkompetenz der Gemeinschaft aus Art. 100a bzw. 130s EWG-Vertrag ab (siehe unten).

24 Vgl. z.B. *Bongaerts* (1992) oder *Epiney/ Furrer* (1992) zur Umweltpolitik nach Maastricht.

meinschaftspolitiken (also auch bei den Politiken zur Etablierung eines freien Waren- und Dienstleistungsverkehrs) einzubeziehen sind.

Art. 130s regelt das Verfahren zur *Entscheidungsfindung für umweltpolitische Handlungen* der Gemeinschaft. Hier ergibt sich durch den Vertrag von Maastricht insofern eine Neuerung, als nunmehr qualifizierte Mehrheitsentscheidungen anstatt einstimmiger Beschlüsse des Ministerrats der Regelfall sind und dem Europäischen Parlament größere Mitspracherechte eingeräumt werden. Werden Rechtsvorschriften auf Basis des Art. 130s erlassen, so können die Mitgliedstaaten aufgrund der Schutzverstärkungsklausel des Art. 130t strengere Schutzmaßnahmen beibehalten oder ergreifen, sofern sie mit dem EG-Vertrag vereinbar sind. Insbesondere nationale Schutzmaßnahmen als verschleierte Formen von Handelshemmnissen dürften damit ausgeschlossen sein. Handelsbeschränkungen sind ausschließlich aus den in Art. 36 genannten Gründen oder zum Schutz höherwertiger Rechtsgüter möglich.[25]

Stellt man die Frage nach dem Verhältnis der umweltschutzbezogenen Vorschriften zu den Artikeln, die einen gemeinsamen Markt und freien Wirtschaftsverkehr als wesentliche Aufgabe der Gemeinschaft vorschreiben, so wird wegen Art. 130r Abs. 2 Satz 3 deutlich, daß der Umweltschutz als fester Bestandteil in alle Maßnahmen der Europäischen Gemeinschaft einbezogen ist. Nichtökonomische Erwägungen werden aufgewertet, weil nunmehr Umweltaspekte als wichtige qualitative Anforderung Berücksichtigung in den übrigen Politikfeldern finden.[26] Dies darf aber keinesfalls zu der Schlußfolgerung verleiten, daß Umweltschutzanforderungen grundsätzlich Vorrang vor der Durchsetzung der Verkehrsfreiheiten besitzen. Einschränkungen des freien Warenverkehrs aus Umweltschutzgründen werden zwar akzeptiert, aber gleichzeitig dürfen diese Maßnahmen nicht dazu führen, daß Wesen und Eigenständigkeit der Handelsfreiheit verlorengehen.[27] Die Querschnittsklausel des Art. 130r Abs. 2 Satz 3 ist demnach nicht so zu interpretieren, daß im vermeintlichen Konfliktfall zwischen wirtschaftlicher Integration einerseits und Umweltschutzsinteressen andererseits dem Umweltschutz Vorrang gebührt.[28] In Anbetracht des insgesamt unklaren Verhältnisses des Umweltschutzes zu den Verkehrsfreiheiten kann auch im Rah-

---

25 Vgl. *Busch* (1991), S. 234. Daß der Hinweis der Vertragsvereinbarkeit sich auf Art. 36 EG-Vertrag bezieht, bestreiten aber *Epiney/ Furrer*, vgl. *dies.* (1992), S. 402.

26 Vgl. *Eisberg* (1991), S. 136. Daß die Umweltpolitik grundsätzlich auf einer Stufe mit den anderen gemeinschaftlichen Politikbereichen steht, läßt sich auch damit begründen, daß der Titel XVI "Umwelt" im dritten Teil des EG-Vertrages ("Die Politiken der Gemeinschaft") gleichrangig neben den Verkehrsfreiheiten, Wettbewerbsregeln und übrigen Gemeinschaftspolitiken steht.

27 Vgl. *Schröder* (1990), S. 131.

men dieser Arbeit nur der Grundsatz gelten, unter Berücksichtigung beider Positionen "eine Optimierung zwischen dem Interesse an wirkungsvollem Umweltschutz und den gemeinschaftsrechtlichen Verkehrsfreiheiten anzustreben."[29]

Eine weitere Frage, die seit Inkrafttreten der EEA diskutiert wird, bezieht sich auf die richtige *Kompetenzgrundlage für gemeinschaftliche Richtlinien* auf dem Gebiet der Umwelt- und Abfallpolitik. Neben dem schon erwähnten Art. 130s EG-Vertrag können Maßnahmen auch nach Art. 100a ("Binnenmarktartikel") beschlossen werden.[30] Dieser regelt die Angleichung der für die Herstellung des Binnenmarktes relevanten Rechtsvorschriften (Art. 100a Abs. 1) und verpflichtet ebenso wie Art. 130r Abs. 2 Satz 1 zur Einhaltung eines hohen Schutzniveaus in den Bereichen Gesundheit, Sicherheit und Umweltschutz (Art. 100a Abs. 3). Ob Art. 100a oder 130s zugrundegelegt wird, kann von verschiedenen Faktoren abhängig gemacht werden[31], wobei nicht vergessen werden darf, daß harmonisierte Umweltschutzbestimmungen zur Schaffung gleicher Wettbewerbsbedingungen in den Mitgliedstaaten beitragen und damit die Verwirklichung des Binnenmarktes unterstützen. Die Frage hat zwar deshalb etwas an Bedeutung verloren, weil die Mitspracherechte und Abstimmungsregelungen der beiden Artikel durch den Maastricht-Vertrag aneinander angeglichen wurden und die qualifizierte Mehrheitsentscheidung nunmehr die Regel ist[32], gleichwohl läßt sich aus der Entscheidung des Gemeinschaftsgesetzgebers für eine der beiden möglichen Kompetenzgrundlagen ablesen, ob bei einer zu beschließenden Regelung größere Bezüge zum Binnenmarkt oder zum Umweltschutz angenommen werden. *Von Wilmowsky* zumindest kommt zu dem Ergebnis, daß gemeinschaftliche Rechtsvorschriften zur Abfallverbringung, sofern als Regelungen des Warenverkehrs identifiziert[33], zum Kern binnenmarktbezogener Rechtsetzung gehören und da-

---

28 Vgl. *von Wilmowsky* (1992), S. 429.

29 *Sachverständigenrat für Umweltfragen* (1991), Tz. 490.

30 Der Europäische Gerichtshof hat dies in einem Urteil zu einer Richtlinie über die Titandioxid-Produktion (EuGH, Urteil vom 11. Juni 1991, Rs. C-300/89; zitiert nach *Epiney/ Furrer* (1992), S. 379, Fn. 72) bestätigt, denn Umweltmaßnahmen können nach Meinung des Gerichtshofs durchaus die Vollendung des Binnenmarktes unterstützen (vgl. *Bongaerts* (1992), S. 13).

31 *Eisberg* grenzt die beiden Regelungen nach dem Hauptziel der Maßnahme, nach dem technischen Wirkungsbereich und dem Rangverhältnis der Vertragsvorschriften ab (vgl. *Eisberg* (1991), S. 150 ff.).

32 Nach Art. 130s des "alten" EWG-Vertrages waren noch einstimmige Beschlüsse vorgesehen. Im neuen Art. 130s EG-Vertrag sind ähnlich wie im neuen Art. 100a Abs. 1 EG-Vertrag qualifizierte Mehrheiten nach Art. 189b bzw. 189c EG-Vertrag zur Verabschiedung gemeinschaftlicher Richtlinien notwendig.

33 Vgl. dazu Kap. 6.3.2.

her auf Art. 100a EG-Vertrag zu stützen seien.[34] Diese Auffassung wird vom Rat der Europäischen Gemeinschaften offensichtlich nicht geteilt, da alle Novellierungen der abfallbezogenen Richtlinien[35] auf Art. 130s gestützt wurden. Auch Bundesregierung und Bundesrat plädieren für diesen Artikel als Grundlage abfallrechtlicher Vorschriften der Gemeinschaft[36] und machen damit deutlich, daß nach ihrer Meinung Regelungen zur Vollendung des Binnenmarktes hinter den gemeinschaftlichen Zielen der Umweltpolitik zurücktreten müssen. Es bleibt allerdings abzuwarten, ob dieser Ansatz vor dem Europäischen Gerichtshof Bestand haben wird, da die EG-Kommission ihrerseits die Ansicht vertritt, Art. 100a sei die einzig richtige Rechtsgrundlage[37], und sich deshalb mit dem Rat in einem Rechtsstreit vor dem Europäischen Gerichtshof bezüglich der Nichtigerklärung der Richtlinie 91/689 über gefährliche Abfälle befindet.[38]

In der *Ratsentschließung über die Abfallpolitik in der Gemeinschaft* vom Mai 1990[39] und in der von der EG-Kommission formulierten *"Gemeinschaftsstrategie für die Abfallwirtschaft"*[40] werden die Positionen von Ministerrat und Kommission zur gemeinschaftlichen Abfall- und Sonderabfallpolitik deutlich.[41] Beide EG-Organe unterstreichen die Bedeutung von Maßnahmen der Abfallvermeidung und Abfallverwertung als grundlegende Bestandteile einer zukunftsorientierten Abfallwirtschaft und fordern eine Harmonisierung dieser Maßnahmen auf Gemeinschaftsebene.

Die "Gemeinschaftsstrategie" der *Kommission* legt die Ziele der europäischen Abfallwirtschaftspolitik bis zum Jahr 2000 fest. Neben einigen Erläuterungen zum Abfallaufkommen, zu den nicht ausreichenden Entsorgungskapazitäten in der Gemeinschaft sowie zu den bisherigen Aktionsprogrammen auf dem Gebiet des Umweltschutzes werden insbesondere mehrere "Generallinien" formuliert,

---

34 Vgl. *von Wilmowsky* (1992), S. 428.

35 Die gültigen Rechtsvorschriften für die EG-Abfallpolitik und deren Vorgänger werden im nächsten Kapitel erläutert.

36 Vgl. *Bundesrat* (1989), S. 5 und *Bundesrat* (1990), S. 4.

37 Das wird z.B. darin deutlich, daß der ursprüngliche Verordnungsvorschlag der Kommission für eine EG-Abfallverbringungsverordnung (siehe nächstes Kapitel) auf Art. 100a gestützt war. Vgl. auch *Bundesrat* (1990), S. 15.

38 EuGH, Rs. C-86/92 (zitiert nach *Epiney/ Furrer* (1992), S. 384, Fn. 105).

39 Entschließung des Rates vom 7. Mai 1990 über die Abfallpolitik, Abl. Nr. C 122, S. 2-4.

40 Mitteilung der Kommission der Europäischen Gemeinschaften an den Rat und das Europäische Parlament über die Gemeinschaftsstrategie für die Abfallwirtschaft, SEK (89) 934 endg.

welche unter anderem die Vermeidung der Abfallentstehung, die Wiederverwertung bereits entstandener Abfälle und die Optimierung der endgültigen Entsorgung auf hohem Umweltschutzniveau fordern. In einem weiteren Kapitel wird zur "Abfallwirtschaft im großen Binnenmarkt" Stellung genommen und dabei eingeräumt, daß aufgrund unterschiedlicher mitgliedstaatlicher Regelungen für den Bau und Betrieb von Entsorgungsanlagen Abfälle vorrangig dort entsorgt werden, wo dies am billigsten ist.[42] Dies kann zu einer übermäßigen Umweltbelastung in diesen Regionen führen. Gefordert wird daher vorrangig eine Harmonisierung der Entsorgungsstandards. Ohne eine solche Harmonisierung bestehe zudem das Problem, daß Vermeidungs- und Verwertungsanstrengungen in denjenigen Ländern, die fortschrittliche und daher kostspielige Entsorgungstechnologien haben, erschwert werden. Um zu verhindern, daß einige Regionen in der Gemeinschaft unzureichend mit Entsorgungsanlagen ausgestattet sind, sei eine Abfallentsorgungs- und -wiederverwertungspolitik zu betreiben, die die Umwelt schützt und zugleich verhindert, daß die Regeln des freien Wettbewerbs willkürlich verletzt werden. Zu diesem Zweck wird der Grundsatz ins Gespräch gebracht, Abfälle möglichst in den am nächsten gelegenen Anlagen nach den geeignetsten Technologien zu entsorgen.[43] Einschränkend räumt die Kommission allerdings ein, daß dies nicht zu Monopolstellungen führen dürfe und "am nächsten gelegen" nicht generell "in der Nähe" bedeuten muß, weil die Verteilung von Entsorgungsanlagen im Raum dem Entsorgungsbedarf und den Behandlungskapazitäten angepaßt sein sollte. Aus dem von der Kommission in die Diskussion eingebrachten "Prinzip der Nähe" ein unterstützendes Argument für nationale oder regionale Entsorgungsmonopole und Überlassungspflichten abzuleiten, erscheint jedenfalls nicht überzeugend, wenn man bedenkt, daß sich der "nächstgelegene Entsorgungsort" auch jenseits der Grenze in einem Nachbarstaat befinden kann. Die Forderung nach ortsnaher Entsorgung markiert demnach keine grundsätzliche Abkehr vom von der EG-Kommission propagierten Prinzip der offenen Grenzen in der Abfallentsorgung.[44]

Der *Rat* nimmt in seiner Entschließung zur Gemeinschaftsstrategie der Kommission Stellung und setzt besondere Akzente aus der Sicht der Mitgliedstaaten. Er betont, daß es für die Gemeinschaft in ihrer Gesamtheit wichtig sei, Entsorgungsautarkie zu erreichen, und hält es für erstrebenswert, daß jeder einzelne

41 Vgl. *Bowe* (1992) zum Standpunkt des EG-Parlaments.

42 Vgl. *Kommission der Europäischen Gemeinschaften* (1989), Kapitel X.

43 Vgl. *ebd.*

44 Vgl. *Schröder* (1991), S. 913 f.

Mitgliedstaat dieses Ziel ins Auge faßt.[45] Maßnahmen zur Entwicklung eines leistungsfähigen Abfallbewirtschaftungssystems sollten unter Berücksichtigung der wirtschaftlichen Merkmale von Abfall mit der Entwicklung des Binnenmarktes in Einklang gebracht werden. Der Rat greift den Gedanken der Entsorgung in der nächstgelegenen geeigneten Anlage auf und sieht in der Errichtung eines angemessenen Anlagennetzes auf Regional- bzw. Gebietsebene einen wichtigen Baustein zur Verwirklichung dieses Grundsatzes.[46]

In ihrem Bericht über die Konsequenzen des gemeinsamen Binnenmarktes für die Abfallentsorgung ist die *Bundesregierung* der Ansicht, Abfälle seien keine Handelsware und könnten damit nicht den Regelungen über den freien Warenverkehr unterliegen. Ebensowenig sei Abfallentsorgung als uneingeschränkt freie Dienstleistung im Sinne des EWG-Vertrages anzusehen.[47] Der *Bundesrat* unterstützt die Bundesregierung in ihrer Auffassung.[48] Eine weitgehende Regionalisierung der gesamten Entsorgung gefährlicher Abfälle, wie sie in den bereits angesprochenen Prinzipien "Entsorgungsautarkie auf Gemeinschaftsebene bzw. Ebene der Mitgliedstaaten" und "Nutzung der nächstgelegenen Entsorgungsanlage" deutlich wird, kommt der gegenwärtigen deutschen Rechtslage entgegen und wird von Bundesregierung und Bundesrat ausdrücklich begrüßt.[49] In der Tat ist sogar zu vermuten, daß diese Prinzipien auf Betreiben der deutschen Seite in die Positionspapiere von EG-Kommission und Rat und in die abfallbezogenen Richtlinien aufgenommen wurden, um die EG-rechtliche Zulässigkeit der deutschen Regelungen zu sichern.[50]

---

45 Vgl. *Rat der Europäischen Gemeinschaften* (1990), 5. Erwägungsgrund. Dies gilt ausdrücklich nicht für die Verwertung. Hier hat sich der Ministerrat gegen eine Beschränkung auf autarke Verwertungsregionen ausgesprochen.

46 Vgl. *Rat der Europäischen Gemeinschaften* (1990), 7. Entschließungspunkt.

47 Vgl. *Bundesrat* (1990), S. 3. Inwieweit diese Meinung Bestand haben kann, wird in Kap. 6.3.2 f. zu untersuchen sein.

48 Vgl. *ders.* (1989), S. 1.

49 Diese Grundsätze wurden auch in den novellierten Vorschriften des europäischen Sonderabfallrechts verankert, vgl. dazu das folgende Kapitel.

50 Das wird aus dem genannten Bericht der Bundesregierung deutlich, vgl. *Bundesrat* (1990), S. 4. Vgl. auch *von Wilmowsky* (1992), S. 427, Fn. 35. Sofern also unter Berufung auf die Grundsätze "Entsorgungsautarkie" und "Entsorgungsnähe" von einer EG-Rechtskonformität der deutschen Sonderabfallregulierung ausgegangen wird (vgl. unten Kap. 6.3.3), muß man sich vor Augen halten, daß deren Einführung ins EG-Recht wesentlich auf die von deutscher Seite vorgebrachten und in Kapitel 4 untersuchten Regulierungsmotive zurückzuführen ist. Dies schränkt die Bedeutung des Kriteriums "Ver-

6.2.3 Sekundäres Gemeinschaftsrecht in der Abfallwirtschaft

Die beschriebenen Grundsätze der europäischen Umwelt- und Abfallwirtschaftspolitik hat die EU seit nunmehr fast 20 Jahren in einer Vielzahl von Gesetzen konkretisiert. Gerade in den letzten 3 Jahren hat sich in diesem Rechtsgebiet eine rasante Entwicklung vollzogen, weil die wichtigsten Vorschriften über Abfälle und Sonderabfälle grundlegend überarbeitet wurden. Die Arbeit berücksichtigt den Gesetzgebungsstand bis Juli 1993 und untersucht vor allem, ob Aussagen zu den in der Bundesrepublik verwendeten Regulierungsinstrumenten gemacht werden. Tab. 12 (folgende Seite) gibt einen Überblick über das relevante europäische Entsorgungsrecht.[51]

Ein Überblick über die europäischen Rechtsvorschriften sollte mit der *Abfallrichtlinie* vom März 1991 beginnen, da diese Vorschrift zu einer Rahmenrichtlinie für alle Abfallarten ausgebaut worden ist. Der *Rat der Europäischen Gemeinschaften* hat sich dazu entschlossen, die ursprüngliche Richtlinie von 1975 zu überarbeiten, um die bei ihrer Durchführung gemachten Erfahrungen und neue gemeinschaftliche Ziele, wie das Streben nach gemeinschaftsweiter Entsorgungsautarkie, einzubeziehen.[52] Sie stützt sich auf Art. 130s EWG-Vertrag und hebt hervor, daß Unterschiede in den Rechtsvorschriften über die Abfallentsorgung ungleiche Wettbewerbsbedingungen und negative Auswirkungen auf das Funktionieren des Binnenmarktes zur Folge haben können.

---

einbarkeit mit EG-Recht" als weiteren Maßstab zur Beurteilung der deutschen Sonderabfallregulierung etwas ein.

51 Vgl. das Verzeichnis der Rechtsvorschriften (Anhang) zum vollständigen Nachweis der rechtsverbindlichen Regelungen. In Klammern stehen die im Rahmen dieser Arbeit verwendeten Kurzbezeichnungen, die aber keinesfalls offizielle Gültigkeit haben. Weil die Richtlinienvorschläge Harmonisierungsansätze für Entsorgungsstandards darstellen bzw. mit der Haftungsrichtlinie ein marktwirtschaftliches Instrument der Umweltpolitik betreffen, werden sie erst in den Kapiteln 7.2.3.1 bzw. 7.3.3.2 inhaltlich beschrieben.

52 Vgl. den 1. und 7. Erwägungsgrund der neuen Abfallrichtlinie.

Tab. 12: Rechtsvorschriften der Europäischen Union im Bereich der Sonderabfallwirtschaft

Rechtsverbindliche Regelungen:

Richtlinie des Rates über Abfälle (75/442/EWG) vom 15. Juli 1975 (Abfallrichtlinie (alt))

Richtlinie des Rates zur Änderung der Richtlinie 75/442/EWG über Abfälle (91/156/EWG) vom 18. März 1991 (Abfallrichtlinie)

Richtlinie des Rates über gefährliche Abfälle (91/689/EWG) vom 12. Dezember 1991 (Sonderabfallrichtlinie)

Verordnung Nr. 259/93 des Rates zur Überwachung und Kontrolle der Verbringung von Abfällen in der, in die und aus der Europäischen Gemeinschaft vom 1. Februar 1993 (Verbringungsverordnung)

(Richtlinie des Rates über die Überwachung und Kontrolle - in der Gemeinschaft - der grenzüberschreitenden Verbringung gefährlicher Abfälle (84/631/EWG) vom 6. Dezember 1984 (Verbringungsrichtlinie)) [a]

Richtlinienvorschläge:

Richtlinie des Rates über die Verbrennung gefährlicher Abfälle (KOM (92) 9 endg.) (Verbrennungsrichtlinie)

Richtlinie des Rates über Abfalldeponien (KOM (91) 102 endg.) (Deponierichtlinie)

Richtlinie des Rates über die zivilrechtliche Haftung für die durch Abfälle verursachten Schäden (KOM (89) 282 endg.) (Haftungsrichtlinie)

([a] Die Verbringungsrichtlinie wurde mit Beginn der Anwendung der Verordnung 259/93 am 9. Mai 1994 aufgehoben (vgl. Art. 43 Verbringungsverordnung).)

Im Gegensatz zur alten Abfallrichtlinie, in der Abfälle als Stoffe oder Gegenstände definiert wurden, deren sich der Besitzer entledigt oder gemäß den einzelstaatlichen Vorschriften zu entledigen hat (Art. 1 Abfallrichtlinie (alt)), sind Abfälle im novellierten Art. 1 durch die in Anhang I der Abfallrichtlinie aufgeführten Gruppen definiert. Welche Technologien "Beseitigung" oder "Verwertung" bedeuten, wird in den Anhängen II A und B bestimmt. Die Mitgliedstaaten sind aufgefordert, Maßnahmen zur Förderung von Abfallvermeidung, Verringerung der Gefährlichkeit der Abfälle und ihrer Verwertung zu treffen (Art. 3) sowie eine gefahrlose und umweltverträgliche Beseitigung oder Verwertung sicherzustellen (Art. 4). Inhaltlich erweitert wurde die novellierte Abfallrichtlinie in Art. 5, der die Mitgliedstaaten verpflichtet, durch den Aufbau eines Netzes von modernsten Beseitigungsanlagen für Entsorgungsautarkie auf Gemeinschaftsebene zu sorgen und diese Autarkie auch für jeden einzelnen Mitgliedstaat anzustreben. Weiterhin müssen von den EG-Mitgliedern Behörden zur Durchführung der Richtlinienbestimmungen eingerichtet werden (Art. 6), die Sammlung und Beseitigung jeglicher Abfälle durch den Abfallbesitzer oder spezielle Entsorgungsunternehmen ist zu gewährleisten (Art. 8), Entsorgungsunternehmen bzw. -anlagen bedürfen einer behördlichen Genehmigung (Art. 9 und 10), sie werden von den zuständigen Behörden regelmäßig angemessen überprüft (Art. 13) und die Mitgliedstaaten haben Abfallbewirtschaftungspläne aufzustellen (Art. 7). Inhalte solcher Pläne können neben Angaben über die zu entsorgenden Abfälle, allgemeinen technischen Vorschriften oder geeigneten Standorten für Entsorgungsanlagen auch Bestimmungen über zur Abfallbewirtschaftung berechtigte natürliche oder juristische Personen sein.

Die letztgenannte Regelung könnte man in dem Sinne auslegen, daß die staatliche Festlegung bestimmter zur Entsorgung berechtigter und verpflichteter Unternehmen und die entsprechende Statuierung eines Anschluß- und Benutzungszwangs als mitgliedstaatliche Maßnahme zulässig sei, aber grundsätzlich muß der Gemeinschaftsgesetzgeber selbst die Grundfreiheiten des EG-Vertrags beachten.[53] Jedenfalls schreibt die Regelung den Mitgliedstaaten keinesfalls ausdrücklich vor, daß sie die Abfallentsorgung generell durch Monopolisierung des Entsorgungsangebots zu organisieren hätten. Der grenzüberschreitende Abfallhandel zwischen den EG-Staaten ist in keiner der erläuterten Regelungen angesprochen, sodaß auch keine Konsequenzen für einen nationalen Grundsatz der Inlandsentsorgung oder generelle Importverbote abgeleitet werden können.[54] Die Abfallrichtlinie ist damit für die hier interessierenden Fragestellungen nur von zweitrangiger Bedeutung.

Art. 2 Abs. 2 der Abfallrichtlinie ermächtigt zum Erlaß ergänzender oder spezieller Vorschriften für bestimmte Gruppen von Abfällen. Von dieser Vorschrift ist beim Erlaß der *Sonderabfallrichtlinie* Gebrauch gemacht worden. Sie hat die ähnlich lautende Richtlinie von 1978[55] zum 12. Dezember 1993 ersetzt und richtet sich an die Mitgliedstaaten.[56] Neben den allgemeinen Regelungen der Abfallrichtlinie gelten für "gefährliche Abfälle" im Sinne der Sonderabfallrichtlinie zusätzliche, strengere Regelungen, um eine vollständige Kontrolle und Überwachung aller Unternehmen, Einrichtungen und Anlagen, die gefährliche Abfälle

---

53 Vgl. *Sachverständigenrat für Umweltfragen* (1990), Tz. 510.

54 Vgl. *Eisberg* (1991), S. 29 und *von Wilmowsky* (1992), S. 411.

55 Richtlinie des Rates über giftige und gefährliche Abfälle (78/319/EWG) vom 20. März 1978, Abl. Nr. L 484 vom 31. März 1978, S. 43 ff.

56 Vgl. Art. 11 und 12 Sonderabfallrichtlinie.

erzeugen, besitzen oder beseitigen, sicherzustellen.[57] Deshalb sind die schon oben genannten Ziele einer umweltverträglichen Abfallvermeidung und -verwertung (Art. 3 und 4 Abfallrichtlinie) sowie die allgemeine Anlagengenehmigungspflicht (Art. 9 und 10 Abfallrichtlinie) und regelmäßige behördliche Überprüfung (Art. 13 Abfallrichtlinie, Art. 4 Abs. 1 Sonderabfallrichtlinie) ebenso bei Sonderabfällen zu beachten. Art. 6 Sonderabfallrichtlinie nimmt Bezug auf Art. 7 Abfallrichtlinie und verlangt die Aufstellung von gesonderten oder in die allgemeinen Pläne integrierte Abfallwirtschaftspläne für gefährliche Abfälle.

Wichtiges Anliegen der neuen Sonderabfallrichtlinie ist die Präzisierung des Begriffs "gefährlicher Abfall": Art. 1 Abs. 4 Sonderabfallrichtlinie definiert diese Abfallgruppe anhand eines im Anhang aufgeführten Verzeichnisses (Anhänge I und II), wobei die Stoffe bestimmte Eigenschaften aufweisen müssen (Anhang III).[58] Über die Anforderungen der Abfallrichtlinie hinaus werden die Mitgliedstaaten verpflichtet, die mögliche Registrierung und Identifizierung gefährlicher Abfälle sicherzustellen (Art. 2 Abs. 1), ein Mischungsverbot durchzusetzen (Art. 2 Abs. 2) und die ordnungsgemäße Kennzeichnung und Verpackung bei Sammlung und Transport zu gewährleisten (Art. 5 Abs. 1). Beim Abfalltransport sind Begleitscheine beizufügen, die an das System der Verbringungsrichtlinie (siehe unten) angelehnt sind (Art. 5 Abs. 3), und die Mitgliedstaaten müssen bis zum 12. Dezember 1994 ein Kataster von sonderabfallbeseitigenden und -verwertenden Unternehmen, die überwiegend als Fremdentsorger tätig werden, aufstellen (Art. 8 Abs. 3). Schließlich ist noch anzumerken, daß in der novellierten Richtlinie die Ermächtigung für die Mitgliedstaaten, jederzeit strengere Vorschriften für gefährliche Abfälle festzulegen als in der Richtlinie vorgesehen (Art. 8 der alten Sonderabfallrichtlinie 78/319/EWG), entfallen ist.

In der Sonderabfallrichtlinie gibt es keinerlei Vorschriften zur grenzüberschreitenden Verbringung von Sonderabfällen. Für diesbezügliche Regelungen ist daher auf die jetzt zu erläuternde *Verbringungsverordnung* zurückzugreifen. Sie ersetzt die Abfallverbringungsrichtlinie 84/631/EWG, wurde bis zur endgültigen Verabschiedung mehrfach überarbeitet[59] und setzt das vom Umweltprogramm der Vereinten Nationen (UNEP) vorgelegte und von der Bevollmächtigtenkonferenz am 22. März 1989 verabschiedete "Baseler Übereinkommen über die Kontrolle der grenzüberschreitenden Verbringung von gefährlichen Abfällen und

57 Vgl. den 3. und 4. Erwägungsgrund sowie Art. 1 Abs. 2 Sonderabfallrichtlinie.

58 Im Verhältnis zum Begriff "Sonderabfall" des deutschen Abfallrechts ergeben sich Unterschiede, die hier aber nicht weiter problematisiert werden sollen. Eine gewisse Rechtsunsicherheit insb. hinsichtlich der Umsetzung der Richtlinie in das deutsche Recht ist jedenfalls nicht auszuschließen.

59 Vgl. den ersten Kommissionsentwurf von 1990, Abl. 1990, Nr. C 289, S. 5 ff. sowie den geänderten Vorschlag Abl. 1992, Nr. C 115, S. 4 ff.

ihrer Entsorgung" europaweit einheitlich um.[60] Die Novellierung der Gesetzgebung über die grenzüberschreitende Abfallverbringung wurde nicht als Richtlinie, sondern als Verordnung erlassen. Damit gilt sie im Gegensatz zu Richtlinien, die für die Mitgliedstaaten zwar hinsichtlich des zu erreichenden Ziels verbindlich sind, aber den innerstaatlichen Stellen die Auswahl der dazu eingesetzten Mittel überlassen, unmittelbar und ist von jedermann zu beachten.[61] Das denselben Tatbestand der grenzüberschreitenden Abfallentsorgung regelnde nationale Recht, also im wesentlichen der § 13 AbfG und die (deutsche) Abfallverbringungsverordnung, wurde nach Anwendung der EG-Verbringungsverordnung zum 9. Mai 1994 unwirksam. Deshalb ist das deutsche Verbringungsrecht auch nicht mehr darzustellen.

Ohne alle Einzelheiten der Verordnung zu erläutern, seien hier die für die Arbeit zentralen Elemente, insb. die Vorschriften über mögliche *Einwände* der an der Verbringung beteiligten EG-Staaten, skizziert.[62] Kern der Verbringungsverordnung ist ein Notifizierungsverfahren[63], durch das die zuständige Behörde vor jedem Verbringungsvorgang über Art, Beförderung und Beseitigung bzw. Verwertung der Abfälle informiert wird und ggf. mit Gründen versehene Einwände gegen die beabsichtige Verbringung erheben kann. Ausdrücklich wird in den Erwägungsgründen auf die in der novellierten Abfallrichtlinie und in den Positionspapieren von EG-Kommission und Ministerrat eingeführten Grundsätze "Entsorgungsautarkie" und "Prinzip der Nähe" hingewiesen.[64] Die wichtigste Regelung in diesem Zusammenhang ist Art. 4 Abs. 3 a) i) Satz 1 der Verordnung, die zu verbringungsbeschränkenden Maßnahmen ausdrücklich ermäch-

---

60 Beschluss des Rates zum Abschluß - im Namen der Gemeinschaft - des Übereinkommens über die Kontrolle der grenzüberschreitenden Verbringung von gefährlichen Abfällen und ihrer Entsorgung (Baseler Übereinkommen) (93/98/EWG) vom 1. Februar 1993, Abl. Nr. L 39 vom 16. Februar 1993, S. 1-34. Dem Beschluß ist der Wortlaut der Baseler Konvention beigefügt.

61 Vgl. *Krämer* (1990), S. 138.

62 Systematisch ist die Verordnung dergestalt aufgebaut, daß sie, getrennt nach zur Beseitigung und zur Verwertung bestimmten Abfällen, die Verbringung von Abfällen zwischen Mitgliedstaaten (Titel II), die Ausfuhr aus der Gemeinschaft (Titel IV) bzw. Einfuhr in die Gemeinschaft (Titel V) und schließlich die Durchfuhr durch Mitgliedstaaten der Gemeinschaft (Titel VI) regelt. Artikel zum Geltungsbereich und zu Begriffsbestimmungen (Titel I), gemeinsame Bestimmungen über "illegale Verbringung", Versicherungspflicht oder die stichprobenartige Überprüfung von Verbringungen (Titel VII) sowie sonstige Bestimmungen, etwa zur Aufbewahrungspflicht für Dokumente und zum Inkrafttreten der Verordnung (Titel VIII) ergänzen diese Systematik.

63 Eine Notifizierung entspricht einem Antrag auf Erteilung einer Genehmigung zur Abfallverbringung.

64 Vgl. den 10. Erwägungsgrund der Verbringungsverordnung.

tigt.[65] Die nationalen Bestimmungen müssen aber mit dem EG-Vertrag in Einklang stehen.[66]

Die Verordnung gilt für Verbringungen in der, in die und aus der EG (Art. 1 Abs. 1) und nimmt bei den Begriffen "Abfälle", "Beseitigung" und "Verwertung" Bezug auf die novellierte Abfallrichtlinie 75/442/EWG. Konzentriert man sich auf die Verbringung von zur Beseitigung bestimmten Abfällen innerhalb der Gemeinschaft (Titel II A), so ist zu erwähnen, daß Abfallbesitzer bzw. -erzeuger, die eine Abfallverbringung von einem Mitgliedstaat in einen anderen Mitgliedstaat beabsichtigen, dies der zuständigen Behörde am Bestimmungsort mittels eines einheitlichen Begleitscheins zu notifizieren haben.[67] Entscheidend

---

65 "Um das Prinzip der Nähe, den Vorrang für die Verwertung und den Grundsatz der Entsorgungsautarkie auf gemeinschaftlicher und einzelstaatlicher Ebene gemäß der Richtlinie 75/442/EWG zur Anwendung zu bringen, können die Mitgliedstaaten im Einklang mit dem Vertrag Maßnahmen ergreifen, um die Verbringung von Abfällen allgemein oder teilweise zu verbieten oder um gegen jede Verbringung Einwand zu erheben." Im Unterschied zur Verbringungsrichtlinie 84/631/EWG erlaubt es die neue Verordnung den Mitgliedstaaten, nicht nur eine bestimmte Verbringung gefährlicher Abfälle zu verbieten, sondern sie können die Verbringung generell untersagen. Nationale Regelungen, die, wie die vom Europäischen Gerichtshof mit genau dieser Begründung beanstandete belgische Regelung eines vollständigen Importverbots für Sonderabfälle, sind demnach in Zukunft möglicherweise anders zu bewerten. Vgl. dazu *von Wilmowsky* (1992), S. 412.

66 In der Vorgängerrichtlinie 84/631/EWG hat der Gesetzgeber zwei Erwägungsgründe formuliert, die in dieser Form in der neuen Verbringungsverordnung nicht mehr enthalten sind. Der 4. Erwägungsgrund verweist auf unterschiedliche nationale Bestimmungen zur Beseitigung von gefährlichen Abfällen, die die Wettbewerbsbedingungen verfälschen und das Funktionieren des gemeinsamen Marktes in Frage stellen können. Weiterhin darf ein mit der Richtlinie zu schaffendes gemeinschaftsweites Überwachungs- und Kontrollsystem für grenzüberschreitende Sonderabfallverbringungen weder Handelshemmnisse schaffen noch den Wettbewerb beeinträchtigen (6. Erwägungsgrund). Ob der Richtliniengeber damit allerdings dem Prinzip offener Grenzen in der grenzüberschreitenden Abfallentsorgung zum Durchbruch verhelfen wollte, ist fraglich, wenn berücksichtigt wird, daß die Schaffung eines EG-einheitlichen Kontroll- und Überwachungssystems Hauptanliegen der Richtlinie war und über die beiden zitierten Erwägungsgründe hinaus keine weiteren eindeutigen Aussagen zugunsten eines gemeinsamen Entsorgungsmarktes getroffen wurden (vgl. *von Wilmowsky* (1990), S. 24-28).

67 Beantragt werden müssen alle Zwischenschritte vom Versandort bis zur endgültigen Beseitigung, und auf dem Begleitschein sind eine ganze Reihe von Angaben über die Abfälle, ihren Erzeuger, Sicherheitsmaßnahmen beim Transport, den Empfänger und über die zu nutzende Beseitigungsanlage zu machen. Der Antragsteller schließt mit dem Beseitigungsunternehmen einen Vertrag, der die Beseitigung regelt und eine Verpflichtung für ihn enthalten muß, die Abfälle dann zurückzunehmen, wenn die Verbringung nicht in der vorgesehenen (beantragten) Weise erfolgt ist (Art. 3 Absätze 1-6). Er kann seine Abfälle grundsätzlich erst dann zur vorgesehenen Beseitigungsanlage verbringen, wenn ihm von der Behörde des Bestimmungsortes (nach Prüfung möglicher Einwände der zuständigen

sind die möglichen Gründe, aufgrund derer die Behörden am Bestimmungs- und am Versandort einer grenzüberschreitenden Abfallverbringung widersprechen dürfen. Im Vergleich zum alten Recht wurden mit der Verbringungsverordnung die Einwendungsmöglichkeiten des Versand-Mitgliedstaates deutlich erweitert, weil ihm nun im wesentlichen die gleichen Rechte zustehen wie dem Bestimmungsland.[68] Notifizierungsverfahren und mögliche Einwände für Bestimmungs-, Versand- und Transitstaat sind im Art. 4 geregelt.[69] Diejenigen Einwände und Auflagen, die von Bestimmungs- oder Versand-Mitgliedstaat geltend gemacht werden können, ergeben sich aus Art. 4 Abs. 3 (Art. 4 Abs. 2b). Im Unterschied zur alten Verbringungsrichtlinie haben beide Staaten nunmehr die *gleichen Einwendungsmöglichkeiten*. Auflagen für die Beförderung der Abfälle können vom Versand- und Transit-Mitgliedstaat innerhalb von 20 Tagen geltend gemacht werden, wobei diese aber nicht strenger als innerstaatliche Beförderungsauflagen sein dürfen (Art. 4 Abs. 2 d)).

Unter Berufung auf die Prinzipien Entsorgungsnähe, Vorrang der Verwertung und Entsorgungsautarkie auf gemeinschaftlicher und mitgliedstaatlicher Ebene legitimiert der schon zitierte Art. 4 Abs. 3 a) Verbringungsverordnung zu Maßnahmen, die generell alle grenzüberschreitenden Abfallverbringungsvorgänge unterbinden, sofern sie mit dem EG-Vertrag in Einklang stehen. Auch dies stellt eine wichtige Änderung gegenüber der alten Verbringungsrichtlinie dar, weil jetzt auch allgemeine, d.h. nicht nur auf den speziellen Einzelfall bezogene Ein- bzw. Ausfuhrbeschränkungen erlassen werden können. Die schon aus der Verbringungsrichtlinie bekannten und konkrete Verbringungsvorhaben betreffenden Eingriffsmöglichkeiten *"Umweltschutzeinwand"* und *"Planeinwand"* gibt es auch in der neuen Verordnung. Die Behörden am Versand- und Bestimmungsort können geplante Verbringungen verbieten, um den Grundsatz der Entsorgungsautarkie zu verwirklichen, um Entsorgungsanlagen für Abfälle offen zu halten, die an einem näher gelegenen Ort angefallen sind und um zu gewährleisten, daß die Verbringung im Einklang mit Abfallbewirtschaftungsplänen nach Art. 7 Abfallrichtlinie steht (Art. 4 Abs. 3 b). Der Hinweis auf solche Pläne ist im Zusammenhang mit den Regulierungsinstrumenten der deutschen Sonderabfallwirt-

---

Stellen im Bestimmungs-, Transit- oder Versandland) die Genehmigung dazu erteilt wurde (Art. 5 Abs. 1).

68 Vgl. *Eisberg* (1991), S. 31-39 und ausführlich *von Wilmowsky* (1990), S. 16-41 zu den nach der Verbringungsrichtlinie für Versand- und Bestimmungsmitgliedstaat möglichen Einwänden.

69 Die Behörde am Bestimmungsort übersendet dem Antragsteller eine Empfangsbestätigung, daß die Notifizierung eingegangen ist (Art. 4 Abs. 1). Der Bestimmungs-Mitgliedstaat hat innerhalb von 30 Tagen über die Genehmigung der Verbringung und etwaige Auflagen zu entscheiden (Art. 4 Abs. 2 a)), und die Behörden des Versandortes können

schaft deshalb von Bedeutung, weil die Abfallentsorgungspläne der Bundesländer neben gegenüber Sonderabfallexporten und Importen indifferenten Planinhalten (z.B. zum Sonderabfallaufkommen, zur Standortplanung und zu Entsorgungsverfahren) auch die bundesländerspezifischen Organisationsmodelle, insbesondere die verbindliche Festlegung eines Trägers der Sonderabfallentsorgung und Überlassungspflichten zu dessen Gunsten, enthalten können.[70] Der Umweltschutzeinwand des Art. 4 Abs. c) (1.Spiegelstrich) ermächtigt Import- und Exportbehörden zur Geltendmachung von Einwänden gegenüber Abfallverbringungsvorhaben wegen Mißachtung einzelstaatlicher Rechts- und Verwaltungsvorschriften zum Umwelt- und Gesundheitsschutz und zur Wahrung der öffentlichen Sicherheit und Ordnung.[71]

6.3 Zur Vereinbarkeit der Organisationsstrukturen in der deutschen Sonderabfallwirtschaft mit den Politiken der Gemeinschaft

6.3.1 Untersuchung allgemeiner Leitlinien

Diese Arbeit kann eine rechtswissenschaftliche Untersuchung über die EG-rechtliche Zulässigkeit der in Kap. 3 dargestellten Regulierungsinstrumente nicht ersetzen, sondern kann lediglich einige Hinweise liefern, in welchem Verhältnis umweltschutzbezogene Vorschriften und binnenmarktbezogene Verkehrsfreiheiten des EG-Vertrags zueinander stehen und wie die Sonderabfallentsorgung darin einzuordnen ist. Es geht hier in erster Linie um die Darstellung der *Leitlinien* über einen "gemeinsamen Markt für die Sonderabfallentsorgung" vor dem Hintergrund gemeinschaftlicher Umweltpolitik, an dem sich diejenigen Regulierungsinstrumente, die Einfluß auf die grenzüberschreitende Verbringung von Abfällen haben, messen lassen müssen.

Oben (Kap. 6.1) wurde bereits darauf hingewiesen, daß der Grundsatz der Inlandsentsorgung, Anschluß- und Benutzungszwänge, Andienungspflichten oder

---

bis zu 20 Tagen nach Absendung der Empfangsbestätigung Einwände erheben (Art. 4 Abs. 2 b)).

70 Vgl. *von Wilmowsky* (1990), S. 36.

71 Umweltschutzeinwand und Planeinwand waren zwar in ähnlicher Form in der Richtlinie 84/631/EWG enthalten (vgl. Art. 4 Abs. 3 und Art. 4 Abs. 6 Unterabsatz 2), aber im Unterschied zum neuen Recht konnte sich auf den Umweltschutzeinwand lediglich der Bestimmungs-Mitgliedstaat berufen. Indem die Behörde am Versandort nur die mögliche Beeinträchtigung von Abfallbewirtschaftsplänen reklamieren konnte, wurde ihr vom Gemeinschaftsgesetzgeber hinsichtlich möglicher Einwände eine ungleich schwächere Rolle zugedacht als dem Importstaat.

die Festlegung von Einzugsgebieten für die Entsorgungsanlagen der landesoffiziellen Entsorgungsgesellschaften als Maßnahmen zur Beschränkung von Sonderabfallexporten bzw. -importen angesehen werden. Neben einer umweltpolitischen Rechtfertigung ist nicht von der Hand zu weisen, daß mit solchen staatlichen Eingriffen das nationale Territorium abgeschottet und einheimische Industrien (sowohl Sonderabfallerzeuger als auch -entsorger) vor ausländischer Konkurrenz geschützt werden sollen. Negativ betroffen von den Regulierungen sind bei Exportbeschränkungen sowohl die inländischen Sonderabfallerzeuger, denen die Möglichkeit genommen wird, ihre Sonderabfälle von (preiswerteren) ausländischen Entsorgungsunternehmen beseitigen zu lassen als auch umgekehrt die ausländischen Anbieter von Entsorgungsleistungen, da sie keine deutschen Kunden gewinnen können. Wird die Einfuhr von Sonderabfällen aus anderen EG-Mitgliedstaaten verhindert, geht dem inländischen Entsorgungssektor mögliche Nachfrage aus diesen Staaten verloren, und ausländische Sonderabfallerzeuger verlieren die Wahlmöglichkeit, ihre Reststoffe in deutschen Anlagen zu entsorgen.

Das Hauptaugenmerk auf diejenigen Regulierungen zu legen, die den *grenzüberschreitenden* Wirtschaftsverkehr beeinträchtigen können, ist deshalb gerechtfertigt, weil der EG-Vertrag in Art. 222 die innerstaatliche Eigentumsordnung der einzelnen Mitgliedstaaten ausdrücklich unberührt läßt. Die Gewährung von Monopolstellungen für einzelne Unternehmen sowie die Verstaatlichung eines Wirtschaftszweigs durch Etablierung eines öffentlichen Unternehmens ist also grundsätzlich zulässig, allerdings bezieht sich dies nur auf die Einschränkung des innerstaatlichen Wettbewerbs. Art. 90 Abs. 1 EG-Vertrag macht deutlich, daß die Mitgliedstaaten ihre (staatlichen) Monopolunternehmen nicht vor ausländischer Konkurrenz im grenzüberschreitenden Waren- oder Dienstleistungsverkehr schützen dürfen.[72]

Beim *Lizenzentgelt* des nordrhein-westfälischen Organisationsmodells und den in einigen Bundesländern erhobenen *Sonderabfallabgaben* als ökonomische Anreizinstrumente sind keine direkten Zusammenhänge zur unmittelbaren Beeinflussung von grenzüberschreitenden Abfallverbringungen erkennbar. Entsprechend der Zielsetzung der folgenden Kapitel, direkt verbringungsbeschränkende Maßnahmen (wie den Grundsatz der Abfallentsorgung im Inland oder Anschluß- und Benutzungszwänge) zu untersuchen, werden Lizenzentgelt und Sonderabfallabgaben hinsichtlich ihrer europarechtlichen Unbedenklichkeit nicht weiter geprüft. Nur soviel sei an dieser Stelle angemerkt: Die Landesregierung von Nordrhein-Westfalen geht davon aus, daß das *Lizenzmodell* nicht gegen europarechtliche Vorschriften verstößt, weil Sonderabfallrichtlinie und Verbringungsrichtlinie keine Aussagen über die Organisation der Abfallentsorgung treffen

72 Vgl. *von Wilmowsky* (1990), S. 303.

und sich Lizenzpflicht bzw. Lizenzentgelt deshalb nicht auf den grenzüberschreitenden Verkehr auswirken, weil sie ausländische und inländische Unternehmen unterschiedslos behandeln.[73] Da es sich beim Lizenzentgelt zudem nicht um eine Abgabe, sondern um eine Gebühr handelt, werden auch die steuerlichen Vorschriften des EG-Vertrags (Art. 95-99) nicht verletzt. *Sonderabfallabgaben* scheinen ebenfalls zulässig zu sein, weil die EG bisher keine verbindlichen Vorgaben für gemeinschaftliche Umweltabgaben gemacht hat, Art. 130t EG-Vertrag zu schärferen Umweltschutzmaßnahmen ermächtigt, sofern diese mit dem EG-Vertrag vereinbar sind und auch die Steuervorschriften wegen fehlender Diskriminierung ausländischer Sonderabfallerzeuger und genereller Zweifel hinsichtlich der Anwendbarkeit der Art. 95 ff. kein EG-rechtliches Hindernis darstellen.[74]

6.3.2 Geltung der Verkehrsfreiheiten für die Sonderabfallwirtschaft

In diesem Kapitel werden folgende Fragestellungen im Überblick behandelt:[75]
- Ist die Sonderabfallwirtschaft überhaupt als ein Teil des Wirtschaftslebens im Sinne von Art. 2 EG-Vertrag anzusehen?[76]
- Unter welche der beiden möglichen Verkehrsfreiheiten, Waren- oder Dienstleistungsfreiheit, fallen Sonderabfälle bzw. Sonderabfallentsorgung?
- Welche im EG-Vertrag geregelten Bereichsausnahmen und legitimen Einschränkungen der jeweils berührten Grundfreiheit könnten für die Sonderabfallwirtschaft von Bedeutung sein?

Wirtschaftliche Zielsetzungen haben auch nach Maastricht noch eine hervorragende Bedeutung innerhalb der gemeinschaftlichen Aufgaben. Art. 2 EG-Vertrag bezieht sich u.a. auf eine harmonische und ausgewogene Entwicklung des Wirtschaftslebens, hohes Beschäftigungsniveau und einen hohen Grad an Kon-

---

73 Vgl. *Landtag Nordrhein-Westfalen* (1988a), S. 2. Das zweite Argument reicht als Begründung für eine EG-rechtliche Zulässigkeit dann nicht aus, wenn man im Sinne eines modernen Verständnisses von Wirtschaftsfreiheit davon ausgeht, daß Waren- und Dienstleistungsfreiheit sich nicht nur auf ein Gebot der Inländergleichbehandlung beschränken, sondern auch unterschiedslos anwendbare Maßnahmen verbieten, die den grenzüberschreitenden Wirtschaftsverkehr ohne sachlichen Grund behindern (vgl. *von Wilmowsky* (1990), S. 91 ff.

74 Vgl. *Kloepfer* (1992), S. 211.

75 Vgl. ausführlich *von Wilmowsky* (1990), Kapitel B.II, C.I-C.III, D.II und *Eisberg* (1991), S. 69-108.

vergenz der Wirtschaftsleistungen. Dementsprechend werden nur solche Aktivitäten von den EG-vertraglichen Vorschriften über die wirtschaftliche Freizügigkeit erfaßt, die *Teil des Wirtschaftslebens* im Sinne dieses Artikels sind.[77] Wegen zunehmender Knappheit der von der Abfallentsorgung in Anspruch genommenen Ressourcen (z.B. Deponierungsflächen oder die Luft als Aufnahmemedium für Schadstoffe aus Sonderabfallverbrennungsanlagen) ist sie kein freies Gut mehr, sondern muß wie alle knappen Güter durch das Zusammenspiel von Angebot und Nachfrage bewirtschaftet werden. Das kommt in der allgemein verwendeten Branchenbezeichnung "Sonderabfallwirtschaft" zum Ausdruck. Stellt man zudem auf die wirtschaftliche Bedeutung geordneter Abfallbeseitigung ab, die bei sonderabfallproduzierenden Unternehmen zu einem ebenso wichtigen Element für die Aufrechterhaltung der Produktion werden kann wie die reibungslose Versorgung mit Rohstoffen, steht außer Frage, daß es sich bei der Sonderabfallentsorgung um einen Teil des Wirtschaftslebens handelt, dessen harmonische und ausgewogene Entwicklung von der Gemeinschaft zu fördern ist.[78]

In der Literatur ist weiterhin strittig, ob für den Bereich Abfall die *Vorschriften über die Waenfreiheit oder das Dienstleistungskapitel* des EG-Vertrags heranzuziehen sind.[79] Wesentliche Unterschiede ergeben sich durch diese Abgrenzungsfrage nicht[80], weil beide Regelungen dieselbe wirtschaftliche Funktion betreffen[81] und ein ähnliches Maß an wirtschaftlicher Freizügigkeit gewähren. Interessant ist die Frage aber hinsichtlich der jeweils zu berücksichtigenden vertraglichen Ausnahmen und vertragskonformen Beschränkungen. Eine gleichzeitige Einordnung bestimmter Tätigkeiten sowohl in den Waren- als auch in den

---

76 Nur dann können die EG-vertraglich garantierten Verkehrsfreiheiten überhaupt in Betracht kommen.

77 Vgl. dazu *von Wilmowsky* (1990), S. 73-76.

78 Zur gleichen Einschätzung kommt auch der *Sachverständigenrat für Umweltfragen*, vgl. *ders.* (1991), Tz. 488.

79 Warenfreiheit: *Pernice* (1990), S. 416 f., *Friedrich* (1988), S. 8 f., *Oliver* (1988), § 2.04; Dienstleistungsfreiheit: *Sachverständigenrat für Umweltfragen* (1991), Tz. 488, *von der Groeben/ Thiesing/ Ehlermann* (1993), Rdn. 113 zu Art. 30, *von Wilmowsky* (1990), S. 76-90, *von Kempis* (1985), S. 356 f., *Eisberg* (1991), S. 89 ff. Diese Arbeit bezieht keine Position für die eine oder andere Auffassung, sondern stellt lediglich die wichtigsten Argumente beider Lager gegenüber.

80 Vgl. zu einigen, für diese Arbeit irrelevanten, Unterschieden *ebd.*, S. 69 f. und *von Wilmowsky* (1990), S. 77 f.

81 Es geht jeweils um den Handel mit Produkten, sei es in Form beweglicher Sachen (Waren) oder in Form sonstiger Leistungen unternehmerischer Tätigkeit (Dienstleistungen).

Dienstleistungsbereich ist nicht möglich, da der EWG-Vertrag die Freiheiten grundsätzlich systematisch voneinander abgrenzt.[82]

Zum Teil wird davon ausgegangen, Abfälle seien Waren im Sinne des Art. 9 EWG-Vertrag und würden vom *Grundsatz des freien Warenverkehrs* erfaßt. In einem Urteil des Europäischen Gerichtshofs aus dem Jahre 1968 zu einer italienischen Ausfuhrabgabe für künstlerische, geschichtliche oder archäologische Gegenstände hat der Gerichtshof Waren als Erzeugnisse definiert, "die einen Geldwert haben und deshalb Gegenstand von Handelsgeschäften sein können".[83] Wird die Fähigkeit betont, "Gegenstand von Handelgeschäften" sein zu können, ließen sich Abfälle unter diese Definition subsumieren, weil schließlich rege Geschäfte mit Abfalltransfers über mitgliedstaatliche Grenzen getätigt werden würden.[84] Stellt man auf die Form ab, in der eine Leistung die Grenze übertritt, so spricht dies ebenfalls für die Anwendung der Warenverkehrsvorschriften im Zusammenhang mit Abfällen, weil diese wie im Warenverkehr als bewegliche Sachen (körperliche Gegenstände) über die Grenze gehen und nicht wie "Know-how" oder ähnliches als sonstige Produkte unternehmerischer Tätigkeit transferiert werden.[85] Schließlich könnte auch der 6. Erwägungsgrund der alten Abfallrichtlinie von 1975, nach dem ein wirksames und zusammenhängendes System der Abfallbeseitigung den innergemeinschaftlichen *Warenverkehr* nicht hemmen und die Wettbewerbsbedingungen nicht beeinträchtigen darf, zu der Vermutung Anlaß geben, Abfälle seien von den Artikeln 30 ff. EWG-Vertrag zu erfassen.

Gegen diese Auffassung stehen Literaturmeinungen, die den grenzüberschreitenden Transfer von Abfällen zum Zwecke der Deponierung oder sonstigen Entsorgung als notwendigen Teil der vom Deponiebetreiber bzw. Entsorger angebotenen Dienstleistung betrachten und daher die Artikel über den *freien Dienstleistungsverkehr* zur Beurteilung von Ein- oder Ausfuhrbeschränkungen heranziehen wollen. Hinsichtlich der vom Gerichtshof formulierten Warendefinition wird auf den positiven Geldwert von Waren verwiesen. Abfälle dagegen seien in der Regel durch negativen Geldwert gekennzeichnet.[86] Anders formuliert gibt es für (nicht wiederverwertbare) Abfälle keine Marktpreise, und ihr Besitzer muß für

---

82 Vgl. *Eisberg* (1991), S. 74.

83 Gerichtshof der Europäischen Gemeinschaften, Urteil vom 10. Dezember 1968, Rs. 7/68, Kommission der Europäischen Gemeinschaften gegen Republik Italien, Slg. 1968, S. 642.

84 Vgl. *von Kempis* (1985), S. 355.

85 Vgl. *Friedrich* (1988), S. 9.

86 Kritiker dieses Arguments halten entgegen, daß das besagte Urteil des Gerichtshofs überhaupt keine Differenzierung zwischen positivem und negativem Geldwert vorgenommen habe.

die Entsorgung zahlen. Hätten die Gegenstände, denen sich ihre Besitzer entledigen wollen (Abfälle im subjektiven Sinn), ein Nachfragepotential und damit einen positiven Wert, würde die Entledigungsabsicht logischerweise entfallen. Für diejenigen Stoffe, die aufgrund hoheitlicher Anordnung dem Wirtschaftsverkehr entzogen werden, weil dies zum Wohl der Allgemeinheit geboten ist (Abfälle im objektiven Sinn), fehlt die Nachfrage aus rechtlichen Gründen.[87] Weiterhin ist zu bedenken: Waren werden hergestellt mit der Absicht, sie zu verkaufen und Gewinne zu erzielen. Dies ist bei Sonderabfällen nicht der Fall, weil sie in der Regel als ungewollte Nebenprodukte unternehmerischer Produktion anfallen und nicht beabsichtigt ist, mit ihrer "Produktion" Absatzchancen zu eröffnen.[88] Darüberhinaus ist zu beachten, daß nicht alle Wirtschaftsvorgänge, bei denen bewegliche Sachen über die Grenze gebracht werden, zwangsläufig dem Warenverkehr zugeordnet werden.[89]

Wenn Gegenstände mit negativem Geldwert also nicht als Waren angesehen werden können, die "Absatzmöglichkeitsabsicht" fehlt und die jeweilige Form des Grenzübertritts zu keiner zweifelsfreien Abgrenzung führt, dann bietet sich der jeweilige Schwerpunkt der unternehmerischen Leistung als weiteres Einteilungskriterium an.[90] Danach stehen die am Abfall vollzogenen Entsorgungshandlungen im Mittelpunkt der Betrachtung, denn für den Abfallbesitzer ist die Entsorgung seiner Abfälle, zu der er gesetzlich verpflichtet ist, vorrangiges Interesse. Er wählt das Ausland, weil dies für ihn mit geringeren Kosten verbunden ist oder eine ordnungsgemäße Entsorgung im Inland überhaupt nicht möglich ist. Eine solche Interpretation betont die vom Abfallentsorger erbrachte Dienstleistung und rückt die grenzüberschreitende Verbringung von Sonderabfällen in den Schutzbereich der Vertragsbestimmungen über den Dienstleistungsverkehr.[91] Nach allgemeiner Auffassung steht die Dienstleistungsfreiheit trotz der "subsidiären" Formulierung, Dienstleistungen seien gegen Entgelt erbrachte Leistungen, soweit sie nicht den Vorschriften über den freien Waren-, Kapital- und Personenverkehr unterliegen (Art. 60 Satz 1 EG-Vertrag), gleichberechtigt neben den anderen Verkehrsfreiheiten. Sie umfaßt nicht nur das Gebot, solche Beschränkungen aufzuheben, die Erwerbstätige aufgrund ihrer Staatsangehörigkeit oder wegen des Fehlens eines ständigen Aufenthalts in dem Land, in dem sie ihre Leistung erbringen, diskriminieren (Gleichbehandlungsprinzip, Verbot unterschiedlich anwendbarer Maßnahmen), sondern verbietet alle Maß-

87 Vgl. *von Wilmowsky* (1990), S. 80 f.

88 Vgl. *Eisberg* (1991), S. 88.

89 *Von Wilmowsky* nennt die Lohnveredelung und das Leasing von Maschinen als Gegenbeispiele (vgl. *ders.* (1990), S. 84).

90 Vgl. *von Kempis* (1985), S. 356.

nahmen, die den innergemeinschaftlichen Dienstleistungsverkehr ohne sachlichen Grund oder über das objektiv notwendige Maß hinaus beschränken. Auf die Dienstleistungsfreiheit können sich sowohl Leistungsanbieter als auch Nachfrager berufen, und nicht nur die nationalen und gemeinschaftlichen Gesetzgeber, sondern auch alle innerstaatlichen Untergliederungen (z.B. Bundesländer) müssen sie beachten.[92]

Welcher Auffassung hinsichtlich des anzuwendenden Vertragskapitels man sich auch anschließen mag, es ist vor einer Prüfung vertragskonformer Beschränkungsmöglichkeiten von Waren- bzw. Dienstleistungsfreiheit zunächst zu untersuchen, ob nicht im Vertrag geregelte Tatbestände greifen, die dazu führen, daß die Vorschriften über wirtschaftliche Freizügigkeit bei der grenzüberschreitenden Verbringung von Sonderabfällen überhaupt nicht anwendbar sind. In Betracht kommen Regelungen zu hoheitlich ausgestalteten Tätigkeiten in einem Mitgliedstaat (Art. 55), zu staatlichen Monopolunternehmen (Art. 222, Art. 90 Abs. 1) und zu mit Aufgaben von allgemeinem wirtschaftlichen Interesse betrauten Unternehmen (Art. 90 Abs. 2).

Erstens ist zu fragen, ob die Anwendbarkeit der Vorschriften über den freien Dienstleistungsverkehr daran scheitert, daß Tätigkeiten betrachtet werden, die in einem Mitgliedstaat permanent oder zeitweise mit der *Ausübung öffentlicher Gewalt* verbunden sind (Art. 55 Satz 1). Die Ausführungen zum Regulierungsinstrument "Entsorgungspflicht" (Kap. 3.2.1) haben gezeigt, daß das bundesdeutsche Abfallrecht hinsichtlich der Verstaatlichung der Entsorgungsverantwortung zwischen überlassungspflichtigen "Siedlungsabfällen" und von der Entsorgung durch verpflichtete Körperschaften ausgeschlossenen "Sonderabfällen" unterscheidet. Für Siedlungsabfälle mag man die Nichtanwendbarkeit der Freizügigkeitsregelungen im Dienstleistungsbereich anerkennen, weil dieser Bereich als wichtige Aufgabe der öffentlichen Daseinsvorsorge gilt und die Tätigkeiten der entsorgungspflichtigen Körperschaften als hoheitliches Handeln angesehen werden.[93] Auf die Sonderabfallentsorgung ist diese Argumentation aber nicht übertragbar. Staatliche Entsorgungsverantwortung besteht nach dem Abfallgesetz für von der öffentlichen Entsorgungspflicht ausgeschlossene Abfälle nicht, weil ja diese Pflicht auf den jeweiligen Abfallbesitzer übergegangen ist. Außerdem ist der Regelungszweck des Art. 55, nämlich die Verhinderung hoheitlicher Ge-

---

91 Vgl. *von Wilmowsky* (1990), S. 85 f.

92 Vgl. *ebd.*, S. 91 ff. und *Eisberg* (1991), S. 96 ff.

93 Vgl. *ebd.*, S. 93.

waltausübung im Inland durch EG-ausländische Bürger, welche sich auf die Niederlassungs- bzw. Dienstleistungsfreiheit berufen, überhaupt nicht berührt.[94]

Zweitens würde wirtschaftliche Freizügigkeit dann nicht zur Anwendung kommen, wenn durch Einräumung einer *Monopolstellung* in einem Wirtschaftszweig jeglicher Wettbewerb in dieser Branche ausgeschaltet wird. Ansatzpunkte bietet der EG-Vertrag in zweierlei Hinsicht. Zum einen können die Mitgliedstaaten selbst oder ihre Gebietskörperschaften einen Wirtschaftssektor verstaatlichen, da Art. 222 die Eigentumsordnung in den verschiedenen Staaten ausdrücklich unberührt läßt. Zum anderen ist es möglich, Unternehmen eine rechtliche Monopolstellung (besondere oder ausschließliche Rechte) zu gewähren (Art. 90 Abs. 1). Beide Regelungen führen allerdings nicht dazu, daß EG-ausländischen Anbietern die Erbringung der entsprechenden Leistung (Entsorgung von Sonderabfällen) für den inländischen Nachfrager verwehrt wäre, da Ausschließlichkeitsrechte und Verstaatlichung nach der Rechtsprechung des Europäischen Gerichtshofs in einem eingeschränkten Sinne zu verstehen sind. Solche Maßnahmen dürfen Wettbewerb durch ausländische Unternehmen, die ihre Waren oder Dienste im Mitgliedstaat anbieten, und die Ein- bzw. Ausfuhr von Leistungen nicht verhindern.[95] Wird einem Entsorgungsunternehmen ein absoluter Gebietsschutz eingeräumt, indem ihm sämtliche innerhalb eines Gebiets anfallenden Reststoffe überlassen werden müssen, so ist das EG-vertraglich bedenklich. Zulässig sind allein relative Gebietsmonopole, bei denen dem Unternehmen zwar das ausschließliche Recht eingeräumt wird, Entsorgungsanlagen in diesem Gebiet zu betreiben, die aber für Nachfrager nach Entsorgungsleistungen den Zugang zu zugelassenen Entsorgungsanlagen in anderen Mitgliedstaaten nicht versperren.[96]

Schließlich kommt *drittens* noch Art. 90 Abs. 2 EG-Vertrag für den Ausschluß der Vertragsbestimmungen über die wirtschaftliche Freizügigkeit in Frage. Diese Regelung erlaubt für Unternehmen, die mit *Dienstleistungen von allgemeinem wirtschaftlichen Interesse* betraut sind, Einschränkungen der Anwendung des EG-Vertrags, wenn andernfalls die Aufgabenerfüllung rechtlich oder tatsächlich verhindert werden würde.[97] Es scheint nicht zweifelhaft zu sein, daß die Annah-

---

94 Vgl. ausführlich *von Wilmowsky* (1990), S. 103-114.

95 Art. 90 Abs. 1 EG-Vertrag stellt klar, daß die Mitgliedstaaten auch bei öffentlichen und mit Ausschließlichkeitsrechten versehenen Unternehmen an die Vertragsbestimmungen über den freien Waren- und Dienstleistungsverkehr gebunden sind.

96 Vgl. zum Aspekt "Monopolisierung" *von Wilmowsky* (1990), S. 132-135.

97 Vgl. zum folgenden *ebd.*, S. 114-131. Denkbar wäre einerseits die Konstellation, daß die mit einer Annahme- oder Zuweisungspflicht "belasteten" landesoffiziellen Sonderabfallentsorger ihren gesetzlichen Verpflichtungen wegen überlasteter Management- und Entsorgungskapazitäten nicht mehr nachkommen können, weil sie aufgrund der vertraglichen Wirtschaftsfreiheit EG-ausländische Sonderabfallerzeuger genauso wie inländische

me- oder Zuweisungspflichten für die landesoffiziellen Sonderabfallgesellschaften in bezug auf einheimische Abfallerzeuger besondere Aufgaben von allgemeinem wirtschaftlichem Interesse im Sinne des Art. 90 Abs. 2 darstellen.[98] Die Verpflichtung zur Entsorgung aller in einem Gebiet anfallenden Sonderabfälle könnte die Vorschriften über den freien Waren- oder Dienstleistungsverkehr verletzen, weil diese Pflicht geeignet ist, eine knappe Ressource (Entsorgungskapazitäten) für die inländischen Nachfrager zu reservieren und dem gemeinsamen Markt zu entziehen. Da die offiziellen Landesentsorgungsgesellschaften bei Überlassungspflichten eine rechtliche Monopolstellung innehaben, kann die gesamte Anlagenkapazität vorrangig einheimischen Abfallerzeugern zugutekommen.[99] Ein solcher Eingriff in die Schutzbereiche von Art. 34 bzw. 59 EG-Vertrag wäre allenfalls dann durch Art. 90 Abs. 2 gedeckt, wenn das genannte Problem auftaucht, daß die betrauten Entsorgungsunternehmen ihre Aufgaben wegen billigerer ausländischer Anlagen nicht mehr wirtschaftlich realisieren können. Hier kann aber im Sinne des Verhältnismäßigkeitsgrundsatzes eine die Verkehrsfreiheiten weniger belastende Maßnahme wie die Gewährung von staatlichen Zuschüssen für die betroffenen Unternehmen Abhilfe schaffen. Durchbrechungen der Wirtschaftsfreiheiten durch Art. 90 Abs. 2 kommen also ebenfalls nicht in Betracht. Dieses Ergebnis entspricht im übrigen auch der Rechtsprechung des Europäischen Gerichtshofs.

Weil sich aus den Artikeln 55, 222 und 90 Abs. 1 und 2 EG-Vertrag nicht ableiten läßt, daß die Sonderabfallentsorgung zu den Bereichen gehört, die der Vertrag vom Geltungsbereich der Waren- und Dienstleistungsfreiheiten freistellt, ist weiterhin zu fragen, ob Regelungsinteressen berührt sind, die die (grundsätzlich

---

Erzeuger "bedienen" müßten. Ausfuhrbeschränkungen könnten geboten sein, damit die landesoffiziellen Gesellschaften überhaupt hochwertige Anlagen wirtschaftlich betreiben können. Ansonsten besteht die Gefahr, daß die inländischen Erzeuger auf solche ausländischen Anlagen ausweichen, die wegen niedrigerer Entsorgungsstandards preisgünstiger sind.

98 Die europäische Rechtsprechung hat folgende Kriterien entwickelt: Eine Betrauung mit Sonderaufgaben ist dann anzunehmen, wenn "eine durch Gesetz übertragene Aufgabe, die Einräumung von Vorrechten zur Erfüllung der Aufgabe, enge Beziehungen des Unternehmens zur öffentlichen Hand und eine gewisse quantitative Bedeutung für den Sektor des Mitgliedstaates" festgestellt werden können (*ebd.*, S. 119). Diese Voraussetzungen wären im Fall landesoffizieller Sonderabfallentsorger allesamt erfüllt.

99 Insofern ergibt sich eine von Art. 34 bzw. 59 EG-Vertrag untersagte "Ausfuhrbeschränkung" für inländische Entsorgungsleistungen. Ausländische Sonderabfallerzeuger können diese nicht in Anspruch nehmen, sofern die inländischen Kapazitäten bereits durch die einheimische Nachfrage blockiert werden. Vertragskonform ist allenfalls, die landesoffiziellen Entsorgungsgesellschaften zum Bereithalten von Entsorgungskapazitäten zu verpflichten, denn die Pflicht, Entsorgungsanlagen zu betreiben, ist streng zu trennen von

zu realisierenden) Wirtschaftsfreiheiten zulässig (vertragskonform) einschränken können.[100] Vertritt man den Standpunkt, die Vorschriften über den Warenverkehr seien anzuwenden, kommt *Art. 36 EG-Vertrag* in Betracht, um Beeinträchtigungen des freien Verkehrs mit Abfällen zu rechtfertigen. Danach können Ein- bzw. Ausfuhrbeschränkungen aus Gründen der öffentlichen Sittlichkeit, Ordnung und Sicherheit, zum Schutz der Gesundheit und des Lebens von Menschen, Tieren und Pflanzen und weiterer Schutzgüter gerechtfertigt sein. Weil aber der Umweltschutz in dieser Vorschrift nicht explizit erwähnt ist[101] und sich aus der Rechtsprechung des Europäischen Gerichtshofs ergibt, daß die in Art. 36 aufgelisteten Schutzgüter einen abgeschlossenen, nicht ergänzungsfähigen Katalog darstellen, scheidet diese Vorschrift als Rechtfertigung für mit Umweltschutzaspekten begründete verbringungsbeschränkende Maßnahmen aus.

Das gleiche gilt in bezug auf *Art. 66 i.V.m. Art. 56 EG-Vertrag*, der dann zu beachten wäre, wenn die grenzüberschreitende Sonderabfallentsorgung unter das Dienstleistungskapitel des Vertrags fällt. Danach haben die Mitgliedstaaten die Möglichkeit, Rechts- und Verwaltungsvorschriften zu erlassen bzw. beizubehalten, "die eine Sonderregelung für Ausländer vorsehen und aus Gründen der öffentlichen Ordnung, Sicherheit oder Gesundheit gerechtfertigt sind."[102] Auch diese Regelung ist eng auszulegen und enthält wiederum ein abgeschlossenes Spektrum schutzwürdiger Rechtsgüter. Sie kommt daher ebenfalls nicht in Betracht.

Neben diesen beiden Ermächtigungsvorschriften zur Durchbrechung der Verkehrsfreiheiten aufgrund abschließend aufgezählter Schutzgüter hat der Europäische Gerichtshof in mehreren Urteilen einen *ungeschriebenen Gemeinwohlvorbehalt* ("rule of reason") entwickelt, der den freien Waren- und Dienstleistungsverkehr aufgrund "zwingender Erfordernisse des Allgemeininteresses" einzuschränken vermag.[103] Dabei ist der Grundsatz der Verhältnismäßigkeit zu be-

---

der Frage, wer zur Nutzung der so geschaffenen Ressourcen berechtigt ist (vgl. *ebd.*, S. 128).

100 Vgl. dazu *ebd.*, S. 146-163.

101 Es ist auch nicht selbstverständlich, daß die Formulierung des Art. 36 den Umweltschutz umfaßt, denn Umweltbeeinträchtigungen können bestehen, ohne daß es gleichzeitig zu einer Gesundheitsgefährdung oder Gefahr für menschliches, tierisches und pflanzliches Leben kommen muß.

102 Art. 56 Abs. 1 2. Halbsatz EG-Vertrag.

103 Gäbe es außer Art. 36 und 56 keine weiteren Möglichkeiten, die vielen, mit Gemeinschaftsinteressen nicht im Widerspruch stehenden Regelungs- bzw. Schutzzwecke nationaler Vorschriften aus verschiedenen Rechtsbereichen (z.B. Sozial-, Arbeits-, Verbraucher- und Umweltrecht) vertragskonform zu verwirklichen, würde daraus ein rechtsfreier Raum resultieren, wenn der Gemeinschaftsgesetzgeber versäumt, Schutzmaßnahmen zu

achten. Wenn der Umweltschutz schon nicht von den Rechtsgütern des Art. 36 erfaßt wird, so fällt er doch zumindest unter die besonderen Interessen des Allgemeinwohls, zumal die "zwingenden Erfordernisse" im Grunde nichts anderes darstellen als eine Erweiterung des Art. 36. Im *Ergebnis* ist der Schutz der Umwelt ein mit dem EG-Vertrag vereinbares Motiv, um mitgliedstaatliche Einschränkungen der Waren- bzw. Dienstleistungsfreiheit zu legitimieren.

Ein *Urteil des Europäischen Gerichtshofs*, in dem es um ein belgisches Verbot ging, gefährliche Abfälle zum Zwecke der Zwischenlagerung oder Deponierung aus einem anderen EG-Mitgliedstaat in die Region Wallonien zu importieren[104], behandelt die oben formulierten Fragestellungen und nimmt wie folgt Stellung:[105] Er stellt die grenzüberschreitende Abfallverbringung ausdrücklich unter den Schutz der Grundfreiheiten und qualifiziert sie insofern als Teil des Wirtschaftslebens, indem er den Art. 30 EG-Vertrag für Abfälle anwendbar erklärt. Der Gerichtshof entscheidet, daß der Bereich Abfall den Vorschriften über den Warenverkehr unterliegt, weil eine Differenzierung zwischen rückführbaren und nicht rückführbaren Abfällen[106] in der Praxis wegen veränderlicher Unterscheidungskriterien (z.B. Rentabilität der geplanten Wiederverwendung) nur schwer durchführbar sei. Somit verwerfen die Richter den Ansatz, wiederwertbare Reststoffe, für die eine Nachfrage besteht, dem freien Warenverkehr zu unterstellen und zu beseitigende Abfälle bzw. die dazu notwendigen Tätigkeiten dem Dienstleistungsbereich zuzuordnen. Schließlich wurden die oben genannten Bereichsausnahmen "hoheitliche Ausgestaltung der Abfallentsorgung" (Art. 55), "Betrauung mit Aufgaben von besonderem wirtschaftlichem Interesse" (Art. 90 Abs. 2) und "staatliche Dienstleistungsmonopole" (Art. 90 Abs. 1) in der Urteilsbegründung überhaupt nicht erwähnt. Daher muß man zu dem Schluß kommen, daß der oben vertretene Standpunkt von der Irrelevanz dieser Aspekte im Zusammenhang mit der Sonderabfallentsorgung auch vom Gerichtshof vertreten wird.

Festzuhalten bleibt, daß die Verfolgung von Umweltschutzinteressen grundsätzlich geeignet ist, Eingriffe in den freien Waren- und Dienstleistungsverkehr zu

---

ergreifen und die nationalen Gesetzgeber wegen negativer Auswirkungen auf Waren- und Dienstleistungsfreiheit nicht tätig werden können. Insofern ist die Zulassung weiterer, ungenannter Rechtsgüter folgerichtig.

104 Gerichtshof der Europäischen Gemeinschaften, Urteil vom 9. Juli 1992, Rs. C-2/90, Kommission der Europäischen Gemeinschaften gegen Königreich Belgien. Das Urteil ist abgedruckt bei *von Wilmowsky* (1992), S. 409-413.

105 Vgl. *ebd.*, S. 416.

106 Für verwertbare Abfälle ist die Anwendbarkeit der Art. 30 ff. EG-Vertrag ohnehin nicht strittig gewesen. Der Auffassung, nicht wiederverwertbare Abfälle hätten keinen Handelswert und könnten daher nicht Gegenstand eines Kaufvertrags sein, erteilt der Gerichtshof eine Absage.

rechtfertigen.[107] Dies entspricht der Philosophie von Einheitlicher Europäischer Akte und Maastricht-Vertrag. Entscheidend ist demnach (und hierauf muß der Schwerpunkt des folgenden Kapitels liegen), ob die verbringungsbeschränkenden Maßnahmen als Maßnahmen des Umweltschutzes qualifiziert werden können. Die oben analysierten Regulierungsbegründungen sind jedenfalls nicht generell umweltbezogener Natur: Der Schutz der Umwelt ist zwar unbestritten Leitmotiv bei den Argumenten "Vermeidung negativer externer (Umwelt-)Effekte" und "Unterstützung von Abfallvermeidungs- und -verwertungsanstrengungen", aber Rentabilitätssicherung, natürliches Monopol und Entsorgungssicherheit haben vor allem einen wirtschaftlichen Hintergrund.[108]

6.3.3 Auf Entsorgungsautarkie ausgerichtete Maßnahmen im Spannungsfeld zwischen Umweltschutz und den Wirtschaftsfreiheiten des EG-Vertrags

Gerade staatliche Markteingriffe, die sich in erster Linie auf Umweltschutzgesichtspunkte berufen und gleichzeitig die EG-vertraglich garantierten wirtschaftlichen Freiheiten berühren, können in der heutigen Zeit, die durch eine hohe Sensibilität der Öffentlichkeit gegenüber Fragen des Umweltschutzes einerseits und nach wie vor großen wirtschaftlichen Schwierigkeiten (z.B. hohe Arbeitslosenzahlen in den EG-Staaten) andererseits gekennzeichnet ist, besonderer Aufmerksamkeit gewiß sein. Zwar wurde gerade festgestellt, daß der Umweltschutz als ein legitimes Eingriffsmotiv allgemein anerkannt ist, aber im konkreten Fall ist sehr genau zu prüfen, ob wirklich eine überzeugende ökologische Rechtfertigung zugrundeliegt oder nicht vielmehr wirtschafts- und industriepolitische Interessen berührt sind. Der Nachweis der umweltpolitischen Legitimation ist deshalb nicht einfach zu erbringen, weil von ausländischen Sonderabfällen prinzipiell keine anderen Umweltgefahren ausgehen als von Abfällen inländischer Herkunft.

Werden mittels Kontrahierungsverpflichtungen, Entsorgungsgarantien, Anschluß- und Benutzungszwängen und dem Grundsatz der Inlandsentsorgung abgeschlossene Entsorgungsregionen innerhalb der EU gebildet, so ist dies nicht in jedem Fall mit der Freiheit des Warenverkehrs zu vereinbaren, sondern es muß

---

107 Auch das Urteil zum belgischen Sonderabfallimportverbot hat bestätigt, daß Einschränkungen der grenzüberschreitenden Verbringung von Abfällen wegen zwingender Erfordernisse des Umweltschutzes zulässig sind, vgl. *von Wilmowsky* (1992), S. 413.

108 Entsorgungssicherheit läßt sich allenfalls dann umweltbezogen interpretieren, wenn die Alternative nicht die Einstellung der Produktion von Sonderabfällen, sondern deren Beseitigung in nicht zugelassenen, unkontrollierten Anlagen wäre.

ein nachgewiesener Gewinn für die Umwelt damit verbunden sein. Eine Berufung auf das Prinzip "Entsorgungsautarkie" allein reicht demnach nicht aus. Darüberhinaus erscheint die Auffassung, auf Entsorgungsautarkie gerichtete mitgliedstaatliche Maßnahmen seien wegen Verankerung dieses Prinzips im sekundären Gemeinschaftsrecht EG-rechtlich legitimiert und daher auch angemessen für die in Kap. 4 untersuchten Gründe, zu einfach, wenn man bedenkt, daß dieser Grundsatz in den ersten abfallbezogenen Richtlinien nicht enthalten war und erst, vermutlich auf Betreiben der Bundesregierung, in den Novellierungen aufgenommen wurde. Weiterhin haben Umweltschutzmaßnahmen nicht in jedem Fall Vorrang vor den Wirtschaftsfreiheiten, Anschluß- und Benutzungszwänge oder der Grundsatz der Inlandsentsorgung sind, wie die Analyse der Regulierungsbegründungen ergab, nicht ausschließlich umweltpolitisch motiviert und ein Verdacht auf protektionistische Interessen, welche Eingriffe in den freien Warenverkehr generell nicht rechtfertigen können, ist nicht von der Hand zu weisen.

6.3.3.1 Exportbeschränkungen

Der Grundsatz der Abfallentsorgung im Inland nimmt den inländischen Sonderabfallerzeugern ebenso wie der Anschluß- und Benutzungszwang zugunsten der landesoffiziellen Sonderabfallentsorger die Möglichkeit, EG-ausländische Entsorgungsunternehmen mit der Beseitigung ihrer Reststoffe zu beauftragen.[109] Die Andienungspflicht zielt in die gleiche Richtung, weil sie den sonderabfallproduzierenden Unternehmen die unmittelbare Wahlmöglichkeit zwischen inländischer und ausländischer Anlage abnimmt und in die Kompetenz des zentralen Trägers der Sonderabfallentsorgung im jeweiligen Bundesland legt.

Für Sonderabfälle ist der Nachweis der *ökologischen Notwendigkeit* solcher Exportbeschränkungen schwierig zu erbringen. Kap. 5.2.2 hat gezeigt, daß die Pflicht, Sonderabfälle gesetzlich legitimierten Unternehmen zu überlassen, mit dem Verursacherprinzip kollidiert. Dieser Grundsatz ist auch zentraler Bestandteil der europäischen Umweltpolitik.[110] Darüberhinaus ist dem Prinzip der Inlandsentsorgung immanent, daß die Abfallausfuhr ohne Rücksicht auf die von ausländischen Entsorgungsunternehmen eingehaltenen Beseitigungsstandards verboten wird. Im Hinblick auf umweltschützende Wirkungen gleichwertige

---

109 Der *Bundesrat* hält das Prinzip der Inlandsentsorgung schon deshalb für notwendig, weil ansonsten nationale Entsorgungskonzeptionen verhindert und der Anschluß- und Benutzungszwang rechtlich in Frage gestellt würden (vgl. *Bundesrat* (1989), S. 5).

110 Vgl. Art. 130r Abs. 2 Satz 2 EG-Vertrag.

oder bessere ausländische Anlagen können damit nicht mehr genutzt werden.[111] Zweifel an der ökologischen Motivation sind insgesamt nicht von der Hand zu weisen. Im übrigen vermögen Ausfuhrbeschränkungen auch die Akzeptanz von Standortentscheidungen für dringend benötigte Sonderabfallentsorgungsanlagen nicht positiv zu beeinflussen, weil sich mit solchen Maßnahmen keine Abschwächung der Problematik lokaler, von der Anlage verursachter Nachteile im Verhältnis zu positiven Kompensationen erzielen läßt.[112]

Wirtschaftliche Motive spielen nach Analyse der Regulierungsgründe offensichtlich eine wichtige Rolle bei der Rechtfertigung von Anschluß- und Benutzungszwang und Inlandsentsorgung. Es wurde bereits erläutert, daß der Schutz einheimischer Entsorgungsstrukturen, die mit zum Teil hohen spezifischen Investitionen errichtet wurden, und die Sicherung der wirtschaftlichen Auslastung und Rentabilität dieser Beseitigungsanlagen einen wichtigen Beweggrund für staatliche Interventionen darstellt. Aber nicht nur wirtschaftliche Interessen der Entsorgungsanbieter sind berührt, sondern, was noch bedeutsamer erscheint, die Sicherung von Produktionsmöglichkeiten und Arbeitsplätzen der sonderabfallerzeugenden und Entsorgungsleistungen nachfragenden Industrie sowie die Reduzierung der Abhängigkeit dieser Unternehmen von Entsorgungskapazitäten anderer Staaten wird mit den beschriebenen Exportbeschränkungen bezweckt.[113] "Gewährleistung der Entsorgungssicherheit" ist das zentrale Stichwort in diesem Zusammenhang. Die Sicherstellung der wirtschaftlichen Auslastung von Sonderabfallbeseitigungsanlagen mittels eines Anschluß- und Benutzungszwangs bedeutet gleichzeitig den Schutz dieser Unternehmen vor ausländischer Konkurrenz. Darin kommt ein protektionistisches Interesse zum Ausdruck, welches mit der Philosophie des EG-Vertrages grundsätzlich nicht zu vereinbaren ist.[114] Art. 36 Satz 2 EG-Vertrag macht deutlich, daß Ein- und Ausfuhrbeschränkungen zum Schutz von Gesundheit, öffentlicher Sicherheit und Ordnung möglich sind, aber keinesfalls als Mittel zur Beschränkung des Handels zwischen den Mitgliedstaaten fungieren dürfen.

Diese Linie wird in zwei *Urteilen* deutlich, in denen sich der Europäische Gerichtshof mit Benutzungszwängen zugunsten einheimischer Entsorgungsunternehmen zu befassen hatte.[115] Es ging dabei um die Frage, ob der von Frankreich

---

111 Vgl. Kap. 5.2.3.

112 Vgl. *von Wilmowsky* (1990), S. 318 f.

113 Vgl. oben Kapitel 4.2.2.4 und 4.2.2.5.

114 Vgl. *von Wilmowsky* (1990), S. 303 f.

115 EuGH, Urteil vom 10.März 1983, Rs. 172/ 82, Fabricants raffineurs d`huile de graissage/ Inter-Huiles, Slg. 1983, S. 555 ff. und EuGH, Urteil vom 6. Oktober 1987, Rs. 118/ 86,

bzw. den Niederlanden festgelegte Anschluß- und Benutzungszwang bei der Entsorgung von Altölen bzw. Geflügelschlachtabfällen zur Absicherung der wirtschaftlichen Durchführbarkeit von Entsorgungsverpflichtungen notwendig sei. Die Überlassungspflichten waren von den jeweiligen Regierungen unter anderem damit gerechtfertigt worden, daß ansonsten die wirtschaftliche Lebensfähigkeit der betrauten Unternehmen angesichts niedrigerer Entsorgungsstandards in anderen EG-Staaten, welche es den dort ansässigen Konkurrenzunternehmen ermögliche, Entsorgungsleistungen billiger anzubieten, nicht gewährleistet sei. Da den jeweiligen Monopolunternehmen eine Entsorgungsverpflichtung für sämtliche in einem bestimmten Gebiet anfallenden Reststoffe auferlegt wurde (Kontrahierungspflicht) und sie damit auch die unrentable Sammlung und Entsorgung von Abfallkleinmengen zu übernehmen hätten, müsse ihnen ein wirtschaftlicher Ausgleich in Form einer Auslastungsgarantie durch exklusive Entsorgungsrechte zugestanden werden.[116] Nach Auffassung des Gerichtshofs ist die Erhaltung der wirtschaftlichen Leistungsfähigkeit im Sinne des Verhältnismäßigkeitsgrundsatzes vorrangig durch Maßnahmen abzusichern, die den innergemeinschaftlichen Warenverkehr weniger stark einschränken. Dazu zählt die Gewährung von im Einklang mit dem Verursacherprinzip aufgebrachten Zuschüssen. Die französische bzw. niederländische Überlassungsverpflichtung ist dementsprechend unvereinbar mit Art. 34 EG-Vertrag.[117] Im übrigen befand der

---

Nertsvoederfabriek Nederland B.V., Slg. 1987, S. 3883 ff. (zitiert nach *von Wilmowsky* (1990), S. 314, Fn. 75).

116 Vgl. *von Wilmowsky* (1990), S. 314 und S. 129.

117 *Von Wilmowsky* führt noch eine weitere Entscheidung des Europäischen Gerichtshofs zur Frage von Eingriffen in den innergemeinschaftlichen Wirtschaftsverkehr aufgrund von Rentabilitätssicherungsinteressen einheimischer Industriezweige an, die auf den ersten Blick Anschluß- und Benutzungszwänge zu rechtfertigen scheint (vgl. *ebd.*, S. 304-312). Im Campus-Oil-Fall waren irische Mineralölhändler verpflichtet, einen gewissen Prozentsatz ihres Bedarfs bei der einzigen irischen Raffinerie zu decken. Der Gerichtshof befand, daß diese Regelung grundsätzlich mit Art. 36 EG-Vertrag vereinbar sei, weil Art. 36 Maßnahmen zum Schutz der öffentlichen Sicherheit rechtfertige. Die Entscheidung gibt zu der Überlegung Anlaß, ob nicht doch legitime Schutzgüter wie öffentliche Sicherheit oder Umweltschutz Ausfuhrbeschränkungen zur Rentabilitätssicherung begründen können. *Von Wilmowsky* überträgt die vom Gerichtshof benutzten Argumentationseckpunkte "Erforderlichkeit zur Gewährleistung des in Art. 36 angeführten Schutzgutes" (hier Umweltschutz), "Geeignetheit der Maßnahme" und "Verhältnismäßigkeit des Mitteleinsatzes im Hinblick auf die Einschränkung der Verkehrsfreiheiten" auf die Abfallentsorgung und kommt zu folgendem Schluß: "Im Ergebnis verdient daher festgehalten zu werden, daß keine der drei vom Gerichtshof für die EG-Vereinbarkeit einer Bezugspflicht aufgestellten Voraussetzungen erfüllt ist: Beseitigungsanlagen dienen wenigstens bei gefährlichen Abfällen nicht überwiegend dem Umweltschutz; ein eigener Beseitigungssektor ist zur Gewährleistung einer gesicherten Entsorgung nicht erforderlich; die Subventionierung einheimischer Betriebe geht als mildere Maßnahme Ausfuhrbeschränkungen vor." (*ebd.*, S. 312) Das Campus-Oil-Urteil läßt sich also nicht zur Recht-

Europäische Gerichtshof, daß die Regelungen auch aus umwelt- bzw. gesundheitspolitischer Sicht nicht notwendig seien, weil es nach seiner Auffassung keinen Unterschied macht, die Abfälle in einer zugelassenen Entsorgungsanlage eines anderen Mitgliedstaates anstatt in einer Anlage des Herkunftslandes zu entsorgen.

Es ist zwar nicht abzustreiten und wird auch aus den vorstehenden Urteilsanalysen deutlich, daß das Ziel "Entsorgungssicherheit" eine Umweltkomponente besitzt, wenn man unterstellt, daß durch eine ausreichend große Anzahl legaler Entsorgungsanlagen die Notwendigkeit des Ausweichens auf nicht zugelassene Beseitigungsmöglichkeiten reduziert wird und folglich die Umwelt geringere Belastungen zu verkraften hat. Diese Überlegung ist aber insofern zu relativieren, als illegale Entsorgung, sobald billiger als jede legale Beseitigungsmöglichkeit, auch dann nicht ihren Reiz verliert, wenn genügend zugelassene und umweltverträgliche Entsorgungskapazitäten vorhanden sind. Damit soll zum Ausdruck gebracht werden, daß ein wirtschafts- und industriepolitischer Hintergrund des Arguments "Entsorgungssicherheit" realitätsnäher sein dürfte als die umweltbezogene Interpretation.

Die wirtschaftliche Sichtweise wird auch durch die schon vorgetragene Überlegung unterstützt, daß ein Mangel an Entsorgungsmöglichkeiten für Produktionsabfälle weniger das Rechtsgut "Umweltschutz" als vielmehr die wirtschaftlichen Entfaltungsmöglichkeiten der sonderabfallerzeugenden Industrie beeinträchtigt.[118] Kommt es wegen des bereits angesprochenen negativen Standortkonflikts zu einer Unterversorgung mit Entsorgungskapazitäten, dann bedeutet dies wegen der geringeren Anzahl von Entsorgungsanlagen einerseits ein Mehr an Umweltschutz[119], andererseits die Gefährdung wirtschaftlicher Entwicklung. Da autonome Verbringungsbeschränkungen der EU-Mitgliedstaaten aber alleine aus nichtwirtschaftlichen Gründen wie dem Umweltschutz zulässig sind, nicht jedoch zur Förderung der in Art. 2 EG-Vertrag angesprochenen wirtschaftlichen Ziele (harmonische Entwicklung des Wirtschaftslebens, beständiges Wirtschaftswachstum und Hebung des Lebensstandards in der Gemeinschaft) wurde zumindest vor Verabschiedung der neuen EG-Abfallverbringungsverordnung und den die Umweltpolitik betreffenden Änderungen durch den Maastricht-Vertrag bezweifelt,

---

fertigung von exportbeschränkenden Maßnahmen auf dem Gebiet der Sonderabfallentsorgung heranziehen.

118 Oben Kapitel 4.2.3.5.

119 Dabei wird davon ausgegangen, daß illegale Beseitigung ausgeschlossen werden kann. Vor dem Hintergrund, daß die Möglichkeit der Umgehung umweltschützender Normen keine spezifische Gefahr der Situation zu geringer Entsorgungskapazitäten darstellt, sondern auch bei ausreichendem Angebot ein Anreiz besteht, auf billigere (illegale) Beseiti-

daß die in der Bundesrepublik praktizierten Instrumente "Anschluß- und Benutzungszwang" und "Grundsatz der Inlandsentsorgung" EG-rechtskonform sind. Zur Förderung der wirtschaftlichen Ziele und Sicherung der wirtschaftspolitischen Grundordnung sei alleine der Gemeinschaftsgesetzgeber befugt, nicht jedoch die einzelnen Mitgliedstaaten.[120]

Insgesamt machen die vorstehenden Erläuterungen deutlich, daß wirtschaftliche Erwägungen bei Anschluß- und Benutzungszwang und Grundsatz der Inlandsentsorgung eine wesentliche Rolle spielen und ihre EG-Rechtskonformität auf Grundlage des ursprünglichen Gemeinschaftsrechts zur Umwelt- und Abfallpolitik (vor den Änderungen des Maastricht-Vertrags und vor Verabschiedung der novellierten Abfall- und Sonderabfallrichtlinien und Verbringungsverordnung) erheblichen Zweifeln ausgesetzt war. Dies kommt auch in der Rechtsprechung des Europäischen Gerichtshofs zu Benutzungszwängen in der Entsorgungswirtschaft zum Ausdruck.

Zu bedenken ist schließlich folgendes: Der Schutz einer fremden Umwelt ist für die Rechtfertigung von Exportrestriktionen und die Einrichtung autarker Entsorgungsregionen im Hinblick auf technisch und organisatorisch überforderte Entwicklungsländer und Staaten des ehemaligen Ostblocks angebracht, kann aber innerhalb der EU-Staaten nicht sinnvoll sein. Im Gegensatz zu den Vereinten Nationen haben die Staaten der Union, bei denen ebenfalls ein Wohlstandsgefälle und unterschiedlich leistungsfähige Verwaltungsstrukturen im Umweltbereich vorhanden sind, einen gemeinschaftlichen Gesetzgeber, der eine eigene Umweltpolitik betreiben und einheitliche Entsorgungsstandards festlegen kann. Mit Ausfuhrbeschränkungen ist dem Integrationsgedanken kein Dienst erwiesen, denn zur Schaffung einer politischen Union gehört auch, daß Mitgliedstaaten mit weniger leistungsfähiger Umweltverwaltung umwelt- und gesundheitsschützende Funktionen für andere Mitgliedstaaten übernehmen. Dann muß diesen Staaten aber das Recht zuerkannt werden, sich auch um ihre eigene Umwelt selbständig sorgen zu können. Vergleiche mit der Entwicklungsländerproblematik sind demnach nicht angebracht.

Auf Basis der Novellierung der EG-Verbringungsverordnung ist die Einschätzung, die Regelungen seien EG-rechtlich fragwürdig, möglicherweise zu revi-

---

gung in nicht zugelassenen Anlagen auszuweichen, ist diese Prämisse nicht unangemessen.

120 Vgl. *von Wilmowsky* (1990), S. 283 ff. Vgl. *ebd.*, S. 242-286 zu verschiedenen Vorschlägen, wie der Gemeinschaftsgesetzgeber mit der möglichen Abwälzung politischer und sozialer Kosten von Entsorgungsstandorten auf andere Mitgliedstaaten und der dadurch verursachten Beeinträchtigung der wirtschaftlichen Entwicklung in der Gemeinschaft umgehen könnte.

dieren. Da den Mitgliedstaaten, insbesondere den Ausfuhrländern (Versand-Mitgliedstaaten), wesentlich erweiterte Befugnisse hinsichtlich der zulässigen Einwände für Sonderabfallexporte eingeräumt wurden, wird man u.U. zu dem Schluß kommen, daß die genannten mitgliedstaatlichen Exportrestriktionen mit dem Gemeinschaftsrecht vereinbar sind. Eine genaue Analyse, auch zur Frage der Vereinbarkeit der neuen sekundärrechtlichen Ermächtigungsvorschriften mit primärem Gemeinschaftsrecht (nach Änderung der umweltbezogenen Vorschriften des Maastricht-Vertrages) muß einer späteren rechtswissenschaftlichen Untersuchung vorbehalten bleiben.

6.3.3.2 Importbeschränkungen

Auch Importbeschränkungen für Sonderabfälle ausländischer Erzeuger sind auf ihre EG-rechtliche Zulässigkeit zu überprüfen. Zu diesen Maßnahmen zählt die schon angesprochene belgische Regelung, die Einfuhr von Sonderabfällen in die Region Wallonien generell zu verbieten. Umfassende oder auf die verfügbaren Kapazitäten beschränkte Entsorgungsgarantien, die sich aus der Verpflichtung der landesoffiziellen Entsorgungsgesellschaften ergeben, in ihrem Zuständigkeitsgebiet anfallende Sonderabfälle beseitigen zu müssen (Kontrahierungspflicht), stellen dann eine staatliche Importschranke dar, wenn die vorhandenen Entsorgungskapazitäten einheimischen, d.h. im Zuständigkeitsgebiet der Gesellschaft angesiedelten Erzeugern vorbehalten bleiben oder ihnen zumindest bei Kapazitätsengpässen vorrangig zur Verfügung gestellt werden.

Das Urteil des Europäischen Gerichtshofs vom 9. Juli 1992 hat gezeigt, daß ein absolutes Verbot der Einfuhr gefährlicher Abfälle gegen die Richtlinie 84/631/EWG verstößt, weil sie eine umfassende Regelung hinsichtlich der grenzüberschreitenden Verbringung gefährlicher Abfälle zum Zwecke ihrer Beseitigung trifft und zuständige nationale Behörden zwar Einwände gegen ganz bestimmte Verbringungsvorhaben erheben können, aber kein generelles Verbot der Einfuhr von Sonderabfällen verhängen können.[121]

Werden Sonderabfallerzeuger anderer EG-Staaten hinsichtlich der Nutzung inländischer Entsorgungsanlagen stärker beschränkt als die einheimische sonderabfallproduzierende Industrie, was sich als Konsequenz der Importrestriktionen ergibt, so ist dies nur dann mit den Wirtschaftsfreiheiten des EG-Vertrags ver-

121 Vgl. *von Wilmowsky* (1992), S. 412. Zum Zeitpunkt des Urteils war die neue Verbringungsverordnung noch nicht in Kraft. Sie ist im Mai 1994 zur Anwendung gekommen und gestattet es dem Bestimmungs-Mitgliedstaat in der Tat, gegen jede Verbringung Einwand zu erheben, um dem Näheprinzip und dem Grundsatz der Entsorgungsautarkie Geltung zu verschaffen (vgl. Art. 4 Abs. 3 a) i) Verbringungsverordnung).

einbar, wenn dadurch der *Umweltschutz* in der Union gefördert wird. Es ist den nationalen Gesetzgebern nicht gestattet, die heimische Industrie zu unterstützen, indem sie aus wirtschaftlichen Erwägungen heraus EG-ausländische "Nachfragekonkurrenten" nach Entsorgungsleistungen benachteiligt und knappe Kapazitäten für inländische Abfallerzeuger reserviert. Somit ist nach den umweltbezogenen Vorteilen solcher Regelungen zu fragen.

In einer *umweltpolitischen Beurteilung* ist zunächst zu berücksichtigen, daß die von der Entsorgung ausgehenden Umweltgefahren grundsätzlich unabhängig davon sind, ob es sich um in- oder ausländische Sonderabfälle handelt.[122] Allerdings wird eingewendet, daß sich Vorteile für die Umwelt insofern ergeben, als ohne Importbeschränkungen und bei nichtdiskriminierendem Zugang EG-ausländischer Sonderabfallerzeuger zu inländischen Entsorgungsanlagen die in vielen Mitgliedsstaaten bereits bestehende Unterversorgung mit Beseitigungskapazitäten noch verschärft werden würde.[123] Weil die Planung und Durchsetzung von Entsorgungsstandorten wegen geringer Akzeptanz in der betroffenen Bevölkerung zu einem schwierigen politischen Problem geworden ist, wird befürchtet, daß sich die nationalen Planungsträger ihrer Verantwortung entziehen und versuchen, die mit der Durchsetzung von Entsorgungsanlagen verbundenen politischen Kosten zu umgehen, indem sie auf das mögliche Ausweichen auf Entsorgungskapazitäten der Nachbarstaaten vertrauen. Diese Verlockung zum innergemeinschaftlichen "Trittbrettfahren" bestehe für jeden Mitgliedstaat gleichermaßen und würde bei freier Verbringbarkeit von Abfällen innerhalb der EG letztendlich zu einer Gefährdung der Entsorgungssicherheit führen.[124] Also seien Einfuhrbeschränkungen für fremde Abfälle umweltpolitisch gerechtfertigt.

Wiederum läßt sich der schon mehrfach angesprochene Aspekt anführen, daß die Umwelt dann, wenn sich illegale Beseitigung in umweltgefährdenden, nicht zugelassenen Beseitigungsbetrieben wirksam verhindern läßt, vom Wegfall oder Nichtvorhandensein von Entsorgungsanlagen für industrielle Abfälle profitiert, weil die daraus hervorgehenden Umweltbelastungen vermieden werden und sich der Druck auf die Sonderabfallerzeuger erhöht, Abfälle überhaupt nicht mehr entstehen zu lassen. Nicht auszuschließen sind allerdings auf der anderen Seite

---

122 Vgl. *Sachverständigenrat für Umweltfragen* (1991), Tz. 500.

123 Vgl. zum negativen Standortkonflikt *ebd.* und *von Wilmowsky* (1990), S. 219-226.

124 Das Argument "Entsorgungssicherheit für die abfallerzeugende Industrie" ist demnach bei Beschränkungen des Sonderabfallexports und -imports angesprochen. Mittels Exportrestriktionen wird die Auslastung und Rentabilität der inländischen Anlagen gefördert bzw. sichergestellt. Das erhöht den Anreiz zur Errichtung neuer Kapazitäten. Importbeschränkungen verhindern die Belegung einheimischer Anlagen mit Sonderabfällen ausländischer Herkunft und halten sie für inländische Nachfrager offen.

notwendige Einschränkungen in der Industrieproduktion und damit in der wirtschaftlichen Entwicklung, wenn es den betroffenen Unternehmen nicht gelingt, auf Produktionsprozesse umzustellen, bei denen keine oder weniger Sonderabfälle anfallen.

Oben wurde bereits auf die Auffassung *von Wilmowskys* hingewiesen, daß wegen fehlender Beeinträchtigung des Umweltschutzes als "zwingendem Erfordernis des Allgemeinwohls", das die Mitgliedstaaten zu autonomen Einschränkungen des innergemeinschaftlichen Wirtschaftsverkehrs ermächtigen könnte, Importeinschränkungen für industrielle Abfälle vom EG-Vertrag nicht gedeckt seien. Gefährdungen des Rechtsguts "wirtschaftliche Entfaltung und harmonische Entwicklung des Wirtschaftslebens" durch fehlende Entsorgungsstandorte und dadurch verursachte Produktionseinschränkungen könne nur der Gemeinschaftsgesetzgeber mit entsprechenden legislativen Maßnahmen bekämpfen.[125]

Diese Ansicht wird vom *Sachverständigenrat für Umweltfragen* nicht geteilt.[126] Er hält den "Umweltschutzeinwand" (Art. 4 (3) Verbringungsrichtlinie) auch im Hinblick auf zwischenstaatliches Trittbrettfahrerverhalten bei der Ausweisung von Standorten für Entsorgungsanlagen (negativer Standortkonflikt) für relevant und betont, daß das Verursacherprinzip (Art. 130 r Abs. 2 EWG-Vertrag) und das Prinzip der ausgewogenen Entwicklung und Erhaltung der Umwelt in den Regionen der Gemeinschaft (Art. 130 a Abs. 2, 130 r Abs. 3) auch im Verhältnis der Mitgliedstaaten zueinander gültig ist. Daraus folgert der *Sachverständigenrat* "eine möglichst weitgehende räumliche Deckung von Produktion und Abfallbeseitigung und damit von Nutzen und Lasten der Produktion."[127] Mithin würden die EG-vertraglichen Regelungen über legitime Einschränkungen der Dienstleistungsfreiheit wie Art. 66 i.V.m. Art. 56 EWG-Vertrag dann anwendbar sein, wenn sich Ausfuhrstaaten als Trittbrettfahrer in der Standortfrage verhalten.

Das ebenfalls in Art. 130 r Abs. 2 EG-Vertrag verankerte Prinzip, Umweltbeeinträchtigungen mit Vorrang an ihrem Ursprung zu bekämpfen (*Ursprungsprinzip*), ist sicherlich nur so zu interpretieren, daß regionale Kooperationen in der Sonderabfallwirtschaft zur Vermeidung von Abfalltransporten über große Entfernungen gefördert werden sollen. Eine Identität von Erzeugungsort und Ort der Beseitigung kann jedenfalls nicht beabsichtigt sein, denn dann müßte man die Fremdbeseitigung vollständig verbieten. Der Umwelt wäre damit kein Dienst erwiesen, wenn man davon ausgeht, daß auf die Entsorgung von Sonderabfällen spezialisierte Unternehmen die Anwendung umweltverträglicher Verfahren und

---

125 Vgl. *von Wilmowsky* (1990), S. 28 ff.

126 Vgl. *Sachverständigenrat für Umweltfragen* (1991), Tz. 503-505.

Technologien eher gewährleisten können als (kleine und mittelständische) Sonderabfallerzeuger. Für letztere ist die Entsorgung ihrer Reststoffe regelmäßig ein "notwendiges Übel", das in Kauf zu nehmen ist, aber dessen qualitative Ausführung keine hohe Priorität im Rahmen der Geschäftspolitik hat. Große Industrieunternehmen mit hohem Sonderabfallaufkommen (z.B. chemische Industrie) dürften aber in der Lage sein, eine ökologisch vertretbare Entsorgung sicherzustellen, weil sich technisch aufwendige Verfahren bei großem Durchsatz eher rentabel realisieren lassen. Arbeitsteilung ist in diesem Wirtschaftszweig demnach auch ökologisch sinnvoll, und ein Verweis auf das Ursprungsprinzip hilft nicht unbedingt weiter.[128]

Schließlich ist hinsichtlich der umweltpolitischen Beurteilung einfuhrbeschränkender Regelungen darauf hinzuweisen, daß sich mögliche Beschränkungen des freien Wirtschaftsverkehrs innerhalb der Gemeinschaft auf Schutzgüter des *europäischen* Allgemeininteresses stützen müssen.[129] Wird der Import von Sonderabfällen zum Zwecke der Entsorgung verhindert, dann sind die abgewiesenen Reststoffe im Herkunftsland zu beseitigen. Dies schützt zwar die Umwelt des Importstaats, aber auf der anderen Seite wird die Umwelt des Herkunftsstaats in Anspruch genommen. Auf gemeinschaftlicher Ebene können damit keine ökologischen Fortschritte erzielt werden, denn die Umweltbelastungen ergeben sich lediglich an einem anderen Ort als dem ursprünglich vorgesehenen, werden aber keinesfalls vermieden.[130]

Insgesamt sind Zweifel an der umweltpolitischen Motivation und umweltbezogenen Vorteilhaftigkeit von Sonderabfallimportbeschränkungen der oben beschriebenen Art angebracht, weil ausländische Sonderabfälle nicht gefährlicher sind als inländische und die Umwelt bei fehlenden Entsorgungskapazitäten wegen der dann notwendigerweise geringeren Umweltbelastungen durch diese Anlagen nicht unbedingt schlechter abschneidet. Darüberhinaus hat eine gemeinschaftsbezogene Sichtweise zu berücksichtigen, daß importbeschränkende Maßnahmen zwar die Umwelt im Importland schonen, aber die des Herkunftslandes stärker belasten. Im Ergebnis ergibt sich keine Qualitätsverbesserung für die Umwelt innerhalb der gesamten Union.

---

127 *Ebd.*, Tz. 504.

128 Vgl. *von Wilmowsky* (1992), S. 430.

129 Vgl. *ebd.*, S. 418 f.

130 Daß es aus Gemeinschaftssicht keinen Unterschied für die Umwelt in der Gemeinschaft bedeutet, ob die Sonderabfälle im Export- bzw. im Importstaat entsorgt werden, wurde auch in den bereits genannten Urteilen des Europäischen Gerichtshofs zu französischen bzw. niederländischen Anschluß- und Benutzungszwängen für Altöle und Geflügelschlachtabfälle festgestellt.

6.3.3.3 Abschließende Bemerkungen

Die Untersuchungen zur EG-Rechtskonformität haben sich in der Literatur bisher auf die Regelungen der alten Verbringungsrichtlinie 84/631/EWG konzentriert. In der novellierten EG-Verbringungsverordnung sind die zulässigen Einwände der Mitgliedstaaten gegen innergemeinschaftliche Sonderabfallverbringungen grundlegend überarbeitet und wesentlich erweitert worden.[131] Darüberhinaus wurde der in den Erwägungsgründen zur neuen Abfallrichtlinie (Änderungsrichtlinie 91/156/EWG) und zur Verbringungsverordnung genannte Grundsatz, daß die Entsorgungsautarkie innerhalb der Gemeinschaft in ihrer Gesamtheit erreicht werden soll und auch für jeden einzelnen Mitgliedstaat angestrebt wird, im Rahmen rechtswissenschaftlicher Untersuchungen bisher kaum berücksichtigt. Angesichts dieser Entwicklungen ist es denkbar, daß im zukünftig gültigen Recht Export- und Importbeschränkungen für Sonderabfälle bzw. darauf gerichtete Dienstleistungen nicht mehr mit dem Gemeinschaftsrecht in Konflikt geraten. Folgende Aspekte sind aber zu bedenken und seien hier zusammenfassend festgehalten:

- In den Kapiteln 6.3.3.1 und 6.3.3.2 sowie bei der Analyse der Fehlentwicklungen wurde deutlich, daß die verbringungsbeschränkenden Regulierungen auch unter Umweltgesichtspunkten Schwächen aufweisen.
- Auf Entsorgungsautarkie ausgerichtete Maßnahmen, so sie denn Umweltschutzinteressen verfolgen, haben keinen Vorrang vor den übrigen gemeinschaftlichen Aufgaben, insbesondere vor der Durchsetzung der Verkehrsfreiheiten, denn dies läßt sich nicht aus der Querschnittsklausel des Art. 130r Abs. 2 Satz 3 EG-Vertrag[132] ablesen. Damit besitzt der Gemeinschaftsgesetzgeber einen weiten Spielraum bei der Abwägung der Ziele "Umweltschutz" und "wirtschaftliche Integration".[133]
- Der wirtschafts- bzw. industriepolitische Beweggrund "Sicherung der wirtschaftlichen Entfaltungsmöglichkeiten für die sonderabfallerzeugende Industrie" ist ein wesentliches Motiv für Verbringungsbeschränkungen. Die Betonung wirtschaftlicher Schutzinteressen legt die Vermutung nahe, daß zumindest verdeckt protektionistische Ziele verfolgt werden. Dies zu bekämpfen ist aber ein wichtiges Anliegen des EG-Vertrags.
- Die in die neue Verbringungsverordnung aufgenommenen Ermächtigungsvorschriften für Verbringungsbeschränkungen durch die EG-Staaten und die Betonung der auch auf Ebene der Mitgliedstaaten angestrebten Entsorgungsautarkie ist wesentlich auf Druck der Bundesregierung zustande gekommen,

---

131 Oben Kap. 6.2.3.

132 "Die Erfordernisse des Umweltschutzes müssen bei der Festlegung und Durchführung anderer Gemeinschaftspolitiken einbezogen werden."

133 Vgl. *von Wilmowsky* (1992), S. 429.

um die EG-rechtliche Zulässigkeit des in landesrechtlichen Vorschriften vorhandenen Anschluß- und Benutzungszwangs zu sichern.[134]

- Die Prinzipien, Umweltbeeinträchtigungen möglichst an ihrem Ursprung zu bekämpfen (Art. 130r Abs. 2 Satz 2) und für eine ausgewogene Entwicklung der Umwelt in den Regionen der Gemeinschaft zu sorgen (Art. 130r Abs. 3), können nicht so interpretiert werden, daß sie eine Übereinstimmung zwischen Erzeugungsort und Entsorgungsort für Abfälle verlangten. Konsequent zu Ende gedacht, liefe dies nämlich auf ein vollständiges Verbot der Fremdbeseitigung hinaus. Ein solches Ergebnis kann mit den Verbringungsbeschränkungen sicherlich nicht bezweckt sein.
- In der UN-Konvention von Basel über die weltweite Kontrolle der grenzüberschreitenden Verbringung und Entsorgung von gefährlichen Abfällen, die der Rat der Europäischen Gemeinschaften am 1. Februar 1993 genehmigt hat[135], läßt Art. 11 bei regionalen Wirtschaftsgemeinschaften wie der EG Abweichungen vom Prinzip der nationalen Entsorgungsautarkie ausdrücklich zu. Das Streben nach Entsorgungsautarkie muß sich also nicht unbedingt auf die Ebene der Mitgliedstaaten beziehen, sondern kann auch als "Entsorgung innerhalb der EG-Grenzen" verstanden werden.

6.4 Zusammenfassung und Schlußfolgerung

Die Verwirklichung eines einheitlichen Binnenmarktes zwingt dazu, nationale, zur Behinderung des freien Wirtschaftsverkehrs innerhalb der Europäischen Union führende Regulierungen im Bereich der Sonderabfallwirtschaft auf ihre Vereinbarkeit mit primärem (EG-Vertrag) und sekundärem (europäische Rechtsvorschriften über die Abfall- und Sonderabfallwirtschaft) Gemeinschaftsrecht zu überprüfen. Eine solche Fragestellung ist gleichzeitig ein weiterer Baustein zur Beurteilung von Organisationsmodellen für die Sonderabfallwirtschaft. Die Untersuchungen können sich im Rahmen dieser Arbeit lediglich auf innergemeinschaftliche Abfallverbringungen konzentrieren, aber wenn man von unzureichenden technischen und administrativen Fähigkeiten zur Entsorgung von Sonderabfällen in Entwicklungsländern und Staaten Mittel- und Osteuropas ausgeht, sind Abfallexporte in diese Länder ohnehin nicht zu rechtfertigen.

Um einen einheitlichen Wirtschaftsraum mit binnenmarktähnlichen Verhältnissen, harmonischer Entwicklung des Wirtschaftslebens und zunehmender wirtschaftlicher Leistungsfähigkeit zu schaffen, haben die Mitgliedstaaten u.a. den

---

134 Vgl. *Deutscher Bundestag* (1989), S. 3. und *Bundesrat* (1990), S. 4.

135 Oben Kapitel 6.2.3.

freien Verkehr von Waren und Dienstleistungen zu gewährleisten. Spätestens durch die letzten Änderungen des EG-Vertrags (Einheitliche Europäische Akte, Maastricht-Vertrag) wurde die Umweltpolitik als gleichberechtigtes, aber nicht vorrangiges Element gemeinschaftlicher Politik neben den genannten Verkehrsfreiheiten verankert. Vorstellungen über die gemeinschaftliche Umweltpolitik auf dem Gebiet der Abfallwirtschaft kommen in Positionspapieren von Ministerrat und EG-Kommission und in einer Reihe von Richtlinien, Verordnungen und Richtlinienentwürfen zum Ausdruck. Abfallrichtlinie, Sonderabfallrichtlinie und Verbringungsverordnung liegen in einer überarbeiteten Fassung vor, und vor allem die Verbringungsverordnung behandelt den grenzüberschreitenden Transfer von Sonderabfällen und damit zusammenhängenden Leistungen. Da diese Arbeit keine rechtswissenschaftliche Studie ist, konnte nicht detailiert auf die EG-rechtliche Zulässigkeit aller in Kapitel 3 analysierten Regulierungsinstrumente eingegangen werden. Generelle "Leitlinien", aus denen man erkennen kann, wo die Sonderabfallwirtschaft im Kontext der Waren- oder Dienstleistungsfreiheit unter Berücksichtigung gemeinschaftlicher Umweltpolitik einzuordnen ist, mußten genügen, um Antworten auf die zu Beginn des Kapitels 6 formulierten Fragestellungen zu finden.

Es zeigte sich, daß die Sonderabfallwirtschaft als Teil des Wirtschaftslebens im Sinne von Art. 2 EG-Vertrag anzusehen ist, sodaß den Fragen nachgegangen werden mußte, ob der Bereich "Abfälle" unter die Waren- oder die Dienstleistungsfreiheit fällt und ob nicht EG-vertragliche Ausnahmetatbestände greifen, die die Anwendbarkeit der Vorschriften über die wirtschaftliche Freizügigkeit verhindern. Für "Warenverkehr" sprechen die Fähigkeit von Abfällen, "Gegenstand von Handelsgeschäften" sein zu können und die Tatsache, daß Abfälle wie Waren als bewegliche Sachen über die Grenze verbracht werden. Die Argumente, Abfälle hätten im Gegensatz zu normalen Waren einen negativen Geldwert, nicht alle Vorgänge, bei denen bewegliche Sachen grenzüberschreitend transportiert werden, zählten zum Warenverkehr und schließlich die Betonung des Schwerpunkts der unternehmerischen Leistung unterstützen dagegen die Auffassung, die an Sonderabfällen vollzogenen Tätigkeiten würden vom Dienstleistungskapitel erfaßt. Der Europäische Gerichtshof jedenfalls hat in einem Urteil von 1992 festgelegt, daß Abfälle den Vorschriften über den freien Warenverkehr unterliegen und die als Ausnahmetatbestände für die Nichtanwendbarkeit der Vorschriften über wirtschaftliche Freizügigkeit in Frage kommenden Regelungen "hoheitliche Ausübung öffentlicher Gewalt" (Art. 55), "Verstaatlichung bzw. Monopolisierung" (Art. 222 und 90 Abs. 1) und "Betrauung mit Aufgaben von allgemeinem wirtschaftlichem Interesse" (Art. 90 Abs. 2) überhaupt nicht in Betracht gezogen.

Art. 36 bzw. 56 EG-Vertrag ermöglichen es den Mitgliedstaaten, den freien Wirtschaftsverkehr zum Schutz bestimmter Rechtsgüter wie Gesundheitsschutz,

Abwehr von Lebensgefahren für Menschen, Tiere und Pflanzen und Aufrechterhaltung der öffentlichen Ordnung und Sicherheit vertragskonform einzuschränken. Beide Vorschriften stellen nach Auffassung des Gerichtshofs abschließende, nicht ergänzungsfähige Aufzählungen legitimer Schutzgüter dar. Wenn der Umweltschutz schon nicht unter diese Bereiche fällt, so gibt es aber mit dem vom Europäischen Gerichtshof entwickelten ungeschriebenen Gemeinwohlvorbehalt ("zwingende Erfordernisse des Allgemeininteresses") dennoch eine mit den Verkehrsfreiheiten zu vereinbarende Möglichkeit, aus Gründen des Umweltschutzes abfallverbringungsbeschränkende Maßnahmen zuzulassen. Dies kommt auch im Umweltkapitel des EG-Vertrags zum Ausdruck, weil es den Umweltschutz gleichberechtigt neben die Verkehrsfreiheiten setzt. Demnach war zu untersuchen, ob mit den Abfallexport bzw. -import hemmenden Regelungen tatsächlich umweltbezogene Interessen verfolgt werden.

Der Grundsatz der Abfallentsorgung im Inland, Überlassungs-, Andienungs- und Kontrahierungspflichten sowie Entsorgungsgarantien stellen im Ergebnis Instrumente dar, mit denen in Entsorgungsfragen Unabhängigkeit vom europäischen Ausland (Entsorgungsautarkie) angestrebt wird. Für solche Maßnahmen ist die ökologische Notwendigkeit nicht überzeugend zu erbringen, wenn man bedenkt, mit welchen ökologischen Fehlentwicklungen sie verbunden sein können (Kap. 5.2) und daß von der Entsorgung ausländischer Sonderabfälle grundsätzlich keine anderen Umweltgefahren ausgehen als von der Entsorgung inländischer Reststoffe. Einschränkungen der Wirtschaftsfreiheiten sind nur zugunsten von Erfordernissen des *europäischen* Allgemeininteresses zulässig, doch wenn ein Mitgliedstaat den Import von Sonderabfällen zum Zwecke der Entsorgung verhindert, müssen die Stoffe in der Regel im Herkunftsland entsorgt werden. Für die Umwelt der *Union als Ganzes* ergibt sich dadurch kein Gewinn. Darüberhinaus haben die Regulierungsinstrumente eine zentrale Bedeutung im Hinblick auf wirtschaftliche Motive (Rentabilitätssicherung für Sonderabfallentsorger, Absicherung von Produktionsmöglichkeiten für Sonderabfallerzeuger), und außerdem wird die Umwelt sogar entlastet, wenn es weniger Entsorgungsanlagen für industrielle Abfälle gibt, weil zumindest diese Quellen von Umweltbeeinträchtigungen wegfallen und die Sonderabfallerzeuger verstärkt nach abfallvermindernden Produktionstechnologien suchen müssen.

Im Vergleich zu den ursprünglichen Regelungen der Verbringungsrichtlinie berücksichtigt die neue Verbringungsverordnung die deutschen Organisationsstrukturen in weitaus größerem Umfang, und man wird möglicherweise zu dem Schluß kommen, daß die Regulierungsinstrumente als Export- bzw. Importschranken für Sonderabfälle und die damit verbundenen Entsorgungsleistungen nunmehr, nicht zuletzt auf Druck deutscher Stellen, gemeinschaftsrechtlich legitimiert sind. Das bedeutet allerdings nicht, daß sie auch sinnvoll sind im Hinblick auf den europäischen Integrationsgedanken. Die Gewährleistung wirtschaftlicher Freizügigkeit ist dabei nicht minder wichtig als die Umweltpolitik, sodaß die nationalen Gesetzgeber gefordert sind, die bundesdeutschen Organisationsmodelle derart weiterzuentwickeln, daß sie möglichst allen Anspruchsbereichen gerecht werden. Im Sinne des Verhältnismäßigkeitsgrundsatzes sind generell solche Maßnahmen vorzuziehen, mit denen der Schutz der Umwelt erreicht werden kann, ohne daß gleichzeitig die innergemeinschaftlichen Wirtschaftsfreiheiten in beträchtlicher Weise gestört werden.

Lassen sich durch den Einsatz von Instrumenten, die die ökologischen Erfordernisse (Unterstützung von Vermeidung und Verwertung, umweltverträgliche Entsorgung der trotz Vermeidungs- und Verwertungsanstrengungen verbleibenden Sonderabfälle, Bereitstellung der dazu notwendigen Kapazitäten) berücksichtigen und die gleichzeitig ein größeres Maß an Wettbewerb in der Sonderabfallwirtschaft mitsichbringen, dann sind der "Geist" des EG-Vertrags und die miteinander zu vereinbarenden Regelungsinteressen "wirtschaftliche Freizügigkeit" und "Umweltschutz" insgesamt besser verwirklicht als in der vorliegenden Form. Ob und mit welchen Mitteln eine solche "Optimierungsstrategie" Erfolg haben könnte im Hinblick auf die anzustrebenden wirtschafts- *und* umweltpolitischen Zielsetzungen, wird im folgenden Kapitel 7 dargestellt.

7. Marktwirtschaftliche Ausrichtung der Sonderabfallwirtschaft

Die Analyse der wesentlichen Motive für eine Regulierung der Sonderabfallwirtschaft hat gezeigt, daß einige Argumente einer ökonomischen Überprüfung nicht standhalten können und die Instrumente, die zur Erreichung der auch ökonomisch gerechtfertigten Zielsetzungen eingesetzt werden, zum Teil eine unnötig große Eingriffsintensität aufweisen. Außerdem ist die in den meisten Bundesländern praktizierte Regulierung mit unterschiedlichen Fehlentwicklungen verbunden und wirkt integrationshemmend im Hinblick auf die Europäische Union. Deshalb sollen im abschließenden Teil 7 die Grundzüge einer Sonderabfallpolitik entwickelt werden, welche mehr Wettbewerb im Bereich der Sonderabfallentsorgung erwarten läßt, gleichwohl die relevanten abfallwirtschaftlichen Regulierungsgründe miteinbezieht, dem gemeinsamen europäischen Binnenmarkt auch in diesem Segment der Umweltpolitik größeres Gewicht verschafft und schließlich für die verstärkte Integration marktorientierter umweltpolitischer Instrumente plädiert.

7.1 Leitvorstellungen

7.1.1 Deregulierung und Stärkung des wettbewerblichen Koordinationsprinzips

Die Wirtschaftsverfassung der Bundesrepublik Deutschland ist als soziale Marktwirtschaft konzipiert. Darin spielt der *Wettbewerb* als konstitutives Element eine zentrale Rolle und wird damit zu einem Schlüsselbegriff in der Deregulierungsdiskussion. Es liegt nahe, auch die Sonderabfallwirtschaft wettbewerblich zu organisieren, sofern sich innerhalb einer solchen Ordnung diejenigen abfallwirtschaftlichen Ziele, die nach Analyse der Regulierungsgründe überzeugend sind, verwirklichen lassen. Für die Durchsetzung einer Wettbewerbsordnung müssen staatliche Interventionen und Wettbewerbsbeschränkungen durch private Macht[1] so weit wie möglich begrenzt werden.

---

1 Formen privater wettbewerbsbeschränkender Verhaltensweisen sind insbesondere Kartellbildung, Absprachen über Preise und Marktzutritte, Ausbeutungs- und Behinderungsmißbrauch durch marktbeherrschende Unternehmen oder Unternehmenszusammenschlüsse. Zur Sicherung des Wettbewerbs durch Verhinderung solcher Praktiken stehen dem Gesetzgeber eine Reihe von Instrumenten des Wettbewerbsrechts zur Verfügung. Dazu gehören ein allgemeines Kartellverbot, die Mißbrauchsaufsicht über marktbeherrschende Unternehmen und eine präventive Fusionskontrolle. Solche wettbewerbssichernden Regeln zählen zu den konstitutiven, branchenübergreifenden Regulierungen (vgl. *Deregulierungskommission* (1991), Tz. 5) und wurden entsprechend der Begriffsabgren-

Verschiedentlich wurde in dieser Arbeit bereits auf die gesellschaftspolitischen und ökonomischen *Funktionen* des Marktes bzw. von Wettbewerb hingewiesen.[2] Die Sicherung von Freiheitsspielräumen konkretisiert sich in Privateigentum und eigenverantwortlichen Dispositionsmöglichkeiten an den Produktionsmitteln, Wahlmöglichkeit der Konsumenten zwischen den am Markt angebotenen Alternativen (Konsumentensouveränität) sowie freier Berufswahl in dem Sinne, sich innerhalb bestimmter Grenzen für alle Arten wirtschaftlicher Tätigkeit entscheiden zu können.[3] Darüberhinaus zeichnet sich Wettbewerb in einem idealisierten Marktsystem durch seine Steuerungs-, Verteilungs-, Allokations-, Anpassungs- und Innovationsfunktion aus.[4]

Im *Wettbewerbsprozeß* erlangen Unternehmen durch Produkt- oder Prozeßinnovationen Wettbewerbsvorteile gegenüber ihren Konkurrenten. Letztere sind wegen ihrer geringeren unternehmerischen Effizienz von Verlusten oder sogar von einer vollständigen Verdrängung aus dem Markt bedroht. Dies zwingt sie, ihrerseits auf die Suche nach effizienzsteigernden Verfahren bzw. Produkten zu gehen oder ihren leistungsfähigeren Konkurrenten zu imitieren.[5] Wann die Vorsprungsgewinne und das befristete Leistungsmonopol des Pionier-Unternehmens ihr Ende finden, hängt bei wettbewerblicher Verfassung des Marktes[6] von der Reaktionsgeschwindigkeit der Nachahmer ab. Eine Leistungskontrolle geht darüberhinaus auch von potentiellen Konkurrenten aus, auch wenn die Idealbedingungen der "Contestable Markets"-Theorie in der Realität nicht vollständig erfüllt sind, denn die etablierten Anbieter müssen permanent damit rechnen, daß

---

zung von "Regulierung" (Kap. 2.2.1) in dieser Arbeit nicht untersucht. Vgl. allgemein zu privaten wettbewerbsbeschränkenden Strategien sowie zu Wettbewerbs- und Kartellrecht *Emmerich* (1991), *Schmidt* (1993) oder im Überblick *Berg* (1990), S. 255-281.

2 Auf die analytische Unterscheidung der Begriffe Markt und Wettbewerb soll es hier nicht ankommen. Nach *Eickhoff* und *Bögelein* sollen durch den Markt die dezentral aufgestellten Pläne der einzelnen Marktteilnehmer aufeinander abgestimmt werden, während es Aufgabe des Wettbewerbs ist, diese marktliche Koordination möglichst effizient zu gestalten (vgl. *Eickhoff* (1986), S. 125 ff. und *Bögelein* (1990), S. 100 f.).

3 Vgl. *Woll* (1987), S. 72-75.

4 Vgl. oben Kap. 4.1.2.

5 Vgl. zum Wettbewerbsprozeß z.B. *Berg* (1990), S. 235 f., *Bögelein* (1990), S. 141 ff. oder *Hoppmann* (1981), S. 222 ff.

6 Zu den allgemeinen Wettbewerbsvoraussetzungen gehören Gewerbe- und Vertragsfreiheit, Markttransparenz zum Erkennen von Leistungsunterschieden und eine gewisse "Wettbewerbsgesinnung" der Anbieter (vgl. *Berg* (1990), S. 237 f.). Der staatliche Schutz des Wettbewerbs vor privaten wettbewerbsbeschränkenden Strategien als weitere Voraussetzung wurde bereits oben erwähnt.

Neuanbieter mögliche ökonomische Marktzutrittsschranken überwinden, effizientere Produktionsverfahren einsetzen oder Käuferpräferenzen aufbauen.[7]

Der *Preismechanismus* spielt im Wettbewerbsprozeß eine zentrale Rolle. Auf den Märkten werden Güter oder Dienstleistungen ausgetauscht, deren Preise sich in Verhandlungen zwischen den Anbietern und Nachfragern herausbilden und an denen die Marktteilnehmer ihre individuellen Dispositionen ausrichten. Preise, die den Anbietern Gewinne versprechen, sind ein Anreiz zur Angebotsausdehnung. Gleichzeitig reflektiert der vom Nachfrager akzeptierte Preis sein individuelles Bedürfnis nach dem Gut bzw. der Dienstleistung. Preise signalisieren die Knappheit der jeweiligen Leistungen (Knappheitsindikatorfunktion): Wenn sich die Knappheitsverhältnisse durch Veränderungen von Angebot und/oder Nachfrage verschieben, spiegelt sich dies in Preisänderungen wieder, die ihrerseits erneute Anpassungs- und Preisänderungsreaktionen auslösen. Mit der Regulierung der Sonderabfallwirtschaft ist demnach ausschließlich zu erreichen, daß Entsorgungskapazitäten und die bei der Entsorgung in Anspruch genommenen Umweltmedien von den sonderabfallerzeugenden Unternehmen als Produktionsfaktoren wie Arbeit und Kapital angesehen werden und entsprechend bei der Produktion als knappe Güter berücksichtigt werden. Wie knapp sie sind, wird durch ihre jeweiligen Preise signalisiert. Insbesondere bei den unterschiedlichen Belastungen der Umweltmedien durch die Entsorgungstätigkeiten ist eine Integration in das Marktsystem durch knappheitsorientierte Preise bisher aber nicht in hinreichendem Umfang gelungen, weshalb ergänzende Regulierungen überhaupt notwendig sind.

Möchte man Wettbewerb und der "unsichtbaren Hand des Marktes" wieder mehr Geltung verschaffen, ist über *Deregulierung* nachzudenken. Dahinter verbirgt sich in der öffentlichen Diskussion häufig ein Sammelsurium an zum Teil widersprüchlichen Begriffsinhalten.[8] Im allgemeinen Sprachgebrauch werden Deregulierung, Entbürokratisierung oder Privatisierung manchmal auch synonym verwendet, obwohl sie trotz einiger Berührungspunkte keinesfalls deckungsgleich sind.[9] Ruft man sich in Erinnerung, daß spezielle Regulierungen als branchenbezogene, dauerhaft angelegte Beschränkungen des unternehmerischen Handlungsspielraums durch Eingriffe in die individuelle Gewerbe- und Vertragsfreiheit definiert worden sind[10], dann umfaßt Deregulierung im Umkehrschluß die-

---

7 Vgl. *Bögelein* (1990), S. 148-150.

8 Vgl. z.B. *Thiemeyer* (1987), S. 98-106.

9 Auf Entbürokratisierung wird im folgenden nicht weiter eingegangen. Vgl. dazu *Kroker* (1985), S. 28 ff.

10 Vgl. oben Kap. 2.2.1.

jenigen staatlichen Maßnahmen, mit denen solche Freiheitsbeschränkungen wieder aufgehoben werden sollen. "Deregulierung bedeutet die Abschaffung staatlicher Interventionen, die Reduzierung ihrer Eingriffsintensität oder ihre anderweitige Ersetzung durch institutionelle Strukturen, die eine Stärkung marktlicher Mechanismen zur Folge haben."[11] Deregulierung (im weiteren Sinne) schließt mithin folgende Sachverhalte ein:

- *Deregulierung im engeren Sinne*: Abbau unnötiger Regulierungen wie staatliche Preis- und Marktzutrittsinterventionen oder Leistungspflichten. Darin inbegriffen ist auch die Öffnung nationaler Märkte für die internationale Konkurrenz durch Abbau von Importhindernissen.
- *Privatisierung*: Rückzug des Staates aus Leistungsbereichen, die auch durch private Unternehmen erbracht werden können, durch Veräußerung von im staatlichen Eigentum befindlichen Unternehmensanteilen an Private.[12] Damit erreicht man gleichzeitig eine bessere Funktionstrennung von Regulierenden und Regulierten, von ausführenden Unternehmen, kontrollierenden Behörden und politischen Instanzen.
- *Umregulierung*: Nutzung alternativer Regulierungsinstrumente, die den Regulierungszweck genauso gut erfüllen, aber marktorientierter sind und eine geringere Eingriffsintensität aufweisen.

Deregulierung soll also dazu beitragen, das auf regulierten Märkten vorhandene Wettbewerbspotential zu aktivieren, ohne selbstverständlich die für alle Wirtschaftsbereiche geltenden konstitutiven Regulierungen zu untergraben. Im Hinblick auf eine angemessene Zurücknahme staatlichen Einflusses im Markt für Sonderabfallentsorgung erscheint es angebracht, folgende allgemeinen *Deregulierungsgrundsätze* zu formulieren:

- Normalerweise ist in Anbetracht einer theoretisch und empirisch begründbaren Vermutung zugunsten der Überlegenheit marktlicher Koordinationsprozesse nicht Deregulierung begründungsbedürftig, sondern Regulierung.[13] Weil in der Realität aber meistens die Vorteilhaftigkeit von *De*regulierungsmaßnahmen nachgewiesen werden muß, entspräche eine "Beweislastumkehr" eher dem marktwirtschaftlichen System.
- Werden neue Regulierungen in das bestehende Regulierungssystem integriert bzw. schon vorhandene Instrumente verfeinert, ist zu überprüfen, ob

---

11 *Kruse* (1989), S. 10.

12 Vgl. Kap. 7.2.1.2 zur Unterscheidung zwischen formeller und materieller Privatisierung.

13 Vgl. *Ewers* (1991), S. 3, *Kruse* (1989), S. 12 und *Kurz* (1986), S. 46 f.

die von diesen Veränderungen nicht betroffenen Instrumente möglicherweise obsolet geworden sind.[14]

- Da von der Sonderabfallentsorgung unbestritten Umweltgefahren ausgehen und zu negativen externen Effekten führen können, ist eine Forderung nach "totaler Deregulierung" im Sinne der Abschaffung sämtlicher in Kap. 3 dargestellten Instrumente nicht sachdienlich. Deshalb lassen sich z.B. die qualitätsregulierenden Eingriffe durchaus rechtfertigen[15] und ggf. durch alternative Regulierungsinstrumente, die besser auf Marktgesetzlichkeiten reagieren, ergänzen.[16]
- Wettbewerbsbeschränkende Regulierungen sind durch solche Regelungen zu ersetzen, die bei gleichem Zielerreichungsgrad den Wettbewerb am wenigsten behindern (Verhältnismäßigkeitsgrundsatz).[17] Weil auf Regulierung im Bereich der Sonderabfallentsorgung nicht völlig verzichtet werden kann, ist zumindest ein Höchstmaß an Zielrationalität gefragt.
- Verhältnismäßigkeit bedeutet auch, daß andere Regulierungen staatlichem Eigentum und der Durchführung von (unternehmerischen) Aufgaben durch mehrheitlich staatliche Unternehmen regelmäßig vorzuziehen sind.[18]
- Schließlich dürfen sich Deregulierungsmaßnahmen nicht auf einzelne Wirtschaftszweige wie die Sonderabfallwirtschaft beschränken, sondern sind in einer allgemeinen und alle Bereiche staatlicher Regulierung einbeziehenden Deregulierungspolitik zusammenzufassen.[19]

7.1.2 Elemente marktwirtschaftlicher Sonderabfallpolitik: ein Überblick

Nach Analyse und Beurteilung der Regulierungsargumente (Kap. 4) hat sich gezeigt, daß nicht alle vorgebrachten Motive auf Marktversagen beruhen und daher staatliche Interventionen in den Markt für Sonderabfallentsorgung nur teilweise

---

14 Dieser Grundsatz ist z.B. von Bedeutung im Hinblick auf die Einführung von TA Sonderabfall oder AbfRestÜberwV im Jahr 1990, weil diese die Kontroll- und Überwachungsmöglichkeiten für Sonderabfälle deutlich erweitert haben und weitergehende staatliche Eingriffe zur Steuerung der Sonderabfallströme im Grunde entbehrlich machen.

15 Vgl. Kap. 7.2.2.

16 Vgl. *Weber* (1986), S. 622.

17 Vgl. *Deregulierungskommission* (1991), Tz. 34.

18 Vgl. *Frankfurter Institut für wirtschaftspolitische Forschung e.V.* (1993), S. 17 f.

gerechtfertigt sind. Die Argumente *natürliches Monopol* und *hohe Kapitalintensität* erwiesen sich als wenig tragfähig zur Begründung staatlicher Regulierung und zur *Finanzierung der Altlastensanierung* sind Mittel aus dem allgemeinen Steueraufkommen (Gemeinlastprinzip) oder aus freiwilligen Kooperationsvereinbarungen (Kooperationsprinzip) besser geeignet als die "Zwangsinstrumente" Sonderabfallabgabe bzw. Lizenzentgelt.

Die Argumente *ökologische Steuerung*, *"Unterstützung von Vermeidungs- und Verwertungsanreizen"* und *Entsorgungssicherheit* sind dagegen prinzipiell zu berücksichtigen bei der Entwicklung eines marktwirtschaftlich geprägten Organisationsmodells für die Sonderabfallwirtschaft, und zwar insofern, als mit ihnen eine Internalisierung von *"Umweltkosten"* (im Sinne von Belastungen und Schäden für Mensch und Natur durch Entsorgungsvorgänge) angestrebt wird. Umweltkosten bilden zusammen mit den betriebswirtschaftlichen Entsorgungskosten und "Knappheitskosten" die drei Bestandteile von Entsorgungspreisen, welche zur volkswirtschaftlich effizienten Steuerung betriebswirtschaftlicher Entscheidungen zwischen (umweltbelastender) Sonderabfallentsorgung und (umweltentlastender) Sonderabfallvermeidung bzw. -verwertung einbezogen werden müssen.[20] Knappheitskosten sind dagegen bei Nutzung privaten Entsorgungsangebots nicht zu berücksichtigen, weil die von privaten Entsorgungsunternehmen erhobenen Entsorgungspreise bereits die Knappheit an Entsorgungskapazitäten widerspiegeln.

Tab. 13 (nächste Seite) greift die Ergebnisse aus Kap. 4 auf und gibt einen Überblick, welche marktkonformen Instrumente grundsätzlich geeignet erscheinen, um dem übergeordneten Leitmotiv *"Internalisierung der Umweltkosten"* gerecht zu werden. Das Ziel läßt sich erreichen, indem die unvermeidlich anfallenden Sonderabfälle auf hohem Umweltschutzniveau entsorgt werden. Weiterhin wird es durch Anreize zur Reduzierung der Entsorgungsnachfrage unterstützt, weil ein geringeres Abfallaufkommen die verbleibenden Umweltbelastungen durch Entsorgungsvorgänge zwangsläufig reduziert. Darüberhinaus ist aber auch die Erhöhung eines umweltverträglichen Kapazitätsangebots sinnvoll, wenn eine solche Entwicklung dazu führt, daß abfallspezifische Entsorgungsverfahren eingesetzt werden, die die "Produktivität" der in Anspruch genommenen Umweltmedien erhöhen, Abfallbeseitigung in nicht zugelassenen Anlagen überflüssig machen und wegen geringerer Entsorgungspreise auch die Anreize zur Nutzung illegaler Entsorgungskanäle senken.

---

19 Vgl. *Deregulierungskommission* (1991), Tz. 34. Gleichwohl werden im folgenden nur Deregulierungsvorschläge für die Sonderabfallwirtschaft entwickelt.

20 Vgl. dazu Kap. 4.3.

Tab. 13: Marktkonforme Organisationselemente zur Internalisierung von Umweltkosten

Ansatzpunkte zur Internalisierung der Umweltkosten		Marktkonformes Instrumentarium
↓	Anreize zur Reduzierung der Entsorgungsnachfrage (Unterstützung von Vermeidungs- und Verwertungsanreizen)	Primär: - bundeseinheitliche Sonderabfallabgabe; - Entsorgungszertifikate ? (alternativ); Sekundär: - hohe Qualitätsanforderungen an die Entsorgung; - Umwelthaftungsrecht; - Verhandlungslösung; - betriebliche Abfallwirtschaftskonzepte;
N = A	Durchführung umweltverträglicher Sonderabfallentsorgung im Marktgleichgewicht für Entsorgungskapazitäten (ökologische Steuerung der Sonderabfallwirtschaft)	Primär: - qualitätsregulierende Instrumente (z.B. Begleitscheinsystem, Entsorgungsnachweis, technische Standards, Anlagenzulassung inkl. UVP); - bessere Ausstattung der Kontrollbehörden, Abbau von Vollzugsdefiziten, Verschärfung des Umweltstrafrechts; - Umwelthaftungsrecht; Sekundär: - Verhandlungslösung;
↑	Anreize zur Erhöhung des Entsorgungsangebots (Gewährleistung von Entsorgungssicherheit)	Primär: - Aufhebung der Marktzutrittsschranken Anschluß- und Benutzungszwang, Andienungspflicht und Lizenzpflicht; - Zulassung umweltverträglicher grenzüberschreitender Entsorgung innerhalb der Europäischen Union; - Erhöhung des individuellen Standortnutzens für Anwohner durch Verhandlungslösung und Maßnahmen zur Akzeptanzverbesserung; Sekundär: - Förderung der Ansiedlung von innovativen Entsorgungsunternehmen;

Ein marktwirtschaftliches Organisationsmodell besteht neben der unerläßlichen Beibehaltung und Erweiterung qualitätsregulierender Standards, Kontroll- und Sanktionsmechanismen (Kap. 7.2.2) aus einer Reihe denkbarer marktkonformer Elemente, die als integraler Bestandteil jeder Deregulierungsdiskussion oder als Instrumente der Umweltpolitik seit Jahren in der öffentlichen Diskussion stehen:

- Aufhebung unnötiger rechtlicher Marktzutrittsschranken und Leistungspflichten bei den Entsorgungsanbietern (Kap. 7.2.1.1), verbunden mit selbstverständlichen Pflichten der Sonderabfallerzeuger (Kap. 7.2.1.3);
- Privatisierung landesoffizieller Entsorgungsgesellschaften (Kap. 7.2.1.2);
- Zulassung grenzüberschreitender umweltverträglicher Sonderabfallentsorgung als Marktöffnung innerhalb der Europäischen Union (Kap. 7.2.3);
- Einbeziehung einer bundeseinheitlichen Sonderabfallabgabe, wobei zu prüfen ist, ob alternativ auch eine Zertifikatelösung in der Sonderabfallwirtschaft hilfreich sein könnte, sowie die stärkere Berücksichtigung von Umwelthaftungsrecht und Verhandlungslösungen (Kap. 7.3).

Abschließend werden die zu erwartenden Wirkungen eines solchen Deregulierungsprogramms zusammengefaßt (Kap. 7.4).

7.2 Grundelemente des marktwirtschaftlichen Organisationsmodells

7.2.1 Abbau von Marktregulierungen, Privatisierung und Pflichten der Sonderabfallerzeuger

7.2.1.1 Aufhebung von Marktzutrittsschranken, Leistungspflichten und Preisregulierung

Durch die in Kap. 3.2.3 erläuterten rechtlichen Marktzutrittsschranken Anschluß- und Benutzungszwang, Andienungspflicht, Lizenzpflicht, "Festlegung von Einzugsgebieten für Entsorgungsanlagen" und "landesrechtliche Genehmigungserfordernisse für Sonderabfallimporte" kommt es in einigen Bundesländern zu einer wesentlichen Einschränkung des Wettbewerbs unter den Entsorgungsanbietern. Wie diese Einschränkung im einzelnen aussieht, ist abhängig von der jeweiligen bundesländerspezifischen Ausgestaltung. Darüberhinaus verhindert der Vorrang der Inlandsentsorgung, daß ausländische Entsorgungsanbieter in Konkurrenz zu inländischen Anlagenbetreibern treten können.[21]

---

21 In diesem Kapitel bleibt der Grundsatz der Abfallentsorgung im Inland unberücksichtigt, weil die Frage der Zulassung grenzüberschreitender Sonderabfallentsorgung innerhalb des EG-Binnenmarktes in Abschnitt 7.2.3 erneut aufgegriffen wird.

Für eine marktwirtschaftliche Ausrichtung der Sonderabfallwirtschaft sind diese staatlichen Beschränkungen aufzuheben:

- *Anschluß- und Benutzungszwänge* an den jeweiligen landesoffiziellen Träger der Sonderabfallentsorgung, die diesen Institutionen im betreffenden Bundesland eine Monopolstellung für die von der Überlassungspflicht abgedeckten Entsorgungsverfahren eröffnen, sind aus den Landesabfallgesetzen zu streichen. Dadurch wird leistungsfähigen privaten Entsorgungsunternehmen auch in diesen Ländern die Chance eröffnet, Sonderabfallerzeuger an sich zu binden, insbesondere wenn sie vergleichbare Tätigkeiten kostengünstiger erbringen können als die mehrheitlich staatlichen Gesellschaften.
- Geplante oder bereits verwirklichte *Andienungspflichten* an die zentralen Koordinationseinrichtungen sind gleichfalls abzuschaffen und entsprechende Optionen in den Abfallgesetzen der Länder Brandenburg und Sachsen-Anhalt sollten nicht ausgeübt werden. Statt wie bisher durch Entsorgungsverträge mit der zentralen Trägergesellschaft Kapazitätsauslastung und Rentabilität ihrer Anlagen sicherzustellen, müssen private Entsorgungsunternehmen ihre Verträge dann direkt mit den Nachfragern nach Entsorgungsleistungen abschließen. Im Bundesland bereits etablierte Entsorger werden gezwungen, zu marktgerechten Preisen anzubieten, wenn sie nicht einen Teil ihrer Kunden an neue Entsorgungsanbieter verlieren wollen.
- Die *Lizenzpflicht* innerhalb der nordrhein-westfälischen Organisationslösung ist aus dem Landesabfallgesetz zu streichen oder im praktischen Vollzug lediglich als subjektives Marktzugangskriterium zu handhaben. Wenn aber jedes potentielle Entsorgungsunternehmen zugelassen wird, welches die subjektiven Zulassungskriterien[22] erfüllt, verliert das von den lizenzierten Unternehmen zu zahlende *Lizenzentgelt*, das ja laut Gesetzesbegründung für den wirtschaftlichen Vorteil aus der Lizenznutzung und damit für den faktischen Wettbewerbsschutz erhoben wird[23], seine Rechtfertigung.
- Von der Möglichkeit, in den Abfallentsorgungsplänen der Länder *Einzugsgebiete für Sonderabfallentsorgungsanlagen* festzulegen, sollte kein Gebrauch gemacht werden. Der Verzicht auf politisch fixierte Einzugsbereiche trägt ebenfalls dazu bei, daß sich Sonderabfallerzeuger zur Durchsetzung ihrer Entsorgungspflicht des aus ihrer individuellen Sicht optimalen Entsorgungsanbieters bedienen können. Die Betreiber von Anlagen mit vormals

---

22 Solche Kriterien müssen sicherstellen, daß der neu zuzulassende Unternehmer eine umweltverträgliche Sonderabfallentsorgung gewährleisten kann. Diese Voraussetzung läßt sich aber auch mit dem qualitätsregulierenden Instrumentarium bereits abdecken (vgl. unten Kap. 7.2.2). Insofern wäre die Lizenz lediglich ein zusätzliches, streng genommen unnötiges Kontrollinstrument.

23 Vgl. Kap. 4.2.3.4.

zugeordneten Einzugsbereichen sind dann der Konkurrenz anderer Entsorgungsbetriebe ausgesetzt.

- Schließlich sollten in Landesabfallgesetzen bzw. Abfallentsorgungsplänen verankerte *Genehmigungserfordernisse für Sonderabfallimporte* in das jeweilige Landes- bzw. Plangebiet ausschließlich dazu da sein, solche Importe zu unterbinden, die z.B. wegen nachweislich fehlender Entsorgungsmöglichkeit im Bundesland zu einer Gefährdung von Mensch oder Natur führen könnten. Wird dagegen vom Antragsteller nachgewiesen, daß eine ordnungsgemäße Entsorgung in einer zugelassenen Anlage sichergestellt ist, müßte die Genehmigung erteilt werden. Eine Verweigerung der Erlaubnis insbesondere mit der Begründung, der Abfallimport gefährde die Entsorgungssicherheit einheimischer sonderabfallverursachender Unternehmen, wäre demnach nicht mehr statthaft.

Bundesländerübergreifende Konkurrenz zwischen den Anbietern von Entsorgungsleistungen kann aber dann nicht verwirklicht werden, wenn *Entsorgungsautarkie* innerhalb der Bundesländer generell angestrebt werden soll. In einem Wettbewerbsmodell sind bundesweite länderübergreifende Abfallströme daher zuzulassen, weil sich nur so die effizientesten Anbieter durchsetzen können. Auf die Qualität der Entsorgung hat diese Forderung keinen Einfluß, weil die generellen Anforderungen an umweltverträgliche Entsorgungsverfahren ja durch bundesweit einheitliche Vorschriften geregelt sind.

Die Streichung von Anschluß- und Benutzungszwang und Andienungspflichten bedeutet, daß die mehrheitlich staatlichen Gesellschaften faktisch ihren Status als "landesoffizielle" Unternehmen verlieren, denn dieser begründet sich ja gerade durch ihre gesetzlich verankerte Funktion als offizielles Entsorgungsunternehmen des Landes bzw. als zentrale Steuerungsinstitution für Sonderabfallströme. Folglich sind selbstverständlich auch ihre als instrumentelles Gegenstück zu Überlassungs- bzw. Andienungspflicht eingeführten Leistungspflichten in Form von *Annahme- bzw. Zuweisungspflicht* aufzuheben. Dann obliegt es im Sinne des Verursacherprinzips einzig und allein dem sonderabfallerzeugenden Unternehmen, für geeignete Entsorgungsmöglichkeiten zu sorgen, sei es durch Schaffung eigener Kapazitäten oder durch Beauftragung eines Fremdentsorgers.[24] Im zweiten Fall kann durchaus die vormals landesoffizielle Gesellschaft in Anspruch genommen werden, wenn ein Sonderabfallbesitzer dies als die für ihn günstigste Alternative ausmacht.

Darüberhinaus ist bei Verwirklichung oben aufgezählter Deregulierungsvorschläge wegen dann fehlender hoheitlicher Aufgabe und fehlender rechtlicher Monopolstellung der Landesunternehmen die *Preisregulierung* überflüssig: Oh-

---

24 Vgl. unten Kap. 7.2.1.3.

ne hoheitliche Aufgaben in Form der "zentralen Steuerung der Sonderabfallströme" ist die im öffentlichen Gebühren- und Abgabenrecht vorgeschriebene Beschränkung auf lediglich kostendeckende Preise hinfällig, und auch Preisgenehmigungen durch die zuständige Umweltbehörde sind nicht notwendig, weil bei wettbewerblicher Verfassung eine Benachteiligung der Nachfrager durch überhöhte Preise seitens der Anbieter verhindert werden kann. Durch Beseitigung der preisregulierenden Vorschriften können sich die Entsorgungspreise entsprechend der Verfügbarkeit von Entsorgungskapazitäten durch Aushandlungsprozesse zwischen Anbietern und Nachfragern frei bilden.

Damit es bei Aufhebung der Marktzutrittsbeschränkungen auf der anderen Seite nicht zu monopolartigen Strukturen wegen privater wettbewerbsbeschränkender Maßnahmen (Kartellbildung, Unternehmenszusammenschlüsse, Preisabsprachen etc.) kommt, steht dem Gesetzgeber das gesamte (konstitutive) Regulierungsinstrumentarium des *Wettbewerbs- und Kartellrechts* zur Verfügung. Weiterhin könnten die Bundesländer eine aktive *Wettbewerbsförderungspolitik* betreiben, indem sie im Rahmen ihrer Strukturpolitik die Ansiedlung von hochqualifizierten und innovativen Unternehmen unterstützen, deren Geschäft die umweltschonende Aufbereitung nichtvermeidbarer Sonderabfälle ist.[25] Sachdienlich erscheinen schließlich auch Maßnahmen zur *Verbesserung der Akzeptanz* von Entsorgungsanlagen, wenn die Erweiterung privater Kapazitäten dadurch erleichtert wird.[26]

Durch Verwirklichung der oben genannten Deregulierungsvorschläge werden die Anbieter von Entsorgungsleistungen größerem Wettbewerbsdruck ausgesetzt. Damit sind folgende *Wirkungserwartungen* verbunden:

- Die Anbieter sind gezwungen, ihre Produktionsfaktoren kosteneffizient einzusetzen, um eine Abwanderung ihrer Kunden zu Konkurrenten mit größerer betrieblicher Effizienz und damit größerem Preissenkungspotential zu vermeiden. Kostendisziplin und permanente Anreize zu innerbetrieblichen Kosteneinsparungen werden also gestärkt.
- In den Bundesländern mit vormals zentralen Andienungsgesellschaften entfallen die von diesen für ihre Koordinationstätigkeit (Abfallzuweisung zu aufnahmebereiten Anlagen) erhobenen Verwaltungsgebühren.
- Marktöffnung und die Chance zur Gewinnerzielung führen zu einer Angebotsausdehnung durch Kapazitätserweiterungen etablierter Anbieter bzw. Markteintritte neuer Konkurrenten. Dies gilt insbesondere dann, wenn gleichzeitig die Planungssicherheit für die Investoren erhöht werden kann,

25 Vgl. *Landtag Bremen* (1988), S. 2.

26 Vgl. dazu Kap. 7.3.4.

sodaß Anlagenzulassungsverfahren in überschaubarer Zeit zu einem positiven Abschluß gebracht werden können.[27]

- Angebotsvielfalt und dynamische innovatorische Prozesse im Entsorgungsanlagenbau werden gefördert, weil die Marktteilnehmer versuchen, dem Wettbewerbsdruck durch kostensenkende Verfahrensinnovationen standzuhalten. Forschung und Entwicklung vergrößern das Know-how in diesem Bereich der Umwelttechnik, was gerade für die Bundesrepublik als eine vom Export zukunftsträchtiger technologieorientierter Produkte besonders abhängige Volkswirtschaft ausgesprochen wichtig ist. Zwar ist Deutschlands Wettbewerbsfähigkeit wegen anspruchsvoller Umweltstandards im Bereich der Umwelttechnik als einer der Schlüsseltechnologien der kommenden Jahre bereits heute sehr stark im internationalen Vergleich[28], aber die genannten Maßnahmen werden sie zusätzlich unterstützen.
- Um ihre Anlagen in Zukunft rentabilitätssichernd auszulasten, müssen diejenigen Anbieter, die bisher z.B. über Sonderabfallzuweisungen von Seiten des landesoffiziellen Trägers vertraglich abgesichert waren, nunmehr direkte, möglichst längerfristige Vertragsbeziehungen mit Sonderabfallerzeugern eingehen. Sind die Abfallerzeuger zu langfristigen Verträgen nicht bereit, kann man davon ausgehen, daß auch kurzfristig anderweitige, möglicherweise kostengünstigere Entsorgungskapazitäten vorhanden sind und die Knappheitssituation im Hinblick auf die betreffende Abfallart und das dazu vorgeschriebene Entsorgungsverfahren offensichtlich nicht so gravierend ist.
- Gleichen sich die Entsorgungspreise in den Bundesländern wettbewerbsbedingt einander an, reduziert sich folglich der Anreiz, Sonderabfälle in weiter entfernt gelegenen Anlagen zu entsorgen, denn der Transportkostenanteil fällt wieder relativ stärker ins Gewicht.

7.2.1.2 Materielle Privatisierung landesoffizieller Entsorgungsgesellschaften

Eine Verwirklichung der im vorherigen Kapitel genannten Maßnahmen setzt alle Entsorgungsanbieter dem Wettbewerbsprozeß aus. Das gilt auch für die vormals landesoffiziellen Träger der Sonderabfallentsorgung, sofern sie über eigene Ent-

27 Mögliche Ansatzpunkte sind Verhandlungslösungen und sonstige Maßnahmen zur Akzeptanzverbesserung (vgl. *ebd.*).

28 Vgl. *Böndel* (1994), S. 72.

sorgungsanlagen verfügen.[29] Ihre per Landesabfallgesetz definierte herausragende Stellung ist aufgehoben und sie müssen sich nunmehr gegenüber privaten Entsorgungsunternehmen behaupten. Im Prinzip reichen diese Deregulierungsschritte bereits aus, um die Wettbewerbskräfte (zumindest innerhalb der Bundesrepublik) zur Entfaltung kommen zu lassen. Für eine marktwirtschaftliche Verfassung der Sonderabfallwirtschaft sollte man aber noch weitergehen, indem eine *Privatisierung* der mehrheitlich staatlichen Entsorgungsunternehmen in Betracht gezogen wird. Weil gerade die im Zuge der Wiedervereinigung notwendig gewordene Überführung von ehemaligen DDR-Staatsunternehmen in Privatbesitz zu bewältigen war und ist, aber auch bedeutende Privatisierungsvorhaben in Westdeutschland (Bundesbahn, Telekom) anstehen, würde eine vollständige Privatisierung der Entsorgungswirtschaft gut in die heutige Zeit passen, auch wenn einem solchen Schritt selbstverständlich keine so große politische und finanzielle Bedeutung zukommt wie den zuvor genannten Entwicklungen.

Mit Privatisierung wurde oben die Rücknahme staatlicher Betätigung in unternehmerischen Aufgabenfeldern durch Veräußerung der im staatlichen Eigentum befindlichen Unternehmensanteile an Private bezeichnet. Diese Definition stellt bereits darauf ab, *materiell* zu privatisieren anstatt lediglich eine *formelle* Privatisierung durchzuführen. Letztere liegt vor, "wenn der Staat zwar nicht den ihm gehörenden Anteil am Produktivvermögen ändert, wenn er aber innerhalb des ihm gehörenden Vermögens die Bedeutung privatrechtlicher Rechtsformen auf Kosten von öffentlich-rechtlichen Formen steigert."[30] Befürworter einer institutionellen Beteiligung des Staates an Entsorgungsunternehmen können unter Bezug auf diese Formulierung darauf verweisen, daß eine Privatisierung bei den gemischtwirtschaftlichen Unternehmen (Kap. 3.2.2.2) bereits vorliegt und lediglich ZVSMM und AAV (Kap. 3.2.2.1) nicht privatisiert sind. Nichtsdestotrotz ist aus ordnungspolitischer Sicht bei am Wettbewerb in offenen Märkten teilnehmenden gemischtwirtschaftlichen oder öffentlichen Unternehmen eine materielle Privatisierung der richtige Weg.[31] Alles andere als der vollständige Rückzug staatlicher Anteilseigner aus der Sonderabfallentsorgung wäre halbherzig und allenfalls als Zwischenschritt zu akzeptieren.

---

29 Man kann sich im folgenden auf die eigentliche Durchführung der Entsorgung konzentrieren, weil es durch Wegfall von Anschluß- und Benutzungszwang bzw. Andienungspflicht keine hoheitlichen Koordinationsaufgaben mehr gibt.

30 *Grossekettler* (1989), S. 437. Prominentestes Beispiel aus jüngster Zeit ist sicherlich die Umwandlung von Bundesbahn und Reichsbahn in eine Aktiengesellschaft zum 1. Januar 1994. Trotzdem bleiben die Unternehmensanteile zunächst zu 100% in den Händen des Bundes.

31 Vgl. *Frankfurter Institut für wirtschaftspolitische Forschung e.V.* (1993), S. 27 f.

Die *Beratungspflicht* einiger zentraler Entsorgungsgesellschaften hinsichtlich Vermeidungs- und Verwertungsmöglichkeiten (Kap. 3.2.6.3) berührt ein marktwirtschaftliches Angebot im Bereich der Entsorgungsanlagen prinzipiell nicht, denn die Beratung ist als eigenständige Dienstleistung für Sonderabfallerzeuger aufzufassen. Es wäre deshalb denkbar, daß sich die Ländergesellschaften auf diese Aufgabe konzentrieren. Allerdings läßt sich einwenden, daß Informationen über Vermeidungs- und Verwertungstechnologien ebensogut von privaten Unternehmen entgeltlich zur Verfügung gestellt werden können. Sofern sich eine Nachfrage für diese Dienstleistung ergibt, was zu erwarten sein wird, besteht die Aussicht, mit einem entsprechenden Angebot Gewinne zu erzielen und damit ein Anreiz, als privater Informationsmittler in diesem Markt tätig zu werden.[32] Deshalb ist auch eine gesetzlich definierte Pflichtaufgabe "Sonderabfallberatung", die von einer Gesellschaft mit Beteiligung der öffentlichen Hand zu erbringen wäre, nicht notwendig.

Als eine mögliche *Wirkung* materieller Privatisierung wird häufig auf die verbesserte Kosteneffizienz privater Produktion hingewiesen, aber hierauf soll es an dieser Stelle nicht ankommen. Folgende Effekte sind aber durchaus zu erwarten:

- Durch Verkauf der staatlicherseits gehaltenen Anteile an den vormals landesoffiziellen Entsorgungsgesellschaften fließen den öffentlichen Haushalten finanzielle Mittel zu, die für andere Zwecke verwendet werden können und den Ländern und Kommunen neue Handlungsspielräume eröffnen. Gerade in einer Zeit, in der die deutsche Wiedervereinigung zu großen finanziellen Belastungen für die öffentliche Hand geführt hat, ist jeder wenn auch kleine Entlastungseffekt hilfreich.
- Außerdem ergibt sich eine indirekte Entlastungswirkung, denn man benötigt keine weiteren Haushaltsmittel z.B. für den Bau oder die Modernisierung von Entsorgungsanlagen.[33] Die Investitionsaufgaben werden nunmehr vollständig durch Inanspruchnahme privaten Kapitals bewältigt.
- Häufig wollen sich staatliche Stellen nicht von ihren Beteiligungen trennen, weil mit nichtdefizitären Unternehmen Einnahmen verbunden sind, die insofern eine Entlastung für die öffentlichen Kassen bieten. Berücksichtigt man aber, daß die Entsorgungsgesellschaften dem Gemeinwohl verpflichtet sind, hinsichtlich ihrer Preisgestaltung entweder öffentlichem Gebührenrecht oder einer Preisgenehmigungspflicht unterliegen und deshalb nicht auf Gewinner-

---

32 Beispielsweise hat die RWE Entsorgung AG im Rahmen ihrer Unternehmensstrategie geplant, die Aktivitäten auf dem Gebiet der Abfallberatung auszubauen und diesen Bereich in einer eigenen Gesellschaft organisatorisch zusammenzufassen (vgl. *o.V.* (1991), S. 21).

33 Vgl. *Grossekettler* (1989), S. 438.

zielung ausgerichtet sind[34], dann ergeben sich bei materieller Privatisierung keine Nachteile durch ein "Versiegen" profitabler Einnahmequellen.

- Verzögerungen bei Planung und Bau von Entsorgungsanlagen aufgrund der Mitsprache politischer Entscheidungsgremien[35] sind nicht zu erwarten, weil die politisch Verantwortlichen bei privaten Entsorgungsunternehmen keinen unmittelbaren Einfluß auf die Geschäftsführung haben. Die privaten Anteilseigner werden sich bei ihren Überlegungen hinsichtlich neu zu errichtender oder zu erweiternder Anlagen ausschließlich an Wirtschaftlichkeitskriterien orientieren, nicht aber Gründe politischer Opportunität in ihre Überlegungen miteinbeziehen.
- Wenn sich die Sonderabfallentsorgungsunternehmen ausschließlich im privaten Besitz mit von den Eigentümern berufener Geschäftsführung befinden und von den staatlichen Kontrollinstanzen organisatorisch und personell getrennt sind, werden mögliche Probleme mit der Mißbrauchsaufsicht[36] vermieden oder zumindest entschärft.

7.2.1.3 Pflichten der Sonderabfallerzeuger

In einem marktwirtschaftlichen Organisationsmodell muß den Verursacher von Sonderabfällen im Regelfall gleichzeitig die volle Entsorgungsverantwortlichkeit treffen. Daher ist es für gewerbliche und industrielle Sonderabfallverursacher im Gegensatz zu Haushalten und kleinen Gewerbebetrieben (Sonderabfallkleinmengen), bei denen wegen ihrer keineswegs alleinigen Verantwortlichkeit, ihrer großen Anzahl und der relativen Leichtigkeit zu illegalen Entsorgungsmöglichkeiten die Durchsetzung dieser Regel kaum wirksam zu kontrollieren ist und deshalb ein Zwangsanschluß an die Entsorgungseinrichtungen der entsorgungspflichtigen Körperschaften gerechtfertigt ist, sinnvoll, den Ausnahmetatbestand des § 3 Abs. 3 AbfG (Ausschluß von der öffentlichen Entsorgungspflicht) in der Praxis generell zu realisieren.[37] Demnach müssen die Verursacher ausgeschlossener Abfälle deren Entsorgung in Eigenverantwortung übernehmen (§ 3 Abs. 4 Satz 1 AbfG), können sich dabei geeigneter Dritter (§ 3 Abs. 4 Satz 2 AbfG) und jeder für die betreffende Abfallart zugelassenen Entsorgungsanlage bedienen. Das bedeutet einerseits mehr Handlungs- und Entscheidungsspielräume, gleich-

---

34 Vgl. Kap. 3.2.5.

35 Vgl. Kap. 5.2.1.

36 Vgl. Kap. 5.2.5 zum Interessenkonflikt "Kontrolle - Ausführung".

37 Im Interesse der Wettbewerbsgleichheit wäre es dabei sicherlich sinnvoll, die Gruppe der vom Ausschluß betroffenen Abfallarten länder- oder besser bundesweit einheitlich zu de-

zeitig aber auch eine Durchsetzung des Verursacherprinzips nicht nur im Sinne von Kostenverantwortung, sondern im Sinne einer umfassenden Verantwortlichkeit für sämtliche Aspekte der Entsorgungsproblematik.[38]

Unternehmen, bei denen während des Güterproduktionsprozesses Sonderabfälle anfallen, müssen sich im Grunde bereits vor Produktionsaufnahme darüber im klaren sein, wo die Reststoffe entsorgt werden können.[39] Im Gegensatz zu anderen für die Produktion notwendigen (materiellen) Gütern, die bei Nichtvorhandensein zu Produktionsstillstand führen, wird das Gut "Entsorgungskapazität" aber erst nach Ablauf der abfallerzeugenden Tätigkeit benötigt, sodaß die Güterherstellung weiterlaufen könnte, auch wenn tatsächlich die Verfügbarkeit von Entsorgungsmöglichkeiten nicht so gegeben ist, wie bei Produktionsbeginn unterstellt. Es ist denkbar, daß

- entweder die Produktion unter Zugrundelegung von Entsorgungskosten aufgenommen wird, die aber wegen der tatsächlich vorhandenen Knappheit der Kapazitäten hinterher deutlich überschritten werden,
- oder die sonderabfallverursachende Tätigkeit erfolgt, obwohl (wissentlich oder unwissentlich) überhaupt keine zugelassenen Kapazitäten verfügbar sind.

Im *ersten Fall* gibt es also noch ein entsprechendes Angebot, allerdings zu höheren Preisen als erwartet. Gegen eine solche Entwicklung können sich die Abfallerzeuger allerdings relativ einfach absichern, indem sie entsprechend ihrer individuellen Risikopräferenz mehr oder weniger langfristige Entsorgungsverträge abschließen. Je individueller das benötigte Entsorgungsverfahren und je größer die zu erwartenden finanziellen Einbußen bei Nichtverfügbarkeit der Kapazitäten, umso längere Vertragslaufzeiten sind zu erwarten.[40] Allerdings ist nicht auszuschließen, daß während der Vertragslaufzeit die Entsorgungspreise aufgrund eines größeren Angebots oder geringerer Nachfrage sinken. Um davon ebenfalls profitieren zu können, ist es ggf. sinnvoll, im Entsorgungsvertrag lediglich Anlieferungsrechte und Entsorgungspflichten des Anbieters zu vereinbaren, anstatt auch die Preise festzulegen. Es hängt somit allein von der Vertragsgestaltung zwischen den Beteiligten ab, ob das skizzierte Problem überhaupt relevant wird.

Dem *zweiten Fall*, der gleichbedeutend ist mit prohibitiv hohen Entsorgungspreisen, kann man begegnen, indem die Sonderabfallerzeuger generell verpflich-

---

finieren und die diesbezügliche Entscheidung nicht, wie bisher, als Einzelfall im behördlichen Ermessen bzw. durch kommunale Satzung zu treffen.

38 Vgl. oben Kap. 5.2.2.

39 Vgl. zum folgenden *Hecht* (1991), S. 230-238.

tet werden, bereits vor Aufnahme ihrer abfallverursachenden Produktion für Entsorgungsmöglichkeiten zu sorgen und diese ggf. auch nachzuweisen.[41] Eine solche Regelung existiert im deutschen Umweltrecht bereits in Form des § 5 Abs. 1 Nr. 3 BImSchG. Darin werden Betreiber genehmigungsbedürftiger Produktionsanlagen verpflichtet, die Anlage so zu errichten und zu betreiben, daß Reststoffe, die nicht vorrangig vermieden oder verwertet werden können, als Abfälle ohne Gemeinwohlbeeinträchtigung beseitigt werden können.[42] Eine gesicherte Entsorgungsmöglichkeit wird also zur Voraussetzung der Betriebsgenehmigung gemacht (Genehmigungsvorbehalt), und ohne diese darf die Produktion nicht begonnen werden.[43]

Im übrigen muß dann, wenn ein güterproduzierendes Unternehmen trotz der genannten Bestimmungen des BImSchG auf längerfristige Sicht Sonderabfälle verursacht, ohne daß eine entsprechende Entsorgung sichergestellt werden kann, die Konsequenz gezogen werden, die betreffende Güterproduktion einzustellen, auch wenn dadurch z.B. eine Reihe von Arbeitsplätzen gefährdet sind. Denn dieser Fall bedeutet letztlich nichts anderes, als daß der Güterpreis wegen ansonsten wegfallender Nachfrage offensichtlich nicht so hoch gesetzt werden kann, daß alle entsorgungsbezogenen Knappheitskosten internalisiert sind.

---

40 Prinzipiell hat auch der Entsorgungsanbieter ein Interesse an langfristigen Verträgen, weil dadurch seine Kapazitätsauslastung eher gewährleistet sein wird.

41 Bereits bei der Beurteilung des Regulierungsarguments "Entsorgungssicherheit" (Kap. 4.2.3.5) wurde darauf hingewiesen, daß von Produktionsunternehmen im Unterschied zu Haushalten eher verlangt werden kann, ihre Produktion an den verfügbaren Entsorgungskapazitäten auszurichten, sei es durch Schaffung eigener Anlagen, durch Verträge mit Entsorgungsunternehmen oder insbesondere durch die Produktionsumstellung mit dem Ziel Abfallvermeidung/ -verwertung.

42 Die Anlagengenehmigung darf nur erteilt werden, wenn der Betreiber diese Verhaltenspflicht erfüllt (vgl. § 6 Abs. 1 BImSchG). Auch bei nicht genehmigungsbedürftigen Anlagen obliegt der Betreiber der Verpflichtung, sie so zu betreiben, daß die beim Anlagenbetrieb anfallenden Abfälle ordnungsgemäß entsorgt werden können (vgl. § 22 Abs. 1 Nr. 3 BImSchG).

43 Flankiert werden könnte die Verpflichtung, erst dann Güter zu produzieren, wenn die Entsorgung der dabei anfallenden Reststoffe gewährleistet ist, durch ebenfalls gesetzlich vorgeschriebene betriebliche Abfallwirtschaftskonzepte (vgl. z.B. § 5 LAbfG Hamburg), weil diese das Bewußtsein der im Unternehmen Verantwortlichen für ordnungsgemäße Entsorgung und die Anpassung der Sonderabfallmengen an verfügbare Entsorgungskapazitäten stärken werden.

7.2.2 Beibehaltung und effizientere Nutzung qualitätsregulierender Vorschriften

In Kap. 3.2.4 wurde das qualitätsregulierende Instrumentarium skizziert. Dazu zählen im wesentlichen der Anlagenzwang (§ 4 Abs. 1 Satz 1 AbfG), das Anlagenzulassungsverfahren durch Planfeststellung inklusive Umweltverträglichkeitsprüfung (§ 7 Abs. 1), fachrechtliche Umweltstandards entsprechend der TA Sonderabfall oder 17. BImSchV, externe und innerbetriebliche Überwachungsregelungen sowie Entsorgungsnachweis und Begleitscheinverfahren als Informationspflichten. Diese ordnungsrechtlichen Vorschriften sind auch bei marktwirtschaftlicher Organisation der Sonderabfallwirtschaft unerläßlich zur Internalisierung der mit der Sonderabfallentsorgung verbundenen Umweltkosten, und es muß sichergestellt werden, daß sie nicht durch Vollzugsdefizite in ihrer Wirksamkeit beeinträchtigt werden.

7.2.2.1 Entsorgungsstandards und Informationspflichten

Die technischen Anforderungen an Entsorgungsanlagen gelten grundsätzlich unabhängig vom jeweiligen Eigentümer der Anlage, d.h. sie wären von einer Privatisierung der gemischtwirtschaftlichen Entsorgungsgesellschaften und einer Aufhebung der Marktzutrittsschranken und korrespondierenden Leistungspflichten überhaupt nicht berührt. Je höher die *Entsorgungsstandards* gesetzt werden, umso mehr entsorgungsbedingte Umweltkosten werden in betriebswirtschaftliche Kosten umgewandelt und damit internalisiert, weil schärfere technische Anforderungen regelmäßig höhere Investitions- und Betriebskosten nachsichziehen, die über den Entsorgungspreis an die Nachfrager von Entsorgungsleistungen weitergegeben werden.[44] Auch hier gibt es, wie schon bei der volkswirtschaftlichen Vorteilhaftigkeit von Vermeidungs- und Verwertungsmaßnahmen, aus theoretischer Sicht ein "volkswirtschaftlich effizientes Niveau der Entsorgungstechnik"[45], wobei es jedoch wegen der Komplexität der mit Entsorgungsvorgängen verbundenen Umweltbelastungen unrealistisch sein dürfte, die dazu notwendigen Entsorgungsstandards exakt zu bestimmen. Prinzipiell ist aber eine Optimierung zwischen betriebswirtschaftlichen Entsorgungskosten und verbleibenden Umweltbelastungen anzustreben.

In Diskussionen über umweltpolitische Instrumente wird im Zusammenhang mit Auflagen üblicherweise deren mangelnde Anreizwirkung zur Entwicklung um-

44 Vgl. *Michaelis* (1993), S. 9. Das Anlagenzulassungsverfahren sorgt dafür, daß der durch die Standards definierte "Stand der Technik" auch tatsächlich realisiert wird.

45 *Ebd.*, S. 19.

welttechnischen Fortschritts beanstandet, sofern diese an den "Stand der Technik" gekoppelt sind.[46] Akzeptiert man das Argument, wäre nicht nur die Marktschließung und fehlender Wettbewerbsdruck in der Sonderabfallwirtschaft einiger Bundesländer verantwortlich für dynamische Ineffizienzen[47], sondern auch die Entsorgungsstandards, wenn sie sich am "Stand der Technik" orientieren. Daraus aber abzuleiten, man müsse sie zugunsten von dynamisch effizienteren umweltpolitischen Instrumenten abschaffen, ist sicherlich nicht vertretbar.[48] Umweltstandards wird, sieht man von Vollzugsdefiziten ab, eine hohe ökologische Wirksamkeit bescheinigt, da man die Reaktionen der davon Betroffenen mit großer Sicherheit abschätzen kann und sie ohne wesentliche zeitliche Verzögerungen zum (ökologischen) Ziel führen. Qualitätsregulierende Entsorgungsstandards sind auch wegen der Grenzen des Einsatzes marktwirtschaftlicher Instrumente ein wichtiger Bestandteil einer umweltverträglichen Sonderabfallwirtschaft:[49] Sollen absolute Schutzziele durch vollständige Verdrängung der Nachfrage nach Umweltgütern bzw. umweltschädigenden Produkten und Stoffen verwirklicht werden, können Instrumente, welche eine flexible Steuerung aufgrund individueller Anreizmechanismen anstreben, nicht mehr eingesetzt werden. Der grundgesetzlich (Art. 2 Abs. 2 Satz 2 GG) geschützte Grundsatz der Gefahrenabwehr verlangt, unmittelbare Gefahren für Leben und körperliche Unversehrtheit abzuwehren, sodaß auf Auflagen nicht verzichtet werden kann.

Politisch vorgegebene Entsorgungsstandards müssen also *angemessen* sein, indem sie direkte Gefahren für die menschliche Gesundheit ausschließen, für ein hohes Umweltschutzniveau sorgen und gleichzeitig nicht zu prohibitiv hohen Entsorgungskosten führen, bei denen zusätzliche Gewinne an Umweltqualität durch unverhältnismäßig hohen Ressourceneinsatz zur Emissionsverminderung

---

46 Wenn Auflagen mit dem "Stand der Technik" verknüpft sind, so würden neu entwickelte Technologien, mit denen die Umweltbelastungen über das von der Auflage geforderte Maß gesenkt werden können, zu einer Verschärfung der Auflage auf das neue technisch machbare Niveau führen. Der gerade gewonnene Spielraum geht damit für die Wirtschaftssubjekte wieder verloren, was nicht in deren Interesse liegen kann. Sie sind daher eher zurückhaltend bei der Veröffentlichung neuer Technologien, wenn sie die Verschärfung der Standards verhindern bzw. hinauszögern wollen. Ein solches Verhalten wird oft mit dem Schlagwort "Schweigekartell der Oberingenieure" charakterisiert (vgl. z.B. *Bonus* (1984), S. 338). Vgl. auch *Rethmann* (1990) zur Wirkung der TA Sonderabfall auf das unternehmerische Innovationsverhalten.

47 Vgl. Kap. 5.1.3.

48 Sinnvoll ist vielmehr die *Ergänzung* um marktwirtschaftliche umweltpolitische Instrumente (vgl. Kap. 7.3), damit den Sonderabfallverursachern auch die bei Einhaltung der Entsorgungsstandards verbleibenden Umweltschäden, die ansonsten von der Allgemeinheit getragen werden müssen, in Rechnung gestellt werden. Erst dann ist eine vollständige Internalisierung der Umweltkosten erreichbar.

oder durch die volkswirtschaftlichen Nachteile von Produktionseinstellungen überkompensiert werden. Ein rationaler Einsatz von Entsorgungsstandards verlangt darüberhinaus, daß diese nicht strenger sind als die Anforderungen für andere technische Anlagen bzw. Verfahren, bei denen vergleichbare Emissionen auftreten.[50]

Der oben formulierte Deregulierungsgrundsatz, Regulierungsmaßnahmen immer wieder, insbesondere nach Einführung weiterer Instrumente auf ihre Notwendigkeit zu überprüfen, ist auch im Zusammenhang mit *Informationspflichten* von Bedeutung. Spätestens seit Einführung der AbfRestÜberwV und der darin vorgeschriebenen Entsorgungsnachweis- und Begleitscheinverfahren sind Andienungs- und Zuweisungspflichten entbehrlich geworden, denn im "Ergebnis verfolgen Andienungsverfahren und Zuweisung die gleichen Ziele wie der Entsorgungsnachweis, verbunden mit einer allgemeinverbindlichen Planung nach § 6 Abs. 1 AbfG in bezug auf Standorte und Einzugsgebiete. Sie bedienen sich nahezu identischer Verfahrensweisen und Hilfsmittel."[51] Meldepflichten für Sonderabfälle, wie sie § 11 Abs. IV LAbfG Schleswig-Holstein vorsieht[52], reichen aus, um Informationen über das Sonderabfallaufkommen für länderbezogene Entsorgungsplanungen zu erhalten. Sie weisen zwar eine weitaus geringere Regulierungsintensität auf als Andienungspflichten oder Anschluß- und Benutzungszwänge, allerdings ist unklar, welcher über die Begleitscheine hinausgehende Informationsgehalt damit verbunden ist. Es bleibt somit festzuhalten, daß Entsorgungsnachweis und Begleitscheinverfahren als abfallrechtliche Informationspflichten der Sonderabfallbesitzer gleichzeitig notwendige und hinreichende Voraussetzungen sind, um eine wirksame Kontrolle der Entsorgungswege zu gewährleisten.

7.2.2.2 Anlagenzulassung und Kontrolle als staatliche Aufgaben

Wenn sich die öffentliche Hand aus Koordinationsaufgaben und unternehmerischer Betätigung in der Sonderabfallwirtschaft zurückzieht, läßt sich auch in diesem Wirtschaftszweig eine sinnvolle Funktionstrennung zwischen Wirtschaft

---

49 Vgl. *Hansmeyer/ Schneider* (1989), S. 18-23.

50 *Michaelis* weist darauf hin, daß für die gleichen Schadstoffe bei Abfallverbrennungsanlagen grundsätzlich strengere Emissionsgrenzwerte gelten als für andere Großfeuerungsanlagen (vgl. *Michaelis* (1993), S. 107, Fn. 108).

51 *Landtag Sachsen Anhalt* (1991), S. 76.

52 Danach ist der Besitz von Sonderabfällen der zentralen Stelle für die Organisation der Entsorgung von Sonderabfällen anzuzeigen (Anzeigepflicht).

und Staat durchsetzen. Ersterer obliegt die Errichtung und der Betrieb der notwendigen Entsorgungsanlagen und letzterer ist vor allem für folgende hoheitliche Aufgaben zuständig:[53]

- Aufstellung der Rahmenplanung durch bundesländerbezogene, ggf. für verbindlich erklärte Sonderabfallentsorgungspläne;[54]
- Durchführung abfallrechtlicher Anlagenzulassungsverfahren;
- Kontrolle der einzelnen Entsorgungsvorgänge durch permanente Anlagenüberwachung und die Instrumente der AbfRestÜberwV (Entsorgungsnachweis, Begleitscheinsystem);
- kartellrechtliche Überwachung.[55]

Durch die Integration einer Umweltverträglichkeitsprüfung in das Planfeststellungsverfahren für neu zu errichtende oder wesentlich zu verändernde Abfallentsorgungsanlagen (§ 7 AbfG) dürfte bereits ein wesentlicher Schritt in Richtung umweltverträglicher Entsorgungsanlagen gemacht worden sein. Allerdings ist das gesamte Zulassungsverfahren nachwievor durch eine sehr lange Verfahrensdauer gekennzeichnet, was nicht zuletzt an der geringen Akzeptanz von Sonderabfallentsorgungsanlagen in der Öffentlichkeit liegen dürfte. Hierdurch ergibt sich nicht nur eine gesellschaftspolitisch bedingte Verknappung von Entsorgungskapazitäten, sondern auch der erwünschte Wandel hin zu umweltfreundlicheren Entsorgungstechnologien wird behindert. Insbesondere die frühzeitigere Einbeziehung der von neuen Anlagen betroffenen Bevölkerung in den Planungsprozeß und die stärkere Berücksichtigung ihrer Interessenpositionen könnte aber

---

53 Vgl. auch *Fichtner Beratende Ingenieure* (1992), Kap. 3, insb. S. 3/4 f.

54 Da die von den Ländern nach § 6 Abs. 1 AbfG durchzuführenden Entsorgungsplanungen nicht zum qualitätsregulierenden Instrumentarium gezählt werden, sei an dieser Stelle lediglich gesagt, daß sie, wenn überhaupt vorhanden, bisher im wesentlichen nur Bestandsaufnahmen der in den Bundesländern vorhandenen Entsorgungskapazitäten darstellen (vgl. *Sachverständigenrat für Umweltfragen* (1991), S. 84). Im Sinne einer vorsorgenden, vorausschauenden Umweltpolitik wären sie deshalb zumindest dahingehend zu erweitern, daß geeignete Standorte für künftige, von privaten Unternehmen betriebene Entsorgungsanlagen ausgewiesen werden. Ob darüberhinaus eine umfassende "Kapazitätsplanung" (vgl. *ders.*, Tz. 325 f.) durchgeführt werden sollte, erscheint dagegen fraglich angesichts der in Kap. 4.3 zum Ausdruck gebrachten Auffassung, daß die Steuerung der Kapazitätsentwicklung im wettbewerblichen Modell dem Preismechanismus gebührt. Insofern ist eine übergeordnete staatliche Planung von Entsorgungskapazitäten überhaupt nicht notwendig.

55 Wie bereits oben gesagt, werden die darunter zu subsumierenden wettbewerbssichernden Regulierungen wegen ihres konstitutiven, branchenübergreifenden Charakters in dieser Arbeit nicht behandelt.

dazu beitragen, die Akzeptanzproblematik zu entschärfen und Zulassungsverfahren zu beschleunigen.[56]

Gesetzlich verankerte Kontroll- und Überwachungsmechanismen können in der Praxis nur so gut sein wie ihre jeweilige verwaltungstechnische Ausführung. Aber gerade die Kontrolle der Sonderabfallströme und der in Betrieb befindlichen Entsorgungsanlagen (Einhaltung von erteilten Genehmigungen und Emissionsgrenzwerten) kann durch *Vollzugsdefizite* behindert werden.[57] Anstatt nun zu fordern, vollzugsintensive Bestimmungen durch weniger aufwendige Regelungen zu ersetzen oder sogar vollständig abzuschaffen, weil sie ohnehin nicht durchzusetzen sind, ist darüber nachzudenken, wie die bestehenden Überwachungsmechanismen besser genutzt werden können. Zu erwägen wären z.B. folgende Vorschläge:

- Personalverstärkung der Überwachungsbehörden durch Umsetzung von Bediensteten der öffentlichen Hand aus solchen Tätigkeitsfeldern öffentlicher Verwaltung, die in Zukunft weniger Personal benötigen, wenn die Vollzugsdefizite ihre Ursache in unzureichender personeller Ausstattung der Umweltverwaltung haben;[58]
- Einsatz unabhängiger Sachverständiger zur Überwachung von Entsorgungsanlagen, ggf. auch auf Kosten der kontrollierten Betriebe;[59]
- Nutzung freiwerdender Mittel aus dem Verkauf staatlicher Beteiligungen an den vormals landesoffiziellen Entsorgungsunternehmen für eine bessere personelle und materielle Ausstattung der Vollzugsbehörden;
- Kosteneffizientere Gestaltung der Kontrollverfahren durch verstärkten Einsatz EDV-gestützter Informationsnetze zwischen den an Entsorgungsvorgängen beteiligten Sonderabfallerzeugern, -entsorgern und Überwachungsstellen.[60]

---

56 Vgl. dazu Kap. 7.3.4.

57 Vgl. dazu *Gauweiler* (1993) und *Fleckenstein/ Hüwels* (1993).

58 Vgl. *Gauweiler* (1993), S. 10.

59 Vgl. *ebd.*

60 Entsorgungsnachweise und Begleitscheine könnten z.B. mit Hilfe eines solchen Computernetzes einfacher abgewickelt und besser ausgewertet werden. Hinsichtlich der Emissionsüberwachung von Entsorgungsanlagen bieten sich automatische Meßanlagen an, die der Überwachungsbehörde ständig die von der Anlage verursachten Umweltbelastungen anzeigen. Beispielsweise betreibt die Firma *Edelhoff* in Bramsche bei Osnabrück eine Abfallverbrennungsanlage, bei der es eine on-line Schaltung zwischen Betrieb und Aufsichtsbehörde gibt, sodaß die Behörde permanent die aktuellen Emissionsdaten am hauseigenen Monitor ablesen und aufzeichnen sowie bei Störfällen unverzüglich eingreifen kann (vgl. *Edelhoff* (1989), S. 59).

Im übrigen wurde bereits gesagt, daß es nicht Aufgabe des Umwelt- und Abfallrechts sein kann, für die Einhaltung strafrechtlicher Normen zu sorgen. Bei Durchführung der genannten Maßnahmen zur besseren Nutzung der Kontrollinstrumente ist damit zu rechnen, daß eine größere Anzahl verbotener Entsorgungshandlungen aufgedeckt wird. Die Abschreckung vor illegaler Sonderabfallentsorgung läßt sich darüberhinaus noch steigern, wenn die zu erwartenden Sanktionen des Umweltstrafrechts verschärft werden. Die potentiellen Strafen müssen so drastisch sein, daß sie für die normverletzenden Unternehmen spürbar werden und die Vorteile aus den durch illegale Entsorgung möglichen Kosteneinsparungen deutlich übersteigen.

7.2.3 Marktöffnung auf europäischer Ebene

Innerhalb der Bundesrepublik entsteht durch die bisher angesprochenen Organisationsvorschläge ein bundesländerübergreifender, gemeinsamer Markt für Sonderabfallentsorgung. Angesichts des seit 1. Januar 1993 bestehenden gemeinsamen Binnenmarktes in der Europäischen Union bedeutet eine konsequente Umsetzung marktwirtschaftlicher Organisation darüber hinaus auch einen weitgehend einheitlichen Entsorgungsmarkt auf gemeinschaftlicher Ebene. Zentrales Problem ist dabei allerdings die Existenz unterschiedlicher technischer Anforderungen an eine umweltverträgliche Entsorgung in den einzelnen Mitgliedstaaten. Die Problematik uneinheitlicher Entsorgungsstandards stellt sich innerhalb der Bundesrepublik bekanntlich nicht. Dadurch verursachte Kostenunterschiede führen regelmäßig dazu, daß Sonderabfälle in Anlagen mit den niedrigsten Umweltschutzvorschriften entsorgt werden. Unter solchen Bedingungen setzt sich nicht der kosteneffizienteste Entsorgungsanbieter im Markt durch, sondern derjenige, der die niedrigsten Standards einzuhalten hat. Demnach ist erst nach Harmonisierung der technischen und organisatorischen Entsorgungsanforderungen auf hohem Umweltschutzniveau (Kap. 7.2.3.1) eine wettbewerbsfördernde Liberalisierung grenzüberschreitender Sonderabfallentsorgung innerhalb der EU sinnvoll (Kap. 7.2.3.2).

7.2.3.1 Harmonisierung von Rechtsvorschriften auf hohem Umweltschutzniveau

Ließe man die grenzüberschreitende Entsorgung ohne vorherige Angleichung der nationalen Rechtsvorschriften zu, ist bezogen auf die gesamte Gemeinschaft eine Verschlechterung der Umweltqualität zu erwarten. Zwar verbessert sie sich möglicherweise innerhalb Deutschlands, weil hier weniger Entsorgungsvorgänge stattfinden, dies wird aber durch die dann in anderen Mitgliedstaaten (mit geringeren Standards) durchgeführte Entsorgung überkompensiert. Folglich wäre die Internalisierung der Umweltkosten weniger gut gewährleistet. Auch Wettbewerbsgleichheit innerhalb der sonderabfallverursachenden Wirtschaftszweige *und* der Entsorgungsbranche läßt sich vorher kaum erreichen. Diejenigen Unternehmen, die mit qualitativ anspruchsvollen Entsorgungsstandards konfrontiert sind, verlieren aufgrund dieser von ihnen nicht zu verantwortenden Kostenkomponente einen möglicherweise entscheidenden Teil ihrer internationalen Konkurrenzfähigkeit. Deshalb ist die Festlegung einheitlicher Anforderungen an die Sonderabfallentsorgung durch den Gemeinschaftsgesetzgeber langfristig die richtige Strategie. Als erste Ansätze zu einer solchen gemeinschaftsweiten Harmonisierung sind die Vorschläge des Rates für Richtlinien über die Verbrennung gefährlicher Abfälle (Verbrennungsrichtlinie) bzw. über Abfalldeponien (Deponierichtlinie) anzusehen.[61]

Der Vorschlag für eine *Verbrennungsrichtlinie* behandelt EG-einheitliche Anforderungen für Sonderabfall-Verbrennungsanlagen und sonstige Anlagen, die nicht speziell zur Sonderabfallentsorgung errichtet werden, aber in denen diese Stoffe, z.B. als zusätzlicher Brennstoff, eingesetzt werden. Grundsätzliches Ziel ist die Vermeidung und Verringerung von Emissionen, die eine Gefahr für die menschliche Gesundheit und alle Bereiche der Umwelt sein können. Darüber hinaus soll eine Harmonisierung nationaler Vorschriften die Verlagerung von Sonderabfällen zu Anlagen verhindern, die aufgrund weniger strenger Umweltnormen kostengünstiger arbeiten, weil dies den Wettbewerb verzerren kann. Außerdem reduzieren gleiche Standards (und damit angeglichene, wenn auch nicht identische Entsorgungskosten) die ökonomische Notwendigkeit von Abfalltransporten innerhalb der Gemeinschaft.[62] Der Richtlinienvorschlag beinhaltet die Bedingungen, unter denen eine Betriebsgenehmigung erteilt werden kann, Vorschriften zur Anlieferung, Zwischenlagerung und Vorbehandlung gefährlicher Abfälle, Maßnahmen für den Fall, daß während des Anlagenbetriebs Grenzwerte überschritten werden, Regelungen zur Anpassung der Anlagen an den technischen Fortschritt auf dem Gebiet der Emissionsminderung und Übergangsvorschriften für Altanlagen. Die Anforderungen für die Auslegung und den Betrieb von Verbrennungsanlagen orientieren sich zum Teil an den deutschen Vorschriften der Technischen Anleitung Luft und sehen den Einsatz der zum jeweiligen Zeitpunkt im Hinblick auf die Emissionsvermeidung am besten entwickel-

---

61 KOM (92) 9 endg., Ratsdok. 5761/ 92 (Verbrennungsrichtlinie) bzw. KOM (91) 102 endg., Ratsdok. 5953/ 91 (Deponierichtlinie).

62 Vgl. *Bundesrat* (1992), S. 9.

ten Technologie vor, um eine permanente Verbesserung der zur Verfügung stehenden Umweltschutztechniken zu erreichen.[63]

Im Entwurf einer *Deponierichtlinie* schlägt die EG-Kommission vor, Umwelt-, Bau und Betriebsnormen für Abfalldeponien auf möglichst hohem Umweltschutzniveau zu harmonisieren, um die ungeordnete oder unkontrollierte Ablagerung von Abfällen zu verhindern und Umweltbeeinträchtigungen nach Stillegung der Deponien zu verhindern.[64] Unter Bezug auf die mögliche Beeinträchtigung des Grundsatzes freien Wettbewerbs durch unterschiedlich teure Deponien in den Mitgliedstaaten wegen ungleicher Anforderungen in den technischen Normen soll auch diese Richtlinie wie die Verbrennungsrichtlinie auf Art. 100a EG-Vertrag gestützt werden.[65] Der Richtlinienentwurf beinhaltet die Einteilungen von Abfallarten und Deponiekategorien (Art. 2 und 4), formuliert allgemeine Anforderungen an alle Deponiekategorien (Art. 5), enthält Regelungen zum Genehmigungsverfahren für die Errichtung und den Betrieb von Deponien (Art. 6 bis 8), zu den Kriterien für die in den jeweiligen Deponiekategorien zugelassenen Abfälle (Art. 10) und zu weiteren Verfahrensregelungen für Abfallannahme (Art. 11), Kontrollen (Art. 12) und Stillegung der Deponie (Art. 13). Schließlich wird die Schaffung eines "Deponie-Nachsorgefonds" vorgeschlagen, der von den Betreibern getragen wird, um diejenigen Nachsorgekosten stillgelegter Deponien und ggf. notwendigen Sanierungsmaßnahmen zu finanzieren, für die sich kein haftungsrechtlich Verantwortlicher finden läßt (Art. 17 und 18).

Abgesehen davon, daß unterschiedliche Entsorgungsstandards in den Mitgliedstaaten auch als Ausdruck differierender Wertvorstellungen der Völker der Gemeinschaft hinsichtlich der anzustrebenden Umweltqualität angesehen werden können, sollten die organisatorischen und technischen Anforderungen an Verbrennungsanlagen und Deponien so ausgestaltet sein, daß sie auf die *individuellen umweltbezogenen Gegebenheiten* abgestimmt sind. Dies ergibt sich unmittelbar aus Art. 130r Abs. 2 Satz 1 EG-Vertrag: "Die Umweltpolitik der Gemeinschaft zielt unter Berücksichtigung der unterschiedlichen Gegebenheiten in den einzelnen Regionen der Gemeinschaft auf ein hohes Schutzniveau ab." Demnach ist ein "hohes Umweltschutzniveau" auch für den Bereich der Sonderabfallentsorgung nicht als absolutes, sondern als relatives Ziel aufzufassen, und je nach Besiedlungsdichte bzw. Immissionsbelastung einer Region könnten unterschiedliche umweltrechtliche Anforderungen an umweltbelastende Entsorgungsanla-

---

63 Vgl. *ebd.*, S. 10 ff.

64 Vgl. *ders.* (1991), S. 1.

65 Vgl. oben Kap. 6.2.2.

gen gestellt werden.[66] Eine solche Vorgehensweise relativiert die Harmonisierungsforderung und ermöglicht es auch Regionen mit natürlichen oder siedlungsstrukturellen Standort- und Wettbewerbsvorteilen (in Form größerer natürlicher Selbstreinigungskapazität der Umweltmedien bzw. geringerer Siedlungsdichte), diese gegenüber anderenorts gelegenen Anlagenstandorten wahrzunehmen.[67]

Es dürfte schwierig sein, kurzfristig in der gesamten Europäischen Union ähnlich anspruchsvolle Entsorgungsstandards durchzusetzen wie die bereits jetzt in der Bundesrepublik gültigen.[68] Daher bietet sich als möglicher Zwischenschritt der bereits oben (Kap. 5.2.3) angesprochene Vorschlag an, gemeinschaftsweit nur Sonderabfallverbringungen zu solchen ausländischen Anlagen zuzulassen, die mindestens die umwelttechnischen Anforderungen an vergleichbare Anlagen im Herkunftsland erfüllen.[69] Eine solche Regelung verhindert Abfallexporte zu solchen Anlagen, die wegen niedrigerer Entsorgungsstandards günstigere Entsorgungspreise haben, gleichzeitig können von den Sonderabfallerzeugern aber diejenigen ausländischen Anlagen in Anspruch genommen werden, die effizienzbedingte Kostenvorteile aufweisen. Komparative Standortvorteile kommen damit voll zur Geltung. Verbote von Verbringungen in Länder mit niedrigeren Standards sind zwar als "Alleingänge" einzelner Mitgliedstaaten ohne entsprechende Legitimation durch Gemeinschaftsrecht laut EG-Vertrag nicht zulässig, weil es im souveränen Ermessen des Bestimmungslandes liegt, die Qualität seiner Umwelt selbst zu bestimmen. Allerdings wird die Souveränitätsproblematik nicht berührt, wenn der mit eigenständiger Regelungskompetenz ausgestattete Gemeinschaftsgesetzgeber eine entsprechende Vorschrift verbindlich festlegt bzw. die Mitgliedstaaten dazu ermächtigt. Er muß bei in die Waren- bzw. Dienstleistungsfreiheit eingreifenden Regelungen zwar den Grundsatz der Verhältnismäßigkeit beachten, was im konkreten Fall bedeutet, daß einheitliche Entsorgungsstandards einem Verbringungsverbot für Sonderabfälle zu ausländischen Anlagen mit niedrigerem Schutzniveau vorzuziehen wäre, aber zumindest

---

66 Vgl. *Epiney/ Furrer* (1992), S. 383 f.

67 Vgl. *Klemmer* (1992), S. 17 f.

68 Außerdem reicht dies alleine nicht aus, denn die Ausführungen im vorherigen Kapitel haben bereits gezeigt, daß auch die Einhaltung der anspruchsvollen Entsorgungsanforderungen für eine umweltverträgliche Sonderabfallentsorgung gewährleistet werden muß. Wirksame Kontrollmechanismen sind aber in manchen EU-Mitgliedstaaten mit im Vergleich zur Bundesrepublik weniger leistungsfähigen Umweltverwaltungen und Überwachungsbehörden kurzfristig ebenfalls eher unrealistisch.

69 Vgl. ausführlich *von Wilmowsky* (1990), S. 321-364 zu diesem Vorschlag und dessen EG-rechtlicher Zulässigkeit.

als Übergangsmaßnahme auf dem Weg zu gemeinschaftsweit gleichen Anforderungen dürfte die vorgeschlagene Regelung EG-rechtlich zulässig sein.

7.2.3.2 Liberalisierung grenzüberschreitender Sonderabfallentsorgung in der Europäischen Union

Wenn im Rahmen europäischer Sonderabfallpolitik in einem Zwischenschritt Verbringungen in Länder mit niedrigeren Standards verboten werden und längerfristig durch Harmonisierung der entsprechenden Vorschriften gemeinschaftsweit einheitliche Anforderungen geschaffen werden, ist der *Grundsatz der Abfallentsorgung im Inland* entbehrlich.[70] An seine Stelle müßte ein "Grundsatz der Abfallentsorgung innerhalb der Europäischen Union" treten, um eine "Festung Europa" für die Sonderabfallwirtschaft und Entsorgungsautarkie auf gemeinschaftlicher Ebene, nicht jedoch unbedingt auf Ebene der einzelnen Mitgliedstaaten zu erreichen.

Mit einer solchen Weiterentwicklung der europäischen Sonderabfallpolitik sind eine Reihe von *Wirkungserwartungen* verbunden:

- Die umweltpolitische Fehlentwicklung, den Zugang zu qualitativ gleichwertigen oder besseren Entsorgungsanlagen in anderen Mitgliedstaaten zu verhindern (Kap. 5.2.3), wird vermieden.
- Es ist zu vermuten, daß die Anzahl grenzüberschreitender Sonderabfalltransporte abnimmt, weil zumindest diejenigen ökonomisch uninteressant werden, die wegen geringerer Entsorgungskosten aufgrund niedrigerer Standards im Ausland durchgeführt werden. Nur noch effizienzbedingte Kostenunterschiede und die an Bedeutung gewinnenden Transportkosten sprechen dann für oder gegen eine Sonderabfallverbringung.
- Eine Verschlechterung der Umweltqualität auf gemeinschaftsweiter Ebene ist nicht zu erwarten, denn bei Zulassung grenzüberschreitender Verbringung werden die Reststoffe, wenn effizienzbedingte Kostenunterschiede eine Entsorgung im Nachbarstaat nahelegen, lediglich an anderer Stelle ent-

70 Die Aufhebung der gleichfalls einen Beitrag zur Exportbeschränkung leistenden Anschluß- und Benutzungszwänge wurde ja bereits oben gefordert. Ihre Beseitigung hat auch im europäischen Kontext eine wettbewerbsfördernde Funktion. Eine Importrestriktion wie das *Genehmigungserfordernis für Sonderabfallimporte* kann zwar als Kontrollmechanismus aufrechterhalten bleiben, allerdings wäre im Sinne eines marktwirtschaftlichen Konzepts die Genehmigung nur dann zu verweigern, wenn kein Entsorgungsvertrag mit einer inländischen zugelassenen Anlage nachgewiesen werden kann und daher illegale Entsorgung zu befürchten ist. Weitergehende Einwendungsmöglichkeiten, z.B. Importverbote mit dem Hintergedanken, Entsorgungskapazitäten für einheimische Sonderabfallerzeuger offenzuhalten, sind abzulehnen.

sorgt. Verschlechterungen der Umweltqualität am Entsorgungsort stehen damit vermiedenen Belastungen am Herkunftsort in gleicher Höhe gegenüber.

- Wettbewerbsverzerrungen auf Seiten der sonderabfallverursachenden Industrie werden abgebaut, weil europaweit einheitliche Standards und eine in der gesamten Union mögliche Entsorgung die jeweiligen Aufwendungen für entsorgungsbezogene Maßnahmen aneinander angleichen. Daher steht auch die gewerbliche Wirtschaft einheitlichen Umweltnormen aufgeschlossen gegenüber.[71]
- Auch in der Sonderabfallwirtschaft können komparative Standortvorteile wie bessere natürliche Bedingungen (z.B. Bodenbeschaffenheit für Deponien) oder Unterschiede bei Löhnen und Faktorproduktivitäten verstärkt zur Geltung kommen.
- Einheitliche Entsorgungsstandards und die Aufhebung von Marktzutrittsschranken führen zu gemeinschaftsweit ähnlichen Wettbewerbsbedingungen für Anbieter von Entsorgungsleistungen. Die genannten komparativen Konkurrenzvorteile bleiben davon zwar unberührt, aber sie gelten auch in anderen, wettbewerblich organisierten Branchen und sind kein spezifisches Problem der Sonderabfallwirtschaft.
- Insgesamt wird die durch die Verbringungsbeschränkungen hervorgerufene Diskriminierung bestimmter Gruppen (einheimische Sonderabfallerzeuger und ausländische Anbieter bei Exportrestriktionen bzw. inländische Entsorger und ausländische Sonderabfallbesitzer bei Importbeschränkungen) aufgehoben.

Die Liberalisierung grenzüberschreitender Sonderabfallverbringungen *nach* erfolgter Vereinheitlichung der Anforderungen an eine umweltverträgliche Entsorgung verstärkt somit die Wirkungen, die schon eine bundesweite Marktöffnung mit sich bringt und wäre ein weiterer Beitrag zur Angleichung der Lebensverhältnisse innerhalb der Europäischen Union.

---

71 Vgl. *Hüwels* (1992), S. 20.

7.3 Integration marktorientierter Instrumente der Umweltpolitik

Die Beibehaltung des qualitätsregulierenden Instrumentariums hat bereits deutlich gemacht, daß eine marktwirtschaftliche Ausrichtung der Sonderabfallwirtschaft nicht mit völliger Deregulierung gleichzusetzen ist. Insofern passen umweltpolitische Regulierungsinstrumente, die eine vergleichsweise geringe Eingriffsintensität aufweisen und besser auf Marktgesetzlichkeiten reagieren, durchaus in ein marktwirtschaftliches Konzept. Gerade in letzter Zeit wird verstärkt darüber nachgedacht, ökonomische Anreizinstrumente auch für die Abfallwirtschaft nutzbar zu machen, wobei man vor allem Abgabenlösungen besondere Aufmerksamkeit schenkt.[72] Neben Abgaben lassen sich Zertifikatemodelle, das Umwelthaftungsrecht sowie Verhandlungslösungen dem marktwirtschaftlichen Instrumentarium zurechnen.[73] Sie zeichnen sich im allgemeinen alle durch die Fähigkeit aus, den Preismechanismus, der in einer marktwirtschaftlich organisierten Gesellschaft für die Zuteilung knapper Güter zuständig ist, auch im Umweltbereich zur Allokation knapper Umweltgüter nutzbar zu machen.

Ein wesentliches Motiv für die Integration marktorientierter Instrumente ist das generelle Manko des ordnungsrechtlichen Instrumentariums, über die gesetzlich vorgeschriebenen Standards hinausgehend Anreize zu entwickeln, auch die *verbleibenden Emissionen* aus der Sonderabfallentsorgung zu reduzieren.[74] Die weiterhin bestehenden Umweltbelastungen werden nicht in das private Rechnungswesen der Verursacher internalisiert und müssen von der Allgemeinheit getragen werden. Eine Verschärfung der Standards brächte zwar zusätzliche Entlastungswirkungen und eine weitergehende Internalisierung, ist allerdings angesichts des ohnehin schon hohen Umweltschutzniveaus nur zum Preis stark steigender Grenzvermeidungskosten zu haben. Durch Regulierung mittels marktorientierter umweltpolitischer Instrumente kann es gelingen, daß jeder Sonderabfallverursacher die aus seiner individuellen Sicht optimale Entsorgungs- bzw. Vermeidungsstrategie wählen kann und dabei gleichzeitig aus eigenem Interesse auf die ökologischen Belange Rücksicht nimmt.

---

72 Vgl. *Hecht* (1991) S. 198-210, *Faber/ Michaelis* (1989), *Faber/ Stephan/ Michaelis* (1988) S. 48-57, *Benkert/ Bunde* (1990), *Jaron* (1989), *van Mark* (1993), *Michaelis* (1991) S. 114-126, *Zimmermann* (Hrsg., 1993), *Knüppel* (1989) S. 153-160, *Fichtner* (1992) S. 194 ff. oder *Rentz/ Weiland* (1993).

73 Vgl. z.B. *Siebert* (1976), *Wicke* (1984) oder *Zimmermann* (1984) zur Systematisierung ökonomischer Anreizinstrumente der Umweltpolitik.

74 Vgl. z.B. *Sachverständigenrat für Umweltfragen* (1991), Kap. 5.4.5 bzw. Kap. 5.5.4.4 zu den Schadstoffemissionen aus Abfallverbrennungsanlagen bzw. oberirdischen Sonderabfalldeponien.

Nach der in dieser Arbeit vertretenen Auffassung (Kap. 4.3) ist mit dem Instrumenteneinsatz ausschließlich die Internalisierung der aus den Emissionen von Sonderabfallentsorgungsanlagen resultierenden *Umweltkosten* zu erreichen, die Knappheit der Entsorgungskapazitäten (Knappheitskomponente) wird dagegen im Falle privaten Entsorgungsangebots bereits im Entsorgungspreis berücksichtigt. Diese Leitvorstellung kann zumindest als Referenzmaßstab dienen, auch wenn sie bei praxisorientierter Gestaltung der zu entwickelnden Lösungen aufgrund von Erfassungs-, Bewertungs- und Zurechnungsproblemen nicht optimal erfüllt werden kann. Die teilweise schon vorhandenen Instrumentenvorschläge sollen hier zwar nur im Überblick vorgestellt werden, aber dabei wird bereits deutlich, daß eine marktwirtschaftlich organisierte und *gleichzeitig* umweltverträgliche Sonderabfallwirtschaft kein Widerspruch sein muß.

7.3.1 Bundeseinheitliche Sonderabfallabgabe

7.3.1.1 Theoretisches Konzept

Das zur Zeit populärste marktkonforme Instrument sind sicherlich Abfall- bzw. Sonderabfallabgaben, die in einigen Bundesländern bereits verwirklicht wurden (Kap. 3.2.7.1) und auch auf Bundesebene im Gespräch sind. Zum besseren Verständnis sind an dieser Stelle einige Anmerkungen zur theoretischen Basis von Umweltabgaben angebracht.[75]

Umweltabgaben mit Lenkungsfunktion beabsichtigen eine gezielte finanzielle Belastung umweltbeeinträchtigender Aktivitäten, um so Anreize zur Reduzierung der Umweltbelastung und damit zur Verringerung der Abgabenlast zu schaffen.[76] Als Erster schlug *Pigou* bereits 1920 vor, den Verursachern umweltbelastender Tätigkeiten ihre externalisierten Kosten über eine Steuer derart anzulasten, daß die Diskrepanz zwischen einzel- und gesamtwirtschaftlichen Kosten beseitigt wird und sich eine pareto-optimale Allokation einstellt.[77] Die Steuer soll die Beteiligten veranlassen, "richtige" Mengen im Sinne einer wohlfahrtsoptimalen Situation zu produzieren bzw. zu konsumieren. Dazu müßte sie so bemessen werden, daß private Grenzkosten zuzüglich Steuer den sozialen

---

75 Auf Einzelheiten hinsichtlich ökonomischer, rechtlicher und administrativer Anwendungsvoraussetzungen kann nicht eingegangen werden. Vgl. dazu *Huckestein* (1993).

76 Vgl. *van Mark* (1993), S. 139.

77 Vgl. *Pigou* (1932), dargestellt bei *Endres* (1986).

Grenzkosten entsprechen. Allerdings ist dieser Ansatz mit gravierenden Problemen verbunden, die eine praktische Umsetzung verhindern.[78]

Daher wird in der Praxis im allgemeinen auf das wohlfahrtstheoretisch "bescheidenere" Ziel der kostenminimalen Einhaltung politisch vorgegebener Umweltstandards abgestellt. Der von *Baumol* und *Oates* entwickelte "Standard-Preis-Ansatz"[79] verzichtet auf Allokationsoptimierung und verfolgt lediglich die kostenminimale Senkung der umweltbelastenden Aktivitäten auf den festgelegten ökologischen Zielwert. Zur Erreichung dieser Umweltnormen wird der Einsatz von Abgaben vorgeschlagen, die sich an den Emissionsvermeidungskosten der Unternehmen orientieren. Der Abgabensatz muß "theoretisch so hoch sein wie die Grenzvermeidungskosten desjenigen Emittenten, dessen Emissionsminderung als Beitrag zur Immissionszielerreichung gerade noch benötigt wird."[80] Im Gegensatz zu undifferenzierenden Ge- und Verboten ist hierbei die individuelle Kostensituation jedes Anlagenbetreibers ausschlaggebend für das jeweilige Ausmaß an Emissionsvermeidungsmaßnahmen. Man wird sich solange um Emissionsreduzierung bemühen, bis die Grenzvermeidungskosten der Abgabenhöhe entsprechen (*ökonomische Effizienz*). Ein wesentlicher Unterschied zu Auflagen ist darüber hinaus die *dynamische Anreizwirkung* von Abgaben: Weil nicht nur die Kosten für vermiedene Umweltbelastungen in Rechnung gestellt werden, sondern auch die verbleibenden Emissionen kostenwirksam sind ("Restverschmutzungsabgabe"), besteht durch einsparbare Abgabenzahlungen ein permanenter Anreiz, Technologien zu entwickeln und einzusetzen, mit denen auch die restlichen Belastungen reduziert werden können. Allerdings ist bei Abgaben darauf hinzuweisen, daß sie hinsichtlich ihrer *ökologischen Wirksamkeit* Schwächen aufweisen. Die Grenzvermeidungskosten der einzelnen Emittenten und die gesamtwirtschaftliche Grenzvermeidungskostenkurve sind normalerweise nicht bekannt, sodaß auch das Anpassungsverhalten der von der Abgabe betroffenen Unternehmen kaum richtig abgeschätzt werden kann. Demnach müßten die Abgabensätze in einem aufwendigen und politisch schwierig durchsetzbaren trial-and-error-Prozeß bis zur Zielerreichung permanent variiert werden. Gelingt dies nicht, verbleiben lediglich die Verbesserung des Umweltzustandes als "Schritt in die richtige Richtung" und der dynamische Anreiz, mehr zu tun als nach den Umweltstandards gefordert.

---

78 Insbesondere ist die monetäre Bewertung der externen Effekte und damit die Bestimmung der pareto-optimalen Umweltqualität praktisch kaum durchführbar. Darüberhinaus wäre der Steuersatz jeder Umweltbelastungsänderung permanent anzupassen. Vgl. zu diesen Schwierigkeiten *ebd.*, S. 408 und *Kemper* (1989), S. 31.

79 Vgl. *Baumol/ Oates* (1971).

Erfolgversprechend können Abgabenlösungen nur sein, wenn man eine geeignete Bemessungsgrundlage für die Abgabenerhebung findet. Bei Emissionen aus Entsorgungsanlagen (Luft- und Lärmbelästigung aus Verbrennungs- und chemisch-physikalischen Behandlungsanlagen, Sickerwasser und Geruchsemissionen aus Deponien) tauchen neben der generellen Problematik, diese überhaupt zu erfassen, *Zurechnungsprobleme* auf, welche die Wirksamkeit von Lenkungsabgaben in diesem Bereich weiter einschränken. Für eine wirkungsvolle Internalisierung der Umweltkosten müßten nämlich die Wirkungszusammenhänge zwischen angelieferter Sonderabfallmenge und -art und der daraus bei den jeweiligen Entsorgungsverfahren resultierenden Schadstoffemissionen bekannt sein, um letztere eindeutig einzelnen Sonderabfallerzeugern zuordnen zu können. Deponieemissionen sind z.B. sehr vielfältiger Natur, treten häufig erst mit großer zeitlicher Verzögerung auf und hängen nicht nur von Art und Menge der angelieferten Abfälle ab, sondern es kann auch zu schwer kalkulierbaren Wechselwirkungen zwischen neuen und bereits deponierten Abfällen kommen.[81]

Wenn die Überwälzung von Restverschmutzungsabgaben für Deponie- oder Verbrennungsemissionen auf die eigentlichen Verursacher derart schwierig und praktisch kaum zu verwirklichen ist, bietet sich als *"Ersatzlösung"* der indirekte Weg an, Sonderabfallmengen und deren Schädlichkeitspotential als Bemessungsgrundlage für die Abgabenerhebung zu nehmen, denn je weniger Sonderabfälle entsorgt werden müssen, umso geringer sind tendenziell auch die zu erwartenden Umweltbelastungen aus den Entsorgungsvorgängen. Ausgangspunkt sind also nicht die Outputs aus Entsorgungsanlagen (Emissionen), sondern deren Inputs (zu entsorgende Sonderabfälle einer bestimmten Art und Menge). Eine solche Vorgehensweise unterstellt implizit, daß zwischen Input und Output ein verursachungsgerechter Zusammenhang besteht, obwohl es unwahrscheinlich ist, über diesen indirekten Weg eine mengengenaue Steuerung der Emissionen aus Entsorgungsanlagen zu erreichen. Zumindest aber werden Anreize für die Sonderabfallverursacher zur Reduzierung ihrer Reststoffe und damit auch zur Verringerung der bei der Entsorgung entstehenden Umweltbelastungen gesetzt.

---

80 *Hansmeyer* (1984), S. 273. Vgl. z.B. *Holzinger* (1987), S. 135 zur graphischen Darstellung des Standard-Preis-Ansatzes.

81 Vgl. *van Mark* (1993), S. 141.

7.3.1.2 Entwurf eines Bundesabfallabgabengesetzes

Der Referentenentwurf für ein bundeseinheitliches Abfallabgabengesetz[82] geht diesen indirekten Weg, indem Abfälle im Sinne von § 1 Abs. 1 AbfG abgabepflichtig werden sollen. Es ist vorgesehen, eine "Vermeidungsabgabe" für besonders überwachungsbedürftige Abfälle sowie bestimmte Massen- und Industrieabfälle zu erheben. Darüberhinaus sollen alle zur endgültigen Ablagerung kommenden Abfälle mit einer "Deponieabgabe" belastet werden. Die beiden Abgabekomponenten werden nach der Jahresmenge des angefallenen Abfalls bemessen, wobei das Kalenderjahr als Veranlagungszeitraum zugrundegelegt wird. Der Gesetzentwurf unterscheidet vier verschiedene Kategorien von Abfällen, für die entsprechend ihrer jeweiligen Gefährlichkeit unterschiedlich hohe Abgabensätze zu zahlen sind (Tab. 14).[83]

Tab. 14: Abgabensätze (anfängliches Niveau) im Entwurf für ein Bundesabfallabgabengesetz (in DM/ Tonne)

Kategorie	Abfallart	Vermeidungsabgabe	Deponieabgabe
A	Besonders überwachungsbedürftiger Abfall	100,-	75,-/ 100,-
B	Massen- und Industrieabfall	25,-	50,-
C	Bauschutt, Bodenaushub, Straßenaufbruch	0,-	15,-
D	Sonstiger Abfall	0,-	25,-

(Quelle: *Bundesministerium für Umwelt, Naturschutz und Reaktorsicherheit* (1991))

Die *Vermeidungsabgabe* ist von gewerblichen oder sonstigen wirtschaftlichen Unternehmen und öffentlichen Einrichtungen zu zahlen, wenn diese Abfälle der Kategorie A oder B zur Fremdentsorgung abgeben, in eigenen Anlagen behandeln bzw. deponieren oder in die Bundesrepublik importieren (§§ 4 Abs. 2 und 11 Abs. 2). Für Abfälle sämtlicher Kategorien müssen Deponiebetreiber und Abfallbesitzer, die ihre Reststoffe exportieren wollen, die *Deponieabgabe* entrichten, wenn die Abfälle endgültig abgelagert oder zur Deponierung ins Ausland verbracht werden sollen (§ 13).

---

82 Vgl. *Bundesministerium für Umwelt, Naturschutz und Reaktorsicherheit* (1991).

83 Der Referentenentwurf sieht bereits eine Dynamisierung der Abgabensätze vor: Sie sollen sich stufenweise alle 2 Jahre um 20% des Ausgangsniveaus erhöhen, sodaß 10 Jahre nach Einführung des Gesetzes eine Verdopplung der ursprünglichen Sätze erreicht wird.

Allerdings sieht der Gesetzentwurf einige Ausnahmen von diesen grundsätzlichen Abgabenregelungen vor:

- Die Vermeidungsabgabe für besonders überwachungsbedürftige Abfälle entsteht nicht, wenn von diesen Stoffen beim Abgabepflichtigen im Kalenderjahr weniger als 500 kg anfallen (§ 4 Abs. 3).
- Um Mehrfachbelastungen zu vermeiden, sind Rückstände, die bei der Sanierung kontaminierter Böden oder bei der Abfallbehandlung entstehen, von der Vermeidungsabgabe befreit. Dies gilt auch, wenn die Abfälle stofflich verwertet werden (§ 4 Abs. 4).
- Die zuständige Behörde kann den Abgabepflichtigen bei Massen- und Industrieabfällen auf Antrag für bis zu 5 Jahre von der Vermeidungsabgabe ganz oder teilweise befreien, "soweit dieser nachweist, daß eine Vermeidung der Abfälle technisch nicht möglich und auch auf absehbare Zeit offensichtlich ausgeschlossen ist." (§ 11 Abs. 3)
- Wenn der Abgabepflichtige in Anlagen und Einrichtungen investiert, mit denen sich eine Vermeidung oder Verwertung der bisher bei voller Anlagenauslastung anfallenden Abfallmengen um mindestens 25% erreichen läßt, kann seine Vermeidungs- *und* Deponieabgabe auf Antrag für drei Jahre um 50% gemindert werden (§§ 5 und 14).
- Schließlich sehen zwei von Abfallart, -menge oder Entsorgungsmöglichkeiten unabhängige Ausnahmeregelungen vor, daß die Abgaben zur Vermeidung von Härtefällen ggf. gestundet, gekürzt oder ganz gestrichen werden können (§ 21) und daß im Beitrittsgebiet angefallene Abfälle zunächst nur mit 25% der in den alten Bundesländern gültigen Abgabensätze belastet werden (§ 24).

Im vierten Teil des Gesetzentwurfs ist vorgesehen, das den Bundesländern zustehende Mittelaufkommen aus dem Abgabengesetz zu 40% für die Altlastensanierung in den neuen Bundesländern zu verwenden (§ 19 Abs. 2) und den verbleibenden Anteil zweckgebunden für abfallwirtschaftliche Maßnahmen auf Länderebene (Beratung und Förderung von (Pilot-)Vorhaben hinsichtlich Vermeidungs- und Verwertungstechnologien, Altlastensanierung, umweltverträgliche Entsorgung) einzusetzen.[84]

---

84 Zwei finanzwissenschaftliche Studien ermittelten ein jährliches Abgabenaufkommen zwischen 4,6 bis 5,4 Mrd. DM (vgl. *Michaelis* (1992)) und 5,9 Mrd. DM (vgl. *van Mark* (1991) für das Gebiet der alten Bundesländer. Allerdings ist davon auszugehen, daß die genannten Ausnahmeregelungen zu einer deutlichen Schmälerung des Abgabenaufkommens führen werden.

7.3.1.3 Beurteilung

Der Ansatz einer bundeseinheitlichen Abgabenlösung ist grundsätzlich zu begrüßen, weil (Sonder)abfallabgabengesetze einzelner Bundesländer (Kap. 3.2.7.1) zu Wettbewerbsverzerrungen innerhalb Deutschlands und damit zu allokativer Ineffizienz führen (Kap. 5.1.2). Streng genommen wäre sogar eine einheitliche Abgabenregelung innerhalb der Europäischen Union sinnvoll, um zumindest hinsichtlich dieser Kostenkomponente gemeinschaftsweit gleiche Verhältnisse zu schaffen. Letzteres dürfte allerdings kurz- und mittelfristig eine eher unrealistische Perspektive sein, denn bei der Realisierung dieses Gesetzesvorhabens sind bereits auf Bundesebene erhebliche Widerstände zu überwinden.

Aus der Konzeption des gesamten Gesetzentwurfs wird deutlich, daß Vermeidungs- und Verwertungsanreize insbesondere deshalb gesetzt werden sollen, um knappe Deponiekapazitäten zu schonen. § 1 (Ziel des Gesetzes) betont diesen Ansatz ausdrücklich. Insofern ist der Referentenentwurf nur bedingt kompatibel mit der in dieser Arbeit vertretenen Auffassung, bei ausschließlicher Nutzung privaten Angebots zur Versorgung mit Entsorgungskapazitäten sei nur die Internalisierung von Umweltkosten mittels ergänzender marktorientierter Instrumente zu erreichen, Knappheitskosten wären dagegen bereits im Entsorgungspreis enthalten.[85] Angesichts der angesprochenen Erfassungs- und Zurechnungsprobleme ist allerdings der indirekte Anreiz zur Emissionsreduzierung bei Entsorgungsvorgängen über die Anknüpfung der Abgabe an Menge und Schädlichkeitspotential der Sonderabfälle eher erfolgversprechend.[86] Deshalb werden die einzelnen Regelungen des Entwurfs in den folgenden Ausführungen vor allem dahingehend beleuchtet, welchen Beitrag sie zur Berücksichtigung der Umweltkomponente im Entsorgungspreis leisten können.

Die *Deponieabgabe* wird erst bei endgültiger Ablagerung erhoben, nicht schon auf vorgelagerten Behandlungsstufen. Diese Konstruktion provoziert vor allem

---

85 Dies gilt zumindest für diejenigen (in dieser Arbeit im Vordergrund stehenden) Abfallarten, die von der öffentlichen Entsorgungspflicht ausgeschlossen sind. Allenfalls in von den entsorgungspflichtigen Körperschaften für Siedlungsabfälle betriebenen Deponien ist der "Knappheitsansatz" ggf. gerechtfertigt, weil dort nur kostendeckende Deponiegebühren verlangt werden dürfen, die das noch zur Verfügung stehende Deponievolumen unberücksichtigt lassen müssen.

86 Würde man die Emissionen aus den Entsorgungsvorgängen als Bemessungsgrundlage nehmen, wäre bei luftseitigen Emissionen darüberhinaus zu berücksichtigen, daß solche Stoffe nicht nur in Abfallverbrennungsanlagen entstehen, sondern auch von anderen Feuerungs- und Produktionsanlagen stammen können. Aus ökonomischer Sicht ist eine Ungleichbehandlung gleicher Tatbestände aber nicht gerechtfertigt, sodaß eigentlich ein alle luftseitigen Emissionsquellen erfassendes Abgabensystem installiert werden müßte. Auch das ist zur Zeit kaum praktikabel und durchsetzbar (vgl. *Michaelis* (1993), S. 18).

Substitutionseffekte in Richtung stärkerer stofflicher und thermischer Sonderabfallbehandlung, um den Deponieabgaben zu entgehen. Es stellt sich die Frage, ob hiermit nicht lediglich eine Verlagerung von Umweltbelastungen (weniger Deponieemissionen, mehr "Behandlungs"-Emissionen) erreicht wird. Außerdem wird nicht zwischen stofflicher und thermischer Behandlung (Verbrennung) differenziert. Wenn die Sonderabfallverbrennung stärkere Umweltbelastungen verursacht (was zumindest die vehementen Bürgerproteste gegen dieses Entsorgungsverfahren vermuten lassen), ist eine solche unterschiedslose Vorgehensweise nicht sinnvoll.[87]

Richtigerweise wird mit der *Vermeidungsabgabe* der Tatbestand der Abfallentstehung belastet, denn bei ihrer Entsorgung verursachen die Reststoffe Umweltbelastungen. Nimmt man an, daß diese tendenziell umso größer sind, je gefährlicher die angelieferten Abfälle bzw. Sonderabfälle sind, ist die Staffelung der Abgabensätze nach der Schädlichkeit sinnvoll.[88] Die relativen Entsorgungspreise werden zugunsten von weniger gefährlichen Stoffen verschoben, sodaß auf betriebswirtschaftlicher Ebene Anreize gesetzt werden, bei unvermeidbaren Reststoffen zumindest das Schädlichkeitspotential zu vermindern. Die einzelnen Abfallkategorien sind allerdings zu wenig differenziert, um die von den darin zusammengefaßten Reststoffen hervorgerufenen Umweltkosten adäquat abbilden zu können. Dies gilt insbesondere für die Gruppen A und B. Eine den bei der Entsorgung zu erwartenden Umweltbelastungen angepaßte Einteilung bedeutet zwangsläufig höheren administrativen Aufwand, sodaß hier ein Kompromiß zwischen sinnvoller Anreizsetzung zur Reduzierung der Schädlichkeit und verwaltungstechnischer Vollziehbarkeit der Regelung notwendig ist.

Die im Gesetzentwurf vorgesehenen *Ausnahmeregelungen* können wie folgt beurteilt werden:

- Die 25%-Klausel (§§ 5 und 14) schafft zwar einen *zusätzlichen* Anreiz, weniger Abfälle anfallen zu lassen, weil neben der Einsparung der Abgabenzahlung für die vermiedenen oder verwerteten Abfälle auch die Abgabenlast für die restlichen Abfälle halbiert wird, aber diese Regelung kann auch kontraproduktiv wirken, weil u.U. diejenigen Vermeidungsinvestitionen unter-

---

87 Gleichwohl ist sie in Anbetracht der Gesetzesintention verständlich, denn es macht keinen Unterschied, durch welches Behandlungsverfahren Deponiekapazitäten gespart werden.

88 Weil die Sätze aber für die ersten zehn Jahre nach Inkrafttreten des Gesetzes bereits feststehen sollen, kann man sie auch nicht variieren, um noch gezielter auf Schädlichkeitspotential und hervorgerufene Emissionen einwirken zu können. Es verbleibt die Kostenwirksamkeit anfallender Reststoffe, eine gezielte Mengensteuerung der Emissionen über den Preis, wie sie der theoretische Standard-Preis-Ansatz vorsieht, ist jedoch nicht mehr möglich.

bleiben, die "nur" Einsparungen unterhalb der 25%-Schwelle mitsichbringen und bei denen man deshalb nicht in den Genuß der Abgabensatzhalbierung kommt.[89]

- Können sich Unternehmen von der Abgabenzahlung für Massen- und Industrieabfälle befreien, wenn sie nachweisen, daß Vermeidung zur Zeit "technisch nicht möglich ist" (§ 11 Abs. 3), ist zu befürchten, daß sie ihre Aufmerksamkeit vor allem darauf richten, gegenüber den Vollzugsbehörden genau das zu beweisen, anstatt nach innovativen Lösungen für stärkere Vermeidung zu suchen. Dynamische Ineffizienz ist damit vorprogrammiert.
- Härtefall- und Beitrittsgebietklausel (§§ 21 und 24) sind fragwürdig, denn wenn eine Abgabenregelung installiert wird, muß sie prinzipiell auch alle Abfallverursacher unabhängig von ihrer jeweiligen wirtschaftlichen Leistungsfähigkeit treffen, um keine allokativen Verzerrungen hervorzurufen.[90] Eventuelle verteilungspolitische Erwägungen sollten über andere, vom Abfallrecht unabhängige Maßnahmen berücksichtigt werden.

Insgesamt wirken sich die Befreiungs- bzw. Minderungstatbestände negativ auf die ökonomische Effizienz des Gesetzesvorhabens aus.

Im Gesetzentwurf ist vorgesehen, das Mittelaufkommen insbesondere für Zwecke der Altlastensanierung zu verwenden.[91] Neben die Lenkungsfunktion tritt somit die möglicherweise sogar dominierende Finanzierungsfunktion des Abgabengesetzes, obwohl doch im allgemeinen eine Konkurrenzbeziehung zwischen beiden Funktionen konstatiert wird.[92] Je stärker die Abgabe zur Verminderung der Abfallentstehung beiträgt, umso geringer wird das entstehende Abgabenaufkommen und somit auch die fiskalische Ergiebigkeit. Stattdessen kann man sich andere, zum Teil auch im Referentenentwurf vorgesehene Verwendungszwecke vorstellen. Denkbar wäre z.B., mit den Einnahmen im Sinne einer Wettbewerbsförderungspolitik den Aufbau privater Entsorgungsanlagen mit besonders umweltverträglichen Emissionsvermeidungstechnologien zu fördern und damit wiederum zu einer Reduzierung verbleibender Schadstoffbelastungen durch die Abfallentsorgung beizutragen. Allerdings werden mit diesem Ansatz erneut "end-of-the-pipe"-Technologien unterstützt. Insofern sind Finanzhilfen für die Entwicklung von Abfallvermeidungstechnologien ("integrierte" Problemlösungen), wie sie der Gesetzentwurf vorsieht, sicherlich vorzuziehen. Verur-

---

89 Vgl. *Weiland/ Rentz* (1993), S. 94 f. Ebenso läßt sich argumentieren, über 25%-Reduzierungen hinausgehende Verbesserungen verlieren an Attraktivität, weil schon bei Erreichen dieser Marke die "Belohnung" in Form der Abgabensatzhalbierung vorgesehen ist und es für noch stärkere Senkungen des Abfallaufkommens keine zusätzlichen finanziellen Anreize gibt (vgl. *Michaelis* (1993), S. 49).

90 Vgl. *ebd.*, S. 48 f.

91 Vgl. vor allem Kap. 4.2.3.6 zur diesbezüglichen Beurteilung.

sachungsgerecht ist auch eine Mittelverwendung für Beratungsangebote über Vermeidungs- und Verwertungstechnologien, denn diese Dienstleistung wird dann genau von denjenigen bezahlt, die für das Abfallaufkommen und die daraus resultierenden Umweltbelastungen verantwortlich sind. Schließlich könnte man die Abgabenzahlungen für finanzielle Kompensationen derjenigen Gemeinden nutzen, in denen sich die Entsorgungsanlagen befinden, weil gerade diese in besonderer Weise von Anlagenemissionen betroffen sind.[93]

Zusammenfassend läßt sich festhalten, daß das geplante Bundesabfallabgabengesetz prinzipiell einen sinnvollen Weg darstellen kann, um den Abfallverursachern die bei der Abfallentsorgung entstehenden Umweltkosten anzulasten. Dies geschieht über den "indirekten" Weg, Sonderabfallmengen und deren Schädlichkeit als Bemessungsgrundlage zu nehmen. Die ökologischen Wirkungen lassen sich kaum genau abschätzen, weil eine mengengenaue Emissionssteuerung wegen Erfassungs- und Zurechnungsproblemen und der bereits vorgegebenen Abgabensatzentwicklung, die einen theoretisch anzuwendenden "trial-and-error-Prozess" verhindern, nicht möglich ist. Man kann aber sicherlich davon ausgehen, daß sich die verbleibenden Umweltbelastungen aufgrund geringeren Abfallaufkommens und niedrigerem Schädlichkeitspotential reduzieren werden. Dynamische Anreize sind (abgesehen von Unzulänglichkeiten im Detail) wegen der Konzeption als "Restverschmutzungsabgabe" grundsätzlich vorhanden. Der Abgabenentwurf überläßt es jedem Unternehmen, anhand seiner individuellen Kostensituation die für sich kostenminimale Entscheidung zwischen Abgabenzahlung bzw. Vermeidungsinvestition zu treffen und ist insofern ökonomisch effizient. Weil es sich um eine bundesweit einheitliche Regelung handelt, die die bereits vorhandenen Landesabfallabgabengesetze ablösen würde, werden darüberhinaus Wettbewerbsverzerrungen innerhalb Deutschlands abgebaut. Ob sich die Abgabenlösung zur Zeit angesichts der ohnehin schon hohen Abgabenbelastung für Unternehmen politisch durchsetzen läßt, ist aber fraglich.

---

92 Vgl. z.B. *Ewringmann/ Schafhausen* (1985), S. 45.

93 *Michaelis* schlägt dies zur Verteilung der Knappheitsrente an standortbereite Kommunen vor, um hierdurch eine Angebotsausdehnung und Reduzierung von Knappheitskosten auszulösen (vgl. *ders.* (1993), S. 25), aber es scheint nichts dagegen zu sprechen, zur Internalisierung von Umweltkosten ebenso zu verfahren. Vgl. im übrigen Kap. 7.3.4.2, denn solche Kompensationszahlungen können möglicherweise akzeptanzerhöhend wirken.

7.3.2 Zertifikatemodell

Als instrumentelle Alternative zu Umweltabgaben bieten sich möglicherweise sogenannte *Umweltzertifikate* an.[94] Zertifikatelösungen sind seit mittlerweile mehr als 10 Jahren in der umweltpolitischen Diskussion und werden auch im deutschsprachigen Schrifttum verstärkt behandelt, insbesondere für den Bereich der Luftreinhaltepolitik.[95] In letzter Zeit befassen sich einige Autoren mit dem möglichen Instrumenteneinsatz in der Abfallpolitik. Allerdings wird Umweltzertifikaten vor allem von Umweltschützern und Politikern nachwievor eine gewisse Skepsis entgegengebracht, weil man durch dieses Instrument einen "Verkauf der Umwelt" befürchtet.

7.3.2.1 Theoretisches Konzept

An dieser Stelle sollen einige Bemerkungen zur theoretischen Funktionsweise genügen, um anschließend (Kap. 7.3.2.2) Anwendungsvorschläge auf dem Gebiet der Abfall- und Sonderabfallwirtschaft zu benennen. Im Gegensatz zu Abgaben als "Preislösungen", die den Preis der Umweltressource bzw. Umweltnutzung mit Festpreisen versehen und die Mengensteuerung dem Markt überlassen, handelt es sich bei Zertifikaten um *"Mengenlösungen"*, denn hier wird die Menge der Umweltnutzung (wie bei Auflagen) direkt fixiert, sodaß die Preise auf dem Markt variieren können.[96]

Ausgangspunkt für das Zertifikatekonzept ist die Festlegung von Höchstmengen für innerhalb einer bestimmten Region emittierbare Schadstoffe durch staatliche Stellen. Die zulässigen Gesamtmengen der einzelnen Schadstoffe werden dann in geeignete Teilmengen gestückelt und in "Zertifikaten" verbrieft. Der Besitz eines solchen Zertifikats berechtigt dazu, in einer bestimmten Region die im Papier festgelegte Menge des betreffenden Schadstoffs an die Umwelt abzugeben. Ohne ein Zertifikat ist die Emission verboten und wird entsprechend bestraft. Durch die genau definierten Nutzungsrechte an der Umwelt wird ihr Verschmut-

---

94 Die Bezeichnung ist allerdings in der Literatur uneinheitlich, mitunter wird auch von Emissionsrechten, (Nutzungs)Lizenzen oder Umweltlizenzen gesprochen. Der Begriff "Lizenz" wird in diesem Kapitel allerdings vermieden, um deutlich zu machen, daß sich der hier skizzierte Vorschlag vom Lizenzmodell der nordrhein-westfälischen Sonderabfallwirtschaft unterscheidet (siehe unten). Vgl. *Gawel* (1993) zum begrifflichen Zusammenhang zwischen Zertifikat und Kompensationslösung.

95 Vgl. z.B. *Bonus* (1981), (1984) und (1984a), *Endres* (1985), *Kabelitz* (1984) und (1984a), *Kemper* (1989), *Stahl* (1989) oder *Huckestein* (1993a).

96 Vgl. *Bonus* (1990).

zungsgrad vorherbestimmbar und sichergestellt, daß die Grenzwerte auf legalem Weg nicht überschritten werden können. Benötigen Unternehmen, die schadstoffemittierende Anlagen errichten oder erweitern möchten, (zusätzliche) Zertifikate, müssen diese (z.B. im Rahmen einer börsenähnlichen Institution) von anderen Schadstoffemittenten erworben werden, bei denen durch Anlagenstillegungen, Produktionsveränderungen oder die Installation von Schadstoffvermeidungstechniken Zertifikate freigeworden sind.[97] Für die allokative Optimierung, die mit dem Instrument erreicht werden soll, ist das Zustandekommen von Austauschprozessen erforderlich. Insofern muß die Steuerung des Handels und der Preisbildung über einen Markt für Umweltzertifikate erfolgen. Ein rational handelnder Emittent wird dann Emissionsvermeidungsmaßnahmen ergreifen, wenn deren Grenzkosten geringer sind als der Zertifikatpreis; liegen die Vermeidungskosten darüber, wird er (je nach Ausgestaltung) seine Zertifikate behalten bzw. entsprechende Rechte erwerben und Schadstoffe emittieren. Mit einer solchen Konstruktion wird (bezogen auf alle Emittenten) das umweltpolitische Mengenziel kostenminimal und damit ökonomisch effizient realisiert. Ausgehend von dieser Grundstruktur sind vielfältige Modifikationen denkbar, die sich insbesondere hinsichtlich Erstvergabeverfahren, Zertifikatelaufzeit und Kreis der "Zertifikatberechtigten" unterscheiden können.

Es ist deutlich darauf hinzuweisen, daß die nordrhein-westfälische Lizenzregelung *keine* Lösung im Sinne des Zertifikatmodells darstellt, weil damit statt der Nutzung von Umweltgütern die Möglichkeit, als Abfallentsorger tätig zu werden, kontingentiert wird. Hierdurch lassen sich die Emissionsmengen aus Entsorgungsanlagen, wenn überhaupt, nur indirekt über die Begrenzung der Zahl der Entsorgungsbetriebe beeinflussen.[98]

Nun haben die theoretischen Überlegungen im Zusammenhang mit Abfallabgaben bereits deutlich gemacht, daß es sehr schwierig sein dürfte, die bei der Sonderabfallentsorgung entstehenden Schadstoffemissionen den eigentlichen Verursachern (Sonderabfallproduzenten) zuzuordnen. Dies wäre aber nötig, damit letztere überhaupt wissen, wieviele Zertifikate sie ggf. erwerben müßten, um die von ihnen angelieferten Sonderabfallmengen entsorgen lassen zu dürfen. Alternativ könnten nicht die Sonderabfallproduzenten, sondern die Betreiber der Ent-

---

97 Vgl. *Kemper* (1989), S. 43.

98 Vgl. *Karl* (1988a), S. 63. Wären die Lizenzen ähnlich wie Emissionszertifikate handelbar, könnte die allokative Effizienz der nordrhein-westfälischen Organisationslösung gesteigert werden, denn dann ergäbe sich für die Lizenzen ein Lizenzpreis, der den wirtschaftlichen Wert der Erlaubnis zur Durchführung von Entsorgungstätigkeiten widerspiegelt. Längerfristig könnten diejenigen Entsorger die Rechte erwerben, bei denen sie wegen der von diesen Unternehmen angewandten kostengünstigen und innovativen Entsorgungsverfahren den größten wirtschaftlichen Nutzen stiften (vgl. *ebd.*, S. 61).

sorgungsanlagen zum Zertifikaterwerb verpflichtet werden, aber dies würde lediglich eine Verlagerung der Problematik bedeuten, denn dann läge es im Ermessen der Anlagenbetreiber, wie sie die ihnen entstehenden Kosten aus dem Zertifikatekauf auf ihre Kunden aufteilen. Vernünftige Anreizstrukturen für die Sonderabfallverursacher sind so sicherlich kaum zu erreichen. Im übrigen gebietet es die ökonomische Rationalität, auch andere technische Anlagen, die vergleichbare Schadstoffe emittieren, in das Zertifikatesystem einzubeziehen, damit gleiche Sachverhalte (Emissionen) gleich behandelt werden, eine ausreichende Anzahl von Unternehmen am Markt für Umweltzertifikate teilnehmen und dadurch ein Zertifikatehandel überhaupt zustande kommt.

7.3.2.2 Bisherige Vorschläge für die Abfallwirtschaft

Bei den bereits in Ansätzen entwickelten Zertifikatelösungen im Bereich der Abfallwirtschaft tauchen diese Schwierigkeiten nicht auf, denn hier stehen nicht die bei der Abfallentsorgung auftretenden Emissionen im Mittelpunkt, sondern Gegenstand eines Zertifikats ist die *Abfallmenge* als unerwünschter Output. Anstatt die bei der Entsorgung in Anspruch genommenen Umweltmedien zu limitieren, werden die Entsorgungskapazitäten selbst begrenzt.

Knüppel skizziert Anwendungsmodalitäten für Umweltzertifikate in den Bereichen Siedungsabfall- und Sonderabfallentsorgung.[99] Nach seiner Vorstellung sollten Sonderabfallzertifikate die knappen Deponiekapazitäten kontingentieren. Zu verbrennender oder zu behandelnder Sonderabfall wird nicht limitiert. Eine Umweltbehörde bestimmt den innerhalb eines Zeitraums in einer Region zur Verfügung stehenden Deponieraum für Sonderabfälle, stellt für Teilmengen nach Schädlichkeit differenzierte Zertifikate aus und läßt diese einmal jährlich unter den Sonderabfallproduzenten versteigern. Die dabei leer ausgehenden Unternehmen müssen ihre Reststoffe entweder bis zur nächsten Versteigerung zwischenlagern, in angrenzenden Regionen oder mittels alternativer Verfahren entsorgen oder versuchen, anderen Zertifikateerwerbern ihre Papiere abzukaufen.

Ein wesentlich ausgefeilteres Konzept wurde von *Fichtner* entwickelt.[100] Sie nennt es "Optionsmodell", wobei eine Option als "verbrieftes Recht auf Entsorgungsleistungen für Sonderabfall" verstanden wird und damit inhaltlich einem Zertifikat im obigen Sinne entspricht. Die Option wird hinsichtlich Entsorgungsform (Verbrennung, Deponierung, Behandlung), Abfallart, Abfallmenge und Gültigkeitszeitraum genau spezifiziert. Sonderabfallproduzierende Unternehmen

99 Vgl. *Knüppel* (1989), S. 153-160.

müssen die Option zunächst bei einer staatlichen Stelle entgeltlich erwerben.[101] Wird sie ausgeübt, erhält das die Entsorgung durchführende Entsorgungsunternehmen die Option als "Bezahlung" für seine Leistung. Sie läßt sich an andere Sonderabfallproduzenten weiterverkaufen, um damit reale Einnahmen als Gegenleistung für die Entsorgungstätigkeiten zu erzielen. Weiterhin können die Entsorgungsoptionen auch zwischen den Sonderabfallerzeugern gehandelt werden und zur Durchsetzung ökologischer Ziele im Sonderabfallbereich von der staatlichen Institution mittels Offenmarktpolitik zurückgekauft werden. Dabei ist die "Optionsmengenpolitik .. derart zu optimieren, daß in Abhängigkeit von der Wertschöpfung im Sonderabfallbereich einerseits hinreichende Kapazitäten zur ordnungsgemäßen Entsorgung entstehen und vorgehalten werden, und andererseits Fortschritte in der Entwicklung von Vermeidungstechnologien zur Steigerung der Entsorgungsqualität induziert werden."[102] Das Aufkommen aus dem Optionsverkauf soll für die finanzielle Unterstützung beim Aufbau privater Entsorgungskapazitäten, zur Altlastensanierung und zum möglichen Optionsrückkauf verwendet werden.

Rentz/ Weiland entwickeln in Grundzügen ein Zertifikatekonzept als Alternative zum geplanten Bundesabfallabgabengesetz.[103] Sie beschränken sich im Gegensatz zu *Fichtner* auf die Kontingentierung von Deponieraum[104] und ermitteln zunächst anhand mehrerer Verfahrensschritte die pro Jahr nutzbaren und nach einem bestimmten Schlüssel gestaffelten Deponiekapazitäten. Nach Aufteilung auf den festgelegten Zeithorizont gibt eine entsprechende Institution die ermittelte Jahresmenge an Zertifikaten aus, wobei auch hinsichtlich unterschiedlicher Abfallkategorien differenziert wird. Sie sind für jeweils ein Jahr gültig. Hinsichtlich der Erstvergabe der Zertifikate plädieren *Rentz/ Weiland* für eine entgeltliche Ausgabe an Entsorgungsunternehmen (private und staatliche/ kommunale Deponiebetreiber).[105] Der weitere Zertifikatehandel soll dann für alle Deponie-

---

100 Vgl. *Fichtner* (1990), S. 194 ff.

101 Der Ausgabekurs richtet sich dabei nach verschiedenen Determinanten wie aktuelles Entsorgungspreisniveau, Opportunitätskosten der Sonderabfallvermeidung als Knappheitsindikator für die Entsorgungskapazitäten, Schädlichkeitspotential der Reststoffe und Finanzbedarf der Altlastensanierung.

102 *Ebd.*, S. 199.

103 Vgl. *Rentz/ Weiland* (1993), S. 228 ff.

104 Die Abfallverbrennung wird als Vorstufe der Deponierung angesehen und insofern berücksichtigt, als die Ablagerung der bei Verbrennung entstehenden Rückstände ebenfalls nur mit entsprechenden Zertifikaten erlaubt ist.

105 Auch hierin unterscheiden sie sich von *Knüppel* und *Fichtner*, da diese von einem Erwerb durch die *Sonderabfallerzeuger* ausgehen.

arten zentral über Institutionen wie die Abfallbörsen der Industrie- und Handelskammern oder Wertpapierbörsen abgewickelt werden.

7.3.2.3 Beurteilung

Auf die konkrete Ausgestaltung der sich zum Teil deutlich unterscheidenden Modelle soll es hier nicht ankommen. Vorstehende Erläuterungen machen aber deutlich, daß das Instrument "Umweltzertifikate" in der Abfall- bzw. Sonderabfallwirtschaft vor allem zur Berücksichtigung von Kapazitätsknappheiten (insb. Deponiekapazitäten) im privaten Rechnungswesen der Sonderabfallverursacher eingesetzt werden soll, denn alle Vorschläge sind so konzipiert, daß sie die Menge der zur Verfügung stehenden Entsorgungskapazitäten als Ansatzpunkt für die auszugebende Zertifikatemenge wählen. Um mit den Begriffen aus Kap. 4.3 zu sprechen: Die Betonung liegt eindeutig auf der Knappheitskomponente und nicht auf der Umweltkomponente.

Im in dieser Arbeit skizzierten Organisationsmodell für die Sonderabfallwirtschaft, welches u.a. durch die ausschließliche Nutzung von Entsorgungsanlagen privater und im Wettbewerb stehender Unternehmen gekennzeichnet ist und die ihre individuelle Kapazitätssituation bereits im Entsorgungspreis mitberücksichtigen, ist es nicht notwendig, Entsorgungskapazitäten über Zertifikate zu kontingentieren.[106] Wenn sich andererseits die Limitierung der bei der Entsorgung entstehenden Schadstoffemissionen nicht praktikabel verwirklichen und politisch durchsetzen läßt, sollte auf den Einsatz des Instruments in der Sonderabfallwirtschaft eher verzichtet werden.

Das bedeutet nicht, daß ein Einsatz im Abfallbereich generell abzulehnen wäre. Bei den nicht von der öffentlichen Entsorgungspflicht ausgeschlossenen (Siedlungs-)Abfällen mit von den entsorgungspflichtigen Körperschaften betriebenen Anlagen, wo die Knappheitskomponente in der Tat eine Rolle spielt, sind Zertifikatelösungen durchaus erwägenswert, zumal sie dem Abgabeninstrumentarium vermutlich überlegen sind. Hier könnten sie die ganze Palette der ihnen zugesprochenen Vorteile ausspielen: Zertifikatemodelle sind ökonomisch effizient, weil es durch den Emissionsrechtehandel möglich wird, die Emissionen (Abfäl-

---

106 Würde man dennoch Entsorgungszertifikate entsprechend der vorhandenen Kapazitäten vergeben und sie der Kapazitätsentwicklung permanent anpassen, hätten sie allenfalls eine unterstützende und bewußtseinsfördernde Funktion, indem die ohnehin schon bestehende Verpflichtung betont wird, daß eine sonderabfallverursachende Produktion erst aufgenommen werden darf, wenn die Entsorgung der anfallenden Reststoffe sichergestellt ist (vgl. Kap. 7.2.1.3).

le) dort zu reduzieren, wo dies am kostengünstigsten möglich ist. Sie sind hinsichtlich ihrer ökologischen Treffsicherheit Abgaben vorzuziehen, weil die zulässigen Entsorgungsmengen unmittelbar festgelegt und nicht indirekt über eine staatliche Entsorgungspreisbeeinflussung gesteuert werden. Außerdem werden permanente Vermeidungsanreize und die Innovationsbereitschaft zur Realisierung technischen Fortschritts auf dem Gebiet abfallarmer Produktionsverfahren gefördert, denn die Aufwendungen für den Zertifikateerwerb bzw. nicht realisierte Einnahmen aus ihrem Verkauf könnten ansonsten für andere Zwecke verwendet werden.

7.3.3 Umwelthaftungsrecht

Als Alternative zu ordnungsrechtlichen Ge- und Verboten wird in der Umwelt- und Sonderabfallpolitik auch der Einsatz haftungsrechtlicher Ansätze vorgeschlagen, um durch Mobilisierung wirtschaftlichen Eigeninteresses an sicherer und umweltverträglicher Entsorgung die Internalisierung von Umweltkosten zu gewährleisten. Hier wird das *Umwelthaftungsrecht* allerdings lediglich als Ergänzung zum Ordnungsrecht angesehen, denn in der Praxis dürfte eine vollständige Internalisierung externer Effekte wegen noch anzusprechender Abweichungen von der idealtypischen Funktionsweise kaum gelingen. Letztlich hängt es von der konkreten Ausgestaltung des Haftungsrechts ab, welche Anreizwirkung es im Entscheidungskalkül sonderabfallerzeugender und -entsorgender Unternehmen entfalten kann, die bei der Sonderabfallentsorgung trotz hoher Standards noch verbleibenden Umweltbelastungen zu berücksichtigen. Das Haftungsrecht wird nicht nur auf theoretischer Ebene diskutiert, sondern mit dem 1990 verabschiedeten Umwelthaftungsgesetz und dem von der EG-Kommission vorgelegten Entwurf für eine "Richtlinie des Rates über die zivilrechtliche Haftung für die durch Abfälle verursachten Schäden" sind bereits praxisorientierte Umsetzungen des Instruments für den Bereich "Abfallwirtschaft" verwirklicht oder vorgeschlagen worden.

7.3.3.1 Theoretische Grundlagen[107]

Als zentrale *Aufgaben des Umwelthaftungsrechts* werden *Schadenskompensation* und *Schadensprävention* angesehen, wobei bei Ökonomen in der Regel die allokative Perspektive der Schadensvermeidung im Vordergrund steht (ex-ante-Betrachtung), während Juristen sich eher dem distributiven Aspekt eines "gerechten Schadensausgleichs" zuwenden (ex-post-Betrachtung).[108] Die Präventivfunktion beschränkt sich dabei nicht allein auf die Verhinderung von Störfällen, was ja bereits mit Hilfe ordnungsrechtlicher Standards erreicht werden soll, sondern gilt auch für die Vermeidung von Schäden, die sich aus dem staatlicherseits genehmigten Normalbetrieb von Anlagen ergeben können. Indem die haftungsrechtlichen Regelungen Sanktionen für den Schadensfall androhen, sollen potentielle Schädiger zu besonders sorgfältigem und schadensverhütendem Verhalten veranlaßt werden. Ist ein Umweltschaden dennoch eingetreten, greift die Kompensationsfunktion, um auf Kosten des Verursachers den realen physischen Zustand wiederherzustellen, der vor Durchführung der umweltbeeinträchtigenden Aktivität bestanden hat, oder um zumindest einen wirtschaftlichen/ finanziellen Ausgleich zu gewährleisten. Beide Funktionen des Umwelthaftungsrechts erscheinen somit bei entsprechender Ausgestaltung der rechtlichen Rahmenbedingungen grundsätzlich geeignet, sowohl schadensvermeidende Innovationen zu fördern als auch die Akzeptanz von neu zu errichtenden Sonderabfallentsorgungsanlagen zu erhöhen.[109]

Prinzipien des Haftungsrechts sind die Verschuldenshaftung und die Gefährdungshaftung. Nach den Regeln der *Verschuldenshaftung* ist der Betreiber einer Anlage, von der Umweltgefährdungen ausgehen können, dann schadensersatzpflichtig, wenn er gesetzlich vorgegebene Sorgfaltspflichten (etwa in Form von Umweltstandards) fahrlässig oder vorsätzlich mißachtet. Hält er sich aber an diese Vorschriften und entstehen dennoch Umweltschäden, haftet er nicht. Die *Gefährdungshaftung* ist dagegen vom Verschulden und dem tatsächlich gewählten Sorgfaltsniveau des Anlagenbetreibers unabhängig und der Unternehmer haftet schon allein wegen Existenz und Betrieb der potentiell umweltschädigenden Anlage. Damit wird den Geschädigten theoretisch ein sehr weitreichender

---

107 Vgl. z.B. *Adams* (1985), *Endres* (1991), *Endres / Rehbinder/ Schwarze* (1992) oder *Panther* (1992) als grundlegende Literatur zur ökonomischen Analyse des Haftungsrechts. Hier können nur zentrale, für die Ausgestaltung praxisorientierter Lösungen (Kap. 7.3.3.2) besonders wichtige Aspekte der theoretischen Diskussion wiedergegeben werden.

108 Vgl. *Kirchgässner* (1992), S. 18. Vgl. auch *Endres / Rehbinder/ Schwarze* (1992), S. 34-44 zur Entwicklung des Haftpflichtzwecks aus juristischer Sicht.

109 Auf die akzeptanzerhöhende Wirkung weist *Blankart* (1988), S. 75 hin.

Schutz eingeräumt.[110] Die Gefährdungshaftung basiert auf der Überlegung, daß prinzipiell umweltgefährdende Aktivitäten nicht vollständig verboten werden, sondern wegen der mit ihnen verbundenen (wirtschaftlichen) Vorteile weiterhin zulässig sind. Die Erlaubnis wird allerdings davon abhängig gemacht, daß die Anlagenbetreiber für *alle* von Dritten hinzunehmende Risiken einstehen müssen, also auch für ohne Schuld des Betreibers entstandene Schäden.[111]

Die in der Sonderabfallwirtschaft anfallenden Umweltkosten zu internalisieren bedeutet nichts anderes, als daß die Entsorgungsanlagenbetreiber die externen Kosten bei ihren Entscheidungen genauso berücksichtigen wie ihre privaten Kosten. Um dies zu erreichen, sind haftungsrechtliche Regelungen prinzipiell geeignet, denn Schadensersatzpflichten stellen im Falle ihrer Realisierung Betriebskosten dar. Die je nach Schadenshöhe, Wahrscheinlichkeit des Schadenseintritts und des Risikos der Inanspruchnahme erwarteten Regressansprüche werden mit den Schadensvermeidungskosten verglichen und damit in die unternehmerische Entscheidungsfindung integriert. Emissions- und Schadensverhütungsmaßnahmen sind so lange zu erwarten, bis deren Höhe die Höhe der erwarteten Kompensationszahlungen übersteigt. Aus volkswirtschaftlicher Sicht geht es um dasjenige Niveau an Vorsichtsaktivitäten, bei dem die erwartete Summe aller aus der umweltschädigenden Handlung resultierenden Kosten (Schadensvermeidungs-, Schadens- und Schadensabwicklungskosten) minimal ist. Im *ökonomischen Grundmodell des Haftungsrechts* wird dieses als pareto-optimales Sorgfaltsniveau definiert und dient als anzustrebender Referenzmaßstab für die sich bei Verschuldens- bzw. Gefährdungshaftung einstellenden "Sorgfaltsgleichgewichte".[112] Dabei läßt sich zeigen, daß beide Haftungsregeln unter den

---

110 Allerdings wird bei der Gefährdungshaftung die prinzipielle Gefahr gesehen, daß potentielle Opfer keinerlei Anreize mehr haben, selber Vorsicht walten zu lassen, um Schäden abzuwenden, weil sie grundsätzlich mit voller Entschädigung rechnen können. Man kann zwischen sogenannten unilateralen und bilateralen Schäden unterscheiden. Erstere sind dadurch gekennzeichnet, daß sie alleine durch Maßnahmen des physikalischen Verursachers verringert werden können. Unberücksichtigt bleibt dagegen, daß die Geschädigten ihrerseits schadensverhütende Aktivitäten entwickeln und damit das Schadensausmaß reduzieren könnten. Bei bilateralen Schäden haben beide Beteiligten Einfluß auf die Schadenshöhe. Im Falle von Sonderabfallentsorgungsanlagen dürften eher unilaterale Schäden vorliegen, weil die potentiell geschädigten Anwohner in der Regel kaum über das nötige Wissen und die erforderliche Flexibilität verfügen dürften, um von sich aus auf die mögliche Schadenshöhe einzuwirken (vgl. *ebd.*, S. 80).

111 Vgl. *Diederichsen/ Foerste* (1989), S. 9. Grundlegend zur Gefährdungshaftung *Esser* (1969).

112 Das sind diejenigen Sorgfaltsvorkehrungen, die bei der jeweiligen Haftungsregel vom potentiellen Schädiger verwirklicht werden. Vgl. *Endres* (1991), S. 14 ff, *ders.* (1989), S. 115 ff. oder *Kirchgässner* (1992), S. 22-24 zum ökonomischen Grundmodell des Haftungsrechts.

Prämissen des Modells *gleichermaßen* Anreize liefern, Sorgfaltsaktivitäten in Höhe des gesellschaftlich optimalen Niveaus zu entwickeln.

Weil aber wesentliche Annahmen des Grundmodells[113] in der Realität regelmäßig nicht erfüllt sind, müssen Allokationsverzerrungen hingenommen werden.[114] Abweichungen vom pareto-optimalen Sorgfaltsniveau ergeben sich *erstens* daraus, daß die Schäden nicht vollständig kompensiert werden, sondern die Schadensersatzzahlung unterhalb der Schadenshöhe bleibt (Schadensdiskontierung). Hier sind zunächst Beweislastprobleme zu nennen, weil Umweltschäden oft komplexe Ursachen haben und die Kausalität zwischen umweltschädigender Tätigkeit und Schaden bei sogenannten Distanz-, Summations- oder Allmählichkeitsschäden, wie sie z.B. bei Verbrennungsanlagen oder Deponien auftreten können, oft nur schwer festzustellen ist. Trägt der Geschädigte die Beweislast, muß er bei der Verschuldenshaftung zusätzlich auch das Verschulden des Schädigers nachweisen.[115] Weitere Ursachen für Abweichungen zwischen Schaden und Schadensersatzzahlung ergeben sich aus den Problemen, häufig nicht-pekuniäre Umweltschäden zu monetarisieren und für solche Schadensarten einen Anspruchsberechtigten zu finden, für die keine kongruierenden Verfügungsrechte definiert wurden (z.B. ökologische Schäden am Naturhaushalt). Auch gesetzlich fixierte oder durch das begrenzte Vermögen des Schädigers bedingte Haftungshöchstgrenzen bedeuten eine Schadensdiskontierung, beeinflussen die Sorgfaltsaktivitäten des potentiellen Schädigers und bedingen u.U. allokative Verzerrungen. Ein pareto-optimaler Zustand wird *zweitens* verfehlt, wenn von den zuständigen staatlichen Stellen aufgrund unvollständiger Informationen "suboptimale", also vom pareto-optimalen Referenzniveau abweichende Vorsorgestandards definiert werden. Tatsächlich dürften in der Praxis optimal festgesetzte Standards

113 *Prämissen*: Schädiger, Geschädigte und die staatlichen Stellen (Behörden, Gerichte) besitzen ausreichende Informationen über das gesellschaftlich optimale Sorgfaltsniveau und den Zusammenhang zwischen realisiertem Sorgfaltsniveau und zu erwartendem Schaden. Die Standardsetzung orientiert sich am pareto-optimalen Sorgfaltsniveau. Alle Schäden sind monetarisierbar. Es gibt keine Kausalitätsprobleme, d.h. der Kausalzusammenhang zwischen umweltbeeinträchtigendem Verhalten eines Unternehmens und dem entstandenen Schaden ist nachweisbar. Alle Arten von Schäden werden in das Haftungsinstrumentarium einbezogen und können individuellen Anspruchsberechtigten zugeordnet werden. Im Schadensfall wird der volkswirtschaftliche Schaden in voller Höhe ersetzt.

114 Vgl. *Endres* (1991), S. 51 ff. zu den unterschiedlichen Abweichungsgründen und den daraus resultierenden Allokationswirkungen.

115 Um die genannten Schwierigkeiten abzumildern und dem Geschädigten die Realisierung seiner Schadensersatzansprüche zu erleichtern, werden in der Praxis häufig Beweiserleichterungen wie Auskunftsrechte des Geschädigten gegenüber dem Verursacher, die Zulassung von Kausalitätsvermutungen und statistischen Kausalitätsbeweisen oder sogar eine Beweislastumkehr zugelassen bzw. festgelegt.

illusorisch sein. Wirkungsbrüche sind *drittens* dann zu erwarten, wenn für das gesellschaftlich optimale Vorsorgeniveau relevante Parameter vergessen werden ("unvollständige" Sorgfaltsstandards), weil sich die Unternehmen im Falle der Verschuldenshaftung ausschließlich auf die Einhaltung der im Gesetz enthaltenen Standards konzentrieren. Schließlich hat *viertens* auch die Möglichkeit bzw. Pflicht, sich gegen eventuelle Haftungsansprüche zu versichern, Auswirkungen auf die Allokation.[116]

Unter Berücksichtigung dieser Abweichungen vom idealtypischen Grundmodell lassen sich Argumente dafür finden, die Gefährdungs- anstatt der Verschuldenshaftung im praktischen Einsatz des Haftungsrechts zu realisieren:

- Die als Ursache für Allokationsverzerrungen genannten Aspekte "unvollständige Sorgfaltsstandards" bzw. "suboptimale Sorgfaltsstandards" sind im Falle der Gefährdungshaftung überhaupt nicht relevant, weil bei dieser Haftungsregel prinzipiell keine Vorsorgeniveaus definiert werden müssen.
- Hält sich ein Anlagenbetreiber an die hoheitlich vorgeschriebenen Sicherheits- oder Emissionsstandards (bestimmungsgemäßer Normalbetrieb), dann muß bei Verschuldenshaftung der Geschädigte für dennoch aufgetretene Schäden aufkommen. Ist dagegen verschuldensunabhängige Haftung vorgesehen, trifft es den Schädiger. Letzteres ist aus allokativer und ökologischer Sicht vorzuziehen, weil dem Anlagenbetreiber dann nicht nur die Kosten der Einhaltung vorgeschriebener Standards in Rechnung gestellt werden, sondern auch die verbleibenden Schadenskosten. Andernfalls könnte er seine Dienstleistung volkswirtschaftlich gesehen zu billig anbieten und würde aufgrund höherer Nachfrage zu viele Umweltschäden induzieren.[117]

---

116 Vgl. dazu ausführlich *Endres/ Schwarze* (1991). Prinzipiell sind Haftpflichtversicherungen zu begrüßen, weil risikoscheuen Schädigern die Möglichkeit gegeben wird, das unsichere Risiko einer hohen Schadensersatzzahlung gegen die sichere Zahlung einer genau festgelegten Prämie zu substituieren. Für die potentiellen Opfer sind Versicherungen vorteilhaft, weil sie die Gefahr reduzieren, nur unvollständig entschädigt zu werden. Einem privaten Versicherungsangebot könnte vor allem das "moralische Risiko" (moral hazard) aufgrund von Informationsvorsprüngen der Versicherungsnehmer im Wege stehen (vgl. Kap. 4.1.3.4). Es läßt sich aber durch eine entsprechende Gestaltung der Versicherungsverträge (Bonus-Malus-Systeme, Selbstbeteiligung) reduzieren. Darüberhinaus muß man berücksichtigen, daß nicht unbedingt für alle Risiken aus Entsorgungsanlagen private Versicherungsverträge angeboten werden. Im Unterschied zu plötzlichen Störfällen gelten ökologische Schäden des Naturhaushalts, Allmählichkeitsschäden und auch Schäden aus dem genehmigten Normalbetrieb mitunter als nicht versicherbar (vgl. *Blankart* (1988), S. 85 f., *Feldmann* (1992), S. 196, *Feess-Dörr/ Prätorius/ Steger* (1992), S. 107 ff.).

117 Vgl. *Kirchgässner* (1992), S. 25.

- Vor allem sind die unterschiedlichen dynamischen Anreizwirkungen beider Haftungsregeln zu beachten.[118] Die Verschuldenshaftung bietet dem potentiellen Schädiger lediglich dann einen Anreiz, Technologien zur Schadensvermeidung oder -reduzierung weiterzuentwickeln, wenn er damit seine Kosten der Standardeinhaltung verringern kann. Der Gefährdungshaftung sind weitergehende Anreize immanent, weil hier auch die verbleibenden Schadenskosten und technische Möglichkeiten zu stärkerer Schadensvermeidung in die Wirtschaftlichkeitsanalysen miteinbezogen werden müssen. Führen verbesserte Umweltschutztechniken zu geringeren Schadensaufwendungen bzw. Versicherungsprämien, kann sich das in höheren Gewinnen niederschlagen.

7.3.3.2 Verwirklichte und geplante haftungsrechtliche Normen

Das zivilrechtliche Umwelthaftungsrecht basiert in der Bundesrepublik auf mehreren Anspruchsgrundlagen. Für haftungsrechtlich relevante Tatbestände bei der Erzeugung und Entsorgung von Sonderabfällen sind vor allem das *Umwelthaftungsgesetz* (UmweltHG)[119] und der Richtlinienentwurf der EG-Kommission für eine EG-einheitliche *Abfallhaftungsrichtlinie*[120] von Bedeutung.[121] Beide Vor-

---

118 Vgl. *ebd.*, S. 28.

119 Gesetz über die Umwelthaftung (Umwelthaftungsgesetz - UmweltHG) vom 10. Dezember 1990, BGBl. I, S. 2634.

120 Vorschlag für eine Richtlinie des Rates über die zivilrechtliche Haftung für die durch Abfälle verursachten Schäden vom 1. September 1989, Abl. Nr. C 251, S. 4, KOM (89) 282 endg.

121 Daneben begründen Nachbarrecht (§ 906 BGB) und Deliktrecht (§ 823 ff. BGB) einen auch im Umweltbereich zu beachtenden Rechtsgüterschutz und Schadensersatzanspruch (vgl. dazu z.B. *Diederichsen/ Foerste* (1989) S. 15 ff.). Nach § 823 BGB haften Abfallerzeuger und -entsorger auf Schadensersatz, sofern sie die dort genannten Schutzgüter Dritter rechtswidrig und schuldhaft (vorsätzlich oder fahrlässig) verletzen (Abs. 1) oder schuldhaft gegen ein den Schutz Dritter bezweckendes Gesetz (z.B. AbfG, BImSchG) verstoßen (Abs. 2). Demnach entsteht ein Haftungsanspruch nur, wenn ein Verschulden vorliegt und dies dem Schädiger nachgewiesen werden kann. Maßstab für die Beurteilung ist die verkehrserforderliche Sorgfalt im Sinne von § 276 BGB. Eine Haftung für Schäden aus dem Normalbetrieb ist damit in der Regel nicht zu erwarten, zumal ein Individualrecht auf saubere Umwelt als sonstiges Recht im Rahmen von § 823 Abs. 1 bisher nicht anerkannt wurde. Die nachbarrechtlichen Ausgleichsansprüche nach § 906 BGB, die einem Geschädigten bei auf einem Nachbargrundstück verursachten Immissionen (Gase, Dämpfe, Geräusche etc.) zustehen, sind zwar prinzipiell verschuldensunabhängig, können aber nur geltend gemacht werden, wenn sie *wesentlich* und *ortsunüblich* sind. Wesentlichkeit liegt aber im allgemeinen nur dann vor, wenn gesetzlich festgelegte

schriften werden vorstehenden theoretischen Überlegungen insofern gerecht, als sie die Gefährdungshaftung als Grundprinzip für die von der Abfallentsorgung beeinträchtigten Umweltgüter etablieren.

Das *Umwelthaftungsgesetz* sieht eine Gefährdungshaftung für Individualschäden als Folge umweltbeeinträchtigender Aktivitäten vor, indem § 1 UmweltHG Inhaber von im Anhang 1 enumerativ aufgeführten Anlagen zum Ersatz der einem Geschädigten entstandenen Personen- und Sachschäden verpflichtet (Anlagenhaftung). Im Gesetzentwurf der Bundesregierung wird allerdings der Umweltvorsorge- oder Präventionsgedanke, nämlich durch gesetzliche Auferlegung eines Schadensersatzpflichtrisikos zu schadensvermeidendem Verhalten anzuhalten, noch vor diesem Ausgleichsgedanken genannt.[122] Unter den im Anhang erfaßten Anlagen sind in erster Linie solche, die einer Genehmigung nach BImSchG (4. BImSchV) bedürfen. Dazu zählen auch alle Abfallverbrennungsanlagen, Pyrolyseanlagen, Sonderabfallzwischenlager, -behandlungsanlagen und -deponien.[123] Ausgenommen von der Haftung sind Schäden wegen höherer Gewalt (§ 4) und Sachschäden, sofern nur eine unwesentliche oder ortsübliche Beeinträchtigung vorliegt (§ 5). Darüberhinaus ist die Haftung auf jeweils 160 Mio. DM für Personen- und Sachschäden begrenzt (§ 15). Zugunsten des Geschädigten wurde eine Kausalitätsvermutung festgelegt, denn ist "eine Anlage nach den Gegebenheiten des Einzelfalls geeignet, den entstandenen Schaden zu verursachen, so wird vermutet, daß der Schaden durch diese Anlage verursacht ist" (§ 6 Abs. 1 Satz 1). Diese Beweislastregelung gilt allerdings nur für Störfälle, nicht dagegen für den behördlich genehmigten bestimmungsgemäßen Normalbetrieb (§ 6 Abs. 2 bis 4). Außerdem kann die Ursachenvermutung widerlegt werden, indem der potentielle Schädiger nachweist, daß "ein anderer Umstand nach den Gegebenheiten des Einzelfalls geeignet ist, den Schaden zu verursachen" (§ 7 Abs. 1 und 2). Um es dem Geschädigten leichter zu machen, seine Schadensersatzansprüche durchzusetzen, hat er das Recht, bestimmte Auskünfte vom Anlageninhaber und der zuständigen Genehmigungs- oder Überwachungsbehörde zu verlangen (§§ 8 und 9). Für potentiell besonders umweltgefährdende Anlagen ist eine obligatorische Deckungsvorsorge (primär in Form einer Umwelthaftpflichtversicherung) vorgeschrieben, damit der Umfang der Haftung nicht auf das haftende Eigenkapital des umweltschädigenden Unternehmens beschränkt bleibt

---

Grenzwerte (z.B. der TA Luft) überschritten werden. Behördliche Genehmigungen sind zu dulden. Insgesamt bieten Nachbar- und Deliktrecht erst dann einen Schadensausgleichsanspruch, wenn die qualitätsregulierenden Entsorgungsstandards überschritten werden. Zur Internalisierung der bei Einhaltung der Standards noch verbleibenden Umweltkosten sind sie demnach ungeeignet. Vgl. im übrigen *Moskopp* (1989) oder *von Wilmowsky* (1991) zur Bedeutung dieser Anspruchsgrundlagen für die Abfallwirtschaft.

122 Vgl. *Feldmann* (1992), S. 193.

123 Vgl. Nr. 68-77 von Anhang 1 zu § 1 UmweltHG.

und die Opfer ihre Schadensersatzansprüche vollständig durchsetzen können (§ 19). Zu erwähnen ist schließlich, daß die Haftung prinzipiell nur solche Schäden erfaßt, die sich einzelnen Personen zurechnen lassen. Die vom Individualschadenskonzept des geltenden Zivilrechts nicht erfaßten "ökologischen Schäden" (z.B. Beeinträchtigungen der Luft oder des Naturhaushalts) sind zwar für sich genommen nicht schadensersatzfähig, aber wenn gleichzeitig auch ein individuelles Rechtsgut verletzt wurde, erstreckt sich die Ersatz- bzw. Wiederherstellungspflicht auch auf die Natur- oder Landschaftsschäden (§ 16 Abs. 1).

Im Entwurf für eine *Abfallhaftungsrichtlinie*[124] ist ebenfalls eine verschuldensunabhängige Haftung vorgesehen (Art. 3 Abfallhaftungsrichtlinie), und zwar für Schäden und Umweltbeeinträchtigungen[125], die durch gewerbliche Abfälle vom Zeitpunkt ihrer Entstehung an verursacht werden (Art. 1). Haftungsträger ist aber nicht der Inhaber einer umweltgefährdenden Anlage, sondern der "Abfallerzeuger" selbst. Als solcher gilt nicht nur derjenige, bei dessen gewerblicher Tätigkeit Abfälle entstehen, sondern u.a. auch der Abfallentsorger mit genehmigter Entsorgungsanlage, sobald ihm die Abfälle ordnungsgemäß übergeben wurden (Art. 2 Abs. 1a) und Abs. 2c)). Die Haftungsrichtlinie ist das vorläufige Ergebnis gemeinschaftsweiter Bemühungen zur Harmonisierung dieser Rechtsmaterie, sie soll Wettbewerbsverfälschungen und künstliche Investitions- und Abfallströme innerhalb der Union aufgrund unterschiedlicher Haftungsregeln verhindern (3. Erwägungsgrund). Damit bezweckt sie nicht nur Schadensprävention und Schadensausgleich, sondern auch die Verwirklichung einheitlicher Binnenmarktverhältnisse. Sie geht von einem hohen Schutzniveau hinsichtlich der ersatzfähigen Schäden und Unweltbeeinträchtigungen aus (5. Erwägungsgrund) und betont, daß Verursacher- und Vorsorgeprinzip nur wirksam werden können, wenn sich die Kosten der durch Abfälle verursachten Umweltbelastungen und Schäden in den Güter- und Dienstleistungskosten niederschlagen (10. Erwägungsgrund). Grundsätzlich ist der Geschädigte selbst ersatzberechtigt, bei Umweltbeeinträchtigungen im Sinne der Richtlinie kann aber auch die öffentliche Hand klagen (Art. 4 Abs. 3). Beansprucht werden können Kostenerstattungen für Maßnahmen zur Verhinderung und Behebung von Personenschäden, Umweltschäden und Umweltbeeinträchtigungen, darüberhinaus finanzielle Entschädigungen für den

124 Vgl. dazu allgemein *Hager* (1991), *von Wilmowsky* (1991) oder *Salje* (1990). Letzterer untersucht auch mögliche Schnittpunkte zwischen UmweltHG und Haftungsrichtlinie und kommt dabei u.a. zu dem Ergebnis, daß der Richtlinienentwurf insb. wegen des sehr weiten Abfallbegriffs tatsächlich eine umfassende Haftungsregelung für alle Arten von Emissionen darstellt und mithin eher in einem Konkurrenz- oder Divergenzverhältnis zur deutschen Umwelthaftung steht (vgl. *Salje* (1990), S. 2054 und 2057).

125 "Schäden" umfassen Personen- und Sachschäden, "Umweltbeeinträchtigungen" sind als "erhebliche und nachhaltige Eingriffe, die durch eine Veränderung der physischen, chemischen oder biologischen Beschaffenheit des Wassers, des Bodens und/ oder der Luft verursacht werden, ..." definiert (Art. 2 Abs. 1 c) und d) Abfallhaftungsrichtlinie).

erlittenen Schaden, die Wiederherstellung des ursprünglichen Umweltzustandes und auch die Einstellung der schadenstiftenden oder umweltbeeinträchtigenden Handlung (Art. 4 Abs. 1 und 2). Zwar hat der Kläger die Beweislast zu tragen, ihm kommt aber insofern eine Beweiserleichterung zugute, als er lediglich darlegen muß, daß zwischen Schaden bzw. Umweltbeeinträchtigung und den Abfällen des Erzeugers "mit überwiegender Wahrscheinlichkeit ein Ursachenzusammenhang besteht" (Art. 4 Abs. 6). Auf die Einbeziehung einer obligatorischen Umwelthaftpflichtversicherung hat die EG-Kommission verzichtet.

7.3.3.3 Beurteilung

Es ist offensichtlich, daß die Stärke der von einer Umwelt- bzw. Abfallhaftung ausgehenden Präventionsanreize, zur Abwendung drohender Schadensersatzansprüche aus eigenem wirtschaftlichen Interesse eine über die qualitätsregulierenden Entsorgungsstandards und Emissionsgrenzwerte hinausgehende Schadensvermeidung zu betreiben, unmittelbar von der konkreten gesetzlichen Ausgestaltung des Haftungsrechts abhängt. Die in UmweltHG und geplanter Abfallhaftungsrichtlinie zur Geltung kommende verschuldensunabhängige Haftung ist in Verbindung mit Beweiserleichterungen für die Geschädigten der richtige Weg angesichts der genannten Vorzüge der Gefährdungs- gegenüber der Verschuldenshaftung. Wie auch bei Abgaben oder Zertifikaten besteht der permanente *dynamische Anreiz* für Entsorgungsunternehmen, Technologien zu entwickeln und einzusetzen, mit denen nicht nur die ordnungsrechtlichen Sicherheitsstandards eingehalten werden können, sondern die durch Unterschreitung der gesetzlichen Emissionsgrenzwerte die darüberhinaus noch verbleibenden Risiken reduzieren und so zu geringeren Schadensregulierungskosten bzw. Versicherungsprämien führen. Hieraus wird deutlich, daß die präventiven Wirkungen primäres Ziel der Vorschriften sind und sie erst in zweiter Linie der Kompensation dennoch eingetretener Umweltschäden dienen sollen.

Durch die Ausgestaltung als Gefährdungshaftung wird auch der von den Zulassungsbehörden genehmigte *Normalbetrieb* der Entsorgungsanlagen prinzipiell in die Haftung miteinbezogen. Die Abfallhaftungsrichtlinie stellt diesen Sachverhalt sogar ausdrücklich klar (Art. 6 Abs. 2). Hierdurch kommt die das Ordnungsrecht ergänzende Funktion der Haftungsregelungen besonders deutlich zum Ausdruck. Die im UmweltHG vorgesehenen Beweiserleichterungen für den haftungsbegründenden Kausalitätsnachweis in Form von Ursachenvermutung und Auskunftsansprüchen sind zu begrüßen, weil sie dazu beitragen, zwangsläufig bestehende Informationsasymmetrien abzubauen und den Geschädigten eher in die Lage versetzen, seine Kompensationsansprüche durchzusetzen. Indem es dem Anlagenbetreiber ermöglicht wird, die Ursachenvermutung durch Nachweis bestimmungsgemäßen Betriebs zu widerlegen, erhält er Anreize, auch aus eigenem Interesse Betriebsabläufe und Emissionsverhalten der Anlage lückenlos zu dokumentieren. Die Regelung ergänzt somit die ohnehin schon bestehenden Informationspflichten des Anlagenbetreibers. Im Hinblick auf die Beweisregelungen ist der Haftungsrichtlinienentwurf allerdings weniger differenziert und ggf. ergänzungsbedürftig, da er lediglich die Beweiserleichterung durch Darlegung der "überwiegenden Wahrscheinlichkeit des Ursachenzusammenhangs" vorsieht, nicht aber Auskunftsansprüche und Möglichkeiten zur Widerlegung der Ursachenvermutung.[126]

Dagegen geht der Richtlinienentwurf weiter in bezug auf diejenigen Umweltschäden aus sonderabfallentsorgenden Tätigkeiten, die sich mangels Zurechenbarkeit zu einem individuellen Rechtsträger dem Haftungsrecht entziehen würden, falls sie im Gesetz nicht ausdrücklich und in Abkehr vom Individualrechtskonzept als schadensersatzfähig anerkannt wären.[127] Die Literatur spricht bei diesen die Allgemeinheit und nicht einzelne private Personen treffende Beeinträchtigungen in der Regel von "ökologischen Schäden" (Schädigungen des Naturhaushalts oder von Fauna und Flora, Summationsschäden wie das Waldsterben etc.). Die Präventionswirkung des Umwelthaftungsrechts kann zwangsläufig nicht optimal sein, wenn solche schutzwürdigen Rechtsgüter wie im Deliktsrecht (§ 823 BGB) nicht einbezogen werden. Das UmweltHG geht zwar nicht den kompletten Schritt, ökologische Schäden generell zur Schadensersatzpflicht zuzulassen, aber zumindest ist ein Anfang gemacht, indem für Beeinträchtigungen von Natur und Landschaft dann gehaftet wird, wenn gleichzeitig ein individuell zurechenbarer Schaden vorliegt (§ 16 Abs. 1). Die Abfallhaftungsrichtlinie berücksichtigt dagegen Beeinträchtigungen an rechtlich nicht zugeordneten Umweltgütern mittels des Begriffs "Umweltbeeinträchtigungen", und zwar unabhängig von einer gleichzeitigen Schädigung individueller Rechtsgüter.

Im Unterschied zum Richtlinienentwurf sieht das UmweltHG für besonders umweltgefährdende Anlagen eine obligatorische Deckungsvorsorge vor, die normalerweise mittels Haftpflichtversicherung abgedeckt wird. Daß es für die Ökoschäden und für Schäden aus dem genehmigten Normalbetrieb u.U. schwierig ist, einen privaten Versicherungsanbieter zu finden, wurde bereits gesagt. Diese Problematik ist nicht zu unterschätzen und steht einer vollständigen Internalisierbarkeit der Umweltkosten prinzipiell ebenfalls im Wege. Man kann sich dem erstrebenswerten Optimum aber möglicherweise annähern, indem es einem ebenfalls deregulierten und wettbewerblich verfaßten Markt für Versicherungsleistungen überlassen wird, die Grenzen der Versicherbarkeit von Umweltschäden

---

126 Vgl. *Nicklisch* (1992), S. 298 f.

127 Vgl. *ebd.*, S. 299.

abzustecken.[128] Im übrigen sollte es zu den selbstverständlichen Aufgaben der Versicherungsunternehmen gehören, durch Risikomanagement, die genaue Analyse der von einer Entsorgungsanlage ausgehenden Schadensrisiken (inklusive der Restrisiken eines bestimmungsgemäßen Normalbetriebs) und durch die gesetzlichen Vorschriften verschärfende Auflagen Entsorgungsanlagen *versicherbar* zu machen.[129]

Insgesamt sind die skizzierten haftungsrechtlichen Normen aus ökonomischer Sicht positiv zu beurteilen, weil die privaten Betreiber von Entsorgungsanlagen veranlaßt werden, mögliche Schadensersatzzahlungen bzw. Versicherungsprämien in ihrer Kostenrechnung und Preisgestaltung zu berücksichtigen. Weniger risikobehaftete Entsorgungstechnologien können davon profitieren, weil sie relativ preisgünstiger und damit auch für die Nachfrager interessanter werden. Umgekehrt werden gefährlichere, aber dennoch genehmigte Verfahren zurückgedrängt. Auch wenn eine vollständige Internalisierung der bei Einhaltung qualitätsregulierender Entsorgungsstandards noch verbleibenden Umweltkosten wegen unvollständiger Einbeziehung aller relevanten Schadensarten in die Haftung nicht möglich ist, so muß dennoch die im Vergleich zum alleinigen Einsatz des Ordnungsrechts *weitergehende* Anlastung der mit Entsorgungsvorgängen verbundenen Umweltschäden betont werden. Insofern ist die Ergänzung des Ordnungsrechts um haftungsrechtliche Vorschriften sinnvoll. Je besser es gelingt, auch die von individuellen Rechtsgütern losgelösten umweltbezogenen Schutzgüter (Naturhaushalt, Fauna und Flora etc.) nachvollziehbar in das Umwelthaftungsrecht zu integrieren, umso stärker wird dessen Präventionswirkung und Stellung innerhalb marktorientierter Sonderabfallpolitik sein. Außerdem ist die Problematik der Erfassung, Monetarisierbarkeit und vollständigen Einbeziehung aller denkbaren Umweltbeeinträchtigungen kein spezifisches Problem einer auf Basis privater Entsorgungsunternehmen organisierten Sonderabfallwirtschaft, sondern ebenso in stärker regulierten Organisationsformen zu beachten. Mit der Gefährdungshaftung entstehen dynamische Anreize, die von der Sonderabfallentsorgung nachwievor ausgehenden Belastungswirkungen durch weitergehende Sorgfaltsanstrengungen zu reduzieren. Weiterhin dürften vom Verschulden unabhängige Schadensersatzansprüche prinzipiell dazu geeignet sein, die Akzeptanz für Entsorgungsanlagen bei den potentiell Betroffenen zu verbessern, und schließlich ist darauf hinzuweisen, daß der Entwurf einer europäischen Abfallhaftungsrichtlinie einen weiteren Schritt zur Herstellung EU-weit einheitlicher Bedingungen im Markt für Sonderabfallentsorgung darstellt.

---

128 Vgl. *Blankart* (1988), S. 86.

129 Vgl. *Feldhaus* (1992), S. 196.

7.3.4 Verhandlungslösung

Verhandlungslösungen zwischen den Betreibern von Entsorgungsanlagen und den Standortanwohnern können möglicherweise einen weiteren marktwirtschaftlich orientierten Weg darstellen, um die von genehmigten Anlagen durch Emissionen verschiedenster Art ausgehenden Umweltbeeinträchtigungen in die interne Kostenrechnung der Anlagenbetreiber einzubeziehen. Als Verhandlungsinhalte sind dabei sowohl die jeweilige technische Anlagenausstattung zur Emissionsreduzierung als auch finanzielle oder sonstige Kompensationen für verbleibende Beeinträchtigungen denkbar. Neben ihrem möglichen Beitrag zur Umweltkosteninternalisierung wird bei solchen Verhandlungen auch ihre prinzipielle Eignung betont, Widerstände der Bevölkerung gegen geplante Entsorgungsanlagen abzubauen bzw. ihre Akzeptanz zu verbessern, die Zeitspanne von Planungsbeginn bis zur Inbetriebnahme zu verkürzen und dadurch eine bessere Versorgung mit dem Gut "Entsorgungskapazität" zu erreichen.

7.3.4.1 Theoretische Grundlagen

Als theoretische Grundlage für Verhandlungslösungen gilt ein 1960 von *Coase* publizierter Aufsatz, welcher mit dem bis dahin als einzig richtig angesehenen Ansatz von *Pigou* zur Internalisierung externer Effekte (Kap. 7.3.1.1) vollständig brach.[130] *Coase* folgte nicht *Pigous* Lösungsvorschlag der Internalisierung durch Steuern, sondern schlug stattdessen Verhandlungen zwischen den an einem externen Effekt Beteiligten vor, um ihn pareto-optimal zu internalisieren.[131] Er unterstellt dabei, daß Externalitäten nicht das Ergebnis einseitiger (asymmetrischer) Schadensfälle sind, bei denen sich "Verursacher" und "Geschädigte" gegenüberstehen, sondern alle an der Externalität beteiligten Wirtschaftssubjekte sind für ihr Entstehen verantwortlich. Der physikalische Verursacher ist damit nicht der alleinige Verursacher der sozialen Zusatzkosten, denn ohne die Anwesenheit der Geschädigten gäbe es sie überhaupt nicht.[132] Voraussetzung für die freiwillige Internalisierung durch Verhandlungen zwischen Schädiger und Geschädigtem ist die eindeutige Festlegung von Verfügungsrechten, aus denen sich beim Auftreten von externen Effekten Haftungs- bzw. Duldungspflichten ableiten lassen. Der Staat hat lediglich die Aufgabe, "Spielregeln" für die Verhandlungen festzulegen. Unterschieden werden dabei die beiden Extrempositionen

---

130 Vgl. *Coase* (1960).

131 Vgl. zur Darstellung und Diskussion der Lösung von *Coase* z.B. *Aschinger* (1985), *Bauer/ Illing* (1992), *Endres* (1977) oder *Wegehenkel* (1980).

der *"Laissez-faire-Regel"* und der *"Verursacherregel"*, die aber auch in "gemischten" Regeln kombiniert werden können.[133] *Coase* nimmt weiterhin an, daß nur zwei Akteure beteiligt sind, keine üblicherweise mit der Institutionalisierung von Tauschprozessen verbundenen Transaktionskosten auftreten, ungleich verteilte Informationen und Verhandlungsmachtasymmetrien nicht vorliegen, die Marktform der vollständigen Konkurrenz gegeben ist und sich die Marktteilnehmer rational verhalten (Nutzen- bzw. Gewinnmaximierung). Das *"Coase-Theorem"* besagt nun, daß bei Symmetrie der Schadensverursachung, der Existenz von eindeutig definierten Verfügungsrechten und den weiteren Prämissen Verhandlungen stets zu ein und derselben pareto-optimalen Allokation führen (*"Effizienzthese"* des Coase-Theorems), und zwar unabhängig davon, ob die "Laissez-faire-" oder die "Verursacherregel" in Kraft ist (*"Invarianzthese"* des Coase-Theorems). Unterschiedliche Auswirkungen ergeben sich nur für die Vermögensverteilung.[134]

Bei Verhandlungen über die Ansiedlung oder Erweiterung einer Sonderabfallentsorgungsanlage wären allerdings nicht nur zwei homogene *Verhandlungsparteien* involviert, wie im Modell von *Coase* unterstellt, sondern die unterschiedlichen Interessenpositionen von Projektträger, Verwaltungsbehörden, Standortanwohnern, Umweltschutzorganisationen und sonstigen Gruppen (z.B. Bürger von Nachbarkommunen, Sonderabfallerzeuger, Gutachter) sind im Verhandlungsprozeß zu koordinieren.[135] Private Entsorgungsunternehmen als *Projektträger* einer neuen Anlage sind daran interessiert, unter Beachtung der gesetzlichen Vorschriften (TA Sonderabfall etc.) durch entsprechende Anlagenausstattung, eingesetzte Technik und Standortwahl eine möglichst hohe Rentabilität des Investitionsvorhabens zu erzielen. Daher sind sie auch bestrebt, das Anlagenzulassungsverfahren möglichst ohne große Verzögerungen aufgrund langwieriger Gerichts- und Verwaltungsverfahren zum Abschluß zu bringen. Die zu-

---

132 Vgl. auch *Bonus* (1986) zum so verstandenen Verursacherprinzip.

133 Bei der "Laissez-faire-Regel" ist der physikalische Verursacher Inhaber des Verfügungsrechts über die bei seiner Aktivität beeinträchtigte Ressource. Er ist nicht schadensersatzpflichtig, kann aber gegen eine entsprechende Kompensationszahlung des Geschädigten zur Reduzierung bzw. Einstellung seiner schädigenden Aktivität bewegt werden. In der "Verursacherregel" ist es dem physikalischen Verursacher dagegen verboten, externe Effekte zu erzeugen, allerdings kann nunmehr er Zahlungen an den Geschädigten für dessen Duldung der Aktivität leisten.

134 Vgl. *Endres* (1977) S. 639. Das Coase-Theorem ist damit auch die theoretische Basis für das oben (Kap. 7.3.3.1) angesprochene ökonomische Grundmodell des Haftungsrechts, bei dem sich unter Zugrundelegung sehr restriktiver Voraussetzungen das gesellschaftlich optimale Sorgfaltsgleichgewicht unabhängig davon einstellt, ob Verschuldens- oder Gefährdungshaftung realisiert wird.

ständigen *Planungs- und Genehmigungsbehörden* wollen ebenfalls einen reibungslosen Ablauf des Verfahrens, das zu einer von den beteiligten Gruppen allgemein akzeptierten Verwaltungsentscheidung führt. Für die *Standortanwohner* geht es darum, solche Vorhaben zu verhindern, bei denen ihnen persönliche Nachteile in Form von gesundheitlichen Risiken, materiellen Wertverlusten ihrer Grundstücke oder Beeinträchtigungen ihrer Lebensqualität entstehen, die die individuellen Vorteile einer Anlagenansiedlung (z.B. neue Arbeitsplätze) übersteigen. Schließlich können die *Umweltschutzorganisationen* insbesondere als Interessenvertreter für die von den individuellen Rechtsgütern losgelösten umweltbezogenen Schutzgüter (allgemeiner Naturhaushalt, Tier- und Pflanzenwelt usw.) betrachtet werden.[136] Weil die Standortanwohner durch das Verwaltungsverfahrensgesetz bestimmte Einspruchsrechte gegen geplante Bauvorhaben besitzen und somit die Projektrealisierung und die daraus resultierenden Umweltbeeinträchtigungen zumindest zeitweise verhindern können, wird ihnen ein gewisses Verfügungsrecht über die Umweltmedien zugesprochen. Für den Projektträger entspricht dieses Recht der betroffenen Bürger dem Wert, den das geplante Projekt während der Zeit des Widerstandes an Nutzen für ihn verliert. Bei Projektverhinderung hat es sogar den gleichen Wert wie der potentielle Nutzen der Anlage für den Betreiber. Also wird hier prinzipiell die "Verursacherregel" angewendet, bei der die Standortanwohner gegen entsprechende Kompensationsleistungen des Projektträgers zur Duldung der Entsorgungsanlage bewegt werden können.

In der Realität stellen neben dem Aspekt, daß nicht nur zwei Verhandlungsgruppen beteiligt sind, *weitere Probleme* die Gültigkeit des Coase-Theorems in Frage. Einige seien kurz angesprochen.[137] Zunächst ist nicht generell sichergestellt, daß Standortanwohner und Umweltschutzorganisationen homogene Gruppen mit gleichgerichteten Interessenlagen darstellen. Bei widerstreitenden Interessen kann es dann zu *"Trittbrettfahrerverhalten"* innerhalb der Geschädigtengruppen kommen.[138] Verhandlungen können vollständig scheitern, wenn sich die einzelnen Gruppen nicht auf eine Aufteilung des bei Projektrealisierung erzielbaren Zusatzgewinns einigen können.[139] Auch *strategisches Verhalten* der Parteien kann eine Einigung verhindern. Gerade für diejenigen Personengruppen, die eine Ansiedlung des Entsorgungsbetriebs generell ablehnen, besteht eine rationale

---

135 Vgl. dazu ausführlich *Werbeck* (1993), S. 212-214.

136 Vgl. auch das folgende Kapitel zu den Ursachen der Akzeptanzprobleme als Auslöser für die spezifischen Interessenpositionen der betroffenen Bevölkerung.

137 Vgl. ausführlicher *Kemper* (1989), S. 25-29, *Endres* (1977), S. 639 ff. oder *Bauer/ Illing* (1992), S. 98 ff.

138 Vgl. *Endres* (1977), S. 646.

Strategie zur Zielerreichung darin, durch überzogene Kompensationsforderungen den Projektträger zur Aufgabe zu bewegen oder die Realisierung zumindest hinauszuzögern. Weiterhin ist die Vernachlässigung von *Transaktionskosten* völlig realitätsfern, weil tatsächlich Kosten entstehen, um die genannten Parteien an einen Tisch zu bringen, Expertengutachten zur notwendigen Informationsbeschaffung anfertigen zu lassen, Ortsbesichtigungen durchzuführen usw. Darüberhinaus bestehen häufig auch *Verhandlungsmachtasymmetrien*, weil zwischen den Beteiligten Unterschiede hinsichtlich ihrer Möglichkeiten zur Interessendurchsetzung, der jeweiligen Drohpotentiale, finanziellen Ressourcen oder ihrer Informationsbasis bestehen. Letztere kann sich auf Seiten der betroffenen Standortanwohner z.B. in mangelnder fachlicher Qualifikation zur Beurteilung der Umweltauswirkungen einer Anlage ausdrücken und zu Mißtrauen oder sogar genereller Ablehnung des Projektes führen.

Verhandlungen im Sinne von *Coase* sind also mit Problemen behaftet, die die praktische Eignung des Konzepts bei der Ansiedlung von Sonderabfallentsorgungsanlagen stark einschränken. Zur Überwindung dieser prinzipiellen Schwächen müssen in praxistauglichen Verhandlungslösungen ergänzende Mechanismen integriert werden. Einen denkbaren Weg stellen dabei *auf Konsens angelegte Konfliktlösungsansätze* dar, wie sie in Form von sogenannten "Negotiations-" bzw. "Mediationsverfahren" in den USA entwickelt worden sind. Weil bei diesen vor allem ihr akzeptanzfördernder Charakter betont wird, sei zuvor kurz auf einige Ursachen für die Akzeptanzschwierigkeiten von Entsorgungsanlagen und Vorschläge zu ihrer Überwindung eingegangen.

7.3.4.2 Ursachen der Widerstände gegen Entsorgungsanlagen und Maßnahmen zur Akzeptanzverbesserung

Für Akzeptanzschwierigkeiten gegenüber Entsorgungsanlagen und damit einhergehende Bürgerproteste, die zumindest zu zeitlichen Verzögerungen, wenn nicht sogar zur Verhinderung eines entsorgungsbezogenen Investitionsvorhabens führen können, werden verschiedene Ursachen genannt:[140]

- *Ungewißheit von Gesundheitsschäden*: Widerstände resultieren zuallererst aus den vermeintlich unkalkulierbaren Gesundheitsrisiken, die von Sonder-

---

139 Vgl. *ebd.*, S. 642.

140 Vgl. *Holznagel* (1990), S. 40 ff., *Müller/ Holst* (1987), S. 182 ff., *Holst* (1989), S. 191 ff. oder *Johnke* (1992), S. 78 ff. Bis auf *Holznagel* (1990) beziehen sich diese Quellen zwar auf den Bereich der Siedlungsabfallentsorgungsanlagen, allerdings dürften die Aussagen ebenso auf Anlagen zur Sonderabfallentsorgung zutreffen.

abfallanlagen ausgehen können. Trotz noch so fortschrittlicher Emissionsvermeidungstechnologien wird die Gefahr gesehen, auch die verbleibenden Emissionen können zu möglicherweise noch unerforschten Gesundheitsbeeinträchtigungen führen.

- *Materielle Einbußen und Verlust an Lebensqualität*: Folge der Ansiedlung eines Entsorgungsunternehmens sind häufig Wertverluste bei den in der Nachbarschaft liegenden Grundstücken (materielle Einbußen). Darüberhinaus sinkt die Lebensqualität am Standort aufgrund von Geruchs- oder Lärmbelästigungen sowie erhöhtem Verkehrsaufkommen (immaterielle Nachteile). Gerade diese Beeinträchtigungen werden im traditionellen Anlagenzulassungsverfahren als nicht kompensationsfähig angesehen.
- *Zentralisierung von Entsorgungsanlagen*: Aufgrund ökonomischer und technischer Anforderungen müssen moderne Entsorgungsanlagen zunehmend zentralisiert werden und erhalten dadurch größere Einzugsgebiete. Notwendigerweise fällt dann aber der von einer Anlage jeweils betroffene bzw. begünstigte Personenkreis immer stärker auseinander. Standortanwohner müssen im Gegensatz zu weit entfernt lebenden Personen die genannten Standortnachteile in Kauf nehmen, ohne in adäquater Weise von der sonderabfallverursachenden Güterproduktion oder sonstigen Vorteilen zu profitieren.
- *Methodik der Anlagenplanung*: Am Anlagenplanungsprozeß wird bemängelt, daß dieser häufig nur in "eindimensionaler" Form durch zu starke Fixierung auf einzelne Standorte oder Verfahren durchgeführt wird und Standort- oder Verfahrensalternativen nicht ausreichend berücksichtigt und komparativ bewertet.
- *Unzureichende Partizipationsmöglichkeiten der Bürger*: Eine wesentliche Ursache für Akzeptanzschwierigkeiten sind schließlich die als unzureichend empfundenen Bürgerbeteiligungs- und Einwendungsmöglichkeiten des herkömmlichen Anlagenzulassungsverfahrens. Zum einen hat das Projekt zum Zeitpunkt des gesetzlich vorgeschriebenen Anhörungsverfahrens bereits mehrere Planungsstufen durchlaufen, sodaß häufig der Eindruck entsteht, wichtige Entscheidungen seien bereits in Vorgesprächen zwischen Vorhabenträger und Genehmigungsbehörde getroffen worden und die Öffentlichkeit habe die gefundene Lösung hinzunehmen, anstatt ihrerseits Einwände und Alternativvorschläge einbringen zu können. Zum anderen wird darauf verwiesen, die von individuellen Rechtsgütern unabhängigen Belange öffentlicher Umweltschutzinteressen, d.h. die vor allem von den Umwelt-

schutzorganisationen vertretenen Schutzgüter, können im Rahmen des Anhörungsverfahrens nur unzureichend berücksichtigt werden.[141]

Die aus den Akzeptanzschwierigkeiten resultierenden Widerstände werden in erster Linie von der direkt von einer geplanten Entsorgungsanlage betroffenen Bevölkerung getragen.[142] Sie schließt sich häufig in Bürgerinitiativen zusammen, findet Unterstützung durch Umweltschutzorganisationen und bedient sich der unterschiedlichsten Widerstandsformen.[143] Daneben beteiligen sich in der Regel auch politische Mandatsträger der Standortgemeinde und teilweise öffentliche Institutionen des Natur- und Gewässerschutzes am Widerstand gegen geplante Entsorgungsvorhaben. Zwischen letzteren und der Abfallbehörde sind allerdings auch verwaltungsinterne Konfliktlösungen möglich.

Im Hinblick auf die identifizierten Ursachen der Akzeptanzschwierigkeiten werden unterschiedliche *Maßnahmen zur Akzeptanzverbesserung* vorgeschlagen.[144] Als grundlegender Ansatz gilt eine frühzeitigere und stärkere Beteiligung der von potentiellen Entsorgungsanlagen betroffenen Bevölkerung am gesamten Planungsprozeß. Dieser muß transparenter werden, ggf. mehrere Handlungsalternativen benennen und dazu führen, daß bessere Informationsangebote über die zu erwartenden Auswirkungen auf die Umwelt und die individuellen Belange der Standortanwohner zur Verfügung gestellt werden. Neben einer breiten Mitwirkung der Öffentlichkeit wird z.B. vorgeschlagen,[145]

- einen individuellen oder kollektiven "Lastenausgleich" für die von der geplanten Anlage direkt betroffene Bevölkerung zu ermöglichen,
- ergänzende Maßnahmen, z.B. eine Rekrutierung von Beschäftigten für die Anlage aus der Standortgemeinde, durchzuführen und/ oder
- die Errichtung neuer, umwelttechnisch fortschrittlicherer Entsorgungsanlagen mit der gleichzeitigen Stillegung von Altanlagen zu verknüpfen, damit die daraus resultierende Umweltentlastung für die Standortanwohner unmittelbar spürbar wird.[146]

---

141 Vgl. *Holznagel* (1990), S. 51-67 und *ders.* (1990a), S. 407-409 zu den für die Bürger im herkömmlichen Anlagenzulassungsverfahren gegebenen Möglichkeiten einer Interessenartikulation.

142 Vgl. *Müller/ Holst* (1987), S. 185 f. zu den Trägern der Widerstände.

143 Vgl. dazu *Holznagel* (1990), S. 45 ff.

144 Bezüglich der im folgenden genannten Strategien wird keinerlei Anspruch auf Vollständigkeit erhoben.

145 Vgl. *Müller/ Holst* (1987), S. 201 ff.

146 Vgl. *Sachverständigenrat für Umweltfragen* (1991), Tz. 387.

Auf Interessenausgleich ausgerichtete praxisbezogene Verhandlungslösungen stellen einen konzeptionellen Ansatz dar, der einige der genannten Maßnahmen zur Reduzierung von Widerständen gegen geplante Sonderabfallanlagen beinhaltet, verfahrensmethodische Nachteile bisheriger Anlagenzulassungsverfahren reduzieren und zur Begrenzung von Umweltbeeinträchtigungen über das gesetzlich vorgeschriebene Maß beitragen kann.

7.3.4.3 Anwendung der Verhandlungslösung in der Sonderabfallwirtschaft

Um zu einer verbesserten Internalisierung sozialer Kosten, insbesondere von Umweltkosten zu kommen, die beschriebenen Probleme von Verhandlungen im Sinne von *Coase* abzubauen und die Akzeptanz für Sonderabfallentsorgungsanlagen zu verbessern, könnten *konsensorientierte Verhandlungsmethoden* genutzt werden, wie sie in den USA seit Anfang der 70er Jahre zur Durchsetzung von komplexen Verwaltungsentscheidungen über Investitionsprojekte im Entsorgungsbereich erprobt und in einigen Bundesstaaten auch zwingend vorgeschrieben werden.[147] Prinzipiell lassen sich zwei verschiedene Verhandlungsmethoden unterscheiden: zum einen direkte Aushandlungsprozesse zwischen allen an einem geplanten Projekt beteiligten Interessengruppen (sogenannte "*Negotiation*") und zum anderen Konzepte, bei denen zusätzlich ein neutraler Vermittler eingeschaltet wird ("*Mediation*", Konfliktmittlung).

Im Rahmen der *Negotiation* versuchen alle Interessengruppen, die durch die geplante Ansiedlung oder Erweiterung einer Entsorgungsanlage entstehenden Konflikte unter Vermeidung des Rechtsweges zu lösen und eine für alle tragfähige Übereinkunft zu erzielen. Sie legen zur Erreichung eines fairen Verhandlungsverlaufs vor Beginn verbindliche Regeln für die Verfahrensgestaltung fest und versuchen sodann, in sachlichen Diskussionen die jeweiligen Interessenpositionen der Verhandlungspartner herauszufinden, einzelne Konfliktpunkte zu identifizieren und alternative Konfliktschlichtungsstrategien zu entwickeln. Allerdings läßt das Verfahren Informations- und Verhandlungsmachtasymmetrien tendenziell unberücksichtigt, obwohl diese mitunter ursächlich für das Scheitern von

---

147 Vgl. grundlegend *Holznagel* (1990), S. 103 ff. oder die Sammelbände von *Hoffmann-Riem/ Schmidt-Aßmann* (Hrsg., 1990). Im Überblick *Holznagel* (1990a), S. 410 ff., *Werbeck* (1993), S. 215 ff. und *Passavant* (1987). Vgl. auch *Gusy* (1990) aus verwaltungswissenschaftlicher und *Zieschank* (1991) aus sozialwissenschaftlicher Sicht. In Japan, wo das Streben nach Konsenserzielung und Konfliktbeilegung bereits in Kultur und Tradition begründet liegt, werden ebenfalls seit längerer Zeit institutionalisierte Konflikt-

Verhandlungen sein können. Weil Konfliktmittler (Mediatoren) zum Ausgleich solcher Ungleichgewichte beitragen, einen fairen, auf Interessenausgleich gerichteten Verfahrensablauf erleichtern und insgesamt transaktionskostensenkend und damit effizienzsteigernd wirken können, wird im weiteren Verlauf vom Mediationskonzept ausgegangen.

Der bei der *Mediation* eingeschaltete neutrale Dritte soll den Projektträger und die anderen Interessengruppen dabei unterstützen, verbindliche Regelungen für die Verfahrensgestaltung sowie alternative Lösungen zur Konfliktbewältigung zu entwickeln, den Verhandlungsablauf moderieren und in den strittigen Punkten zwischen den Parteien vermitteln. Dabei lassen sich *aktive und passive* Mediatoren unterscheiden.[148] Während der passive Mittler lediglich für die organisatorische Durchführung der Verhandlungen, den Abbau von Informationsasymmetrien und einen fairen Verfahrensablauf zuständig ist (Verfahrensmittler), hat der aktive Konfliktmittler auch Verantwortung für die inhaltlichen Ergebnisse des Aushandlungsprozesses.

Damit ein Mediationsverfahren Erfolg haben kann, müssen einige grundsätzliche *Verfahrensvoraussetzungen* erfüllt sein. Es ist erforderlich, daß die einzelnen Verhandlungsparteien sich gegenseitig als legitimierte Interessenvertreter anerkennen und alle wichtigen Interessengruppen im Verfahren vertreten sind. Aus dem Verfahrenskonzept ergibt sich weiterhin, überhaupt einen kompetenten und von allen Verhandlungsparteien akzeptierten Vermittler zu finden, der zum Abbau vorhandener Informations- und Machtasymmetrien und zur Verhinderung einseitiger Interessendurchsetzung beitragen kann.[149] Weitere Bedingungen sind[150]

- die prinzipielle Bereitschaft zu Kompromissen,
- das Vorhandensein ausreichender Verhandlungsanreize und
- die Bindung der Verhandlungspartner an die Verhandlungsergebnisse.

Kompromißfähigkeit läßt sich dann erzielen, wenn alle Beteiligten vom Verhandlungsergebnis profitieren können und es nicht einseitg zu Lasten Einzelner geht (sog. win-win-Situationen).[151] Kompromisse werden wahrscheinlicher, wenn sich die zu verhandelnden Sachverhalte innerhalb gewisser, auf gesetzli-

---

schlichtungssysteme im Umweltbereich eingesetzt. Vgl. dazu *Foljanty-Jost* (1990) und *Fujita* (1990).

148 Vgl. *Holznagel* (1990), S. 112 ff.

149 Vgl. *Zieschank* (1991), S. 28 f.

150 Vgl. *Holznagel* (1990), S. 106-109 und 271-276.

151 Vgl. auch *Hoffmann-Riem* (1990), S. 31.

cher Ebene festgelegter Schranken bewegen.[152] Ausreichende *Verhandlungsanreize* drücken sich in den jeweils vorhandenen materiellen und immateriellen Tauschgütern aus, wobei der Projektträger die von ihm eingesetzte Entsorgungstechnologie und eventuelle Kompensationszahlungen als "Verhandlungsmasse" besitzt und für die Standortanwohner und Bürgerinitiativen vor allem ihre Möglichkeit zur Klageerhebung gegen das Projekt ein wichtiges Drohpotential ist. Um die Verhandlungsteilnehmer an die ausgehandelten Vereinbarungen zu *binden*, bietet sich vor allem der Abschluß von Verträgen zwischen Projektträger und der Verwaltungsbehörde bzw. den anderen Verfahrensteilnehmern an.[153]

Die Mediation läuft üblicherweise in drei idealtypischen *Verfahrensschritten* ab:[154]

- *Vorbereitungsphase*: Bestimmung des Mediators, der zu beteiligenden Gruppen und des Verhandlungsrahmens (Ort, Zeitraum, Finanzierung, Dokumentation, Öffentlichkeitsarbeit); Aufstellung von grundlegenden Verhaltensregeln; Bestimmung der zu erörternden Diskussionspunkte;
- *Verhandlungsphase*: Identifikation der einzelnen Interessenpositionen, Erarbeitung der jeweiligen Handlungsspielräume und der Bedingungen für einen Kompromiß; Entwicklung und Beurteilung von Alternativen; Diskussion und Vereinbarung der technischen Anlagenausstattung, des Anlagenbetriebs und möglicher Kompensationsmaßnahmen;
- *Umsetzungsphase*: Transformation der informellen Vereinbarungen in ein administratives Verfahren; Kontrolle/ Überwachung der Einhaltung des Verhandlungsergebnisses; ggf. Neuverhandlungen.

Zentraler Kern der *Verhandlungsphase* sind Vereinbarungen über die technische Ausstattung der geplanten Entsorgungsanlage und den Anlagenbetrieb sowie mögliche Kompensationsleistungen des Vorhabenträgers an die Standortanwohner bzw. die Standortgemeinde.[155] Geht es um Anlagenausstattung und -betrieb, dann bestehen Verhandlungsspielräume z.B. hinsichtlich der realisierten Anlagenkapazität und der Frage, welche Sonderabfallarten in der Anlage entsorgt werden dürfen (sofern dies nicht bereits durch gesetzliche Vorgaben festgelegt ist). Weiterhin können über die gesetzlichen (qualitätsregulierenden) Vorschrif-

---

152 Z..B. können die Emissionshöchstgrenzen nach BImSchG oder die gesetzlich überhaupt zulässigen Technologien nicht zur Disposition stehen (vgl. *Werbeck* (1993), S. 217).

153 Vgl. *Holznagel* (1990), S. 213 ff. zu den diesbezüglichen Möglichkeiten (Anordnung von Auflagen, Abschluß von Verträgen) und deren rechtlicher Zulässigkeit. Vgl. auch *Gusy* (1991), S. 361 f. zur Frage, inwieweit Interessenverbände anstatt individuell Betroffener zur Einhaltung der Verhandlungsergebnisse veranlaßt werden können.

154 Vgl. *Holznagel* (1990), S. 119-127, *Zieschank* (1991), S. 30-33.

155 Vgl. zum folgenden *Werbeck* (1993), S. 217 ff.

ten hinausgehende Anforderungen an die Entsorgungstechnologie gestellt werden, um Schadstoffemissionen und die Störfallwahrscheinlichkeit stärker zu reduzieren als es der "Stand der Technik" eigentlich vorsieht. Regelungen über Ausmaß und Zeiten der Abfalltransporte zur Anlage sowie zusätzliche Überwachungs- und Kontrollrechte ergänzen die verhandelbaren Sachverhalte. Insgesamt erscheint es möglich, die durch TA Sonderabfall, BImSchG usw. determinierten negativen Umweltwirkungen der Entsorgungsanlage auf dem Verhandlungsweg weiter zu reduzieren.

Noch verbleibende Nachteile materieller und immaterieller Art lassen sich prinzipiell über *Kompensationsleistungen* in die Kostenrechnung des Anlagenbetreibers integrieren. *Werbeck* definiert sie als "Transfer von Geld oder Gütern von den Personen, die von der Abfallanlage profitieren, an diejenigen, die durch negative Wirkungen der auf bestimmte Art und Weise ausgestatteten und betriebenen Anlage betroffen sind oder sich zumindest negativ berührt ansehen."[156]

Durch sie vergrößert sich die Zahl der Entscheidungsalternativen und damit die Chance für das Erreichen einer win-win-Verhandlungssituation. Die betroffenen Bürger erhalten Vorteile bzw. Nutzenzuwächse in anderen, zum Teil auch wieder umweltbezogenen Bereichen und verzichten dafür im Gegenzug darauf, Rechtsmittel gegen das geplante Vorhaben einzulegen und dadurch die Betriebsaufnahme zu verzögern oder zu verhindern. Je nachdem, ob die Beeinträchtigung bereits entstanden ist oder nicht, lassen sich ex-post- und ex-ante-Kompensationen unterscheiden. Weil erstere im Grunde nichts anderes als haftungsrechtliche Schadensersatzleistungen darstellen (Kap. 7.3.3), soll hier das Hauptaugenmerk auf den ex-ante-Ausgleichszahlungen liegen. Sie können entweder als Geld- oder Sachleistungen erbracht werden, wobei allerdings bei Geldzahlungen prinzipielle Bedenken und daraus resultierende Widerstände gegen den vermeintlichen "Verkauf" von Natur oder Gesundheit zu beachten sind und bei ihnen eher die Gefahr gesehen wird, daß Personen Leistungen verlangen, die eigentlich nicht anspruchsberechtigt sind. Diese Einwände sprechen für Sachleistungen, etwa in Form finanzieller Beiträge zum Bau kommunaler Infrastruktureinrichtungen oder für die Schaffung eines Naherholungsgebiets durch den Anlagenbetreiber. Die Höhe der Kompensationsleistungen hängt davon ab, wie groß die Beeinträchtigungen sind. Sofern es sich nicht um vergleichsweise einfach zu bestimmende materielle Verluste (z.B. Wertverlust des Grundstücks) handelt, ist es zwar schwierig, diese nachzuweisen, zu quantifizieren und zu monetarisieren, aber das Problem besteht generell immer dann, wenn soziale Zusatzkosten bestimmt werden müssen und ist insofern kein Spezifikum der Verhandlungslösung.

---

156 *Ebd.*, S. 219.

Erste praktische Erfahrungen wurden mit Mediationsverfahren im Zusammenhang mit Sonderabfalldeponien auch in Deutschland und Österreich bereits gesammelt, wobei man den Verhandlungsprozeß in Österreich in die Umweltverträglichkeitsprüfung integriert hat.[157] Die Erfahrungen waren insgesamt positiv.

7.3.4.4 Beurteilung

Wenn man davon ausgeht, daß die oben genannten Verhandlungsvoraussetzungen "Kompromißfähigkeit", "Existenz ausreichender Verhandlungsanreize" und "Möglichkeiten zur Bindung der Parteien an die ausgehandelten Vereinbarungen" prinzipiell erfüllt sind, können im konkreten Einzelfall zwar weitere Schwierigkeiten und Probleme auftauchen, aber dennoch bieten die mittlergestützten Verhandlungslösungen dann gute Chancen, Konfliktpotentiale zu reduzieren und zu einem fairen Interessenausgleich im Zusammenhang mit der Ansiedlung oder Kapazitätserweiterung einer Sonderabfallentsorgungsanlage zu gelangen.[158] Im Vergleich zum gegenwärtig in der Bundesrepublik praktizierten Anlagengenehmigungsverfahren, bei dem die Interessen der betroffenen Bevölkerung erst zu einem verhältnismäßig späten Zeitpunkt im Rahmen des Anhörungsverfahrens artikuliert werden können, lassen sie sich durch Mediation bereits zu Beginn der Planungen berücksichtigen und in den weiteren Planungsprozeß integrieren. Der Vermittler kann die Diskussion zielorientiert lenken und ihr bei Stillstand und verhärteten Positionen der Verhandlungspartner neue Impulse verleihen. Er unterstützt den Abbau vorhandener Informations- und Machtasymmetrien, etwa durch gemeinsame Informationsgewinnung der beteiligten Parteien oder durch Verhandlungsschulung im Falle unzureichender Verhandlungserfahrung. In seiner Eigenschaft als neutrale Person kann er zur Sicherung eines fairen Verhandlungsablaufs damit drohen, mögliches strategisches Verhalten seitens eines Verhandlungsteilnehmers an die Öffentlichkeit zu bringen und ihn so zu diskreditieren.[159] Probleme hinsichtlich seiner Neutralität könnten allerdings beim aktiven Mediator auftreten, wenn dieser aufgrund seiner Funktion, den Verhandlungsprozess auch inhaltlich zu steuern, zu engagiert auf eine Ver-

---

157 Vgl. dazu *Striegnitz* (1990), *Leutgeb* (1991) und *Kordina* (1991).

158 Vgl. vor allem *Holznagel* (1990), S. 258 ff. zu den Vor- und Nachteilen von Mediationslösungen.

159 Vgl. *Hoffmann-Riem* (1990), S. 33 f. zur Bedeutung von Tauschmacht in Aushandlungsprozessen.

handlungsgruppe Einfluß nimmt. Hier bedarf es eines eher zurückhaltenden Vorgehens seitens des Vermittlers.[160]

Verhandlungen sind zwangsläufig mit nicht zu unterschätzenden *Transaktionskosten* verbunden, und auch der Einsatz des Konfliktmittlers selbst führt zu zusätzlichen Kosten.[161] Ein erfahrener Mediator kann hier einen wichtigen Beitrag leisten, diese möglichst gering zu halten, indem er für eine effiziente Verhandlungsführung und die Vermeidung grundlegender Fehler im Zusammenhang mit konfliktträchtigen Aushandlungsprozessen sorgt. Die an seine Person gestellten Anforderungen hinsichtlich seiner kommunikativen Fähigkeiten und seines technischen bzw. rechtlichen Fachwissens sind beträchtlich und es bedarf einer fundierten Ausbildung und möglicherweise jahrelanger Erfahrung mit vergleichbaren Verhandlungssituationen.[162]

Prinzipiell werden Aushandlungsprozesse unter Beteiligung eines Konfliktmittlers trotz einiger Umsetzungsprobleme als *rechtlich zulässig* angesehen, und es gibt ausreichende rechtliche Möglichkeiten, um die Verhandlungspartner an die ausgehandelten Vereinbarungen zu binden.[163] Die letztendliche Entscheidung steht allerdings nachwievor der das Planfeststellungsverfahren durchführenden Behörde zu. Dies gilt natürlich ebenso für den Fall, daß keine Einigung erzielt werden konnte und demnach eine einseitige hoheitliche Entscheidung auch gegen den Willen Betroffener gefällt werden muß.[164] Es wird vorgeschlagen, ähnlich wie in den USA ein Rahmengesetz zur Nutzung mittlerunterstützter Aushandlungsprozesse innerhalb des Verwaltungsverfahrens zu erarbeiten, sicherlich auch, um die derzeit noch geringe Akzeptanz eines solchen Instrumentariums bei allen beteiligten Gruppen zu fördern.[165]

---

160 Vgl. auch *Gusy* (1990), S. 359-361 zur Problematik eines neutralen Vermittlers.

161 Vgl. *Holznagel* (1990), S. 282.

162 Vgl. *ebd.*, S. 281. Eine langjährige Tätigkeit als professioneller Konfliktmittler kann auch dazu beitragen, daß alle Verhandlungsparteien aufgrund seines "guten Rufs" von der Neutralität des Mediators überzeugt sind und die Verhandlungen nicht deshalb scheitern lassen, weil sie das Gefühl haben, in irgendeiner Weise benachteiligt zu werden.

163 Vgl. ausführlich *ebd.*, S. 194 ff.

164 Vgl. *Gusy* (1990), S. 357.

165 Vgl. *Holznagel* (1990a), S. 415 und 417.

Zusammenfassend sind insbesondere die folgenden *Wirkungserwartungen* von mittlergestützten Verhandlungslösungen im Rahmen der Ansiedlung von Sonderabfallentsorgungsanlagen hervorzuheben:

- *Akzeptanzverbesserung*: Vor allem wird betont, daß Verhandlungen zwischen Projektträger, betroffener Standortbevölkerung, Umweltschutzorganisationen und Genehmigungsbehörden dazu beitragen, die Akzeptanz solcher Anlagen zu erhöhen. Das Verfahren hat vertrauensbildenden Charakter, versachlicht die Diskussion über die zu erwartenden Umweltauswirkungen, verbessert den Informationsstand der betroffenen Bevölkerung und ermöglicht es diesen, auch Interessenpositionen und Sachverhalte in das Zulassungsverfahren einzubringen, die sonst (z.B. wegen zu geringer personeller Ausstattung der Genehmigungsbehörde oder fehlendem Rechtsschutz) nicht berücksichtigt werden könnten.[166]
- *Internalisierung von Umweltkosten*: Aus Sicht dieser Arbeit ist hervorzuheben, daß die Aushandlungsprozesse eine verbesserte Internalisierung von Umweltkosten ermöglichen, sofern sie unter Beteiligung von Gruppen stattfinden, die sich für üblicherweise unterrepräsentierte ökologische Belange (z.B. Naturhaushalt, Flora und Fauna) einsetzen, und sofern sie letztendlich zu einer Anlagenausstattung führen, die Emissionsvermeidung über die gesetzlichen Bestimmungen hinaus ermöglicht.
- *Internalisierung weiterer sozialer Kosten*: Neben den Umweltkosten lassen sich auch weitere vormals externe Kosten aufgrund der Errichtung einer Sonderabfallanlage (Wertverluste für Grundstücke, Verlust an Lebensqualität für die Anwohner) in die Kostenrechnung des Anlagenbetreibers und damit in die Entsorgungspreise integrieren.
- *Verfahrensbeschleunigung*: Das Mediationsverfahren kann helfen, die "Schwerfälligkeit und Rechtsmittelanfälligkeit des Anlagenzulassungsrechts"[167] zu überwinden. Wenn ein Konsens über die Anlagenansiedlung erzielt wird, ist das Einlegen von Rechtsmitteln überflüssig und die Vereinbarungen können zügig umgesetzt werden. Das nützt insbesondere dem Entsorgungsunternehmen als Vorhabenträger, weil sich seine Planungssicherheit wegen größerer Gewißheit über den Inbetriebnahmezeitpunkt erhöht und Sonderabfallerzeuger eher vertraglich an die Anlage gebunden werden können. Größere Kalkulationssicherheit erleichtert die Etablierung von Wettbewerb auf dem Entsorgungsmarkt.[168]

---

166 Allerdings ist auf die Gefahr hinzuweisen, daß sich durch die Aussicht auf mögliche Kompensationszahlungen überhaupt erst Widerstände entwickeln, die ansonsten nicht in Erscheinung getreten wären (vgl. *ders.* (1990), S. 285, *Hoffmann-Riem* (1990), S. 33).

167 *Schink* (1993), S. 17.

168 Vgl. *Hecht* (1991), S. 183.

- *Reduzierung von Sonderabfallexporten*: Die Institutionalisierung von Verhandlungsmechanismen im Rahmen der Anlagenzulassung verbessert die Durchsetzbarkeit privater Entsorgungsanlagen in Deutschland und reduziert damit die Notwendigkeit für Sonderabfallexporte aufgrund fehlender Entsorgungskapazitäten im Land.
- *Wirkung auf Entsorgungskosten*: Die Auswirkungen auf die zu erwartenden Entsorgungskosten sind nicht eindeutig, denn höheren Kosten aufgrund einer höherwertigen umwelttechnischen Ausstattung und zu finanzierenden Kompensationsleistungen stehen andererseits Kostenersparnisse wegen vermiedener gerichtlicher Auseinandersetzungen und kürzerer Durchsetzungsdauer des Anlagenstandortes gegenüber.
- *Staatsentlastung*: Schließlich sei noch auf den sich auch bei Deregulierung und Privatisierung einstellenden Effekt der "Staatsentlastung" hingewiesen.[169] Ergänzt man die ansonsten ordnungsrechtlich geprägte Umweltpolitik durch Steuerungsformen, die sich des Mittels der Kooperation staatlicher Stellen mit den Betroffenen bedienen (informelles Verwaltungshandeln nach dem Kooperationsprinzip), wird die vom Staat übernommene Verantwortung für bestimmte Aufgaben und Ziele wieder teilweise in den gesellschaftlichen Bereich rückübertragen und so eine gesellschaftliche Selbstregulierung ermöglicht.

7.4 Wirkungserwartungen: zusammenfassende Thesen

Im abschließenden Kapitel 7 wurde ein *Deregulierungsprogramm* für die Sonderabfallwirtschaft skizziert, welches aus einer Reihe von Elementen besteht und dazu beiträgt, marktwirtschaftlich geprägten Strukturen auch in diesem Wirtschaftsbereich mehr Geltung zu verschaffen, gleichwohl ökonomisch gerechtfertigte sonderabfallwirtschaftliche Regulierungsgründe zu beachten, die in Kap. 5 herausgearbeiteten Fehlentwicklungen zu vermeiden und die wirtschaftliche Integration innerhalb der Europäischen Union voranzubringen. Die Deregulierungsvorschläge beinhalten

- den Abbau unnötiger Marktregulierungen (Aufhebung rechtlicher Marktzutrittsschranken, Streichung von Leistungspflichten und Preisregulierungen),
- eine materielle Privatisierung der Sonderabfallentsorgungsgesellschaften, an denen einzelne Bundesländer finanziell beteiligt sind,
- die Marktöffnung im Hinblick auf einen gemeinsamen Markt für Sonderabfallentsorgung innerhalb der Europäischen Union und

---

169 Vgl. *Hoffmann-Riem* (1990), S. 20-22.

- die Einbeziehung marktorientierter umweltpolitischer Instrumente (Sonderabfallabgabe, Umwelthaftungsrecht, Verhandlungslösung) insbesondere um die als übergeordnetes Regulierungsmotiv herausgearbeitete "Internalisierung von Umweltkosten" sicherzustellen.

An dieser Stelle seien die wesentlichen *Wirkungserwartungen* nochmals zusammengefaßt. Dabei sind allerdings prinzipiell nur qualitative Aussagen möglich, nicht jedoch quantitative Prognosen über das jeweilige Ausmaß der Effekte. Es liegt im Wesen eines dynamischen Wettbewerbs begründet, daß sich seine positiven Wirkungen nicht genau vorherbestimmen lassen, weil Märkte evolutorische Prozesse darstellen und zu einer "spontanen Ordnung" wirtschaftlicher Aktivitäten führen, die von niemandem als Ganzes geplant werden kann.[170] Wollte man deshalb z.B. abschätzen, welche Entsorgungsverfahren, Entsorgungsstandorte und Anbieter sich letztendlich am Markt durchsetzen, so hieße das, etwas zu beschreiben, was erst durch Wettbewerb herausgefunden werden soll. Nicht umsonst bezeichnete *von Hayek* Wettbewerb als "Entdeckungsverfahren".

Eine Liberalisierung der Sonderabfallentsorgung innerhalb Deutschlands und (nach erfolgter Harmonisierung der technischen Anforderungen an umweltverträgliche Entsorgungsverfahren) auch im Rahmen der Europäischen Union durch Aufhebung der Marktzutrittsschranken aktiviert das vorhandene Wettbewerbspotential und setzt die Anbieter von Entsorgungsleistungen größerem internationalem Wettbewerbsdruck aus. Konkurrenten haben die Chance, etablierten Unternehmen ihre Marktposition streitig zu machen. Um diesem Druck standzuhalten, sind letztere gezwungen, kostensenkende Verfahrensinnovationen zu entwickeln. Die Entsorgungsanbieter müssen Produktionsfaktoren nunmehr kosteneffizient einsetzen, um eine Abwanderung ihrer Kunden zu Konkurrenten mit größerer betrieblicher Effizienz und damit größerem Preissenkungspotential zu vermeiden. Dies stärkt Kostendisziplin und schafft dauerhafte Anreize zu innerbetrieblichen Kosteneinsparungen. Die Entsorgungspreise können dadurch sinken oder steigen zumindest weniger schnell als in einem stark regulierten Markt. Das Angebot an unterschiedlichen Entsorgungsverfahren dürfte steigen, und die notwendigen Forschungs- und Entwicklungsanstrengungen vergrößern das Know-how deutscher Unternehmen in diesem Bereich der Umwelttechnik.

Einheitliche Entsorgungsstandards und die Aufhebung von Marktzutrittsschranken führen zu gemeinschaftsweit ähnlichen Wettbewerbsbedingungen. Komparative Standortvorteile (z.B. bessere geologische Bedingungen für eine Sonderabfalldeponie, höhere Schadstoffaufnahmefähigkeit der Umweltmedien, Unterschiede bei sonstigen Faktorproduktivitäten und Löhnen) und auch divergierende

---

170 Vgl. *Deregulierungskommission* (1991), Tz. 39 und *Ewers* (1991), S. 9.

Auffassungen der Völker der Europäischen Union hinsichtlich der anzustrebenden Umweltqualität können damit stärker zur Geltung kommen. Wettbewerbsbedingt angeglichene Entsorgungspreise reduzieren den Anreiz, Sonderabfälle in weit entfernt gelegenen Anlagen entsorgen zu lassen, da die Transportkosten wieder stärker ins Gewicht fallen. Zumindest sind diejenigen Transporte hinfällig, die deshalb getätigt werden, weil niedrigere Entsorgungsstandards eine billigere Entsorgung ermöglichen. Nur noch effizienzbedingte Kostenunterschiede und die Transportkosten werden also Einfluß haben auf die Entscheidung, wo die Sonderabfälle entsorgt werden. Neben der wahrscheinlichen Reduzierung von Sonderabfalltransporten aufgrund der stärkeren Bedeutung von Transportkosten ist ein weiterer umweltbezogener Vorteil der Marktöffnung darin zu sehen, daß die Fehlentwicklung vermieden wird, den Zugang zu qualitativ gleichwertigen oder besseren Entsorgungsanlagen in anderen Bundesländern bzw. Mitgliedstaaten der EU zu verhindern.

Der Abbau von Anschluß- und Benutzungszwängen oder Andienungspflichten eröffnet den Sonderabfallerzeugern einerseits mehr Handlungsspielräume, weil sie dann mehr Handlungsfreiheit hinsichtlich der in Anspruch zu nehmenden Entsorgungsanlage haben, andererseits bedeutet diese Eigenverantwortlichkeit gleichzeitig eine Durchsetzung des Verursacherprinzips nicht nur im Sinne von Kostenverantwortung, sondern im Sinne einer umfassenden Verantwortlichkeit für sämtliche Aspekte der Entsorgungsproblematik. Dies hat einen positiven Einfluß auf Vermeidungs- und Verwertungsanreize.

Durch materielle Privatisierung der landesoffiziellen Entsorgungsgesellschaften fließen den öffentlichen Kassen finanzielle Mittel zu, welche zu einer Entlastung der angespannten Finanzlage von Ländern und Kommunen beitragen und diesen neue Handlungsspielräume in anderen Bereichen eröffnen. Nachteile durch ein "Versiegen" profitabler Einnahmequellen sind nicht zu erwarten, da die Gesellschaften dem Gemeinwohl verpflichtet und nicht auf Gewinnerzielung ausgerichtet sind. Privatisierung ist auch hilfreich, weil sich damit mögliche Einflüsse politisch Verantwortlicher auf Planung und Bau von Entsorgungsanlagen sowie Verzögerungen aufgrund der Mitsprache politischer Entscheidungsgremien reduzieren lassen. Im übrigen vermeiden ausschließlich private Sonderabfallentsorgungsunternehmen mit vom privaten Eigentümer berufener Geschäftsführung eine personelle Verflechtung zwischen ausführender Gesellschaft und kontrollierender Behörde. Die durch Privatisierung freigewordenen Mittel könnten dazu genutzt werden, die Überwachungsbehörden personell und materiell besser auszustatten, um über diesen Weg bestehende sonderabfallbezogene Kontroll- und Überwachungsmechanismen effizienter zu nutzen und Vollzugsdefizite bei der Kontrolle der Sonderabfallströme und Entsorgungsanlagen abzubauen.

Um eine Anlastung von Umweltkosten (und zwar vor allem diejenigen Kosten, die durch Umweltbeeinträchtigungen aus dem ordnungsrechtlich *genehmigten*

Entsorgungsanlagenbetrieb hervorgerufen werden) im Rechnungswesen von Sonderabfallentsorgern und über den Entsorgungspreis auch in der Kalkulation der Sonderabfallverursacher zu erreichen, sind Sonderabfallabgaben, das Umwelt- bzw. Abfallhaftungsrecht und Verhandlungslösungen zwischen Entsorgungsanlagenbetreiber und sonstigen von der Ansiedlung einer Sonderabfallanlage berührten Personengruppen prinzipiell geeignet. Die aus einer Integration dieser umweltpolitischen Instrumente in ein sonderabfallbezogenes Regulierungssystem resultierenden ökologischen Wirkungen lassen sich zwar nicht exakt abschätzen, aber daß im Vergleich zum alleinigen Einsatz qualitätsregulierender Instrumente eine weitergehende Internalisierung von Umweltkosten erreicht wird, ist offensichtlich. Die Instrumente verteuern die Sonderabfallentsorgung, sodaß die Strategien Vermeidung und Verwertung häufiger als bisher betriebswirtschaftlich die vorteilhaftere Alternative darstellen. Geringere Mengen endgültig zu beseitigender Sonderabfälle und ein verringertes Schädlichkeitspotential schonen die Umwelt, weil weniger Entsorgungsvorgänge notwendig sind und die nachwievor anfallenden Reststoffe bei ihrer Beseitigung weniger Emissionen verursachen.

Die dynamischen Anreizeffekte ergeben sich bei Abgaben aufgrund ihrer Ausgestaltung als "Restverschmutzungsabgabe", bei der (abgesehen von ökonomisch in der Regel nicht gerechtfertigten Abgabenbefreiungsregelungen) bereits die erste Einheit verursachter Sonderabfälle eine Abgabenzahlung nachsichzieht. Die Haftungsvorschriften von UmweltHG und europäischem Abfallhaftungsrichtlinienentwurf sind als Gefährdungshaftung konzipiert, sodaß für Entsorgungsunternehmen ein permanenter Anreiz besteht, durch umwelttechnisch verbesserte Entsorgungsverfahren verbleibende Schadensrisiken zu reduzieren, weil dies zu geringeren Schadensregulierungskosten oder Versicherungsprämien führt. Eine im Vergleich zum Ordnungsrecht verbesserte Internalisierung von Umweltkosten ermöglichen Verhandlungslösungen dann, wenn diese Verhandlungen letztendlich zu einer Anlagenausstattung führen, die eine über die ordnungsrechtlichen Vorschriften hinausgehende Emissionsvermeidung ermöglicht.

Neben ihrer Eignung zur Anlastung von Umweltkosten ist bei den dargestellten umweltpolitischen Instrumenten mit weiteren positiven Wirkungen zu rechnen. Diesbezüglich sei auf die Kapitel verwiesen, in denen Abgabe, Haftungsrecht und Verhandlungslösung beurteilt werden.

Abschließend sei nochmals auf die mit Deregulierung verbundene Angebots- und Preisentwicklung für Entsorgungsleistungen im Sonderabfallbereich eingegangen.[171] Die Deregulierung der Sonderabfallwirtschaft könnte mit dem Hinweis abgelehnt werden, daß aufgrund der zu erwartenden wettbewerbsinduzierten Preissenkungen und der Differenzierung des Angebots für die sonderabfallverursachenden Industrien weniger Anreize bestehen, Sonderabfälle zu vermeiden. Mit anderen Worten: Marktschließung sei doch unter ökologischen Aspekten zu begrüßen, auch wenn sie Kostenineffizienzen halbstaatlicher Entsorgungsunternehmen, überteuerte Entsorgungsverfahren oder eine geringe Angebotsvielfalt nachsichzieht, weil dies Sonderabfallverursacher zur Reststoffvermeidung bzw.-verwertung zwingt und weniger Umweltbelastungen durch Sonderabfälle bedeutet.

Dem ist nicht zuzustimmen. Abgesehen davon, daß die jetzige Form der Regulierung ihrerseits mit umweltbezogenen Fehlentwicklungen verbunden ist und auch Deregulierung ökologisch vorteilhafte Entwicklungen beinhaltet (mehr umwelttechnische Innovationen, weniger Sonderabfalltransporte etc.), ist unter Einbeziehung der umweltpolitischen Instrumente nicht generell gesagt, daß Entsorgungsleistungen billiger werden. Die Anlastung der Umweltkosten über Sonderabfallabgaben, Haftungsrecht oder Verhandlungslösungen kann durchaus dazu führen, daß Preissenkungen aufgrund stärkeren Wettbewerbs überkompensiert werden. Welche Wirkung überwiegt, hängt einerseits davon ab, inwieweit mittels der umweltpolitischen Instrumente sämtliche Umweltkosten verursachergerecht angelastet werden können (Entsorgungspreissteigerungen), und ist andererseits davon abhängig, welche schöpferische Kraft bezüglich neuer Entsorgungsverfahren und integrierter Vermeidungstechnologien von Marktöffnung und Wettbewerb ausgehen (was die letztlich möglichen Preissenkungen determiniert). Wenn die Sonderabfallentsorgung im Idealfall alle von ihr verursachten Umweltkosten abdeckt, dann sind reduzierte Vermeidungs- und Verwertungsanstrengungen von Sonderabfallerzeugern aus volkswirtschaftlicher Sicht durchaus die richtige Strategie.

Weiterhin ist eine effiziente Sonderabfallentsorgung insofern wichtig, als sie die politischen Spielräume vergrößert, die genannten Instrumente der Umweltpolitik mit einem Höchstmaß an Umweltkosteninternalisierung durchzusetzen. Denn je teurer die eigentliche Durchführung der Entsorgungstätigkeiten ohnehin schon ist, umso eher werden sich die betroffenen Sonderabfallerzeuger dagegen wehren, darüberhinausgehende Kostensteigerungen durch höhere Sonderabfallabgaben, die Erweiterung haftungsrechtlich relevanter Sachverhalte oder durch weitergehende Verfügungsrechte der Standortanwohner von Entsorgungsbetrieben an den Umweltmedien zu akzeptieren.

---

171 Vgl. zu den folgenden Ausführungen auch *Deregulierungskommission* (1991), Tz. 257, 374 und 382, dort allerdings für den Verkehrsbereich bzw. die Stromwirtschaft.

Schließlich beeinflußt eine preisgünstige und gleichwohl umweltverträgliche Sonderabfallentsorgung auch die Entwicklung in denjenigen Branchen, die diese Dienstleistung als Infrastruktur benötigen, um überhaupt tätig werden zu können. Eine preisgünstige Versorgung mit Entsorgungsleistungen ermöglicht es den Unternehmen, ihre finanziellen Ressourcen in anderen produktiven Verwendungen einzusetzen anstatt sie für überteuerte Entsorgungsverfahren zu "verschwenden", und schafft so die Grundlage für gesamtwirtschaftliche Wohlfahrtsgewinne. Steigendes Volkseinkommen bedeutet aber letztendlich auch die Chance, mehr Mittel für weitergehende umweltschützende Aktivitäten einzusetzen.

8. Schlußbemerkungen

Die vorliegende Arbeit hatte das *Ziel*, die Regulierung der Sonderabfallwirtschaft in der Bundesrepublik Deutschland zu analysieren und darauf aufbauend Argumente zu entwickeln, warum auch in diesem Wirtschaftszweig mehr Wettbewerb realisiert werden sollte.

Dazu war es zunächst erforderlich, die staatlichen Interventionen in den Markt für Sonderabfallentsorgung zu systematisieren und zu beschreiben. Anhand der sonderabfallbezogenen Rechtsvorschriften und verschiedener Parlamentsmaterialien wurden verschiedene Gruppen von staatlichen Eingriffsinstrumenten identifiziert, wie sie zum großen Teil auch in anderen regulierten Branchen vorzufinden sind. Neben Marktzutritts-, Qualitäts- und Preisregulierung, Leistungspflichten und ökonomischen Anreizinstrumenten beteiligt sich die öffentliche Hand auf öffentlich-rechtlicher und/ oder privatrechtlicher Basis an der Sonderabfallentsorgung. Darüberhinaus wird eine grundsätzliche Entsorgungspflicht für Sonderabfälle vorgeschrieben. Auf Basis der so strukturierten Staatsinterventionen war es möglich, eine "bundesländerspezifische Regulierungsmatrix" aufzustellen, in der für jedes der sechszehn Bundesländer dessen individueller "Regulierungsmix" eingetragen werden konnte. Daraus wurde erkennbar, daß sich die einzelnen Länder hinsichtlich der jeweils realisierten Regulierungsintensität zum Teil deutlich unterscheiden. Ländern mit vergleichsweise liberaler Verfassung des Sonderabfallentsorgungsmarktes, in denen nur die bundesweit einheitlichen qualitätsregulierenden Entsorgungsvorschriften gelten, ansonsten jedoch die Sonderabfallentsorgung im wesentlichen in der Verantwortung des Abfallbesitzers verbleibt, stehen Bundesländer mit hoher Eingriffsintensität gegenüber. In letzteren gibt es Entsorgungsunternehmen mit finanzieller Landesbeteiligung, die die Entsorgung gefährlicher Reststoffe landesweit koordinieren und einzelne Entsorgungsstufen teilweise als Monopolbereiche organisiert haben.

Auf Grundlage dieser Analyse wurden vier *Argumente* abgeleitet, die *für eine Politik der Deregulierung* sprechen und zeigen, daß ein ordnungspolitischer Ausnahmebereich "Sonderabfallwirtschaft" nicht sinnvoll ist:

1. *Die von offizieller Seite vorgebrachten Regulierungsmotive vermögen nur insofern zu überzeugen, als sie eine verursachergerechte Anrechnung von Umweltkosten anstreben.* Weitergehende Gründe sind vor dem Hintergrund der Theorie des Marktversagens nicht zu rechtfertigen. Es wurde anhand von Plausibilitätsüberlegungen deutlich gemacht, daß man in den einzelnen Entsorgungsstufen nicht davon ausgehen kann, es liege ein *natürliches Monopol* vor. Außerdem würde wirksamer Wettbewerb von sich aus disziplinierend auf regionale Monopole wirken. *Hohe Kapitalintensität* ist kein Spezifikum der Sonderabfallwirtschaft, sondern gilt auch für andere (wettbewerblich verfaßte) Branchen. Das Kapital mag zwar für sehr spezifische Technolo-

gien aufzuwenden sein, die sich nicht für andere Zwecke eignen, aber daraus eine Gefahr ruinöser Konkurrenz abzuleiten, erscheint nicht angebracht, weil der Marktzutritt auch ohne rechtliche Marktzutrittsschranken nicht leicht ist und der Entsorgungsbereich zu den Wachstumsbranchen gezählt wird. Zur *Finanzierung der Altlastensanierung* sind Lizenzentgelt und Sonderabfallabgaben nicht notwendig, weil es mit Kooperationsmodellen und dem Gemeinlastprinzip Finanzierungsalternativen gibt. Mit letzteren wird zudem vermieden, daß bei Lizenzentgelt und Abgabe die Finanzierungsfunktion in Konkurrenz zur Lenkungsfunktion tritt. *Ökologische Steuerung der Sonderabfallwirtschaft* kann sicherlich in bedeutendem Umfang dazu beitragen, Umweltkostenexternalisierungen zu verhindern und ist insofern als gerechtfertigtes Interventionsargument anzuerkennen. Zu beachten ist, daß bereits das qualitätsregulierende Instrumentarium prinzipiell in der Lage ist, die an eine "ökologische Steuerung" gestellten Anforderungen zu erfüllen. Weitergehende staatliche Eingriffe sind insofern obsolet. *Sonderabfallvermeidung und -verwertung* vermögen ebenfalls einen Beitrag zur Reduzierung externalisierter Umweltkosten zu liefern, weil nicht zu entsorgende Sonderabfälle auch keine Umweltbelastungen hervorrufen können. Die Marktregulierung sollte demnach auch in der Lage sein, Vermeidungs- und Verwertungsanreize zu stimulieren. Schließlich trägt die *Gewährleistung von Entsorgungssicherheit* durch Schaffung eines ausreichenden Angebots an umweltverträglichen Entsorgungsanlagen dazu bei, Abfallentsorgung in umweltunverträglichen illegalen Anlagen zu vermeiden. Für die drei letztgenannten Regulierungsgründe, die in vorstehender Interpretation durchaus zu akzeptieren sind, sind allerdings vorrangig Instrumente mit möglichst geringer Eingriffsintensität zu verwenden, was insgesamt für eine marktorientierte Ausrichtung der Sonderabfallwirtschaft spricht.

2. *Die jetzigen Formen der Regulierung sind abzulehnen, weil sie ihrerseits mit ökonomischen und ökologischen Fehlentwicklungen verbunden sein können.* Marktschließung und Reduzierung der Wettbewerbsintensität führen zu ökonomischer Ineffizienz. Diese drückt sich darin aus, daß für die Anbieter von Entsorgungsleistungen weniger Anreize bestehen, eine kosteneffiziente Produktionsweise zu realisieren, weil sie marktliche Sanktionen für überhöhte Preise in Form einer Abwanderung der Nachfrager zu Konkurrenten häufig nicht zu befürchten haben (Kostenineffizienz). Ist den Sonderabfallverursachern der Zugang zu kostengünstigen Entsorgungsmöglichkeiten versperrt oder müssen sie eine auf Länderebene erhobene Sonderabfallabgabe einkalkulieren, können Wettbewerbsverzerrungen hervorgerufen werden, falls diese Kostenfaktoren von Konkurrenten (aus anderen Bundesländern) nicht zu beachten sind (allokative Ineffizienz). Schließlich führen Wettbewerbsbeschränkungen dazu, daß nicht alle vom Wettbewerb ausgehenden Anreize für technischen Fortschritt auf dem Gebiet kostengünstiger und zugleich um-

weltfreundlicher Entsorgungstechnologien genutzt werden können (dynamische Ineffizienz). Fehlentwicklungen in bezug auf ökologische Belange können u.a. daraus resultieren, daß die Mitsprache politischer Entscheidungsgremien notwendige Standortentscheidungen für neue Entsorgungsanlagen verzögert oder zu Standorten führt, die nur deshalb ausgewählt werden, weil sie sich politisch leichter durchsetzen lassen. Außerdem versperren Anschluß- und Benutzungszwänge oder der Grundsatz der Inlandsentsorgung auch den Zugang zu Entsorgungsanlagen benachbarter Bundesländer oder des europäischen Auslandes, die unter umwelttechnischen Gesichtspunkten vergleichbar oder sogar besser sind als diejenigen im betreffenden Bundesland. Weitere negative Wirkungen sind denkbar.

3. *Mehr Wettbewerb in der Sonderabfallwirtschaft ist zu begrüßen, weil dies die wirtschaftliche Integration innerhalb der Europäischen Union fördert.* Der europäische Binnenmarkt zwingt dazu, solche nationalen Regulierungen zu überdenken, die im Ergebnis zu einer Abschottung gegenüber den anderen Staaten der Union führen können (Entsorgungsautarkie). Die Sonderabfallwirtschaft ist Teil des Wirtschaftslebens im Sinne von Art. 2 EG-Vertrag, und die Vorschriften über die Verkehrsfreiheiten sind prinzipiell zu beachten. Beschränkungen innergemeinschaftlicher Sonderabfallentsorgung sind nur aus Gründen des Umweltschutzes zulässig, nicht jedoch aus wirtschaftlichen Motiven (Rentabilitätssicherung für Sonderabfallentsorger, Absicherung von Produktionsmöglichkeiten für Sonderabfallerzeuger), obwohl auch diese nach Analyse der Regulierungsmotive eine wichtige Rolle spielen. Nur Erfordernisse des europäischen Allgemeininteresses vermögen die Wirtschaftsfreiheiten zulässig einzuschränken, doch für die Umwelt der Union als Ganzes ergibt sich kein Gewinn, wenn aufgrund verbringungsbeschränkender Vorschriften Sonderabfälle im Herkunftsland entsorgt werden müssen, anstatt sie in gleichwertigen Anlagen anderer Mitgliedstaaten zu entsorgen. Insgesamt entspräche es am ehesten den Zielen der Europäischen Union, wenn die Regulierung der Sonderabfallwirtschaft so ausgestaltet wird, daß sowohl wirtschaftliche Freizügigkeit als auch die berechtigten Umweltschutzinteressen in Einklang gebracht werden können.

4. *Eine Deregulierung der Sonderabfallwirtschaft ist anzustreben, weil es durchaus einen marktkonformen "Regulierungsmix" gibt, mit dem eine umweltverträgliche Sonderabfallwirtschaft erreicht werden kann, ohne auf die restriktiven marktschließenden Instrumente der jetzigen Regulierung zurückgreifen zu müssen.* Der Regulierungsmix zeichnet sich dadurch aus, daß er die qualitätsregulierenden Entsorgungsstandards, Kontroll- und Sanktionsmechanismen beibehält, auf rechtliche Marktzutrittsschranken, Preisregulierung, Leistungspflichten und die finanzielle Beteiligung der öffentlichen Hand an Entsorgungsgesellschaften verzichtet sowie einen gemeinsamen

Markt für Sonderabfallentsorgung innerhalb der Europäischen Union bei vorheriger Vereinheitlichung der qualitätsregulierenden Entsorgungsanforderungen auf hohem Umweltschutzniveau anstrebt. Darüberhinaus sieht er zur möglichst weitgehenden Anlastung von Umweltkosten vor, eine zumindest bundesweit, besser noch EU-weit gültige Sonderabfallabgabe (orientiert an den von der Sonderabfallentsorgung verursachten Schadstoffemissionen) sowie weitreichende haftungsrechtliche Vorschriften und eine institutionalisierte Verhandlungslösung zu integrieren. Eine in dieser Weise deregulierte Sonderabfallwirtschaft läßt eine Reihe positiver Wirkungen erwarten, welche sich auf die ökonomische Effizienz (Kosteneffizienz und dynamische Effizienz wegen größeren Wettbewerbsdrucks, Abbau allokativer Ineffizienzen durch Vereinheitlichung der Wettbewerbsbedingungen), auf die Finanzlage der öffentlichen Kassen und auf ökologische Belange beziehen. Die umweltpolitischen Instrumente Abgabe, Haftungsrecht und Verhandlungslösung können dazu beitragen, auch jene Umweltkosten verursachergerecht anzulasten, die von einer genehmigten Entsorgungsanlage trotz noch so fortschrittlicher Umwelttechnik nachwievor hervorgerufen werden können. Welchen Effekt die genannten Maßnahmen im Hinblick auf das Preisniveau für Entsorgungsleistungen haben, ist nicht exakt vorherzusagen, denn wettbewerbsinduzierten Preissenkungen stehen andererseits die kostensteigernden Wirkungen von Abgabe, Umwelthaftung und mittlerunterstützten Aushandlungsprozessen gegenüber. Auf jeden Fall ist eine effiziente Sonderabfallentsorgung wichtig, weil sie die politischen und wirtschaftlichen Spielräume zur Einführung weitreichender marktkonformer Instrumente der Umweltpolitik und für weitergehende umweltschützende Maßnahmen vergrößert.

Es bleibt abzuwarten, inwieweit diese Argumente ausreichen, um auch in der Sonderabfallwirtschaft eine Politik der Deregulierung einzuleiten. Wie die Erkenntnisse aus der (in dieser Arbeit nicht berücksichtigten) positiven Regulierungstheorie deutlich machen, haben einmal ins Leben gerufene Regulierungen und ordnungspolitische Ausnahmebereiche in der Regel ein großes Beharrungsvermögen, weil die politischen Akteure nicht nur die gesamtwirtschaftliche Wohlfahrt im Auge haben, sondern häufig auch (davon abweichende) Eigeninteressen verfolgen oder zu risikoscheu sind, von "Bewährtem" abzuweichen. Für den Einzelnen mögen die Vorteile aus einer Marktöffnung in der Sonderabfallwirtschaft kaum spürbar sein, auch weil er die positiven Wirkungen von Wettbewerb unterschätzt, und sein Hauptaugenmerk wird sich daher möglicherweise eher auf die Risiken und Nachteile konzentrieren, die aus umweltunverträglicher Sonderabfallwirtschaft resultieren können. Die Ausführungen haben aber gezeigt, daß Wettbewerb in diesem Wirtschaftszweig und die Gewährleistung umweltverträglicher Entsorgung kein grundsätzlicher Widerspruch sein muß. Angesichts des Umfangs und der Bedeutung der Sonderabfallwirtschaft sind darüberhinaus die vom Deregulierungsprozeß ausgehenden Impulse für eine dynamische Fortentwicklung der Volkswirtschaft nicht zu unterschätzen.

Verzeichnis der Rechtsvorschriften[1]

Europäische Union

- Vertrag zur Gründung der Europäischen Wirtschaftsgemeinschaft (EWG-Vertrag) vom 25. März 1957, BGBl. II, S. 766.
- Vertrag über die einheitliche europäische Akte (EEA) vom 28. Februar 1986, Abl. 1987 Nr. L 169, S. 1.
- Vertrag über die Europäische Union (EUV) vom 7. Februar 1992, Abl. Nr. C 191, S. 1.
- Richtlinie des Rates über Abfälle (75/442/EWG) vom 15. Juli 1975, Abl. Nr. L 194, S. 47.
- Richtlinie des Rates über giftige und gefährliche Abfälle (78/319/EWG) vom 20. März 1978, Abl. Nr. L 484, S. 43.
- Richtlinie des Rates über die Überwachung und Kontrolle - in der Gemeinschaft - der grenzüberschreitenden Verbringung gefährlicher Abfälle (84/631/EWG) vom 6. Dezember 1984, Abl. Nr. L 326, S. 31.
- Richtlinie des Rates zur Änderung der Richtlinie 75/442/EWG über Abfälle (91/156/EWG) vom 18. März 1991, Abl. Nr. L 78, S. 32.
- Richtlinie des Rates über gefährliche Abfälle (91/689/EWG) vom 12. Dezember 1991, Abl. Nr. L 377, S. 20.
- Verordnung Nr. 259/93 des Rates zur Überwachung und Kontrolle der Verbringung von Abfällen in der, in die und aus der Europäischen Gemeinschaft vom 1. Februar 1993, Abl. Nr. L 30, S. 1.
- Beschluß des Rates zum Abschluß - im Namen der Gemeinschaft - des Übereinkommens über die Kontrolle der grenzüberschreitenden Verbringung von gefährlichen Abfällen und ihrer Entsorgung (Basler Übereinkommen) (93/98/ EWG) vom 1. Februar 1993, Abl. Nr. L 39, S. 1.
- Vorschlag für eine Richtlinie des Rates über die zivilrechtliche Haftung für die durch Abfälle verursachten Schäden, vom 4. Oktober 1989, Abl. Nr. C 251, S. 4; KOM (89) 282 endg.
- Vorschlag für eine Richtlinie des Rates über Abfalldeponien, KOM (91) 102 endg., Ratsdok. 5953/ 91.

---

1 Aufgeführt sind nur die für die Thematik wesentlichen Regelungen. Vorschriften aus verwandten Rechtsgebieten (z.B. Gefahrgut-, Wasser- und Chemikalienrecht) und frühere Fassungen werden, falls nötig, in den Fußnoten des Textes nachgewiesen.

Die Abfallgesetze der Bundesländer sind trotz teilweise anderslautender offizieller Kurzbezeichnungen im Text einheitlich mit "LAbfG Bundesland" zitiert. Dies gilt ebenso für die Abfallabgabengesetze ("LAbfAbgG Bundesland").

- Vorschlag für eine Richtlinie des Rates über die Verbrennung gefährlicher Abfälle, KOM (92) 9 endg., Ratsdok. 5761/ 92.

Bund

- Gesetz über die Vermeidung und Entsorgung von Abfällen (Abfallgesetz - AbfG) vom 27. August 1986, BGBl. I, S. 1410, geändert durch Gesetz vom 23. September 1990, BGBl. II, S. 885.
- Gesetz zur Förderung einer abfallarmen Kreislaufwirtschaft und Sicherung der umweltverträglichen Entsorgung von Abfällen (Kreislaufwirtschafts- und Abfallgesetz - KrW-/AbfG), Gesetzentwurf der Bundesregierung, BT-Drucksache 12/ 5672.
- Gesetz zum Schutz vor schädlichen Umwelteinwirkungen durch Luftverunreinigungen, Geräusche, Erschütterungen und ähnliche Vorgänge (Bundes-Immissionsschutzgesetz - BImSchG) vom 15. März 1974, BGBl. I, S. 721, geändert durch Gesetz vom 11. Mai 1990, BGBl. I, S. 870.
- Gesetz zur Umsetzung der Richtlinie des Rates vom 27. Juni 1985 über die Umweltverträglichkeitsprüfung bei bestimmten öffentlichen und privaten Projekten (85/337/EWG) vom 12. Februar 1990, BGBl. I, S. 205, geändert durch Gesetz vom 11. Mai 1990, BGBl. I, S. 870.
- Gesetz über die Umwelthaftung (Umwelthaftungsgesetz - UmweltHG) vom 10. Dezember 1990, BGBl. I, S. 2634.
- Verordnung zur Bestimmung von Abfällen nach § 2 Abs. 2 des Abfallgesetzes (Abfallbestimmungs-Verordnung - AbfBestV) vom 3. April 1990, BGBl. I, S. 614.
- Verordnung zur Bestimmung von Reststoffen nach § 2 Abs. 3 des Abfallgesetzes (Reststoffbestimmungs-Verordnung - RestBestV) vom 3. April 1990, BGBl. I, S. 631.
- Verordnung über das Einsammeln und Befördern sowie über die Überwachung von Abfällen und Reststoffen (Abfall- und Reststoffüberwachungs-Verordnung - AbfRstÜberwV) vom 3. April 1990, BGBl. I, S. 648.
- Verordnung über die grenzüberschreitende Verbringung von Abfällen (Abfallverbringungs-Verordnung - AbfVerbrV) vom 18. November 1988, BGBl. I, S. 2126.
- Vierte Verordnung zur Durchführung des Bundes-Immissionsschutzgesetzes (Verordnung über genehmigungsbedürftige Anlagen - 4. BImSchV) vom 24. Juli 1985, BGBl. I, S. 1586.
- Siebzehnte Verordnung zur Durchführung des Bundes-Immissionsschutzgesetzes (Verordnung über Verbrennungsanlagen für Abfälle und ähnliche brennbare Stoffe - 17. BImSchV) vom 23. November 1990, BGBl. I, S. 2545, bereinigt S. 2832.

- Zweite Allgemeine Verwaltungsvorschrift zum Abfallgesetz (TA Abfall), Teil 1: Technische Anleitung zur Lagerung, chemisch/ physikalischen, biologischen Behandlung, Verbrennung und Ablagerung von besonders überwachungsbedürftigen Abfällen vom 10. April 1990, GMBl., S. 170, geändert am 23. Mai 1991, GMBl., S. 469.
- Erste Allgemeine Verwaltungsvorschrift zum Bundes-Immissionsschutzgesetz (Technische Anleitung zur Reinhaltung der Luft - TA Luft) vom 27. Februar 1986, GMBl., S. 95.

Baden-Württemberg

- Gesetz über die Vermeidung und Entsorgung von Abfällen und die Behandlung von Altlasten in Baden-Württemberg (Landesabfallgesetz - LAbfG) vom 8. Januar 1990, GBl., S. 1.
- Landesabfallabgabengesetz (LAbfAG) vom 11. März 1991, GBl., S. 133.
- Verordnung der Landesregierung und des Umweltministeriums über die Rechtsstellung der Träger der zentralen Einrichtungen zur Abfallentsorgung (Abfall-Andienungsverordnung - AbfAndienVO) vom 5. Februar 1990, GBl., S. 62, geändert durch Verordnung vom 6. Mai 1992, GBl., S. 281.

Bayern

- Gesetz zur Vermeidung, Verwertung und sonstigen Entsorgung von Abfällen und zur Erfassung und Überwachung von Altlasten in Bayern (Bayerisches Abfallwirtschafts- und Altlastengesetz - BayAbfAlG) vom 27. Februar 1991, GVBl., S. 64.

Berlin

- Gesetz über die Vermeidung und Entsorgung von Abfällen in Berlin (Landesabfallgesetz - LAbfG), Gesetzentwurf vom 7. April 1993, LT-Drs. 12/ 2704.
- Gesetz über die Erhebung einer Abgabe für besonders überwachungsbedürftige Abfälle (Landesabfallabgabengesetz - LAbfAG), Gesetzentwurf vom 21. August 1992, LT-Drs. 12/ 1816.
- Gesetz über die Stadtreinigung (Stadtreinigungsgesetz - StRG) vom 24. Juni 1969, GVBl., S. 768, geändert durch Gesetz vom 27. September 1990, GVBl., S. 2114.

Brandenburg

- Vorschaltgesetz zum Abfallgesetz für das Land Brandenburg (Landesabfallvorschaltgesetz - LAbfVG) vom 20. Januar 1992, GVBl. I, S. 16.

Bremen

- Bremisches Ausführungsgesetz zum Gesetz über die Vermeidung und Entsorgung von Abfällen (BremAGAbfG) in der Fassung der Bekanntmachung vom 15. September 1988, GBl., S. 241.
- Bremisches Abfallabgabengesetz (BremAbfAG) vom 24. November 1992, GBl., S. 639.
- Ortsgesetz über die Entsorgung von Abfällen in der Stadtgemeinde Bremen in der Fassung der Bekanntmachung vom 15. September 1988, GBl., S. 235.

Hamburg

- Hamburgisches Abfallwirtschaftsgesetz (HmbAbfG) vom 1. Dezember 1992, GVBl., S. 251.

Hessen

- Gesetz über die Vermeidung, Verminderung, Verwertung und Beseitigung von Abfällen und die Sanierung von Altlasten (Hessisches Abfallwirtschafts- und Altlastengesetz - HAbfAG) vom 26. Februar 1991, GVBl. I, S. 106.
- Hessisches Sonderabfallabgabengesetz (HSondAbfAbgG) vom 26. Juni 1991, GVBl. I, S. 218, geändert durch Gesetz vom 18. Mai 1993, GVBl. I, S. 171.
- Verordnung über die Beseitigung von Sonderabfällen aus Industrie und Gewerbe (Sonderabfall-Verordnung) vom 13. November 1978, GVBl. I, S. 556.

Mecklenburg-Vorpommern

- Abfallwirtschafts- und Altlastengesetz für Mecklenburg-Vorpommern (AbfAlG M-V) vom 4. August 1992, GVBl., S. 450.

Niedersachsen

- Niedersächsisches Abfallgesetz (NAbfG) vom 21. März 1990, GVBl., S. 91.
- Niedersächsisches Abfallabgabengesetz (NAbfAbgG) vom 17. Dezember 1991, GVBl., S. 373.
- Verordnung über die Andienung von Sonderabfällen vom 21. April 1989, GVBl., S. 183.
- Gebührenordnung für die Zentrale Stelle für Sonderabfälle vom 12. Juni 1989, GVBl. S. 204.

Nordrhein-Westfalen

- Abfallgesetz für das Land Nordrhein-Westfalen (Landesabfallgesetz - LAbfG) vom 21. Juni 1988, GV.NW, S. 250, zuletzt geändert durch Gesetz vom 14. Januar 1992, GV.NW, S. 32.

- Gesetz über die Gründung des Abfallentsorgungs- und Altlastensanierungsverbandes Nordrhein-Westfalen vom 21. Juni 1988, GV.NW, S. 268.
- Verordnung über die Festsetzung der Lizenzentgelte nach dem Landesabfallgesetz (Lizenzentgelt-Verordnung) vom 24. Juni 1992, GV.NW., S. 254.

Rheinland-Pfalz

- Landesabfallwirtschafts- und Altlastengesetz Rheinland-Pfalz (LAbfWAG) vom 30. April 1991, GVBl., S. 251, geändert durch Gesetz vom 14. Juli 1993, GVBl., S. 396.
- Landesverordnung über die Andienung von Sonderabfällen vom 2. Dezember 1993, GVBl., S. 617.
- Landesverordnung über die Kosten der Zentralen Stelle für Sonderabfälle vom 2. Dezember 1993, GVBl. S. 619.

Saarland

- Saarländisches Abfallgesetz (SAbfG) vom 3. Juni 1987, Amtsbl., S. 849.
- Verordnung über die Entsorgung von Sonderabfällen aus Industrie, Gewerbe und Dienstleistungsbereichen (Sonderabfall-Verordnung) vom 22. Oktober 1987, Amtsbl., S. 1425.

Sachsen

- Erstes Gesetz zur Abfallwirtschaft und zum Bodenschutz im Freistaat Sachsen (EGAB) vom 12. August 1991, GVBl., S. 306.

Sachsen-Anhalt

- Abfallgesetz des Landes Sachsen-Anhalt (AbfG LSA) vom 14. November 1991, GVBl., S. 422.

Schleswig-Holstein

- Abfallwirtschaftsgesetz für das Land Schleswig-Holstein (Landesabfallwirtschaftsgesetz - LAbfWG) vom 6. Dezember 1991, GVBl., S. 640.
- Landesverordnung über den Abfallbeseitigungsplan für Abfälle, die besonders zu beseitigen sind (Sonderabfallbeseitigungsverordnung - SAbfVO) vom 11. August 1981, GVBl., S. 143.

Thüringen

- Gesetz über die Vermeidung, Verminderung, Verwertung und Beseitigung von Abfällen und die Sanierung von Altlasten (Thüringer Abfallwirtschafts- und Altlastengesetz - ThAbfAG) vom 31. Juli 1991, GVBl., S. 273.
- Thüringer Verordnung über die Entsorgung von Sonderabfällen aus Industrie und Gewerbe (Sonderabfall-Verordnung) vom 31. Januar 1992, GVBl., S. 65.

Literaturverzeichnis

Abgeordnetenhaus von Berlin (1991): Mitteilung - zur Kenntnisnahme - über Neuorientierung der Sondermüllentsorgungspolitik in Berlin, Drucksache 12/ 1014.

- (1992): Antrag der Fraktion der CDU und der Fraktion der SPD über das Gesetz über die Erhebung einer Abgabe für besonders überwachungsbedürftige Abfälle (Landesabfallabgabengesetz - LAbfAG), Drucksache 12/ 1816.

- (1992a): Vorlage - zur Kenntnisnahme - über Neufassung des Vorläufigen Abfallentsorgungsplans für Abfälle im Sinne von § 2 Abs. 2 des Abfallgesetzes (AbfG), Drucksache 12/ 1740.

Adams, M.(1985): Ökonomische Analyse der Gefährdungs- und Verschuldenshaftung, Heidelberg.

Akerlof, G. A.(1970): The Market for "Lemons". Quality Uncertainty and the Market Mechanism, in: Quarterly Journal of Economics, 84. Jg., S. 488-500.

Apolte, Th./ Kessler, M. (Hrsg., 1990): Regulierung und Deregulierung im Systemvergleich, Heidelberg.

- (1990): Regulierung und Deregulierung als wirtschaftspolitische Aufgabe in alternativen Wirtschaftssystemen, in: *dies.* (Hrsg.), S. 3-24.

Arbeitsgemeinschaft der Sonderabfallentsorgungsgesellschaften der Länder (Hrsg., 1992): Broschüre "Wohin mit dem Sonderabfall? Fragen und Antworten. Fakten und Argumente", 2. Aufl., Stand April 1992, Bonn.

Aschinger, G. (1984): Contestable Markets. Ein neuer Weg zur Charakterisierung des Wettbewerbs und der Industriestruktur, in: WiSt - Wirtschaftswissenschaftliches Studium, 13. Jg., S. 217-223.

- (1985): Das Coase-Theorem, in: WISU - Das Wirtschaftsstudium, 14. Jg., S. 97-103.

Bain, J. S. (1968): Industrial Organisation, 2. Aufl., New York u.a.

Bartels, E. (1987): Abfallrecht. Eine systematische Darstellung unter besonderer Berücksichtigung der Rechtslage in Nordrhein-Westfalen, Köln u.a.

Bartling, H. (1980): Leitbilder der Wettbewerbspolitik, München.

Bauer, A./ Illing, G. (1992): Das Coase-Theorem, in: WISU - Das Wirtschaftsstudium, 21. Jg., S. 97-102.

Baumol, W. J./ Panzar, J. C./ Willig, R. D. (1982): Contestable Markets and the Theory of Industry Structure, New York u.a.

Bayerisches Staatsministerium für Landesentwicklung und Umweltfragen (1977): Abfallbeseitigungsplan, Teilplan Sondermüll, veröffentlicht im Amtsblatt des Bayerischen Staatsministeriums für Landesentwicklung und Umweltfragen, Nr. 1 vom 1. Februar 1977, S. 1 ff.; 1. Fortschreibung vom 15. Dezember 1980, LUMBl. Nr. 1 vom 2. Februar 1981, S. 6; 2. Fortschreibung vom 24. Januar 1990, AllMBl. Nr. 5/1990, S. 282 f.

Bender, B./ Sparwasser, R. (1990): Umweltrecht. Grundzüge des öffentlichen Umweltschutzrechts, 2. Aufl., Heidelberg.

Benkert, W. (1986): Die Bedeutung des Gemeinlastprinzips in der Umweltpolitik, in: Zeitschrift für Umweltpolitik, 9. Jg., S. 213-239.

- (1987): Organisation und Finanzierung der Altlastensanierung, in: Zeitschrift für Umweltpolitik und Umweltrecht, 10. Jg., S. 207-217.

Benkert, W./ Bunde, J. (1990): Abgaben im Abfallbereich, in: Zeitschrift für angewandte Umweltforschung, 3. Jg., S. 280-292.

Beyerlin, U. (1989): Die "neue" Umweltpolitik der Europäischen Gemeinschaften. Möglichkeiten und Grenzen der Kompetenzausschöpfung, in: Umwelt- und Planungsrecht, 9. Jg., S. 361-364.

Berg, H. (1990): Wettbewerbspolitik, in: Vahlens Kompendium der Wirtschaftstheorie und Wirtschaftspolitik, 4. Aufl., Bd. 2, S. 233-294.

Bernholz, P./ Breyer, F. (1984): Grundlagen der politischen Ökonomie, 2. Aufl., Tübingen.

Bieler, D./ Claus, F. (1988): Die Bedeutung der Organisation auf die Umweltverträglichkeit der Sonderabfallwirtschaft, in: Zeitschrift für angewandte Umweltforschung, 1. Jg., S. 193-196.

Birn, H./ Jung, G. (Hrsg., 1991): Abfallbeseitigungsrecht für die betriebliche Praxis. Loseblattsammlung, Stand Februar 1991, Kissing u.a.

Blankart, C. B. (1980): Ökonomie der öffentlichen Unternehmen, München.

- (1988): Umweltschutzinduzierte Sonderabgaben und ihre Alternativen. Besteuerung und Haftung im Sondermüllbereich, in: *Schmidt, K.* (Hrsg.), Öffentliche Finanzen und Umweltpolitik I, Berlin, S. 67-89.

Bögelein, M. (1990): Ordnungspolitische Ausnahmebereiche. Marktwirtschaftliche Legitimation und wirtschaftspolitische Konsequenzen, Wiesbaden.

Böndel, B. (1994): Innovationsklima. Ära der Systeme, in: Wirtschaftswoche, Nr. 3 vom 14. Januar 1994, S. 70-72.

Bongaerts, J. C. (1992): Umweltpolitische Kompetenzen der EG nach Maastricht (Beitrag zur Umweltdiskussion "Zentralisierungsbedarf der EG-Umweltpolitik"), in: Zeitschrift für angewandte Umweltforschung, 5. Jg., S. 11-14.

Bönker, C. (1992): Umweltstandards in Verwaltungsvorschriften, Münster.

Bonus, H. (1972): Über Schattenpreise von Umweltressourcen, in: Jahrbuch für Sozialwissenschaft, Bd. 23, Göttingen, S. 342-354.

- (1980): Umwelt und Soziale Marktwirtschaft. Über Gefährdungen und klare Chancen: Umweltschutz und öffentliche Güter, *Stiftung Gesellschaft und Unternehmen* (Hrsg.), Köln.
- (1981): Emissionsrechte als Mittel der Privatisierung öffentlicher Ressourcen aus der Umwelt, in: *Wegehenkel, L.* (Hrsg.), S. 54-75.
- (1984): Zwei Philosophien der Umweltpolitik: Lehren aus der amerikanischen Luftreinhaltepolitik, in: List Forum, Bd. 12, S. 323-340.
- (1984a): Marktwirtschaftliche Konzepte im Umweltschutz. Auswertungen amerikanischer Erfahrungen im Auftrag des Landes Baden-Württemberg, Stuttgart.
- (1986): Eine Lanze für den "Wasserpfennig". Wider die Vulgärform des Verursacherprinzips, in: Wirtschaftsdienst, 66. Jg., S. 451-455.
- (1990): Preis- und Mengenlösungen in der Umweltpolitik, in: Jahrbuch für Sozialwissenschaft, Bd. 41, S. 343-358.

Boos, F./ Krönes, G. (1990): Die Instrumentalfunktion öffentlicher Unternehmen. Hauptprobleme und Lösungsansätze, in: Zeitschrift für öffentliche und gemeinwirtschaftliche Unternehmen, Bd. 13, S. 141-157.

Bössmann, E. (1979): Externe Effekte, in: WISU - Das Wirtschaftsstudium, 8. Jg., S. 95-98 (Teil 1) und S. 147-151 (Teil 2).

Bowe, D. (1992): Abfallwirtschaft aus Sicht des Europäischen Parlaments. Eine gemeinschaftliche Strategie für die Abfallbewirtschaftung, in: *Vohrer, M.* (Hrsg.), Ökologische Marktwirtschaft in Europa, Baden-Baden, S. 221-228.

Brandt, E. (1993): Finanzbedarf und Finanzierungsansätze, in: *ders.* (Hrsg.), S. 178-188.

- (Hrsg., 1993): Altlasten. Bewertung, Sanierung, Finanzierung, 3. Aufl., Taunusstein.

Brandt, E./ Lange, H. (1987): Kostentragung bei der Altlastensanierung, in: Umwelt- und Planungsrecht, 7. Jg., S. 11-18.

Braulke, M. (1983): Contestable Markets. Wettbewerbskonzept mit Zukunft?, in: Wirtschaft und Wettbewerb, 33. Jg., S. 945-954.

Bremische Bürgerschaft (1988): Konzeption zur umweltgerechten Lösung der Sondermüllproblematik im Lande Bremen. Antrag der SPD-Fraktion, LT-Drucksache 12/ 334.

- (1990): Sonderabfallbericht Bremen 1990. Mitteilung des Senats, LT-Drucksache 12/ 819.
- (1992): Bremisches Abfallabgabengesetz. Mitteilung (Gesetzentwurf) des Senats, LT-Drucksache 13/ 373.

Breuer, R. (1985): Die Abgrenzung zwischen Abwasserbeseitigung, Abfallbeseitigung und Reststoffverwertung, Heidelberg.

Bunde, J./ Zimmermann, H. (1988): Abfall in ökonomischer Sicht, in: Zeitschrift für angewandte Umweltforschung, 1. Jg., S. 175-182.

Bundesministerium für Umwelt, Naturschutz und Reaktorsicherheit (1991): Entwurf eines Abfallabgabengesetzes, Stand: 11. September 1991, Bonn.

Bundesrat (1989): Beschluß des Bundesrates zur Mitteilung der Kommission der Europäischen Gemeinschaften an den Rat und das Europäische Parlament über die Gemeinschaftsstrategie für die Abfallwirtschaft, BR-Drucksache 530/ 89 (Beschluß).

- (1990): Bericht der Bundesregierung über die Konsequenzen des bis 1992 angestrebten gemeinsamen Binnenmarktes für die Abfallentsorgung in der Bundesrepublik Deutschland. Unterrichtung durch die Bundesregierung, BR-Drucksache 728/ 90.

- (1991): Vorschlag für eine Richtlinie des Rates über Abfalldeponien, KOM (91) 102 endg., Ratsdok. 5953/ 91. Unterrichtung durch die Bundesregierung, BR-Drucksache 378/ 91.

- (1992): Vorschlag für eine Richtlinie (EWG) des Rates über die Verbrennung gefährlicher Abfälle, KOM (92) 9 endg., Ratsdok. 5761/ 92. Unterrichtung durch die Bundesregierung, BR-Drucksache 290/ 92.

Bürgerschaft der Freien und Hansestadt Hamburg (1989): Sonderabfallwirtschaftsplan für Hamburg. Mitteilung des Senats an die Bürgerschaft, LT-Drucksache 13/ 4854.

Busch, K. (1991): Umbruch in Europa. Die ökonomischen, ökologischen und sozialen Perspektiven des einheitlichen Binnenmarktes, Köln.

Chantelau, F./ Möker, U.-H. (1989): Ökologisierung kommunaler Abgaben. Abfall- und Abwassergebühren als Instrumente der Umweltpolitik, Taunusstein.

Chmielewicz, K. (1989): Artikel "Öffentliche Unternehmen", in: *Chmielewicz, K./ Eichhorn, P.* (Hrsg.), Sp. 1093-1105.

Chmielewicz, K./ Eichhorn, P. (Hrsg., 1989): Handwörterbuch der Öffentlichen Betriebswirtschaft, Stuttgart, 1989.

Coase, R. H. (1960): The Problem of Social Cost, in: Journal of Law and Economics, Nr. 3, S. 1-44.

Cox, H./ Kirchhoff, U. (1981): Die Instrumentalfunktion öffentlicher Unternehmen, in: Wirtschaftsdienst, 61. Jg., S. 234-241.

Deregulierungskommission (1991): Marktöffnung und Wettbewerb, Stuttgart.

Deutscher Bundestag (1976): Abfallwirtschaftsprogramm `75 der Bundesregierung, BT-Drucksache 7/ 4826.

- (1989): Vollzugsdefizite beim Abfallexport in die Dritte Welt. Antwort der Bundesregierung, BT-Drucksache 11/ 6150.

- (1990): Umweltbericht 1990 des Bundesministers für Umwelt, Naturschutz und Reaktorsicherheit, BT-Drucksache 11/ 7168.

- (1990a): Bericht der Bundesregierung über die Konsequenzen des bis 1992 angestrebten gemeinsamen Binnenmarktes für die Abfallentsorgung in der Bundesrepublik Deutschland, BT-Drucksache 11/ 8161.

- (1992): Vermeidung, Verwertung und Beseitigung von Sonderabfällen. Antwort der Bundesregierung, BT-Drucksache 12/ 2490.

- (1992a): Auswirkungen des EG-Binnenmarktes auf Umwelt- und Verbraucherschutz. Antwort der Bundesregierung, BT-Drucksache 12/ 4036.

- (1993): Entwurf eines Gesetzes zur Vermeidung von Rückständen, Verwertung von Sekundärrohstoffen und Entsorgung von Abfällen. Gesetzentwurf der Bundesregierung, BT-Drucksache 12/ 5672.

Deutscher Industrie- und Handelstag (1991): Altlastensanierung und ihre Finanzierung in den Bundesländern. Eine Zwischenbilanz, Bonn.

Dick, G. (1990): Grundlegende Probleme der Regulierung und Deregulierung in der sozialen Marktwirtschaft, in: *Apolte, T./ Kessler, M.* (Hrsg.), S. 39-53.

Diederichsen, U./ Foerste, U. (1989): Die Rechtsgrundlagen von Produzenten- und Umwelthaftung, in: *Müller, W.* (Hrsg.), Haftpflichtrisiken in Unternehmen. Produkt- und Umwelthaftung, Wiesbaden, S. 7-22.

Donges, J. B./ Schatz, K.-W. (1986): Staatliche Interventionen in der Bundesrepublik Deutschland. Umfang, Struktur, Wirkungen, Institut für Weltwirtschaft, Kieler Diskussionsbeiträge Nr. 119/ 120, Kiel.

Eberhardt, A./ Keppler, J. (1992): Abfallabgabentarifierung vor dem Hintergrund konkreter Gesetzgebungsvorhaben, in: Zeitschrift für angewandte Umweltforschung, 5. Jg., S. 360-373.

Edelhoff, G. D. (1989): Diskussionsbeitrag, in: *Arbeitsgemeinschaft für Umweltfragen e.V.* (Hrsg., 1989), Umweltforum `89, Abfall und Umwelt, Stenographisches Protokoll der Sitzung des 17. Umweltforums am 23. November 1989 in Wiesbaden, Bonn, S. 58 ff.

Edom, E. (1991): Ökonomische und öffentlich-rechtliche Probleme der Sonderabfallentsorgung. Eine Analyse für das Bundesland Niedersachsen, Berlin.

Eichhorn, P. (1989): Artikel "Entsorgungsunternehmen", in: *Chmielewicz, K./ Eichhorn, P.* (Hrsg.), Sp. 313-318.

Eickhoff, N. (1985): Wettbewerbspolitische Ausnahmebereiche und staatliche Regulierung, in: Jahrbuch für Sozialwissenschaft, Bd. 36, S. 63-79.

- (1986): Staatliche Regulierung zwischen Marktversagen und Gruppeninteressen. Ein Beitrag zur Weiterentwicklung der Regulierungstheorie, in: Jahrbuch für Neue Politische Ökonomie, Bd. 5, S. 122-139.

- (1986a): Theorien des Markt- und Wettbewerbsversagens, in: Wirtschaftsdienst, 66. Jg., S. 468-476.

Eisberg, J. (1991): Der Grundsatz der Abfallentsorgung im Inland. Vereinbarkeit mit dem Recht der Europäischen Gemeinschaften und den Übereinkommen zum Schutz der Meeresumwelt, Frankfurt am Main u.a.

Eisoldt, F. (1993): Die Altlastenproblematik in den neuen Bundesländern, in: *Brandt, E.* (Hrsg.), S. 247-267.

Emmerich, V. (1991): Kartellrecht, 6. Aufl., München.

Endres, A. (1977): Die Coase-Kontroverse, in: Zeitschrift für die gesamte Staatswissenschaft, 133. Jg., S. 637-651.

- (1985): Umwelt- und Ressourcenökonomie, Darmstadt.

- (1986): Die Pigou-Steuer, in: WiSt - Wirtschaftswissenschaftliches Studium, 15. Jg., S. 407-408.

- (1988): Staatliche Regulierung und ökonomische Theorie, in: WiSt - Wirtschaftswissenschaftliches Studium, 17. Jg., S. 197-198.

- (1989): Allokationswirkungen des Haftungsrechts, in: Jahrbuch für Sozialwissenschaft, Bd. 40, S. 115-129.

- (1991): Ökonomische Grundlagen des Haftungsrechts, Heidelberg.

Endres, A./ Rehbinder, E./ Schwarze, R. (1992): Haftung und Versicherung für Umweltschäden aus ökonomischer und juristischer Sicht, Berlin u.a.

Endres, A./ Schwarze, R. (1991): Allokationswirkungen einer Umwelthaftpflicht-Versicherung, in: Zeitschrift für Umweltpolitik und Umweltrecht, 14. Jg., S. 1-25.

Epiney, A./ Furrer, A. (1992): Umweltschutz nach Maastricht. Ein Europa der drei Geschwindigkeiten?, in: Europarecht, 27. Jg., S. 369-408.

Esser, J. (1969): Grundlagen und Entwicklung der Gefährdungshaftung, 2. Aufl., München 1969.

Erhardt, M. (1989): Artikel "Öffentliche Aufgaben", in: *Chmielewicz, K./ Eichhorn, P.* (Hrsg.), Sp. 1003-1011.

Ewers, H.-J. (1991): Freiheit und Effizienz. Variationen zu einem alten Thema, Diskussionspapier Nr. 1 des Instituts für Verkehrswissenschaft der Universität Münster, Münster.

Ewers, H.-J./ Fritsch, M. (1987): Zu den Gründen staatlicher Forschungs- und Technologiepolitik, in: *Boettcher, E./ Herder-Dorneich, Ph./ Schenk, K. E.* (Hrsg.), Jahrbuch für Neue Politische Ökonomie, Bd. 6, Tübingen, S. 108-135.

Ewers, H.-J./ Wein, T. (1989): Gründe und Richtlinien für eine Deregulierungspolitik, Diskussionspapier Nr. 139 der Wirtschaftswissenschaftlichen Dokumentation der Technischen Universität Berlin, Berlin.

Ewringmann, D./ Schafhausen, F. (1985): Abgaben als ökonomischer Hebel in der Umweltpolitik. Ein Vergleich von 75 praktizierten oder erwogenen Abgabenlösungen im In- und Ausland, Berichte 8/ 85 des Umweltbundesamtes, Berlin.

Faber, M./ Michaelis, P. (1989): Änderung der Produktions- und Verbrauchsweise durch Umweltabgaben am Beispiel der Abfallwirtschaft, in: *Nutzinger, H. G./ Zahrnt, A.* (Hrsg.), Öko-Steuern. Umweltsteuern und -abgaben in der Diskussion, Karlsruhe, S. 103-121.

Faber, M./ Stephan, G./ Michaelis, P. (1989): Umdenken in der Abfallwirtschaft. Vermeiden, Verwerten, Beseitigen, 2. Aufl., Berlin u.a.

Feess-Dörr, E./ Prätorius, G./ Steger, U. (1992): Umwelthaftungsrecht. Bestandsaufnahme, Probleme, Perspektiven, 2. Aufl., Wiesbaden.

Feldmann, F.-J. (1992): Umwelthaftungsgesetz. Konzeption, Auswirkungen und Perspektiven, in: Entsorgungspraxis, 10. Jg., S. 193-197.

Fichtner Beratende Ingenieure (1992): Lösungen für die Organisation der Sonderabfallentsorgung im Freistaat Sachsen, *Sächsisches Staatsministerium für Umwelt und Landesentwicklung* (Hrsg.), Organisation der Sonderabfallentsorgung Studie B, Materialien zur Abfallwirtschaft, Band 3, Dresden.

Fichtner, S. (1992): Sonderabfallwirtschaft als Handlungsfeld des Ökonomen, Ludwigsburg/ Berlin.

Fleckenstein, K./ Hüwels, H. (1993): Wege aus der ökologischen Selbstblokade (Beitrag zur Umweltdiskussion "Umweltrecht im Vollzugsdefizit?"), in: Zeitschrift für angewandte Umweltforschung, 6. Jg., S. 11-16.

Foljanty-Jost, G. (1990): Kooperation statt Konfrontation: Verhandlungen als Mittel der Beilegung von Umweltkonflikten in Japan, in: Zeitschrift für angewandte Umweltforschung, 3. Jg., S. 36-50.

Förstner, U. (1991): Umweltschutztechnik. Eine Einführung, 2. Aufl., Berlin u.a.

Frankfurter Institut für wirtschaftspolitische Forschung e.V. (1993): Privatisierung auch im Westen, Schriftenreihe Band 26, Bad Homburg v.d.H.

Franzius, V. (1986): Kontaminierte Standorte in der Bundesrepublik Deutschland, in: *Umweltbundesamt* (Hrsg.), Kosten der Umweltverschmutzung, UBA-Berichte 7/86, S. 295-302.

Frey, B. (1985): Umweltökonomie, 2. Aufl., Göttingen.

Friauf, K. H. (1987): Verfassungsrechtliche Aspekte des Nordrhein-Westfalen-Modells Altlastensanierung durch "Lizenzabgaben" auf die Sonderabfallentsorgung. Rechtsgutachten erstattet im Auftrag der Wirtschaftsvereinigung Eisen- und Stahlindustrie, Düsseldorf.

Friedrich, H. M. (1988): Rechtsprobleme der nationalen, völkerrechtlichen und europarechtlichen Regelungen der grenzüberschreitenden Abfallverbringung, in: Umwelt- und Planungsrecht, 8. Jg., S. 4-10.

Fritsch, M./ Wein, T./ Ewers, H.-J. (1993): Marktversagen und Wirtschaftspolitik. Mikroökonomische Grundlagen staatlichen Handelns, München.

Fujita, T. (1990): Das Mittlersystem in der Verwaltung nach japanischem Recht, in: *Hoffmann-Riem, W./ Schmidt-Aßmann, E.* (Hrsg.), Bd. 1, S. 289-293.

Gauweiler, P. (1993): Abbau von Vollzugsdefiziten am Beispiel der Abfallwirtschaft (Beitrag zur Umweltdiskussion "Umweltrecht im Vollzugsdefizit?"), in: Zeitschrift für angewandte Umweltforschung, 6. Jg., S. 9-11.

Gawel, E. (1993): Die Emissionsrechtelösung und ihre Praxisvarianten - eine Neubewertung, in: Zeitschrift für Umweltpolitik und Umweltrecht, 15. Jg., S. 31-54.

Gesellschaft zur Beseitigung von Sondermüll in Bayern mbH (Hrsg., o.J.): In Verantwortung für Bayerns Umwelt, Firmenbroschüre, München.

Goepfert, P./ Reimer, H. (1978): Kostenstrukturuntersuchungen verschiedener Verfahren zur Beseitigung von Siedlungsabfällen, *Umweltbundesamt* (Hrsg.), Materialien 6/ 78.

Graf, G. (1981): Regulierung und innovatorische Prozesse, in: Jahrbuch für Sozialwissenschaft, Bd. 32, S. 311-345.

Groeben, H. von der/ Thiesing, J./ Ehlermann, C.-D. (1993): Handbuch des Europäischen Rechts. Systematische Sammlung mit Erläuterungen, Stand April 1993, Baden-Baden.

Grossekettler, H. (1985): Ökonomische Analyse der interkommunalen Kooperation. Arbeitspapier Nr. 5 des Instituts für Genossenschaftswesen der Universität Münster, Münster.

\- (1989): Deregulierung und Privatisierung. Erscheinungsformen, Legitimationskriterien und politische Verhaltenstendenzen, in: WiSt - Wirtschaftswissenschaftliches Studium, Heft 10, S. 437-445.

Gusy, C. (1990): Verwaltung durch Verhandlung und Vermittlung, in: Zeitschrift für Umweltpolitik und Umweltrecht, 13. Jg., S. 353-363.

Haeseler, H. R. (1989): Artikel "Gemischtwirtschaftliche Unternehmen", in: *Chmielewicz, K./ Eichhorn, P.* (Hrsg.), Sp. 479-485.

Hager, G. (1991): Die Haftung des Abfallerzeugers nach dem Vorschlag der EG-Abfallhaftungsrichtlinie aus Sicht des deutschen Rechts, in: Jahrbuch des Umwelt- und Technikrechts, Bd. 15, S. 149-168.

Hajen, L. (1986): Organisation und Finanzierung der Altlastensanierung, in: Zeitschrift für Umweltpolitik, 9. Jg., S. 349-373.

Hamm, W. (1978): Staatsaufsicht über wettbewerbspolitische Ausnahmebereiche als Ursache ökonomischer Fehlentwicklungen, in: Ordo. Jahrbuch für die Ordnung von Wirtschaft und Gesellschaft, Bd. 29, S. 156-172.

Hansmeyer, K.-H. (1984): Abgaben als Instrumente der Umweltpolitik. Erfahrungen und Perspektiven, in: *Ewers, H.-J./ Schuster, H.* (Hrsg.): Probleme der Ordnungs- und Strukturpolitik, Festschrift zum 60. Geburtstag von *Hellmuth Stefan Seidenfus*, Göttingen, S. 270-290.

Hansmeyer, K.-H./ Schneider, H. K. (1989): Zur Fortentwicklung der Umweltpolitik unter marktsteuernden Aspekten. Abschließender und ergänzender Bericht zum Forschungsvorhaben Nr. 10103107 des *Umweltbundesamtes*, Köln.

Hayek, F. A. von (1968): Der Wettbewerb als Entdeckungsverfahren, Kiel.

Hecht, D. (1991): Möglichkeiten und Grenzen der Steuerung von Rückstandsmaterialströmen über den Abfallbeseitigungspreis, Berlin.

\- (1993): Von der Abfallwirtschaft zur Kreislaufwirtschaft, in: Wirtschaftsdienst, 73. Jg., S. 479-486.

Henkel, M. (1993): Altlasten in der Bundesrepublik Deutschland - eine Zwischenbilanz, in: *Brandt, E.* (Hrsg.), S. 63-73.

Henselder-Ludwig, R. (Hrsg., 1991): Abfallrecht. Rechtsverordnungen und Verwaltungsvorschriften, Materialien, EG-Richtlinien, München.

Herdzina, K. (1991): Wettbewerbspolitik, 3. Aufl., Stuttgart.

Hessische Industriemüll GmbH (Hrsg., o.J.): Firmenbroschüre, Wiesbaden.

Hillebrandt, P. (1982): Erweiterung und Aktualisierung der Kostenstrukturuntersuchung verschiedener Verfahren zur Beseitigung von Siedlungsabfällen, *Umweltbundesamt* (Hrsg.), Materialien 2/ 82, Berlin.

Himmelmann, G. (Hrsg., 1991): Öffentliche Unternehmen in der Abfallwirtschaft, Baden-Baden.

Hoffmann, H./ Senff, A. (1992): Möglichkeiten der Reduzierung von Sonderabfällen durch Beratung in Gewerbe und Industrie, in: Müll und Abfall, 24. Jg., S. 12-17.

Hoffmann-Riem, W. (1990): Interessenausgleich durch Verhandlungslösungen, in: Zeitschrift für angewandte Umweltforschung, 3. Jg., S. 19-35.

Hoffmann-Riem, W./ Schmidt-Aßmann, E. (Hrsg., 1990): Konfliktbewältigung durch Verhandlungen, Bd. 1: Informelle und mittlerunterstützte Verhandlungen in Verwaltungsverfahren, Bd. 2: Konfliktmittlung im Verwaltungsverfahren, Baden-Baden.

Holst, M. (1989): Durchsetzungsprobleme von Abfallentsorgungsanlagen. Sachstand, Ursachen und Wege zur Problembewältigung, in: Zeitschrift für Umweltpolitik und Umweltrecht, 12. Jg., S. 185-202.

Holzinger, K. (1987): Umweltpolitische Instrumente aus der Sicht der staatlichen Bürokratie. Versuch einer Anwendung der "Ökonomischen Theorie der Bürokratie", Ifo-Studien zur Umweltökonomie Nr. 6, München.

Holznagel, B. (1990): Konfliktlösung durch Verhandlungen. Aushandlungsprozesse als Mittel der Konfliktverarbeitung bei der Ansiedlung von Entsorgungsanlagen für besonders überwachungsbedürftige Abfälle in den Vereinigten Staaten und der Bundesrepublik Deutschland, Baden-Baden.

- (1990a): Verhandlungslösungen als Mittel der Konfliktbewältigung bei der Ansiedlung von Sonderabfallanlagen in den USA und in der Bundesrepublik, in: Zeitschrift für angewandte Umweltforschung, 3. Jg., S. 405-417.

Hoppe, W./ Beckmann, M. (1989): Umweltrecht. Juristisches Kurzlehrbuch für Studium und Praxis, München.

Hoppmann, E. (1981): Über Funktionsprinzipien und Funktionsbedingungen des Marktsystems, in: *Wegehenkel, L.* (Hrsg., 1981), S. 219-235.

Hoschützky, A./ Kreft, H (1992): Recht der Abfallwirtschaft. Kommentar zum Abfallgesetz, Loseblattsammlung, Stand: Februar 1992.

Hösel, G. (1990): Unser Abfall aller Zeiten. Eine Kulturgeschichte der Städtereinigung, 2. Aufl., München.

Hösel, G./ Lersner, H. Frhr. von (1989): Recht der Abfallbeseitigung des Bundes und der Länder, Loseblattsammlung, Stand: August 1989, Berlin.

Huckestein, B. (1993): Umweltabgaben - Anwendungsbedingungen einer ökologischen Allzweckwaffe, in: Zeitschrift für Umweltpolitik und Umweltrecht, 16. Jg., S. 343-368.

- (1993a): Umweltlizenzen - Anwendungsbedingungen einer ökonomisch effizienten Umweltpolitik durch Mengensteuerung, in: Zeitschrift für Umweltpolitik und Umweltrecht, 16. Jg., S. 1-29.

Hüwels, H. (1992): Gewachsene Umweltkompetenz kompetent nutzen (Beitrag zur Umweltdiskussion "Zentralisierungsbedarf der EG-Umweltpolitik"), in: Zeitschrift für angewandte Umweltforschung, 5. Jg., S. 20-24.

Jaron, A. (1989): Ökonomische Instrumente in der Abfallwirtschaft, in: Müll und Abfall, 21. Jg., S. 629-635.

Johnke, B. (1992): Akzeptanzprobem Abfallentsorgungsanlagen - eine Frage der Öffentlichkeitsarbeit, in: Müll und Abfall, 24. Jg., S. 78-84.

Jung, G. (1988): Die Planung in der Abfallwirtschaft. Aktuelle Fach- und Rechtsfragen, Berlin.

Kabelitz, K. R. (1984): Eigentumsrechte und Nutzungslizenzen als Instrumente einer ökonomisch rationalen Luftreinhaltepolitik, Ifo-Studien zur Umweltökonomie Nr. 5, München.

- (1984a): Handelbare Emissionsgenehmigungen als Instrument einer ökologisch und ökonomisch rationalen Luftreinhaltepolitik, in: *Schneider, G./ Sprenger, R.-U.* (Hrsg.), S. 277-314.

Kahn, A. E. (1970): The Economics of Regulation. Principles and Institutions, Bd. 1: Economic Principles, New York u.a.

Kantzenbach, E. (1967): Die Funktionsfähigkeit des Wettbewerbs, 2. Aufl., Göttingen.

Karl, H. (1987): Altlastensanierung. Ansätze zur Deckung des Finanzbedarfs, Bochum.

- (1988): Sonderabfallwirtschaft - ein Ausnahmebereich vom Wettbewerb? Analyse institutioneller Strukturen der Sonderabfallwirtschaft Nordrhein-Westfalens, in: List Forum, 14. Jg., S. 345-363.

- (1988a): Regionale Entsorgungsmonopole und Sondermüllizenzen als Instrumente der Abfallwirtschaft. Zur Novelle des nordrhein-westfälischen Abfallwirtschaftsgesetzes, in: Zeitschrift für angewandte Umweltforschung, 1. Jg., S. 51-64.

- (1989): Deregulierung der Abfallwirtschaft, in: Zeitschrift für angewandte Umweltforschung, 2. Jg., S. 83-88.

Kemper, M. (1989): Das Umweltproblem in der Marktwirtschaft. Wirtschaftstheoretische Grundlagen und vergleichende Analyse umweltpolitischer Instrumente in der Luftreinhalte- und Gewässerschutzpolitik, Berlin.

Kempis, K. von (1985): Überlegungen zu der Vereinbarkeit des Grundsatzes der Abfallbeseitigung im Inland mit dem EWG-Vertrag, in: Umwelt- und Planungsrecht, 5. Jg., S. 354-362.

Kersting, A. (1992): Die Abgrenzung zwischen Abfall und Wirtschaftsgut, Düsseldorf.

Kessler, M./ von Keller, V. (1993): Teurer Zwang. Bonns Recyclingpolitik belastet Wirtschaft und Verbraucher mit unnötigen Kosten. Marktlösungen bleiben auf der Strecke, in: Wirtschaftswoche, Nr. 29 vom 16. Juli 1993, S. 20-26.

Kirchgässner, G. (1992): Haftungsrecht und Schadensersatzansprüche als umweltpolitische Instrumente, in: Zeitschrift für Umweltpolitik und Umweltrecht, 15. Jg., S. 15-44.

Klages, C. (1991): Vermeidungs- und Verwertungsgebote als Prinzipien des Abfallrechts. Zur Fortentwicklung des Abfallbeseitigungsrechts zu einem Recht der Abfallwirtschaft, Düsseldorf.

Kleinschnittger, A. (1992): Die abfallrechtliche Planfeststellung. Möglichkeiten der Verfahrensvereinfachung und -beschleunigung insbesondere durch Verfahrensstufung, Berlin.

Kleinsteuber, H. J. (1983): Regulierung und politisch-ökonomische Kultur der USA, in: *Thiemeyer, T./ Böhret, C./ Himmelmann, G.* (Hrsg.), S. 175-192.

Klemmer, P. (1992): Harmonisierungsbedarf oder Zentralismus? - zu den umweltpolitischen Kompetenzen der EG - (Beitrag zur Umweltdiskussion "Zentralisierungsbedarf der EG-Umweltpolitik"), in: Zeitschrift für angewandte Umweltforschung, 5. Jg., S. 14-19.

Kloepfer, M./ Schulte, M. (1992): Zuständigkeitsgrenzen bei der Einführung landesrechtlicher Abfall(Sonder-)abgaben, in: Umwelt- und Planungsrecht, 12. Jg., S. 201-211.

Knüppel, H. (1989): Umweltpolitische Instrumente. Analyse der Bewertungskriterien und Aspekte einer Bewertung, Baden-Baden.

Köller, H. von (1991): Leitfaden Abfallrecht. Ein Ratgeber für Betriebsbeauftragte für Abfall, Entsorger und Verwaltung (Abfallberater), 3. Aufl., Berlin.

Kommission der Europäischen Gemeinschaften (1989): Mitteilung der Kommission der Europäischen Gemeinschaften an den Rat und das Europäische Parlament über die Gemeinschaftsstrategie für die Abfallwirtschaft, SEK (89) 934 endg.

König, W./ Schneider, U. (1993): 100 Jahre rüstungsindustrielle und militärische Altlasten, in: *Brandt, E.* (Hrsg.), S. 268-281.

Kordina, H. (1991): Bürgerbeteiligung im Rahmen der Umweltverträglichkeitsprüfung. Das Beispiel einer Sonderabfalldeponie in Blumau, Niederösterreich, in: UVP-Report, 5. Jg., Heft 2, S. 52-54.

Krakowski, M. (1985): Grenzen natürlicher Monopole, in: Wirtschaftsdienst, 65. Jg., S. 404-412.

- (Hrsg., 1988): Regulierung in der Bundesrepublik Deutschland. Die Ausnahmebereiche des Gesetzes gegen Wettbewerbsbeschränkungen, Hamburg.

Krämer, L. (1990): Zur innerstaatlichen Wirkung von Umwelt-Richtlinien der EWG, in: Wirtschaft und Verwaltung, 15. Jg., S. 138-161.

Kroker, R. (1985): Deregulierung und Entbürokratisierung. Beiträge zur Wirtschafts- und Sozialpolitik des Instituts der deutschen Wirtschaft, Bd. 130, Köln.

Kruse, J. (1985): Ökonomie der Monopolregulierung, Göttingen.

- (1989): Ordnungstheoretische Grundlagen der Deregulierung, in: *Seidenfus, H. St.* (Hrsg.), Deregulierung. Eine Herausforderung an die Wirtschafts- und Sozialpolitik in der Marktwirtschaft, Berlin, S. 9-35.

Kühl, C. (1990): Kooperationsmodelle zur Finanzierung der Altlastensanierung. Eine kritische Analyse, in: Zeitschrift für angewandte Umweltforschung, 3. Jg., S. 418-427.

- (1991): Finanzierung der Altlastensanierung in den neuen Bundesländern, in: Wirtschaftsdienst, 71. Jg., S. 180-187.

Kühne, K. (1983): Die Regulierungsdebatte in den USA in ihrer Bedeutung für die Bundesrepublik Deutschland, in: *Thiemeyer, T./ Böhret, C./ Himmelmann, G.* (Hrsg.), S. 97-138.

Kunig, P./ Schwermer, G./ Versteyl, L.-A. (1992): Abfallgesetz. Kommentar, 2. Aufl., München.

Kuntscher, H. (1978): Studie über die Kosten- und Preisstrukturen der Wiederverwertung und Beseitigung von Sondermüll, Wien.

Kurz, R. (1986): Entwicklung und gegenwärtiger Stand der Deregulierungsdiskussion, in: *Arbeitsgemeinschaft Deutscher Wirtschaftswissenschaftlicher Forschungsinstitute*, Deregulierung als ordnungs- und prozeßpolitische Aufgabe, Berlin, S. 41-58.

Landesregierungen von Berlin und Brandenburg (o.J.): Konzept der Länder Berlin und Brandenburg für die Zusammenarbeit auf dem Gebiet der Abfallwirtschaft, o.O.

Landtag Baden-Württemberg (1989): Gesetz über die Vermeidung und Entsorgung von Abfällen und die Behandlung von Altlasten in Baden-Württemberg, (Landesabfallgesetz - LAbfG). Gesetzentwurf der Landesregierung, LT-Drucksache 10/ 1924.

- (1990): Bericht des Umweltausschusses, LT-Drucksache 10/ 3212, S. 52-57.

- (1990a): Sonderabfallwirtschaftsplan Baden-Württemberg, LT-Drucksache10/ 4545.

- (1990b): Abfallexporte in die DDR und Andienungspflicht für Sonderabfälle, LT-Drucksache 10/ 2771.

- (1990c): Landesbeteiligungen an privaten Sondermüllbeseitigungsgesellschaften. Stellungnahme des Ministeriums für Umwelt, LT-Drucksache 10/ 3872.

- (1990d): Landesabfallabgabengesetz (LAbfAG). Gesetzentwurf der Landesregierung, LT-Drucksache 10/ 4434.

- (1991): Abfallwirtschaftsgesetz des Landes Baden-Württemberg. Gesetzentwurf der Fraktion der SPD, LT-Drucksache 10/ 4644.

Landtag Bayern (1991): Sondermüllentsorgung in Bayern. Interpellation der Abgeordneten Paulig, Lödermann, Kellner, Schramm, Dr. Magerl, Dr. Fleischer und Fraktion Die Grünen, LT-Drucksache 12/ 3310.

Landtag Hessen (1991): Gesetzentwurf der Fraktionen der SPD und der Grünen für ein Hessisches Sonderabfallabgabengesetz (HSondAbfAbgG), LT-Drucksache 13/ 80.

- (1992): Sonderabfallentsorgung in Hessen, Plenarprotokoll 13/ 34 vom 25. März 1992, S. 1885-1907.

- (1993): Gesetzentwurf der Landesregierung für ein Gesetz zur Änderung des Hessischen Sonderabfallabgabengesetzes, LT-Drucksache 13/ 3669.

Landtag Niedersachsen (1988): Entwurf eines Vorschaltgesetzes für ein Niedersächsisches Abfallgesetz, LT-Drucksache 11/ 2918.

- (1991): Gesetzentwurf der Fraktionen der SPD und der Grünen für ein Niedersächsisches Abfallabgabengesetz (NAbfAbgG), LT-Drucksache 12/ 1930.

Landtag Nordrhein-Westfalen (1987): Abfallgesetz für das Land Nordrhein-Westfalen (Landesabfallgesetz - LAbfG). Gesetzentwurf der Landesregierung, LT-Drucksache 10/ 2613.

- (1987a): Gesetz über die Gründung des Abfallentsorgungs- und Altlastensanierungsverbandes Nordrhein-Westfalen. Gesetzentwurf der Landesregierung, LT-Drucksache 10/ 2614.

- (1988): Investitionsbereitschaft der Privatwirtschaft für Sonderabfall nutzen. Antwort der Landesregierung, LT-Drucksache 10/ 3541.

- (1988a): Abfallentsorgung 1992. Antwort der Landesregierung, LT-Drucksache 10/3543.

- (1991): Gesetz zur Änderung des Landesabfallgesetzes. Gesetzentwurf der Landesregierung, LT-Drucksache 11/ 1121.

Landtag Rheinland-Pfalz (1992): Landesgesetz zur Änderung des Landesabfallwirtschafts- und Altlastengesetzes. Gesetzentwurf der Landesregierung, LT-Drucksache 12/ 2404.

- (1992a): Einsetzung eines Untersuchungsausschusses im Zusammenhang mit der Gründung und Tätigkeit der Gesellschaft zur Beseitigung von Sonderabfällen (GBS). Unterrichtung durch den Präsidenten des Landtags, LT-Drucksache 12/ 1599.

Landtag Saarland (1991): Sonderabfallentsorgungsplanung. Antwort der Landesregierung, LT-Drucksache 10/ 541.

Landtag Sachsen (1991): Aufbau von Sondermüllentsorgungssträngen, LT-Drucksache 1/ 835.

Landtag Sachsen-Anhalt (1991): Abfallgesetz des Landes Sachsen-Anhalt. Entwurf der Landesregierung, LT-Drucksache 1/ 629.

Landtag Thüringen (1991): Entwurf eines Thüringer Abfallwirtschafts- und Altlastengesetzes (ThAbfAG), LT-Drucksache 1/ 361.

Leutgeb, F. (1991): Bei sensiblen Projekten der Abfallwirtschaft ist Bürgerbeteiligung ein Muß. Erfahrungen einer UVP zu einer Sonderabfalldeponie in Enzersdorf/ Fischa bei Wien, in: UVP-Report, 5. Jg., Heft 2, S. 48-52.

Lindemann, M. (1991): Darstellung der Gesamtsituation der Altlastenproblematik für das Gebiet der ehemaligen DDR, in: Müll und Abfall, 23. Jg., S. 148-154.

Lösch, K. (1984): Probleme des Abfallaufkommens und der Abfallbeseitigung, dargesellt am Beispiel bundesdeutscher Städte, Bremen.

Mark, M. van (1991): Prognose des Mittelaufkommens aus dem geplanten Bundesabfallabgabengesetz, in: Müll und Abfall, 23. Jg., S. 814-820.

- (1993): Zu den Wirkungsmechanismen von Lenkungsabgaben in der Abfallwirtschaft, in: Zeitschrift für Umweltpolitik und Umweltrecht, 16. Jg., S. 137-157.

Markowitz, H. M. (1959): Portfolio Selection. Efficient Diversification of Investment, New York/ London/ Sydney.

Matthiesen, K. (1988): Sonderabfallentsorgung und Altlastensanierung in Nordrhein-Westfalen, in: Zeitschrift für angewandte Umweltforschung, 1. Jg., S. 399-402.

Meyer, R. (1983): Die Entsorgungswirtschaft einer Wirtschaftsregion. Eine ökonomische Analyse am Beispiel der Sonderabfallbeseitigung in Hamburg, Schwarzenbek.

Michaelis, P. (1991): Theorie und Politik der Abfallwirtschaft. Eine ökonomische Analyse, Berlin u.a.

- (1992): Zur sektoralen Belastungswirkung der geplanten Abfallabgabe, in: Die Weltwirtschaft, 43. Jg., S. 338-351.

- (1993): Ökonomische Aspekte der Abfallgesetzgebung, Tübingen.

Minister für Natur, Umwelt und Landesentwicklung Schleswig-Holstein (Hrsg., 1991): Abfallwirtschaftsprogramm des Landes Schleswig-Holstein, Kiel.

Ministerium für Umwelt, Raumordnung und Landwirtschaft des Landes Nordrhein-Westfalen (Hrsg., 1991): Rahmenkonzept zur Planung von Sonderabfallentsorgungsanlagen, 3. Aufl., Düsseldorf.

Möller, H.-W. (1986): Prinzipien der Umweltpolitik, in: WiSt - Wirtschaftswissenschaftliches Studium, 15. Jg., S. 571-574.

Möschel, W. (1981): Zur wettbewerbstheoretischen Begründbarkeit von Ausnahmebereichen, in: Ordo. Jahrbuch für die Ordnung von Wirtschaft und Gesellschaft, Bd. 32, S. 85-102.

Moskopp, G. (1989): Haftungsfragen im Abfallrecht, in: *Walprecht, D.* (Hrsg.), Abfall und Abfallentsorgung. Vermeidung, Verwertung, Behandlung, Köln u.a., S. 205-221.

Müller, J. (1989): Artikel "Regulierung", in: *Chmielewicz, K./ Eichhorn, P.* (Hrsg.), Sp. 1405-1414.

Müller, J./ Vogelsang, I. (1979): Staatliche Regulierung. Regulated Industries in den USA und Gemeinwohlbindung in wettbewerblichen Ausnahmebereichen in der Bundesrepublik Deutschland, Baden-Baden.

-/ - (1979a): Das amerikanische Konzept staatlicher Regulierung im Vergleich mit öffentlichen Unternehmen in der Bundesrepublik Deutschland, in: Zeitschrift für öffentliche und gemeinwirtschaftliche Unternehmen, Bd. 2, S. 115-126.

Müller, K./ Holst, M. (1987): Raumordnung und Abfallbeseitigung. Empirische Untersuchung zu Standortwahl und -durchsetzung von Abfallbeseitigungsanlagen, Schriftenreihe 06 "Raumordnung" des *Bundesministers für Raumordnung, Bauwesen und Städtebau*, Heft Nr. 06.065, Bonn.

Müller, V. (1991): Sonderabfallentsorgung in der Bundesrepublik Deutschland. Ein kurzer Leitfaden über Organisation und Struktur in den Bundesländern, *Institut der Niedersächsischen Wirtschaft* (Hrsg.), 4. Aufl., Hannover.

Nicklisch, F. (1992): Umweltschutz und Haftungsrisiken. Rechtsfragen der Umwelt-, Gentechnik- und Abfallhaftung, in: *Wagner, G. R.* (Hrsg.), Ökonomische Risiken und Umweltschutz, Müchen, S. 291-302.

Oebbecke, J. (1989): Artikel "Zweckverbände", in: *Chmielewicz, K./ Eichhorn, P.* (Hrsg.), Sp. 1877-1882.

Öko-Institut e.V. (1992): Sonderabfallwirtschaft in Sachsen. Entwicklung eines Organisationsmodells, *Sächsisches Staatsministerium für Umwelt und Landesentwicklung* (Hrsg.), Organisation der Sonderabfallentsorgung Studie A, Materialien zur Abfallwirtschaft, Band 2, Dresden.

Oliver, P. (1988): Free Movement of Goods in the EEC, 2. Aufl., London.

O.V. (1991): Schritt für Schritt zur High-Tech. U&ER-Interview mit Dr. Herbert Krämer, Vorstandsvorsitzender der RWE Entsorgung AG, in: Umwelt- und Energie-Report, 12. Jg., Heft 12, S. 20-22.

\- (1992): Thüringen. Sonderabfallentsorgung in festen Händen, in: Umwelt- und Energie-Report, 13. Jg., Heft 4, S. 52.

- (1992a): VEW übernimmt Mehrheit der Edelhoff-Gruppe. Rund 1,1 Mrd. DM Umsatz in der Entsorgung, in: Rheinische Post, Nr. 260 vom 6. November 1992, Teil "Wirtschaft und Verbraucher".

- (1992b): Die Abfallwirtschaft in den neuen Bundesländern, in: Umwelt, Heft 3, S. 118-121.

- (1993): Revolution in der Müllverwertung. Saubere Verbrennungsanlage ohne Dioxine und Furane - Pilotanlage in Italien, in: Die Welt, Nr. 30 vom 5. Februar 1993, S. 9.

- (1993a): Thermoselect-Konzept verspricht schadstofffreie Müllverwertung. Neues Verfahren kann aus Müll Rohstoffe und Energie gewinnen, in: EUWID Recycling und Entsorgung, Nr. 4 vom 23. Februar 1993, S. 19-20.

Panther, S. (1992): Haftung als Instrument einer präventiven Umweltpolitik, Frankfurt am Main/ New York.

Passavant, O. (1987): Mittlerunterstützte Kooperation in komplexen Verwaltungsprojekten, in: Die öffentliche Verwaltung, 40. Jg, S. 516-523.

Peine, F.-J. (1992): Organisation und Finanzierung der Sonderabfallentsorgung, in: Umwelt- und Planungsrecht, 12. Jg., S. 121-129.

Peltzman, S. (1976): Toward a More General Theory of Regulation, in: Journal of Law and Economics, 19. Jg., S. 211-240.

Pernice, I. (1990): Gestaltung und Vollzug des Umweltrechts im europäischen Binnenmarkt, in: Neue Zeitschrift für Verwaltungsrecht, 9. Jg., S. 414.

Pigou, A. C. (1932): The Economics of Welfare, 4. Aufl., London.

Pommerehne, W. (1977): Private versus öffentliche Müllabfuhr. Ein theoretischer und empirischer Vergleich, in: Finanzarchiv, Neue Folge Bd. 35, S. 272-294.

Posner, R. A. (1974): Theories of Economic Regulation, in: Bell Journal of Economics, 5. Jg., S. 335-358.

Püttner, G. (1989): Artikel "Rechtsformen", in: *Chmielewicz, K./ Eichhorn, P.* (Hrsg.), Sp. 1379-1390.

Rat der Europäischen Gemeinschaften (1990): Entschließung des Rates vom 7. Mai 1990 über die Abfallpolitik, Abl. Nr. C 122, S. 2-4.

Rentz, H./ Weiland, R. (1993): Preise versus Mengen? - Wege aus dem Abfalldilemma -, in: Zeitschrift für angewandte Umweltforschung, 6. Jg., S. 223-234.

Rethmann, N. (1990): Konsequenzen der TA Sonderabfall für das Innovationsverhalten, in: *Wagner, G. R.* (Hrsg.), Unternehmung und ökologische Umwelt, München, S. 183-191.

Rümmele, St. (1993): Mißliebige Rückstände. Exklusiv-Umfrage zur Sondermüll-Situation in den 16 Bundesländern, in: UmweltMagazin, Heft 4, S. 22-26.

Ruppe, J./ Lindemann, M. (Hrsg., 1991): Altlasten. Praxisleitfaden zur Erfassung, Erkundung, Bewertung und Sanierung, Berlin.

Sachverständigenrat für Umweltfragen (1978): Umweltgutachten 1978, BT-Drucksache 8/1938.

- (1987): Umweltgutachten 1987, BT-Drucksache 11/ 1568.
- (1989): Altlasten. Eine Kurzfassung des Sondergutachtens, in: Zeitschrift für angewandte Umweltforschung, 2. Jg., S. 325-354.
- (1990): Altlasten. Sondergutachten Dezember 1989, Stuttgart.
- (1991): Abfallwirtschaft. Sondergutachten September 1990, Stuttgart.
- (1993): Stellungnahme zum Entwurf des Rückstands- und Abfallwirtschaftsgesetzes (RAWG), in: Zeitschrift für angewandte Umweltforschung, 6. Jg., S. 172-183.
- (1994): Umweltgutachten 1994. Für eine dauerhaft-umweltgerechte Entwicklung, Wiesbaden.

Salje, P. (1990): Deutsche Umwelthaftung versus europäische Abfallhaftung, in: Der Betrieb, Heft 41, S. 2053-2057.

Salzwedel, J. (1987): Sonderabfallentsorgung und Altlastensanierung. Rechtsgutachterliche Stellungnahme zum Nordrhein-Westfalen-Modell, *Ministerium für Umwelt, Raumordnung und Landwirtschaft Nordrhein-Westfalen* (Hrsg.), Düsseldorf.

Schenkel, W. (1990): Die Planung der Abfallwirtschaft, in: *Hoppe, W./ Appold, W.* (Hrsg.), Umweltschutz in der Raumplanung, Münster, S. 132-153.

Schenkel, W./ Reiche, J. (1993): Stoffpolitik und Umweltrecht - zur Diskussion über die 5. Novelle des Abfallgesetzes -, in: Zeitschrift für angewandte Umweltforschung, 6. Jg., S. 184-196.

Scherer, F. M. (1980): Industrial Market Structure and Economic Performance, 2. Aufl., Chicago.

Scheuing, D. H. (1989): Umweltschutz auf der Grundlage der Einheitlichen Europäischen Akte, in: Europarecht, 24. Jg., S. 152-192.

Schink, A. (1993): Vollzugsdefizite im Umweltschutz (Beitrag zur Umweltdiskussion "Umweltrecht im Vollzugsdefizit?"), in: Zeitschrift für angewandte Umweltforschung, 6. Jg., S. 16-21.

Schlieper, U. (1980): Artikel "Externe Effekte", in: Handwörterbuch der Wirtschaftswissenschaft, Bd. 2, Stuttgart/ Tübingen/ Göttingen, S. 524-530.

Schmeken, W. (1989): "Altlasten". Zuständigkeiten und Finanzierungsmodelle, in: *Walprecht, D.* (Hrsg.), Abfall und Abfallentsorgung. Vermeidung, Verwertung, Behandlung, Köln u.a., S. 171-189.

Schmidt, I. (1993): Wettbewerbspolitik und Kartellrecht, 4. Aufl., Stuttgart/ New York.

Schmidt, I./ Engelke, H. (1989): Marktzutrittsschranken und potentieller Wettbewerb, in: WiSt - Wirtschaftswissenschaftliches Studium, 18. Jg., S. 399-404.

Schneider, D. (1989): Investition, Finanzierung und Besteuerung, 6. Aufl., Wiesbaden.

Schneider, G./ Sprenger, R.-U. (Hrsg., 1984): Mehr Umweltschutz für weniger Geld. Einsatzmöglichkeiten und Erfolgschancen ökonomischer Anreizsysteme in der Umweltpolitik, Ifo-Studien zur Umweltökonomie Nr. 4, München.

Schneider, R. (1982): Öffentliche Unternehmen als Mittel einer interventionistischen Wettbewerbspolitik, Berlin.

Schröder, M. (1990): Grundfragen des europäischen Abfallrechts, in: Wirtschaft und Verwaltung, 15. Jg., S. 118-137.

- (1991): Aktuelle Konflikte zwischen europäischem und deutschem Abfallrecht, in: Die öffentliche Verwaltung, 44. Jg., S. 910-915.

Schulz, J. (1992): Abfallabgabengesetze - Die Bundesländer marschieren voran, in: Entsorgungspraxis, 10 Jg., S. 564-567.

Schumann, J. (1992): Grundzüge der mikroökonomischen Theorie, 6. Aufl., Berlin u.a.

Schütte, C. (1993): Ökosteuern. Auf die Bremse, in: Wirtschaftswoche, Nr. 40 vom 1. Oktober 1993, S. 26-31.

Schweitzer, E. (1990): Ordnungspolitische Probleme der Abfallwirtschaft. Die historischen Ursachen, eine komparative Analyse und der Versuch einer differenzierten wettbewerbspolitischen Neustrukturierung der unterschiedlichen Bereiche der Entsorgungswirtschaft, Freie Univ. Berlin, Diss.

Senat von Berlin (1992): Vorlage - zur Beschlußfassung - über das Gesetz über die Vermeidung und Entsorgung von Abfällen in Berlin (Landesabfallgesetz - LAbfG), SenStadtUm VI A 16, Berlin.

Senator für Umweltschutz und Stadtentwicklung Bremen (Hrsg., 1990): Sonderabfallbericht Bremen 1990. Konzeption zur umweltgerechten Lösung der Sonderabfallproblematik im Lande Bremen, Bremen.

Sharkey, W. W. (1982): The Theory of Natural Monopoly, Cambridge u.a.

Siebert, H. (1976): Analyse der Instrumente der Umweltpolitik, Göttingen.

Sohmen, E. (1976): Allokationstheorie und Wirtschaftspolitik, Tübingen.

Soltwedel, R. u.a. (1986): Deregulierungspotentiale in der Bundesrepublik, Tübingen.

Sonderabfallentsorgung Baden-Württemberg GmbH (Hrsg., o.J.): Firmenbroschüre, Felbach-Schmieden.

Sonderabfall-Management-Gesellschaft Rheinland-Pfalz mbH (Hrsg., o.J.): Firmenbroschüre, Mainz.

Stahl, M. (1989): Das Problem der Regionalisierung im Konzept marktwirtschaftlicher Umweltpolitik mit Schadstoffzertifikaten, Univ. Würzburg, Diss., Köln.

Statistisches Bundesamt (Hrsg., 1991): Abfallbeseitigung im Produzierenden Gewerbe und in Krankenhäusern, Fachserie 19, Reihe 1.2, Stuttgart.

- (Hrsg., 1993): Zusammenstellung erster vorläufiger Ergebnisse 1990 für die Statistik der Abfallbeseitigung im Produzierenden Gewerbe und in Krankenhäusern, Stand: Oktober 1993, Wiesbaden.

- (Hrsg., 1994): Abfallbilanz 1990. Früheres Bundesgebiet, Neue Länder und Berlin-Ost, Deutschland, Stand: Februar 1994, Wiesbaden.

Stigler, G. J. (1968): The Organization of Industry, Homewood (Illinois).

- (1971): The Theory of Economic Regulation, in: Bell Journal of Economics, 2. Jg., S. 3-21.

Stober, R. (1987): Wirtschaftsverwaltungsrecht I. Allgemeiner Teil und Wirtschaftsverfassungsrecht, 5. Aufl., Stuttgart u.a.

Striegnitz, M. (1990): Mediation: Lösung von Umweltkonflikten durch Vermittlung. Praxisbericht zur Anwendung in der Kontroverse um die Sonderabfalldeponie Münchehagen, in: Zeitschrift für angewandte Umweltforschung, 3. Jg., S. 51-62.

Struß, St. (1991): Abfallwirtschaftsrecht, Köln u.a.

Sutter, H. (Hrsg., 1990): Entsorgung 2000. Sonderabfall. Leitfaden für Kommunen, Wirtschaft und Politik, Bonn.

Szelinski, A. (1977): Die Organisation der "Sonderabfallbeseitigung" in der Bundesrepublik Deutschland, in: Der Landkreis, 47. Jg., S. 376-379.

- (1977a): Organisation der Sonderabfallbeseitigung, in: *Thomé-Kozmiensky, K. J.* (Hrsg.), Sonderabfallbeseitigung, Berlin, S. 23-39.

Thiemeyer, T. (1983): Öffentliche Bindung von Unternehmen. Überblick über die wichtigsten Aspekte der wirtschaftswissenschaftlichen Diskussion über die "Regulierung" privater und öffentlicher Unternehmen, in: *Thiemeyer, T./ Böhret, C./ Himmelmann, G.* (Hrsg.), S. 25-54.

- (1983a): Einführung, in: *Thiemeyer, T./ Böhret, C./ Himmelmann, G.* (Hrsg.), S. 19-23.

- (1987): Öffentliche Bindung, Deregulierung, Privatisierung, in: *ders.* (Hrsg.), Öffentliche Unternehmen und ökonomische Theorie, Baden-Baden, S. 95-113.

- (1989): Artikel "Instrumentalfunktion öffentlicher Unternehmen", in: *Chmielewicz, K./ Eichhorn, P.* (Hrsg.), Sp. 672-683.

Thiemeyer, T./ Böhret, C./ Himmelmann, G. (Hrsg., 1983): Öffentliche Bindung von Unternehmen. Beiträge zur Regulierungsdebatte, Baden-Baden.

Töpfer, K. u.a. (1992): Umweltdiskussion: Kreislaufwirtschaft statt Abfallbeseitigung? - zur Novellierung des Abfallgesetzes -, in: Zeitschrift für angewandte Umweltforschung, 5. Jg., S. 441-454.

Umweltbundesamt (Hrsg., 1991): Daten zur Umwelt 1990/ 91, Berlin.

- (Hrsg., 1993): Übersicht der Sonderabfallentsorgung in der Bundesrepublik Deutschland. Bericht, erstellt 1993 für das Projekt "Global Waste Survey" der International Maritime Organization Londen, Berlin.

- (Hrsg., 1993a): Jahresbericht 1992, Berlin.

Weber, R. (1986): Wirtschaftsregulierung in wettbewerbspolitischen Ausnahmebereichen. Studien zur staatlichen Wirtschaftsregulierung und zum Einsatz der Regulierungsinstrumente in den Transport-, Kommunikations- und Energiemärkten in der Schweiz und in den Vereinigten Staaten von Amerika, Baden-Baden.

Wegehenkel, L.(1980): Coase-Theorem und Marktsystem, Tübingen.

- (Hrsg., 1981): Marktwirtschaft und Umwelt, Symposion vom 26. bis 28. März 1980 veranstaltet vom Walter Eucken Institut in Freiburg i. Br., Tübingen.

Weiland, R. (1993): Der Abfallbegriff. Eine vergleichende Analyse rechtswissenschaftlicher und wirtschaftswissenschaftlicher Vorstellungen zum Begriff des Abfalls, in: Zeitschrift für Umweltpolitik und Umweltrecht, 16. Jg., S. 113-136.

Weiland, R./ Rentz, H. (1993): Das geplante Abfallabgabengesetz als Notbremse?, in: Wirtschaftsdienst, 73. Jg., S. 90-97.

Weizsäcker, C. C. von (1980): Barriers to Entry. A Theoretical Treatment, Berlin u.a.

- (1982): Staatliche Regulierung. Positive und normative Theorie, in: Schweizerische Zeitschrift für Volkswirtschaft und Statistik, Bd. 118, S. 325-343.

Werbeck, N. (1993): Beteiligungsrechte und Kompensationsleistungen als Instrumente zur Erhöhung der Akzeptanz von Abfallanlagen - eine ökonomische Analyse -, in: Zeitschrift für angewandte Umweltforschung, 6. Jg., S. 210-222.

Wicke, L. (1984): Instrumente der Umweltpolitik. Von Auflagen zu marktkonformeren Instrumenten, in: WiSt - Wirtschaftswissenschaftliches Studium, 13. Jg., S. 75-82.

- (1991): Umweltökonomie. Eine praxisorientierte Einführung, 3. Aufl., München.

Wiegand, C.-C. (1992): Täglich wird eine neue Altlast entdeckt. Umweltprobleme erweisen sich in den neuen Ländern auch als großes wirtschaftliches Hemmnis, in: Umwelt- und Energie-Report, 13. Jg., Heft 1, S. 32-35.

Wilmowsky, P. von (1990): Abfallwirtschaft im Binnenmarkt. Europäische Probleme und amerikanische Erfahrungen, Düsseldorf.

- (1991): Die Haftung des Abfallerzeugers, in: Natur und Recht, 13. Jg., S. 253-267.

- (1992): Abfall und freier Warenverkehr. Bestandsaufnahme nach dem EuGH-Urteil zum wallonischen Einfuhrverbot, in: Europarecht, 27. Jg., S. 409-433.

Windisch, R. (1987): Privatisierung natürlicher Monopole. Theoretische Grundlagen und Kriterien, in: *ders.* (Hrsg.), Privatisierung natürlicher Monopole im Bereich von Bahn, Post und Telekommunikation, Tübingen, S. 1-146.

Winkelmann, M.(1991): Private Abfallentsorgung in einer dualen Abfallwirtschaft, in: Umwelt- und Planungsrecht, 12. Jg., S. 169-175.

Woll, A. (1987): Allgemeine Volkswirtschaftslehre, 9. Aufl., München.

Zentgraf, C./ Hornfeck, O. (1992): Sonderabfalltransporte: Gesetzliche Rahmenbedingungen, in: Entsorgungspraxis, Heft 4, S. 190-192.

Zieschank, R. (1991): Mediationsverfahren als Gegenstand sozialwissenschaftlicher Umweltforschung. Kriterien für den Umgang mit einem neuen Forschungsfeld, in: Zeitschrift für Umweltpolitik und Umweltrecht, 14. Jg., S. 27-51.

Zimmermann, H. (1984): Typen und Funktionsweise ökonomischer Anreizinstrumente in der Umweltpolitik, in: *Schneider, G./ Sprenger, R.-U.* (Hrsg.), S.225-246.

- (Hrsg., 1992): Organisation und Finanzierung der Altlastensanierung in den neuen Bundesländern, Berlin.

- (Hrsg., 1993): Umweltabgaben. Grundsatzfragen und abfallwirtschaftliche Anwendung, Bonn.

Zubiller, C.-O. (1983): Hessische Industriemüll GmbH. Porträt eines Entsorgungsunternehmens im Landesauftrag, in: Zeitschrift für öffentliche und gemeinwirtschaftliche Unternehmen, Bd. 6, S. 499-502.

Zweckverband Sondermüll-Entsorgung Mittelfranken (Hrsg., 1991): 25 Jahre Zweckverband Sondermüll-Entsorgung Mittelfranken, Rednitzhembach-Igelsdorf.

Neuerscheinungen des Josef Eul Verlages

REIHE: STEUER, WIRTSCHAFT UND RECHT
Herausgegeben von vBP StB Dr. Johannes Georg Bischoff, Köln; Dr. Alfred Kellermann, Vorsitzender Richter am BGH, Karlsruhe; Prof. Dr. Günter Sieben, Köln und Prof. Dr. Norbert Herzig, Köln

Band 114: Barbara Knigge
Die Bewertung niedrig verzinslicher Forderungen
Bergisch Gladbach 1994, 216 S., 55,— DM, ISBN 3-89012-397-X

Band 115: Thomas Bezani
Die krankheitsbedingte Kündigung
Bergisch Gladbach 1994, 208 S., 64,— DM, ISBN 3-89012-405-4

Band 116: Astrid Linscheidt
Methodische Grundlagen zur Ermittlung der wettbewerbsrelevanten Unternehmenssteuerbelastung in der Europäischen Union
Bergisch Gladbach 1994, 264 S., 66,— DM, ISBN 3-89012-412-7

Band 117: Frank Thiede
Ökonomische Analyse der Körperschaftsbesteuerung bei ausländischen Einkünften
Bergisch Gladbach 1994, 368 S., 76,— DM, ISBN 3-89012-413-5

Band 118: Wolfgang Sturm
Die verdeckte Gewinnausschüttung im europäischen Konzern
Bergisch Gladbach 1994, 352 S., 76,— DM, ISBN 3-89012-414-3

Band 119: Oliver Bernards
Segmentberichterstattung diversifizierter Unternehmen – Theoretische und empirische Analyse
Bergisch Gladbach 1994, 460 S., 86,— DM, ISBN 3-89012-421-6

Band 120: Joachim Wüst
Die persönliche Zurechnung der Einkünfte beim Nießbrauch
Bergisch Gladbach 1995, 276 S., 67,— DM, ISBN 3-89012-430-5

REIHE: GRÜNDUNG, INNOVATION UND BERATUNG
Herausgegeben von Prof. Dr. Dr. h. c. Norbert Szyperski, Köln; vBP StB Dr. Johannes Georg Bischoff, Köln und Dr. Heinz Klandt, Köln

Band 16: Sabine Eggers
Existenz und Erfolg eines wechselnden Organisationsgrades in Innovationsprozessen
Bergisch Gladbach 1993, 304 S., 59,— DM, ISBN 3-89012-320-1

Band 17: Jochen Wenz
Unternehmensgründungen aus volkswirtschaftlicher Sicht
Bergisch Gladbach 1993, 264 S., 59,— DM, ISBN 3-89012-354-6

REIHE: WISO-STUDIENTEXTE
Herausgegeben von Prof. Dr. Eckart Bomsdorf, Köln und Prof. Dr. Josef Kloock, Köln

Band 1: Eckart Bomsdorf
Deskriptive Statistik – Mit einem Anhang zur Bevölkerungs- und Erwerbsstatistik – 8., überarbeitete Auflage
Bergisch Gladbach 1994, 208 S., 17,80 DM, ISBN 3-89012-366-X

Band 2: Eckart Bomsdorf
Induktive Statistik – Eine Einführung
6., durchgesehene Auflage
Bergisch Gladbach 1995, 216 S., 21,80 DM, ISBN 3-89012-426-7

REIHE: PLANUNG, ORGANISATION UND UNTERNEHMUNGSFÜHRUNG
Herausgegeben von Prof. Dr. Dr. h. c. Norbert Szyperski, Köln; Prof. Dr. Winfried Matthes, Wuppertal; Prof. Dr. Joachim Griese, Bern und Prof. Dr. Udo Winand, Kassel

Band 50: Dietrich von der Oelsnitz
Prophylaktisches Krisenmanagement durch antizipative Unternehmensflexibilisierung – Theoretische und konzeptionelle Grundzüge der Flexiblen Organisation
Bergisch Gladbach 1994, 360 S., 72,— DM, ISBN 3-89012-371-6

Band 51: Lutz Becker
Integrales Informationsmanagement als Funktion einer marktorientierten Unternehmensführung – Der Versuch einer Neuorientierung im Zeichen der Kommunikationswirtschaft, dargestellt am Beispiel absatzorientierter interaktiver Informations- und Kommunikationssysteme
Bergisch Gladbach 1994, 316 S., 58,— DM, ISBN 3-89012-373-2

Band 52: Jens Wallmann
Konversion als Unternehmensstrategie – Zentrale Problemfelder und Lösungsansätze der Umgestaltung von Hochtechnologie-Unternehmen mit verteidigungstechnischer Ausrichtung
Bergisch Gladbach 1994, 328 S., 67,— DM, ISBN 3-89012-393-7

Band 53: Markus Osburg
Einkaufsorganisation – Kriterien zur Organisation des Einkaufs in Konzernen der verarbeitenden Industrie
Bergisch Gladbach 1994, 308 S., 71,— DM, ISBN 3-89012-418-6

EINZELSCHRIFTEN

Christian Horn
Ordnungskonzept für die Einnahmenaufteilung und den Defizitausgleich bei Verkehrsverbünden des ÖPNV – Unter besonderer Berücksichtigung des Verkehrsverbundes Rhein-Ruhr
Bergisch Gladbach 1994, 300 S., 67,— DM, ISBN 3-89012-390-2

Jürgen Nawatzki
Integriertes Informationsmanagement – Die Koordination von Informationsverarbeitung, Organisation und Personalwirtschaft bei der Planung, Durchführung, Kontrolle und Steuerung des Einsatzes neuer Informationstechnologie in der Unternehmung
Bergisch Gladbach 1994, 268 S., 59,— DM, ISBN 3-89012-391-0

Fred G. Becker
Anleitung zum wissenschaftlichen Arbeiten – Wegweiser zur Anfertigung von Haus- und Diplomarbeiten – 2., überarbeitete Auflage
Bergisch Gladbach 1994, 96 S., 19,— DM, ISBN 3-89012-398-8

Eun Kim
Strategische Implikationen des EDI-Einsatzes bei den Geschäftstransaktionen
Bergisch Gladbach 1994, 260 S., 66,— DM, ISBN 3-89012-401-1

Kerstin Deike
Auswirkungen der Umweltschutzpolitik auf die industrielle Produktion
Bergisch Gladbach 1994, 248 S., 64,— DM, ISBN 3-89012-400-3

Susanne Rohloff
Die Unternehmungskultur im Rahmen von Unternehmungszusammenschlüssen
Bergisch Gladbach 1994, 268 S., 66,— DM, ISBN 3-89012-406-2

Matthias Eickhoff
Möglichkeiten und Grenzen bilanzanalytischer Erfolgsprognosen von Kapitalgesellschaften durch externe Jahresabschlußadressaten
Bergisch Gladbach 1994, 500 S., 89,— DM, ISBN 3-89012-411-9

Kai D. Kysela
Großhandelsmarketing
Bergisch Gladbach 1994, 412 S., 79,— DM, ISBN 3-89012-409-7

Andreas Otto
Unternehmenssteuerung im internationalen Wettbewerb – Theoretische Grundlagen und praktische Implikationen
Bergisch Gladbach 1994, 288 S., 68,— DM, ISBN 3-89012-403-8

Roland Dittmann
Entwicklung eines Expertensystems zur Beurteilung von Radiowerbung
Bergisch Gladbach 1994, 348 S., 74,— DM, ISBN 3-89012-416-X

Eckart Bomsdorf
Die ältere Bevölkerung des Freistaates Sachsen bis zum Jahr 2050 – Modellrechnungen unter besonderer Berücksichtigung eines landesspezifischen Rückgangs der Mortalität
Bergisch Gladbach 1995, 88 S., 29,— DM, ISBN 3-89012-425-9

Michael Ziegler
Deregulierung der Sonderabfallwirtschaft
Bergisch Gladbach 1995, 412 S., 79,— DM, ISBN 3-89012-431-3

REIHE: BIFOA-MONOGRAPHIEN
Herausgegeben von Prof. Dr. Dr. h. c. mult. Erwin Grochla †, Köln; Prof. Dr. Erich Frese, Köln und Prof. Dr. Dietrich Seibt, Köln

Band 32: Heiko Lippold, Heinz-Martin Hett, Jörg Hilgenfeldt, Dieter Klagge, Walter Nett
Elektronische Dokumentenverwaltung in Klein- und Mittelbetrieben
Bergisch Gladbach 1993, 152 S., 49,— DM, ISBN 3-89012-335-X

REIHE: BETRIEBLICHE PRAXIS

Band 1: Johannes Georg Bischoff/Jürgen Tracht
Wie mache ich mich als Handelsvertreter selbständig? 4. Auflage
Bergisch Gladbach 1992, 196 S., 58,— DM, ISBN 3-89012-306-6

Band 5: Johannes Georg Bischoff
Das Rechnungswesen der Handelsvertretung als Führungsinstrument
2. Auflage
Bergisch Gladbach 1991, 80 S., 29,— DM, ISBN 3-89012-254-X

Band 8: Johannes Georg Bischoff/Josef Breitbach/Ulrich Zelter (Hrsg.)
Der Schritt in die Selbständigkeit - Praktische Hinweise für Existenzgründer
5. Auflage
Bergisch Gladbach 1995, 232 S., 49,— DM, ISBN 3-89012-428-3

Band 9: Johannes Georg Bischoff (Hrsg.)
Der Schritt in die Selbständigkeit - Praktische Hinweise für Existenzgründer in Sachsen
2. Auflage
Bergisch Gladbach 1995, 252 S., 49,— DM, ISBN 3-89012-429-1

REIHE: KUNSTGESCHICHTE
Herausgegeben von Prof. Dr. Norbert Werner, Gießen

Band 7: Susanne Ließegang
HENRI MATISSE - Gegenstand und Bildrealität - Dargestellt an Beispielen der Malerei zwischen 1908 und 1918
Bergisch Gladbach 1994, 200 S., 53,— DM, ISBN 3-89012-382-1

REIHE: QUANTITATIVE ÖKONOMIE
Herausgegeben von Prof. Dr. Eckart Bomsdorf, Köln; Prof. Dr. Wim Kösters, Bochum und Prof. Dr. Winfried Matthes, Wuppertal

Band 51: Michael Röhrs
Empirische Untersuchung der Zeitstruktur des Zinssatzes
Bergisch Gladbach 1994, 212 S., 53,— DM, ISBN 3-89012-378-3

Band 52: Klaus Schäfer
Optionsbewertung mit Monte-Carlo-Methoden
Bergisch Gladbach 1994, 236 S., 55,— DM, ISBN 3-89012-386-4

Band 53: Anke Daub
Ablaufplanung - Modellbildung, Kapazitätsabstimmung und Unsicherheit
Bergisch Gladbach 1994, 308 S., 64,— DM, ISBN 3-89012-388-0

Band 54: Jens Schumacher
Qualitätserfolgsrechnung
Bergisch Gladbach 1994, 352 S., 69,— DM, ISBN 3-89012-389-9

Band 55: Dominik Kramer
Kostenorientierte Reihenfolgeplanung
Bergisch Gladbach 1994, 360 S., 76,— DM, ISBN 3-89012-402-X

Band 56: Stefan Olbermann
Renditeunterschiede, Marktstruktur und dynamischer Wettbewerb
Bergisch Gladbach 1994, 244 S., 64,— DM, ISBN 3-89012-404-6

Band 57: Klaus Röder
Der DAX-Future - Bewertung und empirische Analyse
Bergisch Gladbach 1994, 196 S., 59,— DM, ISBN 3-89012-408-9

REIHE: VERSICHERUNGSWIRTSCHAFT
Herausgegeben von Prof. Dr. Dieter Farny, Köln

Band 14: Christoph Lamby
Elementarrisiken und ihre marktwirtschaftliche Versicherung - Unter besonderer Berücksichtigung der Risiken Erdbeben, Überschwemmung und Sturm in der Gebäudeversicherung
Bergisch Gladbach 1993, 336 S., 77,— DM, ISBN 3-89012-348-1

Band 15: Claudia Schäfer
Produktions- und Kostentheorie für Versicherungsmakleruntenehmen
Bergisch Gladbach 1993, 104 S., 43,— DM, ISBN 3-89012-350-3

Band 16: Jürgen Riege
Gewinn- und Wachstumsstrategien von Versicherungsunternehmen
Bergisch Gladbach 1994, 416 S., 75,— DM, ISBN 3-89012-380-5

REIHE: WIRTSCHAFTSINFORMATIK
Herausgegeben von Prof. Dr. Dietrich Seibt, Köln; Prof. Dr. Dr. Ulrich Derigs, Köln und Prof. Dr. Werner Mellis, Köln

Band 10: Hartmut Herper
CASE-integriertes Software-Konfigurationsmanagement - Bestandsaufnahme und Gestaltungsempfehlungen unter Einbeziehung einer empirisch-explorativen Studie
Bergisch Gladbach 1994, 280 S., 63,— DM, ISBN 3-89012-395-3

Band 11: Joachim Bachem
Vorgehensmodelle für die Entwicklung wissensbasierter Systeme – Empirische Untersuchung der auf der Grundlage systematischer Vorgehensmodelle durchgeführten Gestaltung wissensbasierter Systeme
Bergisch Gladbach 1994, 300 S., 74,— DM, ISBN 3-89012-399-6

Band 12: Elke Schneider
Der Prozeß der Wissensakquisition und seine Integration in den Expertensystem-Entwicklungsprozeß
Bergisch Gladbach 1994, 444 S., 84,— DM, ISBN 3-89012-420-8

Band 13: Susanne Kirchhoff
Abbildungsqualität von wissensbasierten Systemen – Eine Methodologie zur Evaluierung
Bergisch Gladbach 1994, 432 S., 75,— DM, ISBN 3-89012-422-4

Band 14: Brigitte Reminger
Systematik der Erstellung, Validierung, organisatorischen Einbindung und Wirtschaftlichkeitsbetrachtung von Expertensystemen im Unternehmen
Bergisch Gladbach 1995, 296 S., 69,— DM, ISBN 3-89012-423-2

Band 15: Susanne Müller
Ablaufmodellierung als Analyse-, Entwurfs- und Realisierungsmethodik im Softwareentwicklungsprozeß
Bergisch Gladbach 1995, 336 S., 72,— DM, ISBN 3-89012-427-5

REIHE: PERSONAL-MANAGEMENT
Herausgegeben von Prof. Dr. Fred Becker, Jena und
Prof. Dr. Jürgen Berthel, Siegen

Band 2: Margret Wehling
Personalmanagement für unbezahlte Arbeitskräfte
Bergisch Gladbach 1993, 332 S., 63,— DM, ISBN 3-89012-314-7

Band 3: Michael Fiedler
Dezentrale Organisation und marktorientierte Steuerung der Personalentwicklung – Betriebliche Personalentwicklung nach der Profit-Center-Konzeption
Bergisch Gladbach 1994, 252 S., 75,— DM, ISBN 3-89012-407-0

Band 4: Frank Koslowski
Personalbezogene Frühaufklärung in Management und Controlling –
Bergisch Gladbach 1994, 328 S., 72,— DM, ISBN 3-89012-415-1

Band 5: Andreas Ostmann
Personelle Implikationen des Management-Holding Konzepts – Strategische, organisatorische und rechtliche Einflußgrößen auf das Personalmanagement im Rahmen der Konzernführung
Bergisch Gladbach 1994, 320 S., 72,— DM, ISBN 3-89012-417-8

REIHE: EUROPÄISCHE WIRTSCHAFT
Herausgegeben von Prof. Dr. Winfried Matthes, Wuppertal

Band 1: Ralf-Peter Simon
Euro-Logistik-Netzwerke – Entwicklung eines wettbewerbsstrategischen Integrationskonzeptes für die Sammelgut-Logistik im europäischen Markt
Bergisch Gladbach 1993, 468 S., 74,— DM, ISBN 3-89012-313-9

Band 2: Michael Röding
Strategiekonzepte für den europäischen Binnenmarkt am Beispiel ausgewählter Branchen – Eine empirische Analyse
Bergisch Gladbach 1993, 248 S., 56,— DM, ISBN 3-89012-345-7

Band 3: Isabelle Hölper
Die Wettbewerbschancen der deutschen Süßwarenindustrie im EG-Binnenmarkt
Bergisch Gladbach 1994, 328 S., 72,— DM, ISBN 3-89012-410-0

REIHE: INSTITUT FÜR BETRIEBLICHE DATENVERARBEITUNG (IBD) e.V., Fachhochschule Düsseldorf
Herausgegeben von Prof. Dr. Felicitas Albers

Band 1: Michael Hoppe
Organisation und DV-Unterstützung der Personalwirtschaft – Aufbauorganisatorische, ablauforganisatorische und informationstechnische Aspekte, dargestellt am Beispiel der Hauptverwaltung einer Forschungsgesellschaft
Bergisch Gladbach 1993, 112 S., 39,— DM, ISBN 3-89012-343-0

Band 2: Thomas Schleiken
Organisatorische Implementierungsprojekte – Am Beispiel der Einführung eines computergestützten Informationssystems in einem mittelständischen Unternehmen – Grundlagen, Schwachstellenanalyse und Gestaltungsempfehlungen
Bergisch Gladbach 1995, 128 S., 39,— DM, ISBN 3-89012-424-0

REIHE: INTERNATIONALE WIRTSCHAFT
Herausgegeben von Prof. Dr. Manfred Borchert, Münster; Prof. Dr. Gustav Dieckheuer, Münster und Prof. Dr. Paul J. J. Weltens, Münster

Band 1: Karsten Hurcks
Internationale Beschaffungsstrategien in der Textil- und Bekleidungsindustrie – Eine theoretische und empirische Untersuchung
Bergisch Gladbach 1994, 344 S., 67,— DM, ISBN 3-89012-374-0

REIHE: MEDIZINISCHE FORSCHUNG
Herausgegeben von Prof. Dr. med. Victor Weidtman (em.), Köln

Band 7: Markus Reuber
Staats- und Privatanstalten in Irland – Irre, Ärzte und Idioten (1600–1900)
Bergisch Gladbach 1994, 232 S., 57,— DM, ISBN 3-89012-394-5

Band 8: Vinod Patel
Diabetic Retinopathy : Haemodynamic and Clinical Factors in its Pathogenesis
Bergisch Gladbach 1995, 288 S., 69,— DM, ISBN 3-89012-432-1

REIHE: SCHRIFTEN DES INSTITUTS FÜR WOHNUNGSRECHT UND WOHNUNGSWIRTSCHAFT AN DER UNIVERSITÄT ZU KÖLN
Herausgegeben von den Direktoren des Instituts

Band 54: Stephan Dirk Hinsche
Immobilienservice als Angebotserweiterung in der Immobilienwirtschaft
Bergisch Gladbach 1994, 124 S., 48,— DM, ISBN 3-89012-419-4